RÉPERTOIRE BIBLIOGRAPHIQUE

DES OUVRAGES

DE LÉGISLATION, DE DROIT

ET DE

JURISPRUDENCE

Imprimerie Renou et Maulde, rue de Rivoli, 144.

RÉPERTOIRE BIBLIOGRAPHIQUE

DES OUVRAGES

DE

LÉGISLATION, DE DROIT

ET DE

JURISPRUDENCE

EN MATIÈRE CIVILE, ADMINISTRATIVE, COMMERCIALE ET CRIMINELLE

PUBLIÉS SPÉCIALEMENT EN FRANCE

Depuis 1789 jusqu'à la fin de Novembre 1865

ACCOMPAGNÉ DE QUELQUES COMPTES RENDUS EXTRAITS DES PRINCIPAUX RECUEILS JUDICIAIRES

ET SUIVI D'UNE

TABLE ANALYTIQUE ET RAISONNÉE DES MATIÈRES

MIS EN ORDRE

Par M. Ernest THORIN

NOUVELLE ÉDITION

REVUE, CORRIGÉE ET CONSIDÉRABLEMENT AUGMENTÉE

———————— o ————————

PARIS

AUGUSTE DURAND

LIBRAIRE DE L'ORDRE DES AVOCATS ET DE LA COUR IMPÉRIALE

RUE CUJAS (ancienne rue des Grès, 7)

—

1er JANVIER 1866

Ce travail n'a d'autre mérite, à nos yeux, que celui d'avoir été composé dans un but d'utilité générale. Ce n'est, en effet, comme son titre l'indique, qu'une bibliographie des principaux ouvrages de droit publiés, spécialement en France, depuis 1789 jusqu'à ce jour.

La précédente édition a paru en décembre 1863; elle est totalement épuisée depuis plusieurs mois. C'est pour répondre aux demandes qui nous sont faites chaque jour que nous nous sommes décidé à en donner aujourd'hui une nouvelle édition que nous nous sommes attaché à rendre la plus exacte possible.

Indépendamment de corrections nombreuses, que rendent nécessaires les changements qui surviennent tous les jours dans la législation, notre nouveau travail renferme près de *neuf cents* articles qui ne figuraient pas dans la précédente édition. Nous avons aussi relevé avec le plus grand soin bien des erreurs typographiques qui nous avaient échappé précédemment. La *Table analytique*, placée à la fin du volume, a été surtout l'objet d'une révision complète.

Notre intention avait bien été de recomposer notre *Répertoire* sur un nouveau plan. Nous aurions alors suivi l'ordre des Codes français, comme cela a été fait avec tant de soin par nos confrères, MM. Cosse, Marchal et Cie. Mais, outre les difficultés que ces remaniements considérables auraient présentées, nous avons dû, pour un autre motif, renoncer à ce projet (*).

Notre volume ne donne pas seulement l'indication des ouvrages de droit publiés en France sur notre législation, mais encore celle des principaux ouvrages qui se rapprochent de ces études. C'est ainsi qu'on trouvera mentionnées quelques-unes des principales publications qui traitent de l'Economie politique et de l'histoire politique et constitutionnelle. Nous avons aussi indiqué les princi-

---

(*) La *Table Analytique*, placée à la fin du volume, supplée à la méthode admise par MM. Cosse, Marchal et Cie.

paux ouvrages publiés à l'étranger sur ces différentes matières. Bien que ces indications ressortent un peu du cadre que nous nous étions tracé, nous sommes persuadé que plusieurs personnes seront bien aises d'être au courant du mouvement juridique et administratif qui se fait au dehors. Mais cette partie de notre travail n'a pu être faite qu'à l'aide de faibles renseignements. Nous devons le peu d'indications que nous donnons aux notes bienveillantes qu'ont bien voulu nous adresser nos amis et confrères : MM. Sgouta, d'Athènes; Decq, de Bruxelles; Yuste, de Santiago, du Chili; B. L. Garnier, de Rio de Janeiro, etc. Nous nous faisons un plaisir de remercier ici ces personnes d'avoir bien voulu répondre à l'appel que nous avons fait dans notre précédente édition.

Quelques personnes remarqueront sans doute que nous avons annoncé un certain nombre d'ouvrages d'un intérêt secondaire, tandis que d'autres plus importants avaient été omis. C'est là le défaut, en général, des bibliographies. On ne saurait jamais, malgré les soins qu'on y apporte, satisfaire complétement les recherches des personnes qui veulent bien consulter ces sortes de recueils.

A quelques exceptions près, on remarquera également que nous avons négligé de mentionner les *Thèses de docteurs en droit*. Mais on sait aussi que la plupart de ces travaux, n'étant tirés qu'à un petit nombre d'exemplaires et n'étant pas toujours destinés au commerce, il est quelquefois difficile de se les procurer. Nous avons dû, pour ce motif, être sobre dans ces indications. Les personnes, qui désireraient avoir connaissance de ces travaux, doivent consulter l'excellente notice qu'en a donnée M. de Fontaine de Resbecq (1). Malheureusement, cette bibliographie s'arrête avec l'année 1857 et ne sera pas continuée, l'auteur étant mort l'an dernier (2).

Nous avons remplacé par des guillemets le prix de certains ouvrages épuisés ou devenus rares. Toutefois, cette règle n'a pas toujours été suivie rigoureusement, et l'indication de quelques prix est quelquefois approximative.

---

(1) *Notice sur le Doctorat en droit, suivie de la liste nominative des Docteurs admis par les diverses facultés de l'Empire, depuis 1804, avec indication des sujets de thèse de 1850 à 1857*, par A. de Fontaine de Resbecq, chef de bureau au Ministère de l'Instruction publique. 1 vol. gr. in-8°, 6 fr.

(2) Au moment où s'imprime cette préface, nous apprenons avec une satisfaction, qui sera bien certainement partagée, que le fils aîné de M. de Resbecq, qui occupe actuellement un poste élevé au Ministère de l'Instruction publique, a l'intention de continuer le travail commencé par son père. Espérons que ce projet ne tardera pas à être mis à exécution.

Malgré les soins que nous avons apportés dans la rédaction de ce travail, nous sommes loin de supposer qu'il ne laisse rien à désirer. Ce sera déjà beaucoup si nous sommes parvenu à en augmenter l'utilité, à combler quelques lacunes et aussi à corriger quelques-uns de ses précédents défauts. Nous prions instamment les personnes, qui auraient quelques observations à nous faire, de vouloir bien nous les communiquer; nous les accueillerons avec reconnaissance.

Un dernier mot en finissant. Notre intention n'était pas de mettre notre nom sur ce volume. Si nous l'avons fait, ce n'a été que sur le conseil bienveillant de notre beau-père, M. Auguste Durand. Nous le remercions sincèrement de sa bonne intention à notre égard.

Ernest THORIN.

25 Décembre 1865.

RÉPERTOIRE BIBLIOGRAPHIQUE

DES OUVRAGES

DE LÉGISLATION, DE DROIT

ET

DE JURISPRUDENCE

Publiés, spécialement en France, depuis 1789 jusqu'à la fin de Novembre 1865

Par M. Ernest THORIN

A

ABEL (*Th.*). Du passé, du présent, de l'avenir de la législation militaire en France. 1857, in-8.   **1 fr.**
Extrait de la *Revue historique de droit français et étranger.*

ABOU-CHODJA. Précis de jurisprudence musulmane, selon le rite chaféite (en arabe et en français), publié par Keyser. *Leyde*, 1861, in-8. 7 fr.

ABRIAL (*P.-P.*). Du Crédit et des institutions de crédit dans leurs rapports avec le travail et le bien-être des classes peu aisées. 1864, in-8.   **3 fr.**

ACADÉMIE de législation de Toulouse. — V. *Recueil,* etc.

ACCARIAS. Étude historique sur le pacte commissoire et la résolution de la vente par défaut de paiement. 1855, in-8.   **3 fr.**
— Étude sur la Transaction en droit romain et en droit français. 1863, in-8 (R. C.).   **4 fr.**

ACOLLAS (*Em.*). Droit et Liberté. L'enfant né hors mariage. Recherche de la paternité 1865, in-8 (V. *Morillot*).   **2 fr.**

ACTA et decreta concilii provinciæ Remensis, in ecclesia metropolitana, anno Domini 1857, pontificatus Pii papae noni XII. celebrati, a sanctâ sede examinata et recognita. 1858, in-8   **2 fr.**

ADAM. Appendice au Code pénal, etc. 1836, in-8.   **2 fr. 50 c.**
— Guide pratique de l'officier de l'État civil. 1834, in-18. (V. *Braff; Dubarry*).   **2 fr.**

ADDENET (*Aug.*). Les Codes annotés des circulaires, ouvrage dans lequel les décisions ministérielles et autres instructions à l'usage des parquets sont résumées sous les articles des lois, décrets et ordonnances auxquels elles se rapportent. 1859, in-8.   **7 fr. 50 c.**

ADNET (*Am.*). Histoire du Parlement belge (1847-1858). *Bruxelles*, 1862, in-8.   **3 fr. 50 c.**

AFFRE. Traité de l'administration temporelle des Paroisses; 7e édit. 1863, in-12.   **2 fr. 50 c.**
— Traité de la Propriété des Biens ecclésiastiques. 1837, in-8.   **6 fr.**
— De l'appel comme d'abus; son origine, son progrès et son état actuel. 1845, in-8.   **5 fr.**

AGENDA à l'usage de la Cour impériale de Paris et des tribunaux de son ressort. 43ᵉ année (1865), 1 vol. in-18.

Prix, avec nom doré des souscripteurs :

Nᵒ 1. Maroquin chagriné, carnet à patte.	8 fr. » c.
Nᵒ 2. Maroquin chagriné, à anneaux.	6 »
Nᵒ 3. Mouton maroquiné, carnet à patte.	6 »
Nᵒ 4. Mouton maroquiné, vert ou grenat.	5 »
Nᵒ 5. Cahier soie, doré sur tranche.	4 »
Nᵒ 6. Demi-reliure, doré sur tranche.	3 50

AGENDA de la magistrature, du barreau, des officiers publics et ministériels du royaume de Belgique. 1864 et 1865, in-18, d. rel. doré sur tranche, avec fermoir élastique et crayon. *Bruxelles.* Chaque année.   3 fr. 50 c.

AGENDA des justices de paix. (V. *Jay fils*).

AGENDA des percepteurs, receveurs municipaux, receveurs des hospices, des bureaux de bienfaisance, asiles d'aliénés et dépôts de mendicité. années 1862-65. Format d'agenda, cartonné.
Chaque année, *franco*.   3 fr.

AGENDA municipal, ou Memento de cabinet, à l'usage des maires, adjoints, conseillers municipaux, secrétaires de mairie, etc., pour 1865, 8ᵉ année. Format d'agenda.   2 fr. 50 c.

AGENDA pour les receveurs municipaux, suivi de notes complémentaires pour les receveurs spéciaux, et d'une table alphabétique et analytique contenant une instruction sur le timbre, etc. 4ᵉ édit. 1856, in-8, avec supplément, par Bouteron.   8 fr.
— Le supplément seul, par Bouteron. 1862, in-8.   1 fr. 50 c.
— V. *Bouteron*.

AGENDA et **ANNUAIRE** de la magistrature, du barreau et des officiers publics. 1865, 19ᵉ année. Format d'agenda.   5 fr.

AGIER. Du Mariage sous ses rapports avec la religion et avec les lois nouvelles de la France. 1801, 2 vol. in-8.   15 fr.

AGNEL (*E.*). Manuel général des assurances, ou Guide pratique des assureurs et des assurés. 1861, in-12 (V. *Cauvet; Pouget*).   4 fr. 50 c.

— Code-Manuel des Propriétaires et Locataires de maisons, Hôteliers, Aubergistes et Logeurs; 4ᵉ édit. 1863, in-12.   5 fr. 50 c.

— Code-Manuel des Artistes dramatiques et des Artistes musiciens. 1851, in-12 (V. *Lacan et Paulmier.*)   3 fr. 50 c.

— Curiosités judiciaires et historiques du moyen âge. — Procès contre les animaux. 1858, br. in-8.   2 fr.

AGNÈS. De la Propriété considérée comme principe de conservation, ou de l'Hérédité. 1840, 2 vol. in-8.   13 fr.

AGUESSEAU (*D'*) — V. *D'Aguesseau*.

AHRENS (*H.*). Cours de Droit naturel ou de Philosophie du droit, fait d'après l'état actuel de cette science en Allemagne; 5ᵉ édit. 1860, 1 vol. gr. in-8 (V. *Belime; Glinka*).   10 fr.

L'étude du droit naturel devrait, dans l'ordre logique des études juridiques, servir d'introduction et de prolégomènes à l'étude du droit romain, du droit civil français et des autres branches du droit. Ce serait, en effet, méconnaître la vérité des choses que de ne pas considérer le droit naturel comme le point de départ du droit écrit. Peut-être l'absence d'ouvrages élémentaires et dégagés de tout parti pris sur le droit naturel explique-t-elle l'indifférence dans laquelle son étude est tombée. L'ouvrage de M. Ahrens enlève tout prétexte et toute excuse à cette indifférence. Cinq éditions successives en attestent le mérite. M. Ahrens ne s'est point proposé de présenter isolément quelques résultats importants de la science du droit naturel; il a préféré donner une exposition des principes de cette science d'après les philosophes les plus célèbres et les jurisconsultes les plus distingués qui, depuis Kant jusqu'à nos jours, ont écrit sur le droit naturel. Il a suivi particulièrement la théorie de Krause, dont il a précédemment fait connaître les doctrines philosophiques dans son *Cours de Philosophie*.

M. Ahrens a le mérite d'avoir préféré la méthode analytique, qui convient mieux à nos goûts et à nos usages, à la méthode synthétique usitée en Allemagne. Les parties les plus dignes d'être signalées, de l'ouvrage de M. Ahrens, sont celles où il montre le principe du droit comme distinct et indépendant de tous les autres principes qui régissent le monde moral et social, celui où il établit nettement la distinction du droit et de la morale avec laquelle il a été trop souvent confondu, confusion fausse en théorie et pleine de dangers dans l'application. Je signalerai encore le chapitre sur les rapports, et la différence qui existe entre la philosophie du droit et la politique. Sur ce point il faut éviter toute confusion; car, si la philosophie du droit doit établir le principe de la justice et la développer dans ses conséquences, la politique, tout en s'appuyant sur la philosophie, est tenue de considérer l'état actuel de la société et d'examiner jusqu'à quel point une réforme peut être opérée sans blesser la loi de la continuité et du progrès successif qui constituent le développement social. La cinquième édition du *Cours de droit naturel* se distingue des éditions précédentes par de nombreuses améliorations. On y remarque l'histoire moderne des doctrines philosophiques du droit et de l'État; et, en général, le principe et toutes les questions du droit y apparaissent plus nettement dans leurs liaisons avec les grands principes du *bien* et de la *moralité*. L'ouvrage de M. Ahrens a eu les honneurs d'une traduction en allemand, faite par l'auteur; d'une traduction en italien, faite par M. Trinchera, d'une traduction en espagnol, par M. Novarra, et, dans les divers pays qui ont profité de ces traductions, le mérite de l'auteur a été également constaté par plusieurs éditions successives.   (DALLOZ, *Recueil périodique.*)

AIGNAN. Histoire du Jury. 1822, in-8 (V. *Buchère; Oudot; Persin.*)   5 fr.

ALARD (*J.-B.*). Les stils de Villefranche de Conflent. 1862, in-8.   2 fr.
Extrait de la *Revue historique de droit français et étranger.*

ALAUZET (*Is.*). Comment. du Code commerce et de la législation commerciale. 1856-1857, 4 vol. in-8 (V. *Bédarride; Dufour*).   30 fr.
— Comment. de la loi des Faillites et Banqueroutes, etc. 1857, in-8.
   (V. *Bédarride; Gadrat.*)   6 fr.
Extrait de l'ouvrage précédent.

— Commentaire de la loi du 14 juin 1865 concernant les chèques (Appendice au Commentaire du Code de commerce). 1865, in-8 (V. *Dufour*).   3 fr.
— Essai sur les Peines et le Système pénitentiaire; 2e édition. 1863, in-8.   7 fr.
— Traité général des Assurances maritimes, terrestres, mutuelles et sur la vie. 1844, 2 vol. in-8 (V. *Cauvet; Pouget.*)   15 fr.
— Histoire de la Possession et des Actions possessoires en droit français. 1849, in-8 (V. *Bioche*).   7 fr. 50 c.
— De la qualité de Français et de la naturalisation. Nouv. édit. 1863, in-8.   4 fr.

ALBERDI (*J.-B.*). Compendio del Derecho mercantil chileno sobre ejecuciones y quiebras, o Guia judicial del comerciante. *Valparaiso*, 1856, in-12.

— Legislacion de la prensa en Chile, ó sea Manual del escritor, del impresor y del jurado. *Valparaiso*, 1 vol.

— De la majistratura y sus atribuciones en Chile, ó sea de la Organizacion de los tribunales y juzgados. *Valparaiso*, 1 vol.

ALBIN LERAT DE MAGNITOT et **HUART DE LAMARRE**. (V. *Lerat de Magnitot, et Magnitot.*)

ALBIOUSSE (*Lionel d'*). De l'établissement dans tous les greffes des tribunaux de première instance des casiers de l'état civil et des objets divers sur le modèle du casier judiciaire. 1864, in-8, 56 p. 1 fr. 50 c.

ALBITTE (*G.*). Cours de Législation gouvernementale. 1834, in-8. 6 fr.

ALEXANDRE (*L.*). Manuel pratique et statistique judiciaire en matière civile, 2e édit. 1847, br. in-8.   **2 fr.**

ALFARO (*N. d'*). Observations sur le Système pénitentiaire. 1864, in–8 de 173 p. . 5 fr.

ALGÉRIE. Bulletin officiel des actes du gouvernement de l'Algérie, dep. 1830 jusqu'au 31 déc. 1854. *Alger*, 1856, in-8 (V. *Ménerville.*) 12 fr.

ALLA (*L.*). Manuel pratique des tribunaux militaires, précédé d'un Dictionnaire sur l'organisation, la compétence et la procédure des tribunaux militaires. 1859, in–8. 8 fr.

— Le Praticien des Tribunaux militaires, ou Code d'instruction criminelle et Code pénal militaire; 2e édit. 1853, 2 vol. in-8. 8 fr.

ALLAIN (*J.-E.*). Code formulaire des Lois électorales et du décret sur le Jury. 1851, in-8 (V. *Bidault; Code*). 2 fr. 50 c.

— Code formulaire des officiers de police judiciaire, des auxiliaires du procureur impérial et des tribunaux de simple police, de canton et de maires, ou Guide théorique et pratique des commissaires de police départementaux et cantonaux, des maires et adjoints de maires, des juges de paix, des officiers de gendarmerie, des commissaires généraux de police, etc., des gardes-champêtres communaux et particuliers, des gardes-forestiers et gardes-pêche de l'État, des communes, des établissements publics et des particuliers, des agents de police et gendarmes; suivi de 305 formules ou modèles de procès-verbaux, et terminé par une table alphabétique et analytique des matières. 1853, 2 vol. in-12. 8 fr.

— Manuel encyclopédique, théorique et pratique des juges de paix, de leurs suppléants et greffiers, des notaires, avoués, huissiers, etc.; 3e édit. 1866, 3 vol. in-8 (V. *Bourbeau; Jay*). 24 fr.

ALLARD (*L.-J.*). De la forme des Actes au point de vue de l'intérêt des tiers ou de la société, etc. 1846, in-8. 8 fr.

— Recueil méthodique de lois et ordonnances sur l'Enseignement des écoles primaires. 1843, in-8. 5 fr.

— Des contributions des patentes foncières et des portes et fenêtres établies sur l'industrie manufacturière. 1862, in-8. 3 fr.

— Exposé des mesures administratives à prendre pour assurer l'efficacité de la loi du 23 mars 1855, sur la Transcription. 1857, in-8 (V. *Verdier*). 3 fr.

ALLEMAND. Traité du Mariage, ses effets. 1853, 2 vol. in-8 (V. *Demolombe*). 10 fr.

L'auteur s'est occupé de toutes les parties des lois civiles qui avaient trait au mariage et aux droits personnels des époux, et il a traité un grand nombre de questions, les unes précédemment soulevées, d'autres nouvelles, en un mot toutes celles que pouvait lui suggérer une expérience de quarante-cinq années dans l'exercice très-actif de la plaidoirie et de la consultation.

En examinant ces questions, l'auteur a rappelé le droit ancien, le droit nouveau, les opinions des jurisconsultes, la jurisprudence de tous les temps. Il a même indiqué par des annotations la législation des peuples voisins sur les matières importantes qu'il traitait.

— Examen du Régime hypothécaire établi par le Code civil, et des améliorations dont il est susceptible. 1837, in-8. 3 fr. 50 c.

ALLETZ. Dictionnaire de Police moderne, 2e éd. 1823, 4 vol. in-8. 12 fr.

ALLIER. Études sur le système pénitentiaire et les sociétés de patronage. 1842, in-8. 4 fr. 50 c.

ALLOUARD. Traité général des Droits d'entrée et d'octroi de la ville de Paris; 2e édit. 1834, in-8 (V. *Braff*). » »

ALTMEYER. Du Droit d'Asil en Brabant, au commencement du xviiie siècle. 1852, in-12. 2 fr.

AMÉ (*L.*). Etude économique sur les tarifs de douanes; 2ᵉ édit. 1860, in-8. 6 fr.

AMELINE (*H.*). De la concurrence industrielle et des industries similaires. 1865, in-8, 16 pag. (R. P.). 1 fr. 50 c.

AMETTE (*Am.*). Code médical, ou Recueil des lois sur l'étude, l'enseignement et l'exercice de la médecine civile et militaire en France; 3ᵉ édit. 1859, in-12. 4 fr.

AMI (*l'*) de l'enfance, journal des Salles d'asile, comprenant les actes et documents officiels relatifs à ces établissements, ainsi que toutes les directions et tous les renseignements utiles pour la création, la tenue et la surveillance des salles d'asile, et publié sous la direction de M. Eugène Rendu.

L'Ami de l'Enfance paraît une fois par mois.

Prix de l'abonnement, pour un an. 6 fr.

Les abonnements ne sont reçus que pour une année entière, à partir du 15 octobre.

AMIABLE (*L.*). Essai historique et critique sur l'âge de la majorité. 1861, in-8. 2 fr.

Le travail de M. Louis Amiable a paru récemment dans la *Revue histor. de droit français et étranger*. L'auteur, qui le publie à part, a fait preuve de connaissances historiques très-remarquables; les réformes qu'il propose d'introduire dans la loi française, notamment celle qui reporterait la majorité à vingt-cinq ans, sont de nature à provoquer d'assez sérieuses observations qui mériteraient une discussion approfondie à laquelle nous ne pouvons nous livrer ici.

(CH. VERGÉ. — DALLOZ. *Jurisprudence générale*.)

— Exercice public d'un culte, autorisation préalable. In-8. (R. P.). 1 fr. 50 c.

AMYOT. Institutes et principes des lois civiles, etc. 1833, in-8. 4 fr.

ANALYSE des vœux des conseils généraux. Années 1856 à 1865, 16 vol. in-8. 42 fr.

Chaque année séparée : 4 fr.

ANCEST. Code des Commissaires de police. 1829, in-8. 4 fr.

ANCILLON. De l'esprit des Constitutions politiques et de son influence sur la législation, trad. de l'allemand. 1850, in-8. 3 fr.

ANDRADE PINTO (*C.-J. de*). Attribuiçoes dos presidentes de provincia. *Rio de Janeiro* et *Paris*, 1865, in-8. 12 fr.

ANDRÉ (*l'abbé J.-F.*). Les lois de l'Eglise sur la nomination, la mutation et la révocation des curés; 2ᵉ édit. 1865, in-8 (V. Gaudry). 2 fr. 50 c.

— Cours alphabétique, théorique et pratique de la Législation civile ecclésiastique, contenant tout ce qui regarde les Fabriques, les bureaux de bienfaisance, les hospices, les écoles, les salles d'asile, etc. 1847-1851, 3 vol. gr. in-8 (V. Gaudry.) 22 fr.

— Cours alphabétique et méthodique de droit canon dans ses rapports avec le droit civil ecclésiastique; 3ᵉ édit., entièrement refondue et considérablement augmentée. 1860, 6 vol. in-8 (V. Calmette; Gaudry.) 40 fr.

ANEKΔOTA. — Athanasii Scholastici Emiseni de Novellis constitutionibus imperatorum Justiniani Justinique, comment. anonymi... Justiniani Codicis summam Perusinam, anonymique scriptoris; edidit, græca in latinum sermonem transtulit, prolegomenis, adnotatione critica, indice instruxit G. E. Heimbach. *Lipsiæ*, 1837-1840, 2 vol. in-4. 35 fr.

— Theodori Scholastici Breviarium Novellarum, collectio regularum juris... versione latinâ instruxit C. Ed. Zachariæ. *Lipsiæ*, 1843, in-4. 18 fr.

— Ἀνεκδότων libri XVIII, tit. I. Basilicorum cum scholiis antiquis... versione latina et adnotationibus illustr. C. Ed. Zachariæ. *Lipsiæ*, 1843, in-4 (**V.** *Basilicorum*).   18 fr.

ANGEBERG (*comte d'*). Recueil des traités, conventions et actes diplomatiques concernant la Pologne (1762-1862). 1862, 1 fort v. in-8, 30 fr.

— Recueil des traités, conventions, etc., concernant l'Italie et ses rapports avec l'Autriche (1703-1852). 1 vol. in-8.   13 fr.

ANGELOT. Sommaire des Législations des États du nord..., pour servir à l'étude de la législation comparée. 1834, in-8.   » »

ANGENOT (*F.*). Code de l'instituteur belge, recueil contenant : 1° la constitution ; 2° la loi communale ; 3° la loi provinciale ; 4° la loi organique de l'enseignement primaire ; 5° les principaux règlements en vigueur pour l'exécution de cette dernière loi, ainsi que les décisions essentielles qui s'y rattachent. *Liège*, 1863, in-12.

ANNALES (nouvelles) **DE LA MARINE.** — V. *Nouvelles Annales.*

ANNALES de la propriété industrielle, artistique et littéraire; journal de législation, doctrine et jurisprudence françaises et étrangères, en matière de brevet d'invention, littérature, théâtre, musique, beaux-arts, etc. Rédigé par J. Pataille, A. Huguet, Ed. Calmels, Perrot de Chaumeux. Années 1855-1865, 11 vol. in-8.   100 fr.

Abonnement annuel :   10 fr.

ANNALES de la science et du droit commercial, ou Mémorial du commerce et de l'industrie. Recueil mensuel de législation, de science commerciale, de doctrine et de jurisprudence, par Clairfond et Le Hir.

Abonnement annuel : pour la France   18 fr.

     —   Pour l'étranger   21 fr.

Ce Recueil, qui a remplacé, en 1837, le Répertoire du Droit commercial, fondé par *Crémieux* et *Patorni* (voir ces noms), est ainsi composé :

1° Mémorial du Commerce et de l'Industrie. 1837-41, 5 vol. in-8.   30 fr.

2° Annales de la Science et du droit commercial, du Commerce et de l'Industrie. 1re série, 1842-44, 3 vol. in-8.   15 fr.

3° Annales, etc. 2e série, 1845-65, 42 vol. in-8 : 135 fr. — Une année séparée (2 vol.), 14 fr. — Un vol. séparé, 9 fr.

ANNALES DE L'ÉLOQUENCE JUDICIAIRE. — V. *Clair et Clapier.*

ANNALES des **CHEMINS VICINAUX**, recueil de mémoires, documents et actes officiels concernant le service vicinal, publié sous la direction de M. J. Regnault.

Abonnement : Par an.   10 fr. »

Chaque volume de la première partie.   5 »

     —   volume de la deuxième partie.   6 » »

     —   année antérieure prise séparément.   6 »

Le prix des années 1845 à 1865 est de   130 »

Les *Annales des chemins vicinaux* paraissent par livraison mensuelle de 40 à 48 pages d'impression. Elles renferment dans le corps de l'ouvrage les figures nécessaires pour l'intelligence du texte, et des planches détachées, toutes les fois que les articles exigent des échelles ou des dessins particuliers.

La partie technique forme un volume par an ; la partie administrative un volume tous les deux ans seulement : chaque volume est suivi d'une table alphabétique et analytique.

ANNALES des **CONDUCTEURS DES PONTS ET CHAUSSÉES.** In-8. Publication mensuelle. Recueil de mémoires, documents et actes officiels concernant le service des conducteurs des ponts et chaussées. — *Première partie :* Travaux d'art, mémoires et documents. — *Deuxième partie :* Lois, décrets, règlements, arrêts, circulaires ministérielles. — Prix de l'abonnement à l'année courante : 10 fr.; de l'année antérieure : 8 fr.; des années 1857 à 1865 inclusivement : 55 fr.

ANNALES des **CONTRIBUTIONS INDIRECTES**, des Tabacs et des Octrois. 1833 à 1865 inclus, 27 vol. in-8 (V. *Mémorial des contributions indirectes*). 85 fr.
Publication mensuelle. Prix de l'abonnement : 9 fr.

ANNALES des **DOUANES** et des Contributions indirectes. 1823-1862, 28 v. in-8. 85 fr,

ANNALES des **MINES**, mémoires sur l'exploitation des mines et sur les sciences et les arts qui s'y rapportent, lois, décrets, arrêtés concernant l'administration des mines, publiées sous l'autorisation du Ministre des travaux publics et rédigées par les ingénieurs des mines.

Prix de l'abonnement annuel et de chaque année écoulée, que l'on peut se procurer séparément : Pour Paris. 20 fr.
Départements. 24 fr.

Les *Annales des Mines* sont la continuation du recueil périodique qui, sous le nom de *Journal des Mines*, a été publié sans interruption depuis 1795 jusqu'en 1815, sous les auspices de l'administration des mines de France; la collection complète de ce *Journal* forme 40 volumes, y compris les deux volumes de tables analytiques des matières, parues en 1813 et 1821.

Depuis 1852, les *Annales des Mines* paraissent régulièrement tous les deux mois par livraison; les six livraisons de l'année réunies forment trois volumes in-8, avec environ 25 planches.

Les première et deuxième séries, années 1816 à 1831, 22 vol. in-8 (avec planches), y compris la table générale des matières.
La Table des matières de ces 2 parties, *séparément*.................. 9 fr. »
Les 30 années publiées de 1832 à 1861 inclus forment les troisième, quatrième et cinquième séries; ensemble 73 forts vol. in-8, avec planches, y compris 3 volumes de tables des matières. (La table de la 5e série n'a pas encore paru.)
La Table des matières de la 3e série, 1832 à 1841, 1 vol. in-8, *séparément*. 9 fr. »
—   de la 4e série, 1842 à 1851, 1 vol. in-8, *séparément*. 9 fr. »
La sixième série des *Annales des Mines*, qui commence avec l'année 1862, est destinée, comme les précédentes, à la publication de tout ce qui est relatif aux diverses branches de l'art des mines; elle comprend et comprendra non-seulement des mémoires originaux, mais aussi des extraits des travaux publiés tant en France qu'à l'étranger.
Prix de la collection des 34 années (1832-1865). 675 fr. »

ANNALES des **OCTROIS**, complément indispensable du Manuel de l'employé de l'octroi. 1853, 2 vol. in-8 (V. *Manuel.*) 15 fr.

ANNALES des **PONTS ET CHAUSSÉES**, mémoires et documents relatifs à l'art des constructions et au service de l'ingénieur; lois, décrets, arrêtés concernant l'administration des Ponts et chaussées, rédigées sous la direction d'une commission spéciale d'ingénieurs.

La publication des *Annales*, commencée en 1831, a lieu tous les deux mois, par livraisons de 15 à 20 feuilles in-8, accompagnées de planches, format demi-jésus, gravées avec soin. Les six cahiers de chaque année forment trois vol., savoir : 2 vol. de *mémoires et documents*, et 1 vol. de *lois, décrets*, etc.
Les 30 années publiées de 1831 à 1860 inclus, forment les première, deuxième et troisième séries, ensemble 93 forts vol. in-8, avec planches, y compris un vol. de tables pour chaque série.
La Table des matières de la 1re série, 1831 à 1840, 1 vol. in-8 (*aux souscrip*). 5 fr. »
—   de la 2e série, 1841 à 1850, 1 vol. in-8............... 7 »
—   de la 3e série, 1851 à 1860 (non encore publiée).
La quatrième série des *Annales* commence avec l'année 1861.

Prix de l'abonnement annuel, et de chaque année écoulée, que l'on peut se procurer séparément : Pour Paris. 20 fr.
Départements. 24 fr.

ANNALES d'**HYGIÈNE PUBLIQUE** et de médecine légale, par MM. Adelon, Andral, Boudin, Brierre de Boismont, Chevallier, A. Devergie, H. Gaultier de Claubry, Guérard, Kéraudren, Lassaigne, Mélier, Amb. Tardieu, A. Trébuchet, Villermé.

Les *Annales d'hygiène*, dont la 2e série a commencé avec le cahier de janvier 1854, paraissent régulièrement tous les trois mois par cahier de 15 à 16 feuilles d'impression in-8, environ 280 pages avec planches,

Prix de l'abonnement : Paris,   par an.   18 fr.
              —   Départements,   —   20

La première série, collection complète, 1829 à 1853, dont il ne reste que peu d'exemplaires, 50 volumes in-8, figures.   450 fr. »
Les dernières années séparément ; prix de chacune d'elles :   18 »
Tables alphabétiques, par ordre des matières et par noms d'auteurs, des tomes I à L (1829 à 1853). *Paris*, 1856, in-8 de 136 pages à 2 colonnes.   3 fr. 50

ANNALES du BARREAU FRANCAIS, ou Choix de plaidoyers et mémoires les plus remarquables, tant en matière civile qu'en matière criminelle, depuis Lemaistre et Patru jusqu'à nos jours, avec une notice sur la vie et les ouvrages de chaque orateur, par MM. Dupin aîné, Dupin jeune, Berryer, Mérilhou, etc. 1823-1847, 20 vol. in-8. › »

ANNALES du COMMERCE EXTÉRIEUR, documents sur le commerce de la France et des pays étrangers, publiés par le Ministère du commerce. — Recueil mensuel formant chaque année 1 fort volume grand in-8 jésus.

Prix de l'année courante, y compris l'abonnement aux Nouveaux Tarifs des Douanes françaises : Pour Paris.   12 fr.

Ce Recueil paraît depuis 1843 inclusivement.

ANNALES du DROIT COMMERCIAL, recueil mensuel de législation, de doctrine et de jurisprudence commerciale. Par Le Hir.
Abonnement annuel :   18 fr.
Ce journal paraît depuis 1842.
— V. *Annales de la science et du droit commercial ; — Le Hir.*

ANNALES du PARLEMENT FRANCAIS, par une société de publicistes (sessions de 1830 à 1848). 10 vol. in-4.   75 fr.
— V. *Annales du Sénat et du Corps législatif ; — Archives Parlementaires, — Choix de Rapports ; — Compte-Rendu des séances de l'Assemblée Nationale ; — Moniteur.*

ANNALES du SÉNAT ET DU CORPS LÉGISLATIF. Années 1861 à 1865, in-4.

Année 1861, 5 vol. in-4.   30 fr.
—   1862, 5 vol. in-4.   25
—   1863, 6 vol. in-4, dont 2 vol. d'annexes.   30
—   1864, 10 vol. in-4, dont 2 vol. d'annexes.   50
—   1865, 11 vol. in-4 dont 2 vol. d'annexes   75

Ce Recueil fait suite aux *Archives parlementaires*, qui s'arrêtent à la fin de l'année 1860. Les deux publications se complétant l'une par l'autre forment, sans contredit, un ensemble monumental de politique et de législation sans rival dans aucun pays de l'Europe. — Voy. *Archives parlementaires.*

ANNALES et Journal spécial des Justices de paix (V. *Jay*).

ANNALES FORESTIÈRES, paraissant une fois par mois en un cahier de 48 à 64 pages gr. in-8, y compris le *Bulletin*.
Abonnement : France, *Annales* et *Bulletin*.   15 fr.
— V. *Bulletin*.

ANNALES LÉGISLATIVES DE L'INSTRUCTION PRIMAIRE. Bulletin des actes officiels.
Abonnement annuel : 2 fr. 50 c.
Cette publication date de mars 1850. L'année 1865 forme la 15e année.
— V. *Instruction primaire.*

ANNOTATIONS sur chaque article des cinq Codes, de toutes les Questions traitées dans le nouveau *Répertoire de jurisprudence* de Merlin (par Roussel). 1826, in-4 (V. *Merlin*).   5 fr.

ANNUAIRE de l'Administration française (V. *Block*.)

ANNUAIRE de l'administration de l'Enregistrement et des Domaines, par P. Conquet. Années 1862-65, 4 vol. in-12. 14 fr.

ANNUAIRE de la Cour impériale de Paris et des tribunaux de son ressort. 1865, 43e année. In-18. Chaque année : 2 fr. 50 c.

ANNUAIRE de l'archiviste des préfectures, des mairies et des hospices, pour faire suite au *Manuel de l'Archiviste* (V. *Champollion Figeac*). 1865 (5e année), in-8. 3 fr.

ANNUAIRE de l'Economie politique et de la Statistique, par Maurice Block et Guillaumin. Années 1844 à 1865, 22 vol. in-18.

Prix de chacune des années publiées :

Année 1844, *épuisée.*

— 1845,		1 fr. 50 c.
— 1846-47,	chacune	2 fr. 50 c.
— 1848-49,	id.	3 fr. 50 c.
— 1850 à 1854,	id.	4 fr.
— 1855 à 1865,	id.	5 fr.

— V. *Block.*

ANNUAIRE de l'ordre judiciaire de l'empire français, rédigé sur les documents officiels, par B. Warée. 1865, in-18, cartonné, 2 fr. 50 c.
— Petit annuaire de l'ordre judiciaire de l'empire français, par le même. 1865, in-18. 1 fr. 50 c.

ANNUAIRE des **FAILLITES.** — V. *Lepage.*

ANNUAIRE des Inventeurs et des Fabricants. (V. *Gardissal.*)

ANNUAIRE des lignes télégraphiques, suivi des décrets et arrêtés concernant les fonctionnaires et agents, par Vallée. Années 1858 et 1859 (1re et 2e années). 2 vol. in-8. 12 fr.

N'a pas été continué.

ANNUAIRE diplomatique de l'Empire français, publié d'après les documents communiqués par le ministre des affaires étrangères. Années 1858 à 1864, 7 vol. in-12.
Chaque volume relié : 4 fr.

ANNUAIRE international du Crédit public, par J.-E. Horn. Années 1859-1860-1861, 3 vol. in-12. 15 fr.

ANNUAIRE officiel des Chemins de Fer, publié par l'administration de l'Imprimerie centrale des chemins de fer, et rédigé par Petit de Coupray, classé et annoté par A. Pinel, doct. en dr., avocat au conseil d'Etat et à la Cour de cassation. Année 1865 (15e année). In-12 (V. *Petit de Coupray*). 6 fr.

Cet ouvrage, publié *annuellement* depuis quinze années, contient tous les renseignements désirables sur la statistique, la situation financière, le personnel et l'administration des différentes compagnies de chemins de fer.
Depuis l'année 1864, les décisions des tribunaux administratifs et judiciaires s'y trouvent recueillies *in extenso*, et classées dans un ordre méthodique par un jurisconsulte versé dans l'étude spéciale du contentieux des chemins de fer, qui a eu le soin d'accompagner chaque décision de notes et d'observations dans lesquelles la jurisprudence antérieure sur chaque question se trouve rapportée. M. A. Pinel, docteur en droit, avocat au Conseil d'Etat et à la Cour de cassation, est l'auteur de cette partie de l'Annuaire qui forme un corps de jurisprudence spéciale, nécessaire à tous ceux qui, dans le public comme dans les administrations, ont à s'occuper des questions litigieuses concernant les chemins de fer.

ANOUILH. De l'Institution contractuelle dans l'ancien droit français et d'après le Code Napoléon. 1860, in-8. 2 fr.

Extrait de la *Revue historique de droit français et étranger.*

ANSPACH (*J.*). De la procédure devant les Cours d'assises, résumé de la doctrine et de la jurisprudence en France et en Belgique en cette matière. 1858, gr. in-8 (V. *Cubain.*) 8 fr.

ANTHOINE DE SAINT-JOSEPH. Concordance entre les Codes civils
étrangers et le Code Napoléon ; 2e édition. 1856, 4 vol. gr. in-8. 70 fr.
— Concordance entre les Codes de commerce étrangers et le Code de
commerce français, édition augmentée de la loi générale du 24 novembre 1848, sur le change en Allemagne. 1851, 1 fort vol. in-4. »
— Concordance entre les Lois hypothécaires étrangères et françaises,
ouvrage contenant les textes et résumés des lois hypothécaires de cin-
quante-trois Etats. 1847, 1 vol. gr. in-8. 12 fr.
— Manuel du Droit de l'étranger en Angleterre. 1852, in-12. 3 fr. 50 c.
APPERT (B.). Bagnes, prisons et criminels, 1836, 4 vol. in-8. 12 fr.
ARAGO (Ant.). Préfectures générales et sous-préfectures par cantons.
1858, in-8. 1 fr.
ARBAUD. Des Vices rédhibitoires 1840, in-8 (V. Dejean). 3 fr. 50 c.
ARBAUMONT (J. d'). Procès-verbal de convention du ban et de l'arrière-
ban du bailliage de la Montagne ou de Chatillon-sur-Seine, en 1568,
avec une introd. hist. sur l'arrière-ban, et des notes sur les principaux
fiefs du Châtillonnais, 1863, gr. in-8. 4 fr.
ARBOIS DE JUBAINVILLE (H. d'). Recherches sur la Minorité et ses
effets en droit féodal français, etc. 1852, br. in-8 (V. Demolombe). 3 fr.
ARCHBOLD (J.-F.). Law of Landlord and Tenant. 3d edit. London, 1864,
in-12. 17 fr. 50 c.
ARCHIVES du notariat et des offices ministériels. Recueil mensuel,
publié par une réunion de jurisconsultes et de notaires. 1844-65,
22 vol. in-8. 170 fr.
Abonnement annuel : Paris. 10 fr.
　　　　—　　　　Départements. 12 fr.
ARCHIVES parlementaires, publiées par J. Mavidal et E. Laurent. Recueil complet des débats législatifs et politiques des Chambres françaises de 1800 à 1860. 10 volumes environ, gr. in-8 à deux colonnes,
publiés en 20 livraisons ou demi-volumes. — On souscrit en s'engageant
à payer la somme de 10 francs contre la remise de chaque demi-volume,
jusqu'à entier achèvement de l'ouvrage.
　　Au mois de novembre 1865, les 10 premières parties, formant les
5 premiers volumes, sont en vente.
Les *Archives parlementaires* reprennent tous les textes originaux dans les impressions
ordonnées par les Assemblées délibérantes et formeront le *seul corps d'ouvrage* donnant *in
extenso* tout ce qui a été écrit et dit dans les Chambres françaises pendant une période de
soixante années. Cette période commence à 1800, c'est-à-dire à la Constitution de l'an
VIII, pour ne pas faire double emploi avec la *réimpression de l'ancien Moniteur* dont les
Archives parlementaires sont en quelque sorte la continuation.
　La première période (1800 à 1814) embrasse dans son ensemble tous les travaux
du Tribunat, du Corps législatif et du Sénat.
　Puis viennent successivement les débats parlementaires de la Restauration, — du règne
de Louis Philippe, — de la République de 1848 — et enfin du second Empire.
— V. *Annales du Parlement ; — Annales du Sénat et du Corps législatif.*
ARDANT. Projet de Code rural et de Code forestier. 1810, in-8. 4 fr.
ARMENGAUD. Guide manuel de l'Inventeur et du fabricant, 5e édit.
1861, in-8. 5 fr.
ARMENGAUD et **MATHIEU** (J.). Instructions pratiques à l'usage des
inventeurs. Formalités à accomplir en tous pays pour obtenir la con-
cession de patentes ou brevets d'invention. 1859, in-8. 2 fr.
ARNAUD (C.). Manuel du directeur du jury d'expropriation pour cause
d'utilité publique. 1865, in-8 (V. Daffry de la Monnoye). 8 fr.
— Du Livret d'ouvrier, 1856, in-12. 3 fr.

ARNAULT-MÉNARDIÈRE. Abrégé méthodique des principes du droit romain, 1854, in-8. 5 fr.
— Elementa juris romani methodicè compendiosa. 1854, in-8. 5 fr.

ARNOULD. Système maritime et politique des Européens pendant le XVIIIe siècle, fondé sur leurs traités de paix, de commerce et de navigation, 1797, in-8. 5 fr.

ARNTZ (*E.-R.-N.*). Cours de droit civil français, comprenant l'explication des lois qui ont modifié la législation civile en Belgique. 1860-1866, 2 vol. gr. in-8 (V. *Demolombe*).

Chaque partie, ou demi-volume : 6 fr. — La 1re partie du tome 1 a paru. La 2o paraîtra prochainement. Le tome II est complet en deux parties.

ARRÊTS, ARRÊTISTES. — V. ces mots à la table analytique placée à la suite de ce Répertoire.

ARRÊTS et **DÉCISIONS** de la Cour impér. de Colmar et des tribunaux du ressort, publiés par de Neyremand et Laurent, depuis messidor an XIII jusqu'en 1865. *Colmar*, 1804-1865, 66 vol. in-8, avec les tables. 230 fr.
Prix de l'abonnement annuel, 1 vol. in-8 : 15 fr.

ARRIGHI (*A.*). Le Barreau italien. Collection de chefs-d'œuvre de l'éloquence judiciaire, recueillie et traduite en français. Tome Ier (*seul publié*). 1840, in-8. 7 fr. 50 c.

ASCHERMANN (*J.*). Esquisse d'une théorie des banques de circulation au point de vue des principes de l'économie politique et de l'intérêt général. L'escompte à trois pour cent. 1865, in-8, 16 pag. » 50 c.

ASHER. Procédure civile des Romains. In-8. (V. *Walter.*) 1 fr.
Extrait de la *Revue historique de droit français et étranger.*

ASHER (*C.-W.*). Essai concernant les principes à poser pour le Droit maritime international de l'avenir. *Hambourg*, 1856, broch. in-8. 2 fr.

ASSEMBLÉE NATIONALE (Compte-rendu des séances de l'). — V. *Annales du Sénat et du Corps législatif;* — *Archives parlementaires;* — *Compte-rendu des Séances, etc.*

ASSEN (*C. J. Van*). Adnotatio ad Gaii Institutionum commentarium secundum (usque ad locum de legatis). *Lugd. Bat.*, 1855, 2 parties in-8. 8 fr.
— Lineamenta extrema juris privati Justinianei secundum textum Institutionum. *Leidae*, 1855, in-8. 1 fr. 50 c.

ASSISES de Jérusalem. — V. *Beugnot; Foucher; Kausler.*

ASTRUC. Traité des Servitudes réelles, revu par Solon. 1843, in-12 (V. *Demolombe*). 3 fr.

AUBARET (*G.*). Code annamite. Lois et règlements du royaume d'Annam, traduits du texte chinois original par G. Aubaret. *Impr. impér.*, 1865, 2 vol. gr. in-8 (tom. I et II). 12 fr.
— *Le même ouvrage.* Grand papier, 2 vol. gr. in-8. 20 fr.

AUBÉPIN. De l'Influence de Dumoulin sur la législation française. 1855 et ann. suiv., 2 part. in-8 (R. C.). 6 fr.
— Molitor, sa vie et ses ouvrages. In-8. 1 fr.
— Portalis, avocat au parlement de Provence. In-8. 1 fr.
Les deux mémoires qui précèdent sont extraits de la *Revue historique de droit français et étranger.*

AUBERT (*M.*). Le Casier des lois, comprenant les lois anciennes promulguées avant 1789, et depuis cette époque jusqu'au 15 mars 1863, etc. 1re livr., 1863, in-8. 1 fr.

AUBIERS, (V. *Desaubiers.*)

AUBIGNY *(Ch. d')*. Recueil de jurisprudence coloniale en matière administrative, civile et criminelle, contenant les décisions du Conseil
d'Etat et les arrêts de la Cour de Cassation. 1861-63, 2 vol. in-4. 50 fr.

AUBRY *(C.)*. Des effets de la renonciation à succession, par le donataire
en avancement d'hoirie. 1857, in-8.   1 fr.

AUBRY et RAU. Cours de droit français, d'après l'ouvrage allemand de
K.-S. Zachariæ. 3e édition, refondue et complétée. 1858-65, 6 vol.
in-8, avec table (V. *Zachariæ*).   50 fr.

AUBRY-LE-COMTE. Législation et production du sucre de canne. 1865,
in-8.   1 fr. 25 c.

Extrait de la *Revue maritime et coloniale*.

AUCHER *(J.)*. Code du contentieux des contributions directes, contenant
la législation, la jurisprudence du Conseil d'Etat et les instructions
ministérielles sur la matière. 1864, in-8 (V. *Fiquenel*).   8 fr.

AUCOC *(L.)*. Des Obligations respectives des fabriques et des communes relativement aux dépenses du culte, etc. 1858, br. in-8.
(R. C.).   1 fr. 50 c.

— Voirie urbaine. Des alignements individuels délivrés par les maires
en l'absence de plans généraux. Limites du pouvoir des maires. 1862,
in-8 (R. C.).   1 fr. 50 c.

— Des Sections de Communes, des droits, des charges, des ressources
propres des sections, de la gestion de leurs biens et de la représentation de leurs intérêts ; 2e édit. 1864, in-12 (V. *Braff*).   4 fr.

— Les Sections de Communes et la loi du 28 juillet 1860 sur la mise en valeur des biens communaux. 1863, broch. in-8.

AUDIER *(J.)*. Revue sommaire de jurisprudence et de doctrine sur le
privilége du cautionnement des officiers ministériels et comptables de
deniers publics, et sur le privilége de vendeur des officiers ministériels.
1862, in-8.   1 fr. 25 c.

— Revue sommaire de jurisprudence et de doctrine sur la Transcription
hypothécaire, etc. 1862, in-8 (V. *Verdier*).   1 fr. 25 c.

— Code des Distributions et des Ordres, interprété par les documents
législatifs, les instructions administratives et judiciaires, la doctrine et
la jurisprudence, suivi de la Saisie-Arrêt, du transport des créances, de
l'immobilisation des fruits, de la folle-enchère, de la conversion des
saisies-immobilières, du tarif, des droits d'enregistrement et de greffe,
dans leurs rapports avec les Distributions et les Ordres. 1865, in-8. 5 fr.

— Des Effets de la loi du 25 mars 1855 sur les hypothèques légales de la
femme, du mineur et de l'interdit. 1865, in-8 de 31 pag. (R. P.).

AUDIFFRET *(le marquis d')*. Aperçu des progrès du crédit public et de
la fortune nationale de 1789 à 1860. 1861, in-8.   1 fr.

— Système financier de la France ; 3e édit. 1863-65, 5 vol. gr. in-8.
     37 fr. 50 c.

AUDIGANNE. Les populations ouvrières et les industries de la France.
Études comparatives sur le régime et les ressources des différentes industries, sur l'état moral et matériel des ouvriers dans chaque branche,
et les institutions qui les concernent ; 2e édit. 1860, 2 vol. in-8. 15 fr.

AUDISIO. Droit public de l'Eglise et des nations chrétiennes, trad. de
l'italien par le chanoine Labis. 1864-1866. 4 vol. in-8.   20 fr.

AUGAN *(J.-B.)*. Cours de Notariat, suivi d'un tarif alphabétique et raisonné des droits d'enregistrement et d'hypothèques; 3e édit. 1846, 2 vol.
in-8 (V. *Vélain*).   » »

AUGER. Traité élémentaire de Procédure civile. 1828, 2 vol. in-8. 10 fr.

— Manuel abrégé des Tribunaux de commerce. 1839, in-12.   2 fr.

AUGIER. Encyclopédie des Juges de paix. 1833-1838, 6 vol. in-8 (V. *Guilbon; Jay.*) 25 fr.

AUGIER et **LEIGNADIER.** Formulaire complet et raisonné des Tribunaux de paix et de simple police. 1847, in-8. 5 fr.

AULANIER (*A.*). Traité des Actions possessoires. 1829, in-8 (V. *Bioche.*) 7 fr.
— Traité du Domaine congéable; 2e édit. 1848, in-8. 7 fr.

AULANIER *fils* et **HABASQUE.** Usages locaux du département des Côtes-du-Nord. 1851, in-12 (V. *Sibille*). 4 fr.

AUTHELANDE (*d'*). — V. *Régulateur du contentieux.*

AUZIES (*C.*). De la surveillance de la haute police. 1865, in-8, 43 pag. (V. *Giraud*).
Extrait du *Recueil de l'Académie de législation de Toulouse.*

AUZOUY (*P.-P.-E.-Alph.*). Etudes critiques sur quelques parties de la législation pénale en France. 1865, in-32, 66 p. 1 fr.

AVANNES (*d'*). — V. *D'Avannes.*

AVISSE. Etablissements industriels, industries dangereuses, insalubres, incommodes. 1851-1852, 2 vol. in-8. 12 fr.

AYLIES. Du Système pénitentiaire. 1836, in-8. 5 fr.

AYLIES et **CLAPIER.** Annales de l'Éloquence judiciaire. — V. *Clair et Clapier.*

AYMÉ (*H.-F.-Alf.*). De la Séparation des patrimoines. 1860, in-8. 2 fr.
— Colbert, promoteur des grandes ordonnances de Louis XIV. 1860, broch. in-8. 1 fr.

AZUNI (*D.-A.*). Système universel des principes du Droit maritime de l'Europe, traduit de l'italien. 1805, 2 vol. in-8 (V. *Bédarride; Caumont; Dufour; Pouget*). » »
— Origine et progrès du droit et de la législation maritime, avec des observations sur le Consulat de la mer. 1810, in-8 (V. *Bédarride; Caumont; Dufour; Pouget*). 8 fr.

B

BABAUD-LARIBIÈRE (*L.*). Études historiques et administratives. 1863, 2 vol. in-8. 12 fr.

BABIN (*A.*) et **D***** (*P.-M.*). Manuel pratique de Procédure civile. 1829, in-8. 6 fr.

BACHELET (*A.*). Manuel du contentieux des douanes et des accises. *Bruxelles*, 1864, in-8, 242 pag.

BACHELIER (*L.*). Histoire du commerce de Bordeaux depuis les temps les plus reculés jusqu'à nos jours; 2e édit. 1863, in-8. 7 fr. 50 c.

BACON. Essai d'un traité sur la Justice universelle; trad. nouv., avec le texte en regard, par De Vauxelles. 1824, in-8. » »

BACQUA DE LA BARTHE (*Napoléon*). Codes (usuels et spéciaux) de la Législation française contenant, outre le Code politique et les Codes ordinaires, des Codes spéciaux sur chacune des autres matières du droit; de plus, sous une rubrique distincte, les lois, décrets et ordonnances sur les matières qui n'ont pu être codifiées, des annotations sur les lois les plus usuelles, la définition et l'explication des termes de droit, et enfin la corrélation exacte des articles des Codes. Nouvelle édition, entièrement refondue et modifiée. 1865, 2 forts vol. gr. in-8 brochés. 24 fr.

— *Les mêmes Codes*, 2 tômes en 1 vol. gr. in-8, demi-reliure dos de veau ou chagrin. 27 fr.

— Id. Relié en 2 vol. 29 fr.

On vend séparément :

— Codes usuels, 1 vol. broché : 12 fr. — Relié : 14 fr.

— Codes spéciaux, 1 vol. broché : 12 fr. — Relié : 14 fr.

— V. *Durand et Paultre, Roger et Sorel, Rogron, Royer-Collard et Mourlon, Sirey, Teulet, Tripier.*

— Code annoté de la Police administrative judiciaire et municipale, 1856-1857, 4 livr. in-8. 18 fr.

— Code communal et administratif annoté, contenant les lois, décrets et ordonnances sur les matières les plus importantes du droit administratif. Edition de 1865. 1 vol. in-8. 5 fr.

— Code annoté des Chemins de fer. 1847, in-8. 7 fr. 50 c.

BACQUÈS (*H.*). Les Douanes françaises ; essai historique, 2 édit. 1862, in-12. 2 fr. 50 c.

BAJOT. Répertoire chronologique et par ordre de matières des principales lois, ordonnances, circulaires, etc., relatives à la marine (1554 à 1843). 1844, in-8. 4 fr.

— Répertoire de l'administrateur de marine. 1844, in-8. 3 fr.

BAJOT et POIRRÉ. Annales maritimes et coloniales, ou recueil des lois et ordonnances, règlements et décisions ministérielles, mémoires, observations, etc. 1816-1847, 104 vol. in-8. (V. *Nouvelles annales de la Marine.*) 500 fr.

— V. *Nouvelles Annales de la Marine.*

BALBO. Constitutions républicaines du globe. 1848, in-12. 3 fr.

BALLEROY DE REINVILLE (*F.-P.*). De la garantie des créanciers d'après les lois françaises, etc. 1816, 2 vol. in-8. 10 fr.

BALMELLE. Code des Patentes, expliqué par les motifs, par la discussion. 1844, in-8. 1 fr. 50 c.

BANNING (*E.*). Rapport au ministre de l'intérieur sur l'organisation et l'enseignement de l'Université à Berlin. *Bruxelles*, 1864, in-8. 3 fr. 50 c.

BARABÉ (*A.*). Recherches historiques sur le Tabellionage royal, principalement en Normandie, et sur les divers modes de contracter à l'époque du moyen âge, d'après de nombreuses pièces manuscrites, et Sigillographie normande en 24 pl. (183 sceaux), avec fac-simile d'une belle charte ducale du XIe siècle, commentée par Dom Tassin, en 1758, en deux lettres inédites. 1863, 1 vol. gr. in-8. 25 fr.

BARBAROUX (*C.-O.*). De la Transportation. Aperçus législatifs, philosophiques et politiques sur la colonisation pénitentiaire. 1857, gr. in-8. 7 fr.

BARD. Notes sur les matières civiles et de police, de la compétence des juges de paix ; 2e édition. In-8 (V. *Bourbeau ; Guilbon ; Jay*). 2 fr.

BARD-GUYON (*E.-E.*). Code des justices de paix. *Dôle*, 1846, in-8 (V. *Bourbeau ; Jay*). 2 fr. 50 c.

— Notes sur les matières civiles et de police, de la compétence des juges de paix ; 2e édit. 1837, in-8. 4 fr.

BARDIN. Mémorial de l'Officier d'infanterie, collection de tous les règlements et lois en vigueur. 1843, 2 vol. in-8. 8 fr.

BARDOUX. De l'influence des légistes au moyen âge. 1859, in-8. 1 fr.

— Les légistes au XVIe siècle. 1856, in-8. 1 fr.

— Les légistes au XVIIIᵉ siècle. 1858, in-8. 1 fr.

— Les grands baillis au XVᵉ siècle : *Jean de Doyat.* 1863, in-8. 1 fr. 50 c.

Ces quatre mémoires sont extraits de la *Revue historique de droit français et étranger.*

— V. *Coquille.*

BARGILLIAT (*J.-A.*). Notes sur le droit commercial maritime. 1860. in-8 (V. *Bédarride; Caumont; Dufour).* 1 fr.

BARILLIET. Des effets de la subrogation consentie par un acquéreur au profit de son prêteur de deniers. 1862, in-8 (R. P.). 3 fr.

BARINETTI (*P.*). Diritto romano, Parte generale. — 1° Idee fondamentali intorne al diritto ed alle leggi. — 2° Delle persone. — 3° Delle cose. — 4° Delle azioni. *Milano,* 1865, in-8. 7 fr.

BARNAVE. Ses œuvres. 1843, 4 vol. in-8. 12 fr.

BARNI. V. *Kant.*

BARON (*J.*). Die Gesammtrechts-Verhaeltnisse in roemischen Recht *Marburg,* 1864, gr. in 8 10 fr.

BAROTS (*F.-H.*). Dictionnaire de droit de l'empire français, commenté et analysé d'après Merlin, Toullier, Rogron, etc. 1863, in-8 de 672 pages. 10 fr.

— Manuel des familles, contenant : Dictionnaire de droit français commenté et analysé, les droits de Timbre et d'enregistrement, ainsi qu'un tarif général des honoraires dus aux notaires, etc. 1858, in-8. 8 fr.

BARRAU (*Th.-H.*). Législation de l'Instruction publique. 1853, in-8 (V. *Dubarry*). 7 fr. 50 c.

— Nouvelles lois sur l'Enseignement. 1856, in-18. 2 fr.

BARRAU (*P.-B.*). Traité des assurances réciproques ou mutuelles contre les fléaux et les cas fortuits, ou Manuel des Propriétaires de toutes les classes; 2ᵉ édit. 1827, in-8, avec une gr. carte (V. *Pouget*). 7 fr.

BARRAULT (*Em.*). Note sur les brevets d'invention en France et à l'étranger. 1858, in-12 (V. *Breulier).* » 75 c.

— Marques de fabrique et noms commerciaux. Guide pratique du fabricant, du négociant et du commerçant pour la protection de leurs produits. 1858, in-12 (V. *Calmels).* 2 fr.

BARREAU (*B.*). Principes du droit de la nature et des gens. 1831, 'n-18 (V. *Wheaton*). 3 fr.

BARREAU ANGLAIS. — V. *Clair* et *Clapier.*

BARREAU FRANÇAIS. — V. *Clair* et *Clapier.*

BARRETO (*José Feliciano de Castilho*). — V. *Castilho Barreto.*

BARRIER (*E.-H.*). Répertoire général de voirie vicinale ou Guide méthodique, usuel, pratique et complet de législation, de jurisprudence et d'administration des chemins vicinaux. 1865, in-8. 10 fr.

— Code des Mines, ou Recueil des lois, décrets, ordonnances, etc., concernant les mines, minières, etc. 1829, in-8 (V. *Lamé-Fleury).* 5 fr.

BARRILLON. Suppression des Octrois; 2ᵉ édit. 1862, in-8. 2 fr.

BARRINS (*de*). Nouveau manuel de législation usuelle en matière commerciale, administrative, pénale, rurale, judiciaire. 1861, in-12. 1 fr.

BARROT (*Odilon*). — V. *Odilon Barrot.*

BARRUÉ (*V.*). Législation et Dictionnaire des Patentes, contenant un résumé complet des Instructions, Circulaires et Décisions en vigueur, etc. 1863, 2 vol. in-8.   15 fr.

BARRUEL (*l'abbé*). Du Pape et de ses droits religieux à l'occasion du Concordat. 1803, 2 vol. in-8.   8 fr.

BARSE. Manuel de la Cour d'assises dans les questions d'Empoisonnement. 1845, in-18. (V. *Cubain*.)   3 fr. 50 c.

BASCHET (*A.*). La diplomatie vénitienne. Les princes de l'Europe au XVIe siècle, François Ier, Philippe II, Catherine de Médicis, les papes, les sultans, etc., d'après les rapports des ambassadeurs vénitiens. 1862, in-8, avec fac-simile.   8 fr.

BASCLE DE LAGRÈZE (*E.*). Précis des règles relatives à la rédaction des actes de l'état civil. 1848, in-8 (V. *Demolombe; Loir*). 1 fr. 50 c.
— Droit criminel à l'usage des jurés : Science morale, code et vocabulaire du Jury ; 2e édit. 1854, 1 vol. in-8 (V. *Oudot*).   5 fr.

BASILICORUM libri XL post Ann. Fabroti curas, adnotationes criticas adjecit C. G. Heimbach. *Lipsiæ*, 1838-1851, 6 vol. in-4.   130 fr.
— Supplementum edit. Basilicorum (Libri 15, 18 et 19) cum scholiis integris, edente Zachariæ. *Lipsiæ*, 1846, in-4 (V. Ἀνέκδοτα).   15 fr.

BAST (*Amédée de*). Les Galeries du Palais de Justice de Paris. (1280-1789) Mœurs, usages, coutumes et traditions judiciaires. 1851-1854, 4 vol. in-8.   20 fr.
— Origines judiciaires (notaires, avoués, agréés, etc.). 1855, in-8. 6 fr.

BASTARD-D'ESTANG. Les Parlements de France, essai historique sur leurs usages, leur organisation et leur autorité. 1857, 2 vol. in-8. 18 fr.
Cet ouvrage concerne principalement le Parlement de Toulouse.

BASTIAT (*Fréd.*). OEuvres complètes, recueillies, mises en ordre, revues et annotées d'après les manuscrits de l'auteur, par M. Paillotet, et précédées d'une notice biographique par M. R. de Fontenay ; 2e édition. 7 vol. in-8.   35 fr.
— *Les mêmes œuvres.* 7 vol. gr. in-18 jésus.   24 fr. 50 c.
— OEuvres choisies, comprenant les *Sophismes*, les *Petits Pamphlets* et les *Harmonies.* 3 vol. gr. in-18 jésus.   10 fr. 50 c.

BASTINÉ (*L.*). Sommaire du cours de notariat, comprenant l'explication des lois organiques. *Bruxelles*, 1858, in-8 (V. *Chotteau; Vélain.*) 8 fr.
— Des droits de la femme en cas de faillite du mari. *Bruxelles*, in-8. 2 fr.
— Théorie du Droit fiscal dans ses rapports avec le Notariat, etc. *Bruxelles*, in-8.   10 fr.

BASTON. Concordance des lois civiles et des lois ecclés. de France touchant le Mariage. 1824, in-12.   2 fr.

BATAILLARD (*Ch.*). Du duel considéré sous le rapport de la morale, de l'histoire, de la législation et de l'opportunité d'une loi répressive. 1829, in-8.   2 fr.

BATAILLARD. Tableau des principaux abus existants dans le monde judiciaire au XVIe siècle. 1858, br. in-8.   2 fr.

BATBIE (*A.*). Doctrine et jurisprudence en matière d'Appel comme d'abus. 1852, in-18.   2 fr.
— Traité théorique et pratique de droit public et administratif. 1861-1866, T. I à V, 5 vol. in-8 (V. *Ducrocq*).   40 fr.
    L'ouvrage sera complet en 7 volumes.
— Précis du Cours de droit public et administratif professé à la Faculté de droit de Paris. 2e édition ; 1864, in-8 (V. *Ducrocq*).   9 fr.

— Turgot, philosophe, économiste et administrateur. 1862, in 8. (V. Mastier.) 9 fr.
— Le Crédit populaire, revu et augmenté d'une introduct. par E. Horn. 1864, in-12. (V. Horn). 5 fr.
— Nouveau cours d'Économie politique, professé à la Faculté de droit de Paris (1864-65). 1866, 2 vol. in-8. 15 fr.
— Mélanges d'Économie politique. 1866, in-8. 7 fr. 50 c.

BATTUR (G.-B.). Traité de la Communauté des biens. 1830, 2 vol. in-8 (V. Bellot des Minières; Cinouihiac). 16 fr.
— Traité des Priviléges et Hypothèques. 2e éd. 1823, 4 vol. in-8. 20 fr.
— Traité du Droit politique et de diplomatie, appliqué à l'état actuel de la France et de l'Europe. 1828, 2 vol. in-8. 15 fr.

BAUBY. De la donation à cause de mort sous le Code Napoléon. In-8. (R. C.). 1 fr. 50 c.

BAUDI DI VESME (le chevalier). Des impositions de la Gaule dans les derniers temps de l'empire romain (trad. de l'italien par Ed. Laboulaye). 1861, in-8. 1 fr. 50 c.
Extrait de la Revue historique de droit français et étranger.

BAUDOT. Traité des Formalités hypothécaires, indiquant les lois y relatives, les obligations qu'elles imposent aux particuliers, les avis du conseil d'État, la jurisprudence de la Cour de cassation et des cours royales ; enfin l'organisation des bureaux d'hypothèques, la manutention et les devoirs des conservateurs, 3e édit. 1845, 2 vol. in-8. 10 fr.
La matière des hypothèques n'est pas seulement une des plus importantes et des plus difficiles du Code au point de vue théorique ; les nombreuses formalités exigées par la loi, dans l'intérêt du crédit public, en ont, en même temps, rendu l'application pratique pleine de difficultés et de dangers. Aussi l'attention des jurisconsultes s'est-elle portée de ce côté avec une prédilection toute particulière ; mais, prenant presque toujours la question au point de vue de la science abstraite, ils n'ont écrit que pour l'école ou le palais. M. Baudot a voulu écrire pour le public : sans négliger la théorie, qui peut seule donner la lumière et montrer la route ; il s'attache surtout, comme son titre l'indique, à tracer un exposé clair et méthodique des formalités exigées par la loi ; en un mot, à écrire un manuel pratique, à l'usage tant des officiers publics (avoués, notaires, préposés de l'enregistrement, conservateurs) que des simples particuliers.

BAUDOUIN. Code spécial de la Justice de paix. 1841, in-8 (V. Bourbeau). 4 fr.

BAUDOUIN (F.-M.). La Liberté du travail et les Coalitions. 1864, in-8, 23 pag. (V. Haus). 1 fr.

BAUDOUIN et **MAZAINCOURT** (de). Le Nouveau conseiller en affaires, manuel de législation pratique. Nouv. et grande édition (93e) revue, corrigée et augmentée. 1866, in-12. 3 fr. 50 c.

BAUDRILLART. Code forestier. 3 vol. in-12. 13 fr.
— Code de la Pêche fluviale, etc. 1829, 2 vol. in-12 et Atlas. 10 fr.
— Recueil chronologique des Règlements forestiers depuis 1219 jusqu'en 1829, continué depuis 1830 jusques et compris 1847, par Herbin de Halle et Chevalier. 7 vol. in-4 (V. Bulletin). 200 fr.
— Dictionnaire général et raisonné des Eaux et Forêts. 1827, 2 vol. in-4 et atlas. 50 fr.
— Dictionnaire des Chasses. 1834, in-4 et atlas gr. in-4 (V. Gillon et Villepin). 25 fr.

BAUDRILLART (H.). La Liberté du travail, l'Association et la Démocratie. 1866, gr. in-18 jésus. 3 fr. 50 c.
— Publicistes modernes. 1862, in-8. 7 fr.
— Le même ouvrage. 1862, in-18 jésus. 3 fr. 50 c.
— Des rapports de la morale et de l'économie politique. 1860, in-8. 7 fr. 50
— Manuel d'économie politique ; 2e édition. 1865, in-12. 3 fr. 50

— Études de Philosophie morale et d'Economie politique. 1858, 2 vol. in-12. 　　　　　　　　　　　　　　　　　　　　　　　　7 fr.

BAUTAIN (*l'abbé*). Philosophie des lois au point de vue chrétien ; 3e édit. 1863, in-12. 　　　　　　　　　　　　　　　　　　3 fr. 50 c.

BAVOUX (*Evariste*). Manuel du Notariat ou recueil de Formules. 1846, 1 vol. in-32 (V. *Demadre*; *Vélain*). 　　　　　　　　　　　　》　》

— Philosophie politique, ou l'Ordre moral dans les sociétés humaines. 1840, 2 vol. in-8. 　　　　　　　　　　　　　　　　　　12 fr.

— Etudes diverses de législation, de politique, de morale. 1843, 1 vol. in-8. 　　　　　　　　　　　　　　　　　　　7 fr. 50 c

BAVOUX (*F.-A.*). Les Conflits ou Empiétements de l'autorité administrative sur l'autorité judiciaire. 1829, 2 vol. in-4. 　　　　15 fr.

— Conseil d'Etat, conseil royal, chambre des pairs, vénalité des charges, duel et peine de mort. 1838, in-8. 　　　　　　　　　　5 fr.

— Leçons préliminaires sur le Code pénal, ou Examen sur la législation criminelle. 1821, in-8. 　　　　　　　　　　　　　　　7 fr.

— et **LOISEAU**. La Jurisprudence du Code Napoléon, ou Recueil des arrêts rendus par les Cours d'appel et de cassation depuis la promulgation du Code. 1803-1814, 22 vol. in-8. 　　　　　60 fr.

BAYARD. Manuel pratique de Médecine légale. 1843, in-18. 3 fr. 50 c.

BAYLE – MOUILLARD. De l'Emprisonnement pour dettes. 1836, in-8 (V. *Lassime*). 　　　　　　　　　　　　　　　7 fr. 50 c.

BAYON (*A.*). Observations sur l'interprétation donnée par la jurisprudence de la Cour de cassation à l'art. 11 de la loi du 21 avril 1810, concernant les Mines, les minières et les carrières. 1852, in-8 (V. *Lamé-Fleury*). 　　　　　　　　　　　　　　　　1 fr. 50 c.

BAZELAIRE (*H. de*). Manuel du cantonnement des droits d'usage, destiné aux maires, aux administrateurs des communes usagères, etc. 1858, in-8. 　　　　　　　　　　　　　　　　1 fr. 50 c.

BAZANCOURT (*E. P. de*). Le véritable conseiller en affaires, nouveau manuel complet de législation usuelle et pratique pour faire ses affaires soi-même avec sûreté dans toutes les circonstances de la vie. (109e édit.) 1865, in-12. — Broché, 3 fr. 50 c.; cartonné, 4 fr.

BAZOT. Questions de taxe, revue critique de doctrine et de jurisprudence. In-8 (R. P.). 　　　　　　　　　　　　　2 fr. 50 c.

BAZOT (*Th.*). De la Récidive d'après la loi des 18 avril-13 mai 1863. Commentaire des nouveaux articles 57 et 58 du Code pénal. 1864, in-8. 　　　　　　　　　　　　　　　　　　1 fr. 50 c.

BEAUCOUSIN. — V. *Macarel*.

BEAUGÉ (*L.*). Cours d'administration militaire, à l'usage des officiers et sous-officiers des corps d'infanterie. 1863-64, in-16 avec supplément. 　　　　　　　　　　　　　　　　　　　5 fr.

BEAUME. Vaine pâture. (V. *Jay et Beaume.*)

BEAUMONT et **TOCQUEVILLE**. Du Système pénitentiaire aux Etats-Unis, et de son application en France. 2 vol. in-8 (V. *Julius*). 　15 fr.

BEAUMONT-VASSY. Histoire des Etats européens, depuis le congrès de Vienne (t. 1 à 6). 1853, in-8. Prix du vol.: 　　　　　7 fr. 50 c.

— V. *Schoell*.

BEAUNE (*H.*). Des distinctions honorifiques et de la particule; 2e édit. 1862, gr. in-18. 　　　　　　　　　　　　　　　3 fr.

BEAUREPAIRE (*Ch. de*). Essai sur l'Asile religieux dans l'Empire romain et la Monarchie française. 1855, in-8. 　　　　　3 fr.

— De la Vicomté de l'eau de Rouen et de ses coutumes aux XIIIe et XIVe siècles. 1856, in-8. 7 fr.

BEAUSSANT (A.). Code maritime ou Lois de la Marine marchande réunies, coordonnées et expliquées. 1840, 2 vol. in-8 (V. *Bédarride; Dufour; Pouget*). 16 fr.

BEAUTEMPS (J.-P.). Nouveau Manuel du capitaine au long cours et du maître au cabotage en mat. d'assurance maritime. 1849, in-4. 3 fr. 50 c.

BEAUTEMPS-BEAUPRÉ (C.-J.). De la Portion de biens disponible et de la Réduction. 1856, 2 vol. in-8 (V. *Lauth; Ragon; Saint-Espès-Lescot*). 14 fr.

Les questions que font naître la *quotité disponible* et la *réduction* sont les plus difficiles de toutes celles auxquelles le titre des donations et des testaments donne lieu. — Ce sont aussi celles de ce titre dont les tribunaux ont le plus à se préoccuper. « Mon intention, dit M. Beautemps-Beaupré, a été de présenter, autant que possible, l'exposé de toutes les difficultés relatives au calcul de la quotité disponible et à la réduction. Par conséquent, j'ai dû faire entrer dans cet ouvrage l'interprétation totale ou essentielle d'un assez grand nombre d'articles du code qui complètent, expliquent ou modifient les règles des art. 913 à 930, et 1094 à 1100 du Code Napoléon. »

Tout cela est exposé et discuté dans le traité que nous annonçons avec beaucoup de soin. Quoique les doctrines des auteurs précédents soient résumées par M. Beautemps-Beaupré, il ne se borne pas aux points qu'ils ont examinés; mais il va plus loin encore, et il est rare que des questions nouvelles ne se présentent assez souvent sous sa plume : l'auteur les discute toutes d'une manière sérieuse. — La jurisprudence est même souvent rappelée par lui, l'indication des arrêts, quoiqu'elle ne nous paraisse pas complète, est faite néanmoins avec un soin que d'autres auteurs sont loin de présenter. — Les deux volumes sont suivis d'une table alphabétique qui résume tout ce qui s'y trouve discuté. — Ce n'est pas tout : on trouve dans chaque volume deux tables, l'une indicative des articles que l'auteur approfondit; l'autre des chapitres, articles et paragraphes qui y sont présentés. — L'auteur aurait encore donné plus de commodité à son livre, s'il avait réuni ces tables diverses à la fin du deuxième volume, à l'instar de ce qu'il a exécuté pour la table alphabétique des matières.

(DALLOZ. *Jurisprudence générale*.)

— Coutumes du pays de Vermandois et ceulx de envyron, publiées d'après le ms. inédit des archives de Troyes. 1858, in-8. 5 fr.

— Note sur le ms. du Grand Coustumier de France, conservé à la Bibliothèque de Troyes. 1858, br. in-8 (V. *Laboulaye*). 1 fr.

Extrait de la *Revue historique de droit français et étranger*.

— De la nature de la transaction et des droits d'enregistrement auxquels elle peut donner ouverture. 1863, in-8 (R. P.). 2 fr.

— Un tarif des actes notariés. 1863, br. in-8. 1 fr.

Extrait de la *Revue historique de droit français et étranger*.

BEAUTEMPS-BEAUPRÉ (C.). Du droit des propriétaires de fief d'ajouter le nom de leur fief à leur nom patronymique. 1864, in-8. 1 fr.

Extrait de la *Revue historique de droit français et étranger*.

— Le Livre des droits et des commandemens d'office de justice, publié d'après le manuscrit inédit de la bibliothèque de l'Arsenal, qui a appartenu au chancelier d'Aguesseau. 1865, 2 vol. in-8. 16 fr.

Cet ouvrage est cité plusieurs fois par de Laurière dans ses notes sur les Établissements de Saint-Louis, sous le nom de la *Pratique de Cholet*.

BEAUVANT (Ch. de). De la Quotité disponible. 1863, in-8 (V. *Lauth*). 2 fr.

BEAUVERGER (Edm. de). Les Constitutions de la France, et du système politique de l'empereur Napoléon. 1852, in-8 (V. *Devade; Lézardière*). 5 fr.

— Les Institutions civiles de la France, considérées dans leurs principes, leur histoire, leurs analogies. 1864, in-8. 6 fr.

— Coup d'œil historique et critique sur la législation militaire. 1864, in-8, 40 pag.

Extrait du *Compte-rendu de l'Académie des Sciences morales et politiques*.

BEAUVISAGE (E.). Guide du déposant à la caisse des retraites pour la vieillesse; 12e édit. 1864, pet. in-4. « 50 c.

BEAUVOIS. De la Possession en droit romain et en droit français et des actions possessoires. 1858, in-8 (V. *Bioche; Savigny*).   7 fr.

BÉCANE (*V.*). Commentaire sur l'Ordonnance du commerce du mois de mars 1672, par Jousse, avec des notes. 1828, in-4 ou in-8.   6 fr.

— Commentaire sur l'Ordonnance de la marine, du mois d'août 1681, par Valin. 1834, 1 vol. in-4 ou 2 vol. in-8.   6 fr.

— Questions sur le Droit commercial, suivies du comment. de Jousse, et du traité de la Lettre de change, par Dupuy de la Serra. 1842, in-8 (V. *Bédarride*).   5 fr.

— Questions sur les Sociétés et la Lettre de change. 1846, in-4 (V. *Bédarride*).   5 fr.

— Questions sur les Faillites et Banqueroutes. 1846, in-4 (V. *Bédarride; Gadrat*).   5 fr.

— V. *Jousse.*

BECCARIA. Des Délits et des peines. Nouv. éd. avec notes et comment. par Faustin-Hélie. 1856, gr. in-18,   3 fr.

— *Le même ouvrage*, publié par Dufey de l'Yonne. 1821, in-8.   6 fr.

BÉCHARD (*F.*). Droit municipal dans l'antiquité et au moyen-âge. 1860-1862, 3 vol. in-8   23 fr.

On vend séparément :

— Droit municipal dans l'antiquité. 1 vol.   8 fr.

—   — au moyen âge. 2 vol.   15 fr.

Ouvrage couronné par l'Institut impérial de France, en juillet 1863. (Prix Bordin de 3,000 francs.)

— De l'administration intérieure de la France, avec un appendice sur les lois municipales des principaux Etats de l'Europe, par Bergson. 1851, 2 vol. in-12 (V. *Bergson.*)   10 fr.

— Lois municipales de la Suisse et des États-Unis. 1852, in-12.   » »

— De l'Administration de la France, ou Essai sur les abus de la centralisation; 2e édit. 1845, 2 vol. in-8 (V. *Braff; Chevillard; Dareste*).   12 fr.

— De l'état du paupérisme en France et des moyens d'y remédier. 1853, in-12.   4 fr.

Ouvrage couronné par l'Académie française.

— Du projet de décentralisation administrative annoncé par l'Empereur. 1864, in-8.   2 fr.

BECKER. De la justice et des avocats en Bavière et en Allemagne. 1861, in-8.   2 fr.

BECKERS. Des Hypothèques légales dans l'intérêt des mineurs et des femmes mariées. *Bruxelles*, 1854, in-8.   7 fr.

BÉCOT (*J.*). De l'organisation de la justice répressive aux principales époques historiques. 1860, in-8.   5 fr.

BÉDARRIDE. Traité du Dol et de la Fraude en matière civile et commerciale. 1852, 3 vol. in-8.   24 fr.

Une longue expérience des affaires et de nombreuses recherches ont permis à M. Bédarride, auteur d'un commentaire estimé sur la loi des faillites, de déterminer les bases légales sur lesquelles doit s'appuyer dans les matières si difficiles du dol et de la fraude l'appréciation des magistrats. Il l'a fait avec toute l'étendue et la profondeur que réclame l'importance du sujet. Il suffit pour s'en convaincre de parcourir les trois volumes. Dans le premier, l'auteur traite du dol; il le définit, il en détermine les caractères, il en indique les diverses espèces, il expose les modes de preuve du dol, ses effets, les fins de non-recevoir qui lui sont opposables. Le second est consacré à la fraude, à ses caractères, aux moyens de les prouver, dans les divers actes où on la rencontre le plus souvent. Le troisième a pour objet la simulation, ou déguisement de la vérité. L'auteur y étudie l'origine, la nature, la condition de l'action, les modes de preuve de la simulation, les actes dans lesquels elle se glisse le plus souvent, les fins de non-recevoir. Ce résumé des matières et des questions nombreuses et délicates traitées dans cet ouvrage suffit à le recommander aux magistrats, aux avocats, à tous ceux enfin qui s'occupent de la théorie ou de la pratique du droit.

— Droit commercial; Commentaire du Code de Commerce. 1854-1864, 17 vol. in-8. 137 fr. 50 c.

Chaque traité se vend séparément, savoir :

— Livre I, titres 1 et 2 : *Des Commerçants et des Livres de commerce.* 1854, in-8. 7 fr. 50 c.
— Livre I, titre 3 : *Des Sociétés.* 1857, 2 vol. in-8. 15 fr.
— Commentaire des lois des 17-23 juillet 1856 sur l'arbitrage forcé et les sociétés en commandite par actions (Tirage à part du tome 2ᵉ du précédent ouvrage). 1857, in-8 (V. *Frouart; Giraudeau et Gœtschy*). 3 fr.
— Livre I, titre 5 : *Des Bourses de commerce, Agents de change et Courtiers.* 1862, 1 vol. in-8. 9 fr.
— Livre I, titre 6 : *Des Commissionnaires*, avec appendice sur les modifications qui y ont été introduites. 1863, 1 vol. in-8 (V. *Pouget*). 9 fr.
— Livre I, titre 7 : *Des Achats et ventes.* 1862, 1 vol. in-8. 8 fr.
— Livre I, titre 8 : *De la Lettre de change, des Billets à ordre et de la Prescription.* 1862, 2 vol. in-8 (V. *Jousse; Persil*). 16 fr.
— Livre II : *Du Commerce maritime.* 1859, 5 vol. in-8 (V. *Dufour*). 40 fr.

Rien de plus négligé jusqu'à nos jours que la science du droit commercial maritime Les difficultés de la matière, la nécessité d'être initié aux opérations du commerce maritime pour bien comprendre les lois qui les réglementent, semblent avoir découragé les auteurs qui se sont occupés du droit commercial en général.

Nous nous sommes efforcés de remédier à cette lacune dans les divers traités sur le droit maritime insérés dans notre *Répertoire.* L'ouvrage de M. Bédarride ajoute de nouvelles lumières à celles que nous nous sommes efforcés de jeter sur les diverses parties du droit commercial maritime. Attaché comme avocat à la Cour impériale d'Aix, qui connaît tous les procès que soulèvent les nombreuses et lointaines relations de Marseille, M. Bédarride a suivi de près les solutions de la jurisprudence.

L'introduction, placée en tête du premier volume, contient des recherches très-savantes sur le caractère général du droit maritime, sur les sources auxquelles il faut remonter, sur les difficultés qui résultent de l'absence de législation écrite, sur les usages qui en tiennent lieu, sur la pratique des Phéniciens, sur les lois rhodiennes, sur les lois d'Amalphi, sur le *consulat de la mer*, sur les jugements ou rôles d'Oléron, sur les lois de Wisbuy, sur les ordonnances de Charles-Quint, de Philippe II, des rois de France, etc. L'auteur montre dans ces diverses parties à la fois la science de l'historien et du jurisconsulte. (DALLOZ, *Recueil*, mai 1859).

— Livre III : *Des Faillites et Banqueroutes*, ou Commentaire de la loi du 28 mai 1838; 4ᵐᵉ édition revue et mise au courant de la doctrine et de la législation. 1862, 3 beaux vol. in-8 (V. *Gadrat*). 24 fr.

C'est la 4ᵉ édition de cet ouvrage que nous annonçons : cela seul prouve tout le succès qu'a reçu cet ouvrage et justifie les éloges que nous lui avions donnés dans l'origine. Cette nouvelle édition, qui renferme de nouveaux développements (l'ouvrage a maintenant 3 volumes au lieu de 2 seulement qu'il avait au début), est mise au courant de la doctrine et de la jurisprudence, en sorte qu'elle présente un tout complet et à jour, où l'on trouvera le dernier mot sur les difficultés si nombreuses et souvent si difficiles qui se sont élevées en matière de faillite. (DEVILLENEUVE et CARETTE. *Recueil de Lois*, 1862.)

— Livre IV : *De la Juridiction commerciale.* 1864, 1 vol. in-8. 9 fr.

BÉDARRIDE. Les Juifs en France, en Italie et en Espagne, recherches sur leur état depuis leur dispersion jusqu'à nos jours, sous le rapport de la législation, de la littérature et du commerce; 2ᵉ éd. 1860, in-8. 7 fr. 50 c.

BÉDARRIDE (*J.*). Etude sur la législation pénale. De la peine de mort, de la révision des condamnations criminelles. 1865, in-8, 133 pag. Extrait de la *Revue judiciaire du Midi.*

BEDEL. Traité de l'Adultère et des Enfants adultérins. 1826, in-8 (V. *Desportes; Morillot*). 4 fr.

BEHRNAUER (*Dᵣ Walter*). Mémoire sur les institutions de police chez les Arabes, les Persans et les Turcs. 1861, in-8. 6 fr.

BEILAC (*de*). Répertoire général du contentieux, de la procédure et de la jurisprudence en matière de Douane. 1850, 2 vol. in-8. 15 fr.

BELGIQUE JUDICIAIRE (la). Gazette des tribunaux belges et étrangers. Jurisprudence, législation, doctrine, notariat, débats judiciaires. In-folio.

Prix de l'abonnement annuel, pour la France, 35 fr. — Un volume par an.
L'année 1865 forme le tome 23.
Les collections complètes de ce journal sont très-rares.

BÉLIME. Philosophie du Droit, ou Cours d'introduction à la science du Droit; 2e édit. 1857, 2 vol. in-8 (V. *Ahrens*; *Glinka*).   15 fr.

— Traité du Droit de possession et des Actions possessoires. 1842, 1 vol. in-8 (V. *Bioche*).   » »

BELIN. Etude sur la propriété foncière en pays musulman, et spécialement en Turquie (rite Hanéfite). *Impr. impér.*, 1862, in-8, 248 p. (V. *Ménerville*).   10 fr.

Extrait du *Journal asiatique.*

BELLAIGUE. Mariage contracté avec un forçat libéré; erreur dans la personne ; nullité. 1861, in-8 (R. P.).   1 fr.

BELLANGER. Manuel analytique à l'usage des Commissaires de police, et autres fonctionnaires, contenant la généralité des infractions qualifiées crimes, etc. 1858, in-8.   5 fr.

BELLART. OEuvres complètes, avec une notice par Billecocq. 1827, 6 v. in-8.   12 fr.

— OEuvres choisies. 1823, in-8.   6 fr.

BELLET (*V.*). Offices et Officiers ministériels. 1850, in-8 (V. *Durand*; *Jeannest-Saint-Hilaire*).   6 fr.

BELLEYME. — V. *Debelleyme*.

BELLO (A.) Principios del derecho de gentes; 3a edición, *Santiago de Chile*, 1864, in-8.

— V. *Código civil de la República de Chile*; — *Courcelle-Seneuil.*

BELLOC. Cours de médecine légale, théorique et pratique, suivie des lois d'exemption militaire pour cause d'infirmités. 1819, in-8.
                                                                 4 fr.

BELLONO. Codice della guardia nazionale contenente tutte le leggi e tutti gli atti; 5a edizione. *Torino*, 1861-63, 3 vol. in-12, fig.   12 fr.

BELLOT (*P.-F.*). Loi sur la Procédure civile du canton de Genève, suivie de l'exposé des motifs; 2e édition, revue sur les manuscrits de l'auteur, augmentée d'un supplément par Schaub, P. Odier et E. Mallet. 1837, gr. in-8.   10 fr.

BELLOT DES MINIÈRES. Du Contrat de mariage. *Poitiers*, 1826, 4 vol. in-8 (V. *Bonnet*; *Demadre*).   20 fr.

— Le Contrat de mariage considéré en lui-même, ou Comm. sur le 1er chap. du Contrat de mariage. 1855, in-8 (V. *Bonnet*; *Demadre*).   8 fr.

— Régime dotal et communauté d'acquêts, sous forme de commentaire. 1851-1854, 4 vol. in-8 (V. *Ginoulhiac* ; *Marcel*).   28 fr.

« Les trois premiers volumes de cet ouvrage sont consacrés au régime dotal, le quatrième et dernier à la société d'acquêts. C'est donc, à tous égards, le travail le plus étendu qui aura été publié sur le régime dotal et la société d'acquêts. M. Bellot des Minières aime le régime dotal ; il le défend avec ardeur contre des autorités considérables qui se sont produites dans les dernières années. Son ouvrage sera recherché avec empressement par les légistes des pays où s'agitent les questions de dotalité, c'est-à-dire par ceux de la France presque entière. » (*Armand Dalloz, Recueil périodique.*)

— Commentaire sur l'Arbitrage volontaire et forcé. 1838, 3 v. in-8 (V. *Bédarride*; *Caumont*; *Giraudeau et Goetschy*).   15 fr.

BELMONDI. Code des Contributions directes. 1818-25, 3 vol. in-8 (V. *Fiquenel*). 21 fr.

BELOUINO. Des Passions dans leurs rapports avec la religion, la philosophie et la médecine légale; 2ᵉ édit. 1855, 2 vol. in-8. 12 fr.

BÉNAT-SAINT-MARSY. Code du Garde national. In-12 (V. *Code*). 3 fr.

— V. *Valette et Bénat-Saint-Marsy.*

BENÉCH. De l'illégalité de l'Adoption des enfants naturels; 2ᵉ édition, entièrement refondue. 1845, in-8 (V. *Desportes; Morillot*). 4 fr.

— Le Nantissement appliqué aux droits, créances et reprises de la femme sur les biens de son mari. 1855. Broch. in-8. 3 fr.

— De la Quotité disponible entre époux ; 2ᵉ édit. 1842, in-8 (V. *Lauth*). » »

— De l'emploi et du remploi de la Dot sous le régime dotal; 2ᵉ édit. 1847, in-8. » »

— Du droit de préférence en matière de Purge des hypothèques légales dispensées d'inscriptions et non inscrites. 1853, in-8. 4 fr.

— Programme d'un Cours de droit romain. 1837, in-4 (V. *Blondeau; Machelard; Pellat; Thézard*). 20 fr.

— Études sur les Classiques latins appliqués au droit civil romain. 1853, in-8. 4 fr.

— Mélanges de Droit et d'Histoire, publiés sous les auspices de l'académie de législation. 1857, 1 vol. in-8. 7 fr.

— Traité des Justices de paix (loi du 25 mai 1838.) 2 vol. in-8 (V. *Bourbeau; Guilbon; Jay*). 12 fr.

BENECKE. Traité des Principes d'indemnité en matière d'assurance marit. et de grosse aventure, traduit par Dubernad. 1825, 2 vol. in-8. (V. *Cauvet; Giraudeau et Courtois*). 15 fr.

BENOID. Traité et manuel synthétiques et pratiques des Codes pénal et d'instruction criminelle. 1845, in-8 (V. *Richard-Maisonneuve; Trébutien*). 3 fr.

BENOIT. Traité de la Dot. 1846, 2 vol. in-8. 10 fr.

L'auteur traite à fond toute cette partie importante du Code Napoléon : de la constitution de la dot, des droits et des obligations du mari à l'égard des biens dotaux, de la restitution de la dot.

— Traité des Biens paraphernaux. 1846, in-8. 5 fr.

Pour donner une idée du Traité de M. Benoît sur les biens paraphernaux, nous signalerons les divers chapitres contenus dans l'ouvrage :
« Quels biens sont réputés paraphernaux?
« Des obligations de la femme naissant de la paraphernalité de ses biens.
« Des droits et des obligations du mari à l'égard des biens paraphernaux, lorsqu'il les
« administre en vertu du mandat de la femme.
« Des droits et des obligations du mari à l'égard des biens paraphernaux, etc.
« Droits du mari sur les biens paraphernaux lorsqu'il en jouit sans mandat, etc.
« Obligations du mari à l'égard des biens paraphernaux de la femme, etc.
« Des droits et actions de la femme contre le mari et contre les tiers pour le recouvre-
« ment de ses paraphernaux.

— Traité du Retrait successoral. 1846, in-8. 5 fr.

« Les auteurs qui ont écrit sur toutes les matières du droit civil ont incontestablement
« accompli une œuvre digne du plus haut intérêt ; mais tous les bons esprits ont regretté
« que des hommes si courageusement dévoués à la science des lois n'eussent pas consacré
« leur temps et leur savoir à la composition de traités spéciaux. Embrasser à la fois toutes
« les parties d'un sujet aussi vaste, c'est donner un démenti à l'impossibilité de tout dire,
« de tout éclairer, de tout approfondir. »

BENOIT-CHAMPY (G.-B.). Essai sur la Complicité. 1861, in-8. 3 fr.

BENOIT-RATIER. Traité des cours d'eau navigables ou flottables en train. 1847, in-8 (V. *Rives*). 7 fr.

BENOU (*G.*). Code et manuel du Commissaire-priseur, ou Traité des prisées et ventes mobilières. 1835, 2 vol. in-8 (V. *Lehir*). 12 fr.

BENSA (*A.-M.*) Juris naturalis universi summa. 1856, 2 vol. in-8. 12 fr.

BENTHAM (*J.*). OEuvres complètes, publiées par Dumont. 1840, 3 vol. gr. in-8. 40 fr.

— Défense de l'Usure. 1828, in-8 (V. *Liégeois*). » »

— De l'Organisation judiciaire et de la Codification. 1828, in-8 (V. *Ginoulhiac*; *Regnard*; *Pardessus*). 5 fr.

— Tactique des Assemblées législatives. 1828, 2 vol. in-8. » »

— *Le même ouvrage.* In-18. 3 fr. 50 c.

— Théorie des Peines et des Récompenses. 1827, 2 vol. in-8. 10 fr.

— Traité des Preuves judiciaires. 1830, 2 vol. in-8 (V. *Bonnier*). 10 fr.

— Traités de Législation civile et pénale. 1830, 3 vol. in-8. 15 fr.

— Theory of legislation ; translated from the french of Et. Dumont, by R. Hildreth. *London*, 1864, in-8. 10 fr.

BÉRENGER. De la Justice criminelle en France, d'après les lois permanentes, les lois d'exception et les doctrines des tribunaux. 1818, in-8 (V. *Bécot*). 7 fr.

— Des moyens propres à généraliser en France le Système pénitentiaire; 4e édit. 1837, in-8. 3 fr.

— De la Répression pénale et de ses formes, de ses effets (Rapports faits à l'Académie des sciences morales et politiques). 1855, 2 vol. in-8 (V. *Bécot*; *Bertin*). 14 fr.

BÉRENGER (*A. di*). Dell'antica storia e giurisprudenza forestale in Italia. *Treviso e Venezia*, 1859-63, 1 fort vol. gr. in-8, avec pl. 25 fr.

BÉRÈS. Éléments d'une nouvelle législation des Chemins vicinaux, grandes routes, chemins de fer, etc. 1831, in-8. (V. *Braff*; *Grandvaux*.) 2 fr.

BERGE (*E.-D.*). Histoire du Notariat. 1815, in-12. 2 fr.

BERGSON. Le régime foncier des États du nord de l'Europe dans ses rapports avec la loi française sur la transcription, suivi d'un projet de transcription de la propriété parcellaire. In-8 (R. C.). 2 fr.

— Aperçu de la nouvelle législation de la Prusse, 1847; brochure in-8 (V. *Code pénal prussien*). 2 fr. 50 c.

— V. *Béchard.*

BERNAL DE O'-REILLY (*A.*). Practica consular de España. Formulario de cancilleras consulares y Coleccion de decretos, reales ordenes y documentos diversos. *Le Havre, Lemâle*, 1864, in-8, 508 p. et 3 pl.

BERNARD. Manuel des Pourvois et des formes de procéder devant la Cour de cassation, en matière civile. 1858, in-8. 7 fr.

BERNARD (*M.-P.*). La Séparation de corps réformée. 1862, in-8 (V. *Lassime*). R. C. 3 fr.

— De la Détention préventive pendant l'instance correctionnelle. 1863, in-8 (R. C.). 1 fr. 50 c.

— De la prescription des infractions dont le caractère est incomplétement défini dans la loi pénale. In-8 (R. C.). 1 fr. 50 c.

— De l'inscription des hypothèques légales par le procureur impérial. 1862, in-8. 2 fr. 50 c.

— Histoire de l'Autorité paternelle en France 1864, gr. in-8. 7 fr.
Ouvrage couronné par l'Académie des Sciences morales et politiques.

— Etude historique sur le droit de réduction des libéralités faites aux établissements publics. 1864, in-8. 2 fr.
Extrait de la *Revue historique de droit français et étranger.*

BERNARD (*le baron Al.*). De la conduite des débats devant les conseils de guerre et devant les cours d'assises. 1859, in-8. 4 fr.

BERNARD (*Aug.*). Procès-verbaux des Etats généraux de 1593. 1852, 1 vol. in-4. 12 fr.

BERNARDI. De l'origine et des progrès de la Législation française. 1816, in-8. 8 fr.

— Cours de Droit civil français. 1803, 4 vol. in-8 (V. *Demolombe; Zachariæ*). 15 fr.

— Commentaire sur la loi du 13 floréal an XI, relat. aux Donations et Testaments. 1804, in-8 (V. *Demolombe; Saint-Espès-Lescot*). 5 fr.

— Commentaire sur la loi du 24 ventôse an XI, concernant le Mariage. 1803, in-8 (V. *Allemand; Demolombe*). 5 fr.

— Commentaire sur la loi du 20 pluviôse an XII, relat. au Contrat de Mariage, etc. 1804, in-8 (V. *Bellot des Minières; Bonnet*). 5 fr.

— Institution du Droit français civil et criminel. An VIII, in-8. 5 fr.

BERNEDE (*Ch.*). Guide pratique de l'officier de l'état civil. Tableaux synoptiques pour servir à la rédaction des actes de l'état civil. 1861, gr. in-4 (V. *Loir*). 4 fr.

BERNEOL. Essai sur les Condamnés libérés. 1854, in-8 (V. *Demante*). 3 fr.

BERNIER (*A.*). Procès-Verbaux des séances du conseil de régence de Charles VIII. 1836, 1 vol. in-4. 12 fr.

BERNIMOLIN (*E.*). Manuel des lois sur la milice, à l'usage des administrations communales et des chefs de famille. *Liége*, 1864, in-12, 270 pag. 3 fr.

BERODE (*Fr.*). Manuel des connaissances usuelles commerciales, judiciaires et civiles, offert aux juges de paix, administrateurs, notaires, etc. 1860, in-8. 3 fr. 50 c.

— Histoire. Droit usuel. Répertoire des usages, coutumes, règlements administratifs et civils en vigueur dans les départements du Nord et du Pas-de-Calais, commentés et comparés avec la législation moderne, etc. Tome I. 1865, in-8. 7 fr. 50 c.

BERRIAT SAINT-PRIX (*J.*). Histoire du Droit romain, suivie de l'histoire de Cujas. 1821, in-8. 7 fr.

— Recherches sur la législation et la tenue des Actes de l'état civil; 2e éd. 1842, in-8 (V. *Demolombe; Loir*). 2 fr.

— Cours de Procédure civile; 7e édition, refondue en partie et mise au courant de la législation, par Félix Berriat Saint-Prix. 1855, 2 vol. in-8. 8 fr.

— Cours de droit criminel (instruction criminelle et droit pénal). 5e édition mise au courant de la législation, par Félix Berriat-Saint-Prix. 1855, in-8 (V. *Richard-Maisonneuve*). 4 fr.

BERRIAT SAINT-PRIX (*Charles*). Manuel de Police judiciaire et municipale, 4e édit. 1863, in-18. 4 fr.

— De l'exécution des jugements et arrêts, et des peines en matières criminelle, correctionnelle et de simple police. 1846, in-8. » »

— Le Jury en matière criminelle; 3e édit. 1858, in-18 (V. *Buchère*). 2 fr.

— Législation de la Chasse et de la Louveterie commentée, comprenant : la loi du 3 mai 1844, les anciennes lois, etc. 1845, in-8 (V. *Codes de la lég. for.; Dufour; Gillon et Villepin*). » »

— Manuel de logique judiciaire à l'usage des candidats des avocats, des magistrats, pour les concours. 1855, in-18 (V. *Saint-Albin*). 3 fr.

— Étude pratique sur l'Instruction criminelle préjudiciaire. 1859, in-8:
         1 fr. 50 c.

— Traité de la Procédure des tribunaux criminels, suite de l'Instruction criminelle préjudiciaire, 1re *partie : Tribunaux de simple police.* 2e édit. 1865, in-8.   7 fr. 50 c.

   N. B. Il existe aussi une édition in-18 du *Traité des Tribunaux de simple police*, 2e édition, 1865.   4 fr. 50 c.

— 2e *partie : Tribunaux correctionnels.* 1854-57, 2 vol. in-8.   15 fr.

— Des tribunaux et de la procédure du grand-criminel au xvIIIe siècle, jusqu'en 1789, avec des recherches sur la question ou torture. 1859, in-8.   » »

— Mazas. Étude sur l'emprisonnement individuel. 1860, in-8. 1 fr.

— La justice révolutionnaire à Paris, Bordeaux, Brest, Lyon, Nantes, Orange, Strasbourg, d'après les documents originaux. 1861, in-12.   2 fr. 50 c.

BERRIAT SAINT-PRIX (*Félix*). Commentaire sur la Charte constitutionnelle. 1836, in-8.   3 fr.

— Théorie du Droit constitutionnel français, esprit des Constitutions (de 1848 et 1852). 1853, in-8.   9 fr.

— Notes théoriques sur le Code civil; contenant, sur chaque article sans exception, l'explication des termes techniques, la filiation des idées et la discussion des questions de principes. 1845-1856, 3 vol. in-8.   22 fr. 50 c.

— Guide pour l'étude des Examens de Droit, ou indication des principales difficultés qui en sont l'objet; 4e édit. 1856, in-18.   2 fr. 50 c.

— Analyse du Code pénal. Table synoptique et raisonnée des délits et des peines. 1855, 1 vol. grand in-8.   4 fr.

— Manuel de la Saisie immobilière, d'après la loi de 1841. 1859, br. in-8.   2 fr.

BERRYER père. Souvenirs (de 1774 à 1838). 1838, 2 vol. in-8.   10 fr.

BERRYER fils. Leçons et modèles d'Eloquence judiciaire du xive au xixe siècle. 1838, in-4.   » »

— Le Ministère public et le Barreau, leurs droits et leurs rapports. 1860, in-8.   3 fr.

BERTAULD (*A.*). Introduction à l'histoire des sources du droit français. 1860, in-12 (V. *Chambellan; Fleury; Fresquet; Kœnigswärter; Marnier; Poncelet*).   3 fr.

— De la juridiction civile et criminelle dans ses rapports avec la vie privée. 1863, in-8 (R. C.).   1 fr. 50 c.

— Des Substitutions et des vraies causes de leur prohibition. In-8 (R. P.).   1 fr. 50 c.

— De l'Hypothèque légale des femmes mariées sur les conquêts de la communauté. 1852, in-8.   » »

— Traité théorique et pratique de la Subrogation à l'hypothèque légale des femmes mariées, 2e édition. 1864, in-8.   6 fr. 50 c.

— Cours de Code pénal et leçons de législation criminelle, ou Répétitions écrites sur le droit criminel. 3e édition, revue, complétée et mise au courant jusques et y compris 1863. 1864, 1 vol. gr. in-8. (V. *Richard-Maisonneuve; Trébutien*).   9 fr.

— Questions et exceptions préjudicielles en matière répressive, ou Compétence du juge criminel sur les questions du droit civil que l'action publique soulève. 1856, in-8.   4 fr.

— Questions controversées sur les lois des 2-31 mai 1854; abolition de la mort civile, groupées sous chaque art. de loi, suivies d'études sur le sens de la règle : *le juge de l'action est le juge de l'exception*, etc. 1857, br. in-8. 4 fr.

— La Liberté civile; nouvelle étude critique sur les publicistes contemporains; 2ᵉ édit. 1864, gr. in-18 jésus. 3 fr. 50 c.

— De la présomption de vie ou de mort du contumace dont on n'a pas de nouvelles. Broch. in-8 (R. P.). 1 fr.

— Un mot sur la réduction des dispositions entre époux en cas d'existence d'enfants. 1862, in-8 (R. P.). 1 fr.

BERTHE (A.). Code de la propriété foncière et des placements hypothécaires, ou Guide pratique du vendeur et de l'acquéreur, du propriétaire, du locataire et du fermier, etc. 1863, in-8 de 40 pages. 1 fr. 50 c.

— Manuel hypothécaire. 4ᵉ édit. 1864, in-8, 28 pag.

BERTHELIN. Des Usages locaux ayant force de loi en France, recueil officiel pour les départements de l'Aube et de la Marne. *Troyes*, 1856-1857, 2 vol. in-8. 8 fr.

BERTHELOT. D. Justiniani Institutionum libri IV; adduntur cùm codice Napoleone collationes. 1809, 2 vol. in-8. 12 fr.

BERTHELOT-SOSTHÈNE (V. *Sosthène-Berthelot*).

BERTHON. De l'Hypothèque légale des femmes mariées sous le régime dotal, pour le prix de leurs immeubles dotaux aliénés pendant le mariage. 1851, in-8 (V. *Bertauld*). 1 fr. 25 c.

BERTIN. Chambre du Conseil en matières civile et disciplinaire. Jurisprudence de la Cour et du tribunal de la Seine, et introduction de M. De Belleyme; 2ᵉ édit. 1856, 2 vol. in-8. 16 fr.

Le Code Napoléon et le Code de procédure civile ne contiennent que de rares et très-laconiques dispositions sur la Chambre du Conseil. Cependant, la nécessité des choses et l'expérience ont démontré que cette juridiction, trop peu connue des jurisconsultes et même des praticiens, constituait un des rouages importants de notre organisation judiciaire. Aussi, la révision du Code de procédure, en 1841, la loi du 30 juin 1838 sur les aliénés, et celle du 3 mai 1841 sur l'expropriation pour utilité publique, sont venues successivement élargir le cercle de ses attributions. En présence des lacunes de la loi, du silence de la doctrine sur une matière aussi importante et aussi pratique, M. Bertin a cru devoir préciser la nature, l'étendue et les limites de la Chambre du Conseil. Il a été puissamment aidé dans ses investigations par la jurisprudence du tribunal de la Seine et les nombreux documents que M. le président de Belleyme a mis à sa disposition. M. Bertin, sous forme d'observations, a fait des traités séparés sur chacune des attributions de la Chambre du Conseil; il a placé à la suite de ces observations les monuments de la jurisprudence du tribunal de la Seine.

— Code des Irrigations, suivi des rapports de MM. Dalloz et Passy, et de la législation étrangère. 1852, in-8. 3 fr.

— Histoire de la révision du procès Lesurques, suivie des rapports de MM. Zangiacomi, etc. 1851, in-8 (V. *Jeandel*). 3 fr.

— De la Répression pénale et des Circonstances atténuantes. 1859, in-8. 1 fr.

— Des Réformes de l'instruction criminelle (Observations générales). — Instruction préparatoire. — Détention préventive. — Secret. — Mise en liberté sous caution. — Prise à partie. — Juge unique. — Juge d'accusation. — Conclusion). 1863, in-8. 3 fr.

— Biographie de M. De Belleyme, préfet de police, député, président du tribunal de la Seine. 1864, in-8. 2 fr.

— V. *De Belleyme*.

BERTIN (Am.). Des Chemins vicinaux. 1853, in-8 (V. *Braff; Grandvaux*). 1 fr.

BERTRAND (E.). De la Détention préventive et de la procédure criminelle, en France et en Angleterre. 1862, gr. in-8. 2 fr. 50 c.

BERTRAND (*G.*). Des Rapports à succession, en droit romain et en droit français. 1864, in-8 (V. *Couteau*).   6 fr.

BERVILLE. V. *Saint-Albin-Berville*.

BERTRAND (*L.*). Usages locaux du département de la Haute-Loire, recueillis et mis en ordre. 1865, in-8 de 213 pages.

BESCHERELLE. Manuel de correspondance administrative, commerciale et familière. 3e édit., mise au courant de la législation. 1862, in-18 jésus.   2 fr. 25 c.

BESLAY (*F.*). Des Actes de commerce. Commentaire théorique et pratique des articles 632 et 633 du Code de commerce. 1865, in-8.   3 fr.

BEUDANT (*Ch.*). Médecine légale et expertises. 1863, in-8.   1 fr. 50 c.
— De l'effet de la naissance en France sur la nationalité. (Loi du 7 février 1851). In-8 (R. C.).   1 fr. 50 c.
— De la Naturalisation. (Effet rétroactif du décret du 5 mars 1848, art. 7 et 8. Décret du 28 mars 1848. Loi du 3 décembre 1849. Décret organique du 2 février 1852, art. 12 et 26). In-8 (R. C.),   1 fr. 50 c.
— De l'indication de la loi pénale dans la discussion devant le jury. — Étude sur le jury. 1861, in-8.   4 fr.

BEUGNOT (*A.*). Les Coutumes du Beauvoisis, par Phil. de Beaumanoir, jurisconsulte du XIIIe siècle; nouv. éd. publiée d'après les manuscrits de la bibliothèque royale. 1847, 2 vol. in-8. (V. *Morel.*) 18 fr.
— Notice sur Ph. de Beaumanoir, jurisconsulte français du XIIIe siècle. 1842, in-8.   2 fr.
— Assises de Jérusalem, ou recueil des ouvrages de jurisprudence composés pendant le treizième siècle, dans les royaumes de Jérusalem et de Chypre. 1841-1843, 2 vol. in-fol. (V. *Foucher; Kausler*).   72 fr.
— Essai sur les institutions de saint Louis. 1821, in-8 (V. *Marnier*). » »
— Les Olim, ou Registres des arrêts rendus par la Cour du roi, sous les règnes de saint Louis, Philippe le Hardi, etc. 1840-1848, 4 vol. in-4.   60 fr.

BEXON (*Scipion*). Application de la Théorie de la législation pénale, ou Code de la sûreté publique. 1807, in-fol.   12 fr.
— Développement de la Théorie des lois criminelles par la comparaison de plusieurs législations anciennes et modernes, notamment de Rome, de l'Angleterre et de la France. 1802, 2 vol. in-8.   12 fr.
— Parallèle du Code pénal d'Angleterre avec les lois pénales de France. 1800, in-8.   5 fr.

BEZOUT (*P.*). Des Industries similaires. De la concurrence entre locataires d'une même maison. 1863, in-8 de 44 pag.   2 fr.
Extrait du journal *le Droit commercial*.

BIANCHI (*J.-A.*). Traité de la Puissance ecclésiastique dans ses rapports avec les Souverainetés temporelles, trad. de l'italien par l'abbé Pottier. 1857, 2 vol. in-8.   14 fr.

BIBLIOTHÈQUE des employés des contributions indirectes, des tabacs et des octrois. T. I à III. Nouveau recueil chronolog. des lois et instructions. 1re, 2e et 3e périodes : 1789 à 1863. 3 tom. en 2 vol. in-4. — Prix de l'ouvrage complet.   45 fr.
Sera complet en 4 tomes. Chaque année, il paraîtra un supplément du prix de 1 fr. 50 c.

BIBLIOTHÈQUE du Journal du Barreau (V. *Mauguin et Dumoulin*).

BIDART (*Paul*). Étude de l'autorité, au civil, de la chose jugée au criminel. 1865, in-8 (V. *Breton*).   4 fr.

BIDARD. Dictionnaire de la jurisprudence de la Cour impériale de Caen, ou Résumé alphabétique de ladite Cour, pour les années 1841 à 1854. 1 vol. gr. in-8. 15 fr.

— V. *Jurisprudence des Cours imp. de Caen, etc.*; — *Lemarcis.*

BIDAULT (*E.*). Code électoral, guide pratique des élections au Corps législatif, au Conseil général, au Conseil d'arrondissement et au Conseil municipal, contenant : 1° le résumé méthodique de la législation, la jurisprudence du Conseil d'Etat et de la Cour de cassation; 2° le texte des lois et décrets en vigueur; 3° un formulaire. 1863, in-12 (V. *Bost*; *Trény*). 2 fr.

BIEDERMANN (*Ch.*). Des systèmes représentatifs avec élections populaires historiquement exposées et développées en rapport avec les conditions politiques et sociales des peuples. Traduit de l'allemand par Stan. Leportier. *Leipzig*, 1864, pet. in-8. 6 fr.

BIGORIE DE LASCHAMPS (*F. de*). Du jury en matière criminelle. 1862, in-12 (V. *Oudot*). 3 fr.

BIGORNE (*Em.*). Refonte et analyse des circulaires et instructions de l'administration de l'enregistrement, relative à la perception des droits d'enregistrement, de greffe, de timbre, d'hypothèques, au notariat et aux contraventions. 1861, 2 vol. in-4 (V. *Demante*; *Géraud*). 15 fr.

BILHARD. Traité des Référés en France, tant en matière civile qu'en matière de commerce. 1834, in-8. 7 fr.

— Traité du Bénéfice d'inventaire et de l'acceptation des Successions. 1838, in-8 (V. *Demolombe*). 7 fr. 50 c.

BILLAULT. Ses OEuvres, précédées d'une notice biographique par Albert Huet. *Impr. impér.*, 1865, 2 vol. gr. in-8.

Cet ouvrage n'a été tiré qu'à 250 exemplaires, tous numérotés. Aucun exemplaire n'a été mis dans le commerce.

BILLECARD (*A.*). De la Révocation des donations entre-vifs. Thèse pour le doctorat. 1865, in-8.

BILLET. Intérêts civils et commerciaux (loi du 3 sept. 1807), suivi de la liberté humaine, ou considérations sur la Contrainte par corps. 1865, in-8, 43 pag. (V. *Lassime*).

BILLIARD (*A.*). Projet de Code noir pour les colonies françaises. 1829, in-4.

BILLOT (*F.*). De la révision nécessaire des lois politiques et des traités internationaux sous le rapport judiciaire. 1861, in-8. 2 fr.

— Du Barreau et de la Magistrature, suivi d'un essai sur les juridictions. 1851, in-8. 6 fr.

BIMBENET (*Eug.*). Histoire de l'Université de lois d'Orléans. 1853, in-8. 7 fr.

— Suite des Recherches sur l'administration de la justice dans la ville d'Orléans, contenues dans les tomes 4 et 5 des « Mémoires de la Soc. archéolog. de l'Orléanais. » 1863, in-8 de 376 pag.

Extrait du 6° vol. des *Mémoires.*

— Recherches sur l'Etat de la femme, l'Institution du mariage et de régime nuptial. In-8 (R. C.). 1 fr. 50 c.

— Les Essais de Montaigne dans leurs rapports avec la législation moderne. 1863, in-8. 1 fr. 50 c.

Extrait de la *Revue historique de droit français et étranger.*

BINOT DE VILLIERS (C.). Manuel des Conseils de Prud'hommes, contenant les lois, décrets, ordonnances, etc., annotés. 1845, in-12 (V. Mollot).   2 fr. 75 c.

BIOCHE. Journal de Procédure civile et commerciale. 1835 à décembre 1865, 30 vol. in-8.   170 fr.

Abonnement annuel,   11 fr. 50 c.

— Tables analytiques et chronolog. du *Journal de procédure* de 1835 au 1er janvier 1858 inclus., mises en rapport avec le *Dictionnaire.* 1 vol. in-8.   8 fr.

— Journal des Justices de paix et des Tribunaux de simple police, recueil mensuel de législation, de jurisprudence et de doctrine, etc. Années 1852 à 1865, 14 vol. in-8.   45 fr.

    Chaque volume pris séparément :   5 fr.

Abonnement annuel ·   8 fr.

— Dictionnaire des Juges de paix et de Simple police, ou manuel théorique et pratique en matière civile, criminelle et administrative. 1851-1852, 2 vol. in-8 avec supplément (V. *Jay*).   16 fr.

— Nouveau Formulaire de procédure civile, commerciale, criminelle et administrative, contenant dans l'ordre alphabétique les modèles : 1º de tous les actes de procédure civile, commerciale, criminelle et administrative, avec leur tarif ; 2º des actes sous seing privé de l'usage le plus fréquent, mis en rapport avec le Dictionnaire de procédure, suivi des lois de procédure publiées de 1854 à 1865 inclusivement, avec des annotations qui le mettent au courant de la doctrine et de la jurisprudence la plus récente; 5e édition, revue, corrigée et considérablement augmentée. 1865, 1 fort vol. in-8.   9 fr.

Cette *nouvelle édition* se distingue des précédentes par de nombreux changements et des additions considérables.

Les formules ont été revues avec le plus grand soin : elles ont été mises en harmonie avec les modifications survenues dans la législation, la jurisprudence et la pratique.

Ainsi les modèles adoptés par le tribunal et par la chambre des avoués du département de la Seine, en matière de *Vente judiciaire*, de *Distribution* et d'*Ordre* ont été reproduits. On a ajouté des formules pour l'*Assistance judiciaire*, la *Purge en matière de crédit foncier*, etc., etc.

Sous le mot *Tarif*, on donne des modèles d'états de frais des procédures les plus usuelles et les solutions les plus importantes sur les questions de taxe.

Cette édition du Formulaire est suivie du texte même des *Lois de procédure*, promulguées depuis 1854 jusqu'en juin 1863 inclusivement; — ces lois sont accompagnées de nombreuses *annotations* qui le mettent au courant de la doctrine et de la jurisprudence la plus récente.

— Dictionnaire de procédure civile et commerciale, contenant la jurisprudence, l'opinion des auteurs, les usages du palais, le timbre et l'enregistrement des actes, leur tarif, leurs formules, par M. Bioche et par plusieurs magistrats et jurisconsultes; 4e édition, revue, corrigée et mise au courant de la jurisprudence et de la législation, jusqu'en 1863 inclus. 1864, 6 forts vol. in-8.   48 fr.

En remaniant son Dictionnaire de procédure, cette encyclopédie si utile au monde judiciaire, et en y ajoutant le commentaire et le texte des lois promulguées depuis quelques années, M. BIOCHE a senti la nécessité de mettre ses formules en harmonie avec ces mêmes lois dont elles ne sont, à vrai dire, que le corollaire. Pour accomplir ce travail, il a profité des bonnes relations qu'il conserve depuis longtemps avec les officiers ministériels les plus distingués, et c'est à cette source précieuse qu'il a puisé les modèles destinés à la rédaction de tous les actes nécessités par la nouvelle législation. — C'est ainsi que, sous les mots *Ordre*, et *Ventes judiciaires*, on trouve une série de formules appropriées à la loi du 21 mai 1858. Les dispositions qui régissent l'*Assistance judiciaire* ont aussi les leurs, et ces dernières sont d'autant plus utiles qu'elles sont moins familières à ceux qui les doivent employer. L'article *Faillite* contient plus de cent modèles d'actes; la *Saisie immobilière* n'en compte pas moins. D'un autre côté, M. BIOCHE n'a pas oublié les matières relatives aux justices de paix.... Le mot *Tarif*, le moins indifférent à coup sûr pour les officiers ministériels, a été également traité par M. BIOCHE dans de larges proportions. Il pourrait, à lui seul, fournir une brochure spéciale: L'auteur y a reproduit les états de frais les plus en usage dans les procédures journalières, et il a fait ressortir, en mainte occasion, l'insuffisance actuelle du tarif de 1807. Les émoluments alloués en 1807 ne sont plus en rapport avec les besoins actuels. Tout a augmenté et tout à suivi le cours fatal des choses. Aujourd'hui, d'ailleurs, il faut un peu plus de luxe partout, et le luxe coûte cher... C'est donc une nécessité sociale de remanier des tarifs qui ont été faits à une époque où l'on vivait d'une autre façon; tout a marché, eux seuls sont restés stationnaires; l'harmonie n'existe plus; il faut la rétablir.   (*Droit.*)

— Traité des Actions possessoires, contenant l'exposé complet de la jurisprudence, l'opinion des auteurs, suivi de formules. 1864, in-8. 8 fr.

Les Actions possessoires forment la partie la plus importante et la plus difficile des attributions des juges de paix.

De là le grand nombre d'ouvrages, qui, sous forme de *Traités* ou *Commentaires*, ont expliqué spécialement ou accessoirement cette matière si épineuse et d'une application si fréquente.

Toutefois, les publications, même les plus récentes, remontant presque toutes à quinze ou dix ans au moins, et, si leur date seule les rend aujourd'hui incomplètes, elles ne laissent pas moins à désirer sous d'autres rapports, pour la distribution des documents, leur appréciation, et la méthode d'exposition.

Les lacunes et les imperfections qu'on y rencontre ne pouvaient échapper à l'œil exercé, à la longue expérience et au soin si consciencieux qui, avec un grand et légitime succès, ont recommandé les nombreux travaux de M. Bioche.

L'auteur s'est proposé avec un égal soin d'éviter le double écueil où sont tombés presque toujours ceux qui l'ont précédé, c'est-à-dire le trop ou le trop peu de théorie et l'insuffisance de ces notions de détail ou de pratique, trop négligées, et si utiles pour la conduite et le jugement des affaires. On ne trouvera donc, dans le *Traité* de M. Bioche, ni ces solutions hasardées, irréfléchies, qui ne reposent sur aucun motif; ni ces longs développements de systèmes purement théoriques, repoussés quelquefois par une jurisprudence constante.

D'un autre côté, rien n'a été négligé par l'auteur pour l'exactitude des solutions, une exposition nette et rapide, la division et le classement des matières dans l'ordre le plus méthodique, et une réunion complète de tous les documents utiles et les plus variés.

BIOT (*Ed.*). De l'abolition de l'esclavage ancien en Occident. 1840, in-8 (V. *Yanoski*). 7 fr. 50 c.

BIRET (*A. C. L. M.*). Essai en forme de commentaire sur la législation de simple police; 3e édit. 1823, in-8. 5 fr.

— Code des Justices de paix annoté. 1825, in-8 (V. *Bourbeau; Guilbon; Jay*). 4 fr.

— Vocabulaire du Code forestier, divisé en deux parties. 1828, in-8. 4 fr.

— Application au Code civil des Institutes et des cinquante livres du Digeste. 1824, 2 vol. in-8. 15 fr.

— Code rural, ou analyse raisonnée des lois, décrets et ordonnances rendues en matière rurale. 1824, in-8. 6 fr.

— Manuel des Actes sous signatures privées. 1836, in-8 (V. *Frémy-Ligneville*). 2 fr. 50 c.

— Nouveau Manuel complet des Octrois et des autres impositions indirectes. 1838, in-18. 3 fr. 50 c.

— Nouveau Manuel des Justices de paix, par Levasseur; nouvelle édition aug. d'un comment. sur la loi du 25 mai 1838. In-18 (V. *Bourbeau; Guilbon; Jay*). 3 fr.

— Recueil général et raisonné de la jurisprudence et des attributions des Justices de paix de France; 2e édit. 1839, 2 vol. in-8. 15 fr.

— Procédure complète et méthodique des Justices de paix; 4e éd. In-12 (V. *Bioche*). 4 fr.

— Traité de l'Absence et de ses effets. 1824, in-8 (V. *Demolombe*). 6 fr.

— Traité des Nullités de tous genres de droit et de forme admises en matière civile, etc. 1821, 2 vol. in-8. 15 fr.

— Traité du Contrat de Mariage. 1825, in-8 (V. *Bellot des Minières; Bonnet; Demadre*). 7 fr.

— Vocabulaire des Codes. 1829, in-8. 5 fr.

— V. *Lemolt* et *Biret*.

BIVORT (*J.-B.*). Code constitutionnel de la Belgique; commentaire de la Constitution, etc. Nouv. édit. *Bruxelles*, 1829, in-8 (V. *Delebecque*). 12 fr.

— Code communal de la Belgique, à l'usage des fonctionnaires et employés communaux. 1 fort vol. in-8. 12 fr.

BLACHE (*Ed.*). Recueil synoptique pour le commerce et la navigation, contenant les traités anglo-français et franco-belge, avec textes originaux, etc. 1862, in-8. 5 fr.

BLACKSTONE'S commentaries on the laws of England; 23d édition, with copious notes by Hargrave, R. Couch, Sweet and W. Welsby. *London*, 1854, 4 vol. in-8. 100 fr.
— *The same work*; New edition adapted to the present state of the Law, by Rob. Malcolm Kerr. *London, Murray*, 1857, 4 vol, gr. in-8. 52 fr. 50 c.
— Commentaire sur les Lois anglaises, trad. par Chompré. 1822, 6 vol. in-8. 25 fr.

BLADÉ (*J.-F.*). Coutumes municipales du département du Gers, recueillies et publiées. Première série. 1864, gr. in-8. 6 fr.

BLAISE (*Ad.*). Observations sur les projets de loi concernant les Sociétés à responsabilité limitée. 1863, in-8. 3 fr.
— Des Monts-de-Piété et des Banques de prêt sur gages, en France et dans les divers états de l'Europe. 1856, 2 vol. in-8. 15 fr.

BLANC (*Etienne*). L'Inventeur breveté, code des inventions et des perfectionnements; 3e édit. 1852, in-8 (V. *Breulier et Desnos-Gardissal*). 7 fr. 50 c.
— Traité de la Contrefaçon, concernant les brevets d'invention, de perfectionnement, la propriété littéraire, etc. (4e édit.). 1855, in-8 (V. *Calmels*). 10 fr.

BLANC et **BEAUME** (*A.*). Code de la Propriété industrielle, littéraire et artistique, comprenant les législations de tous les pays et les traités internationaux sur les inventions brevetées, les œuvres de littérature, de musique, de théâtre, de peinture, sculpture et gravure, les enseignes, etc., etc. 1854, in-8. 7 fr. 50 c.

BLANC et **TARDIF**. — V. *Lois, Décrets et Règlements*.

BLANCHARD. Répertoire chronologique, par ordre des matières des principales lois, etc., relatives à la Marine (1554-1843). 1844, in-8. 3 fr.
— Répertoire général des lois, décrets, ordonnances, règlements et instructions sur la marine. *Impr. nat. et imp.*, 1849-54; 3 forts v. gr. in-8

BLANCHE (*Ant.*). Etudes pratiques sur le Code pénal. 1861-64, 2 vol. (Tomes I et II), in-8. 17 fr.

BLANCHE. Expropriation pour cause d'utilité publique, etc. 1853, in-8. (V. *Daffry de la Monnoye*). » »

BLANCHE (*Arm.*). Contentieux des chemins de fer, ou Exposé de la jurisprudence judiciaire et administrative en matière de chemins de fer. 1861, in-8. 7 fr. 50 c.

BLANCHE (*Alf.*). Dictionnaire général d'administration, contenant la définition de tous les mots de la langue administrative et sur chaque matière : l'histoire de la législation; l'exposé des lois, ordonnances, règlements et instructions; le résumé de la jurisprudence, etc. Nouv. édit., mise au courant de la législation et complétée jusqu'en 1865 par trois suppléments, formant ensemble plus de 800 pages. 1866, 1 très-fort vol. gr. in-8 de 2,200 pages. 35 fr.
Les suppléments vendus séparément : 1er supplément, 9 fr.; 2e et 3e suppléments, 5 fr. Les suppléments réunis : 12 fr.

BLANCHET (*A.*). Cours élémentaire et pratique de droit commercial, à l'usage des étudiants en droit. 1855, in-18. 1 fr. 50 c.

BLANCHET (*S.-D.*). Code administratif, ou recueil des lois, etc., sur l'Administration et le contentieux. 1839, in-8 (V. *Dareste; Ducrocq*). 8 fr.

— Supplément au Code administratif. 1853, in-8. 3 fr. 50 c.
— Commentaire du Concordat de 1801, et de la loi organique du 18 germinal an x. 1844, in-8. 5 fr.

BLANDIN. Études somm. sur les anciens Fors de Béarn, etc. 1856, br. in-8. 2 fr. 50 c.

BLANQUI (*A.*). Dictionnaire du Commerce et des Marchandises. 1852, 2 vol. gr. in-8. 35 fr.
— Histoire de l'Économie politique en Europe; 4e éd. 1860, 2 v. in-12. 6 fr.
— Précis élémentaire de l'Economie politique; 3e édit. 1857, in-12. (V. *Garbouleau*). 2 fr. 50 c.

BLAVIER. Jurisprudence des Mines en Allemagne, traduit de Cancrin. 1825, 3 vol. in-8. 25 fr.
— Nouveau Code des Mines. (Tome 3 du précédent ouvrage contenant la législation française). 1825, in-8. 8 fr. 50 c.

BLAXLAND. Codex legum anglicanarum, or a Digest of principles of english laws, arranged in the order of the code Napoleon. *London*, 1839, gr. in-8. 30 fr.

BLOCK (*M.*). Dictionnaire de l'Administration française; 3e tirage. 1863, 1 vol. gr. in-8. 25 fr.
— Annuaire de l'Administration française, faisant suite au Dictionnaire de l'administration française. Années 1858 à 1865, 8 vol. in-12. 32 fr. Chaque volume, br. 4 fr.; rel., 5 fr.
— Statistique de la France comparée avec les autres Etats de l'Europe. 1860, 2 vol. in-8. 18 fr.
— Dictionnaire général de la Politique. 1863-64, 2 vol. gr. in-8 à deux colonnes. 40 fr.
— V. *Annuaire de l'Economie politique*.

BLONDEAU (*H.*). Chrestomathie, ou Choix de textes pour un cours élémentaire du droit privé des Romains, précédé d'une introduction à l'étude du Droit; édition suivie d'un appendice, par M. Ch. Giraud, membre de l'Institut. 1843, in-8 (V. *Machelard*; *Pellat*). 8 fr.
— Cours élémentaire du Droit romain. In-8. 3 fr.
— Esquisse d'un Traité sur les Obligations solidaires. 1819, in-8 (V. *Machelard*; *Massol*; *Maynz*; *Savigny*; *Vernet*). 2 fr.
— Essais sur quelques points de législation ou de jurisprudence. 1850, 1 vol. in-8. 7 fr.
On a placé à la fin de ce volume trois tables destinées à faciliter les recherches dans le Recueil intitulé: *Thémis* (V. *Thémis*).
— Tableaux synoptiques du Droit romain. 1848, in-4. » »
— Thèses de Droit français et de Droit romain (*De la Vente*). In-8. 2 fr.
— Traité de la Séparation des Patrimoines, considérée à l'égard des immeubles. 1840, in-8. » »
— Mémoire sur l'enseignement du droit en Hollande et sur les garanties d'instruction juridique exigées dans ce pays, des aspirants à certaines fonctions et professions. 1846, 1 vol. in-8. 6 fr.

BLONDEAU et **BONJEAN** (*L-B.*). Institutes de l'empereur Justinien, traduites en français, avec le texte en regard; suivies d'un choix de textes juridiques relatifs à l'histoire externe du Droit romain et du Droit privé antérieur à Justinien. 1839, 2 vol. in-8 (V. *Maynz*; *Namur*; *Thézard*). 10 fr.
La traduction des *Institutes* se vend séparément : 5 fr.
— V. *Bonjean*.

BLONDEL (*Ev.*). Monographie alphabétique de l'Extradition. 1859, in-8. 6 fr. 50 c.

3

BLONDIN et **MATHIEU** (*L.*). Manuel des Prud'hommes. 1827, in-12 (V. *Mollot*).   3 fr. 50 c.

BLOSSEVILLE (*de*). Histoire de la Colonisation pénale et des Établissements de l'Angleterre en Australie. 1859, 2 vol. in-8.   15 fr.

BLOUQUETTE (*E.*). Guide pratique des affaires civiles dans les mairies. 1864, in-8, 44 pag. (V. *Dubarry*).   » 60 c.

BOECKH (*A.*). Économie politique des Athéniens, trad. de l'allemand par A. Laligant. 1828, 2 vol. in-8.   » »

BOECKINGIUS (*Éd.*). Corpus juris romani antejustinianei. *Bonnæ*, 1841, in-4.   » »

— Notitia dignitatum et administr. omnium tam civilium quam militarium in partibus Orientis et Occidentis, etc. *Bonnæ*, 1839-1853, 5 part. en 3 vol. in-8 dont un d'index.   30 fr.

— V. *Corpus juris romani antejustinianei.*

BOEHMER. Codex diplomaticus Moeno-Francofurtanus (794-1400). 1836, in-4.   15 fr.

BOÉRESCO (*B.*). Mémoire sur la juridiction consulaire dans les Principautés-unies roumaines. 1865, in-8 de 62 pag.   2 fr.

— Traité comparatif des délits et des peines. 1857, in-8.   » »

BOGELOT (*G.*). Deux mots sur la question des titres aux porteurs volés ou perdus. 1851, broch. in-8.   1 fr.

— Des Titres au porteur perdus ou volés. Considérations sur la législation actuelle et l'utilité d'une loi nouvelle, avec la liste des principaux arrêts sur ce sujet. 1865, in-8 (V. *Ladey*).   1 fr. 50 c.

BOILEAU (*L.-J. de*). Histoire du droit français. 1806, in-12 (V. *Chambellan; Fleury; Fresquet; Marnier*).   4 fr.

— Entretiens critiques, philosophiques et historiques sur les procès. 1805, in-12.   4 fr.

BOILEUX. Commentaire sur le Code civil, contenant : l'Explication de chaque article séparément ; l'énonciation au bas du commentaire des questions qu'il a fait naître, les principales raisons de décider pour et contre, et le renvoi aux arrêts. Sixième édition, revue et considérablement augmentée. 1857-60, 7 vol. in-8 (V. *Delsol*).   52 fr. 50 c.

BOINVILLLIERS. Principes et morceaux choisis d'Eloquence judiciaire. 1826, in-8.   8 fr.

BOINVILIERS (*Ed.*). Les tarifs des chemins de fer dans la nouvelle politique commerciale de la France. 1860, in-8.   1 fr. 50 c.

BOISAYMÉ (*de*). De la peine de mort ; — De la probabilité mathématique des jugements ; — De la justice criminelle en Toscane. 1863, in-8.   3 fr. 50 c.

BOISSARD. Des Substitutions et des Majorats. 1858, in-8 (V. *Saint-Espès-Lescot*).   6 fr.

BOISSIER (*Ars.*). Du fonds dotal en droit romain. — Des droits des créanciers de la femme sur les biens dotaux en droit français. 1863, in-8, de 141 pag.   3 fr.

BOISSONNIER. Guide des fonctionnaires et employés de l'administration des contributions directes. *Louvain*, 1855, in-8 (V. *Fiquenel*), 8 fr.

BOISTEL (*Alph.*). Le droit dans la famille. Etudes de droit rationnel et de droit positif. 1864, in-8.   6 fr.

BOITARD et **COLMET-DAAGE**. Leçons sur toutes les parties du Cod de procédure civile, continuées et complétées par F.-G. Colmet-Daage, professeur à la Faculté de droit de Paris, 9e *édition*, revue, annotée et mise en harmonie avec les lois nouvelles, et suivie d'un résumé en forme de table et d'une table alphabétique. 1865, 2 vol. in-8. 17 fr.

— Complément des *sept premières éditions* de la Procédure de Boitard, par Colmet-Daage. In-8. 7 fr.

— Leçons sur les Codes pénal et d'Instruction criminelle, 8e édit., revue, complétée et mise en harmonie avec les lois les plus récentes, par M. Faustin Hélie. 1863, in-8 (V. *Richard-Maisonneuve*). 9 fr.

BOITEAU (*Paul*). Les traités de commerce. Texte de tous les traités en vigueur, notamment des traités conclus avec l'Angleterre, la Belgique, la Prusse (Zollverein) et l'Italie, etc., etc. 1864, in-8. 7 fr. 50 c.

— Fortune publique et finances de la France. 2 vol. in-8. (*Sous presse.*)

BOLE. Code des Postes et relais de France. 1839, in-12. 3 fr.

BOLETIN de las leyes y decretos del gobierno desde el año 1823 al 1865. *Santiago de Chile*, 33 vol. in-8.

BOLLAND. Examen de la doctrine de la cour de cassation relativement à l'action possessoire appelée Réintégrande. 1859, in-8. 1 fr. 25 c.

BON. Législation des Paroisses en Belgique. *Bruxelles*, 1842, in-8. 6 fr.

BONALD. Législation primitive, considérée dans les derniers temps par les seules lumières de la raison; 5e édit. 1850, in-8. 8 fr.

— Essai analytique sur les lois naturelles de l'ordre social. — Du Divorce considéré, au XIXe siècle, relativement à l'état domestique et à l'état public de la société. Nouv. éd. 1858, in-8. 7 fr. 50 c.

BONCENNE. Introduction à l'étude de la procédure civile; 2e édit. 1859, in-8. 7 fr. 50 c.

BONCENNE et **BOURBEAU**. Théorie de la Procédure civile, précédée d'une introduction, 2e éd. pour les premiers vol. 1837-1863, 7 vol. in-8. 54 fr.

N. B. Le tome VII, contenant la *Justice de paix*, se vend séparément : 9 fr.

BON-COMPAGNI (*le chev.*). Le pouvoir temporel du pape. Traduction et préface de Ladislas Mickiewicz, avec introd. d'Armand Lévy. 1863, 1 vol. gr. in-8. 6 fr.

BONFILS (*H.*). Des Transactions en droit romain et en droit français. 1863, in-8. 3 fr.

— De la Compétence des tribunaux français à l'égard des étrangers, en matière civile, commerciale et criminelle. 1865, in-8. 5 fr.

Ouvrage couronné par la Faculté de droit de Toulouse.

Les questions les plus délicates ont surgi à propos du droit des tribunaux d'un pays de juger les contestations où des étrangers sont engagés comme parties. La nature du débat qui surgit influe puissamment sur la compétence des tribunaux, soit que le litige se présente entre nationaux et étrangers, soit qu'il existe entre étrangers seulement. La caution *judicatum solvi*, l'exécution des jugements étrangers présentent aussi des difficultés nombreuses. Enfin, en matière criminelle, la justice nationale n'est pas toute puissante et les crimes et délits commis par des étrangers échappent à la répression dans certains cas.

A ces divers points de vue, le livre de M. Bonfils présente des indications intéressantes et des discussions fort habiles des textes législatifs et des monuments de la jurisprudence. L. R.

BONJEAN (*L.-B.*). Traité des Actions, ou exposition historique de l'Organisation judiciaire et de la procédure civile chez les Romains; 2e éd. considérablement augmentée. 1845, 2 vol. in-8 (V. *Blondeau*; *Walter*). 12 fr.

La matière des Actions a, de tout temps, excité le zèle des savants. Le traité de M. Bonjean appartient à la science du droit romain *proprement dit ;* il faut donc le séparer avec soin de ces livres bâtards qui, sous des apparences plus ou moins romaines, ont la singulière prétention de nous faire connaître, et celle non moins étrange, de vouloir nous faire comprendre une organisation ancienne, qu'ils nous condamnent pourtant à ne considérer qu'à travers le prisme trompeur de nos institutions, de nos idées et de notre langage modernes. M. Bonjean est, à coup sûr, l'un de nos romanistes les plus distingués; le succès obtenu par des productions repose sur des qualités que les Français apprécient avant toutes les autres : une exposition claire et méthodique, jointe à une érudition sans fatras, et une incontestable rectitude de jugement.

- — Du Pouvoir temporel de la papauté. 1862, in-8. . . . . . . 7 fr. 50 c.
- — V. *Blondeau et Bonjean.*

BONJEAN (X.). Essai sur la réorganisation du Notariat et de ses diverses réformes. *Liége,* 1847, in-8. . . . . 5 fr.

- — Code de la Chasse (belge), ou Commentaire de la loi nouvelle sur la Chasse, comparée avec la loi du 30 avril 1780 et la loi française du 3 mai 1844. 3 vol. in-8. . . . . 15 fr.

BONJEAN (R.-J.), **BIVORT** (J.-B.), **CLOES** (J.-J.). — V. *Revue de l'administration et du droit administratif en Belgique*

BONJOUR (Aug.). De la dignité de l'avocat. 1858, in-8. . . . . 1 fr.

BONNASSIES. — V. *Bories et Bonnassies.*

BONNE (L.-Ch.). Leçons élémentaires de droit commercial à l'usage des écoles primaires supérieures et des écoles professionnelles. 1862, in-16. . . . . 1 fr.

- — Législation française à l'usage de tout le monde. 1864, in-18 jésus. . . . . 3 fr. 75 c.

- — Cours de législation usuelle, d'après le programme officiel de l'enseignement professionnel. 1864, in-18 jésus. . . . . . 1 fr. 50 c.

- — Étude sur le morcellement de la propriété, suivie de notions élémentaires sur l'Échange. *Bar-le-Duc,* 1860, in-18.

BONNESOEUR. Nouveau Manuel de la Taxe des frais en matière civile; 2e édit. 1864, in-8 (V. *Chauveau-Adolphe et Godoffre*). 8 fr. 50 c.

BONNET (L.-F.). Discours, plaidoyers et mémoires. 1839, 2 vol. in-8. . . . . 12 fr.

BONNET (A.). Des Dispositions par contrat de mariage et des dispositions entre époux. 1860, 3 vol. in-8. (V. *Bellot Des Minières*). 22 fr.

Aucun livre n'a été salué de plus d'éloges que cette savante publication. « Le style en « est correct, clair et coulant; l'argumentation revêt un cachet de bonne foi et d'indépen- « dance qui révèle à côté du critique éclairé le magistrat jurisconsulte. (Perdix, président « de chambre à Chambéry.) —« Des laborieuses veilles de M. Bonnet est sorti l'ouvrage le plus complet et le plus « érudit sur l'une des matières les plus ardues du droit civil. Ce livre honore son auteur, « le corps auquel il appartient et la Faculté dont il est sorti. » (Foucart, doyen de la Faculté de droit de Poitiers.) —« Le livre de M. Bonnet est destiné, par son double caractère doctrinal et pratique, à « servir à tous les adeptes de la science, à l'école et au palais. » (Th. Ducrocq, professeur, *Revue pratique de Droit français.*) —« Droit romain : codes barbares; coutumes nationales; doctrines et jurisprudence des « deux zones juridiques de la vieille France; législation intermédiaire; lois étrangères « mêmes; commentaires et décisions judiciaires de l'ère nouvelle : tous ces trésors de « savoir ont livré leurs secrets à l'auteur. Il en use avec la facile abondance d'un homme « qui les a longtemps maniés et remaniés. Il sait trop pour n'être pas modeste; mais il « garde et exerce les droits d'une critique indépendante qui ne s'arrête devant aucun nom. « Ses opinions sont toujours du côté où sont les convenances morales et les considérations « élevées... On sent partout la double flamme de l'amour de la science et de l'amour de « son état chez le magistrat écrivain qui, non content de bien juger lui même, a voulu « aider les autres à bien juger aussi... « .....Nous concluons avec bonheur que M. Bonnet a construit un monument juridique qui « fera honneur, non-seulement à lui-même, mais encore à la magistrature. » (Ancelot, 1er avocat général à Riom.) —« Le Traité qui vient de paraître est une œuvre *éminemment remarquable...* Tout dans « cet ouvrage est approfondi et largement examiné avec critique ou réfutation des opinions

« jugées contestables, et dans une forme de discussion et de style qui fait oublier ce qu'il y
« a d'aride dans les difficultés du sujet. » (Michel Morin, *J. du Dr. crim.*)
— « L'auteur n'a reculé devant aucune des difficultés de son sujet, et il a cherché à les
« éclairer par l'histoire, par la jurisprudence, par la critique des auteurs et des arrêts...
« Ses solutions sont bien déduites. Dans les grandes controverses qui se partagent le sujet,
« il a fait preuve d'une science éprouvée et fondée sur la plus solide doctrine. » (*Revue
critique des livres nouveaux*, publiée par Joël Cherbuliez, à Genève.)

BONNET (*P.*). Des éléments constitutifs de la chose jugée en matière civile dans le droit français. 1862, in-8. 4 fr.

BONNET (*J.*). Mes Souvenirs du barreau depuis 1804. 1864, in-8. 5 fr.

BONNET (*V.*). Le Crédit et les Finances. 1865, in-8. 6 fr.

BONNEVILLE (*A.*). De la Récidive, ou Des moyens les plus efficaces
pour constater, rechercher et réprimer les rechutes dans toute infrac-
tion à la loi pénale. T. 1 (seul publié). 1839, in-8. 8 fr.

— Traité des diverses institutions complémentaires du Régime pénitentiaire. — De la réparation, par les condamnés, des dommages résultant
du crime. — Du droit de grâce. — De la libération préparatoire des
condamnés. — De l'insuffisance actuelle de l'intimidation préventive.
1847, in-8. 6 fr.

— De la Surveillance de la haute police. — Du patronage des libérés.
— De la Réhabilitation des condamnés. 1847, in 8 (V. *Demante*;
Giraud). 9 fr.

— De l'Amélioration de la loi criminelle, en vue d'une justice plus
prompte, plus efficace, plus généreuse et plus moralisante. 1855-64,
2 forts vol. in-8 (V. *Bertin*). 20 fr.

BONNIER. Éléments d'Organisation judiciaire. 1853, in 8 (V. *Pardessus*;
Regnard). »

— Éléments de Procédure civile. 1853, in-8. 9 fr.

— Traité théorique et pratique des Preuves en droit civil et en droit criminel, 3e édit. revue et considérablement augmentée. 1862, 2 vol. in-8
(V. *Gabriel*). 15 fr.

L'auteur s'est proposé, dans cette 3e édition, le double but qu'il n'a cessé de poursuivre
dans ses publications et dans son enseignement : montrer que les principes de droit reposent, non sur des données arbitraires ou purement traditionnelles, mais sur les mêmes
de l'esprit humain ; faire voir les modifications qu'a subies l'application de ces principes,
soit dans les différentes époques, soit chez les diverses nations civilisées. En même temps
que le *Traité des Preuves* emprunte ainsi de riches matériaux à la philosophie et à l'histoire, il ne perd point de vue l'utilité pratique à laquelle doit nécessairement aboutir un
ouvrage de cette nature; on y trouve un résumé consciencieux de la jurisprudence sur
cette partie de la législation.
C'est au droit public que se rattache l'interdiction de prouver certains faits : ce qui a
conduit M. Bonnier à traiter de la diffamation quant à la vie publique et quant à la vie
privée. Dans l'édition qui vient de paraître, il a complété son travail sur ce point, en abor-
dant la discussion respectueuse, mais indépendante, de la récente jurisprudence de la Cour
sur la diffamation envers les morts. Nous signalerons également, dans les développements
nouveaux, l'analyse fidèle des arrêts de cette Cour sur les questions si délicates que soulève la preuve de la maternité naturelle, relativement à la foi de l'acte de naissance et à
l'autorité de la possession d'état.
Enfin, la comparaison si intéressante de nos lois avec la législation étrangère se trouve
établie sur de plus larges proportions. Notamment, pour la législation anglaise et américaine, M. Bonnier a puisé d'abondants et curieux documents dans le livre publié à Boston
par M. Greenleaf, *On the law of Evidence*, où les principes sont exposés avec autant de
science que d'autorité. On voit qu'au point de vue de l'érudition, comme au point de vue
de la jurisprudence pratique, la publication que nous signalons est une bonne fortune pour
les amis de la science du droit.

BONNIN (*C.*). Principes d'Administration publique. 1812, 3 vol. in-8. 20 fr.
— Abrégé du même ouvrage. 1839, in-8. 7 fr.

BONNIN (*P.*). Commentaire abrégé de la Procédure civile. 1845, in-8. 8 fr.
— Commentaire de la Législation commerciale. 1845, in-8 (V. *Bédarride*).
7 fr.

— Commentaire du Code d'instruction criminelle. 1845, in-8. 7 fr.
— Commentaire du Code pénal et des lois de la presse. 1845, in-8. 7 fr.

BONNIOT (*D.*). De la légalité des droits d'enregistrement d'après les lois fiscales. 1832, in-8.   4 fr.

BONVALOT (*Ed.*). Les coutumes du Val d'Orbey, publiées avec introduction et notes. 1865, in-8;   2 fr.

Extrait de ln *Revue historique de droit français st étranger.*

BORDEAUX (*Raymond*). De la législation des Cours d'eau dans le droit français ancien et dans le droit moderne, etc. In-8 (V. *Rives*). 4 fr.

— Philosophie de la procédure civile. Réformation de la justice (Mémoire couronné par l'Académie des sciences morales et politiques dans sa séance du 25 juin 1853). 1857, 1 fort volume in-8.   8 fr.

Cet ouvrage est fort considérable. L'Académie des sciences morales et politiques de Paris, lui a décerné une couronne qui est l'un des éloges les plus honorables qu'on pouvait lui accorder. Peut-être il serait désirable qu'une composition pareille, qui est plus destinée à la théorie proprement dite qu'à la pratique, fût signalée à la jeunesse qui suit nos Facultés de droit. Il est impossible, au reste, que les idées qu'un tel ouvrage développe, ne soient pas appréciées très-sérieusement par les divers professeurs de nos écoles.
(DALLOZ, *Recueil Périodique.*)

BOREL (*C.*). Manuel des sociétés de secours mutuels dans les campagnes. 1862, in-18.   1 fr. 50 c.

BOREL. Origine et progrès des Consulats. *Leipsick*, 1830, in-8 (V. *Gussy*).   9 fr.

BORIES (*J.*) et **BONNASSIES** (*F.*). Dictionnaire pratique et Code complet de la Presse, etc. 1855, 3 vol. in-8.   21 fr.

BOSCH. Droit pénal et discipline militaire. *Bruxelles*, 1837, gr. in-8. 12 fr.

BOSCHERON DESPORTES Aperçu historique et analytique du droit hindou. 1855, broch. in-8.   1 fr.

— Notice sur le régime administratif et judiciaire des établissements français dans l'Inde. Broch. in-8.   1 fr.

Ces deux mémoires, qui font suite l'un à l'autre, sont extraits de la *Revue historique de droit français et étranger.*

BOSSANGE. Des Crimes et des peines capitales. 1832, in-8.   7 fr.

BOST (*Ad.*). Encyclopédie des Justices de paix et des tribunaux de simple police. 3ᵉ édit. 1863-64, 2 vol. in-8 (V. *Jay*).   16 fr.

— Le Correspondant des Justices de paix et des Tribunaux de simple police. Revue mensuelle de législ., de jurisprudence et de doctrine, sur tous les objets qui rentrent dans les attributions de la justice centrale, et faisant suite à l'*Encyclopédie des Justices de Paix.* 1851-1865, 15 vol. in-8.   90 fr.
Abonnement annuel : *France et Algérie.*   10 fr.
               Etranger, le port en sus.

— Table décennale du *Correspondant* (1851-60).   4 fr.

— Encyclopédie du contentieux administratif et judiciaire des conseils de fabrique et des communautés religieuses. 1ʳᵉ et 2ᵉ livraisons. 1860-65, gr. in-8.   5 fr.

L'ouvrage complet doit former un volume en 4 livraisons.

— Encyclopédie municipale, collection de Codes, formulaires spéciaux, sur chacune des branches de l'administration communale, *avec des formules* pour tous les actes de la compétence des Conseils municipaux et des Maires. — Cette Encyclopédie a été *recommandée* à MM. les Préfets par une circulaire de M. le Ministre de l'intérieur, en date du 9 mai 1860. — Ont déjà paru les Codes formulaires suivants :

1º Le Code-Formulaire des Élections municipales et des assemblées des conseils municipaux, d'après la loi du 5 mai 1855, avec des formules pour tous les actes, publications et procès-verbaux que ces opérations nécessitent. 3ᵉ édition, mise au courant de la jurisprudence de la Cour de cassation, du Conseil d'Etat et de l'Administration supérieure. 1865, in-8. 3 fr.

2° Le Code-Formulaire des Chemins ruraux. 2ᵉ édition, entièrement refondue et mise au courant de la jurisprudence. 1859, 1 vol. in-8 de 172 pages. 2 fr. 50 c.

3° Le Code-Formulaire de la Constitution et de la Circonscription des communes. 1856, in-8. 2 fr. 50 c.

L'existence séparée des Communes et tout ce qui se rattache à leur constitution et à leur circonscription, fait l'objet de ce Code-Formulaire.

4° Le Guide complet du Recrutement, Code-Formulaire à l'usage des fonctionnaires civils et militaires et des chefs de familles, par A. Bost et Jules Périer. 1 vol. in-8. 5 fr.

— Traité de l'Organisation et des attributions des Corps municipaux. 2ᵉ édit. 1842, 2 vol. in-8. 15 fr.

BOST et DAUSSY. Législation et jurisprudence des Tribunaux de simple police. 1841, in-8 (V. Vuatiné). 7 fr.

BOST ET GUILBON. Recueil général des Jugements des justices de paix. — V. Recueil spécial, etc.

BOUCHENÉ-LEFER. Droit public et administratif français. 1830-1840, 5 vol. in-8 (V. Ducrocq; Serrigny). 35 fr.

— Principes et notions élémentaires (pratiques, didactiques et historiques) du droit public administratif. 1862, in-8. (V. Ducrocq). 8 fr. 50 c.

— De la Justice administrative. — Les ministres sont-ils juges ordinaires du contentieux administratif? Broch. in-8 (R. P.). 1 fr. 50 c.

BOUCHER (P. B.). Le Consulat de la mer, ou Pandectes du droit commercial et maritime. 1808, 2 vol. in-8 (V. Pardessus). 16 fr.

— Institutions commerciales, d'après les anciennes et les nouvelles lois, avec tableaux, formules, actes. 1801, in-4. 16 fr.

— Traité de la Procédure civile et des tribunaux de commerce. 1808, in-4 (V. Bioche). 10 fr.

— Traité complet, théorique et pratique de tous les papiers de crédit de commerce, etc. 1808, 2 vol. in-8. 10 fr.

BOUCHER D'ARGIS. Code de simple police à l'usage des juges de paix, commissaires de police, etc. 1838, in-8. 3 fr.

— Nouveau Dictionnaire de la Taxe en matière civile. 1844, in-8. » »

BOUCHEZ (C.). Du Sénatus-Consulte velléien, ou de l'intercession des femmes en droit romain, et de l'incapacité de la femme mariée en droit français. 1864, in-8, 272 p. (R. P.). 1 fr. 50 c.

BOUDARD (Aug. de). Institutions de prévoyance. Les caisses d'épargne. Histoire, législation, statistique. Valence (Drôme), 1858, in-8. 2 fr.

BOUDOUSQUIÉ. Traité des Assurances contre l'incendie. 1829, in-8 (V. Pouget). » »

BOUIX (D.). Tractatus de Capitulis. Editio secunda. 1863, in-8. 7 fr.

— Tractatus de principiis juris canonici. 1852, in-8. 6 fr.

BOULAGE. Principes de la Jurisprudence française, sur les deux premiers livres du Code civil. 1819, 2 vol. in-8. 10 fr.

BOULANGER (Ern.). Traité pratique et théorique des radiations hypothécaires. 1863, in-8. 8 fr.

— Etude sur la Novation en matière d'enregistrement. 1859, in-8. 3 fr.

BOULATIGNIER. — V. *Macarel et Boulatignier.*

BOULAY-PATY. Cours de Droit commercial maritime, d'après les principes et suivant l'ordre du Code de commerce. 1834, 4 vol. in-8 (V. *Bédarride; Dufour*).

— *Le même ouvrage.* Edition belge. 2 vol. gr. in-8 jésus.   20 fr.

— Traité des Assurances et contrats à la grosse, d'*Emérigon*, mis en rapport avec le Code de commerce. 1827, 2 vol. in-4 (V. *Cauvet; Pouget*).   15 fr.

BOULAY-PATY et BOILEUX. Traité des Faillites et Banqueroutes, suivi de quelques observations sur la déconfiture ; 2e éd., mise en harmonie avec la loi de 1838. *Paris,* 1849, 2 vol. in-8 (V. *Bédarride; Gadrat*). 15 fr.

BOULET. — V. *Tolluire et Boulet.*

BOULLAIRE (*J.*). Examen du projet de loi portant modification de la législation sur les coalitions. 1864, in-8 (R. P.).   1 fr. 50 c.

BOULLÉE. Histoire complète des États-généraux et autres assemblées représentatives de la France (depuis 1302 jusqu'en 1826). 1845, 2 vol. in-8.   15 fr.

BOUQUET DE LA GRYE (*F.*). Guide pratique et raisonné du garde forestier. 4e édit. In-18 (V. *Dubarry*).   2 fr.

BOURBEAU (*O.*). Théorie de la Procédure civile. — De la Justice de paix — Compétence et procédure civiles. 1863, 1 très-fort vol. in-8. (V. *Guilbon; Jay.*).   9 fr.

Cet ouvrage forme le tome VII de la *Théorie de la procédure civile,* par Boncenne et Bourbeau.

BOURBEAU. Théorie des risques et périls dans les obligations en droit romain et en droit français. 1865, gr. in-8.   3 fr.

BOURDON (*H.*). Choix de dissertations sur des questions de procédure civile et de droit pénal. 1861, in-8.   2 fr. 50 c.

BOURET (*J.*). Petit catéchisme administratif à l'usage des écoles et des familles. 1863, in-12.   1 fr.

BOURGADE (*F.*). Instructions sur la formation et la tenue du registre de l'état civil de la propriété foncière. 1863, in-16 (V. *Loir*).   75 c.

— Le Crédit foncier de France, le crédit agricole et les emprunteurs. 1862, in-8.   3 fr.

— Guide pratique de la Transmission de la propriété, suivi d'un Formulaire annoté d'actes sous seing privé, d'un tarif des droits d'enregistrement et d'une table alphabétique. 1 vol. in-8.   5 fr.

— Les contribuables et l'enregistrement. Guide pratique de l'enregistrement et de la transmission de la propriété. 1861, in-8.   4 fr.

BOURGAIN (*E.*). Répertoire général des taxes de navigation, auxquelles sont soumis les navires français dans les ports de France, aux colonies où à l'étranger. 1858, in-18.   3 fr.

BOURGAT. Code des Douanes, 2e édition. 1848, 2 vol. in-8.   15 fr.

— Suppléments par Delandre, années 1848 à 1853 incl.; *quatre livraisons* in-8. 1852-1854 (V. *Delandre.*)   6 fr. 50 c.

BOURGEOIS (*Jules et Justin.*). Guide théorique et pratique des Sociétés commerciales actuelles. Commerce, Economie politique, Droit, Jurisprudence, Doctrine. 1864, in-8 (V. *Bédarride*).   7 fr.

BOURGERIE. Traité des droits et devoirs des Jurés en matière criminelle. 1837, in-12.   2 fr.

BOURGON DE LAYRE. Traité sur les Obligations divisibles et indivisibles. 1845, in-8 (V. *Rodière*).   3 fr.

BOURGUIGNAT (*Aug.*). Législation appliquée des établissements industriels, notamment des usines hydrauliques ou à vapeur, des manufactures, etc., etc. 1859, 2 vol. in-8. 15 fr.

— Traité complet de droit rural appliqué, guide légal, théorique et pratique du draineur, etc. 1854, in-8. 7 fr. 50 c.

BOURGUIGNON (*Fr.*). Dictionnaire raisonné des lois pénales de France. 1811, 3 vol. in-8. 15 fr.

— Jurisprudence des Codes criminels. 1825, 3 vol. in-8. 12 fr.

— Manuel d'Instruction criminelle; 3e édit. 1811, 2 vol. in 8 (V. *Richard-Maisonneuve; Trébutien*). 10 fr.

— Manuel du Jury. 1827, in-8 (V. *Oudot*). 6 fr.

BOURGUIGNON (*A.*). Nouveau guide usuel du propriétaire et du locataire ou fermier, contenant les règles et les formules des baux à loyer, à ferme et à cheptel, la loi sur l'expropriation pour cause d'utilité publique, etc. 1860, in-12. 2 fr.

BOURGUIGNON et **ROYER-COLLARD**. Les Codes Français (V. *Royer-Collard et Mourlon.*)

BOURIAUD. Manuel de l'Administrateur. 1856, 1 vol. in-8. 9 fr.

— Traité pratique d'Administration départementale et communale, ou manuel de l'administrateur. 1845, in-8 (V. *Deshaires*). 10 fr.

BOURNE. Transcription hypothécaire, Commentaires sur la loi du 23 mars 1855, in-8 (V. *Fons; Verdier*). 2 fr.

BOURQUELOT (*F.*). Notice biographique sur Jean Des Mares, avocat général au parlement de Paris au xive siècle. 1858, broch. in-8. 1 fr.
Extrait de la *Revue historique de Droit français et étranger*.

BOURSY (*V.*). Essai de réforme de la procédure de contribution judiciaire. 1862, in-8. 2 fr.

BOUSQUET (*A.-R. de*). Explication du Code civil. 1804-1806, 5 vol. in-4. 25 fr.

— Des Conseils de Famille, avis de parents. 1813, 2 vol. in-8 (V. *Jay*). 10 fr.

BOUSQUET (*J.*). Dictionnaire des Contrats et Obligations en matières civile et commerciale. 1840, 2 vol. in-8 (V. *Larombière*). 15 fr.

— Nouveau Dictionnaire de Droit, résumé général de la législation, de la doctrine, et de la jurisprudence. 2 forts vol. gr. in-8. 20 fr.

— Dictionnaire des Prescriptions en matières civile, commerciale, criminelle, etc. 3e édit. 1843, in-8 (V. *Brun de Villeret*). 6 fr.

BOUSSU (*G.*) et **GAUTIER DE NOYELLE** (*U.*). La Faillite; traité pratique à l'usage des commerçants. 1865, in-8 (V. *Bédarride; Gadrat*). 2 fr. 50 c.

BOUTARIC (*Edgard*). La France sous Philippe-le-Bel. Étude sur les institutions politiques et adm. du moyen âge. 1861, in-8. 8 fr.

— Institutions militaires de la France avant les armées permanentes, suivies d'un aperçu des principaux changements survenus jusqu'à nos jours dans la formation de l'armée. 1863, in 8. 8 fr.

— Actes du Parlement de Paris, de l'an 1254 à l'an 1328, T. I (1254-1299). 1863, in-4. 36 fr.
Publié sous la direction de M. le comte de Laborde.
Il a été tiré 25 exemplaires numérotés, sur papier de Hollande. Prix du volume : 60 fr.

BOUTARIC (*G.*). Arrêts et enquêtes antérieurs aux Olim (1180-1254). 1863, in-4. 36 fr.

BOUTERON (*Ed.*). L'Ordonnateur des dépenses municipales; Recueil élémentaire contenant : l'analyse des lois, décrets, ordonnances, circulaires, instructions qui régissent les dépenses communales; un Traité du timbre mis en harmonie avec la loi du 2 juillet 1862, le formulaire des mandats, mémoires, factures et autres pièces nécessaires pour la justification des dépenses, le tout en concordance avec l'Agenda des receveurs municipaux. 1865, in-8.   4 fr. 50 c.

— V. *Agenda pour les receveurs municipaux.*

BOUTHORS (A.). Coutumes locales du bailliage d'Amiens, rédigées en 1507. *Amiens*, 1843-1853, 2 vol. in-4.   40 fr.

— Les Proverbes, dictons et maximes du Droit rural traditionnel. 1858, in-12.   1 fr. 50 c.

— Les Sources du Droit rural cherchées dans l'histoire des communaux et des communes. 1865, 1 beau vol. in-8.   12 fr.

BOUTILLIER (*le baron*). Traité pratique des attributions des commissaires de surveillance administrative des chemins de fer. 1865, in-8.   7 fr.

BOUTRY-BOISSONNADE (G.). Essai sur l'histoire des Donations entre époux, et leur état d'après le Code Napoléon. 1852, in-8 (V. *Demolombe*; *Saint-Espès-Lescot*).   4 fr.

— Tableau synoptique du Droit romain, 1854. Une feuille grand-aigle. In-plano.   1 fr.
Cartonné.   1 fr. 50 c.
Cartonné et collé sur toile.   3 fr.

— De l'exception apportée, en matière de partage, aux principes de l'Action paulienne ou révocatoire. In-8 (R. C.).   1 fr. 50 c.

BOUVIER (A.). Du principe de la non-rétroactivité des lois. Étude sur l'application des lois françaises en Savoie. Thèse. 1864, gr. in-8, 317 pag. (V. *Mailher de Chassat*).

BOYARD. Des droits et des devoirs de la Magistrature et du Jury. 1827, in-8.   5 fr.

— De la Magistrature dans ses rapports avec la liberté des Cultes, in-8.   6 fr.

— Des libertés garanties par les institutions de 1789 à 1830, dans leur rapport avec la Constitution de 1852 (t. 1er). 1853, in-8.   6 fr.

BOYARD et **VASSEROT** (*Ch.*). Nouveau guide des Maires, ou Manuel des officiers municipaux dans leurs rapports avec l'ordre administratif et l'ordre judiciaire; 5e édit. 1861, in-18 (V. *Dubarry*).   3 fr. 50 c.

— Nouveau manuel complet des Maires; 4e édit. 1861, 2 vol. in-8 (V. *Dubarry.*)   12 fr.

BOYER DE SAINTE-SUZANNE (*de*). Recrutement, tirage au sort et révision; 3e édit. 1864, in-12 (V. *Bost*).   4 fr.

— L'Administration sous l'ancien régime. Les Intendants de la généralité d'Amiens (Picardie et Amiens). 1865, gr. in-8.   15 fr.

BOZÉRIAN. La Bourse (V. *Jeanmotte-Bozérian.*)

BRAFF (P.). Des Actes de l'état civil et de la police municipale. 1862, in-12 (V. *Loir*).   4 fr.

— Administration financière des communes, ou Recueil méthodique et pratique des lois, décrets, ordonnances, etc., qui régissent cette matière. 1857, 2 vol. in-8.   15 fr.

Il a été déjà beaucoup écrit sur les communes, mais aucun des ouvrages consacrés à cet important sujet n'a traité, d'une manière aussi spéciale et aussi pratique que celu que nous annonçons, de la comptabilité communale, qui pourtant, ainsi que le dit l'auteur, peut être considérée comme la branche la plus importante de l'administration municipale, puisque toutes les mesures, toutes les opérations qui intéressent la commune viennent se résumer dans les *budgets* et surtout dans les *comptes*.

Ce livre, dans lequel on ne doit point chercher une appréciation théorique de l'administration financière des communes, a simplement pour objet d'exposer, dans un ordre méthodique, les nombreuses dispositions qui régissent la matière et les principes qui doivent présider à la préparation, au vote et à l'exécution du budget et des comptes, ainsi qu'à la bonne administration des revenus communaux. Il se divise en trois parties. La première, qui traite du budget primitif et du budget supplémentaire, renferme, indépendamment de l'examen des recettes et des dépenses les plus importantes des communes, l'indication des obligations imposées aux villes par plusieurs lois récentes, et des règles de la compétence telles qu'elles résultent du décret sur la décentralisation, modifié par la loi du 10 juin 1853; la seconde partie est consacrée au compte administratif et au compte de gestion; la troisième, à l'exécution du budget. Vient ensuite un appendice dans lequel M. Braff a réuni divers modèles relatifs à la comptabilité communale et une foule d'autres documents intéressant l'administration financière des communes; ainsi que le texte des lois qui la régissent et notamment celui de la loi du 5 mai 1855, sur l'organisation municipale, que l'auteur a accompagné d'un petit commentaire.

Enfin, l'ouvrage renferme deux tables : l'une, simplement indicative des divers paragraphes suivant l'ordre alphabétique, se restreint aux matières du premier volume, dont elle ne fait même pas connaître toutes les divisions, ce qui nous paraît regrettable ; l'autre, beaucoup plus soignée et s'étendant à toutes les matières de l'ouvrage, est tout à la fois alphabétique et analytique.

(DALLOZ. *Recueil périodique.*)

— Des Octrois municipaux (Extrait de l'ouvrage précédent). 1857, in-8.
4 fr.

— Principes d'administration communale, ou Recueil par ordre alphabétique de solutions tirées des arrêts de la Cour de cassation, des décisions du Conseil d'Etat et de la jurisprudence ministérielle en ce qui concerne l'administration des communes; mis en harmonie avec la nouvelle instruction générale du ministre des finances, en date du 20 juin 1859; 2e édition, suivie d'un appendice contenant la loi du 18 juillet 1837, sur l'administration municipale, les décrets des 25 mars 1852 et 13 avril 1861 sur la Décentralisation administrative, une nomenclature des édits, lois, arrêtés, ordonnances et décrets concernant l'administration des communes, etc. 1861, 2 vol. gr. in-18 jésus. 8 fr.

Le nouvel ouvrage de M. Braff est, comme il le dit lui-même, un complément très-utile du précédent. En effet, bien que presque tous les objets d'administration municipale aboutissent à une opération de recette ou de dépense et qu'ils aient trouvé place dans son Traité de l'*Administration financière*, il est encore des points indispensables à connaître et que ne comportait pas la spécialité de ce Traité. Si donc les règles de la comptabilité sont exposées plus sommairement dans le livre dont nous nous occupons, les principes qui doivent servir de guide aux fonctionnaires municipaux dans les autres détails de leurs attributions, y sont développés plus complétement.

Ces principes, l'auteur se garde bien de les traduire en formules théoriques suivies de longues dissertations pour les justifier ; il les affirme en donnant succinctement les raisons et en citant les textes législatifs et jurisprudentiels sur lesquels ils reposent. Ce mode, qui seul pouvait convenir à un ouvrage essentiellement pratique, indiquait naturellement l'adoption de l'ordre alphabétique pour le classement des matières. Aussi, M. Braff a pleinement atteint son but ; il a fait un véritable répertoire de l'Administration communale, et, en deux petits volumes, qui peuvent être réunis en un seul, il a condensé, avec une clarté parfaite, d'innombrables solutions éparses dans de volumineuses collections que n'ont presque jamais à leur disposition les personnes auxquelles il s'adresse plus particulièrement, et où d'ailleurs les recherches, pour être complètes, seraient longues et difficiles.

Ce répertoire si substantiel contient, en outre, une nomenclature *chronologique* des principaux édits, lois, arrêtés, ordonnances et décrets concernant l'administration des communes, puis, en *appendice*, la loi d'attributions municipales, les décrets de centralisation, les lois sur la mise en valeur des marais et des terres incultes appartenant aux communes, et sur les prêts à faire à celles-ci et aux associations syndicales par le crédit foncier, etc.

Au moyen de ce livre, que tous les conseils municipaux devraient avoir dans la salle de leurs séances, rien ne leur serait plus aisé que de traiter très-régulièrement toutes les affaires qui leur sont soumises, et donner par la maturité de leurs délibérations, une entière satisfaction aux intérêts qui leur sont confiés. Ils s'éviteraient à eux-mêmes, ainsi qu'à l'autorité supérieure, les pertes de temps et la paperasserie qu'entraînent les redressements d'erreurs et d'oublis provenant de l'ignorance des lois et des règlements ; et par cette intelligente pratique de leurs attributions, ils serviraient puissamment la cause si légitime de l'émancipation graduelle des administrations communales.

F. GLÆTIGNY.

— Code des Chemins vicinaux de grande et de petite vicinalité et des chemins ruraux. 1860, in-8. 1 fr. 50 c.

BRAME. — V. *Venard et Brame.*

BRANDNER. Table décennale (1851-60) de la Pasicrisie (V. *Pasicrisie belge*).

— V. *Journal de l'Enregistrement et du Notariat (belge).*

BRASSEUR. Manuel d'économie politique. *Bruxelles,* 1860-1861, 2 vol. gr. in-8 (V. *Garbouleau).* 15 fr.

BRAULT (*E.*). Manuel du candidat au surnumérariat dans l'administration de l'enregistrement, des domaines et du timbre, rédigé conformément au programme officiel du 11 novembre 1863. 1864, gr. in-18 (V. *Palierne de la Haudussais*). 3 fr.

— Le nouveau Manuel du Surnuméraire dans l'administration de l'enregistrement, des domaines et du timbre, rédigé conformément au programme officiel. 1865, in-18.

BRAVARD-VEYRIÈRES (*P.*). Étude et enseignement du Droit romain. 1837, in-8 (V. *Thézard*). 4 fr.

— Manuel de Droit commercial, 6e édition. 1861, in-8. 9 fr.

— Explication analytique et synthétique des lois nouvelles sur les Commandites par actions, l'Arbitrage forcé et les Concordats par abandon. 1857, in-8 (V. *Bédarride; Caumont).* 3 fr.

Appendice au Manuel de droit commercial; mais il constitue en outre un ouvrage à part, complet et écrit dans un ordre d'idées tout spécial.

— Vicissitudes et solution définitive de la question du latin dans les concours. 1841, in-8. 1 fr. 50 c.

—Des Prises maritimes d'après l'ancien et le nouveau droit, tel qu'il résulte du traité de Paris et de la déclaration du 16 avril 1856, avec des notes par Royer-Collard. 1861, in-8 (R. C.) (V. *Pistoyé et Duverdy).* 1 fr. 50 c.

— Traité de Droit commercial ; cours professé à la Faculté de droit de Paris, publié, annoté et complété par Ch. Demangeat. 1861-65, 6 vol. in-8. 48 fr.

N. B. Déjà les tomes I, III, V et VI ont paru (novembre 1865).

— Traité des Sociétés commerciales, suivi d'un formulaire contenant des modèles d'actes de Société. 1861, in-8 (V. *Bédarride.*) 10 fr.

Tirage à part du *Traité de droit commercial.*

— Traité de la Lettre de change et du Billet à ordre. 1862, in-8 (V. *Bédarride; Persil).* 10 fr.

Tirage à part du *Traité de droit commercial.*

— Traité des Faillites et Banqueroutes, extrait du Cours professé à la Faculté de Droit de Paris. Publié, annoté et complété, par Ch. Demangeat. 1864, 2 vol. in-8 (V. *Bédarride ; Gadrat).* 12 fr.

— Du décret du 22 août 1848 sur les Concordats amiables, et de la loi qui en limite l'application. In-8 (R. C.). 1 fr. 50 c.

BRAYER. Recueil des règlements de police applicables à la ville d'Amiens et au département de la Somme; 2e édit. 1862, in-8. 4 fr.

BRÉARD-NEUVILLE. Pandectes de Justinien, mises dans un nouvel ordre, par *Pothier,* et traduites en français, avec le texte en regard. 1817 et années suivantes, 24 vol. in-8 (V. *Pellat).* 120 fr.

— Table du même ouvrage (Analyse des Pandectes), par Moreau de Montalin. 1827, 2 gros vol. in-8. 20 fr.

— V. *Pothier.*

BRESOU. Jurisprudentiana, trésor des anecdotes de jurisprudence et recueil de faits singuliers relatifs à cette science ou à ceux qui l'ont cultivée. 1858, in 32. 1 fr.

BRESSOLLES (*G.*). Cours de Code Napoléon, professé à la Faculté de droit de Toulouse. Sommaire du Cours de 3e année. 1865, in-12.

— Transcription en matière hypothécaire, depuis la loi du 23 mars 1855. In-8 (V. *Fons; Verdier*). » »

— Explication de la loi du 21 mai 1858, contenant les modifications au Code de procédure civile en matière de saisie immobilière et d'ordre. 1858, in-8. 2 fr.

BRESSON (*J.*). Liberté du taux de l'intérêt, ou de l'abolition des lois de l'Usure ; 2e édition. 1858, in-8 (V. *Liégeois*). 1 fr.

BRETIGNÈRES DE COURTEILLES. Les Condamnés et les prisons, ou Réforme morale, criminelle et pénitentiaire. 1838, in-8. 4 fr.

BRETON (*Camille*). Du Divorce, en droit romain; — de la Séparation de corps, en droit français. 1863, in-8 (V. *Demolombe*). 2 fr.

BRETON (*Ernest*). Des éléments constitutifs de l'autorité de la chose jugée, en mat. civ., dans le droit romain et dans le droit français. 1863, in-8 (V. *Bidart; Valette*). 2 fr.

BREULIER. Du Droit de perpétuité de la propriété intellectuelle (Théorie de la propriété des écrivains, des artistes, des inventeurs et des fabricants). 1854, in-8 (V. *Calmels*). 3 fr.

BREULIER (*Ad.*) et **DESNOS – GARDISSAL** (*Ch.*). Du régime de l'invention. Examen des améliorations proposées à la législation relative aux inventions à propos du nouveau projet de loi sur les brevets. 1862, in-8. 2 fr.

— V. *Gardissal.*

BRIAND (*J.*) et **CHAUDÉ** (*E.*). Manuel complet de Médecine légale, ou Résumé des meilleurs ouvrages publiés jusqu'à ce jour sur cette matière et des jugements et arrêts les plus récents. 7e édit., contenant un traité élémentaire de chimie légale, par M. Gaultier de Claubry. 1863, gr. in-8. 12 fr.

BRIERRE DE BOISMONT (*A.*). De la responsabilité légale des aliénés. 1863, in-8 de 77 pages (V. *Castelnau*).

— Du Suicide et de la folie du suicide. 2e édition. 1865, in-8. 7 fr.

BRILLAUD-LAUJARDIÈRE (*C.-C.*). De l'Infanticide. Étude médico-légale. 1866, in-8. 4 fr.

— De l'Avortement provoqué considéré au point de vue médical, théologique et médico-légal. 1862, gr. in-8. 7 fr.

BRISSON (*J.*). De l'organisation communale. 1861, in-8 (V. *Braff*). 1 fr.

BRISSOT-WARVILLE. Théorie des Lois criminelles. 1836, 2 vol. in-8. 10 fr.

BRITZ (*J.*). La Constitution belge et les lois organiques. *Bruxelles*, 1865, in-12. 4 fr.

— Code de l'ancien droit belge, ou Histoire de la jurisprudence et de la législation, etc. *Bruxelles*, 1847, 2 vol. in-4. 15 fr.

BRIVES-CAZES. — V. *Journal des arrêts de la Cour imp. de Bordeaux.*

BRIXHE (*G.-H.*). Essai d'un répertoire raisonné de législation et de jurisprudence en matière de mines, minières, tourbières, carrières, etc. *Liége*, 1833, 2 vol. in-8. 18 fr.

— Manuel raisonné, par ordre alphabétique, de l'Administration des bureaux de bienfaisance. *Liége*, 1852, in-12. 6 fr.

— Manuel, etc., de l'administration des Fabriques des églises belges. *Liége*, 1852, in-12. 6 fr.

BROCHER (*Ch.*). Étude sur les principes généraux de l'interprétation des lois, et spécialement du Code civil français. *Genève*, 1862, petit in-8 (**V.** *Foucher*). 2 fr. 50 c.

BROSSARD. Synopsie du Code civil annoté, en cent tableaux, précédés d'un discours préliminaire, et suivis de trois tables. In-4, relié. 20 fr.

— Tableau synoptique de la loi du 25 mai 1838, sur les Justices de paix. In-folio d'une feuille. 1 fr.

— Traité de la juridiction civile judiciaire des juges de paix. 1843, in-8. (**V.** *Bourbeau*.) 7 fr.

BROUSSE. Code Forestier, avec l'exposé des motifs, la discussion des deux Chambres, 2e éd. 1827, in-8 (**V.** *Codes de la lég. forest.*). 7 fr.

— Code de la Pêche fluviale, avec l'exposé des motifs, la discussion des deux Chambres, et des observations. 1829, in-8 (**V.** *Codes de la lég. forest.*). 5 fr.

BROUTTA. Cours de Droit militaire. 1842, in-8. 6 fr.

BROWN (*Causten*). A treatise on the construction of the statute of frauds as in force in England and the United-States. 2d edit. *Boston*, 1863, in-8. 28 fr.

BRUCKNER (*J.-A.*). Essai sur la nature et l'origine des droits, ou Déduction des principes de la science philosophique du droit; 2e édition. 1818, in-8 (*Rare*). » »

BRUN. Nouveau Manuel des Conseillers de préfecture, ou Répertoire du droit administratif; 2e édition. 1862, 2 vol. in-8. 15 fr.

BRUN DE VILLERET (*E.*). Traité théorique et pratique de la Prescription tion en matière criminelle. 1863, 1 beau vol. in-8. 7 fr.

Le sujet dont à fait choix M. Brun de Villeret est d'une grande importance au point de vue de la science et de l'application; et cet honorable magistrat l'a traité avec une abondante érudition et une sagacité remarquable. La prescription de l'action publique et de l'action civile résultant de faits punissables, est régie par des principes d'une nature toute spéciale. Les dispositions de la loi à cet égard sont fort brèves, et ne peuvent presque jamais être complétées par les règles ordinaires de la prescription. De là des difficultés sans nombre, au milieu desquelles la doctrine et la jurisprudence se frayent une voie pleine d'incertitude et de dangers. L'auteur, par ses savantes recherches, contribuera certainement à dégager la vérité des nuages qui l'entourent encore. — Sur chaque question, il commence par une exposition complète des opinions émises, il indique l'état de la jurisprudence et discute ses motifs. Il se prononce ensuite, et son sentiment, fruit d'une réflexion éclairée, nous a paru révéler une rectitude d'esprit peu commune. L'intérêt s'attache d'ailleurs facilement à tous les problèmes qui tiennent en suspens la poursuite sur la tête du coupable. — S'agit-il de délits collectifs, c'est-à-dire de ceux pour lesquels la loi exige l'habitude ou la réunion de plusieurs faits répétés, qui pris chacun séparément, ne sont pas punissables, le point de départ de la prescription est très-incertain. Les faits qui, isolément, seraient couverts par la prescription, peuvent-ils être invoqués pour la constatation de l'habitude ? A l'égard des délits continus, la prescription court du dernier acte; cela est admis; mais quels sont les délits continus? Le délit qui a ce caractère à l'égard de l'auteur, l'a-t-il toujours à l'égard des complices? — L'assujettissement de l'action civile en dommages et intérêts à une prescription abrégée identique à celle de l'action publique naissant du même fait, est une règle de droit positif que la raison n'accepte pas aisément. Que l'exercice du droit de la victime à une indemnité soit limité à un temps plus court, parce que le fait est plus grave et dépasse la mesure d'un simple délit civil, c'est une disposition qui semble écrite dans l'intérêt des coupables. Au moins on peut se demander s'il ne faut pas rentrer dans le droit commun quand l'action publique est éteinte par la mort du prévenu, ou quand elle s'est terminée par une condamnation pénale. Notre auteur aborde toutes ces questions délicates et beaucoup d'autres. Il ne néglige aucun point de vue de son sujet et propose des solutions toujours judicieusement motivées. Le livre de M. Brun de Villeret est plein d'une doctrine sérieusement étudiée et d'une érudition solide. Il prouve que la science du droit n'a pas cessé d'être cultivée avec ardeur et avec succès dans la patrie de Domat.

(**DEVILLENEUVE** et **GARETTE**, *Recueil général de Jurisprudence*, 1863.)

BRUN-LAVAINNE. Mémoire sur les Institutions communales de la France et de la Flandre au moyen âge. *Lille*, 1857, br. in-8. 2 fr.

BRUNARD. Guide des Commissaires-priseurs. 2e édit. 1859, in-12.
3 fr. 50 c.

BRUNO (*Ludger*). Législation et jurisprudence du Notariat résumées, en 100 tableaux synoptiques, y compris le Code Napoléon, etc. 1858, in-4. 15 fr.

BRUNO (A.). Code administratif de la Belgique. *Bruxelles*, 1842, 3 vol. in-8. 24 fr.

BUCHÈRE (*Amb.*) De la justice civile en Angleterre. 1863, in-8. 2 fr. 50 c.

Extrait de la *Revue historique de droit français et étranger.*

— Étude historique sur les origines du jury. 1862, in-8 (V. *Oudot*).
2 fr.

Extrait de la *Revue historique de Droit français et étranger.*

— De la justice criminelle en France et en Angleterre. 1860, in-8. 2 fr.

BUCHEZ et **ROUX**. Histoire parlementaire de la Révolution française, ou Journal des assemblées nationales depuis 1789 jusqu'en 1815, 1838, 40 vol. in-8. 150 fr.

BUCQUET (*P.*). Recherches statistiques sur les colonies agricoles, les établissements correctionnels et les sociétés de patronage de jeunes détenus. 1853, in-4. 5 fr.

BUFNOIR. Théorie de la condition dans les divers actes juridiques, d'après le droit romain. 1866, in-8. 7 fr.

BUGNET. (V. *Pothier*.)

BULGARI ad Digestorum titulum de diversis regulis juris antiqui commentarius et Placentini ad eum additiones sive exceptiones. Edidit Fr. G. C. Beckhaus. *Bonnæ*, 1856, in-8. 6 fr.

BULLETIN administratif de l'Instruction publique. *Paris, Dupont*. 1850-1865, 15 vol. in-8. 80 fr.

Chaque année prise séparément : 5 fr.

BULLETIN administratif du Ministère de l'Instruction publique. *Impr. impér.* In-8.

Abonnement annuel : 6 fr.
1re année 1864.

BULLETIN administratif et judiciaire des Annales forestières, recueil mensuel des lois, décrets, arrêts, jugements, décisions et circulaires administratives sur la matière des forêts, de la pêche et de la chasse, avec des notes explicatives, des observations critiques et des dissertations, par MM. Deville, Meaume, Loiseau, etc. ; avec la collaboration de MM. Bonjean, Colmet-d'Aage, Dalloz et Vergé.
Abonnement annuel : 7 fr.

— V. *Annales forestières*.

BULLETIN annoté des lois (V. *Lepec*).

BULLETIN de Jurisprudence commerciale, contenant : 1° les principaux jugements et arrêts rendus par le Tribunal de commerce de Marseille et la Cour impériale d'Aix ; 2° les décisions les plus importantes des autres Cours et Tribunaux, et les principaux actes législatifs et administratifs, en matière commerciale. Publié par Ludovic Legré, avocat, et Ferdinand Feautrier, avoué. In-8.

Prix de l'abonnement annuel : 22 fr.

Le Tribunal de commerce de Marseille est certainement un de ceux qui sont appelés à juger les affaires les plus graves et en même temps les plus variées. Aussi le recueil de ses décisions et de celles que rend en appel la Cour impériale d'Aix doit-il offrir le plus grand intérêt à tous ceux qui s'occupent de litiges commerciaux ; c'est un fonds d'une richesse difficile à trouver ailleurs, et dans lequel puiseront avec fruit les jurisconsultes et les hommes d'affaires des diverses places de commerce. En outre, la publication dans la seconde partie du *Bulletin de jurisprudence commerciale* des principales décisions rendues par les autres cours et tribunaux, et des actes du pouvoir législatif et de l'autorité administrative, en matière de commerce, contribuent à rendre générale l'utilité de ce recueil.

BULLETIN de la Cour impériale de Paris, publié sous le patronage de M. le Premier Président, de M. le Procureur général, de M. le Bâtonnier de l'Ordre des Avocats. In-8.

Ce recueil paraît depuis le 15 mars 1864, le 1er et le 15 de chaque mois
Le prix de l'abonnement est fixé à 16 fr. pour la France et la Belgique.
Les abonnements sont d'un an et partent du 15 mars.

BULLETIN de l'Enregistrement, du timbre, des droits de greffe, des hypothèques, des amendes, faisant suite aux ouvrages de M. Masson-Delongpré. In-8.
Journal mensuel.
Abonnement annuel, pour la France.   3 fr.
L'année 1865 forme la 29e année. — (V. *Masson-Delongpré*.)

BULLETIN des Arrêts de la Cour impériale d'Aix, par une Société de jurisconsultes sous la présidence de M. Bouteil. Années 1856-65, 10 vol. in-8. — Abonnement annuel :   10 fr.

BULLETIN des Arrêts de la Cour de Cassation, rendus en matière civile et en matière criminelle depuis l'an VII (1798) jusques et compris 1865, 143 vol. in-8.   470 fr.

— Table analytique (partie civile), 1798-1856, par Em. Duchesne. 1857, 5 vol. in-8 (V. *Duchesne*).   30 fr.

Chaque partie se vend séparément :

Partie civile. 70 vol. in-8, y compris les 4 vol. de Tables.   210 fr.
Partie criminelle. 74 vol. in-8.   260 fr.
Abonnement annuel pour les 2 parties.   16 fr.

BULLETIN des arrêts de la Cour de Cassation de Belgique, rédigé par les avocats généraux près la Cour de cassation de *Bruxelles*. In-8.
Abonnement annuel.   14 fr.

BULLETIN des Contributions directes et du Cadastre. 1832-1865, 44 vol. in-8.   115 fr.
Publication mensuelle. Abonnement :   13 fr.

BULLETIN des décisions des juges de paix (V. *Jay*).

BULLETIN DES LOIS, arrêtés, décrets, ordonnances, rendus depuis 1789 jusques et compris 1865, 240 vol. in-8, y compris les tables. 500 fr.
Abonnement annuel :   9 fr.

Cette collection est ainsi composée :

Lois et actes du gouvernement, ou Avant-Bulletin des lois, depuis août 1789 jusqu'au 18 prairial an II ; 8 vol.
1re Série (Convention nationale), du 23 prairial an II au 3 brumaire an IV ; 6 vol.
2e Série (Directoire exécutif), du 4 brumaire an IV au 27 ventôse an VIII ; 9 vol.
3e Série (Consulat), du 29 nivôse an VIII au 30 floréal an XII ; 10 vol. avec les suppl.
4e Série (Gouvernement impérial), du 28 floréal an XII au 30 mars 1814 ; 20 vol.
5e Série (Première Restauration), du 1er avril 1814 jusques et y compris le 19 mars 1815 ; 5 vol.
6e Série (Cent-Jours), du 20 mars 1815 au 30 juin de la même année ; 1 vol.
7e Série (Règne de Louis XVIII), du 25 juin 1815 jusqu'au 16 septembre 1824 ; 19 vol.
8e Série (Règne de Charles X), du 16 septembre 1824 au 28 juillet 1830 ; 12 vol.
9e Série (Règne de Louis-Philippe Ier), août 1830 au 24 février 184 ; 76 vol.
10e Série (République), du 25 février 1848 au 2 décembre 1852 ; 20 vol.
11e Série (Empire), du 2 décembre 1852-1864, 48 vol.
Tables (de 1789-1814) 4 vol. in-8. — (1814-1853) 4 vol. in-8.
— V. *Rondonneau*.

BULLETIN des lois civiles ecclésiastiques, journal encyclopédique du droit et de la jurisprudence en matière religieuse et du contentieux du culte. 1849-65, 17 vol. in-8. 90 fr.

Ce journal paraît à la fin de chaque mois. Les abonnements ne peuvent être faits pour moins d'un an, c'est-à-dire du 1er janvier au 31 décembre de chaque année.

Prix de l'abonnement : par an. 8 fr.

BULLETIN des Sociétés de secours mutuels, revue des institutions de prévoyance, publiée sous la direction de M. le vicomte de Melun, par M. Alexis Chevalier.

Recueil mensuel.
Abonnement, par an. 6 »
Années 1854 à 1865, collection complète. 60 »
Chaque année, séparément. 5 »

BULLETIN des Tribunaux; Moniteur du Conseil-d'État et de la Cour de Cassation. In-folio.

Journal paraissant tous les lundis depuis l'année 1833. Prix de l'abonnement annuel : 20 fr.

BULLETIN officiel de la Marine. Actes officiels, Circulaires ministérielles, Mouvement du personnel, Avis aux navigateurs, Approvisionnements, etc.

Abonnement : Paris, un an, 9 fr.
— Départements, — 12 fr.

Tout abonnement est pris pour l'année entière, du 1er janvier au 31 décembre inclusivement.

BULLETIN officiel du Ministère de l'intérieur, recueil mensuel à l'usage des maires.

Conditions de souscription :

Publication mensuelle; prix : 5 fr.; pour les maires, 4 fr. — Années antérieures (1838 à 1865), 29 volumes in-8, prix. 110 fr. »
Circulaires de l'intérieur, de 1790 à 1830, 3 volumes in-8, prix : 25 fr. — De 1830 à 1857, 3 volumes in-8, prix. 25 fr. »
Table générale des Circulaires et du Bulletin officiel du ministère de l'intérieur (1790-1862), 1 volume in-8, prix. 4 fr. »

Chaque volume, qui est accompagné de deux tables des matières, rédigées par ordre de dates et par ordre alphabétique, et destinées à faciliter les recherches, peut s'acquérir séparément, au prix de 4 fr., à partir de 1838, et de 9 fr.; à partir de 1790 à 1838.

— V. Circulaires.

BULLETIN spécial des décisions des Juges de paix et des Tribunaux de simple police, paraissant du 15 au 20 de chaque mois, depuis janvier 1859, un cahier par mois de deux feuilles grand in-8, par M. J.-L. Jay, rédacteur en chef des Annales des Justices de paix, et M. Guilbon, juge de paix du canton de Villejuif (Seine).

Abonnement, par an, pour les abonnés des Annales : 6 fr.
— — pour les non abonnés : 16 fr.
1re année 1859.
— V. Guilbon; — Jay.

BULLETIN spécial des huissiers et des clercs d'huissiers. 1845-65, 21 vol. in-8. 100 fr.
Abonnement annuel. 7 fr.
— V. Jay.

BURDET. Considérations sur la nature du droit de Propriété. 1851, in-8. 2 fr.

— De l'Influence des anciennes institutions féodales sur la formation de quelques parties de droit civil en France, et particulièrement la province du Dauphiné. 1858, in-8. 3 fr.

— Exposition de la doctrine romaine sur le régime dotal, avec introduction historique. 1858, in-8. 4 fr.

BURETTY. Du Régime hypothécaire, et voies d'amélioration de ce système. 1838, in-8. 5 fr.

BURLAMAQUI. Principes du Droit de la Nature et des Gens; nouv. éd., revue par M. Dupin. 1820-21, 5 vol. in-8. » »

— Principes du Droit naturel. 1830, in-12 (V. *Ahrens*, *Caumont*). 3 fr.

— Eléments de Droit naturel. 1822, in-12 (V. *Ahrens*). 3 fr.

BURNIER (*Eug.*). Histoire du Sénat de Savoie et des autres Compagnies judiciaires de la même province (1329-1848). 1864-65, 2 beaux vol. in-8. 16 fr.

BURN'S Justice of the peace and parish officer. 29th. edit., with supplement to 1852, by Montagué, B. Bere and Th. Chitty. *London*, 1845-1852, 7 vol. in-8. 180 fr.

BURSOTTI. Guide des Agents consulaires. 1837, 2 vol. in-8 (V. *Cussy*; *Martens et Cussy*). » »

BURY (*Aug.*). Traité de la législation des mines, des minières, des usines et des carrières en Belgique et en France; ou Commentaire théorique et pratique de la loi du 21 avril 1810 et des lois et règlements qui s'y rattachent. *Liége*, 1860, 2 vol. in-8. 18 fr.

BUSSARD. Eléments du Droit naturel privé. 1836, in-8. 8 fr.

C

CABANTOUS (*L.*). Répétitions écrites sur le Droit public et administratif, contenant l'exposé des principes généraux, leurs motifs et la solution des questions théoriques. 3e édit. 1863, in-8 (V. *Ducrocq*). 10 fr.

CABASSE. Essai historique sur le Parlement de Provence, depuis son origine jusqu'à sa suppression. 1826, 3 vol. in-8 (V. *Ribbe*). 18 fr.

CABINET-LAWYER (the); a popular digest of the laws of England. New edition. *London*, 1852, in-8. 15 fr.

CABRYE (*E.-D.*). Du Droit de rétention. 1860, in-8 (V. *Rogon*). 3 fr.

Mémoire qui a obtenu la première médaille au concours de doctorat de 1859 à la Faculté de droit de Rennes.

CADRES (*E.*). Modifications des dispositions du Code civil en matière de commerce, mises en harmonie avec le Droit commercial, suivi d'un comment. du contrat de commission. 1845, in-8. 7 fr.

— Code de Procédure commerciale, ou codification des articles du Code de Procédure, applicables en matière de commerce. 1844, in-8. 7 fr.

— Code manuel de la Contrainte par corps et de l'emprisonnement pour dettes. 1842, in-12 (V. *Lassime*). 7 fr.

— Traité des Enfants naturels, mis en rapport avec la doctrine et la jurisprudence. 1847, in-8 (V. *Desportes*, *Morillot*). 7 fr.

CAFFIN. Des droits de propriété des communes, et des sections de communes sur les Biens communaux; de la mise en valeur de ces biens, etc. 1860, in-8 (V. *Rivière*). 3 fr.

Cet ouvrage, résultat d'une longue expérience administrative, est un document très utile à consulter pour la solution des nombreuses questions d'administration et d'économie sociale que soulèvent, pour le communes et pour la tutelle du gouvernement, la propriété et le mode de jouissance des biens communaux. L'auteur, M. Caffin, frappé de l'obscurité de la loi et des contradictions de la jurisprudence, s'efforce d'y remédier dans un ouvrage qui se recommande en première ligne par son intérêt pratique. La marche suivie par l'auteur est claire et rationnelle; il s'occupe d'abord des droits respectifs de propriété des communes et des sections de communes; et ensuite du partage, de l'amodiation, de l'aliénation et de l'emploi qui peut ou doit être fait des prix de locations et ventes. Il signale également les lacunes qu'il croit exister dans la loi actuellement en vigueur. (DALLOZ, *Jurisprudence générale*, 1860, 3e cahier.)

CAILLEMER (É.). *(Un manuscrit inédit d'Ant. de Govéa.)* Antonii Goveani jeti ad DD. titulum ad senatusconsultum Trebellianum commentariorum quæ supersunt juxtà fidem Gratianopolitani Codicis nunc primum edidit E. Caillemer. 1865, in-8. 3 fr.
  Extrait de la Revue historique de droit français et étranger.
— Étude sur Antoine de Govéa (1505-1566). 1864, in-8. 2 fr.
  Extrait de la Revue historique de droit français et étranger.
— Des Intérêts. 1861, in-8. 2 fr.
— Étude sur Michel de Marillac. 1862, in-8. 2 fr.
— Études sur les antiquités juridiques d'Athènes. *1re Étude :* Des Institutions commerciales d'Athènes au siècle de Démosthènes. 1864, in-8. 1 fr.
— Le même ouvrage, *2e étude :* Lettres de change et Contrats d'assurance. 1865, brochure in-8. 1 fr.
— Frédéric Taulier, sa vie et ses œuvres (1806-1861). 1864, in-8. 1 fr. 50
CALLIGAS. Le Droit romain selon son application en Grèce, édité par L. Sgouta. 4 vol. in-8. 40 fr.
  N. B. Le tome V, qui contiendra le Droit de famille, doit paraître au commencement de l'année 1866.
— V. *Sgouta.*
CALMEIL. De la Folie considérée sous le point de vue pathologique, philosophique et judiciaire. 1845, 2 vol. in-8. 15 fr.
CALMELS (*Ed.*). Du projet de loi relatif aux brevets d'invention. 1859, in-8 (V. *Breulier*). 1 fr.
— De la Propriété et de la contrefaçon des œuvres de l'intelligence. 1856, in-8. 9 fr.
— Des noms et marques de fabrique et de commerce, de la concurrence déloyale, etc. 1858, in-8. 5 fr.
— Dessins et Modèles de fabrique. Traités internationaux. Législation française et étrangère. Jurisprudence en France et en Belgique. Projet de loi soumis à la Chambre des représentants de Belgique, à la séance du 17 nov. 1864. 1865, gr. in-8. 2 fr. 50 c.
CALMÈTES. Résumé de la jurisprudence de la cour de Bastia, sur la taxe des dépens en matière civile. 1857, in-4. 5 fr.
CALMETTE. Traité de l'administrat. temporelle des Congrégations et des Communautés religieuses. 1857, in-18 (V. *Denantes; Gaudry*). 3 fr. 50 c.
  Cet ouvrage contient, sous une forme succincte, l'exposé complet des règles, dont l'ensemble constitue la situation légale des congrégations religieuses. Après avoir, dans une courte introduction, retracé à grands traits l'histoire de la vie monastique, principalement en Occident, et fait connaître les vicissitudes qu'elle a subies dans notre pays depuis la fin du dernier siècle, l'auteur, dans une première partie, s'occupe d'abord des associations religieuses de femmes. Il examine successivement quelles sont les règles auxquelles elles sont soumises, soit pour l'organisation intérieure des communautés et congrégations, soit pour leur reconnaissance légale, soit pour l'administration de leurs biens, soit enfin pour les services qu'elles sont appelées à rendre dans les hospices ou dans l'enseignement. Dans une seconde partie, il traite des associations religieuses d'hommes, des associations religieuses d'hommes ou de femmes) non autorisées et des confréries. Enfin, dans un appendice, qui termine le volume, il a réuni les lois, décrets, ordonnances, instructions ministérielles, règlements, qui se réfèrent au sujet qu'il a traité. Ainsi on voit que rien n'a été négligé de ce qui pouvait rendre cette monographie utile et intéressante.
  (DALLOZ Recueil périodique.)
CALVO (*Charles*). Recueil historique complet des traités, conventions, capitulations, armistices, questions de limites et autres actes diplomatiques de tous les Etats de l'Amérique compris entre le golfe du Mexique et le cap de Horn, depuis l'année 1493 jusqu'à nos jours, précédé d'un mémoire sur l'état actuel de l'Amérique, de tableaux statistiques, d'un dictionnaire diplomatique, avec une notice historique sur chaque traité important. 1862 et années suivantes.
— Le même ouvrage. Édition espagnole

En vente :

Première période. 6 vol. in-8 (tomes I à VI).   90 fr.

Les volumes VII et suivants, ainsi que l'*Atlas*, sont sous presse. — L'Atlas se composera d'une collection de cartes et plans descriptifs depuis la découverte de l'Amérique jusqu'à nos jours, sans en excepter les questions de limites.

Seconde période. 4 vol. in-8 (Tomes I à IV).   60 fr.

Les volumes suivants paraîtront successivement. — Cette seconde période renferme les *Annales historiques.*

L'ouvrage, en entier, est divisé en trois périodes :

La première période comprend tous les traités, conventions, armistices, etc., qui ont été conclus entre les anciennes métropoles, la France, l'Espagne et le Portugal, à propos des questions de limites, possessions de territoires, commerce et navigation, traite des noirs, etc., depuis l'époque de la découverte (1493) jusqu'à la guerre de l'Indépendance; elle renferme une foule de documents de la plus grande importance.

La seconde période comprend les *Annales historiques de la révolution de l'Amérique latine,* accompagnées de documents à l'appui, de l'année 1808 jusqu'à la reconnaissance par les États européens de l'indépendance de ce vaste continent. Un grand nombre de ces documents sont inédits, et l'auteur ne doit leur possession qu'à la bienveillance de quelques-uns des personnages les plus célèbres qui ont pris part à cette lutte glorieuse.

La troisième période comprend les actes de reconnaissance de l'indépendance de tous les États sud-américains, les assemblées de plénipotentiaires, les traités, conventions, et, en général, les principales questions diplomatiques d'une grande importance qui ont été soulevées jusqu'à ce jour, tant entre ces différents États et l'Europe que par ces États entre eux.

Ces documents, réunis avec le plus grand soin depuis quelques années, ont été complétés par ceux que l'auteur a trouvés dans les légations de l'Amérique et de l'Europe près la cour des Tuileries, et qui ont été fournis par ses collègues du corps diplomatique. Ce recueil, par conséquent, contient des renseignements qui sont très-peu connus, et il est d'une véritable nécessité pour les hommes d'État, les diplomates, les publicistes et les administrations publiques.

Les traités les plus importants, dans chacune des trois périodes, sont accompagnés de notes historiques propres à en faire ressortir la valeur et la portée.

Les différents articles de chaque traité, etc., etc., ont en marge un sommaire indicatif, indépendamment des autres améliorations que l'auteur a jugé utile d'y apporter pour faciliter les recherches historiques.

— Voyez aussi : *Wheaton, Droit des gens,* trad. en espagnol.

CAMBERLIN. — V. *Teulet et Camberlin.*

CAMOIN DE VENCE. Magistrature française, son action et son influence sur l'état de la société aux diverses époques. 1862, in-8.   6 fr.

CAMPARDON (*Em.*). Marie-Antoinette et le procès du Collier, d'après la procédure instruite devant le parlement de Paris. 1863, in-8.   8 fr.
— Histoire du tribunal révolutionnaire de Paris. 1862, 2 v. in-12. 7 fr.

CAMPENON (*T.*). Le Code de commerce et les lois commerciales; commentaire usuel indiquant sous chaque article les solutions théoriques et pratiques de la jurisprudence. 1865, in-32, broché.   2 fr.
— *Le même ouvrage.* Cartonné en percaline.   2 fr. 50 c.
— Le Code Napoléon. Commentaire usuel indiquant sous chaque article les solutions théoriques et pratiques de la jurisprudence. 1865, in-32.
     2 fr. 50 c.
— *Le même ouvrage.* Cartonné en percaline.   3 fr.

CAMPS. Code et Dictionnaire de Timbre, Enregistrement, etc., (pour la Corse, l'Algérie et les colonies franç.); 2ᵉ édition. 1858, in-8. 7 fr. 50 c.

CAMUS. Lettres sur la profession d'avocat (V. *Dupin*).

CAMUSAT-BUSSEROLLES. Code de la police de la Chasse, annoté par Franck-Carré. 1844, in-8 (V. *Codes de la lég. forest.; Dufour; Gillon et Villepin*).   4 fr. 50 c.

CAMUZET (*C.-E.*). Manuel des matières du Code de procédure civile exigées pour le deuxième examen de droit, avec un résumé. 1864, in-12, avec un supplément.   3 fr. 75 c.

CANARD (*N.-F.*). Moyen de perfectionner le jury. 1802, in-12.   2 fr.

CANCRIN. Jurisprudence des Mines en Allemagne (V. *Blavier*.)

CANEL. Le Combat judiciaire en Normandie. *Caen*, 1858, in-8.   3 fr.

CAPMAS. De la Révocation des Actes faits par le débiteur en fraude des droits du créancier, ou explications des art. 622, 788, 1053, 1167, 1447, 1464, 2225 du Code civil, et 446 à 449 du Code de commerce. 1847, in-8.   3 fr.

CANONES et **DECRETA** Concilii Tridentini ex editione romana a. 1834 repetiti. Accedunt S. Congr. card. conc. Trid. interpretum declarationes ac resolutiones ex ipso resolutionum thesauro Bullario romano et Benedicti XIV S. P. operibus et Constitutiones Pontificiæ recentiores ad jus commune spectantes è Bullario romano selectæ. Assumpto socio F. Schulte, edidit Aem. Lud. Richter. *Lipsiæ*, 1853, gr. in-8. 35 fr.

CAPPEAU. De la Législat. rurale et forest. 1824, 3 vol. in-8(V. *Codes de la lég. forest.*).   20 fr.

CAQUERAY (*G. de*). Explication des passages de Droit privé contenus dans les œuvres de Cicéron. 1857, 1 fort vol. gr. in-8 (V. *Pellat*).   8 fr.

— Recherches historiques sur la Théorie du rapport. 1859-62, 3 broch. in-8. (*complet*).   3 fr.
Extrait de la *Revue historique de droit français et étranger.*

— De l'Esclavage chez les Romains. 1864, in-8.   2 fr.
Extrait de la *Revue historique de droit français et étranger.*

CARATHÉODORY (*Alex.*). De l'Erreur en matière civile d'après le droit romain et le Code Napoléon. 1860, gr. in-8.   4 fr.

CARATHÉODORY (*Et.*). Du Droit international concernant les grands cours d'eau ; étude théorique et pratique sur la liberté de la navigation fluviale. *Leipzig*, 1861, in-8 (V. *Rives*).   5 fr.

CARDON et **PÉCHART**. — V. *Péchart et Cardon*.

CARETTE. Lois, décrets, ordonnances et avis du Conseil d'Etat de 1789 à 1865, avec notes et commentaires. 4 vol. in-4 et broch. (V. *Devilleneuve et Carette*.) 145 fr. — Abonnement annuel.   6 fr.

CAREY (*C.*). Principes de la science sociale, trad. par Saint-Germain-Leduc et A. Planche. 1861, 3 vol. in-8.   22 fr. 50 c.

CARION et **BROUEZ**. Traité théorique et pratique du Notariat, rédigé spécialement pour la Belgique. *Bruxelles*, 1 vol. in-8.   5 fr.

CARMIGNANI. Juris criminalis elementa. 1834, 2 vol. in-12.   6 fr.

— Elementi di diritto criminale. Traduzione italiana sulla quinta edizione di Pisa, del prof. Caruana Dingli. Prima edizione milanese riveduta e annotata da F. Ambrosoli. *Milano*, 1864, in-8.   7 fr. 50 c.

CARNÉ (*L. de*). Études sur l'Histoire du Gouvernement représentatif en France, de 1789 à 1848. 2 vol. in-8.   14 fr.

CARNOT. De l'Instruction criminelle ; 2ᵉ édit. 1835 (1844), 4 vol. in-4.   30 fr.

— Commentaire sur le Code pénal ; 2ᵉ édit. d'après le dernier texte du Code pénal. 1836, 2 vol. in-4 (V. *Richard-Maisonneuve ; Trébutien*). 20 fr.

— De la Discipline judiciaire. 1835, in-8   4 fr.

CAROU. De la Juridiction civile des Juges de paix ; 2ᵉ édit. 1843, 2 vol. in-8.   15 fr.

— Principes ou Traité théorique et pratique des Actions possessoires, 3ᵉ édition. 1859, in-8 (V. *Bioche*).   8 fr.

CARPENTIER (*Ch.*). Études de législation comparée. — Le droit païen et le droit chrétien. 1866, in-12.   1 fr. 75 c.

— Du droit de vie et de mort dans la famille, sous le paganisme. — De l'abolition de ce droit par la législation chrétienne. (*Sous presse.*)

CARPMAEL (*W.*). La législation des patentes ou brevets d'invention de la Grande-Bretagne. 1840, in-8 (V. *Breulier*). 5 fr.

CARRARA (*Fr.*). Esposizione dei delitti in specie. *Lucca,* 1864, 2 vol. in-8. 12 fr.

— Programma del Corso di diritto criminale. *Lucca,* 1863, in-8. 6 fr.

CARRASCO ALBANO (*Manuel*). Comentarios sobre la Constitución política de Chile. *Valparaiso,* 1858, in-8.

CARRÉ (*N.*). La Taxe en matière civile, contenant les tableaux de chaque procédure, etc., — avec un supplément par M. Tripier. 1839-51, grand in-8 (V. *Chauveau-Adolphe*). 11 fr.

— Premier examen sur le Code civil. 1836, in-8 (V. *Delsol*). 3 fr. 50 c.

CARRÉ (*G.-L.-J.*). Traité du droit français dans ses rapports avec la juridiction des justices de paix ; éd. revue par V. Foucher. 1839, 5 vol. in-8. 20 fr.

— Traité des lois de l'Organisation judiciaire et de la compétence des Juridictions civiles. Nouv. édit. revue par V. Foucher. 1833-1839, 9 vol. in-8 (V. *Pardessus; Regnard*). 30 fr.

— Introduction à l'étude des lois relatives aux domaines congéables et commentaire de celle du 6 août 1791. *Rennes,* 1822, in-12. 4 fr.

— Cours élémentaire d'Organisation judiciaire. 1833, in-8 (V. *Pardessus; Regnard*). 5 fr.

— Traité du Gouvernement des Paroisses. 1824, in-8 (V. *Calmette; Gaudry*). 6 fr.

CARRÉ (*G.-L.-J.*) et **CHAUVEAU ADOLPHE**. Les Lois de la Procédure civile. 4ᵉ édition. 1862-63, 9 tomes en 11 vol. in-8. 88 fr.

N. B. Les anciens souscripteurs à la 3ᵉ édit. peuvent se faire une 4ᵉ édit. en modifiant leur exemplaire par l'acquisition des tomes V à IX en 7 parties. Prix des 5 vol. 40 fr.

— La Procédure administrative. 1 vol. in-8 (T. VIII du précédent ouvrage). 8 fr.

CARREY (*E.*). Recueil complet des actes du Gouvernement provisoire (février à mars 1848), avec des notes explicatives, des tables chronolog. et une table alphab., analyt. et rais. des matières. Divisé en 2 part. 1848, in-12. 5 fr.

On a refait de nouveaux titres, avec la date de 1864.

CARRIER. Traité du Contrat de mariage. 1818, in-8 (V. *Bellot des Minières; Bonnet*). 5 fr.

— Traité des Obligations. 1818, in-8 (V. *Larombière*). 5 fr.

— Traité des Hypothèques. 1818, in-8. 5 fr.

CARRIÈRE. De Justitiâ et Jure. 1839, 3 vol. in-8. 20 fr.

CARRO (*A.*). La correctionnelle en province ; croquis pris à l'audience d'un tribunal d'arrondissement. 1860, in-12. 2 fr.

CARTERET. V. *Sebire et Carteret*.

CARVALHO (*Hipp.*). Etudes sur le Brésil au point de vue de l'émigration et du commerce français. 1858, in-8. 3 fr.

CASANOVA (*A.-F.*). Traité des dispositions entre époux soit par contrat de mariage, soit pendant le mariage. 1865, in-8 (V. *Bonnet; Demolombe*). 2 fr.

CASATI. Un projet de loi sur la propriété littéraire et artistique. In-8 (R. P.). 1 fr.

CASENEUVE. Relation historique de la procédure criminelle contre Louis Bonafous. 1850, 2 vol. in-8. 10 fr.

CASIER. Études sur la nouvelle loi hypothécaire. *Bruxelles*, 1854, in-8. 9 fr.

CASPER (*J.-L.*). Traité pratique de médecine légale, trad. de l'allemand par G. Germer-Baillière. 1862, 2 vol. in-8. 15 fr.
— *Le même ouvrage*, avec atlas colorié. 27 fr.

CASSASSOLES (*F.*). Le Guide pratique du juge d'instruction, contenant le texte des lois diverses. 1855, in-8. 6 fr.

CASTELNAU (*H. de*). Essais physiologiques sur la législation. Premier essai : De l'interdiction des aliénés. 1860, grand in-8, papier vél. 7 fr.

CASTILHO BARRETO (*J. Fel. de*). — V. *Ribeiro dos Santos*.

CATALOGUE des Brevets d'invention pris du 1er janvier 1828 au 31 décembre 1842. 1 gros vol. in-8. 5 fr.
— *Le même*. 1843 et 1844. In-8, chaque année. 1 fr. 50 c.
— *Le même*. 1845 à 1865. In-8, chaque année. 2 fr.
Prix de l'année courante (12 livraisons). 4 fr.
— Voyez : *Description des machines*.

CATALOGUE des livres imprimés de la Bibliothèque des avocats, à la Cour impériale de Paris (V. *Hauréau*.)

CATÉCHISME de droit pénal, par M. J.-E. B. 1855, in-12. 2 fr.

CAUCHY (*Eug.*). De la Propriété communale et de la mise en culture des biens communaux. 1848, in-8. (V. *Caffin*.) 3 fr. 50 c.
— Du Duel, considéré dans ses origines et dans l'état actuel des mœurs. 1846, 2 vol. in-8. 15 fr.
— Études sur Domat. 1865, in-8. 2 fr. 50 c.
— Le Droit maritime international, considéré dans ses origines et dans ses rapports avec les progrès de la civilisation. 1863, 2 vol. in-8. 15 fr.

CAUDAVEINE (*de*) et THÉRY. Traité de l'Expropriation pour cause d'utilité publique. 1839, in-8 (V. *Duffry de la Monnoye*). 8 fr.

CAUGÉ. — V. *Larade et Caugé*.

CAULT (*H.*). Traité des Honoraires des Notaires, à la portée de tout le monde. 1863, in-4. 60 c.

CAUMONT (*Ald.*). Nantissement et vente des navires. Application des warrants à la propriété maritime. 1863, broch. gr. in-8. 1 fr.
— Des Gens de mer. 1863, gr. in-8. 1 fr.
— Dictionnaire universel du Droit commercial maritime. 1858, 2 vol. gr. in-8 (V. *Bédarride* ; *Dufour*). 24 fr.
Une édition nouvelle est sous presse (novembre 1865).
— Institution du crédit sur marchandises, ou le Commerce du monde d'après les travaux législatifs et les règlements d'administration publique sur les warrants français, avec un traité complet méthodique et raisonné sur les courtiers de commerce en général, précédé d'une synthèse alphabétique et analytique. 1859, gr. in-8. 5 fr.
Le titre développé de cet ouvrage en fait connaître le but et l'utilité. On sait les immenses résultats obtenus en Angleterre par l'usage des *warrants* délivrés sur les produits déposés dans des magasins connus sous le nom de *docks*, et par l'habitude des ventes publiques. Grâce au mécanisme ingénieux et simple des *warrants*, le propriétaire d'une marchandise peut l'engager ou la vendre, la faire circuler de main en main, à titre d'aliénation ou de nantissement, avec facilité et sans frais de déplacement. Deux lois rendues en France, le 28 mai 1858, l'une sur les négociations concernant les marchandises déposées dans les magasins généraux, et l'autre sur les ventes publiques volontaires de marchandises en

gros, ont pour but de neutraliser en France des institutions consacrées en Angleterre par une longue expérience. Ces deux lois avaient besoin d'un commentaire, et celui que M. Aldrick Caumont vient de publier sera d'un grand secours pour l'intelligence de ce droit nouveau. L'ouvrage de M. Aldrick Caumont est précédé d'une préface dans laquelle l'auteur insiste, dans de très-bons termes, sur la nécessité d'une alliance entre la philosophie morale et l'économie politique. Une excellente table alphabétique et raisonnée des matières donne au lecteur le moyen de se reporter facilement et sûrement aux paragraphes qu'il a besoin de consulter. La publication du *Dictionnaire de Droit commercial maritime*, également dû à M. Aldrick Caumont, l'avait pour ainsi dire préparé à la publication nouvelle que nous annonçons et qui rendra d'incontestables services aux commerçants et aux jurisconsultes.   VERGÉ. (DALLOZ, 5 mai 1859.)

— Étude sur la vie et les travaux de Grotius, ou le Droit naturel et international. 1862, 1 beau vol. in-8.   5 fr.

— De l'extinction des procès, ou l'Amiable composition remplaçant l'arbitrage volontaire. 1859, gr. in-8 (V. *Bédarride*).   5 fr.

— Revue critique de jurisprudence maritime ; 1re étude : considérations générales sur les contrats nautiques ; 2e étude : assurance du fret à faire et du profit espéré. 1861, br. gr. in-8.   1 fr.

— Droit maritime. Table de 60 ans (1804-64). Législation, doctrine et jurisprudence sur l'Abordage maritime. 1864, in-8 (V. *Sibille*).   5 fr.

— Moralité dans le Droit. 1864, brochure in-8.   1 fr.

CAUSES célèbres criminelles et politiques du dix-neuvième siècle, rédigées par une société d'avocats. 1827-1828, 8 vol. in-8 (V. *Tribune judiciaire*).   45 fr.

CAUSES célèbres étrangères, publiées pour la première fois en français, traduites de l'angl., de l'ital., de l'espagn., etc. 1828, 5 vol. in-8. 40 fr.

CAUSES célèbres, par Fouquier. — V. *Fouquier*.

CAUVET (*J.*). Le Collége des Droits de l'ancienne Université de Caen. 1858, in-8.   3 fr.

— Le Droit de Colombier, sous la coutume de Normandie. 1861, in-8.   1 fr. 50 c.

— De l'Organisation de la Famille, d'après la coutume de Normandie. 1850, in-8.   2 fr.

CAUVET (*J.-V.*). Traité sur les assurances maritimes, comprenant la matière des assurances, du contrat à la grosse et des avaries. 1862, 2 vol. in-8.   15 fr.

CAVROIS (*N.*). Manuel des agents voyers, experts, etc., en matière de subventions industrielles ; suivi de l'analyse de 300 arrêts du conseil d'État, avec annotations. 1861, in-8.   3 fr.

CAZABONNE (*A.*). Notes sur l'organisation des conseils de préfecture. 1862, in-8.

CAZAUVIEILH. Du Suicide, de l'aliénation mentale, et des crimes contre les personnes, comparés dans leurs rapports réciproques. 1840, in-8 (V. *Castelnau*).   5 fr.

CELLERIER (*J.-E.*). Esprit de la législation mosaïque. *Genève*, 1837, 2 vol. in-8.   10 fr.

CELLIER. Cours de rédaction notariale. 1840, in-8 (V. *Chotteau*).   8 fr.

— Réforme notariale et vénalité des offices, 2e éd. 1840, in-8 (V. *Durand; Jeannest Saint-Hilaire*).   7 fr.

— La Philosophie du Notariat. 1832, in-8.   5 fr.

— Considération sur le Notariat et la législation. 1836, in-8.   7 fr.

CELLIEZ (*H.*). Code annoté de la Presse. 1835, in-8.   3 fr.

— Dictionnaire usuel de Législation commerciale et industrielle. 1836, n-8 (V. *Caumont*).   7 fr.

CERCLET. Code des Chemins de Fer. 1843, in-8 (V. *Bacqua*; *Féraud-Giraud*). 7 fr. 50 c.

CÈRE (*Paul*). Manuel du Maire, de l'adjoint et du conseiller municipal; 6ᵉ édit. 1865, in-18 (V. *Dubarry*). 5 fr.

— Nouveau manuel du Garde champêtre, forestier et particulier. 1853, in-18 (V. *Dubarry*). 3 fr.

— Manuel du Juge de paix et du justiciable de la justice de paix. 1853, in-18 (V. *Guilbon*; *Jay*). 4 fr.

— Manuel du Fonctionnaire chargé de la Police judiciaire, administrative et municipale ouvrage utile aux préfets, maires, magistrats, commissaires de police, officiers de gendarmerie, etc. 1853, in-18. 4 fr.

— Manuel du Clergé et du culte catholique pour le règlement des choses du temporel. 1854; in-18. (V. *Gaudry*.) 4 fr.

— La Décentralisation administrative. 1865, in-8. 2 fr.

CÉRÉMONIAL OFFICIEL (*le*); ou les honneurs, les préséances et rangs civils, militaires, maritimes et diplomatiques observés dans les cérémonies publiques et la cour, d'après la législation et la jurisprudence ou les usages établis. 1865, in-8. 4 fr.

CERFBERR. Des Condamnés libérés. 1844, in-18. 3 fr. 50 c.

CERFBERR DE MEDELSHEIM (*A.*). Vénalité des Offices. Du Courtage. 1865, in-8. 2 fr.

CÉZARD (*Alph.*). Le Traité de commerce et la Législation douanière. 1860, in-8. 1 fr.

CHABAILLE. Glossaire du Livre de Jostice et de Plet (V. *Rapetti*).

CHABOT (*Charles*). Dictionnaire des connaissances élémentaires que doivent étudier et posséder en matière d'administration municipale, de police judiciaire et municipale, etc., etc., les maires, adjoints, juges de paix, etc., etc. 1854 (titres refaits sous le nom de *Code des Maires*, et datés de 1863), in-8 (V. *Braff*, *Dubarry*). 9 fr.

CHABOT (de l'Allier). Commentaire sur la loi des Successions. 1839, in-8 (V. *Demolombe*). 7 fr.

— *Le même ouvrage*, revu par Belost-Jolimont. 1840, 2 vol. in-8. 12 fr.

— *Le même ouvrage*; 6ᵉ éd., revue par Pellat. 1832, 3 vol. in-8. 10 fr.

— *Le même ouvrage*, revu avec soin et augmenté d'annotations importantes, par M. Mazerat. 1839, 2 vol. in-8 (V. *Demolombe*.) 10 fr.

— Questions transitoires sur le Code civil, augmentées de notes et corrections de la main de l'auteur. 1829, 3 vol. in-8. 12 fr.

CHABROL-CHAMÉANE. Dictionnaire général des Lois pénales contenant : 1º le texte des lois pénales ordinaires; 2º le texte des dispositions pénales en matière civile, commerciale et administrative; 3º le texte des lois spéciales (Contributions indirectes, Domaines, Enregistrement, etc.); disciplinaires et de police générale; 2ᵉ édit. augmentée d'un supplément, 1858, 2 vol. grand in-8. 15 fr.

— Dictionnaire de la Législation usuelle, contenant les notions du droit civil, commercial, criminel et administratif, avec des formules d'actes et de contrats, et le droit d'enregistrement de chacun d'eux; 5ᵉ édit., mise au courant du dernier état de la législation, jusqu'en 1858. 2 vol. gr. in-8. 15 fr.

CHADEUIL (*C.*). Les Mystères du Palais. 1860, in-18. 2 fr.

CHAFFIN. Régulateur et indicateur judiciaire, civil, criminel et commercial, des Délais à observer à raison des distances de tous les tribunaux entre eux. 1842, in-8. 8 fr.

CHAISEMARTIN. De l'Esprit de la loi des Successions en France et de son influence sur la propriété. 1850, 1 vol. in-8. (*En préparation*.)

CHAIX. Répertoire de la Législation des Chemins de fer. 1855, in-12 (V. *Féraud-Giraud*). 3 fr.

CHAIX D'EST-ANGE. Discours et plaidoyers, publiés par Ed. Rousse. 1862, 2 vol. gr. in-8. , .

CHAMBELLAN. Études sur l'Histoire du droit français. (1re partie.) 1847, in-8 de LX et 776 pag. 9 fr.

CHAMBERET (*G. de*). Manuel du Légionnaire, ou recueil des principaux décrets, lois, etc., relatifs à la Légion d'honneur. 1852, in-18. 4 fr.

CHAMPAGNAC. Causes célèbres, extraites du recueil de *Gayot de Pitaval, Garsault* etc. 1833, 8 vol. in-8. 40 fr.

— Du passé, du présent et de l'avenir de l'Organisation municipale. 1843, 2 vol. in-8. 10 fr.

CHAMPAGNY (*de*). Traité de la Police municipale. 1844-1863, 4 vol. in-8. 27 fr. 50 c.

CHAMPEAUX (*De*). — V. *Dechampeaux*.

CHAMPIONNIÈRE. Du Droit des Riverains à la propriété des eaux courantes, sous l'ancien et le nouveau régime. 1846, in-8. 6 fr.

— Manuel du Chasseur. Loi sur la chasse, etc., précédée de l'histoire du droit de chasse. 1844, in-18 (V. *Dufour; Gillon et Villepin*.)

CHAMPIONNIÈRE, RIGAUD et PONT (*P.*). Traité des droits d'Enregistrement, contenant l'*examen des principes du Code civil sur la distinction des biens*, l'usufruit et autres parties du droit civil, 2e édition. 1851, 6 vol. in-8, compris le Dictionnaire et le supplément. 50 fr.

ON VEND SÉPARÉMENT :

Le tome V, sous le titre de *Dictionnaire de l'Enregistrement*, servant de table au Traité. 1 vol. gr. in-8. 10 fr.

Le tome VI ou *Supplément*, par les mêmes auteurs, avec la collaboration de M. Pont. 1 fort vol. in-8. 9 fr.

— V. *Contrôleur de l'Enregistrement*.

CHAMPOLLION-FIGEAC (*Aimé*). Les Archives départementales de France, manuel de l'archiviste des préfectures, des mairies et des hospices; contenant les lois, décrets, ordonnances, règlements, circulaires et instructions relatifs au service des Archives, etc. 1860, in-8. 9 fr.

— Droits et usages concernant les travaux de construction publics ou privés sous la troisième race des rois de France. 1860, gr. in-8. 15 fr.

CHANOINE. — V. *Garnier-Dubourgneuf et Chanoine*.

CHANTAGREL (*J.*). Commentaire du Code Napoléon. 1861, tome Ier, in-8 (V. *Delsol*). 9 fr.

L'ouvrage doit former 5 volumes.

— Droit administratif, théorique et pratique; 2e édit. 1863, in-8 (V. *Ducrocq; Gandillot et Boileux; Vauvilliers*). 9 fr.

— Manuel de procédure civile. 1 vol. in-18 (*sous presse*).

— Manuel de droit criminel (Code pénal et d'instruction crim.); 2e édition. 1866, gr. in-18 (V. *Richard-Maisonneuve; Trébutien*). 4 fr. 50 c.

CHARDON. Traité du Dol et de la Fraude en matière civile et commerciale. 1838, 3 vol. in-8. (V. *Bedarride*.)

— De l'Usure dans l'état actuel de la législation. 1823. In-8 (V. Liégeois). 3 fr. 50 c.
Cet ouvrage est extrait du Traité du Dol et de la Fraude.
— Réformes désirables et faciles dans des lois sur la Procédure. 1837, in-8. 4 fr. 50 c.
— Traité des trois Puissances : paternelle, maritale et tutélaire. 1844, 3 vol. in-8 (V. Demolombe). 24 fr.
— Traité du droit d'Alluvion. 1830, in-8 avec pl. 8 fr.

CHARDON (de Lyon). Le droit de Chasse français. 1845, in-8 (V. Dufour). 5 fr.

CHARGUÉRAUD. L'Économie politique et l'Impôt, avec une introduction, par Em. de Girardin. 1864, in-8. 5 fr.

CHARNER (V.) et **FEITU** (Em.). Du Suffrage universel et du Droit électoral (législation et jurisprudence). Étude théorique et pratique en matière d'élection. 1865, in-8. 6 fr.

CHARPENTIER (P.). Étude sur le caractère des Preuves en matière criminelle. 1862, in-8; 52 pag. (V. Bonnier). 1 fr. 50 c.

CHARPIGNON (J.). Rapports du magnétisme avec la jurisprudence et la médecine légale. 1860, in-8. 1 fr. 50 c.

CHARPILLET. De l'Administration des Octrois municipaux. 1855, in-8 (V. Braff). 2 fr. 50 c.

CHARRIÈRE (A.). Loi sur la police du roulage et des messageries du 30 mai 1851, décret du 10 août 1852, etc; 12e édit. 1852, in-8 (V. Guilbon; Verlet-Dumesnil). 1 fr. 25 c.

CHARRIÈRE (L. de). Les fiefs nobles de la baronnie de Cossonay. Étude féodale. Livr. 1. Lausanne, 1858, in-8. 9 fr.
Forme le t. XV des Mém. et documents publ. par la Soc. d'histoire de la Suisse romande.

CHARVILHAC et **GUYOT.** Nouveau Manuel des maires et des adjoints. Guide des commissaires de police ; Traité pratique des justices de paix. 1855, 2 vol. in-8 (V. Dubarry). 12 fr.

CHASSAN. Traité des Délits et contraventions de la parole, de l'écriture et de la presse; 2e édition. 1846-1851, 3 vol. in-8. » »
— Essai sur la Symbolique du Droit, précédé d'une introduction sur la poésie du droit primitif. 1847, in-8 (V. Duboys). 5 fr.

CHASSÉRIAU. Précis historique de la Marine française, son organisation et ses lois. 1845, 2 vol. in-8 (V. Prugnaud). 15 fr.

CHASSINAT (Raoul). Essai sur la mortalité dans les bagnes. 1844, in-4. 5 fr.

CHASTENET (E.). Le Crédit mobilier et la Bourse en 1860. 1861, in-8. 1 fr.

CHATAGNIER. De l'Infanticide dans ses rapports avec la loi, la morale, la médecine légale et les mesures administratives. 1855, in-8 (V. Brilland-Laujardière). 5 fr.
— De l'état du renvoi sous la surveillance de la haute police. 1849, in-8 (V. Giraud). 2 fr.

CHATEAU. Dissertation sur le droit de propriété des Offices. In-8 (V. Durand; Jeannest St-Hilaire). 1 fr.

CHATEAUVILLARD. Code du Duel. Essai sur e Duel. 1836, gr. in-8. 10 fr.

CHATIGNIER. Commentaire des clauses et conditions générales imposées aux Entrepreneurs, pour l'exécution des travaux des ponts et chaussées, etc. ; 2e édit., 1858, in-12 (V. Delvincourt). 2 fr.

CHAUDÉ. Médecine légale (V. *Briand et Chaudé*).

CHAULIN (E.). De l'état civil des religieux en France. 1860, in-8. 3 fr.

CHAUSSIER (F.). Consultations médico-légales sur une accusation d'empoisonnement par le sublimé corrosif ou muriate de mercure suroxydé. 1811, in-8 de 168 pages. 3 fr.
— Consultation médico-légale sur un cas d'amputation de la cuisse affectée de gangrène et terminée heureusement. 1828, in-8. 2 fr.
— Observations chirurgico-légales sur un point important de la jurisprudence criminelle. 1790, in-8. 2 fr.

CHAUVASSAIGNES. Manuel des préposés des Douanes. 1827, in-8. 6 fr.

CHAUVEAU-ADOLPHE. Code Forestier expliqué par les motifs. 1827, in-18 (V. *Codes de la lég. forest.*). 3 fr.
— Code Pénal progressif. Commentaire de la loi modificative du Code pénal. 1832, in-8 (V. *Pellerin*). 8 fr.
— Dictionnaire, ou Table du *Journal des Avoués*, dans un double ordre, chronologique et alphabétique, etc. 1837, gr. in-8 (V. *Journal des Avoués*). 12 fr.
— Journal du droit administratif (V. *Journal du droit administ.*).
— Principes de compétence et de juridiction administratives. 1841-1844, 3 vol. in-8 (V. *Serrigny*).
— Dictionnaire général et complet de procédure. 1837, in-8. 12 fr.
— Essai sur le régime des eaux navigables et non navigables sous le double point de vue théorique et pratique. 1859, in-8 (V. *Rives*). 4 fr.
— De la procédure de l'Ordre, commentaire de la loi du 21 mai 1858, contenant : 1° un commentaire de chaque article; 2° la solution de diverses questions sur l'application de la loi, etc., etc. 2e tirage conforme au 1er. 1860, 2 parties, in-8. 12 fr.
— Code de la Saisie immobilière et de toutes les ventes judiciaires de biens immeubles; 3e édit. 1862, 2 vol. in-8. 16 fr.
— Code d'instruction administrative, suivi d'un formulaire annoté de tous les actes d'instruction administrative; 2e édit. 1860-61, 2 vol. in-8. 13 fr.
— Des établissements de charité publics et privés en France et dans les pays étrangers, sous le point de vue administratif. 1858, in-8. 1 fr.
— Impôt sur les voitures et chevaux (loi du 2 juillet 1862). Questions résolues. 1863, in-8. (V. *Deshaires.*) 1 fr. 50 c.

CHAUVEAU-ADOLPHE et FAUSTIN-HÉLIE. Théorie du Code pénal; 4e édit. avec un appendice contenant le commentaire de la loi du 7 juillet 1863, modifiant 65 articles du Code pénal, par Faustin-Hélie. 1862-63, 7 vol. in-8 (V. *Nypels ; Pellerin.*) 55 fr.

CHAUVEAU-ADOLPHE et GLANDAZ. Formulaire général et complet; traité pratique de Procédure civile et commerciale; 3e édition conforme à la 2e édition. 1862. 2 vol. in-8 (V. *Bioche*). 18 fr.

CHAUVEAU ADOLPHE et GODOFFRE (*Ambroise*). Commentaire du Tarif en matière civile, dans l'ordre des articles du Code de procédure civile, comprenant avec les solutions de la doctrine et les décisions de la jurisprudence jusqu'en 1864, l'explication théorique et pratique des dispositions actuellement en vigueur de tous les tarifs en matière civile et commerciale, complétée par l'application des droits de timbre, de greffe et d'enregistrement, ainsi que des émoluments alloués aux greffiers; 2e édit. 1864, 2 forts vol. in-8. 16 fr.

Depuis longtemps la première édition du *Commentaire du Tarif*, publiée en 1831 par M. CHAUVEAU ADOLPHE, était épuisée, et de nombreuses demandes provoquaient une nouvelle édition rendue d'ailleurs nécessaire par les changements importants que la législation avait introduits en cette matière. D'un autre côté, des ouvrages estimés et surtout des décisions judiciaires avaient élucidé une foule de questions de taxe et fixé des règles d'interprétation qui sont toujours le fruit du temps et de l'expérience. Des matériaux très-intéressants recueillis par M. Chauveau lui auraient permis d'entreprendre ce nouveau travail depuis plusieurs années, si d'autres soins ne l'en avaient empêché.

La publication du *Formulaire de Procédure civile*, de la quatrième édition des *Lois de la Procédure civile*, avec un supplément, d'une deuxième édition du *Code d'Instruction administrative*, la rédaction du *Journal des Avoués*, le *Commentaire de la loi de 1858 sur l'ordre*, ont ajourné le nouveau *Commentaire du Tarif*, tout en contribuant à sa préparation. Aidé dans ses divers travaux par M. Ambroise Godoffre, M. Chauveau a voulu que cette collaboration devînt encore plus étroite dans l'ouvrage que nous annonçons. Les personnes qui auront à consulter la deuxième édition du *Commentaire du Tarif* sont assurées d'y trouver, à un plus haut degré, la sûreté de doctrine, la clarté d'exposition, l'utilité pratique qui avaient déterminé le succès de la première édition. Les auteurs ont suivi le plan déjà adopté, mais ils ont perfectionné et complété l'œuvre première à ce point, que cette deuxième édition peut être considérée comme un ouvrage nouveau. Outre des additions extrêmement importantes, provenant en majeure partie des changements de Tarif contenus dans l'ordonnance du 10 octobre 1841 sur les ventes judiciaires de biens immeubles, dans la loi du 18 juin 1843, sur les allocations faites aux commissaires-priseurs, dans l'arrêté du 8 avril 1848 sur les frais de greffe devant les tribunaux de commerce, dans l'arrêté du 24 mars 1849, sur la contrainte par corps, dans le décret du 3 novembre 1851 sur la vente de fruits et récoltes pendants par racines et de coupes de bois taillis, dans le décret du 24 mai 1854 sur les émoluments accordés aux greffiers des Tribunaux de première instance et des greffiers des Cours Impériales, etc., on y rencontre le Commentaire de Tarifs spéciaux qui se rattachent aux matières civiles notamment aux *purges des hypothèques légales et inscrites*; à *l'expropriation pour cause d'utilité publique*; aux *protêts*, etc., etc.

Les auteurs qui ont écrit sur le Tarif ne se sont occupés que des droits alloués aux officiers ministériels, ils ont négligé les droits de timbre, d'enregistrement et de greffe. MM. Chauveau et Godoffre n'ont pas pensé qu'un Commentaire du Tarif pût être considéré comme complet, s'il y manquait l'indication des déboursés qui représentent les droits divers perçus au profit du Trésor. Ils ont voulu que chaque acte prescrit par la loi y figurât avec son coût total, quel que fût l'élément entrant dans ce coût; et, de plus, comprenant qu'il ne suffisait pas de renvoyer à l'article et au paragraphe du texte du Tarif applicable, ils ont ajouté à cette indication celle des chiffres différentiels adoptés par le Tarif pour la fixation des droits à raison des localités.

Un numérotage qui se suit dans les deux volumes, du commencement à la fin, une table alphabétique et raisonnée qui renvoie aux numéros de chaque paragraphe, facilitent singulièrement les recherches.

De très-fréquents renvois à la quatrième édition des *Lois de la Procédure civile et au Formulaire de Procédure* relient entre eux ces trois ouvrages, dont la possession dans les mêmes mains dispense de chercher ailleurs des solutions qui intéressent les magistrats, les notaires, les avoués, les greffiers, les huissiers, et plus généralement les membres du barreau et tous les officiers ministériels.

Des Tarifs spéciaux permettent de saisir avec facilité l'économie des lois fiscales sur l'enregistrement et les droits de greffe.

CHAUVIN. Théories nouvelles de droit civil en France. 1825, in-8. 3 fr.

CHAUVOT (H.). Le Barreau de Bordeaux de 1775 à 1815. *Bordeaux*, 1856, in-8. 6 fr.

CHAVOT. Traité de la Propriété mobilière suivant le Code civil. 1839, 2 vol. in-8 (V. *Rivière*). 10 fr.

— Traité de la garantie des vices rédhibitoires, tant à l'égard des animaux que des autres marchandises. 1841, in-8 (V. *Dejean; Galisset et Mignon*). 2 fr. 50 c.

CHEMINS DE FER VICINAUX (les) projetés en 1858 et livrés à l'exploitation en 1864 dans le dép. du Bas-Rhin. Recueil des documents officiels concernant les projets, la création des ressources, les conditions techniques et financières, le mode d'exécution, la dépense et la concession. 1865, 1 fort vol. gr. in-8, avec une carte. 12 fr.

CHENIER (L.-J.-G.). Manuel des Conseils de guerre, suivi du manuel des parquets militaires; 2e édit. 1849, in-8. 7 fr. 50 c.

— Manuel des Parquets militaires. 1848, in-18. 1 fr. 50 c.

— Guide des Tribunaux militaires; 2e édit. 1853, 3 vol. in-8. 21 fr.

CHERBULIEZ (A.-E.). Théorie des Garanties constitutionnelles. 1838, 2 vol. in-8. 10 fr.

CHERBULIEZ (*F.*). Des Droits des enfants naturels sur les biens de leur père et de leur mère. *Genève*, 1859, in-8 (V. *Morillot*). 1 fr. 50 c.

CHERRIER (*N.-J.*). Enchiridion juris ecclesiastici cum singulari ad alienas confessiones attentione. Editio latina IV. *Pestini*, 1855, in-8. 10 fr.

CHÉRUEL. De l'Administration de Louis XIV, 1849, in-8. 5 fr.
— Dictionnaire historique des institutions, mœurs et coutumes de la France; 2ᵉ édit. 1865, 2 vol. in-12. 12 fr.
— Histoire de l'administration monarchique en France, depuis l'avèn. de Philippe-Auguste jusqu'à la mort de Louis XIV, 1855, 2 vol. in-8. 12 fr.

CHEVALIER (*Th.*). Jurisprudence administrative. 1836, 2 vol. in-8. (V. *Dareste*). 15 fr.
— Annuaire de la Jurisprudence administrative, 1836-37, in-8. 4 fr.
— Livre des Entrepreneurs (3ᵉ édition). — V. *Delvincourt*.

CHEVALIER (*Michel*). Cours d'Economie politique; 2ᵉ édit. 1855-1858, 2 vol. in-8 (V. *Garbouleau*). 19 fr.
N. B. Il y a un 3ᵉ volume, lequel est épuisé. On doit le réimprimer.
— Lettre sur l'organisation du Travail. 1848, in-12. 4 fr. 50 c.
— Examen du Système commercial connu sous le nom de Système protecteur; 2ᵉ édit. 1858, in-8. 7 fr. 50 c.

CHEVALLIER (*A.*). Dictionnaire des altérations et falsifications des substances alimentaires, médicamenteuses et commerciales, avec l'indication des moyens de les reconnaître; 3ᵉ édit. 1857, 2 vol. in-8. —15 fr.

CHEVALLIER et **THIEULLIN** (*A.*). Nouveau Livret-registre pour la vente légale des substances vénéneuses, etc. 1856, in-4.

CHEVILLARD (*Jules*). De la division administrative de la France et de la Centralisation. 1862, 2 beaux vol. in-8. 15 fr.

CHICOISNEAU. Nouveau Dictionnaire des Lois, renfermant la législation la plus récente. 1851, in-8. 7 fr.

CHICORA (*L. C. A.*). Jurisprudence du Conseil des Mines de Belgique recueillie et mise en ordre. *Bruxelles*, années 1837 à 1850, 1 vol. in-8 de 339 pag. 6 fr.
— 1850-1855, 1 vol. in-8 de 141 pag. 2 fr. 50 c.
— 1856-1862, 1 vol. in-8 de 90 pag. 2 fr.
— Discussion de la loi du 2 mai 1837 sur les mines. *Bruxelles*, 1858, 2 vol. in-8. 12 fr.

CHIESI. Il Sistema ipotecario illustrato. Nuovi studii. *Torino*, 1863, in-8. 6 fr.

CHOIX de rapports, opinions et discours, faits et prononcés à la tribune nationale, depuis l'ouverture des Etats-généraux jusqu'à ce jour. 1818-1822, 23 vol. in-8. 80 fr.
— V. *Annales du Parlement;* — *Annales du Sénat;* — *Archives parlementaires;* — *Compte rendu des séances de l'Assemblée nationale;* — *Moniteur.*

CHOTTEAU (*Alph.*). Recueil de jurisprudence notariale, contenant : les décisions rendues sur les questions importantes qui ont été soulevées à l'égard des notaires et des actes notariés, depuis la publication de la loi du 25 ventôse an XI jusqu'à ce jour, avec un résumé de la doctrine des principaux auteurs, etc., et précédé d'un aperçu historique sur l'institution du notariat. 1865, in-8 (V. *Vélain*). 8 fr.

« Le *Recueil de jurisprudence* de M. Chotteau est un travail utile, bien conçu et bien exécuté L'auteur, par ce début, a montré une incontestable valeur. Son ouvrage est appelé à rendre d'importants services, soit à ceux qui étudient la science notariale, soit à ceux qui veulent avoir auprès d'eux, dans la pratique des affaires, un guide à consulter; il permet aussi de faire d'intéressants rapprochements entre la jurisprudence des Cours et des Tribunaux de France et de ceux de la Belgique.

« M. Chotteau, du reste, était dans les meilleures conditions pour bien faire un ouvrage de cette nature; il s'est formé tout à la fois par la pratique des affaires, et par l'étude et la discussion des principes du notariat. Il est, depuis longtemps, en effet, un des collaborateurs du *Moniteur du Notariat et de l'Enregistrement* de Belgique. Nos rapports avec lui comme correspondant à Bruxelles nous avaient déjà permis de l'apprécier.

« L'ouvrage de M. Chotteau, enfin, ne fait pas double emploi avec le Répertoire de M. Rolland de Villargues ou le Dictionnaire du Notariat, qui se trouvent déjà dans les mains du plus grand nombre des notaires; puisque, nous venons de le dire, il commente, en suivant l'ordre des articles, la loi du 25 ventôse an XI, et qu'il donne le texte complet, avec exposé des faits, s'il y a lieu, des décisions citées.

M. Alph. LEFEBVRE, avocat au Conseil d'État et à la Cour de Cassation.
Journal du Notariat de France.

CHRESTIEN DE POLY (J.-P.). Essai sur la Puissance paternelle, 1820, 2 vol. in-8. (V. *Demolombe*.) 10 fr.

CHRISTOPHLE (*Albert*). Traité théorique et pratique des travaux publics, ou résumé de la législation et de la jurisprudence, etc. 1862, 2 vol. in-8 (V. *Delvincourt*). 15 fr.

— Du privilége des fournisseurs et ouvriers sur les sommes dues par l'État aux entrepreneurs de travaux publics. In-8 (R. P.). 1 fr. 50 c.

CIBRARIO. Économie politique au moyen âge, trad. par Barneaud, et précédé d'une introd. par Wolowski. 1859, 2 vol. in-8. 12 fr.

CIRCULAIRES du Ministère de la Justice (V. *Gillet*; *Massabiau*.)

CIRCULAIRES du Ministère de l'Intérieur, ou instruct. et autres actes relatifs à ce départem. (de 1790 à 1837), 1re et 2e séries. 6 vol. in-8. 55 fr.

— 3e série, 1838 à 1850, 13 vol. in-8. 52 fr.

— Voyez : *Bulletin officiel du ministère de l'intérieur.*

CIRCULAIRES et instructions officielles relatives à l'instruction publique. Publication entreprise par ordre de Son Excellence le Ministre de l'instruction publique. T. I et II (années 1802-1839). 1863-65, 2 v. in-8.

CIRCULAIRES, instructions et autres actes relatifs aux affaires ecclésiastiques (1840-1858). 1 vol. in-8 (V. *Lois*). 15 fr.

CIESZKOWSKI (*le comte*). Du Crédit et de la Circulation; 3e édition. 1866, 1 vol. gr. in-18 jésus. 3 fr. 50 c.

— *Le même ouvrage.* Format in-8. 5 fr.

Au mois de novembre 1865, la réimpression de cet ouvrage est annoncée; mais elle n'est pas encore terminée.

CIVAL. Traité théorique et pratique de l'État civil. 1851, in-12 (V. *Loir*) 3 fr.

— Loi sur la police de la Chasse, annotée. 1852, in-8 (V. *Dufour; Gillon et Villepin*). 3 fr.

CLAIR et **CLAPIER.** Barreau anglais, ou Choix des meilleurs plaidoyers des avocats anglais. 1824, 3 vol. in-8. 30 fr.

— Barreau français, ou Collection de chefs-d'œuvre de l'éloquence judiciaire en France. 1821, 16 vol. in-8 (V. *Tribune judiciaire*). 75 fr.

— Annales de l'Éloquence judiciaire en France, par Aylies et Clapier (faisant suite au *Barreau français*). 1825-1826, 2 vol. in-8 (V. *Paignon; Saint-Albin, Berville*). 12 fr.

CLAIRFOND. Mémorial du Commerce. — V. *Annales de la science et du droit commercial.*

— Guide général des Faillites et Banqueroutes. 1842, in-8 (V. *Bédarride; Gadrat*). 2 fr. 50 c.

CLAMAGERAN. Du Louage d'industrie, du mandat et de la commission, en droit romain, dans l'ancien droit français et dans le droit actuel. 1855, in-8. 6 fr.

CLAPARÈDE. Actes de l'État civil; instructions élément. 1838, in-8 (V. *Demolombe*; *Loir*). 2 fr. 50 c.

CLAPIER. — V. *Clair et Clapier*.

CLARIOND. V. *Journal de jurisprudence commerciale*.

CLAUSADE (*A.*). Usages locaux ayant force de loi (dans le dép. du Tarn). 1843, in-8. 6 fr. 50 c.

CLAUSEL DE COUSSERGUES. De la liberté et de la licence de la presse. 1826, in-8. 5 fr.

CLAVÉ (*J.*). Études sur l'économie forestière. 1862, gr. in-18. 3 fr. 50 c.

CLÉMENT (*P.*). Histoire de la vie et de l'administration de Colbert, contrôleur général des finances, etc., précédée d'une étude historique sur Nic. Fouquet. *Paris*, 1846, in-8, br. 8 fr.

CLÉMENT (*H.*). Essai sur les usages locaux du dép. du Pas-de-Calais. 1857, in-8. 6 fr.

CLÉMENT (*J.*). L'Indispensable Guide en affaires, ou Formulaire général des actes sous-seing privé, etc. 1864, in-12 (V. *Frémy-Ligneville*). 4 fr.
— Guide des Cultivateurs pour l'achat des bestiaux et Traité complet des vices rédhibitoires en matière de ventes et échanges d'animaux domestiques, lois rurales et usages locaux, hygiènes des animaux. 1866, grand in-18 (V. *Dejean*; *Galisset et Mignon*).

CLERAULT (*St. Ch.*) Traité des Etablissements dangereux, insalubres et incommodes. 1845, in-8. 7 fr.

CLERC (*Ed.*). Théorie du Notariat pour servir aux examens de capacité, etc.; 3e édit. 1861, in-8 (V. *Chotteau*; *Demadre*). 8 fr.
— Traité général du Notariat et de l'Enregistrement, divisé en trois parties : Notariat, Enregistrement, Droit civil. 8 vol. in-8.
En vente :
1re partie : Notariat. 1861, 2 vol. in-8. 18 fr.
2e partie : Enregistrement, Timbre et Hypothèques. 1863, 2 v. in-8. 18 fr.
En préparation :
3e partie : Droit civil appliqué à tous les actes des notaires. 4 vol. in-8.
(V. *Demante*; *Géraud*).

CLERC et DALLOZ (*A.*). Traité théorique et pratique, ou Formulaire général et complet du Notariat; 5e édit. 1863, 2 vol. in-8. 18 fr.

CLERCQ (*Alex. de*). — V. *Declercq*.

CLÉYETTE (*F.*). Arbre généalogique pour la supputation des degrés de parenté successibles. Une feuille grand-aigle. 1 fr. 50 c.
— *La même feuille*, collée sur toile, dans un étui. 2 fr. 50 c.
— Tableau résumant tous les principes du droit sur la dévolution des successions. Une feuille grand-aigle. 1 fr. 50 c.
— *La même feuille*, collée sur toile, dans un étui. 2 fr. 50 c.

CLOLUS (*Em.*). De la Détention préventive et de la mise en Liberté provisoire sous caution. Etude comparée des quatre législations américaine, anglaise, belge et française, suivi de la représentation d'un nouveau projet de loi. 1865, in-8. 6 fr.

COCAIGNE. De la Compétence des Conseils de préfecture. 1838, in-8 (V. *Agenda*). 6 fr.

COCHET DE SAVIGNY. Mémorial de la Gendarmerie. Collection complète des lois, ordonnances, décrets, règlements, circulaires, notes ministérielles, arrêtés du conseil d'Etat et arrêts de la Cour de cassation, etc., relatifs au service de la Gendarmerie, depuis 1791. 2e édit. 1851-1862, 6 vol. in-8 (V. *Code*). 24 fr.

— Formulaire général et annoté à l'usage de tous les militaires de la Gendarmerie départementale ; 3e édit. 1858, in-8. 4 fr.-50 c.

COCHET DE SAVIGNY et PERRÈVE. Dictionnaire de la Gendarmerie, à l'usage des officiers, sous-officiers et gendarmes ; 7e édit. 1864, in-8, relié. 5 fr. 50 c.

COCHIN (*Henri*). Ses Œuvres Nouvelle éd. classée par ordre de matières. 1828, 8 vol. in-8. 20 fr.

COCHIN (*Aug.*). L'abolition de l'esclavage. 1861, 2 vol. in-8 (V. *Yanoski.*) 12 fr.

CODE ANNAMITE. — V. *Aubaret.*

. CODE CIVIL (le) réduit en 14 tableaux synoptiques. In-fol. 6 fr.

CODE civil de la Grèce... avec l'exposé des motifs, soumis au ministère de la justice par la commission chargée de la rédaction du Code civil, traduit du grec par G.-A. Rhally. *Athènes*, 1857, in-8. 4 fr. — V. *Rhally.*

CODE civil d'Haïti. 1864, in-12 de 351 p.

CODE commenté de la Comptabilité publique, ou Décret impérial du 31 mai 1862, portant règlement général sur la comptabilité publique. 1863, in-8. 1 fr.

CODE DE COMMERCE ESPAGNOL, décrété, sanctionné et promulgué le 30 mai 1829, trad. en français sur l'édit. originale de Madrid. 1830, in-8. 7 fr.

CODE DE COMMERCE FRANÇAIS. In-32. 1 fr.

CODE de commerce du royaume de Hollande, traduit par W. Wintgens. *Rennes*, 1839, in-8. 7 fr.

CODE de la Caisse de retraites pour la vieillesse. 1851, in-8. › 50 c.

CODE de la Gendarmerie. 1854, in-8. 2 fr.

CODE de justice maritime, contenant le Code de justice militaire pour l'armée de mer. 1859, in-8. 7 fr.

CODE de justice militaire pour l'armée de mer (4 juin 1858), publié avec l'autorisation du ministre de la marine. 1858, in-18. 1 fr.

— de justice militaire pour l'armée de terre, augmenté de la nomenclature alphabétique des crimes et délits militaires et peines y attachées. 1863, in-18.

CODE de l'exemption et de la dispense du service militaire. 1864, in-8. 1 fr. 50 c.

CODE D'INSTRUCTION CRIMINELLE et PÉNAL. In-32. 1 fr. 50 c.

CODE de l'Instruction primaire, contenant l'historique de la législation primaire depuis 1788 ; 8e édit. 1833, in-8. 5 fr. 50 c.

CODE de la noblesse française, ou Précis de la législation sur les titres, la manière d'acquérir et de perdre la noblesse, les armoiries, etc. avec des notes, par un anc. magistrat. 1858, in-18 (V. *Sémainville*). 3 fr.

CODE de l'organisation et des élections municipales. 1855, in-8. 1 fr. 50 c.

CODE de police et d'administration de la ville de Grenoble, contenant : les lois, ordonnances, décrets et arrêtés portant règlement général et permanent sur la police, la voirie, etc., recueillis et mis en ordre par B. Giroud. 1865, in-8.

CODE DE PROCÉDURE CIVILE. In-32. 1 fr. 50 c.

CODE des Contributions directes et du Cadastre, ou récueil complet et annoté des lois, ordonnances, etc. 4 vol. in-8 (V. *Fiquenel*). 35 fr.

On vend séparement :

T. Ier : Contribution foncière et Cadastre : 15 fr.
  II : Contributions personnelle, mobilière et des portes et fenêtres : 5 fr.
III : Contribution des patentes, loi de 1858 : 5 fr.
IV : Centimes additionnels, bourses, chambres de commerce, matricés, mutations, rôles, avertissements, réclamations, fonds de non-valeurs, réimpositions, redevances sur les mines, poids et mesures, inspection générale des finances : 15 fr.

CODE des Contributions indirectes, contenant le Code du droit de circulation, etc. 9 vol. in-8 (V. *Saillet et Olibo*). 50 fr.

On vend séparément :

T. Ier : Codes du droit de circulation et du droit d'entrée : 7 fr. 50 c.
  II : Codes des octrois et des frais de casernement : 7 fr. 50 c.
III : Codes du droit de licence et des droits de détail et de consommation : 7 fr. 50 c.
IV : Codes relatifs aux marchands en gros (boissons) et aux acquits-à-caution : 7 fr. 50 c.
  V : Codes du droit à la fabrication de la bière; ceux relatifs aux distilleries et sur les voitures publiques : 7 fr. 50 c.
 VI : Codes des cartes à jouer et des bacs et passages d'eau : 5 fr.
VII : Codes du droit de garantie ou marque des objets d'or et d'argent : 5 fr.
VIII : Code relatif à la fabrication et la vente des tabacs : 5 fr.
IX : Code relatif à la vente des poudres à feu; code des sels : 5 fr.

CODE des lois politiques et spéciales de la Belgique ; 6e édit. *Bruxelles,* 1863, in-24. 7 fr.

CODE (nouveau) des Patentes, contenant le projet de loi, les modifications à apporter aux tarifs et tableaux concernant les patentes, dressé par les soins de l'adm. des contrib. indir. 1859, in-8. 5 fr.

CODE FÉODAL. 1792, in-8. 5 fr.

CODE FORESTIER suivi de l'ordonnance réglementaire, du Code de la pêche fluviale et du Code de la chasse, avec les changements survenus dans la législation et la corrélation des articles entre eux, publié par les soins de la direction générale des forêts. 2e édition; *Impr. impér.,* 1860, in 8 (V. *Codes de la la législ. forestière ; Dufour; Gillon et Villepin.*) 2 fr. 50 c.

CODE FORMULAIRE de la Garde nationale et des Sapeurs-pompiers. 1854, in-8. 1 fr. 50 c.

— de la police de Roulage et des Messageries; contenant la loi du 30 mai 1852, etc. 1853, in-8 (V. *Guilbon* ; *Verlet-Dumesnil*). 1 fr. 50 c.

— de la taxe sur les chiens, contenant la loi et le décret relatifs à cette taxe, etc. 1856-59, 2 parties in-8. 1 fr. 50 c.

On vend séparément le Code.

— de la taxe sur les voitures et les chevaux. 1863, in-8 (V. *Deshaires*). 1 fr. 50 c.

— des Pensions civiles. 1854, in-8 (V. *Dareste*.) 1 fr. 50 c.

— des Sociétés de secours mutuels. 1854, in-8. 1 fr. 50 c.

— du Crédit foncier en France. 1853, in 8 (V. *Piogey*). 1 fr. 50 c.

— du Possesseur de chiens et d'animaux domestiques nuisibles ou inconnus. 1855, in-8. 1 fr. 50 c.

— électoral politique (V. *Trény*.)

CODE général pour les Etats prussiens, traduit par les membres du bureau de législation étrangère, et publié par ordre du ministre de la justice. An IX, 2 tomes en 4 vol. in-8. 15 fr.

CODE manuel des Contributions directes. 1er vol. : *Manuel du contrôleur* 1858, in-8 (V. *Fiquenel*). 5 fr

CODE NAPOLÉON, complétement au courant de la législation, avec corrélation des articles entre eux et avec le Code de procédure civile et le Code de commerce. 1864, petit in-4. 1 fr. 50 c.

CODE NAPOLÉON, précédé de la Constitution. In-32 (V. *Royer-Collard*; *Teulet*; *Tripier*). 1 fr. 50 c.

CODE NAPOLÉON en vers, par M. D.... 1811, in-12. ; »

CODE PÉNAL ET D'INSTRUCTION CRIMINELLE. In-32. 1 fr. 50 c.

CODE PÉNAL DE LA CHINE. — V. *Staunton*.

CODE PÉNAL PRUSSIEN du 14 avril 1851, avec la loi sur la mise en vigueur de ce Code, et les lois rendues jusqu'à ce jour, pour le compléter ou le modifier, le tout précédé d'une introduction, et traduit, pour la première fois, en français, par J.-S.-G. Nypels. 1862, in-12 (V. *Valette*.) 3 fr.
— V. *Nypels*.

CODES FRANÇAIS (Textes des). (V. *Bacqua*; *Durand et Paultre*; *Pailliet-Rogron*; *Roger et Sorel*; *Royer-Collard et Mourlon*; *Teulet*; *Tripier*·

CODES FRANÇAIS ANNOTÉS. (V. *Pailliet-Rogron*; *Rogron*; *Sirey et Gilbert*; *Teulet, d'Auvilliers et Sulpicy*.)

CODES (les) de la législation forestière, comtenant : le Code forestier, l'ordonnance réglementaire du 1er août 1827, le Code du reboisement des montagnes, le Code des dunes, le Code de la chasse, le Code de la louveterie et le Code de la pêche fluviale, annotés des lois et règlements qui les ont modifiés ou complétés, avec une nouvelle corrélation des articles entre eux. Troisième édition collationnée sur les textes officiels, et publiée avec l'autorisation du directeur général des forêts, par Ch. Jacquot, chef du contentieux civil à l'administration des forêts. 1865, in-18 (V. *Dupin*). 1 fr. 25 c.

CODES MARITIMES (les) des Pays-Bas. *Bruxelles*, 1838, gr. in-8. 5 fr.
Textes hollandais et français.

CODIGO administrativo annotado. Nova edicâo official. *Lisboa*, 1863, in-8. 10 fr.

CODIGO CIVIL. Esboço por A. T. de Freitas. *Rio de Janeiro*, 1860, in-8 (V. *Constituiçao*).

CODIGO civil de la República de Chile. *Santiago-de-Chile, Imprenta nacional*, 1856, gr. in-8, 798 p., y compris l'Index alphabetique.

CODIGO civil de la República de Chile, su autor principal, D. Andres Bello ; 2a edicion, aumentada. *Santiago-de-Chile*, 1858, in-8.
— V. *Bello*.

CODIGO civil del Perú. *Lima*, 1852, pet. in-4, 328 p.

CODIGO civil Portuguez. Projecto redigido por Ant. Luiz de Seabra. *Coimbra*, 1858, in-8. 10 fr.

CODIGO de comercio, concordado y anotado, etc.; 3a edicion, corregida y notablemente aumentada, etc., por D. Pedro Gomez de la Serna y D. José Reus y Garcia. *Madrid*, 1859, in-8. 18 fr.

CODIGO de comercio para la nacion Argentina, sancionado por el honorable congreso nacional el 10 de setiembre de 1862, publicado por orden del gobierno nacional. Nueva edicion, corregida y aumentada, con la Ley de enjuiciamiento. 1865, in-8.

CODIGO de comercio de la Républica del Perú. *Lima*, 1853, in-8, VI-243 p. et Index, 4 p.

CODIGO CRIMINAL do império do Brasil, augmentado com as leis, decretos, avisos e portarias que desde a sua publiçao até hoje se tem expedido, explicando, revogando ou alterando algumas de suas disposições por Josino do Nascimento Silva. Nova ediçâo, consideravelmente augmentada por J. M. P. de Vasconcellos. *Rio de Janeiro*, 1859, in-8. 10 fr.

CODIGO CRIMINAL do imperio do Brasil, contendo nâo só toda a legislacâo alterante ou modificante de suas disposições, publicada até o fim do anno de 1860, como todas as penas de seus differentes artigos calculadas segundo os seus graus e as diversas qualidades dos criminosos, pelo Dr. Carlos Antonio Cordeiro. *Rio de Janeiro*, 1861, in-8. 8 fr.
— V. *Cordeiro.*

CODIGO de enjuiciamientos en materia penal; edicion oficial. *Besançon*, 1864, in-8, 55 p.

CODIGO de enjuiciamientos en materia civil del Perú. *Lima*, 1852, petit in-4, 309 p.

CODIGO de enjuiciamientos en materia penal; edicion oficial. *Lima*, 1862, in-8, VI-52 p. et 3 p. pour l'Index.

CODIGO do processo criminal de primeira instancia do imperio do Brasil, augmentado com a lei de 3 de dezembro de 1841 e seus regulamentos, disposiçao provisoria acerca da administraçao da justiça civil, todas as leis, decretos e avisos a respeito até o fim do anno de 1859, explicando, revogando ou alterando algumas de suas disposições por Josino de Nascimento Silva. 1860, 2 vol. in-8.   24 fr.

CODIGO penal, reformado conforme al testo oficial, con notas y observaciones, por D. Vicente-Hernandez de la Rua. *Madrid*, 1864, in-16.

CODIGO penal del Perú; edicion oficial. *Lima*, 1862, in-8, VIII-114 p. et 4 feuillets pour les errata et la table.

CODIGO penal del Perú; edicion oficial. *Besançon*, 1864, in-8, 111 p.

COFFINIÈRES (*A. S. G.*). De la Bourse et des spéculations sur les effets publics. 1824, in-8.   5 fr.

— Le Code Napoléon expliqué par les décisions de la suprême Cour de cassation et du Conseil d'Etat. 1809, in-4.   10 fr.

— Jurisprudence des Cours souveraines sur la procédure. 1812, 5 vol. in-8.   20 fr.

— Traité de la Liberté individuelle. 1840, 2 v. in-8 (V. *Prevost*; *Tessier de Rauschenberg*).   10 fr.

COHEN (*F.*). Étude sur les Impôts et sur les Budgets des principaux Etats de l'Europe. 1865, in-8.   8 fr.

COIN-DELISLE. Commentaire analytique du Code Napoléon, savoir :
— Livre I, titre I. Jouissance et priv. des droits civils. 1835, in-4 (V. *Demolombe*).   3 fr. 50 c.

— Livre I, titre II. Actes de l'état civil. 1835, in-4 (V. *Demolombe, Loir*).   3 fr. 50 c.

— Livre III, titre II. Donations et Testaments, nouv. édit. 1855, in-4 (V. *Demolombe*).   20 fr.

C'est l'ouvrage le plus considérable de M. Coin-Delisle : le public sait l'estime dont il a toujours été entouré. Cette nouvelle édition est sur bon papier collé, propre à recevoir des notes et renvois.

— Livre III, titre XVI, loi du 27 avril 1832, sur la Contrainte par corps. in-4 (V. *Lassime*).   » »

— Limite du droit de Rétention par l'enfant donataire. 1852, in-8 (V. *Ra-gon*).   6 fr.

—Observations sur l'Hypothèque légale d'indemnité acquise en temps sus-pect. 1853, br. in-8. (R. C.).   1 fr. 50 c.

— Cautions des contraignables par corps en matière civile et commer-ciale et donneurs d'aval. 1861, in-8 (V. *Lassime*),   5 fr.

— Dissertation : Pourquoi l'enfant du second lit ne révoque pas les dona-tions faites en mariage à la première femme morte sans postérité; et si, en droit, la révocation par survenance d'enfant se fait dans l'in-térêt particulier de l'enfant. In-8 (R. C.).   1 fr. 50 c.

— Courte réponse au livre de M. le professeur C.-F. Ragon sur la Théorie du cumul de l'enfant donataire renonçant. 1863, in-8 (R. C.) V. *Ragon*.
                                                              1 fr. 50 c.

COIN-DELISLE et **FRÉDÉRICH**. Commentaire sur le Code fores-tier. 1827, 2 vol. in-8 (V. *Codes de la lég. forest.*; *Dupin*).   10 fr.

COLAS DE LA NOUE (*Éd.*). Études de jurisprudence.— De la Propriété des sources. 1865, in-8, 48 p. (R. P.). — V. *Rives*.

COLECCION de los tratados celebrados por la Republica de Chile con los estados estranjeros. Tomo I°. *Santiago-de-Chile*, 1857, gr. in-8.

COLFAVRU (*J.-.C*). Le Droit commercial comparé de la France et de l'Angleterre, suivant l'ordre du Code de commerce français. 2ᵉ tirage, conforme au premier. 1863, in-8.   10 fr.

COLLARD (*F.*). Manuel de pratique administrative, à l'usage des élèves instituteurs et des aspirants aux emplois administratifs. *Bruxelles*, 1859, in-12.   2 fr. 50 c.

COLLARD. Système des Circonstances atténuantes. 1840, in-8 (V. *Bertin*).
                                                              3 fr.

COLLAS (*J.-B.*). Étude analytique, raisonnée et critique du Code civil, considéré spécialement en ce qui intéresse les Priviléges et Hypothè-ques, contenant 84 modèles d'inscriptions commentées. 1839, in-8. 6 fr.

COLLECTION COMPLÈTE des lois, décrets, ordonnances et avis du Conseil d'Etat, par Duvergier. — V. *Duvergier*.

COLLECTION OFFICIELLE des ordonnances de Police, depuis 1800 jusqu'en 1864, imprimée par ordre de MM. G. Delessert et Piétri. 1845-1864, 6 vol. in-8.   60 fr.

COLLET. Traité des Dispenses et de plusieurs autres objets de théologie et de droit canon. 1828, 2 vol. in-8 (V. *Gaudry*.)   12 fr.

COLLET-MEIGRET. Code de la police administrative, judiciaire et mu-nicipale. 1856, 1 vol. gr. in-8.   12 fr.

COLLIER (*A.*). Tenue de l'État civil en France. Manuel à l'usage des of-ficiers de l'Etat civil, contenant la législation étrangère sur le Mariage. 1863, in-8 (V. *Loir*).   6 fr.

COLMET D'AAGE (*G.-F.*). Commentaire de la loi du 21 mai 1858 qui modifie les titres de la saisie immobilière et de l'ordre. 1859, in-8.
                                                              1 fr. 25 c.

— V. *Boitard*.

COLMET DE SANTERRE. — V. *Demante*.

COLOMBA. Delle lettere di cambio e dei biglietti all'ordine. *Torino*, 1863, in-8.   2 fr.

COLOMBEL. Des Institutions de la France considérées au double point de vue civil et politique. 1846, in-8.   5 fr.

COMBES. Nouveau Manuel des aspirants aux fonctions de notaires, greffiers, avocats à la Cour de cassation, avoués, huissiers et commissaires-priseurs. 1856, in-12. 3 fr. 50 c.

COMBES (*Fr.*). Histoire de la diplomatie slave et scandinave, suivie des négociations de Ponce de la Gardie, diplomate, général suédois au XVIᵉ siècle. 1856, in-8. 7 fr. 50 c.

COMETTANT (*O.*). La Propriété intellectuelle, au point de vue de la morale et du progrès ; 2ᵉ édition. 1858, in-18. 1 fr. 50 c.

COMMERCE de la France, documents statistiques réunis par l'administration des douanes.

Abonnement : Paris,   un an.   20 fr.
       —   Départements,   —   26 fr.

Le *Commerce de France*, destiné à remplacer l'ancien recueil de documents commerciaux et financiers, devenu insuffisant, se publie par livraison mensuelle de 15 à 20 feuilles.

COMMISSION de la Propriété littéraire et artistique. Décrets, législation et documents divers. 1862, in-4; 44 p. 3 fr.

COMPTE GÉNÉRAL de l'administration de la Justice criminelle en France, depuis 1825 jusques et y compris 1863. 38 vol. in-4. 150 fr.
— De l'administration de la Justice civile et commerciale. 1830-1862, 26 vol. in-4. 120 fr.

COMPTE-RENDU des séances de l'Assemblée nationale. Exposé des motifs et projets de lois présentés par le Gouvernement. Rapports de MM. les Représentants (du 4 mai 1848 au 27 mai 1849). 10 vol. in-4. — Compte-rendu des séances de l'Assemblée nationale législative (du 28 mai 1849 au 1ᵉʳ déc. 1851). 17 vol, in-4. — Table analytique, par ordre alphab. de matières et de noms de personnes, du Compte-Rendu des séances de l'Assemblée nat. (4 mai 1848—2 déc. 1851). 2 vol. in-4.
— En tout, 29 vol. in-4. 200 fr.
— V. *Annales du Parlement ; — Annales du Sénat et du Corps législatif ; — Archives parlementaires ; — Choix de rapports ; — Moniteur.*

COMPTE-RENDU officiel des séances du Corps législatif. Session de 1865, comprenant toutes les discussions. 1855. 3 forts vol. in-8. 15 fr.

COMTE. Traité de la Législation, 2ᵉ édit. 1835, 4 vol. in-8. 18 fr.
— Traité de la Propriété. 1834, 2 vol. in-8 (V. *Demololombe*). 10 fr.
— Des pouvoirs et des obligations des Jurys, trad. de l'anglais de sir Richard Philips ; 2ᵉ édit. 1843, in-8 (V. *Buchère ; Oudot*). ? ,

CONCHON (*Bravy-Aimé*). De l'État militaire en droit romain. De la Compétence des juridictions civiles ordinaires en dr. franç. *Poitiers*, 1864, gr. in-8, 387 p.

CONDORCET. Bibliothèque de l'homme public, ou Analyse raisonnée des principaux ouvrages de la politique en général, la législation, etc., français et étrangers. 1790-1792, 28 vol. in-8. 60 fr.

CONFÉRENCE (la), journal du jeune Barreau. Revue de l'École et du Palais. In-8.
1ʳᵉ année, 1864.
Cette Revue parait le 5 et le 20 de chaque mois.
Prix de l'abonnement annuel pour la France : 15 fr.

CONGRÈS DE VIENNE (le), et les traités de 1815, précédé et suivi des actes diplomatiques qui s'y rattachent. 1864, 2 vol. gr. in-8. 50 fr.

CONQUET (*P.*). Annuaire de l'administration de l'enregistrement et des domaines. — V. *Annuaire.*

CONSEIL D'ÉTAT. Enquête sur le régime du Courtage. 1 vol. in-folio. 35 fr.

CONSEILLER DE PRÉFECTURE (le). Recueil des arrêtés des Conseils de préfecture et des décrets du Conseil d'Etat. Gr. in-8.
Revue paraissant deux fois par mois depuis 1864 inel.
Prix de l'abonnement annuel : 12 fr.

CONSTANT (*Benj.*). Cours de politique constitutionnelle, ou collection des ouvrages publ. sur le gouvernement représentatif, avec une introduction et des notes, par Ed. Laboulaye. 1861, 2 vol. in-8. 15 fr.
— V. *Laboulaye*.

CONSTITUICAO politica do imperio do Brasil, sequida da lei das reformas constitucionaes. 1863, in-12, cartonné. 2 fr.

CONSTITUTIONS de l'Empire. Lois et décrets. Corps législatif. 1865, in-12, 458 p. 3 fr.

CONTROLEUR (le) de l'enregistrement, recueil du notariat, contenant toutes les décisions administratives et judiciaires sur l'enregistrement, le timbre, les hypothèques et le notariat, par MM. Rigaud et A. Leroux.
Le Contrôleur parait tous les mois par livraison in-8 de 48 pages.
Prix de l'abonnement : par an. 10 fr.
1865. 46ᵉ année.

COQ (*P.*). Histoire populaire du Crédit et des Finances, depuis 1848 jusqu'à 1864. 2 vol. in-8 (*Sous presse*).
— Les Circulations en banque. 1865, in-8. 5 fr.

COQUELIN (*Charles*). Dictionnaire de l'Économie politique, contenant, par ordre alphabétique, l'exposition des principes de la science, l'opinion des écrivains qui ont le plus contribué à sa fondation et à ses progrès; la Bibliographie générale de l'Economie politique, etc. 1851-1853, 2 vol. gr. in-8. 50 fr.
— Le Crédit et les Banques; 2ᵉ édit., revue et augm. d'une introduction par Courcelle-Seneuil, et d'une notice biograph. par G. de Molinari. 1859, in-12. 3 fr. 50 c.

COQUEREL. Des Mariages mixtes. 1857, in-12. 2 fr. 75 c.

COQUILLE (*Guy*). La Coutume de Nivernais, accompagnée d'extraits du Commentaire de cette coutume. Nouv. édit., publiée par M. Dupin. 1864, in-8. 6 fr.
— V. *Dupin*.

COQUILLE (*J.-B.-V.*). Les Légistes, leur influence politique et religieuse. 1863, 1 beau vol. gr. in-8. (V. *Bardoux*.) 8 fr.

CORBIÈRE (*l'abbé*). Le Droit privé, administratif et public dans ses rapports avec la conscience et le culte catholique. 1841, 2 vol. in-8. 15 fr.
— L'Economie sociale au point de vue chrétien. 1863, 2 vol. in-8. 15 fr.

CORDEIRO (*C.-A.*). O Consultor orphanologico, ou Formulario de todas as acçoes seguidas no juizo de orphaos, precedido das attribuiçoes das differentes pessoas que nelle figurao e enriquecido com diversas regras e preceitos tendentes ao mesmo juizo de orphaos e bem assim ao da provedoria com a legislaçao respectiva. *Rio-de-Janeiro*, 1864, in-8. 18 fr.
— Consultor criminal ou Formulario de todas as acçoes seguidas no foro criminal, etc. *Rio-de-Janeiro*, 1864, in-8. 18 fr.
— O Consultor commercial, ou Formulario de todas as acçoes seguidas no foro do commercio segundo o regulamento commercial de 25 de novembro de 1850, etc. *Rio-de-Janeiro*, 1864, in-8. 18 fr.
— Consultor civil á cerca de todas as acçoes seguidas no foro civil segundo o systema adoptado por Corrêa Telles em sua obra intitulada *Manual do processo civil*, com as suppressoes, alteraçoes e accrescimos exigidos pela legislaçao, estylos e pratica do fôro brasileiro. *Rio-de-Janeiro*, 1863, in-8. 18 fr.
— V. *Codigo criminal do Imperio do Brasil*.

CORDIER (*Jos.*). Essais sur la Construction et la législation des Travaux publics. 1829, 2 vol. in-8 (V. *Delvincourt*).   14 fr.

CORDIER (*Eug.*). Le droit de famille aux Pyrénées. Baréges, Lovedan, Béarn et pays Basque. 1860, in-8. (*Épuisé.*)   » »
    Extrait de la *Revue historique de droit français et étranger.*

CORDOËN, procureur général. Ses Discours et Réquisitoires recueillis et publiés par les soins de ses amis. *Paris, Impr. impér.*, 1864, gr. in-8, avec portrait.
    Ce volume n'a pas été mis dans le commerce.

CORMENIN. Droit administratif; 5e édit. 1840, 2 vol. gr. in-8.   » »
— Loi sur l'Administration municipale, recueil contenant les ordonnances et circulaires relatives (loi du 18 juillet 1837); 2e édit. In-8 (V. *Béchard*).
                    2 fr. 50 c.
— Manuel du contentieux des Communes. In-8 (V. *Braff*).   3 fr. 50 c.
— Du conseil d'Etat envisagé comme conseil et comme juridiction dans notre monarchie constitutionnelle. 1818, in-8.   4 fr.
— Le livre des Orateurs; 14e édit. 1844, 1 vol. gr. in-8, avec portr.   » »

CORNE (*A.*). La Petite-Roquette. Étude sur l'éducation correctionnelle des jeunes détenus du dép. de la Seine. 1862, in-8.   1 fr.

CORPS DES LOIS ROMAINES. — V. *Hulot*.

CORPS DU DROIT FRANÇAIS. — V. *Deleurie;* — *Galisset.*

CORPS LÉGISLATIF. Constitutions de l'Empire. Lois et décrets. 1865, in-12.   3 fr. 50 c.

CORPUS JURIS CANONICI post J. H. Boehmeri curas, brevi adnotatione critica instructum ad exemplar romanum, denuo edidit A. E. Richter. *Lipsiæ*, 1839, 2 vol. in-4.   40 fr.

CORPUS juris civilis academicum parisiense, operâ et curâ C. M. Galisset. Editio septima. 1862, in-4, broché.   25 fr.
— Idem opus. In-4, belle d.-rel. avec onglets.   30 fr.

CORPUS juris civilis, recognosci brevibusque adnotationibus criticis instrui cœptum à D. Alberto et D. Mauritio fratribus Kriegeliis, continuatum curâ D. Æmilii Herrmanni. absolutum studio D. Ed. Osenbrueggen. Editio stereotypa. *Lipsiæ*, 1861, 3 vol. in-4.   25 fr.

CORPUS juris civilis. Editio stereotypa, curâ D. Joann. Lud. Guil. Beck. *Lipsiæ*, 1829-37, 2 vol. in-4.   25 fr.

CORPUS JURIS ROMANI antejustinianei, consilio professorum Bonnensium, E Bockingii et A. Bethmanni. Hollwegii, etc., edidit Haenel; præfatus est Bockingius. *Bonnæ*, 1841, 1 vol. in-4.   » »
— V. *Bockingius;* — *Haenel.*

CORRARD-LALESSE. Le Guide des Jurés. 1842, in-18.   1 fr. 25 c.

CORRESPONDANT des justices de paix (V. *Bost*).

CORRIGER. Recueil méthodique des dispositions qui régissent le recrutement de l'armée. 1857, in-8.   9 fr.

CORR-VANDERMAEREN. De l'administration des Faillites en Belgique. Manuel des juges-commissaires, des curateurs et des négociants, suivi du texte de la loi du 18 avril 1851 sur les faillites, banqueroutes et sursis en vigueur en Belgique. *Bruxelles et Liége*, 1864, in-12.
                    4 fr.

COS-GAYON y CANOVAS DEL CASTILLO. Diccionario manual de derecho administrativo español. *Madrid*, 1860, in-4.   35 fr.

COSTER (*C.*). Code du Propriétaire, ou connaissancs usuelles et pratiques en jurisprudence civile et commerciale, mises à la portée de tout le monde. 1842, in-8. 5 fr.

COTELLE (*B.*). Abrégé d'un Cours élémentaire du droit de la nature et des gens. 1820, in-8. 8 fr.

— Cours de Droit franç., ou le Code Napoléon approfondi. 1813, 2 v. in-8 (V. *Delsol*; *Demolombe*). 10 fr.

— Des Priviléges et Hypothèques. 1820, in-8. 6 fr.

— Traité des Intérêts, ou Commentaire des art. 1153, 1154, 1155, 1905, 1906, 1907, 1908 et 2089. *Paris,* 1826, in-12. 2 fr. 50 c.

COTELLE fils (*L.-B.*). Cours du Droit administratif appliqué aux Travaux publics; 3ᵉ édit. 1859-62, 4 vol. in-8. 30 fr.

— Des alignements et permissions de voirie urbaine. 1836, in-8. 3 fr. 50 c.

— Traité des Procès-verbaux de contravention en matière administrative, comprenant leur forme, la poursuite, etc. 1848, in-8. 7 fr. 50 c.

— Des Garanties que notre régime administratif renferme et offre aux droits privés. In-8 (R. C.). 1 fr. 50 c.

— Législation française des chemins de fer. 1864, in-8. 9 fr.

COTIL. Le Conciliateur en affaires, ou Explication du Code Napoléon; 2ᵉ édit., revue et augmentée d'un vocabulaire de tous les termes de droit. 1858, in-12. 5 fr.

COTTU. De l'admin. de la Justice criminelle en Angleterre; 2ᵉ édit. 1822, in-8 (V. *Buchère*). 6 fr.

COUDER (*C.*). Formulaire de la comptabilité des percepteurs et receveurs de communes, hospices et établissements de bienfaisance, etc. 1860, in-8. 8 fr.

COUGNY (*Em.*). Études historiques et littéraires sur le Parlement de Paris. Un procès en matière de droits régaliens au xvɪᵉ siècle. 1864, in-8. 1 fr.

COULLET et **JUGLAR**. — V. *Extraits des Enquêtes parlementaires anglaises sur les questions de banque.*

COULON (*J.-J.-B.*). Dialogues ou Questions de Droit; discussion approfondie et dans une forme nouvelle de toutes les questions qui sont encore controversées qui se présentent le plus fréquemment devant les tribunaux. 1838-1839, 3 vol. in-8. 25 fr. 50 c.

— Questions de Droit; examen et discussion des questions les plus controversées entre les auteurs et les tribunaux. 1853, in-8. 9 fr.

COUMOUNDOUROS (*A.*). De l'impôt foncier dans le royaume de Grèce. 1861, broch. in-8. 1 fr.
Extrait de la *Revue historique de droit français et étranger.*

COURCELLE-SENEUIL (*J.-G.*). Traité théorique et pratique des entreprises industrielles, commerciales et agricoles, ou Manuel des affaires; 2ᵉ édition, 1857. 1 vol. in-8. 7 fr. 50 c.

— Études sur la Science sociale. 1862, in-8. 7 fr. 50 c.

— Traité théorique et pratique des opérations de Banque; 4ᵉ édition. 1864, in-8. 7 fr. 50 c.

— Cours de Droit pratique, ou la Science du droit mise à la portée de tout le monde : *Du Contrat de louage,* etc. 1847, in-18. 2 fr.

— Leçons élémentaires d'économie politique. 1864, in-12. 2 fr.

— Traité théorique et pratique d'économie politique. 1858-59, 2 vol. in-8 (V. *Garbouleau*). 15 fr.

— Tratado teórico y pratico de economia política, Traducido por encargo de S. E. don Manuel Montt, presidente de la república de Chile, por J. Bello. 1860, 2 vol. in 8. 15 fr.

— V. *Bello*.

— V. *Mill*.

COURCY (*Alf. de*). D'une réforme internationale du droit maritime. 1863, in-12. 2 fr.

— Études sur les assurances. Assurances sur la vie; 5e édit., revue et corrigée. 1865, in-12. 2 fr.

— Essai sur les lois du hasard, suivi d'études sur les assurances. 1862, in-12 (V. *Cauvet*; *Pouget*.) 3 fr.

— Les Assurances sur la vie en Angleterre et en France, 1863, in-8 de 32 pag. 1 fr.
　　Extrait de l'ouvrage précédent.

COURCY (*Pol de*). — V. *Pol de Courcy*.

COURNOT (*A.*). Des institutions d'instruction publique en France. 1864, in-8. 7 fr. 50 c.

COURTIN (*Ch.*). Recueil général des lois, règlements, décisions et circulaires sur le service des hôpitaux militaires, 1809, 2 vol. in-8. 10 fr.

COURTOIS (*A.*). Manuel des fonds publics et des Sociétés par actions; 5e édition. 1863, gr. in-18. 7 fr. 50 c.

— Ordre amiable. Refus d'y consentir opposé sans motif par des créanciers. In-8 (R. C.) V. *Caumont*; *Bédarride*. 1 fr. 50 c.

COUSTURIER (*J.-L.*). Traité de la Prescription en matière criminelle. *Bruxelles*, 1849, in-8 (V. *Brun de Villeret*). 7 fr.

COUTEAU (*Em.*). Des Rapports à succession; de la *Collatio* en droit romain. 1861, in-8. 3 fr.

COUTURIER DE VIENNE (*A.-F.*). Liberté du travail, vénalité des offices ministériels (notaires, avoués, commissaires-priseurs, etc. 1863, in-8. (V. *Durand*). 2 fr.

— Études historiques et critiques sur la Législation civile et criminelle en France. 1843, in-8. 5 fr.

COUVREUR. Guide théorique et pratique des huissiers dans l'exécution des lois sur le timbre et l'enregistrement. 1862, in-8. 5 fr.

CRAISSON (*D.*). Manuale totius juris canonici. 1863, 4 vol. in-18 jésus.

CRÉDIT FONCIER de France. Instructions générales pour l'examen des demandes de prêts, la vérification des titres de propriété, la rédaction des contrats, les formalités hypothécaires et celles de purge. 1861, in-8 (V. *Piogey*). 2 fr.

CRÉMIEU (*J.*). Théorie des Actions possessoires en droit romain et en droit français. 1846, in-8 (V. *Bioche*). 7 fr.

CRÉMIEUX et **BALSON**. Code constitutionnel. 1835, in-4. 12 fr.

CRÉMIEUX et **PATORNI**. Répertoire du Droit commercial, de 1830 à 1837, 8 vol. in-8. 30 fr.

— *Le même ouvrage*, continué par Clairfond et Lehir, sous le titre de : Annales de la science et du droit commercial, ou Mémorial du commerce (V. *Annales de la science*, etc.; — *Mémorial du commerce et de l'industrie*).

CRÉPON (*T.*). Le ministère public a-t-il qualité pour provoquer dans l'intérêt général la rectification des actes de l'état civil? 1860, broch. in-8 (V. *Loir*).   1 fr.
— Du droit d'anoblissement et de l'usurpation de la noblesse avant 1789, 1860, br. in-8.   1 fr.

CRETTÉ DE PALLUEL. Des ouvriers des houillères et de leurs exemptions de la contribution personnelle et mobilière, et de la prestation en nature. 1862, in-8. (R. P.).   1 fr. 50 c.

CRINON et **VASSEROT.** Le Forestier praticien, ou Guide des Gardes champêtres. 1852, in-18 (V. *Dubarry*.)   1 fr. 25 c.

CRISENOY (*J. de*). Les ordonnances de Colbert et l'inscription maritime. 1862, in-8.   1 fr. 50 c.

CRIVELLI. Dictionnaire de Droit civil, commercial, criminel et de Procédure civile et criminelle. 1825, in-8.   5 fr.
— V. *Portalier.*

CROISSANT. — V. *Persil et Croissant.*

CROZANT-BRIDIER (*A. de*). Le guide de l'assuré; aperçu sur les assurances en général et traitant spécialement celles contre l'incendie. 1864, in-12, 24 p. (V. *Pouget*).   25 c.

CROZET. Anciennes coutumes de Lamontjoye (Lot-et-Garonne). 1860, in-8.   1 fr.
Extrait de la *Revue historique de droit français et étranger.*

CROZET. Procédure administrative, recueil contenant par ordre alphabétique des matières et d'après le texte des lois, ordonnances, décrets, arrêtés et instructions ministérielles actuellement en vigueur, l'indication des attributions de divers fonctionnaires administratifs. 1855, 1 fort vol. in-8 (V. *Miroir*.)   » »
— Formulaire de dix ans, ou Supplément au Formulaire municipal, par Miroir et Jourdan. 1845, in-8 (V. *Miroir*.)   » »

CROUZET (*l'abbé*). V. *Philipps.*

CRUSSAIRE. Analyse des observations des tribunaux d'appel et du tribunal de cassation sur le projet du Code civil, rapprochées du texte. 1802, in-4.   20 fr.

CRUYSMANS (*H.*). Des droits et obligations des armateurs vis-à-vis des assureurs sur corps. *Bruxelles*, 1860, in-8.   3 fr.
— V. *Haghe et Cruysmans.*

CUADRO sinoptico del derecho constitucional chileno. *Valparaiso*, 1845, in-8.

CUBAIN (*R.*). Traité des Droits des Femmes, en matière civile et commerciale. 1842, in-8.   7 fr.
— Traité de la Procédure devant les cours d'assises. 1851, in-8.   6 fr.
Adoptant un ordre méthodique et très-simple et avec une grande clarté, l'auteur a exposé dans cet ouvrage tout ce qui concerne la procédure devant les cours d'assises. Il y traite successivement de la formation de ces cours, du jury, de l'accusé, du défenseur, de la partie civile, de la procédure préliminaire, de l'examen, du verdict, du jugement. Réunies dans un seul volume, les règles de cette procédure conviennent également au magistrat et à l'avocat; c'est le seul traité spécial où elles soient exposées.

CUCHEVAL (*V.*). Étude sur les Tribunaux Athéniens et les Plaidoyers civils de Démosthène. 1863, in-8 (V. *Desjardins*.)   3 fr.

CUJACIUS (*J.*). Opera omnia, curante C. A. Fabroto, novâ editio cum indice et promptuario. *Prati*, 1836-1847, 13 vol. in-4.   250 fr.

CURASSON. Traité des Actions possessoires, du Bornage, etc. 1842, in-8 (V. *Bioche; Jay*).   7 fr. 50 c.

— Traité de la Compétence des Juges de paix; 3e édit. revue, corrigée et mise au courant de la législation, de la doctrine et de la jurisprudence, par MM. Poux-Lagier et P. Pialat. 1854, 2 vol. in-8 (V. *Bourbeau; Guilbon; Jay*). » »

— Supplément à la 1re édit. de la Compétence des juges de paix. 1 vol. in-8. 4 fr.

— Code Forestier conféré et mis en rapport avec la législation qui régit les propriétaires et usagers dans les bois. 1828, 2 vol. in-8 (V. *Codes de la lég. forest.; Dupin*). 12 fr.

CUSSY (*Ferd.*). Dictionnaire, ou Manuel lexique du Diplomate et du Consul. 1846, in-12 (V. *Martens.*) 10 fr.

— Phases et causes célèbres du Droit maritime des nations. *Leipsic*, 1856, 2 vol. in-8. 18 fr.

— Règlements Consulaires des principaux États maritimes de l'Europe et de l'Amérique, fonctions et attributions des consuls, etc. 1852, in-8. 8 fr.

— Précis historique des événements politiques les plus remarquables qui se sont passés de 1814 à 1859. 1860, in-8. 10 fr.

— V. *Martens* (Ch. de).

CUSSY et **MARTENS** (*Ch. de*). Recueil manuel pratique de traités, conventions et autres actes diplomatiques, etc. 1846-1857, 7 v. in-8. 80 fr.

CUSTANCE (*G.*). Tableau de la Constitution du royaume d'Angleterre. 1817, in-8 (V. *Jouffroy*). 5 fr.

D

DABANCOUR (*G.*). De la gestion d'affaires en droit romain et en droit français. Thèse. 1865, in-8, 136 p.

DAFFRY DE LA MONNOYE (*Léon*). Les lois de l'Expropriation pour cause d'utilité publique expliquées par la jurisprudence. Ouvrage présentant, sous forme de commentaire, l'analyse de tous les arrêts rendus, en cette matière, par le conseil d'Etat et la Cour de cassation. 1857, in-8. 7 fr.

L'auteur s'est proposé, dans cet ouvrage, de faire sortir, autant que possible, de la jurisprudence elle-même, l'explication théorique et pratique des lois de la matière. Sans s'interdire toute réflexion personnelle ni toute observation critique, il s'est attaché principalement à condenser, à formuler, s'il est permis de parler ainsi, la doctrine éparse dans les nombreux arrêts de la Cour de cassation et du Conseil d'Etat. Toutes les règles dont la jurisprudence contient l'expression de ses motifs, toutes les solutions qu'elle a consacrées, sont résumées et fondues dans le livre de M. de La Monnoye, de manière à fournir ou le texte, ou la substance du commentaire. On y trouve à la fois et l'exposé théorique des principes, et un résumé fidèle et complet de la jurisprudence.

L'auteur ne cite pas un arrêt sans renvoyer à chacun des Recueils dans lesquels le texte de cet arrêt a pu être inséré. (DALLOZ, SIREY, DEVILLENEUVE, *Journal du Palais*, Lebon.)

D'AGAR. Code des Contributions indirectes. 1811, 2 vol. in-8. 10 fr.

— Traité du contentieux des Contributions indirectes. 1819, 2 vol. in-8. 10 fr.

D'AGAR et **DELAPORTE.** Le nouveau Ferrière, ou dictionnaire de droit et de pratique. 1804, 4 vol. in-4. 30 fr.

— Le 4e volume contenant le Dictionnaire de procédure. In-4. 10 fr.

— V. *Delaporte.*

DAGEVILLE (*G.-J.*). De la Propriété politique et civile. 1813, in-8. 4 fr.

— Commentaire du Code de commerce. 1823-27, 4 vol. in-8 (V. *Bédarride*). » »

D'AGUESSEAU. OEuvres complètes, revues par M. Pardessus. 1819, 16 vol. in-8. 60 fr.

— OEuvres choisies, précédées d'une étude biographique, par E. Falconnet. 1865, 2 vol. in-8. 6 fr.

— Lettres inédites, publiées par D.-B. Rives. 1823, 2 vol. in-8 ou 1 vol. in-4.   12 fr.

DALIGNY. Règles du droit anglais, ou Analyse raisonnée des commentaires de Blackstone en ce qui touche les lois purement civiles de l'Angleterre. 1813, in-8 (V. Laya; Westoby; Zézas).   6 fr.

DALLOZ ainé (D.). Jurisprudence générale du royaume, ou Répertoire méthodique et alphabétique de législation, de doctrine et de jurisprudence en matière de droit civil, commercial, criminel, administratif, de droit des gens et de droit public ; nouvelle édition entièrement refondue jusqu'en 1844. 1846-65, 44 vol. in-4.   528 fr.

Quarante-deux volumes sont en vente (novembre 1865). — Il ne reste plus à paraître que le 1er et le 54e volume. L'ouvrage sera entièrement terminé dans le courant de l'année 1867.

— Recueil périodique faisant suite à l'ouvrage précédent ; années 1845-1865, 21 vol.   567 fr.

Abonnement annuel : 27 fr.

— Jurisprudence générale; Table des quinze années (1841 à 1856), recueil périodique, etc. 1858, 2 vol. in-4.   20 fr.

DALLOZ (Armand). Dictionnaire général et raisonné de Législation, de Doctrine et de Jurisprudence en matière civile, criminelle, administrative et de droit public. 1836-47, 12 livraisons in-4.   60 fr.

— Les livraisons 10, 11 et 12 se vendent séparément.   36 fr.

DALLOZ (Ed.). Commentaire du décret du 11 janvier 1852, et de la loi du 13 juin 1851 sur la Garde nationale, etc. 1852, in-32 (V. Code).
                                                             1 fr. 50 c.

— De la propriété des mines et de son organisation légale en France et en Belgique, par Ed. Dalloz, avec la collaboration de M. A. Gouiffes. 1862, 2 vol. gr. in-8 (V. Lamé-Fleury.)   20 fr.

DALLOZ ainé (D.) et DALLOZ (A.). Explication de la loi modificative du Code forestier, sanctionnée le 18 juin 1859, et promulguée le 19 novembre, même année. Publié avec la collaboration de M. Meaume. 1860, in-4 (V. Codes de la lég. forest.).   2 fr. 50 c.

Extrait de la Jurisprudence générale.

— V. Meaume.

DALLOZ. Traité de l'Enregistrement (extrait du Répertoire). 2 vol. in-4. (V. Demante; Géraud ; Sollier).   35 fr.

DALLY (E.). Remarques sur les aliénés et les criminels, au point de vue de la responsabilité morale et légale. 1863, in-8 (V. Castelnau; Legrand du Saulle).   1 fr. 50 c.

DALMAS. Des Frais de justice en matière criminelle, correctionnelle et de simple police. 1834, in-8.   8 fr.

— Supplément au commentaire. (Décret du 18 juin 1811.) 1847, 1 vol. in-8.   ))

DAL POZZO (F.). Observations sur le régime hypothécaire établi dans le royaume de Sardaigne. 1823, in-8.   3 fr.

DAMASCHINO. Traité des magasins généraux et des ventes publiques de marchandises en gros. 1860, in-8.   5 fr.

DAMBRE (A.). Traité de médecine légale et de jurisprudence de la médecine. Gand, 1859, in-8. T. I.   4 fr.

DAMETH (H.). Introduction à l'étude de l'économie politique. Cours public, professé à Lyon pendant l'hiver de 1864-1865, sous les auspices de la Chambre de commerce. 1865, (1re à 11e séances). In-8.   6 fr.

DAMOURETTE (J.-P.). Brevets d'invention, dessins et marques de fabrique. Etudes sur les lois actuelles et sur les modifications qu'il convient d'y apporter. 1858, in-8 (V. Breulier; Calmels).   3 fr.

DANDRAUT (*C.-A.*). Procès Orsini, contenant les débats judiciaires devant la Cour d'assises de la Seine et la Cour de cassation, etc. 1858, in-8. 3 fr.

— Instruction facile sur les conventions selon les principes du Code Napoléon et des Codes de procédure civile et de commerce. 1821, in-8. 4 fr.

— Code des officiers ministériels. 1838, in-8. 4 fr.

DANIEL DE FOLLEVILLE. V. *Folleville* (*D. de*).

DANJOU (*E.*). Des prisons, de leur régime et des moyens de l'améliorer 1821, in-8. 5 fr.

DANRÉ (*Ch.*). Problème de législation résolu mathématiquement en théorie et en pratique; 3e édit., revue, corrigée et suivie de réponses aux objections. 1860, in-8. 1 fr. 50 c.

DANSIN (*H.*). Histoire de l'administration et du gouvernement de la France pendant le règne de Charles VII. 1858, in-8. 5 fr.

DARD. Code civil avec des notes indicatives des lois romaines, coutumes, ordonnances, édits et déclarations qui ont rapport à chaque article, ou Conférence du Code civil avec les lois anciennes; 3e éd. 1827, in-8. » »

— Traité des Offices désignés dans la loi du 28 avril 1816. In-8 (V. *Durand*; *Jeannest Saint-Hilaire*). 6 fr.

— Du droit des officiers ministériels de présenter leurs successeurs à l'agrément de S. M. 1836, in-8. 5 fr.

— Du rétablissement des Rentes foncières mélangées de féodalité, abolies sans indemnité par les lois des 6 juillet et 25 août 1792, et 17 juillet 1793; et de la jurisprudence de la Cour de cassation et du Conseil d'État sur ces lois. 1814, in-8 (V. *Fœlix et Henrion*). 4 fr.

DARESTE. Code des Octrois municipaux et des frais de casernement. 1840, in-8 (V. *Braff*). 7 fr. 50 c.

— Code du droit d'Entrée et du droit de Circulation. 1836, in-8. 7 fr. 50 c.

DARESTE (*R.*). De la Propriété en Algérie; commentaire de la loi du 17 juin 1851; sénatus-consulte du 22 avril 1863; 2e édit. 1864, in-12. 3 fr.

— Code des Pensions civiles, contenant la loi du 9 juin 1853, le décret du 9 novembre suivant, et tous les règlements antérieurs, avec commentaire; 4e édit. 1862, in-18. 2 fr. 50 c.

— La Justice administrative en France, ou Traité du contentieux de l'administration. 1862, 1 fort vol. in-8. 8 fr.

On s'est proposé dans cet ouvrage d'étudier la justice administrative en France, son origine, ses progrès, son organisation actuelle et les règles de ses décisions. C'est un Traité du contentieux administratif exposé dans ses principes, éclairé par l'histoire et par la comparaison des législations étrangères. Les principes du droit administratif sont épars dans les lois et dans les arrêts du Conseil d'État. L'auteur les a réunis dans un ordre systématique, lequel n'est autre que l'ordre même du Code Napoléon, et présente ainsi en un seul volume toutes les règles qu'il est nécessaire de connaître pour plaider devant l'administration.

— Les Intendants et Commissaires départis. 1855, in-8. 3 fr.

— V. *Fleury*; — *Girard et Fromage*; — *Laboulaye*; — *Revue historique de droit français et étranger*.

DARESTE DE LA CHAVANNE (*C.*). Histoires des classes agricoles en France. 1858, in-8. 7 fr. 50 c.

DARU (*le comte*). Des chemins de fer et de l'application de la loi du 11 juin 1842. 1843, in-8 (V. *Bacqua; Féraud-Giraud*). 4 fr.

DA SILVA FERRAO. Code réglementaire du Crédit foncier, présenté à la chambre des pairs de Portugal; avec une introduction et des notes par Martou. 1 vol. in-8 (V. *Sagot-Lesage.*) 5 fr.

DA SILVA FERRAO (*F. A. F.*). Theória do direito penal applicada ao Codigo penal portuguez, comparado com o codigo do Brazil, leis patrias, codigos e leis criminaes dos povos antigos e modernos. *Lisboa*, 1856-57, 8 vol. gr. in 8. 60 fr.

DAUBANTON (*A.-G.*). Dictionnaire textuel du Code civil. 1806, in-8 rel. 5 fr.

— Traité complet des droits des époux l'un envers l'autre et à l'égard de leurs enfants, de la puissance maritale et paternelle; de la minorité et des tutèles. 1818, in-8. 5 fr.

— Traité pratique de toute espèce de Conventions (3e édit.). 1812, 2 vol. in-12. 6 fr.

— Traité pratique du Code d'instruction criminelle. 1809, in-8 (**V.** *Trébutien*). 5 fr.

— Appendice au traité pratique du Code d'instruction criminelle, avec formules, etc. 1810, in-8. 5 fr.

— Traité pratique, formulaire général du commerce intérieur et maritime, d'après les Codes de commerce et les Codes Napoléon et de Procédure criminelle. 1808, 2 vol. in-8. 8 fr.

— Dictionnaire du Code de commerce. 1808, in-4. 6 fr.

— Dictionnaire textuel, analytique et raisonné du Code de la procédure civile, et des articles du Code civil qui y sont relatifs. 1807, 2 vol. in-8. 8 fr.

— Répertoire universel de législation commerciale intérieure et maritime de l'Europe. 1810, 2 vol. in-8. 8 fr.

— Formulaire général des actes ministériels, extrajudiciaires et de procédure, impérieusement commandés par les Codes civil et de procédure, pour l'instruction et la suite des actions à intenter en justice, ou pour l'exécution des jugements des tribunaux et des actes de juridiction volontaire, susceptibles d'exécution sans intervention du juge, etc.; 2e édition. In-8. 8 fr.

— Nouveau manuel pratique des juges de paix, de leurs greffiers et huissiers, etc.; 2e édition. 1 vol. in-12. 3 fr.

DAUBANTON (*L.-J.-M.*). Code de la Voirie des villes (y compris la ville de Paris), des bourgs et des villages. 1836, in-8 (V. *Féraud-Giraud*; *Fleurigeon*). 5 fr.

DAUNOU. Essai sur les Garanties individuelles; 3e édit. 1822, in-8. 6 fr.

— Essai sur la Puissance temporelle du Pape. 1818, 2 vol. in-8. 15 fr.

DAUSSY. — V. *Bost et Daussy*.

D'AUTHELANDE (*A.*). — V. *Régulateur du contentieux*.

D'AVANNES. Des Droits d'usage dans les bois de l'Etat et dans ceux des particuliers. 1837, in-8 (V. *Meaume*). 3 fr. 50 c.

DAVENNE (*H.-J.-B.*). Recueil méthodique et raisonné des lois et règlements sur la Voirie, les alignements et la police des constructions. 1836, 2 vol. in-8. 10 fr.

— Traité pratique de la Voirie urbaine. 1858, in-8 (V. *Féraud-Giraud*). 9 fr.

— Régime administratif et financier des Communes; 2e éd. 1858, in-8. (V. *Braff*). 10 fr.

— De l'organisation et du régime des secours publics en France. 1865, 2 vol. gr. in-18 jésus. 8 fr.

— Législation et principes de la voirie urbaine. 1849, in-8 (**V.** *Féraud-Giraud*; *Grandvaux*). 9 fr.

DAVID (*M.*). L'avance sur gage et la vente publique aux enchères. 1862, in-8. 2 fr.

DAVIEL (*A.*). Traité de la législation et de la pratique des Cours d'eau, 3e édit. 1845, 3 vol. in-8 (V. *Rives*). 18 fr.
— V. *Rigaud*.

DAVOUD-OGHLOU (*G.-A.*). Histoire de la Législation des anciens Germains (Wisigoths, Baiuvariens, Allamanns, Burgundions, Francs-Saliens, Francs-Ripuaires, Longobards, Thuringiens, Frisons, Saxons et Anglo-Saxons). *Berlin*, 1845, 2 vol. in-8. 15 fr.

DEBACQ (*Gabr.*). Des nullités de mariage en droit romain et en droit français. 1863, in-8 de 278 p.

DEBELLEYME. Ordonnances sur Requêtes et sur Référés, selon la jurisprudence du tribunal de 1re instance du département de la Seine; Recueil de formules suivies d'observations pratiques, 3e édition. 1855, 2 vol, in-8. 16 fr.
— V. *Bertin*.

DEBRAUX. Traité de Paris du 30 mars, étudié dans ses causes et dans ses effets, avec un appendice renfermant le texte du traité. Carte géograph. indiquant la limitation des frontières. 1856, gr. in-8. 10 fr.

DEBRAY. Manuel de l'Expropriation pour cause d'utilité publique. 1845, in-8 (V. *Daffry de la Monnoye*). 5 fr.

DECAMPS. Manuel des Propriétaires riverains, dans lequel se trouvent traités les lacs et étangs. 1836, in-12 (V. *Féraud-Giraud*). 1 fr. 50 c.

DECAMPS (*L.*). Contre-projet de Code pénal, suivi du projet de Code pénal adopté par la Chambre des représentants de Belgique, et des amendements proposés par la commission de la justice du Sénat. *Bruxelles* et *Liége*, 1864, in-8.

DE CHAMPEAUX (*G.*). Le droit civil ecclésiastique français, ancien et moderne. Nouv. édit. 1852, 2 vol. in-8 (V. *Gaudry*.) 15 fr.
— Manuel des Bureaux de bienfaisance, d'après les lois et instructions, minist., etc. 1856, in-8. 2 fr.
— Code des fabriques et de l'administration paroissiale, etc. 1862, 2 vol. in 8. 12 fr.
— V. *Nouveau Journal des Conseils de fabrique*.

DE CLERCQ (*Al.*). Formulaire des Chancelleries diplomatiques et consulaires, suivi du tarif des chancelleries et du texte des principales lois et ordonnances relatives aux consulats; 3e édit. 1861, 2 vol. in-8 (V. *Cussy; Martens et Cussy*). 16 fr.
— Recueil des traités de la France, publié sous les auspices de S. Exc. M. Drouyn de Lhuys, ministre des affaires étrangères. Tomes I à IV (1713-1842). 1864-66, 4 vol. in-8. 50 fr.
— V. *Foucher. Code civil d'Autriche*.

DE CLERCQ (*A.*) et **DE VALLAT** (*A.*). Guide pratique des Consulats; 2e édit. 1858, 2 vol. in-8. 16 fr.

DECOURDEMANCHE (*A.*). Du danger de prêter sur hypothèque et d'acquérir des immeubles; 3e édit. 1830, in-8. 7 fr.
— Presse et autres moyens de publication. 1828, in-8. 4 fr.

DÉCRET concernant la fabrication et l'établissement des machines à vapeur. 1865, in-8, 23 p. 50 c.

DÉCRET portant règlement sur le service dans les places de guerre et villes de garnison, 13 octobre 1863. In-8 de 194 p. (V. *Delalleau*) .2 fr.

DÉCRET portant règlement sur le service des places de guerre et villes de garnison. 1863, in-18, de 299 p. (V. *Detalleau*). 2 fr.

DÉCRET sur le service à bord des bâtiments de la flotte, annoté de toutes les dispositions qui ont modifié ce décret jusqu'à ce jour (août 1863). 1863, in-12. 2 fr. 50 c.

DEFFAUX (*Marc*). — V. *Marc-Deffaux*.

DEFLERS (*J.*). Des obligations divisibles et indivisibles en droit romai et en droit français. 1863, in-8. 1 fr. 50 c

DE FOOZ. — V. *Fooz*.

DEFOURNY (*l'abbé*). La loi de Beaumont, coup d'œil sur les libertés et les institutions du moyen âge. 1864, in-8.

DEFRÉNOIS et **VAVASSEUR**. Traité pratique et Formulaire général du Notariat de France et d'Algérie, suivant une méthode nouvelle plaçant la formule à cô é de l'explication théorique, etc. 1863-1866, 3 vol. gr. in-8 (V. *Demadre*). 24 fr.

— Traité formulaire du Contrat de mariage, suivant une méthode nouvelle, plaçant la formule à côté de l'explication théorique. 1865, gr. in-8 (V. *Demadre*). 4 fr.

— Traité formulaire de l'Inventaire, suivant une méthode nouvelle plaçant la formule à côté de l'explication théorique. 1864, gr. in-8 (V. *Demadre*). 2 fr.

DE GÉRANDO. Institutes du Droit administratif français, ou Éléments du Code administratif; 2e édit. 1846, 5 vol. in-8 (V. *Ducrocq*). 36 fr.
— De la Bienfaisance publique. 1839, 4 vol. in-8. 32 fr.

DEHAIS (*Em.*). L'assurance sur la vie en France et les Tontines. 1861, in-8 (V. *Pouget*). 3 fr. 50 c.

— Recueil de jugements et arrêts concernant la question de désistement d'assurance. 1865, in-8. 1 fr.

DEJEAN (*O*). Code annoté des Sociétés de secours mutuels. Recueil complet de la législation et de la jurisprudence qui régissent ces associations dans l'empire français; 2e edit. 1862, in-18. 2 fr.

— Traité théorique et pratique de l'Action rédhibitoire dans le commerce des animaux domestiques, contenant : la législation, la doctrine et la jurisprudence sur la matière, la définition des vices rédhibitoires, l'explication détaillée des règles de la procédure, un formulaire complet de tous les actes nécessaires et une table chronologique des jugements et arrêts ; 2 édit., augmentée d un supplément. 1861, in-12. 3 fr. 50 c.

DELABARRE DE NANTEUIL. Législation de l'île de la Réunion, répertoire raisonné des lois en vigueur dans cette colonie; 2e édit. 1861-1863, 6 vol. gr. in-8. 90 fr.

DELABORDE. Traité des Avaries particulières sur les marchandises, dans leurs rapports avec le contrat d'assurance maritime; 2e édit. 1838, in-8 (V. *Cauvet*). 6 fr.

— Questions des reprises. Plaidoyer devant les chambres réunies de la Cour de cassation. In-8 (R. C.). 1 fr. 50 c.

DELACROIX. Reflexions morales sur les délits publics et privés. 1807, in 8. 4 fr.

DELAHAYE (*C.*). Le Crédit vrai. —Etudes sur l'établissement du crédit pour la propriété foncière et l'agriculture, par la suppression des hypothèques et des priviléges. 1859, in-8. 1 fr. 50 c.

6

DELALAIN (*J.*). Législation de la propriété littéraire et artistique, suivie d'un résumé du droit international français et de la législation des pays étrangers. 1862, in-8. 　　　　　　　　　2 fr.

— Législations française et belge de la Propriété littéraire et artistique, suivies de la convention passée, et des décrets et arrêtés rendus pour son exécution. Nouv. édit. 1858, in-8. 　　　　　　　　4 fr.

— Loi sur l'Enseignement, des 15 mars 1850, 9 mars 1852 et 14 juin 1834. Nouv. édit. 1854, in-12. 　　　　　　　　　　　　　　　　60 c.

DELALLEAU (*Ch.*). Traité de l'Expropriation pour cause d'utilité publique; 5e édit. revue par Jousselin, continuée par Amb. Rendu. 1858, 2 vol. in-8 (V. *Daffry de la Monnoye*). 　　　　　　　　16 fr.

— Traité des Servitudes établies pour la défense des places de guerre, et de la zone des frontières. 1836, in-8. 　　　　　　　　6 fr.

Ce Traité comprend de la manière la plus complète tout ce qui concerne ces sortes de servitudes, leurs diverses espèces, les formalités relatives à leur établissement, les contraventions aux lois sur les servitudes militaires, les réclamations d'indemnité par suite de l'établissement des servitudes défensives, etc. C'est le seul Traité spécial sur une matière qui n'est pas sans intérêt et sans difficultés.

DELALOT (*Ch.*) De la Constitution et des lois fondamentales de la monarchie française. 1814, in-8. 　　　　　　　　　　　　　2 fr.

DELAMALLE. Essai d'Institutions oratoires à l'usage de ceux qui se destinent au barreau; 2e édit. 1822, 2 vol. in-8. 　　　　　　　10 fr.

— Plaidoyers choisis et œuvres diverses. 1827, 4 vol. in-8. 　　　20 fr.

DELAMARDELLE (*G.*). Réforme judiciaire en France. 1806, in-8. 4 fr.

DELAMARRE (*E.*). De l'effet de l'autorité de la chose jugée, selon l'article 1352 du Code Napoléon et le droit naturel. 1864, in-8, 18 p. (V. *Bidart; Breton; Valette*). 　　　　　　　　　　　　　1 fr.

DELAMARRE et **LE POITVIN.** Traité théorique et pratique de droit commercial. Nouv. édit., comprenant dans un ordre nouveau, l'ouvrage publié sous le titre : Du contrat de commission, ou des obligations conventionnelles en matière de commerce. 1861-1862, 6 vol. in-8 (V. *Bédarride*). 　　　　　　　　　　　　　　　48 fr.

DELAMONTRE. Traité du Prêt sur hypothèque, suivi d'un mode de garantie pour le paiement exact des intérêts, etc. 1847, in-8. 6 fr. 50 c.

DELAMORTE-FÉLINES. Manuel du Juge d'instruction. 1836, in-8. 6 fr.

DELANDRE (*A.*). Traité pratique des Douanes. 1858, 2 vol. in-8. 18 fr.

— *Suppléments* (I à VI). Années 1858-63. 　　　　　　　　　　6 fr.

— Les 2 vol. avec les 6 suppléments. 　　　　　　　　　　　20 fr.

— V. *Bourgat.*

DELANGLE. Commentaire sur les Sociétés commerciales. 1843, 2 vol. in-8 (V. *Bédarride*). 　　　　　　　　　　　　　　　　　»　　»

DELAPALUD. De l'application du Cadastre et de la détermination de la Propriété immobilière et des autres droits réels, dans les pays soumis au Code Napoléon, et considérations sur le cadastre décrété en 1841 à Genève. 1854, in-8. 　　　　　　　　　　　　　6 fr.

— De l'application du Cadastre à la détermination exacte des propriétés immobilières. 1859, br. in-8. 　　　　　　　　　　　　　1 fr.

Extrait de la *Revue historique de droit français et étranger.*

DELAPORTE (*L.*). Etudes sur la Société : droit positif, droit naturel. 1855, in-8. 　　　　　　　　　　　　　　　　　　6 fr.

DELAPORTE (*J.-B.*). Formulaire du Code de procédure civile. 1807, in-8 (V. *Bioche*). 　　　　　　　　　　　　　　　　5 fr.

— *Le même ouvrage.* 1807, in-12. 　　　　　　　　　　　　3 fr.

— Commentaire sur le Code de commerce. 1808, 2 v. in 8 (V. *Bédarride*).
8 fr.

— Nouveau Ferrière, dictionnaire de droit et de pratique judiciaire civile. 1807, in-4 (V. *Chabrol-Chaméane*). 8 fr.

— Nouvel abrégé du droit dans lequel on suit, autant qu'il est possible, l'ordre du Code français, publié par Napoléon Ier. 1806, in-8. 3 fr.

— Le Nouveau Duriod, ou Traité des Prescriptions de ce célèbre auteur mis en concordance avec la législation actuelle. 1810, in-8. 5 fr.

— Le Parfait Huissier. 1811, in-8. 8 fr.

— V. *D'Agar et Delaporte.*

DELAPORTE (*J.-B.*) et **RIFFÉ-CAUBRAY**. Pandectes françaises, ou Commentaires raisonnés sur les Codes civil, de procédure, de commerce et d'instruction criminelle. 1803-1809, 22 vol. in-8 (V. *Bédarride*; *Demolombe*; *Dufour*; *Trébutien*). 60 fr.

DELAROQUE. Code des Pensions civiles, histoire, législation et jurisprudence (1791-1853). 1854, in-18. 3 fr.

DELBREIL (*F.*). Dictionnaire de Droit, ou Résumé de la législation et de la jurisprudence françaises. 1849, in-8 (V. *Chabrol-Chaméane*). 6 fr.

DELEBECQUE (*A.*). Traité sur la législation des mines, minières et carrières en France et en Belgique. *Bruxelles et Liége*, 1838, 2 vol. in-8.
20 fr.

— Bulletin usuel des lois et arrêtés concernant l'Administration centrale, avec notes de concordance et de jurisprudence administrative et judiciaire (1539 à 1860). *Bruxelles*, 1861, 3 vol. in-8, avec Table générale.
33 fr.

L'abonnement annuel envoyé franco : 3 fr.
La Table générale des trois premiers volumes. 4 fr.

— Codes en vigueur en Belgique, édition collationnée sur le *Bulletin des Lois*, contenant, en *caractères italiques*, les articles abrogés, et en notés, les modifications introduites en Belgique de 1814 au 1er janvier 1862. *Bruxelles*, 1862, in-24. 7 fr.

. N. B. Chaque Code, excepté le Code Napoléon, se vend séparément. 1 fr. 50 c.

Le Code Napoléon. 2 fr.

— Code politique de la Belgique, Constitution, — lois électorales, — loi communale, — loi provinciale ; augmenté des lois et arrêtés sur la garde civique, le jury, la presse, la cour des comptes, l'enseignement supérieur, l'enseignement moyen, l'enseignement agricole et l'instruction primaire. *Bruxelles*, 1861, 1 vol. in-24. 2 fr 50 c.

— Commentaire législatif de la loi sur le Duel. *Bruxelles*, 1841, in-8.
3 fr. 50 c.

— Commentaire législatif de la loi sur la compétence en matière civile. *Bruxelles*, 1841, in-8. 4 fr

— Commentaire législatif des trois lois électorales interprétées par leur rapprochement, expliquées par leur comparaison avec la législation qui leur a servi de modèle, par la jurisprudence des cours, les précédents parlementaires et les décisions des autorités administratives. *Bruxelles*, 1843, 1 vol. in-8. 10 fr.

— Commentaire législatif de la loi du 16 décembre 1851, sur la révision du Régime hypothécaire. *Bruxelles*, 1852, in-8 (V. *Martou*). 8 fr.

DELEURIE. Corps de Droit civil français. 1830, 12 vol. in-8 (V. *Demolombe*). 30 fr.

DELISLE (*G.*). Principes de l'Interprétation des lois, des actes et des conventions entre les parties, spécialement de la législation française et étrangère, concernant l'étranger en France, etc. 1852, 2 vol. in-8 (V. *Foucher*). 10 fr.

DELISLE (*Léopold*). Recueil de jugements de l'échiquier de Normandie au XIIIe siècle (1207-1270), suivi d'un mémoire sur les anciennes collections de ces jugements. 1864, in-4.   10 fr.

DELMAS DE TERRÉGAYE. Précis alphabétique de la Science notariale. In-8.   5 fr.

DEL MARMOL (*le baron Ch.*). De l'Expropriation pour cause d'utilité publique en Belgique. Liége, 1858, in-8 (V. *Daffry de la Monnoye*). 4 fr. 50 c.

DELOLME. Constitution de l'Angleterre. 1822, 2 vol. in-8.   12 fr.

DÉLORME. — V. *Rendu.*

DELOUME (*J.-A.*). Droits et obligations des ouvriers sous le point de vue de la loi civile. Thèse. 1863, in-8.   4 fr.

DELPIT (*Jules*). Réponse d'un campagnard à un Parisien, ou Réfutation du livre de M. Veuillot sur *le droit du seigneur*. 1857, in-8.   6 fr.

DELPON. Essai sur l'histoire de l'Action publique et du Ministère public. 1830, 2 vol. in-8 (V. *Ortolan et Ledeau*).   10 fr.

DELSOL. Le Code Napoléon expliqué, d'après les doctrines généralement adoptées à la Faculté de Droit de Paris, tome Ier, contenant les matières exigées pour le premier examen de licence (art. 1 à 710). 1854, in-8. 7 fr.
— Tome II, contenant les matières exigées pour le deuxième examen de baccalauréat (art. 711 à 1336, 2210 à 2281 du Code). 1855. 1 fort vol. in-8.   8 fr.
— Tome III, contenant les matières exigées pour le deuxième examen de licence (art. 1387-2219). 1854, in-8.   7 fr.

Il manquait sur le Droit civil un ouvrage élémentaire qui joignît à la sûreté des doctrines cette mesure de développements qui, en excluant tout ce qui est superflu, n'omettent rien de ce qui est nécessaire. M. Delsol a comblé cette lacune. La sûreté des doctrines étant la première condition d'un ouvrage élémentaire, il a emprunté à la Faculté de Droit de Paris celles qui y sont généralement adoptées. Il s'est efforcé de les reproduire avec exactitude et simplicité. Le texte du Code a été mis à côté de son explication. Le commentaire par sections a été préféré au commentaire par articles, parce qu'il rend plus faciles à saisir les idées générales du Code.

DELVAILLE. De l'exercice de la médecine, nécessité de réviser les lois qui le régissent en France. 1865, in-8.

DELVINCOURT (*C.-E.*). Juris romani elementa, secundùm ordinem Institutionum Justiniani; quarta editio. 1823, in-8.   4 fr.
— Cours de Code civil ; 5e édit. 1824 ou 1834, 3 vol. in-4 (V. *Demolombe*). 25 fr.
— Institutes de Droit commercial français avec des notes explicatives du texte ; 2e édit. 1834, 2 vol. in-8 (V. *Bédarride*).   10 fr.

DELVINCOURT (*Ed.*). Jurisprudence du Conseil d'Etat en matière de Travaux publics. 1851, in-8 (V. *Chevalier*).   3 fr. 50 c.
— Livre des entrepreneurs et concessionnaires de travaux publics, contentieux administratif en matière de travaux publics ; 3e édition, entièrement refondue. 1861, gr. in-8.   10 fr.

DELZERS. Cours de Procédure civile et criminelle. (Tome Ier et tom. II, 1re partie). 1844-1851, 2 vol. in-8.   15 fr.

DE MADRE. Formulaire pour Contrats de mariage ; 3e édit. 1859, in-4 (V. *Bellot des Minières; Bonnet*).   6 fr.

M. Massé indique, dans son *Parfait Notaire*, qu'il avait été rendu jadis un édit qui ordonnait à tous les notaires de faire les contrats de mariage dans la forme adoptée par les notaires de Paris, et il appelait de ses vœux le moment où la pratique et l'unité de nos nouvelles lois auraient réalisé l'uniformité des formules en cette matière. — C'est sous cette invocation que nous plaçons avec confiance l'excellent Formulaire que nous annonçons.

— Formulaire pour Inventaires ; 2e édit. 1861, in-4.   4 fr.
N. B. Les deux formulaires pris ensemble :   8 fr.

DEMANGEAT (*Ch.*). De la condition du fonds dotal en droit romain. Commentaire du titre du Digeste : *De fundo dotali*. 1860, in-8   6 fr.

— Histoire de la condition civile des Étrangers en France. 1844, in-8.
          6 fr.

— Des Obligations solidaires en droit romain. 1859, in-8 (V. *Blondeau* ; *Machelard* ; *Maynz* ; *Savigny* ; *Vernet*).   6 fr.

— Cours élémentaire de droit romain, contenant : 1° Un abrégé de l'histoire externe du droit romain ; 2° L'explication complète des instituts de Gaius et des institutes de Justinien ; 3° L'explication des principaux textes du Digeste et du Code, ainsi que des Novelles qui s'y rapportent. 1864-66, 2 vol. in-8 (V. *Blondeau* ; *Maynz* ; *Thézard*). 18 fr.

DEMANTE (*A.-M.*). Programme du Cours du droit civil français fait à la Faculté de Paris ; 3e éd. 1840, 3 vol. in-8.   18 fr.

— Cours analytique de Code civil. 1849-1866, 5 vol. in-8 (V. *Demolombe*).   37 fr. 50 c.

Les tomes IV et V ont été continués et publiés par M. Colmet de Santerre depuis l'article 980.

DEMANTE (*G.*). Questions et Exercices élémentaires sur les examens de droit. 1850, in 18.   4 fr.

N. B. Le 2e examen est épuisé. Les trois autres examens se vendent chacun : 1 fr.

— De la loi et de la jurisprudence en matière de donations déguisées. 1855, broch. in-8.   1 fr. 50 c.

— Exposition raisonnée des principes de l'Enregistrement en forme de commentaire de la loi du 22 frimaire an VII, avec l'explication des lois postérieures jusqu'à ce jour ; 2e édit. revue et corrigée. 1862, 2 vol. in-8 (V. *Géraud*).   12 fr.

L'accueil distingué fait à la première édition de ce livre en a déjà signalé le mérite et l'utilité.

Aujourd'hui l'*Exposition raisonnée des Principes de l'Enregistrement* est offerte pour la seconde fois au lecteur avec quelques développements nouveaux. Sur chaque matière, l'auteur a suivi avec attention le mouvement de la législation et de la jurisprudence. Ainsi, la loi de procédure du 21 mai 1858 l'a amené à considérer sous un jour particulier la théorie de l'*ordre amiable*, et la loi de finances du 11 juin 1859, dans ses dispositions relatives aux *marchés commerciaux*, a été signalée, au chapitre des jugements, comme introduisant une dérogation notable à la théorie du *droit de titre* et du *droit de condamnation*. On a mentionné sommairement la disposition de la même loi sur le *timbre mobile* ; la loi du 28 mai 1858, sur les *warrants* ; la loi du même jour, sur les *ventes en gros* ; celle du 9 mai 1860, relative aux *assurances agricoles*, etc. — Outre les brèves indications des arrêts et de plusieurs jugements postérieurs à la première édition de ce travail, l'auteur a discuté les arrêts les plus considérables intervenus dans ces dernières années, notamment en ce qui concerne les *actions et obligations des Compagnies*, les *donations secondaires*, les *reprises des époux*, les *créances irrecouvrables*, etc.

La partie dogmatique de l'ouvrage a été révisée avec soin. La théorie générale des *nullités* a été reprise en sous-œuvre et gravement modifiée, ce qui a entraîné quelques remaniements dans le cours des matières spéciales. Des augmentations aussi ont été apportées en ce qui concerne le *droit de transcription*, l'*usufruit*, les *sociétés*, la *prescription*, etc.

Cet ouvrage, à la fois théorique et pratique, est propre à initier tous les hommes d'affaires à la matière importante de l'Enregistrement, et forme ainsi le complément indispensable de la bibliothèque d'un jurisconsulte.

— Études sur la réhabilitation des condamnés pour crimes et pour délits. 1849, broch. in-8.   1 fr. 50 c.

— Du calcul de la Quotité disponible, au cas de l'art. 845 du Code Napoléon. I. Résumé doctrinal de la controverse. II. Opportunité d'une interprétation législative. 1863, in-8 (V. *Lauth* ; *Ragon*).   1 fr.

DEMARTIAL (*Octave*). Essai sur la théorie des lois politiques de la monarchie française, par Mlle de Lézardière. 1864, in-8, 22 p. (V. *Lézardière*).

DEMELIUS (*G.*). Legum quæ ad jus civile spectant fragmenta. *Vimariæ*, 1859, in-8.   1 fr.

DÉMÉTRACOPOULO (*Ph.*). De l'aveu et du serment en matière civile et en matière criminelle, d'après le droit romain et le droit français. 1861, in-8.   3 fr.

DEMETZ. Lettre sur le Système pénitentiaire. 1838, in-8.   3 fr.

DEMETZ et **BLOUET** (*Abel.*). Rapports sur les pénitenciers des États-Unis. 1837, in-fol (V. *Julius*).   12 fr.

DEMEUR (*A.*). Les Sociétés anonymes de Belgique en 1857. Collection complète des statuts collationnés sur les textes officiels, avec une introduction et des notes. 1860, gr. in-8.   18 fr.

DEMIAU. Explication du Code de procédure civile. 1828, in-8.   5 fr.

— Eléments du Droit et de la pratique, ou Instruction sur la procédure par principes. 1811, in-4.   15 fr.

DEMILLY (*A.*). Analyse des exposés des motifs et de la discussion de la loi du 3 mai 1841, sur l'Expropriation pour cause d'utilité publique. 1842, in-8 (V. *Daffry de la Monnoye*).   3 fr. 50 c.

— Traité de l'administration des Chemins vicinaux. 1839, in-8 (V. *Braff; Grandvaux*).   4 fr.

DE MOLÈNES. De l'Humanité dans les lois criminelles. 1830, in-8, 6 fr.

— Des Fonctions d'officier de police judiciaire; 2e édit. 1848, in-8.   3 fr.

— Traité pratique des fonctions de Procureur du roi. 1843, 2 vol. in-8.   15 fr.

DEMOLOMBE (*C.*). Cours de Code Napoléon. T. I à XXII, in-8. 176 fr.
Chaque vol. se vend séparément : 8 fr.
Les 22 vol. déjà publiés contiennent les parties suivantes :

— 1er Livre : Traité complet de l'État des personnes; 3e édit. 8 vol., savoir :
1º De la Publication, des Effets et de l'Application des lois en général; — de la Jouissance et de la Privation des droits civils; — des Actes de l'Etat civil; — du Domicile (Code Napoléon, art. 1 à 111). 1 vol. (V. *Loir*).
2º De l'Absence (Code Napoléon, art. 112 à 143). 1 vol.
3º Du Mariage et de la Séparation de corps (Code Napoléon, art. 144 à 311). 2 vol. (V. *Lassime*).
4º De la Paternité et de la Filiation (Code Napoléon, art. 312 à 342). 1 vol.
5º De l'Adoption et de la Tutelle officieuse; — de la Puissance paternelle (Code Napoléon, art. 343 à 387). 1 vol.
6º De la Minorité, de la Tutelle et de l'Emancipation; de la Majorité, de l'Interdiction et du Conseil judiciaire; — des Individus placés dans un établissement public ou privé d'aliénés (Code Napoléon, art. 388 à 515). 2 vol.

— 2e Livre : Des Biens et des différentes modifications de la Propriété; 3e édition. 4 vol. savoir :
1º De la Distinction des biens; de la Propriété, de l'Usufruit, de l'Usage et de l'Habitation (art. 516 à 636) 2 vol. (V. *Genty; Vaugeois*).
2º Traité des Servitudes, ou services fonciers (art. 637 à 710). 2 vol.

— 3e Livre. Des différentes manières dont on acquiert la Propriété.
Titre 1er : Des Successions (art. 711 à 892); 2e édition. 5 vol.
— 2º Des Donations entre vifs et des Testaments. T. I à V, 5 vol.

N. B. Le tome VI et dernier du *Traité des Donations* paraîtra dans le courant de l'année 1866.

Cet ouvrage est à la fois un livre de science et un livre de pratique; il s'adresse également au Palais, aux étudiants et avocats. Cette double destination, si difficile à remplir, en constitue le caractère particulier, et est devenue pour l'auteur l'occasion de déployer les mérites les plus divers et le plus rarement associés : l'étendue et la sobriété de l'érudition, la sagesse et la vigueur du raisonnement, la gravité et l'éclat du style. C'est là l'hommage qui lui a été rendu par un ancien bâtonnier de l'ordre des avocats de Paris, dans un excellent article de la *Gazette des Tribunaux* : « Toutes les sources du droit, dit-il, sont familières à l'auteur; ancienne législation, anciens jurisconsultes, travaux préparatoires du Code civil, monographies sur toutes les matières qu'il traite: je ne dirai pas qu'il a tout lu, c'est le devoir d'un écrivain consciencieux, mais il a tout approfondi. Il s'est approprié la science des autres en y ajoutant la sienne; et plus complet par cela même qu'il vient après eux, plus sûr peut-être dans ses décisions, puisqu'il a pu profiter à la fois de leurs découvertes et de leurs erreurs, il a eu toutefois le bon esprit de ne pas surcharger son ouvrage du vain appareil de l'érudition, de ces citations trop nombreuses, de ces formes surannées du raisonnement et du langage que la science invente, et que la science plus avancée dédaigne.... Un mérite qui n'est pas moins grand à nos yeux, et qui est plus rare peut-être dans les ouvrages de ce genre, c'est celui de la forme. M. Demolombe a fait faire un pas à la langue du droit; il a compris que les sciences, à l'exception de celles qui empruntent un langage algébrique, ne montent au rang qui leur appartient qu'après qu'elles ont reçu une forme littéraire, et que les découvertes même de l'érudition ont besoin d'être fécondées par le génie du style. Il écrit avec clarté, avec précision, avec force, et souvent à la correction de l'écrivain, il unit la vivacité de l'improvisateur.... »

Ces qualités, révélées avec tant d'éclat dès le commencement de la publication, ne font que se développer à mesure qu'elle avance. « Lors de l'apparition des deux premiers volumes, M. Laboulaye disait : « Que M. Demolombe continue comme il a commencé, et nous « lui prédisons un grand et légitime succès. » Depuis 1845, M. Demolombe, sans se laisser arrêter par les obstacles, a publié vingt-deux volumes; aujourd'hui la prédiction est réalisée.

« M. Demolombe n'est point de ces savants de la veille, qui ont hâte de mettre en œuvre leurs récentes conquêtes, et de faire croire à l'étendue de leur érudition par le nombre et le luxe des citations; dès longtemps, il a fait ample provision de science, réuni et préparé ses matériaux. C'est dans ses sources qu'il a étudié la loi; il connaît et cite toujours à propos les dispositions de la loi romaine, de notre ancien droit français, et tous les documents qui ont servi à la confection du Code civil. Lorsque M. Demolombe s'attaque à un adversaire, il est facile de reconnaître un jouteur exercé, auquel sont familières toutes les ressources de la dialectique.... »

DENANTES. Dissertation sur la position que la loi du 24 mai 1825 a faite aux associations religieuses de femmes non autorisées. 1858, in-8 (V. *Calmette*). 1 fr. 25 c.

DENIS (*F.*). Tables de calcul à l'usage de MM. les Receveurs des finances, pour servir à déterminer les intérêts revenant aux communes et établissements publics sur les fonds placés au Trésor et ceux dûs par la Caisse des consignations sur les sommes payées pour son compte 1 vol. in-8. 5 fr.

DENIZOT (*A.*). De la législation et de la compétence en matière de cours d'eau et de leur application à la dérivation de la Somme-Soude. 1860, in-8 (R. P.). 2 fr. 50 c.

DEN TEX. Encyclopedia jurisprudentiæ. *Amst.*, 1842, gr. in-8. 15 fr.

DEPASSE (*E.*). Étude sur la loi de 1861, relative au commerce des céréales. *Saint-Brieuc*, 1864, in-8, 14 p.

DEPPING (*G.-B.*). Correspondance administr. sous le règne de Louis XIV entre le cabinet du Roi, les secrétaires d'État, le chancelier de France et les intendants et gouverneurs des provinces, les présidents, procureurs et avocats-généraux des parlements et autres cours de justice, le gouverneur de la Bastille, les évêques, les corps municipaux, etc., etc., recueillie et mise en ordre. *Impr. Imp.*, 1850-1855, 4 vol. in-4. 48 fr.

DERCHE (*M.*). Décret-loi disciplinaire et pénal pour la marine marchande, du 24 avril 1852. Doctrine et jurisprudence du département de la marine. 1856, in-8. 3 fr.

DEROME (*Th.*). Considérations sur la loi relative à l'instruction des flagrants délits devant les tribunaux correctionnels; étude théorique et pratique. 1864, in-8. 3 fr.

DE ROZIÈRE (*Eug.*). — V. *Rozière*.

DESAINT. Recueil des lois relatives à la Marine et aux Colonies. 1799-1809, 18 vol. in-8. 75 fr.

DES AUBIERS. Manuel des préfets et des sous-préfets. 1856, in-8. 5 fr.
— De l'Administration et de ses réformes. 1856, 1 vol. in-8. 3 fr.

DES CILLEULS (*Alf.*). Exposé pratique de la procédure en matière contentieuse devant les Conseils de préfecture. 1863, in-8.   2 fr.

DESCRIPTION des machines et procédés consignés dans les Brevets d'invention, de perfectionnement et d'importation dont la durée est expirée, et dans ceux dont la déchéance est prononcée, publ. par les ordres du Ministre de l'agriculture, du commerce et des travaux publics (par Molard et Christian). *Impr. Impér.*, 1812-62, 92 vol. in-4.
     1,200 fr.

— Table des 40 premiers volumes (1843). 1 vol. in-4.   5 fr.
— Catalogue des spécifications de tous les principes, moyens et procédés pour lesquels il a été pris des brevets d'invention, de perfectionnement et d'importation, dep. le 1er juillet 1791 jusqu'au 31 déc. 1839. 1 vol. et 16 suppl. in-8.   38 fr. 50 c.
— Description des machines et procédés pour lesquels des brevets d'invention ont été pris sous le régime de la loi du 5 juillet 1844, publiée par les ordres du Ministre de l'agriculture, du commerce et des trav. publics. *Impr. Impér.*, 1850-65, 50 vol. in-4, avec pl. — Chaque volume.
     15 fr.

— Table des 20 prem. volumes. 1 vol. in-4.   10 fr.
— Voy. *Catalogue des Brevets d'invention*.

DESCUBES (*Th.*). Traité du Gouvernement représentatif. 1835, in-8.
     3 fr.

DES ESTANGS (*A.*). Etudes sur la mort volontaire. Du suicide politique en France, depuis 1789 jusqu'à nos jours. 1860, in-8.   7 fr. 50 c.

DES GLAJEUX (*A.*). De l'aliénation et de la prescription des biens de l'Etat, des communes et des établissements publics dans le droit ancien et moderne. 1860 in-8 (V. *Desjardins*.)   3 fr.

DESGODETS. Lois des Bâtiments. Nouvelle édit., augmentée par P. Lepage. 1857, 2 vol. in-8.   8 fr.
— Lois des Bâtiments, nouvelle édit. mise en rapport avec les lois et la jurisprudence moderne, par Destrem. 1845, in-8.   6 fr.
— V. *Lepage*.

DES GUERROIS (*Ch.*). Le président Bouhier, sa vie, ses ouvrages, sa bibliothèque. 1855, in-8.   6 fr.

DESHAIRES (*G.*). De l'impôt des voitures et des chevaux. 1863, in-8 (V. *Code*).   1 fr. 50 c.
— Considérations sur l'administration départementale. 1857, in-8 (V. *Grétry*).   1 fr. 50 c.
— De la Décentralisation administrative. 1864, gr. in-18.   1 fr. 50 c.

DESJARDINS (*Alb.*). De jure apud Franciscum Baconum. 1862, in-8.
     2 fr.
— De l'enseignement du droit, d'après Bacon. 1865, in-8.   1 fr.
Extrait de la *Revue historique de droit français et étranger*.
— V. *Bacon*.
— Essai sur les plaidoyers de Démosthènes. 1862, in-8 (V. *Cucheval*).
     2 fr. 50 c.
— De la Compensation et des demandes reconventionnelles dans le droit romain et dans le droit français ancien et moderne. 1864, in-8 (V. *Lair*; *Pilette*; *Tempier*).   6 fr.
La Compensation admise sous le droit romain et dans l'ancien droit français a passé dans le Code civil. Mais quels sont aujourd'hui ses caractères? quelles modifications a-t-elle subies? Questions graves souvent embarrassantes. Les principes de la compensation légale, facultative et conventionnelle, sont examinés avec le plus grand soin par M. Desjardins. Ce qui donne à son œuvre une valeur particulière, ce sont les développements avec lesquels l'auteur rappelle la législation romaine et coutumière. Dans cette délicate matière des obligations, c'est surtout dans le droit ancien qu'on doit rechercher la solution des difficultés qui se présentent sous le droit moderne.

DESJARDINS *(Arthur)*. De l'aliénation et de la prescription des biens de l'Etat, des départements, des communes et des établissements publics dans le droit ancien et moderne. 1862, in-8 (V. *Desglajeux*). 5 fr.

Le sujet formant l'objet de ce livre avait été proposé, en 1857, par la Faculté de droit de Paris pour le concours de doctorat. Le travail de M. Desjardins fut couronné avec celui de M. Desglajeux, à la suite d'un rapport sur leur mérite respectif fait par M. le professeur Batbie. Depuis lors, M. Desjardins a revu son travail ; il en a refondu une partie et modifié l'autre, en leur donnant à chacune une plus grande étendue : aussi d'un mémoire a-t-il fait un traité de 5 à 600 pages, dans lequel la matière de l'aliénation et de la prescription des biens de l'Etat, des départements, des communes et des établissements publics est envisagée avec talent dans des livres ou chapitres distincts, d'après le droit romain, le droit ecclésiastique, l'ancien droit français, le droit intermediaire et le droit actuel. L'œuvre que nous annonçons aurait une plus grande utilité pratique si elle eût été accompagnée d'une table alphabétique des matières, indiquant les divers points examinés par l'auteur ; mais l'ouvrage n'en reste pas moins avec son mérite intrinsèque.

(DEVILLENEUVE et CARETTE. *Recueil de Lois*, 1862.)

DESMAZE *(Ch.)*. Formulaire des magistrats du ministère public en premiere instance, des juges d'instruction et des officiers de police judiciaire. 1863, 1 vol. in-8. 8 fr. 50 c.
— Le Châtelet de Paris, son organisation, ses priviléges. Prévôts, conseillers, chevaliers du guet, notaires, procureurs, commissaires, huissiers, registres, prisons et supplices, bazoche, tribunal de la Seine (1060-1862). 1863, in-8 7 fr.
— Curiosités des Parlements de France, d'après leurs registres. 1863, in-12. 4 fr.
— Le Parlement de Paris, son organisation, ses premiers présidents et procureurs généraux, avec une notice sur les autres parlements de France, etc., 2e édit. 1860, in-8. 7 fr. 50 c.
— Notice historique sur le traitement des magistrats. 1860, in-8. 1 fr. Extrait de l'ouvrage précédent.
— Des contraventions à Londres et de leur pénalité. 1860, in-8. 1 fr.

DESNOS-GARDISSAL. — V. *Breulier et Desnos-Gardissal*.

DESPORTES *(F.)* Essai historique sur les enfants naturels. 1857, in-8 (V. *Morillot*). 2 fr.
— La Réforme des prisons. 1862, in-8. 2 fr. 50 c.

DESPRÉAUX *(Ch.-A.)*. Compétence des tribunaux de commerce. 1836, in-8. 7 fr.

DESPRÉAUX. Dictionnaire général des Hypothèques. 1842, in-8. 6 fr.
— Dictionnaire général des Successions. 1841, grand in-8 (V. *Demolombe*). 10 fr.
— Tarif par ordre dictionnairique des droits d'enregistrement, des greffes, de timbre et d'hypothèques. 1843, in-12. 1 fr. 50 c.

DESPREZ. Code des lois ecclésiastiques. 1856, 1 vol. in-18 (V. *Gaudry; Lois*). 3 fr.

DESPREZ-ROUVEAU *(A.-D.)*. Guide des Expropriés pour cause d'utilité publique, ou Code de l'Expropriation, contenant l'exposé pratique et le texte des lois sur la matière. 1854, gr. in-18 (V. *Daffry de la Monnoye*). 2 fr.

DESQUIRON. Traité de la Mort civile en France. 1821, in-8. 5 fr.
— Traité du Domicile et de l'Absence. 1812, in-8 (V. *Demolombe*). 4 fr.
— Traité de la Minorité, de la Tutelle, etc. 1810, in-8 (V. *Demolombe*). 6 fr.
— Nouveau Furgole, ou Traité des Donations, etc. 1810, 2 vol. in-4 (V. *Demolombe*). 15 fr.
— Traité de la Preuve par témoins en matière civile. 1811, in-8 (V. *Bonnier; Gabriel*). 7 fr.
— Traité de la Preuve par témoins en matière criminelle. 1811, in-8 (V. *Bonnier; Gabriel*). 8 fr.

DESQUIRON. L'Esprit des Institutes de l'empereur Justinien, conféré avec les principes du Code Napoléon. 1807, 2 vol. in-4.   15 fr.

DESROCHES. Recueil des tarifs des douanes de l'Europe d'après les lois et règlements en vigueur, mis au courant jusqu'au 1er janvier 1860. Gr. in-8.   15 fr.

— Tarif des douanes de la France et de ses colonies, d'après les lois et règlements en vigueur. 1860, gr. in-8.   4 fr.

DESSALLES (*L.*). Quelques réflexions sur la détention préventive, la mise au secret et la réparation des erreurs judiciaires. 1863, in-8 (V. *Clolus*).   3 fr.

DESTAVILLE (*l'abbé*). Le curé dans ses rapports avec le maire et les fabriciens, où se trouve clairement expliquée, d'après la loi et les plus récentes décisions ministérielles, arrêts et avis du conseil d'Etat, l'attitude du curé vis-à-vis de ses fabriciens, et principalement vis-à-vis du maire dans tous les cas où ces deux autorités locales peuvent se trouver sur un terrain commun, etc. 1865, gr. in-18 jésus.

DESTREM. — V. *Desgodets*.

DESTRIVAUX. Traité du Droit public. *Bruxelles*, 1853-55, 3 vol. in-8.   18 fr.

DESTRIVEAUX (*P.-J.*). Cahiers du cours de droit criminel (V. *Michiels van Kessenich*).

DESTUTT DE TRACY (*le comte*). Traité d'Economie politique. 1823, in-18 (V. *Garbouleau*.)   2 fr.

DEVADE (*A.*). Recueil des constitutions politiques de la France, comprenant les textes officiels des constitutions politiques qui se sont succédé depuis 1789, et les actes, décrets, ordonnances qui les ont précédées ou suivies. 1848, gr. in-8 à 3 col.   3 fr.

DE VALLAT. — V. *De Clercq et Vallat (de)*.

DE VALLÉE. — V. *Vallée*.

DE VAULX (*Ch.*) et **FOELIX** (*J.*). Code forestier annoté. 1827, 2 vol. in-8 (V. *Dupin*).   8 fr.

DEVAUX (*Th.*). Guide élémentaire des recours au conseil d'Etat, section du contentieux. 1861, in-8.   2 fr.

DEVERGIE (*Alph.*) et **DEHAUSSY DE ROBECOURT** (*J.-B.-F.*). Médecine légale, théorique et pratique, avec le texte et l'interprétation des lois relatives à la médecine légale, etc.; 3e édit. 1852, 3 vol. in-8. 23 fr.

DEVERNEILH. Observations des commissions consultatives sur le projet de Code rural. 1810-1814, 4 vol. in-4.   25 fr.

DEVILLE (*Ch.*). Répertoire de législation et de jurisprudence forestières. Recueil périodique et critique. Tome I (1862-63). 1 v. gr. in-8.
                                                                        8 fr. 50 c.

DEVILLENEUVE et **CARETTE**. Recueil général des Lois et des Arrêts (fondé par J.-B. SIREY), et continué depuis 1831 par MM. Devilleneuve, Carette et P. Gilbert).

— Abonnement annuel pour Paris, 24 fr. — Pour les départements, 27 fr. — Pour l'étranger, 32 fr. — Et pour les lois seulement, 6 fr.

La Collection complète d'*Arrêts*, avec la *Table générale*, la *Table décennale* et les *Lois annotées*, forme aujourd'hui, dans son ensemble, 53 volumes in-4. Prix : 600 fr.

Prix des ouvrages vendus séparément :

Collection d'arrêts.	
1re Série (1791-1830) avec lois annotées, 10 vol.	440 f.
— Idem. sans lois annotées, 9 vol.	125
2e Série (1831-1865) avec lois annotées, 38 vol.	425
— Idem. sans lois annotées, 35 vol.	385
Table gén. (1791-1850), 4 vol. Table décen. (1850-60), 1 vol. } Ens. 5 vol.	100
Table décennale seule, 1 vol.	25

Lois annotées de 1789 à 1865. 4 vol. et br. 145 fr.	
1re Série (1789-1830)	30 fr.
2e Série (1831-1848)	30
3e Série (1848-1854)	30
4e Série (1855-1860)	30
5e Série (1861-1865), 5 br.	25
Abonnement à l'année courante.	6
Séparément :	
Table alphab. et chronolog. de la 3e série (1848-54)	5
Table de la 4e série (1855-60)	5

DEVILLENEUVE et **MASSÉ**. Dictionnaire du contentieux commercial; 4e édit. 1849, gr. in-8, avec les suppl. » »

DEVOTI. — V. *Wilmet*.

DEWANDRE. — V. *Pasicrisie*.

DEWEZ. Mémoire sur le Droit public du Brabant au moyen âge. *Bruxelles*, 1829, in-4. 8 »

— Mémoire sur le Droit public de Liége. 1829, in-4. 8 »

D'EYRAUD. De l'administration de la Justice et de l'Ordre judiciaire en France; 2e édit. 1825, 3 vol. in-8 (V. *Dareste*). 12 fr.

DICTIONNAIRE alphabétique et chronologique de la jurisprudence du royaume de Belgique, de 1814 à 1850, par les rédacteurs du Recueil de la jurisprudence des Cours de Belgique. 2 vol. gr. in-8 à 2 col. 20 fr.

DICTIONNAIRE de la Perception des contributions directes et de la Comptabilité des communes, des établissements de bienfaisance et des associations syndicales. 2 vol. in-8. 10 fr.

DICTIONNAIRE de l'Economie politique (V. *Coquelin*.)

DICTIONNAIRE DES DROITS d'enregistrement, de timbre, de greffe et d'hypothèques; 3e édit. 1855, 2 vol. in-4 (V. *Sollier*). 35 fr.

— Le supplément seul. 5 fr.

DICTIONNAIRE DES NOTAIRES (Nouveau) et des préposés de l'enregistrement et des domaines, par une société de jurisconsultes, de notaires et d'anciens employés de l'enregistrement. 1836-1853, 5 vol. gr. in-8. 35 fr.

— *Supplément* (A.-D.) 1853, in-8. 8 fr.

DICTIONNAIRE DOGMATIQUE, moral, historique, canonique, liturgique et disciplinaire des décrets des diverses congrégations romaines. 1852, in-4. 8 fr.

DICTIONNAIRE DU NOTARIAT, par des notaires et jurisconsultes du Journal des Notaires; 4e édit. 1856-1864, 13 vol. in-8 et tables. 132 fr.

— Table d'annotations du Dictionnaire du Notariat, 4e édit. 1863, in-8 2 fr.

DICTIONNAIRE général d'Administration (V. *Blanche*; *Block*.)

DICTIONNAIRE général des Contributions directes, contenant un résumé des lois, décrets, règlements, circulaires et décisions qui régissent le cadastre, la répartition et l'assiette des contributions directes, les redevances sur les mines, etc. 1861-1862, 2 vol. in-8. 15 fr.

DICTIONNAIRE raisonné de la manutention des employés de l'enregistrement et du domaine de l'Etat; 3e édit. *Guéret*, 1817, 3 vol. in-8. 8 fr.

DICTIONNAIRE raisonné des droits d'enregistrement. An VII, 2 vol. in-8 (V. *Sollier*). 5 fr.

DICTIONNAIRE, ou Tableaux synoptiques, d'après les journaux judiciaires, des faillites, séparations de biens, nominations de conseils judiciaires, interdictions et réhabilitations prononcées par les tribunaux de Paris depuis le 24 févr. 1848 jusqu'au 1er janv. 1863. 1863, in-4. 15 fr.

DICTIONNAIRE universel théorique et pratique du commerce et de la navigation. 1859-1861, 2 vol. gr. in-8.   60 fr.

DICTIONNAIRE universel de commerce, banque, manufactures, douanes, pêche, navigation marchande; des lois et administration du commerce. 1815, 2 vol. in-4.   12 fr.

DIDIOT (*P.-A.*). Code des officiers de santé de l'armée de terre et de mer, ou Traité de droit administratif, d'hygiène et de médecine légale militaire. 1863, in-8.   15 fr.

— Code sanitaire du soldat. 1863, in-8.   7 fr. 50 c.
Extrait du précédent ouvrage.

DIEULIN (*l'abbé*). Le Guide des curés, du clergé et des ordres religieux, pour l'administration des paroisses et pour leurs rapports légaux avec les fabriques, les communes, etc.; 5ᵉ édit. publ. d'Arbois de Jubai .ville. 1860, 2 vol. in-8.   10 fr.

DIEUZAIDE (*V.-A.*). De la compétence des juges de paix. 1864, in-8 (V. *Guilbon*; *Jay*).   7 fr.

DIMITRY DE GLINKA. — V. *Glinka*.

DIRKSEN (*Henn. Ed.*). Manuale latinitatis fontium juris civilis Romanorum; thesauri latinitatis epitome in usum tironum. 1839, in-4. 45 fr.

DOCUMENTOS parlamentarios, discursos de apertura en las sesiones del congreso y memorias ministeriales de Chile correspondientes á las administraciones de los Presidentes Prieto, Bulnes y parte de la de Montt, desde 1831 à 1859. *Santiago de Chile*, 1859, 6 vol. gr. in-8.

DOCUMENTS relatifs au Régime hypothécaire et aux réformes qui ont été proposées. Publié par ordre du gouvernement. 1844, 3 vol. gr. in-8.   15 fr.

D'OLIVECRONA. — V. *Olivecrona*.

DOLLINGER (*F.*). Traité théorique de la séparation des patrimoines en droit romain, dans l'ancien et dans le nouveau droit français. 1865, in-8.   4 fr.

DOMAT. Les Lois (sous le titre de : *OEuvres*) civiles dans leur ordre naturel; nouvelle édition en rapport avec le Code civil, par Rémi. 1830, 4 vol. in-8.   » »

— Les mêmes, revues par N. Carré. 1823, 9 vol. in-8.   30 fr.

DOMENGET (*L.*). Institutes de Gaïus, traduites et annotées, avec le texte en regard, suivies d'un commentaire. Nouvelle édition. 1 fort vol. in-8. (*Sous presse.*)
N. B. Cette 2ᵉ édition doit paraître dans le courant de l'année 1866.

— Traité élémentaire des Actions privées en droit romain. 1847, in-18 (V. *Bonjean*).   4 fr.

— Du mandat, de la commission et de la gestion d'affaires. 1862, 2 vol. in-8.   12 fr.

DOMIN-PETRUSHEVECZ (*Alph. de*). Précis d'un code du droit international. 1861, in-8 (V. *Wheaton*).   3 fr.

DOMMANGET, ABEL (*Ch.*) et **BOULET**. Jurisprudence de la Cour impériale de Metz. — V. *Jurisprudence de la Cour imp. de Metz*.

DONELLUS (*Hugo*). Opera quæ exstant omnia, edente Zedlero. *Romæ*, 1828-1833, 12 vol. in-fol.   220 fr.

— Opera quæ exstant omnia cum notis Hilligeri. *Florentiæ*, 1840-47, 12 vol. gr. in-8.   100 fr.

— Commentarii de jure civili, editio sexta, curantibus J. Ch. Kœnig et Car. Bucher. *Norimbergæ*, 1801-1834, 16 vol. in-8.   80 fr.

DONEY. Catéchisme du concile de Trente, avec notes. 1852, 2 v. in-8. 9 fr.

DORÉ. Dictionnaire analytique des lois, ordonnances, décrets, décisions et circulaires, etc., insérés au Journal militaire officiel de 1830 au 1er janvier 1864, et rappelant ce qui, datant d'une époque antérieure, est encore en vigueur. 1865, gr. in-8.   12 fr.
— V. *Journal militaire.*

DORIGNY. De l'Assistance judiciaire et des immunités spéciales accordées aux indigents (loi du 10 déc. 1850 et du 22 janvier 1851). 1852, in-8.   3 fr. 50 c.

DORLENCOURT. De la communauté chez les Gaulois. In-8 (V. *Humbert.*) R. P.   1 fr. 50 c.

DORMOIS. Table alphabétique et analytique des matières contenues dans les Circulaires de M. le directeur de la comptabilité des finances. 1851, in-8.   5 fr.

DOUBLET. Guide universel, ou l'Art de faire ses affaires soi-même; ouvrage indispensable à tous les commerçants, propriétaires, manufacturiers, industriels, fermiers, locataires, ouvriers en bâtiments, etc ; 6e édition. 1854, in-8.   3 fr. 50 c.

DOUCHEMENT (*E.*). De l'Erreur et de ses effets dans les contrats et divers autres rapports indiqués en droit romain et en droit français. 1862, in-8 (V. *Carathéodory*).

DRACH. Du Divorce dans la synagogue. *Rome*, 1840, in-8.   3 fr.

DRAGOUMIS (*Marc*). De la condition civile de l'étranger en France. 1864, in-8 (V. *Demangeat; Sapey*).   3 fr.

DRALET. Traité des Délits, des peines et des procédures en matière d'eaux et forêts; 4e édit. 1833, in-12.   4 fr. 50 c.

DRION (*Ch*). Du Notaire en second et de la nécessité de modifier l'art. 9 de la loi du 25 vent. an xi. 1836, in-8.   3 fr. 50 c.

DROIT (le); Journal des tribunaux, de 1835 à 1865. 31 vol. in-fol., avec tables annuelles.   600 fr.

DROIT COMMERCIAL, législation, jurisprudence française et étrangère, commerce, agriculture, industrie, beaux-arts, chemins de fer, marine, assurances.
Abonnement annuel :   24 fr.

DUBARRY (*J.*). Le Secrétaire de Mairie; ouvrage pratique à l'usage des maires, adjoints, conseillers municipaux, secrétaires et employés des mairies, membres des commissions administratives, des hospices et bureaux de bienfaisance et des conseils de fabrique, percepteurs, receveurs, etc.; 8e édit. 1863, 1 vol. in-8.   7 fr. 50 c.

(Ouvrage recommandé aux administrations municipales par S. Exc. M. le Ministre de l'intérieur, et par un très-grand nombre de préfets.)
S. Exc. M. le Ministre de l'instruction publique a honoré plusieurs fois cet excellent ouvrage de sa souscription pour les bibliothèques communales.

— Cet ouvrage pratique, spécialement recommandé par l'administration supérieure, est indispensable aux maires, adjoints, conseillers municipaux, etc. Il contient, dans l'ordre alphabétique, les éléments généraux de l'administration communale, et indique très-exactement les formalités à remplir et les pièces à produire pour toutes les affaires intéressant les communes, les hospices et bureaux de bienfaisance et les fabriques.
L'auteur le tient au courant par une publication mensuelle intitulé : *Journal des Maires*, indiquant les modifications qui ont lieu dans la législation administrative et les instructions ministérielles, rappelant et expliquant aux maires et aux conseils municipaux leurs différentes attributions, et, enfin, contenant des formules de tous les actes, procès-verbaux et délibérations des assemblées municipales.
Le prix de l'abonnement au *Journal des Maires* est de 5 francs. (V. *Journal des Maires.*)

— Transport par la poste des imprimés de toute nature, des échantillons et des papiers d'aff. et de commerce. Loi du 25 juin 1856. In-8. 1 fr.

— Code de l'instruction primaire et des salles d'asile, ou Recueil complet des lois, décrets et instructions ministérielles, rendus sur ces deux importantes matières depuis 1850; 2e édit. 1857, in-12. 2 fr.

Ouvrage honoré de la souscription de S. Exc. M. le Ministre de l'instruction publique pour les bibliothèques communales.

— C'est un recueil complet de tout ce qui a paru sur la matière depuis 1850 : lois, décrets, instructions ministérielles, etc., précédé d'une table chronologique, et suivi d'une table alphabétique et analytique.

— Nouveau manuel des gardes-champêtres communaux et particuliers, des gardes forestiers de l'Etat, des communes et établissements publics et des particuliers, des gardes-pêches et gardes-rivières, etc.; 5e édit. 1866, in-12. *(Sous presse)*.

Cet excellent livre a été honoré plusieurs fois de la souscription de S. Exc. M. le Ministre de l'instruction publique pour les bibliothèques communales.

— Ce n'est pas aux gardes champêtres et aux gardes forestiers seuls que cet ouvrage est utile; les maires eux-mêmes peuvent y puiser des indications pour la direction à donner à ces agents, et pour les suppléer dans les communes dépourvues de garde champêtre.

Les gardes trouvent dans ce manuel plus de 100 formules qui leur facilitent la rédaction des procès-verbaux qu'ils sont appelés journellement à dresser.

— V. *Journal des Maires.*

DUBERNET DE BOSCQ. Partage d'ascendants, licitations implicites, nullités 1855, broch. in-8 (R. C.). 1 fr. 50 c.

— Partage d'ascendant. (Action en rescision. — Action en réduction. — Estimation.) 1860, broch. in-8 (V. *Genty*). 1 fr. 50 c.

— Projet de Code rural : Morcellement des terres. — Partages d'ascendants. In-8 (R. C.). 1 fr. 50 c.

DUBEUX. Essai sur l'institution de l'avocat des pauvres et sur les moyens de défense des indigents dans les procès civils et criminels. 1847, in-8. 8 fr.

DUBOIS (E.). Du droit de rétention. 1862, in-8, 15 p. (V. *Cabrye, Ragon*). R. P. 1 fr. 50 c.

DUBOIS (G.). Essai sur le conflit des lois françaises et étrangères. 1862, in-8. »

— Essai sur les municipes dans le droit romain. 1862, in-8. » »

DUBOIS (*Hyp.*). Code manuel de la Presse. 1851, in-12. 1 fr. 50 c.

DUBOIS (A.). De l'influence des lois abolitives de la féodalité. 1855, broch. in-8 (R.-C.). 1 fr. 50 c.

DUBOIS (*J.-A.-E.*). De la condition légale des femmes sous le rapport du sénatus-consulte Velléien en droit romain, et de l'incapacité de la femme mariée, en droit français. 1860, in-8. 7 fr.

DUBOIS. Des droits du locataire qui a élevé des constructions sur le terrain loué. 1862, in-8 (R. P.). 1 fr. 50 c.

DUBOIS-GUCHAN. Instruction sur la tenue des registres de l'état civil. 1844, in-8. 3 fr.

DUBOIS DE NIERMONT. Organisation, compétence, jurisprudence et procédure des Conseils de préfecture. 1841, in-8. 7 fr. 50 c.

DUBOST (A.). Des hypothèques judiciaires sur les biens à venir, des droits réels et de l'inscription hypothécaire. 1857, in-8. 3 fr. 50 c.

DUBOYS (*Albert*). Histoire du Droit criminel des peuples anciens, depuis la formation des sociétés jusqu'à l'établissement du christianisme. 1845, in-8. 7 fr. 50 c.

— Histoire du Droit criminel des peuples modernes considérée dans ses rapports avec les progrès de la civilisation depuis la chute de l'empire romain jusqu'au XIXe siècle. 1854-1860, 3 v. in-8. 22 fr. 50 c.

Le 1er volume a été réimprimé avec corrections et augmentations en mars 1865, sous le titre de : *Histoire du droit criminel des peuples européens*, Tome Ier : (*Période barbare, période de prépondérance ecclésiastique*). *Scandinaves, slaves, germains et turcs, francs de Charlemagne, wisigoths d'Espagne, polonais et russes*, 2e édit.

N. B. Le t. IV est sous presse et doit paraître dans le courant de l'année 1866.

Ces ouvrages sont le fruit de recherches et de méditations longues et consciencieuses ; ils seront consultés avec avantage par toutes les personnes qui s'occupent de droit pénal et de la procédure criminelle, soit en théorie, soit comme homme de pratique.

— Études sur le Droit primitif des sociétés humaines. 1856, br. in-8.
1 fr.

Extrait de la *Revue historique de droit français et étranger*.

DUBREUIL. Analyse raisonnée de la législation des eaux. Nouv. édit. revue par M. Giraud. 1841, 2 vol. in-8 (V. *Rives*). 15 fr.

DU CAURROY. Institutes de Justinien nouvellement traduites et expliquées, 8e édit. 1851, 2 vol. in-8 (V. *Blondeau ; Maynz ; Namur ; Thézard*).

— Juris civilis enchiridium, ad usum prælectionum. 1850, in-18 (V. *Laboulaye, Pellat*). 4 fr.

DU CAURROY, BONNIER et ROUSTAIN. Commentaire théorique et pratique du Code civil (articles 1 à 892). 1851, 2 vol. in-8 (V. *Delsol ; Démolombe ; Zachariæ*). 15 fr.

DUCHÉ (A.). Traité sur la législation des maîtres de poste, précédé d'une notice sur l'origine des relais. In-12, 72 p.

DUCHESNE (E.-A.). Observations médico-légales sur la strangulation. 1845, in-8. 2 fr.

DUCHESNE (J.-B.). Du Mariage. 1844, in-8 (V. *Démolombe*). 7 fr. 50 c.

DUCHESNE (N.-A.). Manuel commercial et administratif du Capitaine au long cours. 1850, in-8. 7 fr. 50 c.

— Du Domaine public maritime. 1856, in-8 de 8 feuilles. 5 fr.

DUCHESNE (Émile). Table du Bulletin des arrêts de la Cour de cassation en matière civile (1798-1856 incl.). 1857, 5 vol. in-8 (V. *Bulletin des arrêts de la Cour de cassation*). 30 fr.

DUCLERC (E.) et PAGNERRE. Dictionnaire politique. — V. *Garnier-Pagès*.

DUCOTÉ (E.). Notions élémentaires sur les Conseils de préfecture. Compétence. Procédure. 1863, in-8. 3 fr.

DUCPÉTIAUX (E.). La Colonisation pénale et l'emprisonnement cellulaire. *Bruxelles*, 1861, in-32. 1 fr.

— De l'Association dans ses rapports avec l'amélioration du sort de la classe ouvrière. *Bruxelles*, 1860, in-8. 1 fr. 50 c.

— Du progrès et de l'état actuel de la Réforme pénitentiaire et des institutions préventives aux États-Unis, en France, en Suisse. 1838, 3 vol. in-18, avec atlas. 18 fr.

— Statistique des Prisons de la Belgique. 1841-1850, in-4. 4 fr.

— Institutions de Bienfaisance de la Belgique. In-4. 5 fr.

— Notice statistique de la Maison pénit. des jeunes détenus. In-4. 5 fr.

— Avant-projet de loi réglementaire des prisons. *Bruxelles*, 1854, in-4.
4 fr.

DUCROCQ (Th.). Cours de Droit administratif, contenant l'exposé des principes, le résumé de la législation administrative dans son dernier état, l'analyse ou la reproduction des principaux textes, dans un ordre

méthodique; 2ᵉ édition, mise au courant de la doctrine, de la jurisprudence, de la statistique, des programmes pour les concours à l'auditorat
du Conseil d'Etat et de la Cour des comptes, et pour l'enseignement des
facultés de droit. 1863, 1 très-fort vol. in-8 (V. *Vauvilliers*).   9 fr.

Coordonner et résumer en un seul volume les principes et les règles des nombreuses lois
qui forment le vaste ensemble du droit administratif, afin de les vulgariser, tel est le but
éminemment pratique que s'est proposé l'auteur. L'administration active, la justice administrative, les conseils administratifs, la réglementation des principes du droit public français
relatifs aux élections, aux impôts, au service militaire, à la séparation des pouvoirs, aux
conflits, aux cultes, à la presse, au travail et à la propriété (expropriation, alignement,
voirie, mines, marais, brevets d'invention, marques de commerce, ateliers insalubres, propriété littéraire), les personnes morales de l'Etat, du Département, de la Commune, des
Hospices, Hôpitaux, Bureaux de bienfaisance, Fabriques. Communautés religieuses, etc.,
trouvent leur place dans cette synthèse où la clarté n'est jamais sacrifiée à la concision.
Deux tables, l'une méthodique, l'autre alphabétique, facilitent les recherches.

— « Le but d'utilité de votre livre, la sûreté des doctrines qu'il enseigne et l'excellent esprit
« dans lequel ce travail me paraît conçu, méritent les encouragements de l'administration. »
(Lettre de M. le conseiller d'Etat Thuillier, directeur général au ministère de l'intérieur,
annonçant, le 23 novembre 1861, au nom du Ministre, une souscription à la première édition de l'ouvrage. Dans nombre de départements, MM. les préfets en ont doté les bibliothèques des sous-préfectures, et l'ont recommandé aux maires dans le Bulletin des actes
de leurs préfectures.
« — Je trouve dans ce livre des chapitres qui me paraissent traités de main de maître et
« dignes tout à fait d'être remarqués. » M. Gustave Chaix-d'Est-Ange, dans le *Moniteur
universel* du 6 mai 1862).
« — Je ne pense pas qu'il soit possible de présenter sous une forme plus heureuse des
notions plus saines ; M. Ducrocq n'a certainement rien dit de trop dans son ouvrage ; il a
toujours dit assez pour que le lecteur puisse se faire une idée nette de la matière traitée. »
(M. Demangeat, professeur à la faculté de droit de Paris, *Revue pratique de droit français*,
1862, 3ᵉ liv.
« — Par son travail de coordination, cet ouvrage a fait faire un pas marqué à l'étude du
droit administratif, et il a rendu un vrai service à tous ceux qui, par goût, par état, par
nécessité, désirent s'initier à la connaissance de ce droit. Administrateurs et magistrats,
hommes d'affaires et gens du monde, trouveront là un guide sûr au milieu des complica-
tions de notre système administratif. » (M. Caresme, avocat général à la Cour impériale
de Nîmes, *le Droit* du 21 août 1862).
« — N'est ce pas une chose déplorable que, dans une société civilisée, la plupart des citoyens ignorent presque absolument les éléments du droit public qui les régit ?... Les livres,
succincts, concis, qui dans un court espace et dans un exposé méthodique et raisonné, sau-
ront renfermer l'enseignement de ces choses, seront les bienvenus de la presse et devront
être par elle popularisés. Le volume unique de M. Ducrocq répond à cette condition, et sera
très-heureusement placé dans les mains de tous les citoyens ; des notions élémentaires sur
le droit privé : ce sont là de ces compléments d'éducation qui devraient exister pour tous,
à quelque carrière qu'on fût voué. » (M. Charles Ballot, avocat à la Cour impériale de
Paris ; le *Siècle* du 13 juillet 1862.
« — L'ordre doit être la qualité essentielle de tout livre destiné à résumer les règles
d'une science. C'est celle qui distingue l'excellent volume que nous signalons aux lecteurs
de la Revue... La division de l'ouvrage a, selon nous, le précieux mérite d'être à la fois
plus naturelle et plus simple que la plupart de celles adoptées jusqu'ici. (M. Tambour,
docteur en droit, *Revue historique de droit français et étranger*, t. VIII, p 159).

— De la Monnaie au point de vue de l'économie politique et du droit, et
du service monétaire de la France comparé à celui des principaux
Etats européens. 1865, in-8.   2 fr.

— Traité des édifices publics d'après la législation civile, administrative
et criminelle; des ventes domaniales, avant et depuis la loi du
1ᵉʳ juin 1864, qui règle l'aliénation des biens du domaine de l'Etat,
des partages des biens communaux et sectionnaires. 1865, in-8.   8 fr.

DUCRUET. Études sur les difficultés que présente l'application de la loi
de Transcription. 1856, in-8 (V. *Verdier*)   2 fr.

DUEZ (*Charles*). Code pénal militaire. 1847, in-18.   1 fr. 50 c.

DUFAU, DUVERGIER et GUADET. Collection de Constitutions, chartes
et lois fondamentales des peuples de l'Europe et des deux Amériques.
1823, 6 vol. in-8.   » »

DUFET (*L.*) et **AGNUS** (*H.*). Recueil général des traités de commerce conclus entre la France et les États suivants : Angleterre, Belgique, Brésil, Chine, Japon, Nicaragua, Salvador, îles Sandwich, Suisse et Turquie. 1861, in-12.   3 fr. 50 c.

DUFOUR (*Em.*). Anciennes coutumes de Montcuq (dép. du Lot). 1861, broch. in-8.   1 fr.
Extrait de la *Revue historique de droit français et étranger.*

DUFOUR (*Edmond*). Droit maritime; commentaire des titres 1 et 2, livre 2, du Code de commerce. 1859, 2 vol. in-8 (V. *Bédarride*).   16 fr.

Un honorable professeur à la faculté de droit de Paris a écrit de cet ouvrage : « Nous avons lu avec un intérêt soutenu et une curiosité toujours satisfaite l'œuvre de M. Dufour, c'est l'œuvre d'un esprit puissant, non moins juste qu'original, aussi vigoureux qu'érudit et sagace ; les discussions les plus longues captivent, et elles ne perdent pas en clarté ce qu'elles gagnent en profondeur, les distinctions ne fatiguent pas, parce qu'elles sont toujours des traits de lumière. Nous ne saurions trop vivement recommander ce livre, à notre avis excellent, et dont aucun de ceux qui l'ont précédé ne saurait tenir la place.. » — Ce suffrage a été pleinement ratifié par le public, et nous nous permettons de recommander le livre de M. Dufour à tous ceux qui s'occupent de droit maritime ou commercial, comme une œuvre de premier ordre.

— La question des Chèques. 1864, in-8.   1 fr.
— De la légalité des assurances sur la vie. 1864, in-8, 16 p.   1 fr.

DUFOUR (*Gab.*). Traité général de Droit administratif appliqué, ou Exposé de la doctrine et de la jurisprudence, concernant l'exercice de l'autorité du chef de l'État, des ministres, des préfets, des sous-préfets, des maires, des Conseils de préfecture, de la Cour des comptes, du Conseil d'État; l'armée, les ateliers insalubres, les bacs et bateaux, les bois et forêts, les chemins de fer, les chemins vicinaux, les communes, les conflits, les contributions, les Cours, etc., etc.; 2e édit. entièrement refondue. 1854-58, 7 vol. in-8 (V. *Ducrocq*; *Vauvilliers*).   56 fr.

— Police des Eaux; traité pratique à l'usage des maîtres d'usines, des riverains de la mer et des cours d'eau navigables et non navigables, et des concessionnaires ou propriétaires de marais, avec un commentaire spécial des lois sur l'irrigation et le drainage. 1857, 1 vol. in-8 (V. *Rives*).   7 fr.

— De l'Expropriation et des dommages causés à la Propriété; traité pratique à l'usage des entrepreneurs de travaux publics et de tous les particuliers menacés ou atteints dans leur propriété, à raison de travaux autorisés, ordonnés ou exécutés par l'administration. 1858, 1 vol. in-8 (V. *Daffry de la Monnoye*; *Féraud-Giraud*).   7 fr.

— Les lois des Mines, traité pratique à l'usage des concessionnaires de mines; des exploitants de minières, carrières et tourbières; des maîtres d'usines affectées au traitement des substances minérales; et des propriétaires de terrains ou bâtiments situés dans le voisinage des mines ou des établissements métallurgiques. 1857, 1 vol. in-8 (V. *Lamé-Fleury*).   7 fr.

— De la Décentralisation. 1865, in-8, 22 pag.   1 fr.

DUFOUR (*L.*). Traité de la police extérieure des Cultes. 1847, 2 vol. in-8 (V. *Gaudry*).   12 fr.

DUFOUR (*le baron*). Aide-Mémoire d'un Président d'assises; 4e édit. 1861, in-4.   6 fr.

— La loi sur la Chasse expliquée à l'aide de la jurisprudenc 2e édit. 1863, in-8 (V. *Codes de la législat.* forestière; *Gillon et Villepin*).   2 fr.

DUFOUR DE SAINT-PATHUS. Code civil des Français, avec les sources, suivi de la différence et des rapports des lois romaines avec les lois françaises. 1806, 4 vol. in-8. **15 fr.**

— Le Parfait Négociant. 1808, 2 vol. in-8. **10 fr.**

— Questions illustres, ou Bibliothèque de livres singuliers en droit, analyse d'un grand nombre de ces livres. 1813, in-12. **3 fr.**

— Traité de la Séparation de biens. 1812, in-12. **2 fr.**

— Traité des Contrats de vente, d'échange, de prêt et de rente. 1823, 2 v. in-12. **5 fr.**

— Jurisprudence du Droit français. 1822, 2 vol. in-12. **5 fr.**

DUFRAYER. Manuel du prêteur sur hypothèque. 1838, in-18. **1 fr. 50 c.**

DUFRESNE (*Adolphe*). Traité théorique et pratique sur le tarif des droits alloués aux greffiers. 1858, in-8. **7 fr.**

DUFRESNE (*L.-G.-S.*). Traité de la Séparation des patrimoines, suivant les principes du droit romain et du Code civil. 1842, in-8. **4 fr.**

DUFRESNE (*E.-J.*). Eléments de la perception du droit d'enregistrement. 1860, in-12 (V. *Obissier*). **3 fr.**

DUFRICHE-FOULAINES. Code des Prises maritimes et du commerce. 1804, 2 vol. in-4 (V. *Pistoye et Duverdy*). **15 fr.**

DUFRICHE-VALAZÉ. Lois pénales. 1802, in-8. **6 fr.**

DUJARDIN (*L.-H.-V.*). Guide des maires, des adjoints et des conseillers municipaux. 1834, in-8 (V. *Dubarry*). **5 fr.**

DUJARDIN-SAILLY. Code des Douanes. 1818, in-4. **10 fr.**

DULAURENS (*Ern.*). Des lois et des préjugés en matière d'usure. 1863, in-8, de 24 p. (V. *Liégeois*). **1 fr.**

DULAURIER (*Ed.*). Étude sur l'organisation politique, religieuse et administrative du royaume de la petite Arménie à l'époque des Croisades. 1862, in-8. **3 fr.**

DUMAS (*F.-M.-P.-J.*). Rapports de la médecine légale avec la jurisprudence. *Strasbourg*, 1840, in-4. **3 fr.**

DUMAY. Commentaire de la loi du 21 mai 1836 sur les Chemins vicinaux, etc. 1844, 2 vol. in-8 (V. *Braff, Grandvaux*). **14 fr.**

DUMÉRY (*J.-C.*). Examen de la loi sur les Brevets d'invention. 1859, 2 cahiers in-8 (V. *Breulier*). **4 fr. 50 c.**

DUMESGNIL. Dictionnaire de la Justice militaire. 1847, in-8. **7 fr.**

DUMESNIL (*J.*). De l'organisation et des attributions des Conseils généraux de département et des Conseils d'arrond. 1852, 2 vol. in-8. **12 fr.**

— Lois et règlements sur la Caisse des dépôts et consignations dans ses rapports avec les particuliers, les officiers ministériels ; 2e édit., augmentée d'un Supplément. 1853, in-8. **7 fr. 50 c.**

N. B. Le *supplément*, contenant les lois et décrets de 1839 à 1853, se vend séparément : **3 fr.**

— Traité de la législation spéciale du Trésor public en matière contentieuse. 1846, in-8. **7 fr. 50 c.**

— Manuel des Pensionnaires de l'Etat. 1841, 1 vol. in-12 (V. *Dareste*). **4 fr.**

DUMESNIL (*M.*). Nouveau Dictionnaire de la législation des douanes et de la navigation maritime. 1 vol. in-8. **7 fr.**

— Manuel des Douanes. 1821, in-8. **7 fr.**

DUMESNIL-MARIGNY (*J.*). De la liberté des ventes aux enchères; 3e édit. 1862, in-18. **3 fr.**

— Catéchisme de l'économie politique basée sur des principes rationnels ; 4° édition. 1865, gr. in-18 jésus. 3 fr. 50 c.
— Le bien-être pour les travailleurs ou le catéchisme de l'économie politique. ÉDITION POPULAIRE. 1865, in-18. 1 fr.
— Les Libre-échangistes et les Perfectionnistes conciliés. 1860, in-8. 5 fr.

DUMOLARD. Privilége et action résolutoire du vendeur en cas de faillite de l'acquéreur ou d'acceptation sous bénéfice d'inventaire de sa succession. 1861, in-8 (R. P.). 1 fr. 50 c.

DUMONT. Histoire des Fiefs et principaux villages de Commercy. *Nancy*, 1856, 2 vol. in-8.

DUMONT (*A.*). De l'organisation légale des Cours d'eau, sous le triple point de vue de l'endiguement, de l'irrigation et du dessèchement. 1845, in-8 (V. *Rives*). 8 fr. 50 c.

DUMONT (*Et.*). — V. *Bentham.*

DUMONT DE SAINTE-CROIX (*N.*). Manuel complet des Maires, de leurs adjoints ; 9° édit., revue par A.-J. Massé. 1831, 2 vol. in-8 (V. *Dubarry*). 10 fr.

DUMONT (*H.*) et **SERRET** (*Ph.*). Choix de questions médico-légales. 1re livraison : Des *honoraires des médecins*. 1863, in-8. 1 fr. 50 c.

DUNOYER (*Ch.*). De la liberté du travail. 3 vol. in-8.

DUPERRON (*Gabr.*). Nouveau Code Napoléon, arrangé par ordre alphabétique, expliqué et mis à la portée des propriétaires et des commerçants, augmenté des principales lois et ordonnances administratives qui ont paru jusqu'à ce jour, et contenant les notices sur le droit civil, commercial, administratif, avec toutes les formules des actes sous seing-privé et le tarif du droit d'enregistrement sur chacun d'eux. 1862, 1 beau vol. gr. in-8. 7 fr.

DUPIN (*A.-M.-J.-J.*). Opuscules de Jurisprudence, contenant : I. Profession d'avocat. — II. Bibliothèque choisie à l'usage des étudiants en droit et des jeunes avocats. — III. Réflexions sur l'enseignement et l'étude du droit. — IV. Précis historique du droit romain. — V. Précis historique du droit français, avec la continuation depuis 1674 jusqu'en 1843. — VI. Aphorismes de Bacon. — VII. Prolégomena Juris ad usum scholæ et fori. — VIII. Notions élémentaires sur la justice, le droit et les lois. — IX. Des Magistrats. — X. De la Jurisprudence des arrêts. — XI. Libre défense des accusés. — XII. De l'Improvisation. — XIII. Biographie des magistrats et jurisconsultes. — XIV. Vocabulaire des termes de droit. — XV. Catalogue des ouvrages de M. Dupin. 1851, gr. in-18.
— Code Forestier, suivi de l'ordonnance, etc.; 2° édit. 1834, in-18 (V. *Codes de la lég. forest.*). 5 fr.
— Constitution de la République française, accompagnée de notes sommaires explicatives du texte. 1849, in-18. 3 fr.
— Jésus devant Caïphe et Pilate : réfutation du chap. de M. Salvador, intitulé : Jugement et condamnation de Jésus. 1863, in-18. 2 fr.
— Lettres sur la Profession d'Avocat par Camus et Dupin. *Cinquième* édit. 1832, 2 vol. in-8.

N. B. Le présent Répertoire complète la partie moderne de la 5° édit. de cet ouvrage.

— Observations sur plusieurs points importants de notre législation criminelle. 1821, in-8. 5 fr.
— Présidence de l'Assemblée législative dans les séances où l'action modératrice ou disciplinaire du président a dû intervenir. 1853, in-18. 3 fr.
— Règles de droit et de morale tirées de l'Écriture sainte, mises en ordre et annotées, etc. 1858, in-12. 5 fr

— Principia juris civilis tum romani tum gallici, seu selecta legum romanarum ex corpore Justinianeo depromptarum et cum civili Gallorum codice apte concordantium, quibus sedula utriusque juris collatio continetur. 1806-1818, 5 vol. in-12. 　　25 fr.

— Réquisitoires, plaidoyers et discours de rentrée, depuis le mois d'août 1830 jusqu'au 23 janvier 1852. *Paris*, 1834-1852, 11 vol. in-8. 　 »

— Mémoires, — tome Ier, Souvenirs du Barreau, — tome 2e, Travaux législatifs.,—tomes III et IV, Carrière politique. Souvenirs parlementaires. 1855-1861, 4 vol. in-8. 　　24 fr.

— Extraits du Bulletin des lois et de la *Collection du Louvre* réduits aux dispositions réputées encore en vigueur, et d'une application usuelle. 1817-1825, 17 vol. in-8. 　　80 fr.

Cette collection comprend :

Lois concernant les lois. 1817, in-8. 　3 fr.
— sur l'organisation judiciaire. 1819. 2 vol. in-8. 　10 fr.
— sur la procédure civile. 1821, in-8. 　8 fr.
— civiles faisant le supplément du Code civil. 1820, 2 vol. in-8. 　10 fr.
— commerciales faisant le supplément du Code de commerce ; lois sur les droits des tiers, lois sur les majorats. 1820, in-8. 　8 fr.
— criminelles servant de supplément aux Codes d'instruction criminelle et pénal, et contenant les lois d'exception. 1821, in-8. 　15 fr.
— forestières sur la chasse et la pêche. 1822, in-8. 　5 fr.
— du commerce des bois et des charbons de bois, avec quatre cartes géographiques. 1817, 2 vol. in-8. 　10 fr.
— concernant les communes, les hospices, les prisons et les établissements publics en général. 1823, 2 vol. in-8. 　10 fr.
— sur la compétence des fonctionnaires publics de toutes les hiérarchies. 1825, 4 vol. in-8. 　20 fr.

— Des Apanages en général, et en particulier de l'apanage d'Orléans; avec les lois sur la liste civile et la dotation de la commune; 3e édit. 1835, in 12 　3 fr.

— Des magistrats d'autrefois, des magistrats de la Révolution, des magistrats à venir. 1824, in-18. 　3 fr.

— Libertés de l'Église gallicane. Manuel du droit public ecclésiastique français. 1860, in-12. 　5 fr.

— Coutumes de Nivernais (V. *Coquille.*)

— V. *Burlamaqui* ; — *Heineccius* ; — *Loisel* ; — *Pothier*.

DUPIN (*Michel*) et BAL (*L.-Ch.*). Les fors et coutumes d'établissements et privilèges de La Réole en Bazardais; 2e édit. 1862, 1re livr. in-8.

DU PLESSY (*C.-D.*). Des obligations solidaires en droit romain. De la législation des cours d'eau en droit français. 1862, in-8 (V. *Machelard*; *Massol* ; *Maynz* ; *Savigny* ; *Vernet* ; *Rives*). 　2 fr.

DUPONT (*Ét.*). Traité pratique de la jurisprudence des mines, minières, forges et carrières, etc.; 2e édit. 1862, 3 vol. in-8 (V. *Lamé-Fleury*). 25 fr.

DUPONT (*Paul*). Dictionnaire des Formules, ou Mairie pratique ; 12e édit. 1861, 2 vol. in-8 (V. *Braff; Dubarry*). 　18 fr.

— Dictionnaire de la perception des contributions directes et de la comptabilité des communes, des établissements de bienfaisance et des associations syndicales. 1864, 2 vol. in-8 (V. *Braff.*) 　30 fr.

— Dictionnaire municipal (V. *Puibusque et Dupont*).

DUPONT-WHITE. L'Individu et l'État; 3e édit. 1865, in-12. 3 fr. 50 c.

— La Centralisation, suite à l'Individu et l'Etat; 2e édit. 1861, in-12 (V. *Chevillard*). 　3 fr. 50 c.

— La liberté politique considérée dans ses rapports avec l'administration locale. 1864, in-8. 　5 fr.

— V. *Mill.*

DUPORT-LAVILLETTE. Questions de droit tirées des consultations, mémoires et dissertations de l'auteur. 1829-31, 7 vol. in-8.   40 fr.

DUPUIT (*J.*). La Liberté commerciale, son principe et ses conséquences. 1860, in-12 (V. *Gouraud*).   3 fr.

DU PUYNODE (*G.*). De la monnaie, du crédit et de l'impôt; 2ᵉ édit. 1863, 2 vol. in-8.   12 fr.

— Études d'Économie polit. sur la propriété territoriale. 1843, in-8. 4 fr.

— De l'Esclavage et des Colonies. 1847, in-8 (V. *Yanoski*).   4 fr.

— Des lois du travail et des classes ouvrières. 1845, in-8.   4 fr.

— Lettres économiques sur le Prolétariat, subsistances, esclavage et émancipation, la concurrence et le socialisme. 1848, in-18.   2 fr.

— L'administration des Finances en 1848 et en 1849. 1849, in-18.   1 fr.

DUQUAIRE et **VIAL**. Jurisprudence de la Cour imp. de Lyon. (V. *Jurisprudence*; — *Rougier*).

DUQUENEL. Lois municipales. 1833, 2 vol. in-8.   12 fr.

DUQUESNE (*A.-L.*). De l'existence des congrégations religieuses en France et de leurs droits. 1860, in-8 (V. *Calmette; Denantes*). 1 fr. 25 c.

DURAND (*Hipp.*). Commentaire de la loi du 13 décembre 1848 sur la Contrainte par corps, et du tarif du 24 mars 1849, précédé des travaux préparatoires de cette loi, et suivi du Code des contraignables par corps. 1850, in-8 (V. *Lassime*).   6 fr. 50 c.

DURAND (*Eug.*). Des Offices considérés au point de vue des transactions privées et des intérêts de l'Etat. 1863, in-8 (V. *Jeannest-Saint-Hilaire*).   6 fr.

Ouvrage couronné par la Faculté de Droit de Rennes et par l'Académie de Législation de Toulouse.

DURAND (*L.*). Des Sociétés de secours mutuels rurales; 2ᵉ édit. 1864, in-12.   1 fr.

DURAND (*Em.*) et **PAULTRE** (*Em.*). Code général des lois françaises, continué et mis au courant, chaque année, par un supplément, paraissant après la promulgation des lois votées dans la session législative; contenant les Codes ordinaires et toutes les lois usuelles d'un intérêt général, classées par ordre de matières et reliées entre elles par des renvois de concordance, etc. 1865, 2 vol. gr. in-8 (V. *Bacqua; Roger et Sorel; Rogron; Royer-Collard et Mourlon; Sirey; Teulet; Tripier*). 20 fr.

— Prix de l'abonnement au supplément : 5 fr. pour cinq années.

— Un supplément annuel seul :   1 fr. 50 c.

— *Le même ouvrage*. Avec reliure spéciale (système Lenoir, permettant d'intercaler les suppléments annuels au fur et à mesure de leur publication).   26 fr.

— *Le même ouvrage*, d.-rel. bas.   25 fr.

DURAND DE NANCY. Nouveau guide pratique des maires, des adjoints, des secrétaires de mairie, et des conseillers municipaux. 1863, in-12 (V. *Dubarry*).   5 fr.

— Le Droit usuel, ou l'Avocat de soi-même; nouveau guide en affaires, contenant toutes les notions du droit. 1861, in-12.   4 fr. 50 c.

DURAND DE VALLEY. Memento du commissaire de police. 1857, in-8.   12 fr.

DURANT SAINT-AMAND. Manuel du Courtier de commerce, ou exposé complet de la législation et de la jurisprudence. 1845, in-8 (V. *Bédarride*).   7 fr. 50 c.

DURANTON. Cours de Droit français, suivant le Code civil; 4e édit., revue et corrigée. 1844, 22 vol. in-8 (V. Demolombe).   150 fr.
— Traité des Contrats et Obligations. 1819, 4 vol, in-8 (V. Bonnet; Larombière).   12 fr.

DURAT-LASSALE. Code de l'officier, contenant les lois, ordonnances, constitutions des armées de terre et de mer, etc.; 2e édit. 1840, in-8.   14 fr.
— Droit et législation des armées de terre et de mer. Recueil méthodique complet des lois, décrets, etc. 1844-1857, 10 vol. in-8.   120 fr.
Le tome 10e et dernier, contenant la table, a été publié par Garrel.
— V. Garrel.

DUREAU DE LA MALLE (A.-J.-C.-A.). Economie politique des Romains. 1840, 2 vol. in-8.

DURET (Michel.). Réforme de la législation sur les céréales. 1859, in-4.   2 fr.

DURIEU. (E.). Code de l'administration et de la comptabilité des revenus des établissements publics. 1823, in-12 (V. Braff.)   4 fr.
— Code des Perceptions municipales de la ville de Paris et des établissements publics productifs. 1844, in-8.   8 fr.
— Formulaire de la Comptabilité des percepteurs et des receveurs des communes, des hospices et des bureaux de bienfaisance. 1842, in-8. 7 fr.
— Manuel des Percepteurs et des Receveurs municipaux des communes; 3e édit. in-12.   4 fr.
— Mémorial des Percepteurs et des receveurs des communes. — V. Mémorial.
— Poursuites en matière de contributions directes. 1838, 2 vol. in-8 (V. Figuenel).   15 fr.

DURIEU (E.) et **ROCHE** (G.). Répertoire de l'administration et de la comptabilité des Etablissements de bienfaisance, asiles, etc. 1842-1843, 2 vol. in-8 (V. Braff).   18 fr.

DURUT. Dictionnaire raisonné de la législation usuelle des Prud'hommes et de leurs justiciables, avec formules. 1846, in-12 (V. Mollot). 3 fr.
— Code des Prud'hommes. 1837, in-12 (V. Mollot; Saint-Martin). 3 fr.

DUSSARD et **COURCELLE-SENEUIL.** — V. Mill.

DUSSARD et **SA.** Dictionnaire de jurisprudence usuelle. 1844, in-8. 7 fr.

DUTHIL. Aperçu libre, historique et critique sur le Droit public français, depuis 1791 jusqu'à la révolution de Février 1848. 1851, in-8. 4 fr.

DUTRUC (G.). Traité de la Séparation de biens judiciaire. 1855, in-8. 7 fr.
— Traité du partage de succession et des opérations et formalités qui s'y rattachent. 1855, 1 vol. in-8 (V. Demolombe; Genty).   8 fr.
— Le Code pénal modifié par la loi du 18 avril (13 mai) 1863, contenant 1° le texte entier du Code pénal avec les modific.: 2° l'explication des dispos. nouv., etc. 1863, in 8 (V. Pellerin).   5 fr.
— V. Journal du Ministère public.

DUVAL (J.). Histoire de l'émigration européenne, asiatique et africaine au xixe siècle, ses causes, ses caractères et ses effets. 1863, in-8.   7 fr. 50 c.
— Instruction sommaire sur le Crédit foncier de France. 1858, in-32 (V. Piogey).   30 c.

DUVERDY (D.-Ch.). Traité du Contrat de transport par terre, en général, et spécialement par chemins de fer. 1861, in-8 (V. Pouget). 7 fr.
— Dissertation sur la Contrainte par corps. 1853, in-8 (V. Lassime). 3 fr.
— V. Fistoye et Duverdy.

DUVERGER (*F.*). Manuel criminel des Juges de paix, considérés comme officiers de police judiciaire, auxiliaires, etc.; 3ᵉ édit. 1850, in-8. (*V. Bourbeau*). 7 fr. 50 c.

— Manuel des Juges d'instruction ; 3ᵉ édit. 1862, 3 vol. in-8. 24 fr.

DUVERGER (*T.*). La Douane française. 1858, 1 fort vol. in-8 6 fr.

SOMMAIRE DE L'OUVRAGE. — PREMIÈRE PARTIE. — *La Douane dans ses rapports avec le public.* — DEUXIÈME PARTIE. — *Service administratif des Douanes.*
DIVISION DE LA DEUXIÈME PARTIE. — LIVRE I. *Service sédentaire.* — Chap. I. Employés du bureau. — Chap. II. Receveurs. — Chap III. Sous-inspecteurs. — Chap. IV. Inspecteur sédentaire. — Chap. V. Inspecteur divisionnaire (1ʳᵉ partie). — LIVRE II. *Service actif.* — Chap. I. Les brigades ou la douane armée. — Chap. II. Service des brigades.— Chap. III. Personnel des brigades. — Chap. IV. Inspecteur divisionnaire (2ᵉ partie) — LIVRE III. *Le Directeur.* — LIVRE IV. *L'Administration centrale.* — Chap. I. Aperçu historique.— Chap. II. Réorganisation de l'administration. — Chap. III. L'Inspection générale. — LIVRE V. *Améliorations.* — Chap. I. Des retraites. — Chap. II. De l'organisation générale du service sédentaire. — Chap. III. Du choix des chefs. — Chap. IV. De la Réorganisation du service actif. — Chap. V. Des recompenses honorifiques. — APPENDICE. De l'Organisation militaire des douaniers. Projet d'un décret d'organisation.

DUVERGIER (*J.-B.*). Collection complète des lois, décrets, règlements, avis du Conseil d'Etat. 2ᵉ édit. (pour les années 1789 à 1830), 1789 à 1865 inclusivement. 67 vol. in-8, y compris les Tables.

Prix du *Recueil*, au bureau du Journal : 360 fr. 50 c., savoir :

1ʳᵉ série, vol. 1 à 30 inclus................. 5 fr. chaque volume.
2ᵉ série, vol. 31 à 65 inclus............... 5 fr. 50 c. chaque volume.
   Vol. séparés de 1831 à 1860......... 6 fr. chaque volume.
   Vol. séparés de 1861 à 1865......... 9 fr. chaque volume.
Table générale des tomes 1 à 30, 2 vol. in-8. 18 fr.
Abonnement annuel par cahiers mensuels. 9 fr.
— Continuation de la 5ᵉ édition du Droit civil, par Toullier. 1830-1839, 6 vol. in-8. 60 fr.

Traité du Louage et de l'Echange, 2 v. in-8. 20 fr. — Traité de la Vente, 2 v. in-8. 20 fr. Du Dépôt et Séquestre. In-8. 10 fr. — Contrat de Société. In-8 10 fr.

— Code de Justice militaire pour l'armée de mer. 1859, in-8. 1 fr. 50 c.
— Code de Justice militaire pour l'armée de terre. 1858, in-8. 2 fr. 50 c.
— Code d'instruction criminelle, et Code pénal annotés. 1833, in-8 (*V. Trébutien*). 2 fr.
— Code de la Chasse commenté. 1844, in-8 (*V. Dufour; Gillon et Villepin*). 1 fr. 50 c.

DUVERGIER DE HAURANNE. De l'ordre légal en France, et des abus de l'autorité. 1828, in-8. 7 fr.
— Histoire du Gouvernement parlementaire en France (1814-1848). 1857-65, 7 vol. in-8. 52 fr. 50 c.

DUVERGER (*A.*). De l'effet de la transcription relativement aux droits du vendeur. 1865, in-8 (R. P.). 3 fr.

DUVERNOIS (*AL.*). Le régime civil en Algérie. 1865, in-8. 2 fr. 50 c.

E

ECHO (l') des Assurances terrestres et maritimes, recueil des décisions législatives, judiciaires et administratives, concernant les assurances contre l'incendie, la grêle, la mortalité des bestiaux, la gelée et l'inondation, les risques de la navigation maritime et fluviale, et sur la vie. Législation, doctrine, jurisprudence, statistique. In-8.
Revue mensuelle.
Abonnement : Paris et les départements, un an. 12 fr.

ECHO (l') des Tribunaux, journal non politique, paraissant les mardi et
vendredi.
Abonnement annuel. . . . . 10 fr.
1865, 4ᵉ année.

ÉCOLE (l') **DES COMMUNES**, bulletin du contentieux, revue administrative consacrée aux travaux des maires et des conseillers municipaux, des conseillers généraux et des conseillers d'arrondissement.
Il paraît chaque mois une livraison de 32 pages in-8, formant, à la fin de l'année, un volume,
suivi d'une table alphabétique et analytique des matières.
Abonnement à l'année courante. . . . . 11 fr.
Années 1832-1865, 36 vol., y compris la table duodécennale. Prix : . . . . 100 fr.

ÉCOLES (les) primaires de France, écoles normales, salles d'asile,
ouvroirs et crèches, revue (bi-mensuelle) de leur situation, de leurs
intérêts, de leurs besoins, de leur marche progressive, rédigée sur
documents officiels émanés des 89 conseils généraux, etc.
Abonnement : Par an. . . . . 6 fr.
1865, 4ᵉ année.

ÉCONOMISTE (l') français, revue des faits, des lois et des doctrines
économiques, correspondance internationale d'économie politique et
de bienfaisance, journal de la colonisation du globe, écho des peuples
de race et de langue française à l'étranger, organe politique des colo-
nies françaises et de l'Algérie, publié sous la direction de M. Jules
Duval. Grand in-4, à 2 colonnes.
Abonnement annuel : Paris. . . . . 18 fr.
Départements et Algérie. . . . . 22 fr.
L'Économiste Français paraît deux fois par mois, le 10 et le 25, par numéro de 16 pages.
Le premier numéro a paru le 25 novembre 1861.

EGGER (E.). Mémoire sur cette question : Si les Athéniens ont connu
la profession d'avocat. 1860, br. gr. in-8. . . . . 1 fr. 50 c.
— Observations historiques sur l'institution qui correspondait chez
les Athéniens à notre Etat civil, et explication de l'inscription inédite
d'une plaque de bronze provenant d'Athènes. 1861, broch. gr. in-8.
. . . . 1 fr. 50 c.
— Essai historique sur les Traités publics dans l'antiquité depuis les
temps héroïques jusqu'aux premiers siècles de l'ère chrétienne; 2ᵉ éd.
revue et augmentée. 1866, gr. in-8. . . . . 6 fr.

ELLERO (P.). — V. Giornale per l'abolizione della pena di morte.

ÉLOUIN, **TRÉBUCHET** et **LABAT**, Nouveau Dictionnaire de Police.
1835, 2 vol. in-8. . . . . 12 fr.

ÉLOY (H.). De la Responsabilité des Notaires, d'après les lois, la doctrine,
la jurisprudence et les circulaires ministérielles. 1863, 2 vol. in-8. 16 fr.
Il suffit de parcourir nos recueils d'arrêts pour se convaincre de l'importance et de la multipli-
cité des questions de responsabilité que soulève l'exercice des fonctions de notaire. Dans le mouvement si rapide et quelquefois si compliqué des affaires de famille ou de spéculation, il n'est
pas étonnant que l'obscurité de la loi ou l'inévitable faiblesse de l'humanité mettent en péril
les intérêts des clients, et inquiètent par suite la responsabilité des officiers ministériels. M. Éloy,
en étudiant toutes ces questions et en les discutant avec une remarquable sagacité, a bien mérité
de la science. Le cadre auquel il s'est arrêté ne manque pas d'étendue; il envisage tous les cas
de dommages-intérêts auxquels peuvent donner lieu les actes des notaires préjudiciables aux
parties, au trésor, ou à d'autres officiers publics et ministériels, soit qu'il interroge les principes du droit commun, soit qu'il se reporte aux règles spéciales, à la responsabilité notariale.
Après s'être expliqué sur la responsabilité civile des notaires, M. Éloy a complété son travail
par une étude sur leur responsabilité disciplinaire. Dans cette partie, l'auteur a fait ressortir le
rôle du ministère public dont la surveillance ne perd jamais de vue les intérêts des citoyens, en
même temps qu'il ménage l'honneur et la dignité des notaires autant que pourraient le faire les
chambres de discipline elles-mêmes. (VERGÉ (Jurisprudence générale de Dalloz), 1863, 8ᵉ et 9ᵉ cahiers.)
— De la Codification des lois criminelles, concernant matières non ré-
glées par le Code pénal, et d'un projet de Code des Pénalités, étude
théorique et pratique. 1865, in-8. . . . . 4 fr.

— *Code d'audience.* Code pénal avec toutes les lois qui en ont modifié le texte, et dispositions législatives spéciales sur la répression des crimes, délits et contraventions de toute nature. 1864, in-8. 6 fr.

Le livre que nous annonçons n'a point besoin de préface ; son titre seul indique suffisamment le but que l'auteur s'est proposé d'atteindre.

Le Code pénal de 1810, modifié par les lois générales des 28 avril 1832 et 18 avril-13 mai 1863, ne présente qu'une partie de notre législation criminelle. Il se complète par un grand nombre de dispositions particulières, se référant soit aux matières mêmes régies par le Code pénal, soit à des matières spéciales. Un simple coup d'œil jeté sur la table chronologique de l'ouvrage permettra d'apprécier et l'importance et la quantité de ces dispositions particulières. Qu'il nous suffise de dire qu'on n'en compte *pas moins de trois cents*, depuis l'édit de 1607, sur la voirie, jusqu'à la loi du 25 mai 1864, sur les réunions.

Pour le travail du cabinet, il est facile de consulter ces lois spéciales dans un recueil de législation.

Pour l'audience, au contraire, l'étude est plus difficile ; — les Codes généraux, s'ils sont complets, sont trop volumineux ; — les recueils, outre qu'ils présentent le même inconvénient, offren un ordre chronologique qui nécessite fréquemment, et même dans une seule affaire, l'apport à l'audience de plusieurs volumes.

À cet inconvénient, reconnu par tous ceux qui, à un titre quelconque, s'occupent de législation criminelle, et qui ne saurait, en tout cas, amoindrir le mérite réel de ces ouvrages, M. Eloy a voulu remédier par son CODE D'AUDIENCE, exécuté ainsi qu'il suit :

Une *première partie* est consacrée au texte du Code pénal tel que l'ont établi les lois de 1810, de 1832 et de 1863, et aux dispositions particulières qui en appliquent, étendent ou modifient la teneur.

Une *seconde partie* renferme, outre les prescriptions pénales du *Code forestier*, les dispositions spéciales à toute matière sur laquelle est intervenu un texte de répression pénale.

Deux *Tables*, l'une *chronologique*, l'autre *alphabétique* des matières, sont destinées à faciliter les recherches.

Enfin, un *Supplément annuel*, disposé de manière à être classé facilement dans le livre, permet d'être toujours au courant de la législation.

Le travail de M. Eloy est sans prétention ; il l'appelle plutôt une compilation qu'un livre. La certitude qu'on en saura reconnaître d'utilité l'a engagé à le publier, et il a apporté dans cette publication un esprit de méthode et de clarté qui en fera, nous en sommes convaincu, le *vade-mecum* des magistrats et des avocats, des députés, et de tous ceux qui s'occupent de droit pénal.
A. B.

ÉLOY (*H.*) et **GUERRAND** (*J.*). Marine marchande. — Des capitaines, maîtres et patrons, ou Traité de leurs droits et obligations au point de vue commercial, civil, administratif et pénal, et dans leurs rapports avec les armateurs, chargeurs et assureurs. 1860-61, 3 vol in-8.

ÉMERIGON. — V. *Boulay-Paty.*

ÉMION. Législation, jurisprudence et usage du commerce des céréales. 1855, in-8. 7 fr. 50 c.

— Des Délits et des peines, en matière de fraudes commerciales, denrées alimentaires et boissons ; 2e édition. 1857, in-12. 1 fr. 50 c.

ÉMION (*V.*). Manuel pratique, ou traité de l'exploitation des chemins de fer, précédé d'une préface par M. Jules Favre. 1865, in-18 jésus. 3 fr. 50 c.

ENCYCLOPÉDIE DES HUISSIERS. — V. *Marc-Deffaux.*

ENGELBRECHT (*A.*). De Legibus agrariis ante Gracchos. 1842, in-8 (V. *Macé*). 7 fr.

ENQUÊTE sur la marine marchande. Ministère de l'agriculture, du commerce et des travaux publics. T. I à III. 1864-1865, 3 vol. in-4.

ENQUÊTE sur l'exploitation et la construction des chemins de fer, publiée par ordre de Son Exc. le Ministre du commerce, de l'agriculture et des travaux publics. 1863, in-4. 50 fr.

ESCHBACH. Introduction générale à l'étude du droit, contenant, outre l'Encyclopédie juridique ; 1o un Traité de droit international ; 2o *Institutiones litterariæ,* du Droit ancien et moderne ; 3o un Résumé des législations égyptienne, hébraïque, hellénique et hindoue. 3e édit. 1856, in-8. 9 fr.

ESCUELA DEL DERECHO (1.). Revista juridica dirigida por Don Cayetano de Estér, con la colaboracion de eminentes jurisconsultos nacionales y estranjeros. In-8.

Publication mensuelle. Abonnement annuel :   40 fr.

Ce journal se publie à Madrid depuis 1863.

ESNAULT. Traité des Faillites et Banqueroutes (loi des 28 mai, 8 juin 1838), mise en rapport avec les législations précédentes. 1846, 3 vol. in-8 (V. *Bédarride; Gadrat*).   24 fr.

ESPINAY (G. d'). La Féodalité et le droit civil français. 1862, in-8.   5 fr.

— De l'Influence du droit canonique sur la législation française. 1856, in-8.   3 fr.

— Les cartulaires angevins, étude sur le droit de l'Anjou au moyen âge. 1865, in-8.

ESQUIROL. Des maladies mentales, considérées sous les rapports médical, hygiénique et médico-légal. 1838, 2 vol. in-8, avec atlas.   20 fr.

ESQUIROU DE PARIEU. — V. *Parieu*.

ESSAI sur l'origine du droit français depuis l'avènement de Jésus-Christ jusqu'à nos jours. 1865, in-8.   5 fr.

ESTRANGIN. Traité du Contrat d'assurance de Pothier, avec un discours préliminaire, des notes, et un supplément. 1810, in-8 (V. *Cauvet; Pouget*).   8 fr.

— V. *Pothier*.

ÉTIENNE. Traité des Actions, trad. de l'allemand de Zimmern. 1846, in-8 (V. *Bonjean*).   6 fr.

— Explication et traduction des Institutes. 1845, 2 vol. in-8 (V. *Blondeau; Maynz; Namur; Thézard*).   8 fr.

— Introduction à l'étude du Droit romain, contenant l'Histoire des sources de la jurisprudence romaine, et l'analyse du Traité de Savigny sur la Possession; le tout extrait des *Éléments du droit romain d'aujourd'hui*, de F. Mackeldey, et traduit de l'allemand sur la 6e édit. 1852, in-12.   1 fr. 50 c.

— V. *Mackeldey*.

ÉTUDES législatives, par J.-N. 1 vol. in-8.   7 fr 50 c.

ÉTUDES de jurisprudence. Loi sur les Sociétés à responsabilité limitée. Décisions, par P. Montarlot. Examen du projet de loi sur la propriété littéraire, par Ad. Guyot. 1863, in-8, de 172 p.

EVERSTEN DE JONGE. Disputatio de Delictis contra Rem Publicam admissis, etc. *Traj. ad Rh.* 1845, 2 vol. in-8.   15 fr.

EXPOSÉ des motifs de la constitution belge, par un docteur en droit. *Bruxelles*, 1864, in-8.   10 fr.

EXTRAITS des enquêtes parlementaires anglaises sur les questions de banque, de circulation monétaire et de crédit, traduits et publiés par ordre du gouverneur et du Conseil de régence de la Banque de France et sous la direction de MM. Coullet et Juglar. 1865, 8 parties grand in-8.

— Enquête de 1832 sur le renouvellement de la charte de la Banque d'Angleterre. 1865, in-8.

— Enquête de 1810, 1818, 1819, 1841. Bullion Report. Intérêt de l'argent. Payements en espèces. 1865, in-8.

— Enquête de 1840 sur la Banque d'émission. 1865, in-8.

— Enquête de 1848 sur la crise commerciale de 1847 (Chambre des lois). 1865, in-8.
— Enquête de 1848 sur la crise commerciale. 1865, in-8.
— Enquête de 1857 sur la législation des Banques. 1865, in-8.
— Enquête de 1857 sur la législation des Banques (n° 2). 1865, in-8.
— Enquête de 1858 sur la législation des Banques. 1865, in-8.

EYDOUX (*J.*) De la nécessité d'une réforme dans la législation des cours d'eau non navigables ni flottables. 1861, in-8 (V. *Rives*.) R. C.

EYRAUD (*D'*). — V. *D'Eyraud*.

EYSSAUTIER (*L.-A.*). Lettres rogatoires en France et dans les États-Sardes. 1860, br. in-8. **1 fr.**
Extrait de la Revue historique de droit français et étranger.
— Nature de l'obligation de garantie en droit romain et en droit français, sa divisibilité ou son indivisibilité. 1859, broch. in-8. **2 fr.**
— Publicité et liberté de la défense, étendue de l'immunité accordée aux mémoires judiciaires par l'art. 19 de la loi de mai 1859. In-8. (R. P.) **2 fr.**

F

FABRE (*P.*). Ordonnances et établissements de saint Louis. Discours de rentrée. 1864, in-8; 71 p. (V. *Marnier*).
— Études historiques sur les clercs de la Bazoche, suivies de pièces justificatives. 1856, 1 vol. in-8, avec figures style gothique. **8 fr.**

FABRES (*J.-C.*). Instituciones del derecho civil chileno. *Valparaíso*, 1863, in-8.

FABRI (*A.*). Histoire des hôpitaux et des institutions de bienfaisance de Marseille. 1855, 2 vol. in-8. **15 fr.**

FABROT. — V. les mots : *Basilicorum* et *Cujacius*.

FAIDER (*Ch.*). Études sur les constitutions nationales (Pays-Bas, Autrichiens et pays de Liége). *Bruxelles*, 1842, in-8. **5 fr.**

FAIVRE (*Ern.*). Guide pratique du travail des mutations dans les communes. Recueil élémentaire contenant les principes de l'assiette des contributions directes et des taxes assimilées, etc. 1863, in-8. **5 fr.**

FALCONET. Le Barreau français moderne. 1806, 2 vol. in-4. **20 fr.**
— Œuvres choisies de Lemaistre, précédé d'un essai sur l'Éloquence, par Bergasse. 1806, in-4. **10 fr.**
— V. *Lemaistre*.

FALCK. Encyclopédie du Droit, traduit par Pellat (V. *Pellat*).

FALRET (*J.*). De la responsabilité morale et de la responsabilité légale des aliénés. 1863, in-8 de 23 p. (V. *Castelnau*). **75 c.**
Extrait des Annales médico-psychologiques.

FARINE. Code des Hôtels meublés. 1848, in-18. **2 fr.**
— Codes des Propriétaires et des locataires. In-12. **4 fr.**

FARINE (*Ch.*). Manuel de droit pénal, mis à la portée de la jeunesse, et à l'usage des écoles primaires. 1861, in-16. **1 fr.**

FASQUEL et **LEJEUNE**. Résumé analytique des lois et règlements des Douanes. 1836-1842, in-4. **20 fr.**
— Code manuel des Payeurs. 2e édit. 1857, gr. in-8. **10 fr.**

FASSY et **DEYDIER**. Douanes de France. Tarif général des droits d'entrée et de sortie. 1842, in-4. **15 fr.**

FAUCHER (*Léon*). Mélanges d'économie politique et de finances. 1855, 2 vol. in-8. 　　　　　　　　　　　　　　　　　　　12 fr.

— *Le même ouvrage.* Edition in-12. 2 vol. 　　　　　　　　　　7 fr.

— Études sur l'Angleterre; 2ᵉ éd. 2 vol. in-8. 12 fr. — Le même ouvrage, 2 vol. in-18. 　　　　　　　　　　　　　　　　　　　　　7 fr.

— De la Réforme des prisons. 1838, in-8 (V. *Desportes*). 　　　5 fr.

FAUCHER-PRUNELLE. Essai sur les anciennes institutions, autonomes ou populaires des Alpes Cottiennes Briançonnaises, augm. de recherches sur l'ancien état polit. et social, sur les libertés et institutions du Dauphiné. 1857, 2 vol. in-8. 　　　　　　　　　　　　12 fr.

FAUCHET (*Ét.*). Code des Municipalités, avec un formulaire complet, ou Manuel municipal. 1846, 3 vol. in-8. 　　　　　　　　16 fr.

FAURE. Répertoire administratif des Parquets. 1844, 2 vol. gr. in-8. 17 fr.

— Supplément au Répertoire administratif des Parquets. 1855, 1 vol. gr. in-8. 　　　　　　　　　　　　　　　　　　　　8 fr.

FAUSTIN-HÉLIE. Traité de l'Instruction criminelle, ou Théorie du Code d'instruction criminelle. 1845-1861, 9 vol. in-8. 　　　　　　，

Tome 1ᵉʳ, Histoire et théorie de la procédure criminelle. — Tomes 2 et 3, de l'action publique. — Tome 4, de la police judiciaire. — Tome 5, de l'instruction préalable; fonctions des juges d'instruction et de la détention préalable des inculpés.—Tome 6, 7, 8. attributions des chambres du conseil, procédure devant les tribunaux correctionnels, etc. —T. 9, table.

— Du Projet de loi portant modification de plusieurs dispositions du Code pénal. 1862, in-8. (R. C.) 　　　　　　　　　　　　1 fr. 50 c.

— Commentaire de la loi du 13 mai 1863, modificative du Code pénal. 1863, in-8 (V. *Pellerin*). 　　　　　　　　　　　　　4 fr.

Ce volume forme aussi le t. VII de la 4ᵉ édition de la *Théorie du Code pénal, par Chauveau-Adolphe et Faustin-Hélie.*

— V. *Boitard; Chauveau-Adolphe; Mangin; Rossi; Sirey.*

FAUTREL. — V. *Mahon.*

FAUX (du) en matière criminelle. Jurisprudence et formules, par un président d'assises. 1865, in-8 (V. *Dufour*). 　　　　　　3 fr.

Le présent opuscule n'est pas un traité, c'est une analyse et un relevé de décisions judiciaires, accompagné de formules conformes à ces décisions. Ce n'est pas un livre de doctrine, rien n'y est discuté, mais un tableau contenant des rapprochements, des indications, une méthode, si le mot n'est pas trop ambitieux, à l'aide desquels on a essayé de diminuer les difficultés que présente l'application de la loi pénale en matière de faux.

Il y a sur le Faux des ouvrages importants, approfondis, complets, ce travail ne saurait y suppléer, ni même préparer à leur étude. Il ne s'adresse non pas à ceux qui ont besoin d'apprendre, mais à ceux qui sachant, appelés par leurs fonctions à des applications promptes, subites, imprévues, d'une législation complexe, d'une jurisprudence délicate dont les nuances ne sont pas toujours présentes à l'esprit. A ces derniers il peut être utile, à un moment donné, de trouver sous leur main un résumé succinct, précis, qui les dispense de recherches pour lesquelles le temps leur manquerait; leur offrir un tel résumé est le but, l'objet unique qu'on s'est proposé en publiant ce modeste travail.

FAVARD DE LANGLADE. Conférence du Code civil avec la discussion particulière du conseil d'Etat et du tribunat avant la rédaction définitive de chaque projet de loi. 1805, 8 vol. in-12. 　　　　　15 fr.

— Législation électorale. 1830, in-8 (V. *Bidault; Code*). 　　4 fr.

— Manuel pour l'Ouverture et le partage des Successions. 1811, in-8 (V. *Demolombe; Genty*). 　　　　　　　　　　　　5 fr.

— Motifs des cinq Codes, suivis des rapports, opinions et discours auxquels leur discussion législative a donné lieu, avec table des matières. 1804 et ann. suiv. 18 vol. in-12. 　　　　　　　　　　36 fr.

Code civil, 12 vol.; —de procédure civile, 2 vol.; — de commerce, 2 vol.; — d'instruction criminelle et pénal, 2 vol.

— Motifs et Discours prononcés lors de la publication du Code civil, par les divers orateurs du Conseil d'Etat et du tribunat. Discussions au Conseil d'Etat et au tribunat sur le Code civil, avant la rédaction de chacune des lois qui le composent; 4ᵉ édit., revue par F. Poncelet. 2 vol. gr. in-8 (V. *Poncelet*). 　　　　　　　　　　　20 fr.

— Répertoire de la législat. du Notariat; 2ᵉ éd. 1837, 2 v. in-4
15 fr.
— Répertoire de la nouvelle Législation civile, commerciale et administrative. 1823-24, 5 vol. in-4. 40 fr.
— Traité des Priviléges et Hypothèques, avec le rapprochement des lois, décrets rendus sur cette matière, etc. 1812, in-8. 4 fr.

FAVEREAU (*L.-F.*). Code du meunier, ou Législation applicable aux moulins à farine. 1861, in-12. 3 fr.

FAVERIE (*L.-F.*) Législation et jurisprudence françaises, avec la doctrine des auteurs et les arrêts des cours royales et de cassation. 1846, in-8.
6 fr.

FAVIER-COULOMB. De l'admission au Notariat. Commentaire des art. 35 à 44 de la loi du 25 vent. an XI, et de l'art. 96 de la loi du 28 avril 1816. 1844, in-8. 7 fr. 50 c.

FAVRET (*J.*). Guide des maires et des receveurs municipaux, pour l'administration des biens des communes, des hospices, des hôpitaux, etc.; 2ᵉ édit. 1859, in-8 (V. *Agenda; Dubarry*). 7 fr. 50 c.

FAYARD (*E.*). Études sur les anciennes juridictions lyonnaises. 1863, in-8.

FÉLICE (*de*). Leçons de droit de la nature et des gens. 1830, 2 vol. in-8 (V. *Wheaton*). 12 fr.

FENET (*P.-A.*). Recueil complet des travaux préparatoires, ou Motifs du Code civil. 1836, 15 vol. in-8 (V. *Locré*.) 170 fr.
— Pothier analysé dans ses rapports avec le Code civil, et mis en ordre sous chacun des articles de ce Code. 1826, in-8. 8 fr.
— V. *Pothier*.

FENINGRE (*Hipp.*). Guyane française. De la transportation et des établissements pénitentiaires. *Lille*, 1864, in-8, 47 p.

FÉRAL (*Ph.*). Œuvres (Plaidoyers) de Philippe Féral, avocat à la Cour imp. de Toulouse, etc. 1859, 2 vol. in-8. 10 fr.

FÉRAUD-GIRAUD (*L.-J.-D.*). Législation française concernant les ouvriers, enseignement, législation, profession, assistance. 1856, in-8.
4 fr.
Cet ouvrage a un autre titre qu'il suffit de rappeler pour donner une idée de ce qu'il a pour objet d'éclaircir. Les termes de ce titre sont : « Exposé théorique et pratique des dispositions législatives et réglementaires sur l'enseignement primaire et professionnel; les écoles spéciales pour l'industrie et l'apprentissage; les relations civiles entre patrons et ouvriers, chefs d'ateliers et négociants; les bureaux de placements; les associations civiles d'ouvriers; la police des ateliers; le travail des enfants dans les manufactures; les livrets; les délits spéciaux; les prud'hommes; l'assistance judiciaire; la propriété industrielle; les brevets, marques, dessins; noms; les encouragements à l'industrie; les expositions; les patentes; les ouvriers des arsenaux; les établissements publics ou privés d'assistance; les institutions de prévoyance; caisses d'épargne ou de retraite, sociétés de secours mutuels, etc.» Tel est le second titre du livre publié par M. Féraud-Giraud. — Son travail est divisé, est-il dit dans la note dont il est précédé, en trois parties : « la première comprend les régles relatives à l'enseignement; la seconde comprend la législation professionnelle; la troisième est consacrée à l'assistance. »
On voit combien est étendu le cadre de l'ouvrage de M. Féraud-Giraud. Et certes il suffit de remarquer qu'il ne contient pas plus de 420 pages in-8 pour comprendre que c'est un simple *exposé théorique et pratique*, plutôt qu'un traité approfondi que son intention a été de publier. Sous ce rapport, il a mis au jour un ouvrage qui est d'une utilité fréquente et que les jurisconsultes, non moins que les administrateurs, ne peuvent que lire avec un véritable intérêt. Cet ouvrage se termine par une table *analytique des matières*, indiquant et l'introduction et les livres, titres, chapitres et sections diverses qu'il renferme. — Ce travail n'est point dans l'ordre alphabétique. (DALLOZ, *Jurisprudence générale*.)

— Modifications apportées dans un intérêt public au Droit de Propriété. 1851-1853, 4 vol. in-8. 28 fr. 50 c.

Cet ouvrage est ainsi composé :

Premier Traité. — Dommages occasionnés à la Propriété privée par les Travaux publics. 1851, in-8. 6 fr.

Deuxième Traité. — Servitudes de Voirie. Études sur la législation et la jurisprudence concernant les charges établies dans un intérêt de voirie sur les Propriétés privées. 1851, 2 vol. in-8. 15 fr.

Troisième Traité. — Législation des Chemins de fer par rapport aux Propriétés riveraines. 1853, in-8. 7 fr. 50 c.

— De la Juridiction française dans les échelles du Levant et de Barbarie. 1858, gr. in-8 (*Épuisé*).

Une nouvelle édition est en préparation.

— Droit international. France et Sardaigne. 1859, gr. in-8. 9 fr.

— Police des bois, défrichements et reboisements, commentaire pratique sur les lois promulguées en 1859 et 1860. 1861, in-8. 5 fr.

— Traité de la grande voirie et de la voirie urbaine. 1865, in-12. 4 fr.

FERDUT (*E.*). De l'Avortement au point de vue médical, obstétrical, médico-légal, légal et théologique. 1865, in-8 (V. *Brillaud-Laujardière*). 2 fr.

FÉRÉOL-RIVIÈRE. — V. *Rivière*.

FERLET (*J.*). Étude sur l'action civile résultant d'un fait punissable. 1865, in-8 de 52 p.

FERRAND (*Jos.*). De la Propriété communale en France et de sa mise en valeur. Étude historique et administrative. 1859, in-8 (V. *Caffin*; *Rivière*). 3 fr.

FERRAO (*F.-A.-F. Da Silva*). — V. *Da Silva Ferrão*.

FERRIER. Manuel pour les receveurs municipaux, les maires, etc., ou Traité de la comptabilité des communes et des établissements publics, etc. *Valence*, 1864, in-8 (V. *Agenda*; *Dubarry*). 4 fr.

FERRON (*J.-P.*). Essai d'un système du droit coutumier Luxembourgeois. *Luxembourg*, 1863, in-8. 4 fr.

FERRUS (*G.*). Des prisonniers, de l'emprisonnement et des prisons. 1850, in-8 (V. *Desportes*). 7 fr.

FERRY. De la nature du droit du fermier ou du locataire de maisons. 1842, in-8. 1 fr. 50 c.

FERRY DE LA BELLONE (*de*). Étude médico-légale sur la commotion du cerveau. 1864, in-8, 92 p. 2 fr.

FESSARD (*H.*). Dictionnaire de l'Enregistrement et des domaines. 1844, 2 vol. in-4 (V. *Sollier*.) 30 fr.

FÉTIS (*F.*). Des Droits de succession, suivi d'un formulaire. 1852, in-8. 3 fr.

— Des Droits du mari sur les biens personnels de la femme dans le régime de la communauté. *Bruxelles*, 1853, in-8. 3 fr.

— Manuel des Frais de justice en matière criminelle. *Bruxelles*, 1838, in-8. 5 fr.

FEUILLERET. École théorique et pratique du Notariat. 4 vol. in-8. 24 fr.

FILANGIERI. La science de la Législation, traduit de l'italien. Nouv. édit. avec un commentaire de B. Constant. 1841, 3 vol in-8. 18 fr.

FILLEAU (*J.-A.*). Traité de l'engagement des équipages des bâtiments de commerce ; 2ᵉ édit, 1862, in-8. 7 fr. 50 c.

FILON (*Fr.*). Histoire des États d'Artois depuis leur origine jusqu'à leur suppression en 1789. 1861, in-8. 3 fr.

FIORE (*P.*). Elementi di diritto publico costituzionale ed amministrativo. Cremona, 1862, in-8. 6 fr.

FIQUENEL (*Jos.*). Manuel des Contributions directes à l'usage des agents de l'administration, des maires, des répartiteurs, des contribuables, etc. 2ᵉ édit, revue avec soin et considérablement augmentée. 1859, 1 vol. in-8. 12 fr.

FISCHEL (*Ed.*). La Constitution d'Angleterre. Exposé historique et critique des origines, du développement successif et de l'état actuel de la loi et des institutions anglaises. Traduit sur la 2ᵉ édition allemande comparée avec l'édition anglaise de R. Jenery Shee, par Ch. Vogel. 1864, 2 vol. in-8 (V. *Jouffroy, Zézas*). 10 fr.

FISCO (*Em.*) et **VAN DER STRAETEN** (*J.*). Institutions et taxes locales du royaume-uni de la Grande-Bretagne et d'Irlande ; 2ᵉ édit. *Bruxelles*, 1863, in-8. 7 fr. 50 c.

FIX (*Th.*). Observations sur l'état des classes ouvrières. 1850, in-8. 5 fr.

FLACHAT-MONY. Manuel et code d'entretien et de construction, d'administration et de police des routes et chemins vicinaux. 1836, in-12 (V. *Braff; Grandvaux*). 6 fr.

FLAMMER. Lois pénales, d'instruction criminelle et de police qui forment en ces matières, avec les Codes français et le Code pénal militaire fédéral, la législation. *Genève*, 1862, in-8. 6 fr.

FLANDIN. Traité des Poisons, ou Toxicologie appliquée à la médecine légale. 1846-1853, 3 vol. in-8 (V. *Brillaud-Laujardière; Castelnau*). 21 fr.

FLANDIN. Du caractère des Chemins ruraux. 1862, in-8. (R. C.). 1 fr. 50 c.

— De la mansuétude dans les lois et dans les jugements en matière pénale. 1861, in-8. (R. C.) 1 fr. 50 c.

— De la Transcription en matière hypothécaire, ou Explication de la loi du 23 mars 1855. 1861-62, 2 vol. in-8 (V. *Verdier*). 16 fr.

FLASSAN. Histoire générale et raisonnée de la Diplomatie française ; 2ᵉ édit. 1811, 7 vol. in-8 (V. *Schœll*.)

— Histoire du Congrès de Vienne. 1829, 3 vol. in-8.

FLÉCHIER. Mémoires sur les Grands Jours d'Auvergne tenus en 1655, annotés et augmentés d'un Appendice, par Chéruel, et précédés d'une notice, par Sainte-Beuve. 1856, in-8. *Épuisé.*

— *Le même ouvrage.* 1863, édition grand in-18 jésus. 3 fr. 50 c.

FLEUR'GEON. Code de la Voirie ; 5ᵉ édit., revue par **Ménestrier**. 1834, in-8 (V. *Féraud-Giraud*). 6 fr.

— Code administratif, avec les additions. 1809, 7 vol. in-8. 20 fr.

FLEURY (*C.*). Traité spécial des comptes-courants et d'intérêts à l'usage des banquiers, des maisons de commerce, des notaires, etc. 1858, in-8 (V. *Noblet*). 5 fr.

FLEURY. Manuel pratique du Notariat. 1813, in-8 (V. *Vélain*). 4 fr.

FLEURY (*l'abbé*). Institution au Droit Français, publiée par MM. Ed. Laboulaye et R. Dareste. 1858, 2 vol. in-8. 12 fr.

FLOQUET. Histoire du Parlement de Normandie. 1840, 7 vol. in-8. 40 fr.

FLORENS et **CHATAUD**. — V. Recueil de jurisprudence civile et criminelle.

FLORENT-LEFEBVRE (L.). De la Décentralisation, ou essai d'un système de centralisation politique et de décentralisation administrative. 1849, in-8. 5 fr.
— Chemins vicinaux. De la Prestation en nature et de la nécessité de modifier cette taxe. 1865, in-8.

FLOUR DE SAINT-GENIS. — V. Saint-Genis.

FODÉRÉ (E.). Traité du délire, appliqué à la médecine, à la morale et à la législation. 1817, 2 vol, in-8. 14 fr.
— Traité de médecine légale et d'hygiène publique. 1813, 6 vol. in-8. 18 fr.
— Essai médico-légal sur diverses espèces de folie. Strasbourg, 1832, in-8, (V. Legrand du Saulle). 5 fr.

FOELIX. Commentaire sur la loi du 17 avril 1832, relative à la Contrainte par corps. 1832, in-8 (V. Lassime). 4 fr.
— Des mariages contractés en pays étrangers. 1842, in-8. » »
— Traité du Droit international privé; 3e éd., revue par M. Demangeat. 1856, 2 v. in-8 (V. Wheaton). (Epuisé.)
— De l'effet ou de l'exécution des Jugements dans les pays étrangers. 1843, in-8. 3 fr.
— Des Lettres de change et Billets à ordre d'Angleterre, etc. 1835, in-8. 1 fr. 50 c.
— V. Revue étrangère et française.

FOELIX et **HENRION**. Traité des Rentes foncières, suivant l'ordre de Pothier, d'après la législation nouvelle. 1829, in-8. 7 fr.

FOLLEVILLE (Daniel de). Étude sur les Associations commerciales en participation, leurs caractères distinctifs. 1865, in-8. 2 fr.

Le mémoire de M. de Folleville fait honneur à la Faculté de droit qu'illustre l'enseignement de professeurs tels que MM. Demolombe et Bertauld. Il est vrai, comme le fait observer l'auteur au début de son travail, que nos codes sont peu explicites sur l'association commerciale en participation. L'usage assez fréquent de cette forme de société dans les cas où, soit à raison de l'urgence ou de la nature spéciale de l'opération, surtout en matière maritime, ne permettent pas de recourir aux autres sociétés, rend nécessaire de déterminer soigneusement les caractères qui lui sont propres. M. de Folleville n'a rien négligé pour rendre sa monographie complète; un premier chapitre est consacré aux notions historiques; dans un second chapitre, il discute le système qui fonde les caractères spéciaux de la participation sur la durée limitée et sur l'unité de l'opération. Un troisième chapitre est consacré au développement du système que l'auteur croit devoir proposer. Enfin, le quatrième et dernier chapitre traite de ses applications pratiques les plus importantes. (Ch. VERGÉ.—Dalloz. Jurisprudence générale, 1er cahier de 1865.)

FONS (V.). Précis de la loi du 23 mars 1855, sur la Transcription en matière hypothécaire. 1857, in-12 (V. Verdier). 1 fr. 25 c.
— Aphorismes de Droit, classés suivant l'ordre des matières des nouveaux Codes; 2e édit. 1846, in-12. » »
— Les Tarifs en matière civile : Frais et dépens. 1842, in-8 (V. Chauveau-Adolphe et Godoffre). 6 fr.
— Aperçu des affaires sommaires, au point de vue de la taxe des frais. 1854, in-8. 2 fr. 50 c.

FONTAINE DE RESBECQ (A. de). Notice sur le Doctorat en droit, suivie de la liste nominative des docteurs admis par les diverses Facultés de l'Empire, depuis 1804, avec indication des sujets de thèses de 1850 à 1857. Grand in-8, sur papier collé. 6 fr.
— Notice sur l'Enseignement et les études dans les neuf Facultés de droit de l'Empire. Guide des Etudiants, suivi de l'analyse chronologique de lois, etc., relatifs à l'enseignement juridique, de 1791-1861; 3e édit. 1861, in-8. 1 fr.

FONTAINE DE RESBECQ (*L. de*). De la transmission entre-vifs de la propriété foncière en droit romain, dans l'ancien droit et dans le droit actuel. 1864, in-8. 2 fr.

FONTAINES (*P. de*). — V. *Marnier.*

FONTAINNE (*J.*). Code des Orfèvres. 1845, in-8. 3 fr.

FOOZ (*J.-H.-N. de*). Points fondamentaux de la législation des mines, minières et carrières. *Tournai*, 1858, in-8. 7 fr. 50 c.
— Le droit administratif belge. De l'ordre public ou de la police administrative en Belgique. Tomes I, II, III et V. *Tournai*, 1863-1864, in-8. Chaque volume : 9 fr.

FORMENTINI (*Marco*). Sulla organizzazione politica ed amministrativa del regno d'Italia. *Milano*, 1864, in-8.

FORMULAIRE annoté des Actes des notaires. 1847, 2 vol. in-8 (V. *Demadre*). 14 »

FORMULAIRE, ou Manuel pratique des huissiers (matières civiles), conforme au texte du Code civil et à celui du Code de procédure, où se trouvent les formules de tous les actes à faire sur chaque titre de ces deux codes, par M. D., avocat. 1 gros vol. in-12 de 500 pages. 4 fr.

FORMULAIRE des actes des notaires avec des annotations par les notaires et jurisconsultes, rédacteurs du Journal des notaires ; 3ᵉ édit. 1861, in-12. 10 fr.
— V. *Journal des notaires.*

FORMULAIRE-POCKET des Actes des notaires, avec annotations aites par les notaires et jurisconsultes, rédacteurs du *Journal des Notaires* ; 3ᵉ édit., 9ᵉ tirage. 1862, in-18 (V. *Demadre*). 10 fr.

FORMULAIRE portatif de tous les actes des notaires, avec annotations et renvois aux articles des Codes Napoléon, de procédure et de commerce, mis au courant de la législation jusqu'au 1ᵉʳ juillet 1863, par les notaires et jurisconsultes, rédacteurs du Journal des notaires et des avocats; 3ᵉ tirage. 1864, in-4 (V. *Demadre*). 8 fr.

FORMULAIRE pour contrats de mariage ; — pour Inventaires. (V. *Demadre*).

FORTI (*Fr.*). Trattati inediti di giurisprudenza. *Firenze*, 1863-65, 5 vol. gr. in-8. 52 fr.
On vend séparément :
T. I, II : Libri due delle Istituzioni di diritto civile. 2 vol. 20 fr.
III : Trattati inediti di giurisprudenza. 1 vol. 14 fr. 50 c.
IV : Scritti varii. 1 vol. 12 fr. 50 c.
V : Raccolta di conclusioni criminali. 1 vol. 5 fr. 50 c.

FOUCART. Éléments de Droit public et administratif, ou Exposition méthodique des principes du droit public positif avec l'indication des lois à l'appui; 4ᵉ édit. 1855-1857, 3 vol. in-8 (V. *Ducrocq*; *Serrigny*; *Vauvilliers*). 24 fr.
— Précis de Droit public et administratif, suivi d'une bibliographie de Droit administratif. 1845-1850, in-8. 7 fr. 50 c.

FOUCHER (*Victor*). Collection des Lois civiles et criminelles des États modernes. 1836-1864. 11 vol. in-8, savoir :
— Code civil de l'empire d'Autriche, trad. par De Clercq. 1837, in-8. 7 fr.
— Code pénal d'Autriche, trad. par Foucher. 1850, in-8. 5 »
— Code de procédure civile du canton de Genève, précédé des rapports de M. Bellot et d'une introduction par Taillandier. 1837, in-8. 7 fr.
— Code de commerce et de procédure commerciale du royaume d'Espagne. 1838, in-8. 7 fr.
— Code de commerce du royaume de Hollande, trad. par W. Wintgens. 1839. In-8. 7 fr.
— Code civil de l'empire de Russie. In-8. » »

— Code civil du royaume de Sardaigne, précédé d'un travail comparatif avec la législation française ; par M. le comte de Portalis. 1844, 2 vol. in-8. 12 fr.

— Code pénal du Brésil, trad. par Foucher. 1836, in-8.

— Code de commerce allemand, et règlement général sur le contrat d'échange, avec les lois spéciales, publié et traduit avec la collaboration de M. Tolhausen. 1863, 2 parties in-8 (V. *Rauter*). 8 fr.

— Commentaire des lois des 25 mai et 11 avril 1838 relatives aux Justices de paix et aux Tribunaux de première instance. 1839, in-8. 7 fr. 50 c.

— Commentaire sur le Code de justice militaire pour l'armée de terre (14 août 1857). 1858, in-8. 15 fr.

— De la législation en matière d'interprétation des lois en France, 2e édit. 1835, in-8. 1 fr. 50 c.

— Sur la réforme des prisons. 1838, in-8 (V. *Desportes*). 3 fr.

— Assises du royaume de Jérusalem (textes français et italien) conférées entre elles, ainsi qu'avec le droit romain, les lois des Francs, les lois barbares, les Capitulaires et les établissements de Saint-Louis, suivies d'un précis historique et d'un glossaire. Publiées sur un manuscrit tiré de la bibliothèque de Saint-Marc de Venise, par Victor Foucher. 1840, 2 vol. in-8 (T. I en deux parties). Non terminé. 12 fr.

   T. I, p. I : Assise des bourgeois. — T. I, P. II : Le plédéant, le playdoier, règles de la bataille pour meurtre, et ordenemens de la court don Vesconte.

— V. *Julius*.

FOUET DE CONFLANS. Esprit de la jurisprudence sur le Code civil.— Des Successions. 1839, in-8. 7 fr.

— De la Réforme hypothécaire. 1848, in-8. 7 fr.

FOUGEROUX DE CAMPIGNEULLES. Histoire des Duels. 1836, 2 vol. in-8. 14 fr.

FOULAN. Manuel des Justices de paix, revu par Levasseur. Nouv. édit., d'après la loi du 25 mai 1838. 2 vol. in-8 (V. *Bourbeau; Jay*). 15 fr.

FOULD (*Ach.*). Des Pensions civiles. 1 fr.

FOUQUIER (*A.*). Causes célèbres illustrées. 1857-65, 7 vol. (tomes I à VII) gr. in-8, fig. 42 fr.

   Il paraît au moins un volume chaque année. Chaque volume : 6 fr. — On peut aussi acheter l'ouvrage par cahiers. Chaque cahier : 1 fr. 25 c.

FOUREIX (*M.*). Traité des Sociétés commerciales ; législation française comparée aux législations des différentes nations de l'Europe, de l'Afrique et des deux Amériques ; Commentaire sur la loi des Sociétés en commandite par actions. 1856, in-8 (V. *Bédarride*).

— Des Représentants de commerce, de leurs droits et de leurs obligations. 1862, in-16, 76 pag. (V. *Bédarride*). 2 fr.

FOURMONT (*H. de*). Histoire de la chambre des Comptes de Bretagne. 1854, in-8. 7 fr. 50 c.

FOURNEL (*F.*) Histoire des Avocats au parlement et du barreau de Paris, depuis saint Louis jusqu'au 15 octobre 1790. 1813, 2 vol. in-8 (V. *Gaudry*). 15 fr.

— Histoire du Barreau de Paris dans le cours de la Révolution. 1816, in-8. 5 fr.

— Code de commerce, accompagné de notes et d'observations. 1819, in-8 (V. *Bédarride*). 4 fr.

— Dictionnaire raisonné, ou Exposition par ordre alphabétique des lois sur les transactions entre particuliers. An VI, in-8. 3 fr.

— Traité de la Contrainte par corps. An VI, in-12 (V. *Lassime*). 2 fr.

— Traité du Voisinage, considéré dans l'ordre judiciaire et administratif, et dans ses rapports avec le Code civil ; 4e édit., publ. par Tardif. 1834, 2 vol. in-8 (V. *Demolombe*). 15 fr.

— Les Lois rurales de la France. 1846, 2 vol. in-12. 7 fr.

FOURNIER (*Ch.*). Éléments de comptabilité et de tenue des études de notaires ; des tarifs des honoraires et des prix de cessions des offices de notaires. 1854, 1 vol. gr. in-8 (V. *Lejay*). 4 fr.

FOURNIER (*Cas.*). Traité des Contributions directes 1863, in-18 jésus (V. *Fiquenel*). 4 fr.

— Manuel des Pensions civiles, contenant l'exposé de la législation et de la jurisprudence, etc. 1863, in-18. 75 c.

FOURTIER (*A.*). Etude administrative. Essai historique sur l'institution des payeurs du Trésor à l'intérieur et aux armées. 1865, in-8, 28 pag.

FRANCK (*Ad.*). Philosophie du droit ecclésiastique. 1864, in-18 jésus (V. *Gaudry*). 2 fr. 50 c.
— Philosophie du droit pénal. 1864, in-12. 2 fr. 50 c.

FRANCQ (*P.*). Cours élémentaire et pratique de droit commercial. 1863, in-16. 1 fr. 25 c.

FRANQUE. Lois de l'Algérie du 5 juillet 1830 au 1er janvier 1844. 3 vol. in-8 (V. *Ménerville.*) 15 fr.
— De l'Organisation des administrations centrales. 1849, in-18. 2 fr.

FRANQUET (*C.*) y **BERTRAN.** Ensayo sobre el origen, espíritu y progresos de la legislacion de las aguas. *Madrid*, 1864, 2 vol. in-8. 20 fr.

FRANQUEVILLE (*Ch. de*). Étude sur les sociétés de secours mutuels. 1863, brochure in-8. 1 fr. 50 c.
— Les Institutions politiques, judiciaires et administratives de l'Angleterre ; 2e édit. 1864, in-8. 7 fr. 50 c.

FRAPÉ. De la vénalité des Offices. 1848, in-8 (V. *Durand; Jeannest St-Hilaire*). 1 fr.

FRÉGIER (*J.-C.*). Paraphrase grecque des Institutes de Justinien, par le professeur Théophile, traduite en français. 1847, in-8. 8 fr.
— De la legislation algérienne, sa codification, sa révision, sa réformation. *Sétif*, 1862, in-8 de 59 pag. (V. *Ménerville*). 2 fr.
— De la Contrainte par corps ou de l'emprisonnement civil en Algérie. *Constantine*, 1863, brochure in-8 de 47 pages (V. *Lassime.*) 1 fr 50 c.
— De l'expertise et du mandat judiciaire en Algérie. 1864, in-8, 39 pag. 2 fr.

FRÉGIER (*A*). Histoire de l'administration de la Police de Paris, depuis Philippe-Auguste, etc. 1850, 2 vol. in-8. 16 fr.
— Des classes dangereuses de la population dans les grandes villes, et des moyens de les rendre meilleures. 1840, 2 vol. in-8. 15 fr.

FRÉMERY. Etudes du Droit commercial, ou du Droit fondé par la coutume universelle des commerçants. 1835, in-8. » »
— Des Opérations de Bourse. 1833, in-8. 3 fr. 50 c

FREMINVILLE. Traité de la Minorité et de la Tutelle. 1846, 2 vol. in-8 (V. *Demolombe*). 15 fr.
— Traité de l'Organisation et de la Compétence des Cours d'appel en matière civile et disciplinaire. 1848, 2 vol. in-8. 15 fr.
— De la Procédure criminelle devant le jury, ou Traité pratique de la présidence des Cours d'assises. 1855, in-8 (V. *Dufour*). 15 fr.

FRÉMONT (*A.-F.-M.*). Recherches historiques et biograph. sur Pothier. 1859, gr. in-8. 6 fr.

FRÉMONT. De la Réduction du nombre des Cours d'assises et de leur centralisation au chef-lieu de la Cour impériale. 1861, in-8 (R. C.). 1 fr. 50 c.

FRÉMY-LIGNEVILLE. Dictionnaire général des Actes sous seing privé et Conventions verbales en matière civile, commerciale et administrative. 1850, 2 vol. in-8.   10 fr.

Ce Dictionnaire contient sous chaque mot les règles du droit et de la jurisprudence concernant les actes et écrits sous seing privé, leur nature, leur forme, leur validité, leur nullité, leurs effets et leur mise à exécution, l'indication du papier timbré à employer, le coût de l'enregistrement de tous les actes et de formules d'actes les plus complètes. On y traite aussi des conventions purement verbales, de leur nature, de leur valeur, de leurs effets et de leurs moyens de preuve. Une division par paragraphe et une table alphabétique en tête de chaque mot, une table à la fin de chaque volume donnent le moyen de trouver à l'instant la notion dont on a besoin. Cet ouvrage est d'une grande utilité pratique pour tous les hommes de loi, *les avocats, notaires, avoués, agréés, huissiers, agents d'affaires, commerçants*, et toutes les personnes qui s'occupent de leurs affaires ou de celles des autres.

— Traité de la législation des bâtiments et constructions, 2e édit. 1848, 2 vol. in-8.   15 fr.

— De la nouvelle organisation judiciaire projetée en Italie. Les trois degrés de juridiction, la Cour de cassation. 1861, in-8 (R.C.). 1 fr. 50 c.

FRÉROT (*J.*). Le Formulaire complet des propriétaires, négociants et industriels, contenant tous les modèles des actes qui peuvent être faits sous seing-privé, avec le taux des droits d'enregistrement à payer, en tête de chaque formule, etc., etc., 32e édit. 1865, in-12.   2 fr.

— Répertoire complet des lois du Voisinage dans les villes et les campagnes. 1848, in-8.   6 fr.

FRESNEAU (*A.*). De la constitution politique des États de l'Église. 1860, in-8.   3 fr.

FRESQUET (*R. de*). De l'origine politique et de l'importance de la distinction des *Res mancipi* et *nec mancipi* dans l'ancien droit romain. 1858, broch. in-8.   1 fr.

Extrait de la *Revue historique de droit français et étranger.*

— Principes de l'expropriation pour cause d'utilité publique à Rome et à Constantinople, jusqu'à l'époque de Justinien, etc. 1860, br. in-8. 1 fr.

Extrait de la *Revue historique de droit français et étranger.*

— Précis d'histoire des sources du droit français depuis les Gaulois jusqu'à nos jours. 1861, in-12 (V. *Fleury; Kœnigswarter*).   3 fr. 50 c.

— De la Preuve en droit romain (*De l'aveu, de la preuve testimoniale, de la preuve littérale*). 1862, in-8 (V. *Legentil.*).   2 fr.

— Traité élémentaire de Droit romain. 1857, 2 vol. in-8 (V. *Blondeau; Maynz; Namur; Pellat; Thézard*).   14 fr.

— Étude sur les statuts de Marseille au xiii° siècle. 1865, in-8 de 171 pag.

FRÉVILLE (*Ern. de*). Mémoire sur le commerce maritime de Rouen depuis les temps les plus reculés jusqu'à la fin du xvi° siècle. 1857, 2 vol. in-8.   14 fr.

— La Police des livres au xvi° siècle (1548-49). 1853, brochure in-8. 3 fr.

FRÉZARD (*A.*). — V. *Revue des eaux et forêts.*

FRIGNET (*E.*). Traité des Avaries communes et particulières, suivant les diverses législations maritimes. 1859, 2 vol. in-8 (V. *Cauvet*). 16 fr.

FRITOT (*Alb.*). Cours de Droit naturel, public, politique et constitutionnel. 1827, 4 vol. in-18 (V. *Ahrens; Burlamaqui*).   6 fr.

— Esprit du Droit et ses applications à la politique et à l'organisation de la monarchie constitutionnelle. 2e éd. 1825, in-8.   5 fr.

— Science du Publiciste, ou Traité des principes élémentaires de droit considéré dans ses principales divisions. 1820-23, 11 vol. in-8.   40 fr.

FROUART (*A.*). De la Société en commandite par actions, d'après l'ancien droit, le Code Napoléon, le Code de commerce, le Code pénal, etc. 1858, in-8 (V. *Bédarride*).   3 fr.

FROUET DE FONTPERTUIS (*A.*). Études sur les enfants assistés. 1860, in-8 (V. *Desportes; Morillot*). 4 fr.

FRUNEAU (*H.*). Du concordat en matière de faillite, précédé d'une étude sur les voies d'exécution forcée en dr. rom. 1865, in-8, 148 pag. (V. *Caumont*).

FUENTES (*Manuel A.*). Compendio del derecho administrativo. 1865, in-8.

FUISSEAUX (*E.-N.-J. de*). Législation industrielle : I. Du contrat d'apprentissage en Belgique. *Bruxelles*, 1860, in-8. 4 fr.

FUSTEL DE COULANGES. La Cité antique, étude sur le culte, le droit, les institutions de la Grèce et de Rome; 2ᵉ édit. 1866, in-8. 7 fr. 50 c.

Ouvrage couronné par l'Académie française (1ᵉʳ prix), en août, 1865.

FUZIER. Abrégé de l'Histoire de la Jurisprudence romaine de *Terrasson*. 1830, in-8. 5 fr.

G

GABBA (*Ch.-Fr.*).. Philosophie du droit de succession ou essai sur la véritable origine de ce droit. *Bruxelles*, 1861, in-8.

Ce volume a paru dans les *Mémoires couronnés de l'Académie de Belgique*. Les exemplaires tirés à part sont épuisés.

GABRIEL. Essai sur la nature des Preuves, édition revue par Solon. 1845, in-8 (V. *Bonnier*.) 5 fr.

GADRAT (*J.-P.-V.*). Traité des faillites et banqueroutes, d'après la loi du 28 mai 1838 ; 2ᵉ édit. entièrement refondue et mise au courant de la jurisprudence la plus récente. 1864, in-8 (V. *Bédarride*). 8 fr.

La matière si intéressante et si pratique des faillites et des banqueroutes donne lieu à d'utiles publications dignes de toute estime de la part des jurisconsultes et des commerçants. Une première édition de l'ouvrage de M. Gadrat a été bien accueillie du public ; la seconde, notablement améliorée, ne trouvera pas un accueil moins favorable. Les divisions et le plan de l'ouvrage sont très simples. Ils diffèrent peu de ceux de la loi. Le travail de M. Gadrat est divisé en trois parties, qui répondent aux trois situations nettement marquées par la loi du 28 mai 1838.

Dans la première, l'auteur présente l'ensemble des dispositions qui régissent la faillite lorsqu'elle se termine régulièrement par un concordat ; c'est ainsi qu'elle comprend le jugement déclaratif de faillite et le jugement de report, dont elle détermine les formes et les effets ; elle présente l'ensemble des mesures conservatoires et des opérations diverses confiées aux syndics, ainsi que les règles spéciales au concordat.

Dans la seconde, il est traité de l'administration de la faillite quand, n'ayant pu être réglée par le concordat, elle est soumise au régime de l'union, c'est-à-dire de la liquidation définitive de l'actif et de sa répartition aux créanciers, suivant les droits généraux ou particuliers qu'ils peuvent invoquer dans la faillite.

Enfin, la troisième et dernière partie est consacrée à la banqueroute, aux crimes et aux délits qui peuvent être commis dans la faillite, et à l'administration des biens dans la banqueroute frauduleuse.

L'auteur a fait suivre son travail d'une table alphabétique des matières qui sera très utile pour les recherches. (Ch. Vergé. — *Dalloz, Jurisprudence générale*, 1864.)

GAGEY (*l'abbé*). Catéchisme du Concile de Trente, traduction nouvelle avec le texte en regard. 1850-1854, 2 vol. in-8. 12 fr.

GAGNERAUX (*L.*). Code forestier conféré avec la législation et la jurisprudence relatives aux forêts, etc. 1827, 2 vol. in-8 (V. *Codes de la lég. forest.; Dupin*). 9 fr.

— Nouveau Code annoté de l'Enregistr., du timbre, etc. 1856, in-8. 10 fr.

— Commentaire de la loi du 25 ventôse an XI (16 mars 1803), sur le Notariat. 1834, 2 vol. in-8 (V. *Choiteau*). 15 fr.

GAILLARD (*L.*). Devoirs des Présidents de Cours d'assises, des jurés, des témoins et des experts; 2ᵉ édit. 1835, 1 v. in-8 (V. *Cubain; Dufour*.) 5 fr.

GAILLARD. Manuel alphabétique des aspirants au Notariat. 1844, in-8.   7 fr. 50 c.

GAILLARD (*l'abbé A.-H.*). Recherches administr., statist. et morales sur les enfants trouvés, les enfants naturels et les orphelins en France et dans plusieurs pays de l'Europe. 1837, in-8 (V. *Desportes*).   5 fr.

GAILLARD (*R.*). Comptabilité des lycées impériaux et des collèges communaux, recueil des lois, décrets, ordonnances, arrêtés, instructions ministérielles, etc., relatifs à l'administration économique des lycées et des collèges communaux. 1860, in-8.   8 fr.

GAIUS. Institutionum commentarii, ex membranis detectis Veron. Bibl. cap. eruit Lud. Goeschen, recognovit C. Lachmannus. *Berolini*. 1834, in-8.   10 fr.

— V. *Domenget; Laboulaye; Pellat.*

GALDO (*G.*). Elementi di psicologia ed ideologia di diritto penale. *Salerno*, 1857, 2 vol. in-8.   18 fr.

GALISSET (*Ch -M.*) et **MIGNON** (*J.*). Nouveau Traité des Vices rédhibitoires et de la garantie dans les ventes et échanges d'animaux domestiques, ou Jurisprudence vétérinaire contenant la législation d'après les principes du Code Napoléon, et la loi modificative du 20 mai 1838, la procédure à suivre, la description des vices rédhibitoires, le formulaire des expertises, procès-verbaux et rapports judiciaires, et un précis des législations étrangères. 1864, 1 fort vol. in-12 (V. *Dejean*). 6 fr.

GALISSET et **WALKER**. Corps du Droit français ancien et moderne; (années 420 à 1854), divisé en 2 séries. 21 forts vol. in-8.   142 fr.

1re Série, 420 à 1788, Collection complète par ordre chronologique des Lois, Edits, Traités de paix, Ordonnances, Déclarations et Règlements antérieurs à 1789, avec une Table de matières, par Walker 5 vol. in-8.   35 fr.

2e Série, 1789 à 1854. Recueil complet des Lois, Décrets, avec une table analytique des matières, mis en ordre et annoté par M. C.-M Galisset, 16 vol. in-8.   121 fr.

N. B. Le Recueil de Galisset ne paraît plus depuis 1855. Il a été continué par Lepec (V. *ce nom*).

— V. *Walker.*

GALLIARD (*L.*). Des Obligations littérales en droit romain. 1865, in-8, 32 pag. (V. *Machelard; Maynz; Vernet*).

GALOS (*H.*). Enquête sur la marine marchande. 1865, in-8. 1 fr. 50 c.

GALOUZEAU DE VILLEPIN. Commentaire de la loi du 25 juin 1841, sur les Ventes aux enchères de marchandises neuves. 1841, in-18 (V. *Jay; Lehir*).   3 fr.

GAND. Traité général de l'Expropriation pour cause d'utilité publique. 1842, in-8 (V. *Duffry de la Monnoye*).   7 fr. 50 c.

— Traité de législat. nouvelle du Notariat. 1843, in-8 (V. *Chotteau*). 6 fr.

— Traité de la police et de la voirie des Chemins de fer, et de la législation des locomotives qui les desservent. 1846, in-8 (V. *Féraud-Giraud*).   7 fr.

— Code des Étrangers, ou Etat civil et politique en France des étrangers de tous rangs et de toutes conditions, etc. 1853, in-8 (V. *Legal; Sapey*).   10 fr.

GANDILLOT (*R.*). Essai sur la Science des finances. 1840, in-8 (V. *Jacob*).   5 fr.

GANDILLOT et **BOILEUX**. Nouveau Manuel du Droit administratif, contenant les matières de l'examen. 1839, in-8 (V. *Ducrocq*).   6 fr.

GANILH (*Ch.*). La Théorie de l'économie politique, fondée sur les faits recueillis en France et en Angleterre. 1822, 2 vol. in-8. 10 fr.

— Dictionnaire analytique d'économie politique. 1826, in-8. 5 fr.

GANS. Histoire du Droit de Succession en France, au moyen âge, trad. de l'allemand, par de Loménie. 1845, in-12. » »

GANZIN (*Eug.*). De la situation du crédit commercial, industriel et agricole en Algérie, et de son organisation par la Banque de France. *Alger*, 1859, in-8. 2 fr.

GARBOULÉAU (*P.*). Éléments d'économie politique à l'usage des gens du monde. 1862, 1 beau vol. in-8. 7 fr. 50 c.

— Du Domaine public en droit romain et en droit français, avec une dissertation sur l'expropriation pour cause d'utilité publique en droit romain. 1859, in-8 (V. *Fresquet*). 4 fr.

— V. *Revue judiciaire du Midi.*

GARCIA DE LA VEGA. Guide pratique des Agents politiques au ministère des affaires étrangères ; 3e édition. 2 vol. in-8. » »

— Recueil de traités et conventions concernant le royaume de Belgique. *Bruxelles*, 1859-64, 5 vol. in-8 (tomes I à V). Chaque volume : 10 fr.

GARDAT. Marine marchande ; décret disciplinaire et pénal du 24 mai 1852, expliqué et suivi d'un Formulaire complet à l'usage des Tribunaux maritimes, de commerce et des capitaines de navires. 1854, in-8, 5 fr.

GARDEN (*le comte de*). Répertoire diplomatique. Annales du droit des gens et de la politique extérieure. 1860-62, 2 vol. in-8. 28 fr.

— Code diplomatique de l'Europe, tome Ier, 1re p. 1852, in-8. 4 fr.

— Traité complet de Diplomatie. 1833, 3 vol. in-8 (V. *Cussy*). » »

— Histoire générale des Traités de paix et autres transactions principales entre toutes les puissances de l'Europe, depuis la paix de Westphalie, ouvrage comprenant les travaux de Koch, Schoell, etc. 1848 et années suivantes. 20 vol. in-8. (15 vol. sont en vente). Prix de chaque volume : 7 fr. 50 c.

GARDISSAL. — V. *Invention* (*l'*).

GARDISSAL et **DESNOS-GARDISSAL** (*Ch.*). Annuaire des inventeurs et des fabricants. Précis des législations française et étrangère sur les brevets d'invention et les marques de fabrique. 1863, in-12 (V. *Breulier.*)

— Précis des législations française et étrangère sur les brevets d'invention et les marques de fabrique. 1859, in-12. 2 fr.

— V. *Breulier et Desnos Gardissal.*

GARIEL. Code forestier, etc. 1827, in-8 (V. *Codes de la lég. forest.*, *Dupin*). 3 fr.

GARNIER (*Jos.*). Abrégé des éléments de l'économie politique. 1858, in-16 (V. *Garbouleau*). 2 fr.

— Traité d'Économie politique. Exposé didactique des principes et des applications de cette science et de l'organisation économique de la société ; 5e édit. 1863, in-12 (V. *Garbouleau*). 7 fr.

— Premières notions d'économie politique ou sociale. 1864, gr. in-32 (V. *Garbouleau*). 2 fr.

— Éléments de finances, suivis des éléments de statistique, de la misère, l'association et l'économie politique. 1858, in-12 (V. *Gandillot*; *Jacob*). 3 fr. 50 c.

GARNIER (*L.*). Tenue des Livres, à l'usage des notaires ; 2e édit. 1842, in-8 (V. *Lejay*). 7 fr.

GARNIER (J.-X.-P.). Traité de la Possession et des Actions possessoires et pétitoires. 1847-1853, 2 vol. in-8 (V. *Bioche*). 　　　　12 fr.

— Traité des Chemins de toute espèce. 1834-1842, 2 vol. in-8 (V. *Braff, Grandvaux*). 　　　　13 fr.

— *Le supplément seul.* 1842, in-8. 　　　　3 fr. 50 c.

— Régime ou Traité des Rivières et Cours d'eau de toute espèce. 1839-1851, 5 vol. in-8 (V. *Rives*). 　　　　24 fr.

— Commentaire sur la loi du 24 juin 1854, sur le Drainage. In-8. 1 fr. 50 c.

— Traité de l'Usure dans les transactions civiles. 1826, in-12 (V. *Liégeois*). 　　　　3 fr.

GARNIER (D.). Répertoire général. — Nouveau Dictionnaire des droits d'enregistrement, de transcription, de timbre, de greffe et des contraventions dont la répression est confiée à l'administration de l'enregistrement. 19° tirage, 4° édition, mise au courant de la jurisprudence jusqu'au 1er janvier 1857. 1864, 3 vol. in-4 (V. *Demante; Géraud; Obissier; Sollier*). 　　　　42 fr.; franco, 47 fr.

— V. *Répertoire périodique de l'Enregistrement.*

GARNIER-DESCHÊNES (E.-H). Traité élémentaire du Notariat; 2° édit. 1808, in-8 (V. *Vélain*). 　　　　4 fr.

GARNIER-DUBOURGNEUF (J.-A). Nouveau Manuel des Officiers de l'état civil; 2° éd., 1827, in-12. 　　　　3 fr.

— Nouveau Code de la Presse. 1824, in-8. 　　　　3 fr.

GARNIER-PAGÈS. Dictionnaire politique, encyclopédie du langage et de la science politique. Publié par E. Duclerc et Pagnerre; 6° édition, 1860, gr. in-8, à 2 col 　　　　15 fr.

GARNIER et **CHANOINE** (J.-S.). Les lois d'instruction criminelle et pénale, ou Appendice aux Codes criminels. 1826-1831, 4 vol. in-8. 10 fr.

— Commentaire sur le Code forestier. 1828, in-12. 　　　　3 fr.

GARREL (A.). Droit et législation des armées de terre et de mer. 1857, in-8. 　　　　6 fr.

— Manuel des pensions de l'armée de terre. 1858, in-18. 　　3 fr. 50 c.

— Recueil des dispositions relatives aux honneurs et préséances militaires qui ont modifié le décret impérial du 24 messidor an XII, sur les cérémonies publiques, préséances, honneurs civils et militaires; 3° édition. 1858, in-18. 　　　　1 fr.

— Ordonnance du roi sur le service des armées en campagne, 2 mai 1832. 1856, in-18. 　　　　1 fr. 50 c.

— V. *Durat-Lassale.*

GASCHON. Code diplomatique des Aubains, ou du Droit conventionnel entre la France et les autres puissances relativement à la capacité réciproque d'acquérir, etc. 1818, in-8. 　　　　» »

GASNE (L.-V.). La justice ou les intérêts, les droits et les devoirs en conciliation. *Première partie* : les lois éternelles et la justice de Dieu. 1864, in-8. 　　　　7 fr. 50 c.

GASPARIN (A. de). Esclavage et Traite. 1838, in-8 (V. *Yanoski*). 4 fr.

— De l'Affranchissement des esclaves et de ses rapports avec la politique actuelle, pour faire suite à «Esclavage et Traite». 1839, in-8. 1 fr. 50 c.

GASSE. Manuel des Juges de commerce, ou Recueil de documents concernant la juridiction commerciale, suivi des formules; 5° éd. 1866, in-8. 　　　　8 fr.

Cette édition est la même que celle de 1851. Elle ne contient de plus que celle-ci qu'un appendice de 56 pages placé en tête du volume. Cet appendice contient les changements survenus dans la législation depuis 1848 jusqu'à 1865.

GASTAMBIDE. Traité théorique et pratique des Contrefaçons en tous genres. 1837, in-8 (V. *Calmels*). 6 fr.

— Histoire et théorie de la propriété des auteurs. 1862, in-8. 3 fr. 50 c.

GATTESCHI (*D.*). Manuale di diritto publico e privato ottomano, contenente le principali capitolazioni e trattati di commercio della Porta colle potenze cristiane e relativi regolamenti ; — un estratto del diritto civile musulmano, disposto secondo l'ordine del Codice Napoleone, con i luoghi paraleli della legge romana ; — la legislazione commerciale ottomana, e varie leggi ed ordinanze. Seguito da un' appendice dei trattati ed atti diplomatici risguardanti l'Egitto e dei regolamenti in esso vigenti, con introduzione e note. Edito per cura dei sigg. Ca telnuovo e Leoncavallo. *Alessandria di Egitto*. 1865. gr. in-8. 25 fr.

La majeure partie des matières contenues dans ce volume est en français.

— Du droit international public et privé en Egypte. 1862, in-8. 2 fr.

Extrait de la *Revue historique de droit français et étranger*.

GAUDRY. Traité du Domaine, comprenant le Domaine public, le Domaine de l'État, le Domaine de la couronne, le Domaine public municipal, le Domaine privé des communes et le Domaine départemental, suivi d'un Appendice contenant les Lois ou l'extrait des principales Lois sur les diverses natures de domaine. 1862, 3 forts vol. in-8. 22 fr.

La partie de notre richesse nationale, habituellement désignée sous le nom de *domaine*, est peut-être celle qui touche le plus aux intérêts de tous les citoyens. La vie entière se passe dans des rapports nécessaires avec les choses que la nature ou la loi ont laissées en commun pour le plus grand bien de la société. Nous naviguons sur des fleuves, nous usons des cours d'eau, nous habitons des villes, nous parcourons des routes, nous participons aux avantages des biens possédés par l'Etat et par les communes; nul de nous n'est donc étranger à ce qui se rapporte aux obligations et aux droits de ces différentes natures de domanialités.

Mais c'est surtout aux magistrats de l'ordre administratif, et aux agents du Domaine que ces règles doivent être plus familières. Cependant, il n'existe nulle part un ensemble complet de doctrine sur cette partie de la législation. Seuls notre ancien droit, les excellents traités de Bacquet et surtout de Choppin, avaient tracé des règles domaniales. Mais, d'une part, des lois depuis 178. ont presque entièrement changé les principes, et, d'autre part, ces ouvrages sont remplis d'une multitude de faits alors indispensables pour fixer la doctrine, aujourd'hui d'un intérêt purement historique. Sous nos lois nouvelles, de nombreux et savants traités ont porté la lumière sur différents points de cette législation; néanmoins il manquait un travail qui coordonnât toutes les règles de la domanialité. Il était à désirer que cette lacune fût comblée. M. Gaudry, ancien bâtonnier des avocats de Paris, l'a entrepris. Conseil de l'administration des domaines, et du comité consultatif de la ville de Paris, depuis près de 30 ans, il était plus que tout autre en mesure de poser des principes, et de donner son opinion personnelle sur les questions qui se rattachent à cette matière. Son ouvrage, que nous annonçons, comprend le domaine public, le domaine de l'Etat, le domaine de la couronne, le domaine public municipal, le domaine privé des communes et le domaine départemental. L'auteur n'a cependant pas prétendu donner un traité *ex professo* sur l'universalité de ce qui s'applique directement ou indirectement à la fortune publique territoriale, mise en commun pour l'intérêt des citoyens; ce travail eût dépassé les forces d'un seul homme; aussi il renvoie souvent aux ouvrages spéciaux de MM. Proud'hon, sur le domaine public; Daviel et Garnier, sur les eaux; Demay, sur les chemins vicinaux; Nogent-Saint-Laurent et Pérignon, sur les chemins de fer; Bourguignat, sur la législation des établissements industriels; Peyronny et Delamarre, Daffry de la Monnoye, sur l'expropriation pour utilité publique; Warnier, sur la manutention des domaines; Henrion de Pansey, sur les communes; Huart de Lamarre et de Magnitot, sur le droit départemental; Leberquier, sur l'administration départementale de Paris. Son but a été de faire connaître la législation dans son ensemble en ce qu'elle s'applique aux intérêts domaniaux, de telle manière que tout administrateur, tout jurisconsulte, tout agent du domaine y puissent trouver l'intelligence complète de cette partie si imposante de notre droit public.

— Traité de la Législation des Cultes, et spécialement du culte catholique, ou de l'origine, du développement et de l'état actuel du droit ecclésiastique en France. 1856, 3 vol. in-8. 21 fr.

Cet ouvrage est le fruit des travaux et de la longue expérience d'un savant jurisconsulte qui occupe, depuis plus de trente années, un rang distingué dans le barreau, et qui a été en même temps conseil de grands établissements civils et ecclésiastiques; il a donc été appelé à traiter un grand nombre de questions qui se rattachent au Droit ecclésiastique. Son ouvrage est le résultat de ses études, et des méditations et des discussions auxquelles il a pris part, soit dans les conseils du Clergé, soit devant les tribunaux civils, soit dans les recueils périodiques traitant de la Législation des Cultes et de l'administration temporelle des Paroisses. Un tel livre manquait à la science; aussi a-t-il été accueilli avec faveur et tient-il un rang honorable dans la bibliothèque des ecclésiastiques et des jurisconsultes.

— Histoire du Barreau de Paris, depuis son origine jusqu'à 1830. 1865, 2 vol. in-8. 　　　　　　　　　　　　　　　　　　　　15 fr.

GAUPP. Recherches sur la *lex Francorum chamavorum*, ou sur la prétendue loi de Xanten, traduit par Paul Laboulaye. 1855, broch. in-8.
　　　　　　　　　　　　　　　　　　　　　　　　　　　　　1 fr.

Extrait de la *Revue historique de droit français et étranger*.
— V. *Laboulaye* (Paul).

GAUTHIER. Traité de la Subrogation de personnes, ou du paiement avec subrogation. 1853, in-8. 　　　　　　　　　　　　　　9 fr.

GAUTHIER (A.-A). Code des placements fonciers, acquisitions d'immeubles, prêts hypothécaires. 1865, in-8. 　　　　　　　　5 fr.

GAUTIER. Etudes de Jurisprudence commerciale. 1829, in-8 (V. *Bédarride*). 　　　　　　　　　　　　　　　　　　　　　　　7 fr.

GAVINET (J.-A.-M.). Des sûretés réelles du bailleur d'immeubles en droit romain et en droit français. 1864, in-8. 　　　　　　2 fr.

GAVINI DE CAMPILE. Traité des Servitudes, ou confrontation du droit français avec les lois romaines, concernant les droits d'usage et les services fonciers. 1854-56, 3 vol. in-8. (Ont paru les tomes I et II.) (V. *Demolombe*). 　　　　　　　　　　　　　　　　　16 fr.

GAYET (P.). Des vices et des abus de la loi des faillites et des réformes qui peuvent l'améliorer; 2e édit. 1847, broch. in-8. 　　　1 fr.

GAZETTE DES TRIBUNAUX. Journal de jurisprudence et des débats judiciaires, depuis sa création (1er novembre 1825) jusques et y compris 1865, 40 années avec les tables annuelles. 　　　　　　600 fr.
Prix de l'abonnement annuel : 　　　　　　　　　　　72 fr.

GENAUDET. Etude hist. et législative sur le Duel. 1854, in-8.　2 fr. 50 c.

GENDEBIEN. Législation et jurisprudence des chemins de fer de la Belgique. 1858, in 8. 　　　　　　　　　　　　　　　　　5 fr.

GÉNIE et POUJOL (L.). Jurisprudence de la Cour impériale de Montpellier, avec des annotations (1844-1851). 1852-1853, 2 vol. gr. in-8. 15 fr.

GENREAU. La Police judiciaire mise à la portée des maires et des autres auxiliaires du procureur du roi. 1847, in-8. 　　　　　3 fr.

GENTY. Traité de l'usufruit, de l'usage et de l'habitation. 1859, in-8 (V. *Demolombe*). 　　　　　　　　　　　　　　　　　4 fr.

— Traité des Droits d'usufruit, d'usage et d'habitation, d'après le droit romain. 1854, 1 vol. in-8 (V. *Demolombe*). 　　　　　6 fr.

Dans cet ouvrage, l'auteur a fait entrer l'explication non-seulement des textes compris dans les huit titres du livre VII du Digeste, qui se réfèrent spécialement à son sujet, mais encore d'un grand nombre d'autres textes, tirés soit des autres parties du *Corpus juris*, soit des découvertes récentes, notamment des fragments du Vatican. Par là, le traité est le plus complet de tous ceux qui ont paru jusqu'à ce jour sur la matière. — L'auteur a d'ailleurs mis tous ses soins à l'examen des difficultés et questions (et elles sont en très grand nombre), qui trouvent leur application en droit français.

— Traité des Partages d'ascendants, précédé d'une introduction historique sur la matière correspondante, tant dans le droit romain que dans l'ancien droit français. 1849, in-8. 　　　　　　5 fr.

GEOFFROY. Code pratique des Faillites. 1853, in-8 (V. *Bédarride*; *Gadrat*.) 　　　　　　　　　　　　　　　　　　　　　　» »

GEORGE (L.-J.). Code pratique de l'instruction primaire. 1859, in-12 (V. *Dubarry*). 　　　　　　　　　　　　　　　　　　2 fr. 25 c.

GEORGET. Discussion médico-légale sur la folie ou aliénation mentale, etc. 1826, in-8. 　　　　　　　　　　　　　　　　　　4 fr.

GÉRANDO (de). — V. *De Gérando*.

GÉRARD (*P.-A.-F.*). Code de justice et de discipline militaires; 2e édit. *Bruxelles*, in-18. 4 fr.

— Corps de droit pénal militaire (lois et arrêtés, etc.). *Bruxelles*, 1847, 1 gros vol. in-8. 12 fr.

— Code civil expliqué par la jurisprudence des Cours et tribunaux de la Belgique et de l'étranger, etc. *Bruxelles*, 1860, gr. in-8 de 1,320 pages. 15 fr.

— Histoire de la législation nobiliaire de Belgique. *Bruxelles*, in-8. (Tome 1er). 7 fr.

GÉRARD (*Const.*). Histoire du Châtelet et du Parlement de Paris. 1847, gr. in-8. 6 fr.

GÉRARD DE RAYNEVAL. Institutions du droit de la Nature et des Gens; 2e édit. 1851 (1832), 2 vol. in-8 (V. *Wheaton*). 15 fr.

— De la Liberté des mers. 1812, 2 vol. in-8. 15 fr.

GÉRAUD (*Ch.*). Traité élémentaire d'enregistrement et de timbre, augmenté de notions sur la législation, les pouvoirs publics, les services financiers, les attributions de l'administration de l'enregistrement et des domaines, et d'un commentaire de quelques titres du Code Napoléon, avec une préface par M. de Vevrière, chef à l'Administration de l'enregistrement et des domaines. 1862, in-8 (V. *Demante*, *Sollier*). 7 fr. 50 c.

Il n'existait, en matière d'enregistrement, aucun traité didactique et théorique fait en la forme usitée et si claire du commentaire par article, et pouvant servir de base aux méditations de l'érudit comme aux recherches de l'homme d'affaires.

M. Géraud a comblé cette lacune, et l'a fait de la manière la plus heureuse dans son *Traité élémentaire d'enregistrement et de timbre*..... Son livre, malgré la modestie du titre, est le résumé méthodique des travaux dont l'enregistrement a été l'objet depuis sa création. On y trouvera un guide très-sûr au milieu des arrêts d'espèce, monuments nombreux, parmi lesquels on court le risque de s'égarer, si l'on n'a constamment présenté à l'esprit la pensée du législateur.

M. Géraud s'est attaché, du reste, à mettre les principes en relief, sans céder à aucun parti pris; et son ouvrage, résumé fidèle de recherches accomplies avec conscience et sagacité, n'est empreint ni d'un esprit de fiscalité ni d'un sentiment contraire.

A ces différents titres, le *Traité d'enregistrement* nous paraît devoir être recherché par les notaires, le barreau et la magistrature, avec le même empressement que par les employés de l'administration spéciale.

Ceux qui ont besoin d'étudier les principes dans leurs sources et leurs éléments, trouveront surtout un excellent guide.

(Extrait du *Journal du Notariat*.) DESTREM, *juge au trib. de la Seine.*

— Dictionnaire de comptabilité, manutention et procédure, à l'usage des agents de l'enregistrement, des domaines et du timbre, et des conservateurs des hypothèques. 1865, 2 vol. in-4 (V. *Demante*, *Sollier*). 20 fr.

GERBAUD. Recherches historiques sur les anciennes institutions administratives et judiciaires de la France, et sur le bois de chauffage à Paris depuis le moyen âge. 1850, in-8. 5 fr.

GERMAIN (*A.*). Histoire du commerce de Montpellier, antérieurement à l'ouverture du port de Cette, rédigée d'après les documents originaux, et accompagnée de pièces justificatives inédites. 1862, 2 vol. in-8. 15 fr.

Ouvrage couronné par l'Institut impérial de France.

GERSPACH (*Ed.*). Histoire administrative de la télégraphie aérienne en France. 1861, in-8. 3 fr. 50 c.

GERVAIS (*E.*). De la juridiction commerciale en matière de transports. 1862, in-8, 60 p. 1 fr. 50 c.

GERVAISE. Traité de l'administration des Contributions directes et de la direction des services qui en dépendent; 2e éd. 1847, in-8 (V. *Fiquenel*). 8 fr.

GESSNER (*L.*). Le droit des Neutres sur mer. 1865, in-8. 7 fr. 50 c.

GHILLANY. Manuel diplomatique. Recueil des Traités de Paix européens les plus importants, depuis la paix de Westphalie jusques et compris le traité de Paris (1856), augm. de traduct. franç. et d'une introduction, par J.-H. Schnitzler. 1856, 2 vol. in-8. 24 fr.

GHIRELLI (*L.*). Comento della legge intorno ai reati di stampa. *Napoli*, 1865, in-8. 5 fr.

GIBAULT. Codex Gallorum civilis e patrio in lat. serm. translatus, quâdam additâ legum è jure rom. conferendarum indicatione. 1808, in-8. 6 fr.

GIBBON (*E.*). Précis de l'Histoire du droit romain, formant le 44e chapitre de l'ouvrage intitulé : *Histoire de la décadence et de la chute de l'empire romain*; trad. adoptée par Guizot. Revu, rectifié et augm. de notes, etc., par L.-A. Warnkœnig. *Liège*, 1821, in-8. 5 fr.

GIBELIN (*E.*). Etudes sur le Droit civil des Hindous; recherches de législation comparée sur les lois de l'Inde, les lois d'Athènes et de Rome, et les coutumes des Germains. *Pondichéry*, 1846-1847, 2 vol. in-8 (V. *Boscheron-Desportes*). 15 fr.

GILBERT. (V. *Devilleneuve et Carrette*; *Sirey*).

GILIBERT DE MERLHIAC. De la liberté des mers et du commerce, ou Tableau historique et philosophique du droit maritime. 1818, in-8, 5 fr.

GILLET et DEMOLY (*F.*). Analyse chronologique des circulaires, instructions et décisions, émanées du Ministère de la Justice, depuis le 12 janvier 1791 jusqu'au 6 octobre 1858; 2e édit. 1859, in-8. 11 fr.

GILLIS (*J.*). Tarif de la douane de Saint-Pétersbourg, avec indication des désignations nécessaires pour la rédaction des connaissances, arrangé par ordre alphabétique. *Saint-Pétersbourg*, 1860, in-8. 8 fr.

GILLON et STOURM. Code de la Grande Voirie. 1834, in-12 (V. *Féraud-Giraud*). 3 fr.

— Loi sur la Garde nationale. 1834, in-12 (V. *Code*). 3 fr.

— Lois sur l'Expropriation pour cause d'utilité publique. 1841, in-12 (V. *Daffry de la Monnoye*). 3 fr.

GILLON (*J.-L.*) et **VILLEPIN** (*G. de*). Nouveau Code des Chasses, contenant : 1° une instruction historique au droit de chasse; 2° la loi fondamentale du 3 mai 1844, et les autres lois, décrets, ordonnances et règlements sur la police de la chasse; 3° les discussions parlementaires qui expliquent les textes; 4° les circulaires des ministres et directeurs généraux qui s'y rapportent; 5° la jurisprudence des Cours et Tribunaux. Nouvelle édition. 1851, in-12 (V. *Codes de la lég. forest.*; *Dufour*). 3 fr. 50 c.

Si les lois qui forment l'ensemble du Droit français ne sont pas comprises, il faut le reconnaître, ce n'est pas que les commentateurs aient jusqu'à ce jour fait défaut : plusieurs de nos lois importantes ont reçu le baptême du commentaire en concurrence de la publication du texte officiel, des auteurs féconds n'ayant d'autres soucis que de publier, à la course, des travaux improvisés : de cette activité a surgi une multitude de livres auxquels le bon sens a rendu justice en les reléguant parmi ceux qu'on ne doit pas connaître, et par conséquent ne pas acheter. *La loi sur la Chasse* devait, plus que toute autre, devenir le point de mire de la spéculation; aussi combien de commentaires sous toutes les formes, dont le résultat a été un avortement complet. L'ouvrage de MM. Gillon et Villepin devait avoir une autre destinée; il ne devait pas éprouver une telle mésaventure; ces auteurs ont laissé au temps, à l'étude et à la méditation le soin d'interpréter le texte de la loi, s'appuyant sur la discussion législative ainsi que sur les arrêts, en procédant suivant l'ordre chronologique par lequel on peut constater, d'une manière certaine, les progrès ou les vacillations de la jurisprudence. Ce Code est donc un livre dans lequel le jurisconsulte, aussi bien que l'homme du monde, trouveront une saine interprétation de la loi, enfin un guide sûr des droits et devoirs dévolus à chacun.

GILLOTTE (*Ch.*). De l'administration de la justice en Algérie. *Constantine*, 1858, in-18. 3 fr.
— Établissement des communes arabes. Constitution de la propriété individuelle. 1863, in-8, de 30 pag.
— Traité de droit musulman, précédé du décret du 31 décembre 1859, accompagné d'une notice inédite sur Sidi-Khalil, par A. Cherbonneau ; 2ᵉ édit. 1860, in-8. 5 fr.
GIN. Analyse raisonnée du Droit français, par la comparaison des dispositions des lois romaines, de celles de la coutume de Paris, et du nouveau Code des Français. 1804, 6 vol. in-8. 25 fr.
GINOULHIAC (*C.*). Cours de droit coutumier français dans ses rapports avec notre droit actuel. 1859, brochure in-8. 1 fr.
— De la Codification et de son influence sur la législation et sur la science du droit. 1862, in-8. 1 fr.
— Histoire du Régime dotal et de la communauté en France. 1843, in-8 (V. *Bellot des Minières* ; *Marcel*). 4 fr.
— De la Philosophie des Jurisconsultes romains. 1849, in-8. ,, ,,
— Sur la nature de la Légitime ou Réserve, d'après Dumoulin et la jurisprudence. 1846, br. in-8 (V. *Ragon*). 1 fr. 50 c.
— Revue bibliographique et critique de Droit français et étranger. 3 vol. in-8 (1853-56). 10 fr.

N. B. Cette publication s'est fondue avec la *Revue historique de droit français et étranger* (Voir ces mots).

GIORNALE per l'abolizione della pena di morte, diretto da Pietro Ellero. *Bologna*, in-8.

Revue trimestrielle. Le 1ᵉʳ numéro a paru en 1861. Les deux premiers ont été publiés Milan. — Abonnement annuel : 12 fr.

GIOVANETTI (*J.*). Du Régime des eaux, et particulièrement de celles qui servent aux irrigations. 1844, gr. in-8. ,,
GIRARD (*Alf.*). Des Nullités de mariage d'après le Code civil, etc. 1862, grand in-8. 7 fr.
GIRARD (*D.*) et **FROMAGE** (*J.-B.*). Tableaux des Contraventions et des peines en matière de contributions indirectes, de tabacs et d'octrois; annotés de la jurisprudence y relative, et suivis de modèles de procès-verbaux et autres actes contentieux; 8ᵉ édit. 1861, in-12. 3 fr. 50 c.
Relié en percaline : 4 fr.
— Manuel des Contributions indirectes et des Octrois. Nouv. édition entièrement refondue et augmentée, publiée par plusieurs employés de l'administration centrale sous la direction de M. Dareste, etc. 1860, in-8 (V. *Braff*). 10 fr.
GIRARDIN. Étude sur les principes généraux d'émolumentation et de taxation des actes notariés. Broch. in-8. 1 fr. 50 c.
GIRARDON et **NABON-DEVAUX.** Questions de Droit municipal, ou Recueil de décisions judic. administr. 1833, 4 vol. in-8. 16 fr.
GIRAUD (*Ch.*). Rei agrariæ scriptorum reliquiæ nobiliores. 1843, in-8. 3 fr.
— Le Traité d'Utrecht. 1847, in-8. 4 fr.
— Histoire du Droit romain trad. de Heineccius, ou Introduction historique à l'étude de cette législation. 1841, in-8 (V. *Étienne ; Heineccius*). 7 fr. 50 c.

— Recherches sur le droit de Propriété chez les Romains sous la république et sous l'empire (tome 1er, seul publié). (1838), in-8.   7 fr. 50 c.
— Des *Nexi*, ou de la condition des Débiteurs chez les Romains. 1847, br, in-8.   p p
— Dissertation sur la Gentilité romaine. 1849, br. in-8 (V. *Révillout*). b
— Histoire du Droit français au moyen âge. 1846 (T. 1 et 2), 2 vol. in-8 (V. *Chambellan; Fleury; Fresquet*).   16 fr.
— Précis de l'ancien Droit coutumier français. 1852, br. in-8.   3 fr.
Ainsi que le savant auteur l'indique, on ne traite pas, dans ce remarquable Précis, de l'origine des nombreux statuts, qui ont régi pendant les siècles passés les diverses provinces ou villes de la France; M. Giraud s'est proposé de donner un exposé succinct, mais complet et méthodique de notre Droit coutumier dans son dernier temps, et à la veille de la révolution de 1789, en suivant, dans cette occasion, l'ordre de Code civil adopté déjà, au moins dans ses traits principaux, par la plupart de nos auteurs anciens et par plusieurs coutumes.

GIRAUD (*Alf.*). Des aveux féodaux et des déclarations censuelles, 1859, broch. in-8.   1 fr.
— De la surveillance de la haute police et de la réhabilitation. 1862, broch. in-8   1 fr.
Extrait de la *Revue historique de droit français et étranger*.
— Du serment décisoire. Pouvoir et devoir du juge. Du faux serment en matière civile. 1864, in-8 (R. C.).   1 fr. 50 c.

GIRAUDEAU (*L.*) et **COURTOIS**. Traité théorique, pratique et complet des Assurances maritimes. 1837, in-18 (V. *Cauvet*).   3 fr.

GIRAUDEAU (*L.*) et **GOETSCHY** (*Ch.*). Traité pratique et complet de l'Arbitrage ordinaire et forcé. 1835, in-18.   1 fr. 50 c.
— Traité des Brevets d'invention, de perfectionnement et d'importation. 1837, in-18.   2 fr.

GIROD et **CLARIOND**. Journal de jurisprudence commerciale, décisions notables rendues par le tribunal de commerce de Marseille et la cour impériale d'Aix, fondé par MM. Girod et Clariond et continué par MM. Segond, Aicart, Clariond et Delobre. 1820 à 1865, 42 vol. in-8.   320 fr.

Abonnement annuel :   22 fr.
— Table générale (1820-1860). 1865, 2 vol. in-8.   30 fr.
GIRON (*A.*). Essai sur le droit communal de la Belgique. *Bruxelles*, 1862, in-8.   5 fr.
GIROUD (*A.*). Instruction sur la tenue des registres de l'état civil, 3e édit. 1843; in-12 (V. *Loir*).   1 fr.
GIROUD (*B.*). — V. *Code de police et d'adm. de la ville de Grenoble.*
GLASSON (*E.-D.*). Du droit d'accroissement entre cohéritiers et entre colégataires en droit romain. — Droit de rétention sous l'empire du Code Napoléon. 1862, in-8 (V. *Cabrye; Ragon*).   3 fr.
GLINKA (*Dimitry de*). La philosophie du Droit, ou explication des rapports sociaux ; 3e édit. 1863, in-8 (V. *Ahrens ; Belime*).   5 fr.
GLOSSAIRE de l'ancien Droit français, contenant l'explication des mots vieillis ou hors d'usage qu'on trouve ordinairement dans les coutumes et les ordonnances de notre ancienne jurisprudence. Extrait des institutes coutumières de Loisel. 1846, 1 vol. in-12 (V. *Loisel.*)   4 fr.
GLUCK. Commentaire ou explication détaillée des Pandectes, d'après Hellfeld, continué par C. F. Muhlenbruch. (Livres I a XXVII.) *Erlangen*, 1797-1853, 48 vol. in-8 (en allemand).   280 fr.
Voici le titre allemand : Glück (Dr Ch.-Fr.). Ausfuehrliche Erlaeuterung der Pandecten nach Hellfeld ein Commentar. *Erlangen*, 1797-1853., 48 vol. in-8. — Sach und Gesetz-Register. *Erlangen*, 1822-32, 3 vol. in-8.
— V. *Mühlenbruck*.

GODARD DE SAPONAY. Manuel de la Cour de cassation. 1832, in-8. 5 fr.

GODEFROY (J.). — V. *Gothofredus.*

GODIN (*Al.*). Du crédit public et des valeurs mobilières, etc. 1858, in-8. 3 fr. 50 c.

GODOFFRE (A.). Commentaire du Tarif (V. *Chauveau-Adolphe*).

GOGUET. De l'Origine des lois, des arts et des sciences, chez les anciens peuples; 6e éd. 1820, 3 vol. in-8. 18 fr.

GONVOT. Manuel de Législation militaire. 1847, in-8. 12 fr.
— Table alphabétique de toutes les dispositions en vigueur inscrites au *Journal militaire officiel,* jusqu'au 1er janvier 1851. In-8 (V. *Journal militaire officiel*). 9 fr.
— Manuel du Recrutement, suivi de la loi du 26 avril 1855, sur la dotation de l'armée; 3e édit. In-8 (V. *Bost*). 8 fr.

GONZALEZ (F.). Diccionario de derecho civil chileno espuesto por orden alfabético. *Valparaiso,* 1862, in-8.

GORGIAS. (V. *Paignon*.)

GOSSE. Des taches au point de vue médico-légal. 1863, in-8, avec 3 pl. 3 fr.

GOTHOFREDUS (*Jac.*). Manuale juris, edente Berthelot. 1806, in-8. 5 fr.
— Immo Gothofredi (V. *Pinel-Grandchamp.*)
— V. *Legat.*

GOUARNÉ-OUSTALET (S.). Recueil judiciaire du ressort de la Cour impériale de Pau. 1833-65, in-8.
Revue trimestrielle. Abonnement annuel : 6 fr.
La 1re année (1863) forme 2 vol. du prix de 2 fr. 25 chacun.
— V. *Jurisprudence de la Cour impériale de Pau.*

GOUBEAU DE LA BILENNERIE. Traité général de l'Arbitrage en matière civile et commerciale. 1832, 2 vol. in-8 (V. *Bédarride; Giraudeau et Goetschy*). 12 fr.
— Traité des Exceptions en matière de procédure civ. 1823, in-8 (V. *Joccolon*). »

GOUGEON. Cours de Droit public et administratif (tome Ier). 1847, in-8 (V. *Ducrocq; Serrigny; Vauvilliers*). 8 fr.

GOUJET et MERGER. Dictionnaire de Droit commercial, contenant la législation, la jurisprudence, l'opinion des auteurs, les usages du commerce, les droits de timbre et d'enregistrement des actes, et enfin des modèles de tous les actes; 2e édit. 1852, 4 vol. in-8 (V. *Caumont*). » »

GOUJON (*Paul*). Duché de Normandie. Histoire de la Châtellenie et haute justice de Vaudreuil, 1re partie. 1863, in-8, de 202 pag.

GOURAUD (*Ch.*). Essai sur la liberté du commerce des nations, examen de la théorie anglaise du libre échange. 1854, 1 vol. in-8. 5 fr.
— Histoire de la Politique commerciale de la France, et de son influence sur le progrès de la richesse publique depuis le moyen âge jusqu'à nos jours. 1854, 2 vol. in-8. 12 fr.

GOURDON DE GENOUILLAC (*H.*). Dictionnaire des fiefs, seigneuries, châtellenies, etc., de l'ancienne France. 1862, gr. in-8. 10 fr.

GOURGEOIS (*A.-J.-B.*). Mémoire sur l'institution du notariat et sur les améliorations dont son organisation actuelle est susceptible. 1860, in-8. 3 fr. 50. c.

GOURNAY (*C.*). Guide de la gendarmerie pour la mise à exécution du Code de justice militaire. 1861, in-8 (V. *Code*). 2 fr. 50 c.

— Formulaire des procès-verbaux en matière de délits de chasse. 1852, in-8. » 50 c.

GOURNOT (Ach.). Du principe des droits d'auteur et de la perpétuité. 1862, in-8, 52 pag. 1 fr.

GOUSSET (Mgr. le card.). Le Code civil, commenté dans ses rapports avec la Théologie morale; 8e édit. 1863, in-18. 5 fr.

— Exposition des principes du droit canonique. 1859, in-8. 7 fr. 50 c.

GOVEANUS (Ant.). — V. Caillémer.

GOYHENÈCHE (l'abbé). Cours élémentaire de droit canonique à l'usage des séminaires, traitant des personnes, des choses et des jugements. Nouv. édit. 1865, in-18 jésus. 3 fr. 50 c.

GRAGNON-LACOSTE. Précis historique de la législation consulaire, ou introduction à l'étude du droit commercial, etc. 1860, in-8 (V. Bédaride; Dufour.) 6 fr.

— Manuel de Généalogie, ou manière de calculer les degrés de parenté dans les partages des successions. 1850, in-8, orné d'un grand nombre de tableaux (V. Cleyette). 6 fr.

GRAND. Diffamation envers les morts. In-8 (R. P.). 1 fr. 50 c.

GRANDVAUX (L.). Code pratique des Chemins vicinaux, d'après le nouveau règlement général, comment., notes, modèles, applicable au service de la voirie vicinale, 1789 à 1857; 2e édit. 2 vol. in-12 (V. Braff). 8 fr.

— Législation des Transports par terre et par eau; 2e édit. 1855, in-8 (V. Pouget). 7 fr.

GRANGAGNAGE. De l'Influence de la Législation civile française sur celle des Pays-Bas, pendant les XVIe et XVIIe siècles. Bruxelles, 1853, in-4. 10 fr.

GRATTIER (Ad. de). Code d'instruction criminelle et Code pénal (texte officiel de 1832), expliqués par la jurisprudence progressive de la Cour de cassation. 1834, in-8. 6 fr.

— Commentaire des lois de la Presse et de tous les autres moyens de publicité. 1839-1845, 2 vol. in-8. » »

GRAVINA. Origines du droit civil, trad. par Réquier. 1822, in-8. 6 fr.

GREFFIER (Eug.). Des cessions et des suppressions d'Offices. Résumé pratique des lois, décrets et instructions ministérielles concernant cette matière; 2e édition. 1865, in-8, avec tableaux (V. Durand; Jeanneist-St-Hilaire). 3 fr.

GRÉGOIRE (Th.). Tableau des degrés de parenté et de succession. 1 feuille in-plano (V. Cleyette). 1 fr. 50 c.

GRÉGORY (G.-C.). Coup d'œil sur l'ancienne législation de la Corse (trad. par Et. Mulsant) 1844, in-8. 4 fr.

— Statuti civili criminali di Corsica. 1843, gr. in-8. 14 fr.

GRÉGORY (G. de). Projet de Code pénal universel, suivi du système pénitentiaire. 1832, in-8. 5 fr.

GRÉGORY (A.-F.-L.). De ratihabitione. Hagae Comitis, 1864, in-8, XIV-294 pag. 5 fr.

GRELLET-DUMAZEAU. Traité de la diffamation, de l'injure et de l'outrage. 1847, 2 vol. in-8. » »

— Le Barreau romain, recherches et études sur le Barreau de Rome depuis son origine jusqu'à Justinien, et particulièrement au temps de Cicéron; 2ᵉ édit. 1858, in-8. 7 fr.

L'auteur a mis à profit dans cette édition les conseils d'une critique bienveillante. Des taches ont disparu et des omissions ont été rétablies. Ce volume renferme un travail nouveau sur les Jurisconsultes, des notices sur les principaux avocats du barreau romain. On y trouve aussi une dissertation inédite touchant l'opinion de Cicéron sur le droit civil et les jurisconsultes.

— L'antiquité romaine ne se recommande pas seulement à nos souvenirs par l'éclat de ses conquêtes ; dans les débats d'intérêt privé et d'intérêt public, la parole a joué au forum un rôle dont l'importance n'a pas été égalée dans les temps modernes, même au milieu des pays les plus maîtres d'eux, même de la libre Angleterre par exemple. A tout prendre, nous pouvons nous représenter Cicéron au Sénat prononçant ses Catilinaires ou dénonçant es spoliations de Verrès ; la politique moderne et l'éloquence de la tribune ont vu, à défaut d'une pareille indignation, des situations analogues ; mais quelle était, au beau temps de Rome, la situation du barreau dans ses rapports avec les mœurs, avec l'art, avec la philosophie ? Quelles étaient les relations des avocats entre eux, avec leurs clients, avec les juges, etc.? Toutes ces intéressantes questions ont attiré l'attention d'un savant magistrat de la Cour impériale de Riom, de M. le conseiller Grellet-Dumazeau, et dans une intéressante monographie parvenue à sa deuxième édition, intitulée : LE BARREAU ROMAIN, il s'est efforcé, par de longues et intéressantes recherches, d'éclairer ces différents problèmes. Son ouvrage embrasse la longue période qui s'est écoulée entre les origines de la cité romaine et la compilation des Pandectes ; mais, négligeant, peut-être avec raison, la division systématique, il a distingué les phases diverses de son sujet de manière à prévenir toute confusion.

Les matériaux par lui recueillis sont rangés dans leur ordre chronologique, et, comme il le déclare, s'il arrive que la brièveté d'un sujet spécial ou des difficultés de rédaction s'opposent à ce mode de rédaction, une note ou un renvoi à l'auteur qui a fourni le document atténuent cette exception à la règle générale. Tous les auteurs latins, et surtout Cicéron, ont été interrogés par M. Grellet-Dumazeau : Cicéron avec le secours d'Asconius, de Victorinus, de Julius Victor, du pseudo-Asconius, du scoliaste de Bobio, etc. Après Cicéron sont venus Quintilien, Tite-Live, Tacite, Suétone, Pline le Jeune, Varron le plus savant des Romains, César, Salluste, Sénèque, etc., sans compter la brillante pléiade des poètes. M. Grellet-Dumazeau a également interrogé les auteurs modernes dont les recherches ont pris la même direction, et il n'est pas téméraire d'affirmer qu'il les laisse de beaucoup en arrière, et notamment François Pollet, jurisconsulte du seizième siècle, auteur de l'HISTOIRE DU FORUM ROMAIN. L'ouvrage de M. Grellet-Dumazeau restera comme un des produits les plus curieux dans leur science de notre époque. (DALLOZ, Recueil, mai 1859.)

GRELLET-WAMMY. Manuel des Prisons, ou exposé historique, théorique et pratique du Système pénitentiaire. 1838-39, 2 vol. in-8. 12 fr.

GRENIER. Traité des Donations, des Testaments et de toutes autres dispositions gratuites; 4ᵉ édit., augmentée par Bayle-Mouillard. 1849, 4 vol. in-8 (V. Demolombe). 36 fr.

— Traité des Hypothèques; 3ᵉ édit. 1829, 2 vol. in-4. 20 fr.

GRÉTRY (A. de). Coup d'œil sur le mécanisme de l'administration départementale. 1855, broch. in-8. 1 fr.

GRIMONT (F.). Manuel-Annuaire de l'imprimerie et de la librairie. Gr. in-12. 4 fr.

GRINDON (A.). Etude sur l'amélioration progressive de la condition des femmes en droit romain et en droit français. 1860, in-8. 2 fr.

GRISEY (Constant). Observations sur les actes sous seing privé devant l'application de la loi du 23 mars 1855 sur la Transcription. 1865, in-8 de 65 pag. (V. Verdier).

GROS. Succession et réserve des enfants naturels. 1844, br. in-8 (V. Desportes ; Morillot). 3 fr.

GROSSE (H.). Commentaire ou explication, au point de vue pratique, de la loi du 23 mars 1855 sur la Transcription en matière hypothécaire, précédé d'une introduction historique sur le droit hypothécaire, et suivi d'un appendice, avec une table analytique; 2ᵉ édit. 1861, 2 vol. in-8 (V. Verdier). 10 fr.

— Des honoraires sur les ventes de meubles. 1862, in-8. 1 fr. 50 c.

GROSSE et **RAMEAU**. Commentaire ou explication au point de vue pratique de la loi du 21 mai 1858 sur la procédure d'ordre. 1858, 2 vol. in-8.   10 fr.

GROTIUS (*Hugo*). Le droit de la guerre et de la paix. Nouvelle traduction précédée d'un essai biographique et historique sur Grotius et son temps, accompagnée d'un choix de notes de Barbeyrac et de Burlamaqui, complétée par des notes nouvelles, mise au courant des progrès du droit public moderne, et suivie d'une table analytique des matières, par P. Pradier-Fodéré. 1865-66, 2 vol. in-8.   16 fr.
— *Le même ouvrage*. 1866, 2 vol. in-18 jésus.   8 fr.

GROUVEL (*J.*). Répertoire de jurisprudence commerciale ou Dictionnaire indicateur de toutes les lois relatives au commerce, aux finances, aux manufactures, à l'administration et aux arts, depuis le XIe siècle jusqu'à nos jours. 1833, gr. in-8.   8 fr.

GRÜN (*A.*). Traité de la police administrative, générale et municipale. 1862, in-18 jésus.   4 fr.
— Eléments du Droit français. 1838, in-18.   5 fr. 50 c.
— Guide formulaire pour la rédaction des Actes de l'état civil. 1850, in-12 (V. *Demolombe* ; *Loir*).   1 fr. 50 c.
— Manuel de la Législation commerciale industrielle de la France. 1850, in-12.   2 fr.
— Les Etats Provinciaux sous Louis XIV. 1853, in-18.   1 fr.

Sous ce titre, l'auteur a étudié l'histoire des états provinciaux dans une de leurs périodes les plus intéressantes, et cette étude il l'a faite dans les documents authentiques de cette époque, rapports, correspondances des ministres....., Aussi la lit-on avec un vif plaisir. On y voit mis en œuvre tous les ressorts d'une administration intelligente, pour venir à bout de certaines résistances impossibles.

— Jurisprudence électorale parlementaire. Recueil de décisions du Corps législatif (de 1852 à 1864) en matière de vérification de pouvoirs. 1865, in-32.   2 fr. 50 c.

L'article 5 du décret impérial du 2 février 1852, renfermant les dispositions organiques pour l'élection des députés au Corps législatif, porte que les opérations électorales sont vérifiées par ce corps, seul juge de leur validité.

M. Alphonse Grün, qui avait déjà publié les précédents parlementaires nés de l'application de la loi électorale de 1831 et de celles de 1848 et 1849, a recueilli et classé méthodiquement, en suivant l'ordre des articles du décret précité, les décisions et les faits électoraux résultant des débats législatifs qui ont eu lieu, de 1852 à 1864, sur les vérifications de pouvoir. Il y a ajouté, quant aux candidats, les résolutions qui interprètent la loi du 16 juillet 1850 et le sénatus-consulte du 17 février 1858.

Ce recueil est de nature à intéresser tous ceux qui s'occupent de l'étude du droit public français. Ils y trouveront la solution donnée aux nombreuses contestations et réclamations auxquelles a donné lieu l'application du régime électoral introduit par l'Empire.

— Cours de législation usuelle, contenant toutes les matières indiquées dans le programme officiel de l'enseignement secondaire spécial. 1864, in-12.   3 fr. 50 c.

GRÜN et **JOLIAT**. Traité des Assurances terrestres, 1828, in-8 (V. *Pouget*).   » »

GUADET (*J.*). De la Représentation nationale en France. 1863, grand in-18.

GUÉRARD. Essai sur l'histoire du Droit privé des Romains. 1841, in-8 (V. *Pellat*).   » »

GUÉRARD (*Benj.*). Polyptique de l'abbé Irminon, ou dénombrement des manses, des serfs et des revenus de l'abbaye de Saint-Germain des Prés, sous le règne de Charlemagne. 1836-1845, 3 vol. in-4 (V. *Marnier*).   » »

— Le Polyptique de l'abbaye de Saint-Rémy de Reims, ou dénombrement des manses, etc., de cette abbaye vers le milieu du ixe siècle. 1853, in-4. 7 fr. 50 c.

— Essai sur le système des divisions territoriales de la Gaule, depuis l'âge romain jusqu'à la fin de la dynastie carlovingienne. 1832, in-8. 6 fr.

— Explication du capitulaire de Charlemagne, relatif aux terres et cours impériales (de villis et curtis imperialibus). 1853, in-8. 3 fr.

GUÉRIN (Th.). Commentaire théorique et pratique de l'ordonnance du 1er octobre 1864 sur l'expropriation et l'occupation temporaire pour cause d'utilité publique, précédé d'un parallèle entre cette ordonnance et la loi du 3 mai 1841, et suivi d'un appendice contenant diverses dispositions législatives citées et non transcrites dans le cours de l'ouvrage. 1865, in-8 (V. Daffry de la Monnoye). 5 fr.

GUERNON (Médéric de). Dictionnaire de la Jurisprudence de la cour royale de Caen (1800-1843). 1841-43, 3 vol. gr. in-8. 22 fr. 50 c.

GUIBAL (Ch.-Eug.). Nomenclature alphab. et raisonnée des contraventions qui sont de la compétence des juges de simple police, précédée de considérations gén. au point de vue théorique et pratique. 1863, in-12. 3 fr.

GUICHARD (C.). Code des prises maritimes et des armements en course; 2e édit. 1800, 2 vol. in-12 (V. Pistoye et Duverdy). 4 fr.

GUICHARD (A.-C.). Dictionnaire de l'indemnité. 1827, in-8. 5 fr.

— Questions possessoires, ou explication méthodique des lois et de la jurisprudence, concernant les Actions possessoires. 1827, in-8 (V. Bioche). 4 fr.

— Traité méthodique et complet des lois sur les transactions pendant le papier-monnaie. An VI, 2 vol. in-12. 4 fr.

— Code et Guide des notaires publics. 1805, 2 vol. in-12. 4 fr.

— Jurisprudence hypothécaire. 1810, 4 vol. in-8. 12 fr.

— Législation hypothécaire. 1810, 3 vol. in-8. 10 fr.

— Cours de Droit rural. 1826, in-8 (V. Bouthors). 6 fr.

— Manuel de la Police rurale et forestière. 1829, in-8. 6 fr.

— Jurisprudence communale et municipale. 1820, in-8 (V. Braff). 6 fr.

GUICHARD (J.). Traité des Droits civils, etc. 1821, in-8. 5 fr.

GUICHARD et **DUBOCHET**. Manuel du Juré. 1827, in-8 6 fr.

GUICHON DE GRANDPONT (P.-F.). Instruction préliminaire à l'enseignement du Code Napoléon. 1864, in-8. 2 fr.

GUILBAULT. Traité de comptabilité et d'administration industrielles. 1865, 1 vol. gr. in-8, avec atlas. 12 fr.

GUILBON. Traité des règlements et arrêtés administratifs et municipaux, de leur effet et de leur sanction, etc., etc. 1859, gr. in-8. 4 fr.

— Des mauvais traitements envers les animaux domestiques et de leur répression. Explication de la loi du 2 juillet 1850. 1862, in-12. 1 fr. 50 c.

— Traité pratique de la compétence civile des Juges de paix en matière contentieuse; précédé d'une introduction par M. A. Valette, professeur à la Faculté de droit de Paris. 1864, in-8 (V. Jay). 8 fr.

Le livre de M. Guilbon n'est pas seulement nécessaire aux magistrats chargés de rendre la justice, aux greffiers qui leur prêtent un si actif et si intelligent concours, et aux nombreux officiers publics qui fonctionnent ou instrumentent près des tribunaux. Nous regardons le *Traité de la Compétence civile des Juges de paix* comme destiné à rendre d'utiles et incessants services aux maires, adjoints, notaires, et aux particuliers eux-mêmes, qui, tous, y puiseront des règles sûres et de précieux renseignements sur une foule de matières se rattachant soit à la pratique de l'administration communale, soit aux transactions et aux besoins quotidiens de la vie usuelle.

Le *Traité pratique de Compétence* est accompagné de deux tables : l'une rappelle l'ordre qui a été suivi pour la division des matières; l'autre, tout à la fois alphabétique et analytique, est établie avec le plus grand soin. Les recherches sont donc ainsi rendues d'une extrême facilité.

— Traité de la police du roulage dans ses rapports avec la compétence des tribunaux de simple police; de la constatation, de la poursuite et de la répression des contraventions, etc. 1858, in-8 avec suppl. (V. *Code*; *Verlet-Dumesnil*).   6 fr.

GUILGOT. Manuel de l'employé des douanes. 1856, 2 vol. in-8.   15 fr.

GUILHON (*C.-G.*). Traité des Donations entre-vifs. 1818, 3 vol. in-8 (V. *Demolombe*).   12 fr.

GUILLARD. Obligations au porteur, paiement par erreur. In-8 (R. P.).
                                                                            1 fr. 50 c.

GUILLAUME. De la Législation des rails-routes et chemins de fer en Angleterre et en France. 1838, in-8.   6 fr.

GUILLET (*J.*). Abolition des octrois ou nécessité d'établir le libre-échange entre les villes et les campagnes. 1865, in-8.   1 fr. 50 c.
     Extrait de l'*Economiste français*.

GUILLET (*Aug.*). De la condition civile des étrangers à Rome et en France. 1863, in-8 de 171 pag.

GUILLOT (*Léon*). Législation et administration militaires. 1855, gr. in-8.
                                                                            10 fr.

GUILLOT (*G.*). De la transmissibilité des droits du défunt à l'héritier, en matière de diffamation (loi du 17 mai 1819). 1864, in-12, 25 pag.

GUIZARD (*de*). Aperçu des progrès administratifs introduits dans le service départemental, de 1830 à 1845, particulièrement dans l'Aveyron. 1847, in-8.   7 fr. 50 c.

GUIZOT. De la Peine de mort en matière politique. 1828, in-8 (V. *Bavoux*).

— Histoire du Gouvernement représentatif. 1850, 2 vol. in-8.   12 fr.

— Mémoires pour servir à l'histoire de mon temps. 1858-1865, 7 vol. in-8.   52 fr. 50 c.

— Histoire parlementaire de France; recueil complet des discours prononcés dans les chambres, de 1819 à 1848. 1863, 5 vol. in-8. 37 fr. 50 c.
     Complément des *Mémoires pour servir à l'histoire de mon temps*.

GUY (*Pol de*). — V. *Pol de Guy*.

GUY COQUILLE. — V. *Coquille*.

GUYÉTANT (*C.*). Traité de l'Affouage. 1854, 1 fort vol. in-12 (V. *Meaume*).   7 fr. 50 c.

H

HAAS (*C.-P.-M.*). Administration de la France; 2e édit. 1861, 4 vol. gr. in-8 (V. *Braff*).   25 fr.

— Un avocat du Midi (Frédéric Billot), ses œuvres judiciaires, politiques, maritimes et d'économie sociale. 1862, in-18.   4 fr.

HAENEL (*G.*). Lex romana Wisigothorum, ad LXXIII librorum mss. fidem emendata. *Lipsiæ*, 1848, 1 vol. grand in-4.   45 fr.

— Codices : Gregorianus, Hermogenianus, Theodosianus. *Lipsiæ*, 1842-1844, cum supplemento. 1 vol. in-4.   35 fr.

— Corpus legum ab imperatoribus ante Justinianum latarum, quæ extra Constitutionum codices supersunt. *Lipsiæ*, 1857, 2 fasc. gr. in-4. 72 fr.
— V. *Corpus juris antejustinianei.*

HAGHE et CRUYSMANS. Commentaire sur la police d'assurance maritime d'Anvers. *Bruxelles*, 1853, 1 vol. in-8 (V. *Cauvet* ; *Pouget*). 7 fr.
— V. *Cruysmans.*

HALLER. Mélanges de Droit public et de haute politique (Espagne et Portugal). 1839, 2 vol. in-8. 12 fr.

HALLEZ D'ARROS. Guide du Maire et du Secrétaire de mairie. 4ᵉ édit. 1858, in-12, cartonné (V. *Dubarry*). 2 fr. 50 c.
— Guide pratique du Garde-champêtre. 3ᵉ édit. 1863, gr. in-18 cart. (V. *Dubarry*). 1 fr. 75 c.

HALPHEN (A.). Recueil des lois, décrets, etc., concernant les Israëlites, depuis la révolution de 1789. 1851, in-8. 7 fr. 50 c.

HANAUER *(l'abbé).* Les paysans de l'Alsace au moyen-âge. Etude sur les cours colongères de l'Alsace. 1865, in-8. 6 fr.
   Ouvrage couronné par l'Institut, en juillet 1865.
— Les constitutions des campagnes de l'Alsace au moyen-âge. Recueil de documents inédits. 1865, in-8. 6 fr.
   Ouvrage couronné par l'Institut, en juillet 1865.

HANIN. Des Conséquences des condamnations pénales, relativement à la capacité des personnes. 1848, in-8. 6 fr.

HARDOUIN (H.). Aperçu du régime des eaux non navigables, suivi d'un examen du projet de loi sur les associations syndicales. 1865, in-8 (V. *Rives*). 3 fr.

HAREL-DELANOE. Cours élémentaire de Notariat. 1863, 2 vol. in-8 (V. *Vélain*). 6 fr.

HARMENOPULUS. Manuale legum, recensuit et locupletavit G. E. Heimbach. *Lipsiæ*, 1851, gr. in-8. 25 fr.
— V. *Heimbach.*

HASTRON *(Hipp.).* Vues critiques et philosophiques sur le droit. Première partie : Partie générale. 1865, in-8 (V. *Ahrens* ; *Belime* ; *Glinka*).

HATIN *(Eug.).* Histoire politique et littéraire de la presse en France. 1859-61, 8 vol. in-8. 48 fr.
— Le même ouvrage. Edition in-12. 8 vol. 32 fr.

HATIVET. Manuel pour la mise à exécution de la loi des 31 mai 1851, 10 août 1852 sur la police du roulage et les messageries publiques. 1854, br in-12 (V. *Code* ; *Guilbon* ; *Verlet-Dumesnil.*) 50 c.

HAUBOLD. — V. *Heineccius.*

HAULLEVILLE (P. de). Les institutions représentatives en Autriche. *Bruxelles*, 1863, in-12. 2 fr. 50 c.

HAURÉAU. Catalogue chronologique des œuvres imprimées et manuscrites de J.-G. Gerbier, que possède la bibliothèque de l'ordre des avocats de Paris. 1863, in-8. 3 fr.
— Catalogue des livres imprimés de la bibliothèque des avocats à la cour impériale de Paris. 1866, 2 vol. in-8.
   Le tome Iᵉʳ seul a paru. Le tome II est sous presse (Novembre 1865). — Cet ouvrage n'est pas destiné au commerce.

HAUS (Ed.). Des Coalitions industrielles et commerciales (ou des coalitions des maîtres et des ouvriers, des détenteurs de marchandises et des consommateurs, etc.). *Gand*, 1863, in-8. 7 fr.

HAUS (*J.-J.*). Cours de droit criminel; 2ᵉ édit. *Gand*, 1861, gr. in-8. Tome Iᵉʳ (V. *Trébutien*).

— Observations sur le projet de révision du Code pénal, présenté aux Chambres belges, suivi d'un nouveau projet. *Gand*, 1835, 3 vol. in-8.

HAUTEFEUILLE. Traité de procédure correctionnelle et de police; suivi de l'analyse du Code pénal, etc. 1811, in-4. 10 fr.

— Nouvelle procédure criminelle, correctionnelle, etc. An VII, 2 vol. in-12. 6 fr.

— Traité de procédure civile et commerciale. 1812, in-4. 6 fr.

HAUTEFEUILLE (*L.-B.*). Quelques questions de droit international maritime. 1861, in-8. 1 fr. 50 c.

— Guide des juges marins ; Code de justice militaire pour l'armée de mer. 1860, in-8. 8 fr. 50 c.

— Histoire des origines, des progrès et des variations du droit maritime international. 1858, in-8 (V. *Wheaton*). 7 fr. 50 c.

— Législation criminelle maritime. 1839, in-8. 7 fr. 50 c.

— Code de la Pêche maritime. 1844, in-8. 7 fr. 50 c.

— Des droits et des devoirs des Nations neutres en temps de guerre maritime; 2ᵉ édit. 1858, 3 vol. in-8. 22 fr. 50 c.

— Marine marchande. Décret disciplinaire et pénal du 24 mars 1852, expliqué et commenté. 1852, in-8. 4 fr.

— Les règlements danois et autrichiens sur la navigation des peuples neutres (16 février et 3 mars 1864). In-8.

Extrait de la *Revue contemporaine*.

HAUTHUILLE (*d'*). Essai sur le droit d'accroissement. 1834, in-8.

— De la Révision du système hypothécaire. 1843, in-8. 3 fr.

HAVARD. Éléments du droit public administratif de la Belgique. *Bruxelles*, 1851, 2 vol. in-8 (V. *Destrivaux*). 18 fr.

HAXTHAUSEN (*le baron Aug. de*). De l'abolition, par voie législative, du partage égal et temporaire des terres dans les communes russes. 1858, in-8. 75 c.

HÉBERT. Défense du régime dotal. 1843, in-8 (V. *Bellot des Minières; Ginoulhiac ; Marcel*). 2 fr.

— De quelques modifications importantes à introduire dans le régime hypothécaire. 1841, gr. in 8. 6 fr.

HEFFTER. Le Droit international public de l'Europe, traduit, avec l'agrément de l'auteur, sur la 3ᵉ édition de l'original allemand, et augmenté d'un tableau politique de l'Europe, des nouveaux traités, de la jurisprudence française, par Jules Bergson, docteur en droit. 1857, 1 vol. in-8 (V. *Wheaton*).

— V. *Bergson*.

HEIMBACH. Sur les derniers travaux pratiques des jurisconsultes grecs, traduit de l'allemand par L. Sgouta. Broch. in-8. 1 fr.

Extrait de la *Revue historique de droit français et étranger*.

— V. les mots : *Basilicorum*; — *Harmenopulus*.

HEINECCIUS. Recitationes in elementa juris civilis, secundum ordinem Institutionum; operâ et curâ J.-J. Dupin. 1810, 2 vol. in-8. 15 fr.

— Antiquitatum romanarum Jurisprudentiam illustrantium syntagma sec. ordinem Institutionum Justiniani; notulas adjecit G. Haubold; denuô opus retractavit C. F. Mulhenbruch. *Francofurti ad M.*, 1841, in-8. 18 fr.

— V. *Giraud*; — *Muhlenbrück*.

HELFFERICH (A.) et **CLERMONT** (G. de). Les Communes françaises, en Espagne et en Portugal pendant le moyen-âge. 1860, in-8. 3 fr.

HELLFELD. — V. Glück.

HELLO, Le Régime constitutionnel dans ses rapports avec l'état actuel de la science sociale et politique; 3e édit. 1848, 2 vol. in-8. » »

HENDLÉ (E.). Les associations de crédit populaire. 1864, in-8. 1 fr. 50 c.

HENKE. Droit public de la Suisse, tr. de l'all. par Masse. 1825, in-8. 5 fr.

HENNEQUIN (V.). Traité de législation et de jurisprudence, suivant l'ordre du Code civil (deuxième livre). 1841, 2 vol. in-8 (V. Demolombe). 16 fr.
— Introduction historique à l'étude de la Législation française; les Juifs. 1842, 2 vol. in-8. 12 fr.

HENRICHS (P.). Formulaire de la correspondance administrative et privée, ou Formules de rapports, dépêches, lettres ou pétitions adressées aux souverains et chefs d'Etat, aux princes, etc. 1861, in-8. 4 fr.

HENRION. Code ecclésiastique français, d'après les lois ecclésiastiques de d'Héricourt; 2e édit. 1829, 2 vol. in-8. 12 fr.
— Manuel du Droit ecclésiastique. In-18 (V. Gaudry). 2 fr.

HENRION DE PANSEY. Ses œuvres judiciaires, contenant : 1° une Notice biographique; 2° les Justices de Paix avec la loi du 25 mai 1838; 3° le Pouvoir municipal; 4° les Biens communaux; 5° de l'Autorité judiciaire; 6° des Pairs de France, avec notes et commentaires, rédigés par une soc. de jurisc. et de magistrats. 1843, gr. in-8. 6 fr.
— Compétence des Juges de paix. 1843, in-8 (V. Bourbeau; Guilbon; Jay). 6 fr.
— Du Pouvoir munic., de la police intér. des communes. 1840, in-8. 6 fr. 50 c.
— De l'Autorité judiciaire dans les gouvernements monarchiques. 1827, 2 vol. in-8. 15 fr.
— Des Assemblées nationales en France depuis l'établissement de la monarchie jusqu'en 1614; 2e édit. 1829, 2 vol. in-8. 12 fr.

HENRIOT (Eug.). Les poëtes juristes, ou remarques des poëtes latins sur les lois, le droit civil, le droit criminel, la justice distributive et le barreau. 1858, in-12. 4 fr. 50 c.
— Mœurs juridiques et judiciaires de l'anci nne Rome, d'après les poëtes latins. 1865, 3 vol. in-8. 20 fr.

HENRY. Histoire de l'Éloquence; 2e édit. 1850, 2 vol. in-8 (V. Paignon). 14 fr.

HEPP (G.-Ph.). Essai sur la théorie de la vie sociale et du gouvernement représentatif pour servir à l'étude de la science sociale ou du droit et des sciences politiques. 1833, in-8. 5 fr.

HEPP (Eug.). De la note d'infamie, en droit romain. 1862, in-8. 2 fr.

HEPP (Edgar). De la Correspondance privée postale ou télégraphique dans ses rapports avec le droit civil, le droit commercial, le droit administratif et le droit pénal. 1864, in-8. 2 fr.

C'est une bonne inspiration que celle qui a dirigé M. Hepp dans la voie qu'il vient de suivre. Les travaux de Merlin, de MM. Rolland de Villargues et Dalloz, sur les difficultés qui s'élèvent à l'occasion des lettres missives, n'ont pu comprendre les télégrammes, ces merveilleux moyens de communication dont la science a doté notre époque. M. Hepp s'est laissé entraîner, comme il le confesse, par l'attrait des recherches relatives à la correspondance par la voie du télégraphe électrique, à la nature des besoins auxquels elle répond, à ses analogies avec la correspondance ordinaire, à ses dissemblances, etc.... Ses propres recherches, appuyées sur des publications françaises et étrangères, sont pleines d'utilité pratique et d'intérêt; elles dénotent un excellent esprit qu'on ne peut trop encourager.
(CH. VERGÉ, Dalloz, Jurisprudence générale, 6e et 7e cah. 1864.)

HÉRICOURT (d'). — V. Henrion.

HERMAN (*E.*). Traité d'administration départementale, présentant toutes les dispositions qui ont régi cette branche du service public, depuis 1789 jusqu'à présent. 1855, 2 vol. in-8 (V. *Deshaires ; Grétry*).   15 fr.

— Code des Chemins vicinaux, avec un modèle de règlement général. 1856, 1 vol. in-8 (V. *Grandvaux*).   8 fr. 50 c.

— Traité pratique de Voirie vicinale. 1854, in-8.   8 fr. 50 c.

HEROLD (*F.*). Sur la perpétuité de la propriété littéraire. 1862, in-8, 48 pag. (R. P.).   2 fr.

HERSON (*A.*). De l'Expropriation pour cause d'utilité publique 1843, in-8 (V. *Daffry de la Monnoye*).   7 f. 50 c.

HERVIEU (*L.-E.*). Dictionnaire des priviléges et hypothèques, ou Résumé de jurisprudence, de législation et de doctrine, contenant un commentaire de la loi sur la Transcription. 1864, in-4 (V. *Verdier.*).   10 fr.

— Résumé de jurisprudence sur les priviléges et hypothèques ; 3e édit. 1859, 2 vol. in-4.   24 fr.

— Interprétation de la loi du 23 mars 1855, sur la Transcription hypothécaire. 1856, in-8 (V. *Verdier*).   4 fr.

— V. *Journal des conservateurs des hypothèques.*

HERVIEU et **ÉMION**. De l'Ordre amiable au point de vue théorique et pratique. 1861, in-8.   1 fr.

HETZEL (*L.*). La propriété littéraire et le domaine public payant. *Bruxelles*, 1860, in 8.   2 fr. 50 c.

HILPERT. Le Messagiste, ou traité théorique, pratique et législatif de la Messagerie. 1839, in-8 (V. *Guilbon; Verlet-Dumesnil*).   5 fr.

HIVER. Histoire critique des Institutions judiciaires de la France (de 1789 à 1848). 1848, in-8.   7 fr.

HOCK (*Ch. de*). L'administration financière de la France, trad. de l'allemand par Legentil. 1858, in-8 (V. *Braff*).   8 fr.

HOECHSTER et **SACRÉ** (*A.*). Manuel du droit commercial français et étranger, suivant les coutumes et la jurisprudence des puissances de l'Europe. 1855, gr. in-18 (V. *Bédarride*).   8 fr.

HOFFBAUER. Médecine légale relative aux Aliénés et aux Sourds-muets. 1827, in-8 (V. *Castelnau*).   6 fr.

HOFFMANN (*J.-B.*). Traité théorique et pratique des questions préjudicielles en matière répressive selon le droit français, précédé d'un exposé dans la même forme, de l'action publique et de l'action civile considérées séparément et dans leurs rapports mutuels. Ouvrage adapté à la législation belge, et contenant, outre la doctrine et la jurisprudence française, un résumé méthodique et séparé de la jurisprudence belge, de 1814 à 1864, sur ces matières. 1865-1866, 3 vol. in-8 (V. *Bertauld*).   21 fr.

HOFFMANS, D'HAUTERIVE et **DE CUSSY**. Recueil des Traités de commerce et de navigation de la France avec les puissances étrangères, depuis 1648, etc. 1834-1844, 10 vol. in-8.   40 fr.

HOLTIUS. Historiæ juris romani lineamenta; ed. secunda. 1840, in-8. 8 fr.

— Analyse historique du droit d'accroissement entre légataires, d'après le droit romain et les législations modernes. 1840, in-8.   2 fr. 50 c.

HOMBERG (*Th.*). Traité de l'Expropriation pour cause d'utilité publique. 1841, in-8 (V. *Daffry de la Monnoye*).   3 fr. 50 c.

— Abus du Régime dotal au point de vue des intérêts du pays et de ceux de la famille. Histoire et critique de ce régime. 1849, in-8 (V. *Bellot des Minières; Ginoulhiac; Marcel*). 3 fr. 50 c.

— De la répression du vagabondage, suivi de notes supplétives sur l'emprisonnement et sur la transportation. 1862, in-8. 3 fr.

— Guide de l'inventeur, ou Commentaire de la loi du 5 juillet 1841, sur les brevets d'invention ; 2e édit. 1860, in-8 (V. *Breulier et Desnos-Gardissal*). 1 fr.

HOOREBEKE (*Em. Van*). De la Récidive, dans ses rapports avec la réforme pénitentiaire. *Gand*, 1846, in-8. 8 fr.

— Traité des Prescriptions en matière pénale. *Bruxelles*, 1847, in-8. (V. *Brun de Villeret*.) 6 fr.

— Traité de la Complicité en matière pénale (Etudes de législation comparée). *Gand*, 1846, gr. in-8. 6 fr.

— Etudes sur le Système pénitentiaire en France et en Belgique. *Gand*, 1843, gr. in-8. 6 fr.

— Manuel du droit public externe de la Belgique. *Gand*, 1848, in-8. 6 fr.

HORN (*J.-E.*) — Voyez : *Annuaire international du crédit public ; — Batbie*.

HORSON. Questions sur le Code de commerce (2e tirage). 1830, 2 vol. in-8. 12 fr.

HOSPITAL (*Chancelier de l'*). Œuvres complètes. 1825, 5 vol. in-8, avec planches. 25 fr.

HOUEL. Code de la Chasse. 1844, in-32 (V. *Codes de la lég. forest.; Dufour ; Gillon et Villepin*.) 1 fr 50 c.

HOUILLÈRES du Nord et du département du Pas-de-Calais. Histoire : origine, développement des exploitations, valeur des actions ; exposé de la législation. 1856, in-8. 6 fr.

HOUPERT (*Ch.*). Etude sur l'organisation de l'Eglise et le pouvoir temporel suivant les faits historiques ; 2e édit. 1865, in-8, 64 pag.

HOURIER (*E.*). Les grandes Compagnies et les Tribunaux de commerce. Appel à tous les justiciables des tribunaux de commerce. 1864, in-8. 1 fr.

HOUYVET (*E.*). Traité de l'Ordre entre créanciers et de la purge préalable des hypothèques. 1859, in-8. 8 fr.

— De l'état de la criminalité en France. 1860, broch. in-8. 1 fr.

Extrait de la *Revue historique de droit français et étranger*.

— De la concurrence des huissiers, des greffiers avec les notaires, en fait de ventes publiques de meubles à crédit et des récoltes en arbres sur pied. 1847, in-8. 3 fr. 50 c.

HUA. Notions élémentaires sur le Régime hypothécaire. *An VII*, in-12. 2 fr.

HUARD (*Ad.*). Répertoire de législation, de doctrine et de jurisprudence, en matière de brevets d'invention. 1863, gr. in-18. 5 fr.

— Etude comparative des législations française et étrangères en matière de propriété industrielle, artistique et littéraire. 1864, in-8. 3 fr.

— Répertoire de législation, de doctrine et de jurisprudence en matière de marques de fabrique, noms, enseignes et désignations, concurrence déloyale et divulgation de secrets de fabrique. 1865, in-18 (V. *Calmels*). 4 fr. 50 c.

HUARD (*L.*) et **BICHEYRE** (*J.*). Vade-mecum gouvernemental à l'usage des maires de France, des conseils municipaux, des instituteurs de l'armée, des hauts fonctionnaires. 1864, in-32 (V. *Dubarry*). 1 fr.

HUART DE LA MARRE. (V. *Lerat de Magnitot*).

HUBERT-VALLEROUX. De l'assistance sociale. 1854, in-8.
— De l'organisation de la justice criminelle chez les Romains, 1862,
in-8 de 19 pag.   »
Extrait des *Mém. de l'Acad. imp. de Metz.*

HUC (*Théoph.*). Du Formalisme romain. Appréciation historique et critique dn prétendu caractère formaliste et matérialiste de l'ancienne législation romaine. *Premier chapitre* : Théorie des droits réels. 1861,
in-8, de 130 pages.   2 fr.

HUGO. Histoire du Droit romain, traduite de l'allemand, sur la 7e éd.,
par Jourdan, revue par Poncelet. 1821-1822, 2 v. in-8 (V. *Etienne*).
                                                                       15 fr.

HULOT. Les Institutes de Justinien, trad. en français, 1806, 3 vol. in-12.
                                                                        8 fr.

HULOT, TISSOT, etc. Corps de Droit des lois romaines, traduit en
français. *Metz*, 1803, 17 vol. in-4.   300 fr.
Cette collection est ainsi divisée : Digeste, 7 vol. — Les douze livres du Code, 4 vol.
— Les Novelles de Justinien, 2 vol. — Les Institutes, 1 vol. — Le Trésor de l'ancienne Jurisprudence, 1 vol. — La Clef des lois romaines, ou Dictionnaire analytique et
raisonné des matières, 2 vol.

HUMBERT (*G.-H.*). Du Régime nuptial des Gaulois. 1858, br. in-8. 1 fr.
Extrait de la *Revue historique de droit français et étranger.*
— Des Conséquences des condamnations pénales relativement à la ca-
pacité des personnes en droit romain et en droit français, suivi d'un
Commentaire de la loi portant abolition de la mort civile. 1855, in-8
(V. *Hanin*).   »

HUOT *(Fr.)*. Du Recrutement et de l'organisation de l'armée. 1865, in-8
                                                                    1 fr. 50 c.

HUREAUX. Etudes sur le Code civil. 1847-1853, 3 vol. in-8. 18 fr.
N. B. Il n'a paru du tome III que la 1re partie. L'ouvrage ne sera vraisemblablement jamais
terminé.

HUSSON (*A.*). Les Consommations de Paris. 1856, 1 fort v. in-8. 7 fr. 50 c.
— Traité de la Législation des travaux publics et de la voirie en
France; 2e édit. 1850, 2 vol. in-8 (V. *Delvincourt*.)   »

HUTTEAU D'ORIGNY. De l'Etat civil et des améliorations dont il est
susceptible. 1823 in-8 (V. *Loir*).   5 fr.
— Des Institutions commerciales en France ; Histoire du bureau du commerce, etc. 1857, 2 vol. in-8. — Le t. Ier (*seul publié*).   8 fr.

HUZARD et **HAREL**. De la Garantie et des vices rédhibitoires. 1844,
in-12 (V. *Galisset et Mignon*).   3 fr. 50 c.

HYPÉRIDE. Plaidoyer pour Euxénippe contre Polyeucte, traduit pour
la première fois en français, avec des notes, par H. Caffiaux. 1860,
in-8.   1 fr.

I
                                                                        —

IMPOT (De l') sur les voitures et les chevaux. Commentaire de la loi du
2 juillet 1862, in-8, 48 pag. (V. *Deshaires*).   2 fr.

INDEX alphabeticus omnium titulorum qui continentur in corpore Digestorum, Codicis, Novellarum, Constitutionum necnon Institutionum.
Pisis, 1852, in-8, cart.   1 fr. 50 c.

INDICE analitico de los codigos penal y de enjuiciamientos en materia penal, y de la ley de 3 noviembre de 1823, sobre abusos de la libertad de imprenta. 1864, in-8, 32 pag.
Législation du Pérou.

INGREMARD (*Em. d'*). Les concessionnaires de chemins de fer et la propriété. 1860, in-18. 3 fr. 50 c.

INNOCENT et DESVAUX. Des Sociétés à responsabilité limitée en France. 1863, in-8 2 fr. 50 c.

INSTITUTIONES del derecho romano segun la Instituta de Justiniano. Lecciones por A. B. *Santiago de Chile*, 1843, in-8.

INSTITUTES du Droit fiscal. — V. *Obissier*.

INSTRUCTION DU PROCUREUR DU ROI (M. Jacquinot de Pampelune) près le tribunal de la Seine, à MM. les juges de paix, etc., avec des formules ; 2e édit. 1831, in-8. 5 fr.

INSTRUCTION GÉNÉRALE sur le service et la comptabilité des receveurs généraux et particuliers des finances, des percepteurs des contributions directes, etc. 1860, in-8. 8 fr.

INSTRUCTION GÉNÉRALE sur les mutations en matière de contributions directes, du 18 décembre 1853. 2 fr.

INSTRUCTION PRIMAIRE. Annales législatives publiées par J. Delalain. — V. *Annales législatives de l'instruction primaire*.

INSTRUCTION PUBLIQUE. Recueil des lois et règlements concernant l'Instruction publique depuis l'édit de Henri IV (1598) jusqu'au 1er janvier 1828. 1814-1828, 8 vol. in-8. 35 fr.
— Nouveau recueil (V. *Recueil des lois et actes*).

INSTRUCTION sur l'organisation des huissiers, sur les devoirs qu'ils ont à remplir, etc. 1813, in-8. 2 fr.

INSTRUCTIONS sur les assurances maritimes et les règlements d'avaries, à l'usage des capitaines de la marine marchande. 1862, in-8 de 48 p. (V. *Cauvet*). 2 fr.

INVENTION (l'), journal mensuel de la propriété industrielle, fondé par M. Gardissal. Années 1834-65.
Abonnement : Paris, un an 8 fr.
— Départements, — 10 fr.
— V. *Gardissal*.

IRMINON (*l'abbé*). — V. *Guérard*.

ISAMBERT. Tableau historique des progrès du droit public et du droit des gens jusqu'au xixe siècle. 1833, in-8. 6 fr.
— Histoire de Justinien. 1856, 2 vol. in-8. 12 fr.

1re partie, contenant l'introduction, la division de l'empire, les tableaux sur les chargements de navires, les mesures itinéraires et de longueur, la livre romaine, les monnaies, la proportion entre les métaux et les subsistances. — *Traduction des Anecdota*, et les notes historiques pour les faits antérieurs à Justinien, avec 3 planches et 2 cartes.
2e partie, contenant la Chronologie du règne de Justinien, de 527 à 565, avec une table alphabétique.

— Manuel du Publiciste et de l'homme d'Etat, contenant les Chartes et les lois fondamentales, les traités, etc. 1826, 4 vol. in-8. 25 fr.
— Code électoral et municipal ; 2e édit. 1831 ; 3 vol. in-8. 18 fr.
— Traité de la Voirie urbaine. 1828-29, 3 vol. in-12 (V. *Féraud-Giraud*). 10 fr.

ISAMBERT, JOURDAN et TAILLANDIER. Recueil général des anciennes lois françaises, depuis 420 jusqu'à la révolution de 1789, contenant la notice des principaux monuments des Mérovingiens, des Carlovingiens et des Capétiens, et le texte des ordonnances, édits, déclarations, lettres patentes, règlements, arrêts du conseil, etc., de la troisième race, qui ne sont pas abrogés ou qui peuvent servir à l'histoire du droit public et privé, avec notes de concordance, table chronologique et table générale analytique et alphabétique des matières. 30 vol. in-8, y compris la table. 100 fr.

Il n'est pas d'avocat ni de jurisconsulte qui n'ait à chaque moment besoin de recourir à la législation ancienne, soit pour certaines lois encore en vigueur, ou seulement modifiées, soit comme point de comparaison pour juger des progrès de notre législation, soit enfin comme recherches historiques.

Il existe deux ou trois recueils abrégés d'anciennes lois ; mais ces ouvrages incomplets, dans lesquels on n'a voulu mettre que les lois les plus usuelles, ont un défaut capital, c'est de ne contenir jamais la loi, l'édit ou l'ordonnance que l'on cherche : telle loi insignifiante pour les uns est d'une grande importance pour d'autres. La collection des lois anciennes que nous annonçons ici renferme *toutes* les lois et ordonnances, tous les décrets, etc., rendus depuis l'origine de notre nation jusqu'en 1789. — L'ouvrage est terminé par une table analytique et alphabétique des matières, véritable répertoire de droit ancien.

N. B. — La table analytique et alphabétique, formant 1 vol., se vend séparément : 10 fr.

ISOARD (*J.*). Guide théorique et pratique du contribuable en matière de contributions directes ; 6e édit. 1864, in-12 (V. *Fisguel*). 2 fr.

ITIER (*J.*). Sur l'Inscription maritime. 1863, in-8. 1 fr. 50 c.

J

JACOB. Science des Finances : explication théorique et pratique, trad. de l'allemand par H. Jouffroy. 1841, 2 vol. in-8 (V. *Gandillot*). 15 fr.
— V. *Jouffroy* (Henri).

JACQUES. De l'embrigadement des gardes champêtres, ou Nouveau mode d'organisation de la police administrative et judiciaire. In-8 (R. P.). (V. *Dubarry*.) 1 fr. 50 c.
— Etude sur le droit pénal. 2 broch. in-8 (R. P.). 4 fr.
— Etudes sur les juridictions civiles et les réformes à y introduire. In-8 (R. P.). 3 fr.

JACQUES DE VALSERRE. Manuel de droit rural et d'économie agricole ; 2e édit. augmentée de toute la législation annotée. 1848, in-8. 8 fr.

JACQUINOT DE PAMPELUNE. — V. *Instruction du procureur du roi.*

JACQUOT (*Ch.*). — V. *Codes de la législation forestière.*

JANNAUT. Le Guide de l'inventeur et du fabricant ; 2e édition, augm. de la nouv. législation sur les brevets d'invention et sur les marques de fabriques et de commerce. 1859, in-8 (V. *Breulier; Calmels*). 2 fr. 50 c.

JANZÉ (*le baron de*). Amendement Lesurques. Notice historique. 1864, in-8 (V. *Jeandel*). 1 fr.

JARMAN (*Henry*). The practice of the high court of Chancery ; 2e édit. *London*, 1864, 1 fort vol. in-12. 30 fr.

JARRIT-DELILLE (*L.*). Budgets départementaux. Projet de révision de la loi du 18 mai 1838. *Guéret*, 1863, in-8 de 46 pages.

JAUZE. Médecine légale hippiatrique. 1838, in-8. 8 fr.

JAVERZAC et BELLOC. Le Code de commerce mis à la portée de tous des négociants, avec l'exposition des principes en matière de comptabilité commerciale et de tenue de livres ; les modèles et formules des principaux actes et des livres en usage dans le commerce ; suivis de la loi du 5 juillet 1844 sur les brevets d'invention et des lois des 17 avril 1832 et 13 décembre 1848 sur la Contrainte par corps. 1854, 1 vol. grand in-18 de 400 pages. 4 fr.

JAY (J.-L.) Répertoire général et raisonné des Justices de paix. Nouv. collection de Jurisprudence et de doctrine, suiv. l'ordre alphabétique. 5 vol. in-8. 40 fr.

— Annales et Journal spécial des Justices de paix, revue mensuelle, faisant suite au Répertoire général. 1850-65, 15 vol. in-8.

La collection complète, y compris le *Répertoire général*, en tout 20 vol. 120 fr.

Abonnement annuel : 10 fr.

— Table alphabétique et chronologique de la collection complète des Annales des Justices de paix, par Jay et Beaume (An II à 1862). 1863, 1 vol. gr. in-8. 10 fr.

— Bulletin des Huissiers (V. *Bulletin spécial des Huissiers*).

— Bulletin des décisions des Juges de Paix et des Tribunaux de simple police (V. *Bulletin spécial*, etc.)

— Bulletin des lois des Justices de paix depuis 1563 jusqu'en 1852, annotées et expliquées. 1852, 2 vol. in-8. 12 fr.

— Manuel des Greffiers des Justices de paix, contenant un formulaire des actes à l'usage des Justices de paix; 2e édit. 1861, in-8. 6 fr.

— Traité des Scellés, en matière civile, commerciale et criminelle, des inventaires et des prisées, suivi d'un formulaire; 2e édit. 1854, in-8. 6 fr.

— Guide des Huissiers en matière civile, commerciale et criminelle, suivi d'un formulaire, 2e édit. 1849, in-8. 7 fr.

— Commentaire sur les Ventes de meubles et de marchandises, d'après la loi du 25 juin 1841. In-8. 3 fr.

— Dictionnaire général et raisonné des Justices de paix en matière civ., admin., de simple police, d'instr. crim., à l'usage des juges de paix, greffiers, etc. 2e édit. 1859, 4 vol. in-8. 30 fr.

— Nouveau Traité du Bornage; ouvrage traitant des actions en matière de bornage; de la compétence; des biens soumis au bornage; des règles d'attribution de propriété; de l'instruction de l'action en bornage; des restitutions de fruits et des dépens, etc., etc. 1859, in-8. 5 fr.

Le Traité sur le Bornage, publié par M. Jay, est un nouveau service rendu par cet estimable jurisconsulte aux juges de paix et à la science du droit. Le Bornage est une matière d'un grand intérêt pratique et qui présente en même temps de sérieuses difficultés. Dans cet ouvrage, M. Jay fait preuve du talent d'exposition et de discussion que l'on remarque dans ses précédentes publications. Depuis le 1er janvier, il fait paraître un bulletin spécial des décisions des juges de paix et des tribunaux de simple police, publié sous sa direction par les rédacteurs des *Annales des Justices de Paix*. Ce recueil mensuel a une utilité spéciale qui peut, dès à présent, nous en faire présager le succès.

(DALLOZ, mai 1859.)

— Traité des Conseils de famille, des tuteurs, subrogés tuteurs et curateurs et des conseils judiciaires; 3e édition. 1854, in-8. 6 fr.

— Traité de la compétence générale des juges de paix et de leurs diverses attributions en matière civile et de procédure. Suivi d'un formulaire; 2e édit. 1864, in-8 (V. *Guilbon*). 8 fr.

— Traité de la compétence générale des Tribunaux de simple police, des contraventions et de l'instruction criminelle en tant qu'elle se rapportent aux fonctions et aux attributions des juges de paix, suivi d'un formulaire; 2e édit. 1864, in-8. 8 fr.

— Formules à l'usage des justices de paix et des tribunaux de simple
police. 2ᵉ édit. 1865, in-8, 151 pag.   2 fr. 50 c.

JAY *fils (Julien)*. Agenda des justices de paix contenant le texte des lois
d'organisation et de celles concernant les attributions civiles et criminelles des juges de paix, etc. Années 1862-66, 5 vol. in-18.
Chaque volume ou année : 2 fr. 75 c.

JAY *(E.)*. De la Jouissance des Droits civils au profit des étrangers.
1855, in-8 (V. *Demolombe*).   2 fr.
— Législation russe. 1858, in-8 (V. *Zézas*).   » »

JAY *(J.-L.)* et **BEAUME** *(Alex.)*. Traité de la Vaine pâture et du Par-
cours. 1863, in-8.   3 fr. 50 c.
— Recueil des Actions possessoires. 1863, in-16 (V. *Bioche*).   2 fr.

JAY *(J.-L.)* et **GIRARDOT**. Des Tarifs et de la taxe des Justices de paix
en matière civile, de simple police et d'instruction criminelle. 1866,
in-8.   2 fr. 50 c.

JAY et **LE HIR**. Manuel théorique et pratique de l'Arbitrage, ou traité
de l'Arbitrage volontaire et forcé. 1843, in-18 (V. *Bédarride*; *Caumont*;
Giraudeau et Goetschy).   4 fr.

JEANDEL *(A.)*. Lesurques ; sa justification. 1864, in-8.   2 fr.
— La Justice à Versailles. Séjour de la monarchie. 1861, br. in-8. 1 fr.

JEANNEST SAINT-HILAIRE. Du Notariat et des Offices. 1858,
1 vol. in-8 (V. *Durand*; *Greffier*).   5 fr.

JEANNIN. Formulaire usuel complet de procédure civile et commercial,
suivi d'un Tarif des frais et émoluments des avoués de première instance et de Cours impériales. 1854, 1 vol. in-8 (V. *Bioche*). 6 fr. 50 c.
Prix du *Formulaire* pour les Abonnés au *Journal des huissiers* (V. ces
mots) : 5 fr.
Pris séparément : le Formulaire seul, 5 fr. — Le Tarif seul, 2 fr. 50 c.

JEANNOTTE-BOZÉRIAN. La Bourse, ses opérateurs et ses opérations
appréciés au point de vue de la loi, de la jurisprudence et de l'économie politique et sociale. 1859, 2 vol. in-8 (V. *Bédarride*.)   12 fr.

JEANPIERRE *(C.)*. De l'inscription des privilèges et des hypothèques.
Nancy, 1864, in-8.

JOANNIDÈS et **SGOUTA** *(L.)*. Répertoire du droit grec, selon l'ordre
alphabétique. *Athènes*, 21 vol. in-8.   170 fr.
— V. *Sgouta*.

JOANNY-PHARAON. De la Législation française, musulmane et
suisse à Alger. 1833, in-8.   » »

JOANNY et **DULEAU**. Études sur les législations anciennes et modernes
(droit musulman). 1839, in-8.   » »

JOCCOTON *(A.)*. Des Actions civiles envisagées sous le double rapport de
la théorie et de la pratique. 1846, in-8.   7 fr.
— Des Exceptions de procédure en mat. civile et commerciale. (Suite au
précédent ouvrage.) 1859, in-8.   5 fr.

M. Joccoton a publié, il y a quelques années, un traité des ACTIONS. Ce précédent ame-
nait tout naturellement à un travail sur les EXCEPTIONS, travail qu'il livre aujourd'hui au
public. C'est avec raison que M. Joccoton montre la connexité de la manière qu'il traite
avec le droit civil, de telle façon que dans un grand nombre de questions les dispositions
du Code de procédure se confondent avec celles du Code Napoléon, comme par exemple en
matière de garantie du bénéfice de discussion d'inventaire, etc.; cette confusion donne lieu
à de fréquentes difficultés dont l'existence atteste l'opportunité de l'ouvrage de M. Joccoton.
Le système qu'il a adopté n'est pas celui du commentaire, système plus facile pour les recherches et qui impose de moins sérieuses études aux jurisconsultes, mais celui du traité
qui permet de rassembler en un faisceau les principes de la matière, de les expliquer et

d'en faire découler les conséquences qui viennent se confondre soit avec les dispositions de de la loi, soit avec les cas non prévus par le législateur. De grands esprits se sont prononcés, de nos jours, pour la méthode analytique, et par suite pour le commentaire; mais leur exemple, tout brillant et tout séduisant qu'il peut être, n'est pas décisif, et la forme exégétique n'est pas indifférente aux progrès de la science. Nous ne pouvons donc que féliciter M. Joccoton de l'avoir suivie et de présenter un ouvrage sérieux et d'une incontestable utilité aux esprits qui ne dédaignent pas la procédure et y voient au contraire l'indispensable auxiliaire du droit civil.

(DALLOZ, *Recueil*, mai 1859.) *Vergé.*

JOËGLÉ et MAUNY. Manuel de Police à l'usage des commissaires cantonnaux et des préposés de l'administration. 1853, in-18. 3 fr.

JOLIET. Le Répertoire de l'Enregistrement et de la Manutention, etc. 1847, in-4. 12 fr.

JOLY (A.). Les procès de Mirabeau en Provence, d'après des documents inédits. 1863, in-8. 2 fr. 50 c.

— Les Lettres de cachet dans la généralité de Caen au xviiie siècle, d'après des documents inédits. *Impr. imp.*, 1864, in-8. 2 fr.

Ce travail, malgré le titre, n'est pas un sujet purement local, mais une question d'intérêt général, traitée d'une façon générale et touchant aux origines mêmes de la Révolution.

JOLY (M.). Le Barreau de Paris, études politiques et littéraires. 1863, in-18, jésus. 3 fr. 50 c.

JOLY (Paul). De l'Usufruit légal. 1864, in-8. 3 fr. 50 c.

JOLLY (Eus.). Résumé synoptique des Instituts de Justinien. 1865, in-4, cart. (V. *Thézard*). 5 fr. 50 c.

JORDAO (Lévy-Maria). Le Morgengabe portugais. 1850, broch. in-8. 1 fr.

— Étude historique sur la Quotité disponible en Portugal. 1857, broch. in-8. 1 fr.

— Le Régime de la communauté dans le mariage portugais. 1858, broch. in-8. 1 fr.

N. B. Ces trois brochures sont extraites de la *Revue historique de droit français et étranger.*

JORET-DESCLOSIÈRES. Mémoire sur les réformes à introduire dans l'organisation des conseils de préfecture. 1853, br. in-8. 3 fr.

JOSSEAU (J.-B.). Le Crédit foncier de France. Son histoire, ses opérations, son avenir. 1860, in-8 (V. *Lehir; Piogey)*. 4 fr.

— Traité du Crédit foncier et des Caisses hypothécaires. 1853, in-8 (V. *Code*).

— Des institutions du Crédit foncier et agricole. 1851, in-8. 8 fr.

JOUANNEAU et SOLON. Discussion du Code civil dans le Conseil d'Etat, etc. 1803, 3 vol. in-4. 18 fr.

JOUBERT. Précis sur la Législation militaire, résumé des lois, etc., en vigueur au 1er janvier 1835. In-8. 3 fr. 50 c.

JOUBLEAU (F.). Etudes sur Colbert, système suivi en économie polit., de 1660 à 1683. (Ouvr. cour. par l'Ac. des sc. m.) 1856, 2 v. in-8. 12 fr.

JOUFFROY (Théod.). Cours de Droit naturel; 3e édit. 1857, 2 vol. gr. in-18 jésus (V. *Ahrens; Caumont*). 7 fr.

JOUFFROY (Henri). Constitution de l'Angleterre. *Berlin*, 1843, in-8 (V. *Zézas*.) 6 fr.

— Catéchisme d'économie politique. *Berlin*, 1841, in-8. 4 fr.

— Le Droit Canon et son application à l'église protestante. 1843, in-8. 5 fr.

— Catéchisme de Droit naturel. *Berlin*, 1841, in-8. 3 fr.

— V. *Jacob. Science des Finances.*

JOURDAN (G.). La Justice criminelle en France. In-18. 60 c.
De la Bibliothèque utile.

JOURNAL DE JURISPRUDENCE commerciale et maritime de Marseille (V. *Girod et Clariond*.)

JOURNAL DE L'ASSUREUR ET DE L'ASSURÉ. Assurances terrestres et maritimes contre la grêle, contre la mortalité des bestiaux, sur la vie, tontine, etc. Législation, doctrine et jurisprudence, par M. Le Hir. Collection complète 1848-65, 17 vol. gr. in-8.   80 fr.
Abonnement annuel :   12 fr.
— V. *Le Hir.*

JOURNAL DE L'ENREGISTREMENT, des Droits réunis et des Domaines (1806 à 1865 inclus.), 80 vol. — Instructions décadaires, 15 v. — Circulaires et instructions générales du 27 décembre 1790 au 31 décembre 1853, 103 vol. — Tables, 1791 à 1846, 2 vol. En tout, au 1er janvier 1862, 200 vol. in-8.   400 fr.
Abonnement annuel :   15 fr.

JOURNAL de l'Enregistrement et du Notariat. Recueil des décisions, arrêts, jugements, en matière d'enregistrement, de timbre, de greffe, d'hypothèques, etc., rédigé par Em. de Brandner. *Bruxelles*, in-8.
Recueil mensuel.

JOURNAL de procédure civile et commerciale, par Bioche. — V. *Bioche.*

JOURNAL DES ARRÊTS de la cour impériale de Bordeaux, avec des notes présentant sur chaque question la jurisprudence des arrêts et la doctrine des auteurs, par E. Brives-Cazes.
Abonnement annuel :   15 fr.
Collection complète du *Journal des Arrêts*, de 1826 à 1865, 40 vol. in-8, non compris :
     1° Table décennale, de 1826 à 1835 ;
     2° Table décennale, de 1836 à 1845.
La plupart des volumes de la collection peuvent être encore vendus séparément. Quelques-uns sont épuisés.

JOURNAL DES ASSURANCES TERRESTRES, MARITIMES, FLUVIALES, SUR LA VIE, etc. Suite du *Dictionnaire des assurances*. Par Louis Pouget. Années 1849-65, 17 vol. in-8.   130 fr.
Abonnement annuel : Pour Paris.   12 fr.
     —   Étranger.   15 fr.

— Table décennale du Journal des assurances et supplément au Dictionnaire des assurances (1849-60). 1 vol. gr. in-8.   10 fr.
— V. *Pouget. Dictionnaire des assurances.*

JOURNAL DES AVOUÉS, ou Recueil critique de procédure civile, commerciale et administrative, par MM. Billequin et Chauveau-Adolphe. 90 vol. in-8, jusques et y compris 1865.   310 fr.
Abonnement annuel :   12 fr.
— Table du Journal des Avoués, par Chauveau-Adolphe (V. *Chauveau-Adolphe*).

JOURNAL DES BANQUIERS, des maisons d'escompte et de recouvrement des effets de commerce et des agents de change, par Le Hir. — Un cahier de 40 pages in-8, chaque mois. Années 1847-65.   70 fr.
Abonnement annuel :   12 fr.
— V. *Le Hir.*

JOURNAL DES COMMISSAIRES DE POLICE, Recueil mensuel de jurisprudence, etc., commencé en 1855. 1855-65, 11 vol. in-8.   60 fr.
Abonnement annuel :   12 fr.

JOURNAL DES COMMISSAIRES-PRISEURS et des amateurs d'objets d'art et de curiosité; législation, doctrine et jurisprudence, articles sur les objets d'art et de curiosité, prix auxquels ces objets ont été adjugés dans les principales ventes aux enchères, par M. Le Hir. 1843-65, 23 vol. in-8.   **125 fr.**

Chaque année :   **9 fr.**

JOURNAL DES COMMUNES et des établissements de bienfaisance, recueil de jurisprudence administrative, depuis 1828 jusqu'à 1865 inclus. 37 vol. in-8.   **185 fr.**

La deuxième série (1842 à 1865) se vend : 90 fr.

Abonnement annuel :   **9 fr.**

JOURNAL DES CONSEILLERS MUNICIPAUX, recueil de jurisprudence administrative.

Ce Journal a commencé à paraître en août 1833; il a cessé de paraître dans ces dernières années, vers 1863.

L'abonnement annuel était de 10 fr. Chaque année formait un volume in-8.

JOURNAL DES CONSEILS DE FABRIQUES. — V. *Nouveau Journal.*

JOURNAL des Conservateurs des hypothèques. Recueil mensuel de jurisprudence, de législation et de doctrine sur les priviléges et hypothèques, l'ordre, la saisie immobilière et la surenchère. Publié par Hervieu. In-8.

Ce journal, fondé le 1er janvier 1845, forme un volume chaque année.

Abonnement annuel :   **10 fr.**

— Table générale du Recueil du 1er janvier 1845 au 1er janvier 1864, suivie d'une table des matières. 1864, in-8.   **8 fr.**

— V. *Hervieu.*

JOURNAL DES COURS IMPÉRIALES DE GRENOBLE ET DE CHAMBÉRY, continuation de l'ancien *Journal de la Cour de Grenoble, du Recueil raisonné des arrêts de la même Cour* et de la *Jurisprudence Savoisienne,* rédigé par L.-A. Eyssautier, F. Périer et L. Pillet.

Cette Revue paraît depuis 1861 incl. Cette année 1861 forme le tome IV du Recueil, d'après l'explication qui suit. — Prix de l'abonnement, chaque année : 11 fr.

Ce Journal remplace les Recueils suivants :

— Journal et Revue doctrinale de la jurisprudence de la Cour imp. de Grenoble, par Eyssautier, Périer et Taulier (2e série) 1858, 1859, 2 vol. in-8.   **20 fr.**

— Journal de la Cour imp. de Grenoble. 1860, 1 vol. (t. 3e de la 2e série, ou 39e année de la publication).   **10 fr.**

On peut encore consulter :

1° Sabatéry. Précis de la Jurisprudence du Parlement du Dauphiné, 1 vol. in-8.   **6 fr.**

2° Villars. Jurisprudence de la Cour imp. de l'Isère, depuis sa création, en l'an VIII, jusqu'en 1821. 1 vol. in-4.   **12 fr.**

3° Gautier, Crozet et Charrut, et puis Aubaud. Journal de Jurisprudence de la Cour d'appel de Grenoble, depuis 1822 jusqu'en 1851. 13 vol. in-4.

— Chaque volume.   **12 fr.**

4° Aubaud. — Idem. — Jusqu'en 1858. 1 vol. in-4.   **12 fr.**

— Voyez aussi : *Jurisprudence ; — Pillet de Réville. Jurisprudence savoisienne; — Villars.*

JOURNAL des Économistes, revue de la science économique et de la statistique.

Le *Journal des Économistes* paraît le 15 de chaque mois, par livraisons de 10 feuilles (160 pages.)

Les abonnements partent du 15 janvier ou du 15 juillet de chaque année.

Prix d'abonnement, pour toute la France : six mois, 19 fr.; un an, 36 »

Chaque numéro se vend séparément :   3 50

CONDITIONS D'ACHAT DES DEUX SÉRIES ET DE LA COLLECTION COMPLÈTE.

1re série, comprenant les années 1842 à 1853 inclus, et formant 37 vol. gr. in-8. Prix :   360 fr.

2e série. Les dix premières années de la 2e série (années 1854 à 1865 inclus), formant 48 volumes grand in-8. Prix :   432 fr.

Prix de la collection complète, formant, y compris l'année 1865, 85 vol. grand in-8.   798 fr.

JOURNAL DES GARDES CHAMPÊTRES COMMUNAUX ET PARTICULIERS ; rédacteur M. T. Larade. In-8.

Abonnement annuel :   3 fr.

1862, 1re année.

— V. *Larade.*

JOURNAL DES HUISSIERS depuis son origine (1820), jusques et compris 1865. 46 vol. in-8 (V. *Jeannin*).   150 fr.

Abonnement annuel :   10 fr.

JOURNAL DES INSTITUTEURS, Écoles normales primaires, classes d'adultes, écoles de filles et de garçons, salles d'asiles ; un numéro de 16 pages paraissant une fois par semaine.

Abonnement annuel :   5 fr.

Années 1858 à 1865..   25 »

Chaque année séparée...   3 »

JOURNAL des Justices de Paix et des Tribunaux de simple police, par Bioche. — V. *Bioche.*

JOURNAL DES MAIRES. Publication mensuelle, faisant suite au *Secrétaire de Mairie*, par J. Dubarry. In-8.

Ce Journal paraît tous les mois, depuis le mois de janvier 1859 et forme un vol. in-8 à la fin de chaque année.

Les premières années sont épuisées. — Il suffit aux personnes qui possèdent la 8e édition du *Secrétaire de Mairie* de prendre le *Journal des Maires* à partir de 1863 inclusivement, pour être bien au courant.

Prix de l'abonnement annuel :   5 fr.

— V. *Dubarry.*

JOURNAL DES MINES. V. *Annales des Mines.*

JOURNAL DES NOTAIRES et des Avocats. 1808 à 1865, 96 vol. in-8.   235 fr.

Table générale de la collection (1808-62). 3 ou 4 vol. in-8 (*Sous presse.*)

Abonnement annuel :   15 fr.

JOURNAL DES PERCEPTEURS, DES RECEVEURS ET ORDONNATEURS de dépenses des communes, hospices, bureaux de bienfaisance, etc. Recueil administratif, rédigé par Larade et Galletier. Années 1856-65, 10 vol. in-8.

Recueil mensuel. Abonnement annuel :   7 fr.

— V. *Larade.*

JOURNAL DES PRUD'HOMMES, DES CONSEILS DE PRUD'HOMMES ET DES FABRICANTS, legislation, doctrine, jurisprudence et économie industrielle et commerciale, par Le Hir. Journal mensuel.

Abonnement par an : 12 fr.

Le *Journal des Prud'hommes et des Fabricants* a commencé en 1848. — Prix de chaque volume pris en collection... 3 fr. »
— *Le Hir.*

JOURNAL DES TRIBUNAUX DE COMMERCE. (V. *Teulet et Camberlin*).

JOURNAL DES TRIBUNAUX ET DE JURISPRUDENCE (Suisse). Rédigé par M. Pellis, avocat. *Lausanne*, 1853-65, 13 vol. in-8.

Ce journal paraît le samedi de chaque semaine, par livraison d'une feuille in-8 de 16 pag. Le prix de l'abonnement annuel est de 10 fr. pour la Suisse. Pour la France : 12 fr.

JOURNAL DU DROIT ADMINISTRATIF, ou le droit administratif mis à la portée de tout le monde, par Chauveau-Adolphe et Anselme Batbie. Mensuel ; format in-8. Années 1853-65, 13 vol. in-8.

Abonnement annuel : 10 fr.
— V. *Chauveau-Adolphe.*

JOURNAL DU DROIT CRIMINEL, ou Jurisprudence criminelle de France. Recueil critique des décisions judiciaires et adm. sur les matières criminelles, correctionelles et de simple police, rédigé par Morin. In-8.

Recueil mensuel.

Années 1827-65, 37 vol. in-8. 200 fr.

Abonnement annuel : 10 fr.
— V. *Morin.*

JOURNAL DU MANUEL DES NOTAIRES ET COURS DU NOTARIAT, ou Recueil de législation nouvelle, de jurisprudence et de doctrine, pour faire la suite et le complément du Manuel des Notaires ; par F.-M. Sellier, auteur du Manuel des Notaires.

Années 1847 à 1862. 60 fr.

Ce journal, dont la publication date du 1er janvier 1849, paraissait tous les mois en un cahier de 2 colonnes ou demi-pages d'impression, jusqu'en 1862. Il ne paraît plus, l'auteur étant mort.
— V. *Sellier.*

JOURNAL DU MINISTÈRE PUBLIC. Recueil périodique et raisonné de jurisprudence, de doctrine, de législation et de documents divers concernant les attributions, tant administratives que judiciaires du Ministère public. Rédigé par G. Dutruc. Années 1858-65, 8 vol. in-8. 50 fr.

Abonnement annuel : 10 fr.
— V. *Dutruc.*

JOURNAL DU PALAIS. Recueil le plus complet de la jurisprudence française, par une société de jurisconsultes et de magistrats (Stéph. Cuënot, Th. Gelle, A. Fabre, etc.). Nouvelle et 3e édit., grand in-8.

Abonnement annuel au Journal : 27 fr.

La collection complète du *Journal du Palais*, est ainsi composée :

1o Jurisprudence française (civile, criminelle et commerciale) de 1791 à 1865 inclus, 57 vol.

2o Jurisprudence administrative, de l'an VIII à 1865, 13 vol. et 5 brochures.

3o Lois annotées, de 1845 à 1865, 9 vol. et 5 brochures.

4o Bulletin des droits d'enregistrement, de timbre, greffe, hypothèques et des contraventions notariales, de 1851 à 1865, 61 numéros formant une brochure.

5o Répertoire général du Journal, 15 volumes.

Total de la collection : 94 vol. gr. in-8, et 11 brochures.

L'administration du Journal ajoute, pour faire de cette collection un ensemble complet sous tous les rapports, les *Lois* annotées de 1789 à 1844, par Carette. (V. *Devilleneuve et Carette*). 2 vol. in-4. — Ensemble 96 vol. et 11 brochures.

Prix de la collection ainsi établie .... 600 fr.

On vend séparément :

— Jurisprudence administrative ou Recueil chronologique des décisions du Conseil d'État en matière contentieuse, de l'an VIII à 1865, 13 vol. et 5 livraisons, gr. in-8 ... 90 fr.

Abonnement annuel .... 5 fr.

— Répertoire général du Journal du Palais, 15 vol. in-4 ou gr. in-8, y compris 2 vol. de supplément .... 150 fr.

Le supplément seul .... 40 fr.

— Lois annotées de 1845 à 1865, 9 vol. et 5 brochures, gr. in-8 .... 65 fr.

— On peut compléter cet ouvrage pour la période de 1789 à 1844, au moyen des 2 premiers volumes de la collection des *Lois annotées*, par A. A. Carette. — Prix de ces 2 volumes in-4 .... 65 fr.

— Prix d'abonnement annuel à la continuation périodique des *Lois annotées* du *Journal du Palais* .... 6 fr.

1re Série, ou 1er volume in-4 de la Collection des *Lois annotées*, par A. Carette, de 1789 à 1830, séparément .... 30 fr.

2e Série, ou 2e volume in-4 de la même Collection, de 1831 à 1844, avec une Table générale et raisonnée des matières, de 1789 à 1844, séparément .... 25 fr.

JOURNAL général de l'Instruction publique. 1831 à 1865, 34 vol. in-fol.

Abonnement annuel : .... 40 fr.

Chaque année séparée (1831-65), ... 20 fr.

JOURNAL militaire officiel, renfermant toutes les lois, ordonnances, décisions et règlements, instructions et circulaires ministérielles, relatifs à l'armée. In-8.

Revue hebdomadaire.

Abonnement annuel : Pour *Paris* .... 18 fr.

—   *Départements* .... 20 fr.

Prix des collections :

La collection de 1790 à 1817, avec le supplément, contenant tout ce qui peut avoir été omis dans cet ouvrage depuis et y compris le mois de juillet 1789 jusqu'à la fin de l'an VII, mis en ordre par B.-C. Gournay. *Paris*, 1800, 7 volumes in-8. Ensemble, 63 vol. in-8. 260 fr.

La collection de 1818 à 1830 forme 26 volumes .... 130 fr.

La collection de 1831 à 1857 forme 54 volumes .... 390 fr.

Il n'existe plus qu'un très-petit nombre de collections complètes.

On peut vendre presque toutes les années séparées.

Chaque année écoulée se vend .... 15 fr.

Table générale, analytique, alphabétique et chronologique de tous les actes insérés au *Journal militaire officiel* depuis le 1er avril 1814 jusqu'au 31 décembre 1855. Ensemble, 4 volumes in-8. .... 28 fr.

— Dictionnaire analytique de 1830 à 1864, par Doré. Gr. in-8 (V. *Doré*). ... 12 fr.

Ce recueil, commencé en 1790 et uniquement consacré à recueillir les lois, arrêtés, instructions et circulaires relatifs aux armées de terre et de mer, est le seul où les corps puissent se procurer les documents nécessaires à leur administration.

JOURNAL et **REVUE DOCTRINALE** de la jurisprudence de la Cour impériale de Grenoble, des tribunaux et conseils de préfecture du ressort, recueil publié par l'ordre des avocats et rédigé par L.-A. Eyssautier, Fr. Périer, etc. Année 1860, 40e année, tome 17, 2e série, tome 3e. In-8. (V. *Journal des Cours imp. de Grenoble et de Chambéry*; — *Jurisprudence*; — *Pillet de Réville*; — *Villars*.)

JOURNAL spécial des **JUSTICES DE PAIX**, fondé par M. Julhe de Foulan, continué depuis 1846 par M. Galisset. 46 vol. in-8, y compris 1865 et la table .... 170 fr.

Abonnement annuel : .... 10 fr.

— V. *Jay. Annales et Journal spécial des Justices de paix*.

JOUSSE. Commentaire sur l'Ordonnance du commerce, du mois de mars 1673, suivi de l'Art des lettres de change, par Dupuy de la Serra, avec des notes par V. Bécane. 2e édition. 1841, in-8 .... 3 fr.

— V. *Bécane.*

JOUSSELIN (*J.*). Traité des Servitudes d'utilité publique, ou des modifications apportées par les lois et par les règlements à la propriété en faveur de l'utilité publique. 1850, 2 vol. in-8 (V. *Féraud-Giraud*). 15 fr.

JOUSSELIN (*H.*). Des Prélèvements et reprises de la femme mariée. 1855, br. in-8. 2 fr. 50 c.

JUGE. — V. *Rebel et Juge.*

JUGLAR (*Cl.*). Des Crises commerciales et de leur retour périodique en France. 1862, in-8. 5 fr.

JULHE DE FOULAN. — V. *Journal spécial des Justices de paix.*

JULIEN (*A.*). De la législation des céréales. 1861, in-8. 1 fr.

JULIUS. Leçons sur les Prisons, présentées en forme de cours, trad. de l'allemand. 1831, 2 vol. in-8. 15 fr.
— Du Système pénitentiaire américain en 1836, suivi de quelques observations, par V. Foucher. 1837, in-8. 1 fr.
— V. *Foucher.*

JULLIENNE. Traité de l'Arbitrage forcé. 1851, br. in-8 (V. *Bédarride*). 1 fr. 50 c.

JURIS CANONICI UNIVERSI, per faciliorem methodum ad veram praxim sincere redacti, compendium, ex probatissimis auctoribus catholicis, accurante J.-P. Migne. 1861, 2 vol. gr. in-8. 12 fr.
— V. *Corpus juris canonici.*

JURIS CIVILIS ENCHIRIDIUM, ad usum prælectionum. In-18. 4 fr.
— V. *Corpus juris civilis;* — *Ducaurroy.*

JURIS CIVILIS Promptuarium, ad usum prælectionum, Ed. Laboulaye recensuit. In-18 (V. *Laboulaye*). 3 fr.

JURISPRUDENCE ADMINISTRATIVE, par les rédacteurs du Journal du Palais (an VIII à 1865, inclus.), 13 vol. et 5 livrais. Gr. in-8. 90 fr.
Abonnement annuel : 5 fr.
— V. *Journal du Palais.*

JURISPRUDENCE commerciale et maritime de Nantes. Revue mensuelle contenant les principales décisions du Tribunal de commerce de Nantes et de la Cour impériale de Rennes, etc., par E. Bonamy, A. Lallié, F. Fourcade, E. Genevois. Années 1859-65, 7 vol. in-8.
Abonnement annuel : Pour la France : 15 fr.
Pour l'étranger le port en sus.
— V. *Poulizac.*

JURISPRUDENCE de la Cour impériale d'Agen, faisant suite au *Recueil des Questions de Droit* publié en 1861. Contenant en outre les jugements notables des tribunaux du ressort, rendus principalement en matière possessoire et les décisions les plus importantes du Conseil de Préfecture de Lot-et-Garonne en matière administrative, avec des notes et observations, par M. Souèges.
Ce Journal paraît le 20 de chaque mois.
Abonnement annuel : 10 fr.

JURISPRUDENCE de la Cour impériale de Douai, ou Table alphabétique et chronologique des arrêts de cette Cour depuis son installation, 1811 à 1853. 2 parties in-8. 18 fr.
Le Recueil périodique (1843-1865) a 21 vol. Il paraît mensuellement; prix de l'abonnement : 8 fr.

JURISPRUDENCE de la Cour impériale de Lyon, recueilli par Duquaire et Vial, Rougier-Bonjour. Années 1823-65, in-8.
Abonnement annuel : 10 fr.
— V. *Rougier.*

JURISPRUDENCE de la Cour impériale de Metz, par Dommanget et Leneveux. Années 1854-65, 12 vol. in-8.
  Abonnement annuel :   **12 fr.**
  Cette Revue fait suite aux 6 vol. du *Recueil des arrêts de la Cour de Metz.* — La collection complète forme donc 18 vol. jusques et compris l'année 1865.

JURISPRUDENCE de la Cour impériale de Nimes. — **V.** *Portalier;* — *Recueil des arrêts, etc.*

JURISPRUDENCE de la Cour impéria'e de Pau. Recueil publié sous les auspices de la Cour. Années 1862-65. In-8.
  Prix de chaque année :   **15 fr.**
  — **V.** *Gouarné-Oustalet.*

JURISPRUDENCE de la Cour impériale de Rennes (**V.** *Poulizac*). — **V.** aussi *Jurisprudence commerciale et maritime de Nantes.*

JURISPRUDENCE des Cours impériales de Caen et de Rouen. Recueil publié, pour Caen, par Eug. Delasalle et Rob. Toutain ; pour Rouen, par Paul Lemarcis.
  Conditions de vente :
  1° Jurisprudence de la Cour imp. de Caen, 1837-1865 (y compris la jurisprudence de la Cour de Rouen, depuis 1851), 27 vol. gr. in-8 .... 200 fr. »
        Abonnement à l'année courante.......... 15 fr.
  2° Dictionnaire de la jurisprudence de la Cour impériale de Caen (1841-1854), servant de table générale au Recueil des arrêts de cette Cour, pendant les dites années, par L. Bidard. In-8.......................... 115 fr. »
        Abonnement à l'année courante.......... 15 fr.
  4° Dictionnaire de la jurisprudence de la Cour imp. de Rouen, de 1838-1861, par Paul Lemarcis, 1 vol. gr. in-8 .... 10 fr. »
  — **V.** *Lemarcis.*

JURISPRUDENCE DU XIXe **SIÈCLE**, ou Table générale du Recueil des arrêts, de 1791 à 1861. 5 vol. in-4. (**V.** *Dévilleneuve et Carette*).

JURISPRUDENCE du Notariat. (**V.** *Rolland de Villargues*).

JURISPRUDENCE GÉNÉRALE DU ROYAUME. — **V.** *Dalloz.*

JURISPRUDENCE SAVOISIENNE. — **V.** *Jurisprudence des Cours impériales de Grenoble et de Chambéry;* — *Pillet de Réville.*

JUSTE (*Th.*). Histoire des États généraux des Pays-Bas (1465-1790). 1864, 2 vol. in-8.   **12 fr.**

JUSTINIEN. — **V.** *Corpus juris civilis.* — (Voyez aussi la table analytique à la fin du Répertoire, aux mots : *Droit romain*; *Justinien*; *Institutes; Pandectes*).

JUTEAU (*J.*). Abolition de la succession collatérale. 1863, in-8.   **2 fr.**

K

KANT. Principes métaphysiques du Droit, trad. de l'allem., par Tissot ; 2e édit. 1853, in-8.   **7 fr. 50 c.**
— Éléments métaphysiques de la doctrine du Droit, suivis d'un Essai philosophique sur la paix perpétuelle, et d'autres petits écrits relatifs au Droit naturel, trad. par Jules Barni. 1854, in-8.   **8 fr.**
  Ce nouveau fragment du travail de traduction littérale et d'interprétation critique, que M. J. Barni a entrepris sur les Œuvres de Kant, prouve une louable persévérance à remplir la tâche qu'il s'est imposée au profit de la science philosophique, grâce au bienveillant appui de l'Académie française. La philosophie n'est que d'hier, disait naguère une voix éloquente : de quel jour date donc la science du droit naturel, et quand notre société a-t-elle commencé à la prendre pour modèle? L'ouvrage de Kant, dont M. Barni publie la traduction et le commentaire, est contemporain de cette mémorable époque; il en respire l'esprit, il en reproduit les principes, il est la philosophie de ces principes ; outre l'éternel intérêt d'un tel monument, il a donc son à-propos.
  À la suite des Éléments métaphysiques de la doctrine du droit, le traducteur à ajouté les Opuscules de Kant qui ont trait au droit naturel, de telle sorte que le lecteur a sous les yeux tout l'ensemble des écrits que ce grand penseur nous a laissés sur cette partie de la philosophie; opuscules que M. Barni a eu soin de rapprocher, dans une analyse critique très-développée (180 p.), aussi bien que dans sa traduction du grand ouvrage de Kant sur le Droit.

KAUSLER (*E.-H.*). Les Livres des Assises et des usages dou reaume de Jerusalem, sive leges et instituta regni Hierosolymitani. Primum integra ex genuinis deprompta codd. mss., adjecta lectionum varietate cum glossario et indicibus, edidit E.-H. Kausler. *Stutgardiæ*, 1839, in-4, t. I, en deux parties, non terminé.
— V. *Beugnot* ; — *Foucher*.

KELLER (*F.-L.*). Der roemische Civilprocess und die Actionen in summarischer Darstellung zum Gebrauche bei Vorlesungen. *Leipzig*, 1864, in-8.   6 fr.

KERSCH. Des fonctions de l'officier du Ministère public près les tribunaux de simple police. *Liége*, 1851, in-8.   8 fr.

KEYSER. — V. *Abou-Chodja*.

KILIAN. Manuel législatif et administratif de l'Instruction primaire. 1839, in-8.   6 fr.

KLIMRATH. Études sur les Coutumes. 1847, in-8.   5 fr.
— Travaux sur l'Histoire du Droit français, recueillis et mis en ordre par L. A. Warnkoenig, 1843, 2 vol. in-8 (V. *Laferrière*).   » »
— V. *Warnkœnig*.

KLUBER (*J.-L.*). Droit des gens moderne de l'Europe, avec un supplément contenant une bibliothèque choisie du Droit des gens. Nouvelle édition revue, annotée et complétée par A. Ott. 1861, 1 vol. in-8.
                                                                                              7 fr. 50 c.
— Le même ouvrage, même édition. 1861, format in-12.   4 fr. 50 c.

KOCH. Traités de paix (V. *Schoell*).

KOENIGSWARTER. Essai sur la législation des peuples anciens et modernes, relativement aux enfants nés hors mariage. 1843 ; in-8.   » »
— Sources et monuments du Droit français, antérieurs au XVe siècle, ou Bibliothèque de l'histoire du droit civil français depuis les premières origines jusqu'à la rédaction officielle des coutumes. 1853, in-12.   3 fr.
— Histoire de l'organisation de la Famille en France depuis les temps les plus reculés jusqu'à nos jours. 1851, in-8.   6 fr.

KROEBER (*H.*), archiviste du département de Tarn-et-Garonne. Coutumes de Gourdon. 1860, br. in-8.   1 fr.
Extrait de la *Revue historique de droit français et étranger.*

KRUG-BASSE. De l'office du juge en matière civile. 1862, in-8,
                                                                                              6 fr. 50 c.

KUHLMANN. De la Réserve légale en matière de succession. 1846, in-8 (V. *Ginoulhiac* ; *Labbé* ; *Ragon*).   3 fr.

KUHNHOLTZ. Coup d'œil sur l'ensemble systématique de la médecine judiciaire, considérée dans ses rapports avec la médecine politique. *Montpellier*, 1834, in-8.   3 fr.

L

LABBÉ (*J.-E*). De la Procédure de la purge, et spécialement de ceux qui ont le droit de purger. In-8 (R. C.).   1 fr. 50 c.
— Régime dotal. — Obligation de la femme. — Exécution. In-8 (R. C.).
                                                                                              1 fr. 50 c.
— De l'exercice des droits d'un débiteur par son créancier. In-8 (R. C.).
                                                                                              1 fr. 50 c.
— Dissertation sur les effets de la ratification des actes d'un gérant d'affaires. 1856, in-8   2 fr.

— De la manière de calculer la réserve et de l'influence de la renonciation ou de l'indignité d'un réservataire sur le droit des autres. 1858,
in-8.   2 fr.
— Du don en avancement d'hoirie et de son imputation en cas d'acceptation de l'hérédité par le donataire. 1861, in-8 (R. P.).   2 fr.
— Dissertations de droit romain et de droit français. 1865, in-8.

De la Garantie. — Du calcul de la réserve. — Du don en avancement d'hoirie. — Du rapport
des dettes. — Ratification des actes d'un gérant d'affaires. — Du remploi. — De la procédure de
la purge. — Régime dotal. — Exercice des droits d'un débiteur.
N. B. *Il n'a été réuni sous ce titre de* Dissertations *qu'un très-petit nombre d'exemplaires, lesquels n'ont pas été destinés au commerce.*

LABOULAYE *(Ed.).* De la science du droit en Allemagne (V. *Warnkoenig).*
— Locke, législateur de la Caroline. 1850, in-8.   1 fr.
— De la constitution américaine, et de l'utilité de son étude. 1850, broch.
in-8.   1 fr.
— La chaire d'histoire du droit et le concours. Broch. in-8.   1 fr.
— De l'enseignement et du noviciat administratif en Allemagne. 1843,
in-8.   1 fr.
— Histoire du droit de Propriété foncière en Occident. 1839, in-8.   »
— Recherches sur la condition civile et politique des Femmes depuis les
Romains jusqu'à nos jours. 1843, in-8.   »
— Essai sur les lois criminelles des Romains, concernant la responsabi-
lité des magistrats. 1845, in-8 (V. *Walter).*   8 fr.
— Histoire des Institutions civiles et politiques aux États-Unis. (T. Ier).
(Histoire des Colonies. 1620-1761). 1855, in-8.   8 fr.
Le 2e volume est sous presse.
— D. Justimani Institutionum lib. IV. 1854-55, in-32.   1 fr. 50 c.
Le texte est celui de la célèbre édition donnée par Schrader, Clossius, Tafel et Meier, en
1832, et résulte de la comparaison patiente de tous les mss., et de toutes les éditions con-
nues; on y a joint les variantes principales de l'édition de Cujas.
— Flores juris antejustinianei *(Gaius, Ulpianus, Fragmenta Vaticana, de
jure fisci).* 1839, in-32.   1 fr. 50 c.
— Juris civilis promptuarium ad usum prælectionum. 1855, 1 gros vol.
in-32.   3 fr.
Ce volume renferme les deux ouvrages précédents.
— Le Grant Coustumier de Charles VI (publié par Ed. Laboulaye et
R. Dareste). (Sous presse.)
Cet ouvrage paraîtra dans le courant de l'année 1866.
— V. *Baudi di Vesme;* — *Fleury;* — *Loisel;* — *Revue historique;* — *Walter.*
LABOULAYE *(Paul).* Etudes sur la Propriété littéraire en France et en
Angleterre, suivies des trois discours prononcés au Parlement d'Angle-
terre par sir T. Noon Talfourd, trad. de l'anglais par M. Paul Labou-
laye. 1858, in-8.   3 fr.
— V. *Gaupp.*
LA BRÈME *(L. de).* Des Conseils généraux, étude comparative sur l'administration des départements. 1862, gr. in-18 jésus.   4 fr.
LABYE *(Cl.).* Législation des Travaux publics en Belgique. *Bruxelles,*
1851, in-8.   15 fr.
LACAN et **PAULMIER.** Traité de la Législation et de la Jurisprudence
des Théâtres, précédé d'une introduction, et contenant l'analyse raisonnée des droits et obligations des directeurs de théâtres, vis-à-vis
de l'administration; avec un appendice sur la propriété des ouvrages
dramatiques, et la collection des lois, décrets, ordonnances, avis du
Conseil d'Etat, arrêtés et ordonnances de police concernant les théâtres.
1853, 2 vol. in-8.   14 fr.
L'utilité d'un nouveau commentaire sur la législation et la jurisprudence des Théâtres
était depuis longtemps signalée; les deux seuls ouvrages publiés par MM. Vulpian et Gau-

thier, par MM. Vivien et Ed. Blanc, datent de trente ans ; depuis, la jurisprudence a marché; la législation elle-même a subi d'importantes modifications : il devenait nécessaire de résumer les éléments épars de cette jurisprudence, de mettre en lumière les principes qui en ressortissaient, et de rapprocher ceux qui pouvaient avoir été méconnus. Telle est la tâche que les auteurs ont amplement remplie, en réunissant tous les documents que fournit la jurisprudence.

L'ouvrage est précédé d'une introduction destinée à placer sous les yeux du lecteur l'histoire des origines du Théâtre; les auteurs ont ajouté à cet ouvrage un appendice sur la propriété des œuvres dramatiques; enfin, les lois, décrets et ordonnances concernant les Théâtres en général, et en particulier le Théâtre-Français, l'Opéra et le Conservatoire, etc., complément nécessaire. En résumé, les auteurs se sont proposé de faire un livre utile et pratique, de présenter l'ensemble de la législation et de la jurisprudence actuelle, d'en coordonner les matériaux plus ou moins confus.

LACHAIZE. Traité de la Vente des immeubles par expropriation forcée. 1829, 2 vol. in-8 (V. *Daffry de la Monnoye*). 10 r.

LACRETELLE. Eloquence judiciaire et philosophie législative, 1823, 3 vol. in-8. 10 fr.

LACUISINE (*de*). De l'administration de la Justice criminelle en France. 1841, in-8 (V. *Buchère*). 3 fr.
— Traité du Pouvoir judiciaire dans la direction des débats criminels, 1843, in-8. 7 fr. 50 c.
— De l'influence légitime de la magistrature sur les décisions du jury, étude des mœurs judiciaires. Broch. in-8. 1 fr. 25 c.
— De l'esprit public dans l'institution du jury et des moyens d'en empêcher la ruine. Brochure in-8. 2 fr.
— Le Parlement de Bourgogne depuis son origine jusqu'à sa chute, précédé d'un discours préliminaire sur la ville de Dijon et ses institutions les plus reculées, comme capitale de cette ancienne province; 2e édition, revue et corrigée, augmentée par l'auteur, comprenant l'origine véritable, le caractère, les mœurs, les vicissitudes et l'influence des Parlements sur les phases principales de notre histoire nationale. 1864, 3 forts vol. gr. in-8. 30 fr.
— Choix de lettres inédites écrites par Nic. Brulard à Louis XIV, au prince de Condé, à Mazarin, Colbert, Le Tellier, Louvois, Fouquet, La Vrillière, Châteauneuf, etc. et de celles qu'il a reçues du roi et des mêmes personnages durant l'exercice de sa charge de premier président du Parlement de Bourgogne de 1657-1692, pour faire suite et servir de pièces-justificatives à l'Histoire de ce Parlement, etc. 1859, 2 vol. gr. in-8. 10 fr.

LADEY (*Fr.*). Des Titres au porteur, au point du droit civil, 1865, in-8 (V. *Boyelot*). 2 fr.

LA DOUCETTE (*de*). Du Sénat et de l'Empire français, depuis son institution jusqu'à nos jours. 1861, in-8. 3 fr. 50 c.

LAFARELLE Coup d'œil sur le Régime répressif et pénitentiaire de l'ancien et du nouveau monde. 1846, in-8. 6 fr.

LAFARGUE (*P.-C.*). Nouveau Code Voiturin. 1827, in-8 (V. *Deshaires*.) 6 fr.

LAFERRIÈRE (*F.*). Histoire du Droit français, précédée d'une introduction sur le droit civil de Rome. 1846-1858, 6 vol. in-8. 54 fr.
    Se vendent séparément :
Tome III. Droit germanique, Droit mérovingien et carlovingien. 8 fr.
Tome IV. Droit public et Droit privé du moyen âge. 9 fr.
Tomes V et VI. Coutumes de France considérées successivement dans les diverses provinces, depuis le moyen âge jusqu'au XVIe siècle. 20 fr.
— Cours de Droit public et administratif, mis en rapport avec la Constitution de 1852, et les Lois organiques de l'Empire, etc., etc. 5e édit., entièrement refondue, 1860, 2 vol. in-8 (V. *Ducroq*). 18 fr.

— Essai sur les anciennes Coutumes de Toulouse. 1855, br., in-8. (R. C.)
2 fr.

— Histoire des Principes des Institutions et des Lois pendant la Révolution française, depuis 1789 jusqu'à 1804 ; 2ᵉ éd. 1852, in-12. 4 fr.

— Essai sur l'histoire du droit français, depuis les temps anciens jusqu'à nos jours, y compris le droit public et privé de la révolution française. 1859, 2 vol. gr. in-18 jésus (V. *Chambellan; Fleury; Fresquet; Marnier; Kœnigswarter*). 7 fr.

— De l'influence du stoïcisme sur la doctrine des jurisconsultes romains. 1860, in-8. 3 fr.

LAFOND. Guide général des assurances maritimes et fluviales. 1855, in-8 (V. *Cauvet*). 10 fr.

— Guide de l'Assureur et de l'assuré en matière d'Assurances maritimes. 1837, in-8 (V. *Cauvet; Pouget*). 8 fr.

LAFONT DE LADEBAT. Recueil des principes de Droit administratif. 1842, in-8 (V. *Ducrocq*). 5 fr. 50 c.

LAFONTAINE. Du droit d'action du ministère public en matière civile. In-8 (R. C.). 1 fr. 50 c.

— D'une antinomie entre les principes, par les art. 2090, 2093, 273 et 1220 du Code Napoléon. In-8 (R. C.), 1 fr. 50 c.

— D'une tendance de la Jurisprudence dans l'application de la loi pénale. In-8 (R. C.). 1 fr. 50 c.

— Des Donations déguisées et de leur effet. 1861, in-8 (R. C.). 1 fr. 50 c.

— Profession d'état ; de la filiation naturelle. 1861, in-8. 1 fr. 50 c.

LAFRUSTON (*Fr. de*). Constitution et organisation de l'armée de terre des Etats-Unis de l'Amérique septentrionale. 1863, in-8. 15 fr.

LAGEMANS (*E.-G.*). Recueil des Traités et conventions du royaume des Pays-Bas depuis 1813 jusqu'à nos jours. *La Haye*, 1859-63, 5 vol. in-8. 65 fr.

LAGÉNADIÈRE (*H. de*). Commentaire des lois de 1790 et 1791, en vertu desquelles l'autorité administrative s'attribue un pouvoir discrétionnaire sur les cours non navigables. 1863, in-8.

LAGET DE PODIO. Nouvelle juridiction des Consuls de France à l'étranger ; 2ᵉ éd. 1844, 2 vol. in-8. » »

— Le parfait Capitaine, ou Guide des négociants, armateurs. 1834, in-8. 8 fr.

— Traité et questions sur les Assurances maritimes. 1847, 2 vol. in-8. (V. *Cauvet*). » »

LAGET VALDESON. Martyrologe des Erreurs judiciaires. 1863, grand in-8. 1 fr. 50 c.

LAGET-VALDESON et **LAGET** (*Louis*). Théorie du Code pénal espagnol comparée avec la législation française. 1860, in-8. 6 fr. 50 c.

LA GORCE (*Raimond de*). De la loi Aquilia en droit romain. Du cumul de délits et de la récidive en droit français. 1862, in-8.

LAGRANGE (*E.*). Manuel de droit romain, ou explication des Institutes de Justinien, par demandes et réponses, précédé d'une instruction historique à l'étude du droit romain, d'une bibliothèque choisie de ce droit; 10ᵉ édition, revue et augmentée. 1864, in-12 (V. *Blondeau; Mayns; Thézard*). 5 fr.

— Des effets de la chose jugée au criminel sur l'action civile. In-8 (R. C.) (V. *Bidart*). 1 fr. 50 c.

LAGRÈZE (*Bascle de*). — V. *Bascle de Lagrèze*.

LAGRÈZE *(de)*. La Féodalité dans les Pyrénées, comté de Bigorre. 1864, in-8.   3 fr.

LAGUÉPIERRE *(Ad.)*. Guide de l'assureur, ou Manuel pratique de l'assurance contre l'incendie; 6ᵉ édit. 1863, in-18 (V.*Pouget.*)   1 fr. 50 c.

LAHAYE et **WALDECK-ROUSSEAU**. Code civil annoté des opinions de tous les auteurs qui ont écrit sur notre droit ; 2ᵉ éd. 1844, in-4. 15 fr.

LAIGNEL. Essai sur la théorie des principes du Droit. In-8. 2 fr. 50 c
— Essai sur les formalités nécessaires à la publicité des priviléges et hypothèques. 1846, in-8.   4 fr.

LAINÉ. Commentaires sur les faillites et banqueroutes. 1839, in-8 (V. *Bédarride*; *Gadrat*).   7 fr. 50 c.

LAINÉ *(Alph.)*. Tables analytiques des Codes Napoléon et de procédure civile, cont. l'indication des art. des autres Codes qui se rapportent aux questions contenues dans ces deux Codes, etc. 1854, in-8.   6 fr.

LAINNÉ *(A.-F.)*. Le Manuel des Patentés. 1845, in-8.   3 fr.

LAIR *(J.)*. Des Sociétés à responsabilité limitée. 1863, broch. in-8 de 32 pages.

Extrait du *Journal des Économistes*.

— Les lois sur l'intérêt examinées au point de vue de l'économie politique, de l'histoire et du droit. 1864, in-8.   3 fr.

LAIR *(A.-E.)*. De la Compensation et des demandes reconventionnelles dans le droit romain et le droit français anc. et moderne. 1862, in-8 (V. *Desjardins*; *Pilette*; *Tempier*).   4 fr.

La compensation et la reconvention simplifient les rapports obligatoires des hommes entre eux ; elles rendent inutiles la réalisation et le transport de la chose due, par exemple, de la monnaie ; elles enlèvent à la mauvaise foi des armes et des refuges. Elles sont donc éminemment favorables, et cependant elles ont dû lutter longtemps et gagner pied à pied du terrain pour s'introduire dans la législation romaine et de nouveau dans notre droit moderne. Le principe de la procédure formulaire, la division féodale des juridictions opposèrent à ces bienfaisantes innovations une longue résistance. C'est une histoire intéressante et curieuse que M. Lair raconte avec talent et avec érudition.—Le sujet considéré au point de vue du droit actuel change d'aspect, mais ne perd pas de son intérêt. L'auteur explique quelles idées ont présidé à la rédaction des dispositions du Code sur la matière; il suit ces dispositions dans leurs applications, et il signale à propos les décisions de la jurisprudence. La lecture attentive de ce travail justifie la haute distinction que la Faculté de Paris lui a décernée.

(DEVILLENEUVE et CARETTE. *Recueil de Lois*, 1862.)

— De la réhabilitation des condamnés dans le droit romain et dans le droit français ancien et moderne, etc. 1859, in-8.   4 fr.

LAJONKAIRE *(Paul de)*. Tarifs des douanes de France, d'après les documents officiels. 1861, 1 vol. in-8.   12 fr.

LALAURE. Traité des Servitudes réelles; nouvelle édition, revue et annotée, par Pailliet. 1828, in-8.   » »
— V. *Pailliet*.

LALOU *(J.)*. De l'emprisonnement pour dettes en matière civile, commerciale, de faillite, d'extranéité, criminelle, correctionnelle, de police, etc. 1856, 1 vol, in-18.   4 fr.

LALOU *(H.)*. Manuel réglementaire et pratique de la Navigation intérieure, conten. les lois, etc. 1858, in-8.   8 fr. 50 c.

LALOUETTE. Éléments d'administration. 1812, in-4 (V. *Braff*). 10 fr.

LA MANTIA *(Vito)*. Storia della legislazione civile e criminale in Sicilia. *Palermo*, 1858, 2 vol. in-8.   10 fr.

LAMARQUE *(Jules de)*. Traité des établissements de bienfaisance. 1862, in-18 jésus.   4 fr.

— Des colonies pénitentiaires et du patronage des jeunes libérés. 1863, in-12. . . . . 2 fr. 50 c.

LAMBERT (*Eug.*). Philosophie de la Cour d'assises. 1861, in-8 (V. *Cubain*). . . . . 5 fr.

LAMBERT (*G.*). Étude sur l'organisation administrative des États. 1862, 1 fort vol. gr. in-8. . . . . 15 fr.

LAMÉ-FLEURY (*E.*). De la Législation minérale sous l'ancienne monarchie, ou Recueil méthodique et chronologique des lettres-patentes, édits, ordonnances, déclarations, arrêts du Conseil d'État du Roi, du Parlement et de la Cour des monnaies de Paris, etc., concernant la législation minérale; publié sur les mss. originaux. 1857, in-8. . . . 5 fr.

Des recherches longues et multipliées aux archives de l'empire ont permis à M. Lamé Fleury de composer la plus grande partie de son ouvrage de documents entièrement inédits, dont quelques-uns sont réellement précieux pour l'histoire générale. On citera seulement ici l'appendice, où l'épisode obscur de la *lacération des registres du Parlement de Paris* ordonnée par Louis XIV, à la suite des troubles de le Fronde, se trouve définitivement fixé dans ses curieux détails.

— Texte annoté de la loi du 21 avril 1810, concernant les mines, les minières, les tourbières, les carrières et les usines minéralogiques. 1857, gr. in-8. . . . . 5 fr.

— Code annoté des chemins de fer en exploitation, ou Recueil méthodique et chronolog. des lois, etc., concernant l'exploitation des chemins de fer; 2e édition. 1866, gr. in-8 (V. *Bacqua*). *(Sous presse.)*

— Recueil méthodique et chronologique des lois, etc., concernant le service des ingénieurs, au corps des mines. 1857, 2 vol. gr. in-8. . . . .

— Recueil méthodique et chronol. des lois, etc., concernant le service du contrôle des chemins de fer en exploitation. 1858, in-8. . 7 fr. 50 c.

LAMOTHE (*L.*). Nouvelles études sur la Législation charitable, suivies d'une Bibliographie, etc. 1850, in-8. . . . . 7 fr. 50 c.

LAMOULIÈRE (*P. de*). Cours élémentaire de droit pénal, à l'usage de l'instruction primaire; 2e édition. 1865, in-12. . . . . 75 c.

LAMPREDI (*G.-M.*). Du commerce des Neutres en temps de guerre, trad. de l'italien par J. Peuchet. 1802, in-8. . . . . 12 fr.

LAN (*J.*). De l'organisation des tribunaux de commerce en Italie, comparée à la législation française sur la législation commerciale. *Turin*, 1863, brochure in-12. . . . . 1 fr. 50 c.

LANDOUZY. Traité de la responsabilité des conservateurs des hypothèques et des cautionnements en immeubles auxquels ils sont assujettis. 1863, in-18 jésus. . . . . 5 fr.

— Traité pratique et très-élémentaire sur les privilèges et hypothèques, par demandes et par réponses; 2e édit. 1861, in-12. . . 3 fr. 50 c.

L'ANGLE-BEAUMANOIR (*de*). Étude administrative. 1865, in-8, 48 pages.

LANIER. Tarif général des Patentes. 1844, in-8. . . . . . . 1 fr. 75 c.

LANJUINAIS. Ses œuvres. 1832, 4 vol. in-8. . . . . 15 fr.

— Constitutions de la nation française. 1819, 2 vol. in-8. . . . 12 fr.

LANOE. Code des Maîtres de postes, des entrepreneurs de diligences et de roulage. 1838, 2 vol. in-8. . . . . 12 fr.

LA PEYRIERE. Décisions sommaires du Palais, et arrêts de la Cour de parlement de Bordeaux, nouv. édit. *Bordeaux*, 1808, 2 vol. in-4. 15 fr.

LAPIERRE (*H.*). De la capacité civile des congrégations religieuses non autorisées, au point de vue de la faculté d'acquérir, soit à titre gratuit, soit à titre onéreux. 1859, in-8 (V. *Calmette, Grétry*). 1 fr. 50 c.

LARADE (*T.*). Code manuel des Patentes. 1859, in-8. 3 fr. 50 c.

— Instruction générale du ministère des finances. Extrait annoté pour le service des perceptions des contributions directes. In-8. 3 fr.

— Traité des remises des percepteurs, receveurs municipaux et receveurs des établissements de bienfaisance. In-8. 3 fr. 50 c.

— Guide et formulaire des Gardes-champêtres. 1857, in-18. (V. *Dubarry*). 2 fr. 50 c.

— Journal des percepteurs, des receveurs des finances, des communes, hospices, etc. (V. *Journal des percepteurs*).

— V. *Journal des gardes champêtres.*

LARADE (*T.*) et **CAUGÉ.** Guide et formulaire des fabriques des Eglises. 1858, in-18. 3 fr. 50 c.

LAROCHEFOUCAULD (*le duc de*). Constitution des treize États-Unis de l'Amérique. 1792, 2 vol. in-8. 10 fr.

LAROCHEFOUCAULD (*Gaëtan de*). Des attributions du Conseil d'État. 1829, in-8. 5 fr.

LAROMBIÈRE. Théorie et pratique des Obligations, ou comment des titres 3 et 4 du livre III du Code Napoléon, art. 1101 à 1386. 1857-58, 5 vol. gr. in-8. 40 fr.

Domat et Pothier se sont assimilé les principes du droit romain; ce monument complet de droit naturel, et à leur tour les rédacteurs du Code Napoléon ont analysé leurs ouvrages, notamment le *Traité des Obligations* de Pothier. On comprend dès lors combien une pareille matière exerce de séduction sur l'esprit des jurisconsultes. C'est à un entraînement de cette nature que nous devons la théorie et pratique des Obligations de M. le président Larombière.

Dans un travail de bénédictin que l'auteur vient d'accomplir, il suit la méthode de M. Troplong; chaque article du Code est l'objet d'une analyse sommaire qui se formule en propositions, et, ces propositions, déduites et précisées, l'auteur les examine en détail. Nous ne pouvons qu'appeler l'attention des jurisconsultes sur la sûreté des doctrines, sur le luxe d'érudition qui distingue l'ouvrage de M. le président Larombière.

LAROQUE-SAYSSINEL (*Fr.*). Des faillites et des banqueroutes. 2ᵉ édit. conforme à la 1ʳᵉ. 1862, 2 vol. in-8 (V. *Bédarride; Gadrat*). 14 fr.

LARROQUE (*P.*). De l'esclavage chez les nations chrétiennes; 2ᵉ édition. 1864, in-12. 2 fr. 50 c.

LA SERNA (*D. Pedro Gomez de*). Prolegomenos del derecho; 4ᵉ édicion, corregida y aumentada. *Madrid,* 1863, in-8.

LASSIME. Traité de la Contrainte par corps. 1863, in-8. 5 fr.

L'emprisonnement pour dettes, par la gravité, la rigueur de ses conséquences, imprime un intérêt spécial sur les moindres questions auxquelles sa législation donne naissance. M. Lassime qui a fait de cette matière une étude approfondie, a voulu recueillir dans un ouvrage le résultat de ses recherches et de son expérience. Après un résumé rapide du droit ancien et un coup-d'œil jeté sur les lois étrangères, l'auteur expose les objections contre le maintien de cette voie d'exécution forcée. Il indique les modifications, les adoucissements qui, suivant lui, ne devraient point être différés. Parmi les propositions aussi sages qu'humaines, nous en trouvons que nous ne pouvons approuver. Serait-il juste d'interdire au créancier la répétition contre le débiteur des aliments qu'il a fournis à ce dernier dans la prison ? La disposition qui subordonne l'affranchissement de la contrainte personnelle pour les faillis non concordataires à une déclaration d'excusabilité, n'est pas à détruire; il n'est pas impossible que des faillis aient dissimulé, soustrait à leurs créanciers des valeurs inconnues que l'incarcération seule leur fera restituer. L'auteur aborde ensuite le commentaire des lois relatives à la contrainte par corps. Il extrait de chacun de nos Codes les textes qui s'y réfèrent. Puis il s'occupe des lois spéciales, notamment celle de 1832, et celle de 1848. Il montre et discute les difficultés que la pratique a rencontrées, il cite la jurisprudence et l'apprécie. Sur plusieurs points, les documents produits sont assez abondants.

(DEVILLENEUVE et CARETTE. *Recueil général de Jurisprudence.* 1863.)

LASTARRIA (*J.-V.*). Elementos de derecho público. 2ª edición. *Santiago de Chile*, 1848, in-8.

— Instituta del derecho civil chileno. *Lima*, 1863, 2 vol. in-12.

— Constitucion politica de la Republica de Chile comentada. *Valparaiso*, 1856, 1 vol. in-8.

— Bosquejo histórico de la Constitucion de Chile desde el año 1810 al 1814. *Santiago de Chile*, 1847, 1 vol. in-8.

LASTEYRIE (*Jules de*). Histoire de la liberté politique de la France. Première partie. 1860, in-8.   7 fr. 50 c.

LA-TASSE (*Cyrille de*). Comptabilité administrative des propriétaires et exploitants. Nouv. édit. 1862, in-4.   5 fr.

LATERRADE (*A.*). Code pratique des propriétaires, fermiers, locataires, chepteliers, entrepreneurs, hôteliers et logeurs; 2e édit. 1828, in-8.   5 fr.

LATOUR DU MOULIN (*C.*). La France comparée à l'Angleterre. — Lettres sur la Constitution de 1852; 5e édit. 1865, gr. in-18 jésus.   2 fr.

LATRUFFE. Du Droit des Communes sur les biens communaux. 1826, 2 vol. in-8 (*V. Caffin*; *Rivière.*)   12 fr.

LAURENS. Principes et jurisprudence du Code civil. 1837-40, 4 vol. in-8.   30 fr.

LAURENS (*L. de*). Traité sur les successions et les donations au point de vue du droit et de l'enregistrement comparés, mis au courant de la jurisprudence la plus récente. 1866, 2 vol. in-8 (*V. Demolombe*).   10 fr.

LAURENT. Histoire du Droit des Gens et des relations internationales. 1857-66, 11 vol. in-8 (*V. Wheaton*).   82 fr. 50 c.

LAURENT (*Em.*). Le Paupérisme et les associations de prévoyance; nouvelles études sur les Sociétés de secours mutuels; 2e édit. 1865, 2 vol. in-8.   15 fr.

LAURENT (*J.*). Guide-Manuel pour l'instruction primaire, contenant, sous forme de dictionnaire, la législation complète de ce service avec tous les programmes qui s'y rattachent; 2e édit. 1864, in-18 jésus (*V. Dubarry*).   2 fr.

LAURENT-DROUHIN. Code pratique à l'usage des receveurs des communes et des établissements charitables; 2e édit. 1856, in-18 (*V. Braff.*)
                                                               2 fr. 50 c.

LAURIÈRE. — V. *Loisel; — Ordonnances des rois de France.*

LAUTH (*Eug.*). De la Quotité disponible entre époux, avec une introduction philosophique et historique. 1862, in-8 (*V. Beautemps-Beaupré*). 3 fr.

Les art. 1094 et 1098 du Code Napoléon sont le siége de la matière choisie par M. Lauth comme sujet de sa brochure. Ce laconisme extrême du législateur, sur les dispositions qui touchent de si près aux intérêts de la famille et des époux, a encouragé le jeune docteur à rechercher et à étudier d'abord en droit romain chez les barbares, dans le droit ancien, puis dans le droit actuel, la théorie des donations entre époux et des autres parties du droit qui s'y rattachent. C'est une monographie savante et d'un intérêt pratique.
                    (VERGÉ. *Jurisprudence générale de Dalloz.* 1863.)

LAUZA — V. *Moniteur des brevets d'invention.*

LAVAUX. Exposition de l'Esprit des lois, concernant la Cassation en matière civile. 1809, in-12.   3 fr.

LAVELEYE (*A. de*). Expropriation par zones pour cause d'utilité publique. *Bruxelles*, 1863, gr. in-8, 75 pag.

LAVENAS. Nouveau Manuel des Vices rédhibitoires, d'après la loi du 20 mai 1838, in-12 (*V. Dejean; Galisset et Mignon*).   3 fr. 50 c.

— Nouveau Guide en affaires, ou Formulaire d'actes. 1853, in-12.   3 fr.

LAVENAS et **MARIE**. Nouveau Code et Manuel pratique des Huissiers, revu et corrigé par Papillon aîné. 1833, 2 vol. in-8. 15 fr.

LAVERGNE (*Léonce* de). Les Assemblées provinciales sous Louis XVI. 1863, in-8 (V. *Lucay*). 7 fr. 50 c.

LAVIALLE DE LAMEILLIÈRE. Documents législatifs sur la télégraphie électrique en France, comprenant les lois, exposés des motifs, rapports et résumés des discussions aux chambres, ordonnances, décrets, conventions, comptes des budgets, et notes du *Moniteur universel.* T. I (1841-1854). Précédés d'une introduction historique. 1865, in-8. 6 fr.
— V. *Serafini.*

LAVIELLE. Études sur la procédure civile. Nécessité de réviser le Code de 1806. 1862, in-8. 9 fr.
— Études sur l'administration de la justice civile. In-8 (R. C.). 1 fr. 50 c.
— L'intérêt de l'argent. 1865, in-8. 2 fr.

LAWRENCE (*W.-B.*). — V. *Wheaton.*

LAYA (*Alex.*). Droit anglais, ou Résumé de la législation anglaise sous la forme de codes. 1845, 2 vol. in-8 (V. *Westoby; Zézas*). 10 fr.
— Lois romaines sous la République, *Genève.* 1854, in-8. 4 fr.
— Philosophie du droit. Les plaies légales. 1865, in-8. 5 fr.

LAZARE (*Louis*). Bibliothèque municipale. Publications administratives. In-8.
Paraît annuellement par livraisons mensuelles. Le prix de chaque livraison est de 3 fr. On souscrit à l'avance pour 12 livraisons.

LE BARON. Le Code des Étrangers, ou Recueil des lois et de la jurisprudence anglaise, concernant les étrangers dans le royaume-uni de la Grande-Bretagne, etc. 1849, in-8 (V. *Laya; Legat; Westoby*). 15 fr.

LE BASTARD-DELISLE. Précis de l'administration de la Justice criminelle chez les Romains. 1841, in-8 (V. *Laboulaye; Walter*). 3 fr.
— Aperçu de la justice chez les Grecs. 1844, in-8. 3 fr.

LEBASTIER. De la Propriété et de son principe. 1843, in-8. 7 fr.

LEBEAU (*S.*) Code des bris, naufrages, etc. Nouv. édit. 1844, in-8. » »
— Nouveau Code des Prises maritimes, ou Recueil des édits, déclarations, lettres patentes, arrêts, ordonnances, règlements et décisions sur la course et l'administration des prises, depuis 1400 jusqu'au mois de mai 1789. An *VII,* 4 vol. in-8 ou 3 vol. in-4 (V. *Pistoye et Duverdy*). 20 fr.

LEBER. Histoire critique du Pouvoir municipal. 1828, in-8. » »
— De l'état de la Presse et des Pamphlets, depuis François Ier jusqu'à Louis XIV. 1834, in-8. 4 fr.

LEBER et **DE PUIBUSQUE.** Code municipal annoté. 1839, 2 v. in-8. 9 fr.
— V. *Puibusque et Dupont.*

LE BERQUIER (*J.*). Le Corps municipal, ou Guide théorique et pratique des maires, adjoints, conseillers municipaux et administrés; 3e édit. 1858, in-8 (V. *Dubarry*). 8 fr.
— Administration de la commune de Paris et du dép. de la Seine, ou Traité pratique des lois et règlements, etc.; 2e édit. 1861, in-8. 9 fr.
— La Commune de Paris; limites et organisations nouvelles. 1860, in-8. 3 fr.
— La Commune de Paris et le département de la Seine, ou Code de l'habitant de Paris et de la banlieue. In-18. 3 fr. 50 c.

LEBON (*P.-A.*). Des principaux Magistrats du parquet aux Parlements. 1865, in-8. 4 fr.

LEBON. — V. *Macarel*. — *Roche et Lebon*.

LEBRUN (A.). Code de la tutelle et de la curatelle ; 2ᵉ édit. 1810, in-12 (V. *Démolombe*).   2 fr.

— Essai sur la prestation des fautes, où l'on examine combien les lois romaines en distinguent d'espèces. 1813, in-12.   2 fr.

LE CARON (P.). Code des émigrés. 1825, in-8.   5 fr.

LECERF (P.-L.). Tableau de la Législation française. 1841, in-8.   7 fr.

LECERF *jeune*. Traité complet des Actes sous-seing privé ; 2ᵉ édit. 1855, in-12 (V. *Frémy-Ligneville*).   2 fr.

LECERF (Th.). L'Archipel des îles Normandes, Jersey, Guernesey, Auregny, Sark et dépendances. Institutions communales, judiciaires, féodales de ces îles ; avec une carte pour servir à la partie géogr. et hydrograph. 1863, in-8.   5 fr.

LECHEVALIER SAINT-ANDRÉ (J.). Mémoires sur les institutions de crédit, et en particulier sur le comptoir central de crédit V. C. Bonnard et Cⁱᵉ. 1858, in-8.   2 fr.

LECIEUX, RENARD, LAINÉ, RIEUX. Médecine légale, ou Considérations sur l'infanticide, sur la manière de procéder à l'ouverture des cadavres, etc. 1819, in-8 (V. *Brillaud-Laujardière*).   5 fr.

LECLERCQ. Le Droit romain dans ses rapports avec le Droit français. *Liége*, 1810, 8 vol. in-8.   30 fr.

LEDRU. La Clef du Notariat ; 4ᵉ édit. 1838, in-8.   4 fr.

— Le Pothier des Notaires, ou abrégé de ses divers traités, etc. 1823, 4 vol. in-8 (V. *Pothier*).   15 fr.

LEDRU-ROLLIN. Jurisprudence administrative en matière contentieuse. (Voyez *Journal du Palais*; — *Jurisprudence administrative*; — *Répertoire*).

LEEMANS (Hubert). Des impositions communales en Belgique ; 2ᵉ édit. *Bruxelles*, 1866, in-8.   6 fr.

LEFEBVRE (A.). De l'emploi et du remploi en rentes sur l'Etat. Commentaire de la loi du 2 juillet 1862, suivi d'instructions pratiques et de formules destinées à faciliter l'emploi en rente. 1864, in-8. 3 fr. 50 c.

LEFEBVRE. Essai sur la procédure en matière contentieuse, devant les conseils de préfecture. 1856, gr. in-8.   3 fr.

LEFEVRE. Code de l'Organisation judiciaire en Belgique. 1839, in-8. 4 fr.

— Tarif raisonné des Frais de justice criminelle. 1838, in-8.   4 fr.

LEFÈVRE (F.-E.). Des légistes et de leur influence aux XIIᵉ et XIIIᵉ siècles. 1859, in-8 (V. *Bardoux; Coquille*).   1 fr. 50 c.

LEFÈVRE-PONTALIS (A.). Du Pouvoir judiciaire en Angleterre. 1856, in-8.   1 fr.
Extrait de la *Revue historique de droit français et étranger*.

— Les lois et les mœurs électorales en France et en Angleterre. 1864, in-18 jésus.   3 fr.

LEGAT (B.-J.). Les Institutes de Théophile, paraphrase des Institutes de Justinien, trad. en français, accompagnées de notes, précédées de la traduction de l'Hist. du Droit civil romain, de Jacques Godefroy, par B.-J. Legat. 1847, in-12.   4 fr.

— V. *Gothofredus (Jac.)*

— Code des Etrangers, ou Traité de la législation française concernant les étrangers. 1832, in-8.   5 fr.

LEGAY (V.). Manuel des Élections législatives. 1863, in-8 (V. *Bidault; Treny*).   1 fr. 25 c.

LE GENTIL (*C.*). Origines du Droit. Essai historique sur les Preuves, sous les législations juive, égyptienne, indienne, grecque et romaine, avec quelques notes touchant les lois barbares et le vieux droit français. 1863, 1 vol. in-4, imprimé avec luxe (V. *Bonnier.*) 20 fr.
Tiré à très-petit nombre.

— Examen et solution de quatre des principales questions soulevées par les législations des portions communales. 1857, in-8. 2 fr.

— Recherches sur le Droit coutumier de l'Artois. Broch. in-8. 1 fr.
Extrait de la *Revue historique de droit français et étranger.*

— Traité historique, théorique et pratique de la législation des portions communales ou ménagères, contenant l'édit de 1769, pour les trois évêchés; l'édit de 1774 pour la Bourgogne; les lettres patentes de 1777 pour la Flandre, et l'arrêt du conseil de 1779 pour l'Artois; précédé d'une Introduction sur les municipalités, communes et biens communaux, sous les lois romaines, barbares, féodales, et sous la législation actuelle. 1854, 1 vol. in-8. 8 fr.

— Dissertations juridiques sur quelques-uns des points les moins éclaircis ou les plus controversés en doctrine et en jurisprudence. 1857, 2 vol. in-8. 15 fr.

— Dissertation sur les droits des filles et femmes en matière civile et commerciale. 1856, br. in-8. 2 fr.

— Etude sur les éliminations de témoins (exclusions, reproches), solution de cette question : les dispositions de l'article 283 du Code de procédure sont-elles rigoureusement limitatives et impératives, ou simplement facultatives et énonciatives; examen de la matière sous les législations juive, grecque, romaine et barbare, etc. 1855, in-8. 2 fr.

— Examen et solution du point de savoir : quelle peut être la partie du decret de décentralisation administrative sur les législations des portions communales ou ménagères. 1855, in-8. 1 fr. 50 c.

LE GEYT (*Philipp.*). Ses manuscrits sur la Constitution, les lois et les usages de l'île de Jersey. 1846, 4 vol. in-8. 40 fr.

LÉGISLATION de la Propriété minière ; Erreurs générales d'un demi-siècle. Impossibilité actuelle d'exécuter la loi du 21 avril 1810 sur les mines, et nécessité d'une révision de cette loi. 1865, in-8, 40 pages (V. *Lamé-Fleury*).

LÉGISLATION DES CONTRIBUTIONS INDIRECTES, DES TABACS ET DES OCTROIS, de 1790 à 1842. 2 vol. in-18. — Tome Ier (1790 à 1816). Prix : 2 fr. 75 c. Tome IIe (1816 à 1842). Prix : 1 fr. 50 c. — Les deux volumes : 4 fr. 25 c.
Ces deux volumes sont accompagnés de tables chronologique et alphabétique des matières.

LÉGISLATION des Douanes de France, loi du 16 mai 1863. Documents officiels comprenant les exposés des motifs, les projets de loi, les rapports, les discussions devant le Corps législatif et le Sénat, etc. 1864, in-8. 5 fr.

LÉGISLATION des Douanes en France. Loi du 8 juin 1861. Documents complets et officiels. 1865, in-8, 58 pages. 2 fr.

LÉGISLATION médico-pharmaceutique, ou Lois et Règlements qui régissent l'enseignement et la pratique de la médecine et de la pharmacie, avec commentaires et arrêts tirés de la jurisprudence. 1865, in-12 (V. *Pellault*). 3 fr.

LÉGLIZE. Répertoire de législation et style des Huissiers. 1825, 5 vol. in-8. 20 fr.

LE GONIDEC DE PENLAN. De l'extinction des servitudes. 1862, in-8.

LEGOUX (J.). Du droit de grâce en France comparé avec les législations étrangères, commenté par les lois, ordonnances, décrets, lettres patentes, déclarations, édits royaux, arrêts de parlements, de la Cour de cassation et de Cours impériales, avis du Conseil d'Etat, décisions et circulaires ministérielles, instructions de l'admin. de l'enregistrement, etc., depuis 1349 jusqu'en 1865. 1865, in-8. 5 fr.

LEGOYT (A.). La France et l'étranger, études de statistique comparée; 2e édition. 1865, gr. in-8. 12 fr.

LEGRAND (P.). Etudes sur la législation militaire et la jurisprudence des Conseils de guerre et de révision. 1835, in-8. 5 fr.

— Question de compétence à propos de l'aptitude personnelle à la jouissance de certains biens communaux, affouages. 1851, in-8 (V. *Caffin*, *Meaume*). 1 fr. 50 c.

— Législation des portions ménagères ou parts de marais dans le nord de la France. 1850, in-8 (V. *Legentil*.) 1 fr. 50 c.

LEGRAND. Législation et culte de la Bienfaisance en Belgique, d'après les documents authentiques depuis le commencement du christianisme jusqu'à nos jours. *Louvain*, 1852, in-8. 7 fr.

LE GRAND DE LA LEU. Recherches sur l'administration de la justice criminelle chez les Français, etc. 1822, in-8 (V. *Buchère*). 4 fr.

LEGRAND DU SAULLE. La Folie devant les tribunaux. 1864, in-8. 8 fr.

Après avoir jeté un rapide coup-d'œil sur la législation romaine relative aux lésions de l'intelligence, M. Legrand du Saulle introduit l'aliéné devant la justice, et il expose l'influence que les principales déviations de l'entendement humain peuvent exercer sur la criminalité; il insiste sur les caractères qui différencient l'aliéné du criminel et il montre comment doit être conduite une expertise medico-légale, de quelle façon il convient d'interroger les malades; de démasquer les simulateurs et à quels signes spéciaux il faut attacher de l'importance. Les intervalles lucides, l'intermission, la rémission, la dissimulation maladive, l'action sage d'un fou et l'aliénation mentale périodique sont ensuite l'objet d'un plus serieux examen. — M. Legrand du Saulle a consacré de longs développements à l'étude des testaments entachés de folie ou considérés comme tels, et il a abordé toutes les questions médico-légales relatives aux différents délires.

LEGRAS. Notes sur la forme de procéder devant les tribunaux de commerce. 1807, in-8. 4 fr.

LEGRAVEREND (J.-M.). Traité de la Législation criminelle en France; 3e éd., revue par Duvergier. 1830, 2 vol. in-4. 20 fr.

— Des lacunes et des besoins de la Législation française en matière criminelle et en matière politique. 1824 ou 1828, 2 vol. in-8. 8 fr.

— Traité de la procédure criminelle devant les tribunaux militaires et maritimes de toute espèce. 1808, in-8. 3 fr.

LE GUAY (A.). Droits de timbre et de transmission sur les valeurs mobilières. Examen critique et application de la loi du 23 juin 1857. 1858, in-12. 3 fr.

LE HARDY DE BEAULIEU (Ch.). Traité élémentaire d'économie politique. *Bruxelles*, 1861, in-12 (V. *Garbouleau*). 4 fr.

LE HIR. Des Armateurs et des Propriétaires de navires. 1844, in-18. 3 fr. 50 c.

— Comment de la loi sur les Brevets d'invention. 1844, in-12. 2 fr. 50 c.

— Guide manuel des fondateurs, directeurs, administrateurs des sociétés de crédit foncier; commentaire du décret du 28 févr. 1852. 1852, in-8. 6 fr.

— Traité de la prisée et de la vente aux enchères des meubles et des marchandises, des fruits et récoltes; tarif des commissaires-priseurs, des notaires, des greffiers et des huissiers. 1855, 2 v. in-8. 12 fr.

— Commentaire de la loi du 5 juillet 1851 sur les ventes publiques volontaires de fruits et récoltes pendants par racines, et coupés de bois, taillis, etc. 1831, in-8. 3 fr. 50 c.

— Crédit foncier. Guide manuel des fondateurs, directeurs, administrateurs des sociétés de crédit foncier. 1852, gr. in-8. 6 fr.
Par la poste. 6 fr. 50 c.

— Forces et institutions productives de la France (crédit foncier; crédit agricole; assurances terrestres; chemins de fer; agriculture; commerce; industrie; commerce transatlantique en France). 1860, grand in-8. 3 fr.

— Annales du droit commercial ou Mémorial du commerce et de l'industrie (V. *Annales de la science et du droit commercial*).

— Journal de l'Assureur et de l'Assuré (V. *Journal de l'Assureur*).

— Journal des Commissaires-Priseurs (V. *Journal des Commissaires-Priseurs*).

— Journal des Banquiers (V. *Journal des Banquiers*).

LEHUÉROU (*J.-M.*). Histoire des Institutions mérovingiennes et carlovingiennes. 1843, 2 vol. in-8 (V. *Pétigny*). » »

— Les Institutions carlovingiennes, *séparément*. 1 vol. in-8. 5 fr.

— Histoire de la constitution anglaise depuis l'avénement de Henri VIII jusqu'à la mort de Charles Ier, par J.-M. Lehuérou, publ. par F.-M. Luzel et J.-M. Lehuérou, et précédée d'une introd. de M. A. de la Borderie. 1863, in-8. 6 fr.

LEIGNADIER, GAUTIER et AUGIER. Formulaire complet et raisonné des Tribunaux de paix et de simple police. 1847, in-8. 4 fr.

LEIRIS (*L. de*) — V. *Recueil des arrêts de la Cour impériale de Nîmes.*

LEJAY (*P.-F.*). La comptabilité du notariat en partie double d'après une méthode qui diminue considérablement les écritures, applicable à toute comptabilité, notamment à celle des avoués et des huissiers. 1860, broch. in-8. 2 fr. 50 c.

LEJEUNE (*A.-L.*). Guide de l'Expropriation. 1860, in-8 (V. *Daffry de la Monnoye*). 5 fr.

LELIÈVRE (*X.*). Questions de droit concernant les coutumes de Namur. *Namur*, 1852, gr. in-8. 6 fr.

LELOIR (*N.-F.-J.*). Règlement général sur le recouvrement et les poursuites en matière de contributions directes, expliqué et commenté. *Bruxelles*, 1852, gr. in-8. 8 fr.

LEMAISTRE. OEuvres choisies, précédées d'un essai sur l'éloquence, par Bergasse, publ. par Falconet. 1806, in-4 (V. *Vallée.*) 10 fr.
— V. *Falconet.*

LEMARCIS (*P.*). Comment. de la loi sur la transcription. (Loi du 23 mars 1853). 1855, in-8 (V. *Verdier*). 2 fr.

— Dictionnaire de la jurisprudence de la cour impériale de Rouen (1838-1861), servant de table générale au Recueil de la jurisprudence de la Cour de Rouen pour lesdites années. 1861, in-8. 10 fr.

LEMARCIS et BIDARD. Jurisprudence des Cours impériales de Rouen et Caen (V. *Jurisprudence des Cours impériales de Caen et de Rouen*).

LEMARQUIÈRE (*C.-A.*). Droit, procédure et jurisprudence en matière administrative; 2e tirage, augmenté d'une table alphabétique et analytique. 1843, in-8. 6 fr.

LE MENUET. De la Concurrence des notaires et des commissaires-priseurs en ce qui concerne les ventes publiques de récoltes, coupes de bois taillis et autres fruits désignés dans la loi du 5 juin 1851. In-8 (R. C.). 1 fr. 50 c.

LEMERLE. Traité des Fins de non-recevoir. 1819, in-8.   6 fr.

LEMOLT et **BIRET**. Manuel complet des officiers de l'Etat civil. 1840, in-18 (V. *Braff, Dubarry*).   2 fr. 50 c.
— V. *Biret*.

LEMONIER (*F.*). De l'Hypothèque en droit romain, comparée avec les principes généraux du régime hypothécaire français. 1858, grand in-8.   5 fr.

LEMONNIER. Commentaire sur les principales Polices d'assurances maritimes usitées en France (Paris, Bordeaux, Marseille, Le Havre, Nantes, Rouen, Dunkerque, Bayonne). 1843, 2 vol. in-8 (V. *Cauvet, Pouget*).   15 fr.

LENOËL (*Em.*). Des Sciences politiques et administratives et de leur enseignement. 1865, in-8.   6 fr.

Ouvrage récompensé par l'Académie des Sciences morales et politiques, en 1864.

Il est facile de remarquer avec quelle haute sagesse l'Académie des Sciences morales et politiques se préoccupe chaque année des sujets de prix qu'elle met au concours. Sans se laisser entraîner par des considérations politiques ou la diversité des systèmes scientifiques, elle s'efforce de répondre aux nécessités sociales, ou aux besoins vrais de celles des connaissances humaines qu'elle est plus spécialement chargée de représenter. Frappée comme beaucoup de bons esprits de l'insuffisance de l'enseignement administratif, la section de politique, administration et finances, avait mis au concours l'étude des connaissances utiles aux administrateurs de nature à être comprises dans l'enseignement public avec l'étude des institutions établies en France. Ce concours a été brillant; plusieurs des concurrents ont obtenu des récompenses et M. Lenoël, un des heureux lauréats, publie le mémoire qui lui a valu une récompense en tenant compte des observations que M. de Parieu, dans son judicieux rapport, a cru devoir présenter. Il résulte de la plus simple connaissance des faits, et M. Lenoël fait ressortir cette vérité qu'il ne suffit plus aujourd'hui, pour être un administrateur digne de ce nom, d'une éducation classique et d'une instruction commune. Des connaissances spéciales, variées, nombreuses, que la pratique doit mûrir et faire fructifier, sont encore nécessaires. Tout l'ouvrage de M. Lenoël est le développement et la démonstration de cette sage pensée.

                    (CH. VERGÉ. — *Dalloz, Jurisprudence générale,* 1er cahier, 1865.)

LENORMANT (*F.*). Des Voies de recours. 1837, in-8.   2 fr.

LENTZ (*P.*). Statistique des aliénés en Belgique. *Bruxelles,* 1863, gr. in-4, 53 pages.   2 fr.

LÉON. Des droits sur les grains et des changements que comporte la législation des céréales; 2e édit. 1859, in-8.   1 fr.

LÉOPOLD. Traité des locations, ou le Guide des propriétaires, locataires et fermiers. 1817, in-12.   2 fr.
— Dictionnaire général de Police; 3e édition. 1822, in-8.   5 fr.
— Le Guide des Maires, adjoints de maires, secrétaires des communes, avec formules. 1830, in-12 (V. *Dubarry*).   4 fr.

LÉOPOLD. Formulaire de tous les actes, tant civils que commerciaux, que l'on peut passer sous seing privé; 17e édit. 1861, in-12 (V. *Frémy-Ligneville*).   3 fr.

LEPAGE (*P.*). Nouveau traité et style de la procédure civile; 5e éd. 1811, in-4.   10 fr.
— Éléments de la science du droit. 1819, 2 vol. in-8.   6 fr.
— Lois des bâtiments (V. *Desgodets*).

LEPAGE (*A.*). Annuaire des faillites déclarées par le tribunal de commerce de la Seine, classées par ordre de dates, avec tables professionnelles et alphab. Concordats. Répartitions de dividendes. Législation. Jurisprudence. Statistique. Variétés. 1862, 1re année. 1864, in-8 (V. *Bédarride, Gadrat*).   4 fr.

LEPASQUIER (*Aug.*). Législation de la Vaine pâture. 1824, in-8 (V. *Jay et Bédume*).   5 fr.

LÉPEC. Bulletin annoté des Lois (lois anciennes de 1789 à 1830), par M. Lépec, avec des notices, par MM. Odilon Barrot, Vatimesnil, Ymbert; suivi d'une Table générale alphabétique et analytique des matières, par M. Bénard.

Conditions de souscription : Publication mensuelle. — Les volumes sont complétés en fin d'année, depuis 1857, par une double table chronologique, alphabétique et raisonnée des matières. — *Abonnement annuel.* 3

Collection des années antérieures :
- 1re série, de 1830 à 1848 (24 février), 5 volumes 27
- 2e série, années 1848 à 1865, 13 volumes 138
- *Lois anciennes*, années 1789 à 1830, 20 volumes, y compris 2 vol. de tables . . 80
- *Collection de 1852 à 1865*, vendue séparément aux communes rurales pour faire suite à leur collection du *Bulletin officiel des Lois*, qui a cessé de leur être envoyé depuis le mois de février 1852. — 14 vol. 30

— V. *Galisset ; — Recueil général des lois, décrets, ordonnances, etc. — Walker.*

LEPELLETIER *de la Sarthe* (A.). Système pénitentiaire complet, ses applications pratiques à l'homme déchu dans l'intérêt de la sécurité publique et de la moralisation des condamnés. 1857, 1 fort vol. gr. in-8. 8 fr.

LE PILEUR. Recherches sur les lois constitutionnelles de la France. *Leyde*, 1809, 2 vol. in-8. 6 fr.

LÉPINE (*J.-B.*). Code des justices de paix annoté. 2e édit. 1839, in-8 (V. *Bourbeau, Guilbon, Jay*). 4 fr.

LÉPINOIS (*Ern. de*). Code administratif, etc. 1825, 1 fort vol. in-8 (V. *Ducrocq, Fleurigeon*). 6 fr.

LEPLAT et **DUPLESSIS.** Code des expertises cadastrales. 1862, in-8 (V. *Daffry, Delapalud*). 4 fr. 50 c.

— Marine impériale. — Indicateur alphab. des décisions ministérielles et des articles des lois, décrets, ordonnances, règlements et instructions qui régissent actuellement les diverses parties du service à bord des bâtiments de l'État. 1859, in-8. 9 fr.

LE PLAY (*F.*). La Réforme sociale en France, déduite de l'observation comparée des peuples européens. 1864, 2 vol. in-8. 16 fr.

LEQUIEN (*F.*). Du fonds commun des départements. 1 vol. in-8 (V. *Braff*). 3 fr.

— Du libre-échange. 1856, in-8. 5 fr.

LERAT DE MAGNITOT (*Albin*) et **HUARD-DELAMARRE.** Dictionnaire de Droit public et administratif. 2 vol. gr. in-8 à 2 colonnes, avec supplément. 12 fr.
— V. *Magnitot.*

LERMINIER (*E.*). Cours d'histoire des Législations comparées. In-8. 7 fr.
— Introduction générale à l'histoire du Droit. 2e éd. 1835, in-8. 8 fr.
— Influence de la Philosophie du XVIe siècle sur la législation et la sociabilité du XIXe siècle. 1833, in-8. 7 fr.
— Philosophie du Droit. 3e édition. 1852, gr. in-18 jésus (V. *Ahrens, Bélime; Glinka; Oudot*).
— Histoire des Législateurs et des Constitutions de la Grèce antique. 1852, 2 vol. in-8. 10 fr.

LEROUX (*Ach.*). La vérité sur un procès, où l'on examine des théories qui outragent la nature et renversent les prescriptions fondamentales du Code sur le droit maternel et sur le mariage. 1845, gr. in-8. 6 fr.

LEROUX (*de Rennes*). Lettres à l'Académie royale de médecine, concernant une question chirurgico-légale sur un accouchement laborieux, avec sortie du bras. 1827, 1828, 1829, 3 part. in-8. 10 fr.
— Harmonie de l'organisation médicale avec le nouvel ordre social, 1830, in-8. 2 fr.

— Petit essai d'une petite lettre provinciale philosophico-médicale. 1828, in-8.   2 fr.

— Question chirurgico-légale sur un accouchement laborieux, 1826, in-8.   2 fr.

— Considérations médico-légales sur les blessures et plaies du thorax, empyeme. 1844, in-8.   2 fr.

LE RUSTE (*F.*). Etudes d'administration militaire. L'intendance militaire et les officiers d'administration. 1864, in-18 jésus.   2 fr.

— Le droit canonique et le droit ecclésiastique dans leurs rapports avec le droit civil, 1862, in-12.   1 fr.

LESCARRET. Etudes historiques : De la Propriété pendant l'époque féodale. 1851, in-8.   2 fr. 50 c.

LESELLYER. Traité du Droit criminel appliqué aux actions publiques et privées, etc. 1844, 6 vol. in-8 (V. *Trébutien*).   40 fr.

LESENNE (*N.-M.*). Brevets d'invention et droits d'auteurs; 2ᵉ éd. 1849, in-8 (V. *Breulier et Desnos-Gardissal*).   6 fr.

— Condition civile et politique des Prêtres. 1846, in-8.   7 fr. 50 c.

— Le livre de tous les Citoyens, ou Eléments de législation usuelle. 3ᵉ édit. 1846, in-18.   1 fr.

— Commentaire théorique et pratique de la loi du 23 mars 1855, sur la Transcription en matière hypothécaire. 1856, br. in-8 (V. *Verdier*). 3 fr.

— De la Propriété avec ses démembrements (usufruit, usage, habitation, servitudes), suivant le droit natur., le droit romain et le droit français. 1858, in-8.   6 fr.

— Code de la mère de famille. 1855, in-32.   1 fr.

LESTIBOUDOIS (*Th.*). Économie pratique des nations. 1849, in-8. 5 fr.

LESUR, FOUQUIER et TENCÉ. Annuaire historique, avec un appendice contenant les actes publics, traités, notes diplomatiques, tableaux, statistiques, financiers, administratifs et judiciaires, documents historiques, officiels et non officiels, et un article *variétés*. 1818 à 1861 compris, 44 vol. in-8.   415 fr.

LE TOUZÉ (*Ch.*). Traité théorique et pratique du change, des arbitrages et des matières d'or et d'argent. 1859, in-8.   5 fr.

LEURIDAN (*Th.*). Histoire des institutions communales et municipales de la ville de Roubaix. Annales civiles. 1863, in-8.   5 fr.

LEVASSEUR (*A.-F.-N.*). Portion disponible. 1805, in-8 (V. *Beaulemps-Beaupré*).   5 fr.

— Justices de paix (V. *Biret.*)

LEVASSEUR (*E.*). Histoire des classes ouvrières en France, dep. la conquête de César jusqu'à la révolution française. 1859, 2 vol. in-8 (V. *Dupuynode*).   15 fr.

LEVEN. — V. *Mittermaier*

LÉVÊQUE. De la Vérification des écritures. In-8.   2 fr. 50 c.

LEVESQUE. Faillites et Banqueroutes. Résumé de législation, de doctrine et de jurisprudence sur cette matière. 1847, in-8 (V. *Bédarride*, *Gadrat*).   10 fr.

LEVIEIL DE LA MARSONNIÈRE (*J.*). Histoire de la Contrainte par corps. 1843, in-8 (V. *Lassime.*)   5 fr.

LÉVITA (*J.*). De la Réforme hypothécaire en France et en Prusse. Examen critique comparé du projet de loi présenté à M. le ministre de justice de Prusse. 1852, 1 vol. gr. in-8.   4 fr.

LEVITA (*Ch.*). Précis de l'histoire du dr. pénal allemand, depuis l'origine jusqu'à nos jours, trad. et annoté par Bonneville de Marsangy. 1862, in-8. (R. C.).

LÉVY (*Michel*). Traité d'Hygiène publique et privée; 3e édit. 1856, 2 vol. in-8. 16 fr.

LEVY-MARIA JORDAO. — V. *Jordao.*

LEY de la caja del credito hipotecario. *Santiago de Chile*, 1856, in-8.

LEYMARIE. Tout par le travail. In-12. 3 fr.

LÉZARDIÈRE. Théorie des lois politiques de la monarchie française. 1844, 4 vol. in-8 (V. *Colombel*). 20 fr.
La première édition de ce livre, qui a paru en 1792, ne contenait que les deux premières époques. Cette deuxième édition d'un livre devenu excessivement rare est augmentée de la troisième époque qui embrasse l'intervalle compris entre les ixe et xive siècles.
— V. *Demartial.*

LEZAUD (*P.-G.*). Des délits et quasi-délits. Thèse. 1863, in-8 de 200 pages. 2 fr. 50 c.

LHERBETTE. Introduction à l'étude philosophique du Droit. 1819, in-8 (V. *Ahrens; Belime; Glinka; Oudot*). 5 fr.

LHOSTE. Le Praticien de la ville et de la campagne, ou Manuel instructif contenant les formules des actes sous seing privé. 1852, in-12. 3 fr.

LIBENS (*J.-V.*). Synthèses, ou Tableaux synoptiques des actes notariés, avec annotations et formules. *Bruxelles*, 1861, in-8. 7 fr.

LIÉGEARD. De l'Origine de l'esprit et des cas d'application de la maxime : *Le partage est déclaratif de la propriété;* 2e édit. 1855, in-8. 2 fr.

LIÉGEOIS (*J.*). De la liberté de l'intérêt. 1858, in-8. 1 fr. 50 c.
— Essai sur l'histoire et sur la législation de l'usure. 1863, in-8. 3 fr.
— Des rapports de l'économie politique avec le droit public et administratif. 1865, in-8 de 54 pag. (R. P.).

LIMON (*J. M. P. A.*). Usages et règlements locaux en vigueur dans le département du Finistère. 1852, in-8 (V. *Sibille*). 7 fr.

LIMOUZINEAU. De la législation et de l'administration de la justice, ou des réformes législative et judiciaire. Tome Ier. 1863, in-8 (V. *Dareste*).
L'ouvrage complet, 2 vol., coûtera 20 fr.

LINAGE. (V. *Boitard*.)

LINGÉE (*A. G. N.*). Code des Prud'hommes, avec recueil des lois, décrets, ordonnances et arrêtés concernant la justice industrielle; 2e édit. 1855, in-12 (V. *Mollot*). 3 fr.

LINSTANT-PRADINE (*A.*). Recueil général des lois et actes du gouvernement de Haïti depuis la proclamation de son indépendance jusqu'à nos jours, le tout mis en ordre et publié avec des notes historiques, de jurisprudence et de concordance (t. I à IV, 1804-1825). 1851-65, 4 vol. gr. in-8. 60 fr.

LIONEL D'ALBIOUSSE. — V. *Albiousse.*

LIOUVILLE (*F.*). De la Profession d'avocat (Devoirs, honneur, avantages, jouissances. — Le stage, — La plaidoirie. — Lois et règlements). Discours réunis et publiés avec une table méthodique, alphab. et historique, par Alb. Liouville; 3e édition. 1864, in-8. 6 fr. 50 c.

LIOUVILLE (*A.*). Règles générales de la commission en droit français avec les principaux usages du commerce, précédées d'une étude sur le mandat en droit romain. 1861, in-18. 5 fr.

LISLE (E.). Du Suicide. Statistique, médecine, histoire et législation. 1856, in-8. 7 fr.
Ouvrage couronné.

LOBÉ (G). Guide des droits civils et commerciaux des Étrangers en Espagne ; 2e édit. 1837, in-8. » »

LOBER. L'Ami des maires, des adjoints, conseillers municipaux, membres des administrations hospitalières et de bienfaisance, commissaires de police, secrétaires de mairie, etc. ; 2e édit. 1862, 2 vol. in-8 (V. Dubarry). 16 fr.

— Mémorial de l'administration municipale et de la mise en pratique de cette administration, classée par ordre alphabétique. 1863, in-8. 6 fr.

LOCRÉ. Législation civile, commerciale et criminelle de la France, ou Commentaire et complément des cinq Codes français. 1826 à 1831, 31 vol. in-8. 120 fr.

— Le Code civil, séparément. 16 volumes in-8 (V. Demolombe). 40 fr.

— Procès verbaux du Conseil d'Etat, contenant la discussion du projet du Code civil, ans XII et XIII (1803-1804). 5 vol. in-4. 25 fr.

— Esprit du Code de procédure civile. 1816, 5 vol. in-8. 15 fr.

— Le même ouvrage. Nouvelle édition (faisant partie de la législation civile et commerciale) 1828, 3 vol. in-8. 8 fr.

— Esprit du Code de Commerce. Nouv. édit. 1829, 4 vol. in-8 (V. Bédarride). 25 fr.

— Législation sur les Mines et sur les expropriations pour cause d'utilité publique. 1828, in-8 (V. Daffry de la Monnoye; Lamé-Fleury.) 8 fr.

— Du Conseil d'Etat, de sa composition, de ses attributions, etc. 1810, in-8 (V. Baroux). 4 fr.

— Esprit du Code Napoléon. 1809-14, 7 vol. in-8 20 fr.

— Discussion sur la liberté de la presse, la censure, la propriété littéraire, l'imprimerie et la librairie, etc. 1819, in-8. 4 fr.

LOI DU 21 MAI 1858, sur les saisies immobilières et sur les ordres, suivie de la circulaire du 2 mai 1859 sur les modifications introduites dans les art. 692, 696, 717, 749 à 779 et 838 du Code de procédure civile. 1859, in-8. 1 fr. 25 c.

LOIR (J.-N.) De l'État civil des nouveau-nés, au point de vue de l'histoire, de l'hygiène et de la loi. Présentation de l'enfant sans déplacement. 1865 (1854), in-8. 6 fr.
Ouvrage qui a obtenu un encouragement de l'Institut impérial (Académie des sciences, prix Montyon de 1854).

— Centralisation des actes de l'État civil. Bulletin ou tableaux complémentaires. 1862, broch. in-8. 4 fr.

— De l'exécution de l'article 55 du Code civil, relatif à la constatation des naissances. 1846, in-8. 1 fr.

— Du service des actes de naissance en France, et à l'étranger. 1845, in-8. 1 fr.

LOIS concernant les contributions de 1816 à 1842, précédés d'une Table chronologique des lois publiées pendant ces 27 années, et suivies d'une Table sommaire des matières. 1863, in-8. 1 fr. 50 c.

LOIS, décrets et règlements relatifs à l'administration des Cultes, depuis le 2 décembre 1851 jusqu'au 1er janvier 1854, par Hippolyte Blanc et Adolphe Tardif. 1854, 1 vol. in-8 (V. Calmette; Gaudry). 6 fr.

LOIS, décrets, règlements et décisions sur l'inscription maritime, les écoles de la marine, les pêches, la navigation commerciale, l'organisation des services de la flotte et le régime colonial. Janvier 1861 à avril 1864. Gr. in-8, v-504 pages.

LOIS, décrets, règlements et documents officiels relatifs aux ventes publiques de marchandises en gros, warrants, etc. 1858-63, in-8. 3 fr. 50 c.

LOIS (les) et les institutions judiciaires de la Russie. 1864, in-8. 1 fr.

LOISEAU. Traité des Enfants naturels, adultérins, incestueux et abandonnés. 1819, in-8, avec supplément (V. *Desportes*, *Morillot*). 8 fr.

LOISEAU, DUPIN et LAPORTE. Dictionnaire des arrêts modernes en matière civile et criminelle, de procédure et de commerce. 1814, 2 vol. in-4. 15 fr.

LOISEAU et VERGÉ. Dictionnaire des Huissiers. 1844, 2 vol. in-8. 15 fr.

LOISEL (*Ant.*). Institutes coutumières, ou Manuel de plusieurs règles, sentences et proverbes divers, tant anciens que modernes, du droit coutumier et plus ordinaire de la France, avec notes d'Eusèbe de Laurière. Nouv. édit., revue, corr. et aug., suivie d'un Glossaire du droit français, par MM. Dupin et Laboulaye, membres de l'Institut. 1846, 2 vol. in-12. 12 fr.

— Pasquier, ou Dialogue des avocats du parlement de Paris. Nouv. édit., avec notes, par M. Dupin aîné, 1844, in-18. 4 fr.

— V. *Dupin*; — *Laboulaye*.

LOISELEUR (*J.*). Les crimes et les peines dans l'antiquité et dans les temps modernes; étude historique. 1863, gr. in-18 jésus. 3 fr. 50 c.

LOMÉNIE (*de*). — V. *Gans*.

LONCHAMPT (*E.*). Explication du Code de commerce et formulaire général d'actes sous seing privé et d'écriture commerciale. 1847, in-12 (V. *Frémy Lignéville*). 4 fr.

— Dictionnaire des Justices de paix; 3e édit. 1852, in-8 (V. *Jay*). 6 fr. 50 c.

— Formulaire d'Actes à l'usage des juges de paix, greffiers, etc. 1840, in-18 (V. *Guilbon*, *Jay*). 2 fr. 50 c.

— Formulaire d'Actes à l'usage des huissiers; 2e édit. 1858, in-18 (V. *Jay*). 3 fr.

— Dictionnaire de Procédure civile, commerciale et administrative à l'usage des huissiers-audienciers près les justices de paix, 1 vol. in-8 (V. *Bioche*). 6 fr. 50 c.

Ce volume est exactement le même que le *Dict. des Just. de paix*, auquel on a ajouté de nouveaux titres, avec la date de 1863, et l'indication d'une 3e édition.

LOOSEY (*Ch.*). Recueil des lois publiées dans tous les États de l'Europe, les États-Unis de l'Amérique et les Indes d'ouest de la Hollande, sur les Priviléges et les Brevets d'invention. *Vienne*, 1849, in-8. 15 fr.

LOREAU. Du Crédit foncier et des moyens de le fonder. 1841, in-8. 6 fr.

LORET. Éléments de la science notariale, et commentaire de la loi organisatrice du notariat. 1807, 3 vol. in-4. 30 fr.

— Le Code de procédure civile, expliqué par la jurisprudence des tribunaux. 1811-15, 6 vol. in-8. 15 fr.

LORIEUX (*A.*). Traité de la Prérogative royale en France et en Angleterre. 1840, 2 vol. in-8. 15 fr.

LORIOL. Textes du Digeste pour le 1er examen de licence, traduits et commentés. 1856, broch. in-8 (V. *Delsol*). 2 fr.

LORRY (*F.*). Institutionum juris civilis expositio methodica. 1808, 2 vol. in-12. 5 fr.

LOUIS (*F.*). Dictionnaire du commandement et de l'administration des corps de troupes de toutes armes; analyse des règlements militaires et des matières insérées au *Journal militaire officiel*, etc. 1863, gr. in-8. 15 fr.

— V. *Journal militaire officiel*.

LOUVET (*L.*). Curiosités de l'économie politique. 1860, in-18. 2 fr. 50 c.

LOVE (*G.-H.*). Observations sur les prescriptions administratives réglant l'emploi des métaux dans les appareils et constructions intéressant la sécurité publique. 1859, in-8. 2 fr. 50 c.

LOYSEL (*Ant.*). — V. *Loisel.*

LOYSEL. Usages et règlements locaux de l'arrondissement de Cherbourg, selon l'ordre des articles du Code civil. 1865, in-16, 303 pages.

LUBLINER (*L.*). Concordance entre le Code civil du Roy. de Pologne (1825) et le Code civil franç. relativ. à l'état des personnes, etc. 1848, in-8. 6 fr.
— De la condition politique et civile des Juifs dans le royaume de Pologne. *Bruxelles,* 1860, gr. in-8. 3 fr.

LUCAS (*Ch.*). Recueil des débats des assemblées législatives de la France sur la question de la Peine de mort. 1831, in-8. » »
— Du Système pénitentiaire en Europe et aux États-Unis. 1828-31, 3 vol. in-8 (V. *Julius*). 15 fr.
— De la Réforme des Prisons, ou de la Théorie de l'emprisonnement. 1836-38, 3 vol. in-8. 15 fr.
— Du Système pénal et du système répressif en général, et de la peine de mort en particulier. 1827, in-8. » »

LUCAY (*vicomte H. de*). Des assemblées provinciales sous Louis XVI. 1856, 2 brochures in-8. 2 fr.
Extrait de la *Revue historique de droit français et étranger.*

LUCHESI-PALLI. Principes du Droit public maritime, traduit de l'italien. 1842, in-8. 5 fr.

LUNEL (*B.*). Tableaux synoptiques des cas d'exemption et de réforme du service militaire, présentant la législation concernant le recrutement, le tirage au sort, les exemptions de droit, etc.; 4e édit. 1862, in-8, de 30 pag. (V. *Bost et Périer*). 2 fr. 50 c.

LUROTH. L'administration municipale de Bischwiller à partir de l'année 1840. 1865, in-8, XII-348 pages.

LUSIGNAN (*G. de*). Les lois de l'Empire français, à l'usage des propriétaires, commerçants, etc. 1854, in-8. 5 fr.

LUSSAUD (*Al.*). Des délits et des quasi-délits écrits en dr. rom. et en dr. franç. Thèse. 1860, in-8. 2 fr. 50 c.

LYON. Éléments de procédure criminelle à l'usage des agents forestiers. *Nantua,* 1864, in-8, 27 pages.

LYONNET (*D.*). Tractatus de contractatibus hodiernis Galliarum legibus accomodatis juxta mentem saniorum theologorum et jurisperitorum. 1862, in-12.
— Tractatus de justitia et jure, hodiernis Galliarum legibus accommodatus juxta mentem saniorum theologorum et jurisperitorum. Editio recentior et accuratior. 1863, in-12.

M

MACAREL (*L. A.*). Des Tribunaux administratifs, ou Introduction à l'étude de la jurisprudence administrative. 1828, in-8. 8 fr.
— Manuel des Ateliers dangereux, insalubres ou incommodes, ou Manuel des manufacturiers, propriétaires, etc. 1828, in-18. 3 fr. 50 c.
— Éléments de Droit politique. 1833, in-12. » »

— Éléments de Jurisprudence administrative. 1818, 2 vol. in-8.　　12 fr.

— Cours d'Administration et de Droit administratif, professé à la Faculté de droit de Paris; 3e édit., revue par A. de Pistoye. 1857, 4 vol. in-8. (V. Ducrocq.)　　30 fr.

MACAREL et **BOULATIGNIER**. De la Fortune publique en France et de son administration. 1838-1840, 3 vol. in-8.　　24 fr.

MACAREL, DELOCHE, BEAUCOUSIN et **LEBON**. Recueil des arrêts du Conseil, ou ordonnances royales rendues en Conseil d'État sur toutes les matières du contentieux de l'administration. 1821 à 1866, 47 vol. in-8 (V. Roche et Lebon).　　500 fr.

— Abonnement annuel :　　18 fr.

— Table du Recueil périodique des Arrêts du Conseil d'État de 1849 à 1858, par Lebon et Hallays-Dalot. 1859, 1 vol. in-8 (Rare).

MAC-CULLOCH. Dictionary practical, theoretical and historical, of commerce and commercial navigation, illustrated with maps and plates. London, 1859, 1 fort vol. gr. in-8 de 1,480 pages.　　75 fr.

— Principes d'économie politique, trad. de l'anglais sur la 4e édition, par Aug. Planche; 2e édit. 1864, 2 vol. in-8 (V. Garbouleau).　　12 fr.

MACÉ. Les Lois agraires chez les Romains. 1846, in-8.　　6 fr.

MACHELARD (E.). Textes de Droit romain expliqués, à l'usage de la Faculté de droit de Paris. (1855 et 1856), in-8.

— Étude sur la Règle catonienne, en droit romain. 1862, in-8.　　2 fr.

— Des Obligations naturelles, en droit romain. 1860, 1 fort vol. in-8 (V. Massol; Maynz; Savigny; Vernet).　　7 fr.

La théorie des obligations naturelles présente en droit français une grande difficulté, à raison du laconisme observé par notre législateur, qui se borne à interdire la répétition à l'égard des obligations naturelles volontairement acquittées, sans entrer dans le moindre détail sur les causes qui peuvent produire des engagements de cette espèce. C'est une des matières sur lesquelles les ressources sont indispensables; et ici, comme ailleurs, l'étude du droit romain offre des secours précieux, puisqu'il n'est point douteux que c'est à l'influence exercée par les jurisconsultes de Rome sur les auteurs qui ont préparé notre Code civil, et, par suite, sur les rédacteurs de ce Code, qu'est due la mention dans nos lois des obligations naturelles. D'un autre côté, en remontant à cette source ordinaire de notre législation, on se trouve en présence des cas les plus variés d'obligations naturelles, les unes produisant des effets assez énergiques, les autres n'ayant que des effets moins puissants, quelques-unes enfin réduites à n'avoir que la valeur assignée par notre législateur à l'obligation naturelle. M. Machelard s'est occupé de rechercher toutes les hypothèses dans lesquelles la jurisprudence romaine admettait l'idée d'une obligation naturelle, et s'est efforcé de mesurer pour chacune d'elles la portée qu'elle pourrait avoir. Sans doute, les obligations naturelles ont perdu chez nous une bonne partie du domaine qui leur appartenait en droit romain ; sans doute, leur importance a notablement diminué. Mais il n'en est pas moins vrai que les doctrines des jurisconsultes romains servent à répandre un grand jour sur les cas les plus importants qui sont encore en général regardés comme rentrant dans la classe des obligations naturelles.

—Dissertation sur l'accroissement entre les héritiers testamentaires et colégataires aux diverses époques du droit romain. — Étude sur les lois Julia et Papia, en ce qui concerne la caducité. 1860, in-8.　　5 fr.

Cet ouvrage, comme le dit l'auteur, a pour but de combler une lacune existant dans la littérature du droit. L'examen des réformes si graves introduites dans la législation romaine par les lois Julia et Papia Poppœa n'a encore été chez nous l'objet d'aucun travail complet. L'étude de ces lois est cependant indispensable pour saisir le sens d'une foule de décisions des jurisconsultes romains, qui ne peuvent trouver leur explication qu'en les rapportant à une époque où étaient encore en vigueur les prescriptions imaginées par Auguste dans un but politique. Détournées de leur véritable objet par les compilateurs de Justinien, ces décisions, appliquées autrefois par les commentateurs au droit d'accroissement entre héritiers et légataires, ont donné lieu à des difficultés nombreuses, que l'ancienne jurisprudence avait été impuissante à résoudre. Aussi, la nature de l'accroissement était-elle devenue très-compliquée, et il n'est que trop vrai que la confusion répandue sur cette doctrine, grâce à de fausses données historiques, n'est pas restée sans influence sur les dispositions que contient à cet égard le Code Napoléon. De nos jours, la découverte des Commentaires originaux de Gaïus et des Fragments du Vatican a jeté assez de lumière sur ce sujet pour permettre de séparer les règles bien distinctes qui gouvernaient dans la législation romaine, d'une part, le droit d'accroissement proprement dit ; de l'autre, l'attribution des parts *caduques*. M. Machelard s'est attaché à discerner ces deux ordres d'idées, à déterminer le domaine appartenant à ce que l'on appelait *caducorum vindicatio*, dont la théorie était bien différente de celle du droit d'accroissement. C'est à juste titre que l'auteur a qualifié son travail : *Études sur les lois Julia et Papia, en ce qui concerne la caducité*. C'est là assurément la partie la plus importante de cette œuvre. Toutefois, elle est précédée d'un exposé des principes anciens sur l'accroissement, préalable nécessaire pour comprendre les innovations opérées par les lois d'Auguste. Enfin, l'auteur a terminé son étude en recherchant sur quelles bases la théorie de l'accroissement avait été rétablie après l'abolition des lois caducaires, et en examinant en détail la fameuse constitution de Justinien : *De caducis tollendis*.

— Théorie générale des Interdits en droit romain. Exposition détaillée des interdits possessoires. 1864, in-8.   5 fr.

MACKELDEY. Manuel du Droit romain, contenant la théorie des Institutes, trad. de l'allemand par Beving. 3ᵉ édit. *Bruxelles*, 1846, gr. in-8 (V. *Maynz; Namur; Thézard*).   9 fr.

— Histoire des sources du Droit romain, trad. par Poncelet, avec additions par M. Seruzier. 1846, in-12.   3 fr.

— Systema juris romani hodie usitati, post Cl. Rosshirtii curas noviss. nunc primum latine interpretatus est Ed. Hindenburg. *Lipsiæ*, 1847, in-8.   16 fr.

MACKINTOSCH. Discours sur l'étude du Droit de la nature et des gens, trad. de l'anglais par Royer-Collard. In-8 (V. *Wheaton*).   5 fr.

MADELIN (*Am.*). Le premier consul législateur, étude sur la part que prit Napoléon aux travaux préparatoires du Code. 1865, in-8.   3 fr.

     Mémoire couronné.

MADRAZO (*F. de*). Manual de espropiación forzosa por causa de utilidad publica, ó aplicacion practica de la ley de 17 de julio de 1836 y reales disposiciones posteriores; 2ᵉ tirage. *Madrid*, 1861, in-8.   7 fr. 50 c.

MAERTENS. Code de la contrainte par corps, suivi d'un recueil de formules. *Bruxelles*, 1860, in-8 (V. *Lassime*).   2 fr.

— Commentaire de la loi sur les faillites, banqueroutes et sursis, etc. *Bruxelles*, 1860, 1 fort vol. gr. in-8 (V. *Bédarride; Gadrat*).   14 fr.

MAFFIOLI. Essai d'un projet de loi de réorganisation de la Cour des comptes. 1836, in-8.   3 fr.

MAFFIOLI (*J.-P.*). Dissertation sur le Duel, enseignée aux Écoles de droit. 1822 in-8.   2 fr.

MAGENDIE (*J.-P.-Z.*). Code-Répertoire annoté de la nouvelle législation s r l'instruction primaire; 2ᵉ édition. 1857, in-8 (V. *Dubarry*).   6 fr. 75 c.

MAGNAN. Du commerce maritime, des causes de sa décadence et des moyens d'y remédier. 1862, br. in-8 (V. *Bédarride*).   1 fr.

MAGNE. Code du vérificateur des poids et mesures. In-18.   4 fr. 50 c.

MAGNIER-GRANDPREZ. Code des douanes de l'Empire français, au courant depuis le mois de novembre 1790 jusqu'en juin 1806. 1806, 2 vol. in-8.   50 fr.

MAGNIN Traité des Minorités. 1842, 2 vol. in-8 (V. *Demolombe*).   12 fr.

MAGNITOT (*Albin Le Rat de*). — V. *Lerat de Magnitot*.

MAGNITOT (*A. de*). De l'assistance en province. 1861, in-8.   4 fr.

MAGNONE. Manuel des officiers consulaires sardes et étrangers. 1847, 2 vol. in-8.   15 fr.

MAHON. Médecine légale et Police médicale, avec des notes, par Fautrel. 1811, 3 vol. in-8.   12 fr.

MAI (*A*). Vaticana juris romani fragmenta, Romæ detecta et edita. *Parisiis*, 1823, in-8.   1 fr. 50 c.

MAILHER DE CHASSAT (A.). Traité de la rétroactivité des lois, ou Commentaire approfondi du Code civil. 1845, 2 vol. in-8. 10 fr.

Cet ouvrage est sans contredit le commentaire le plus étendu qui ait été composé sur les art. 1 et 2 du Code Napoléon. Il n'est aucune des matières auxquelles se rattache la rétroactivité et des nombreuses et délicates questions qu'elle fait naître qui n'y soit examinée et résolue. La jurisprudence y occupe aussi une large place. C'est là un de ces travaux que les personnes qui s'occupent de ces matières doivent nécessairement consulter.

— Traité de l'Interprétation des lois. Nouv. édition. 1845, in-8. »

— Traité des Statuts (lois personnelles, lois réelles), d'après le droit ancien et le droit moderne, ou du droit international privé. 1845, in-8. 7 fr.

— V. *Thibaut.*

MAILLARD (A.), et **LE BAILLY D'INGHUEM** (A). Considérations sur des traités de commerce en général. 1862, in-8. 2 fr. 50 c.

MAINARD (E.). Notice historique sur les officiers-magistrats de police. 1862, gr. in-18. 2 fr.

MAIRE. De la Justice de paix, de son administration et des devoirs de ses magistrats. 1859, in-12 (V. *Bourbeau; Jay; Salin*). 3 fr. 50 c.

MAIRIE (Mémorial des fonctionnaires de). 1850-52, 2 vol. in 8 (V. *Dubarry*). 12 fr.

MAISEAU (L.-R.-B.). Manuel de la liberté de la presse. 1819, in-12. 2 fr.

MAISONNEUVE (Richard). — V. *Richard-Maisonneuve.*

MAISTRE (Jos. de). Correspondance diplomatique (1811-1817), recueillie et publiée par Alb. Blanc. 1860, 2 vol. in-8. 15 fr.

— Mémoires politiques et correspondance diplomatique, avec explication et commentaires histor., par Alb. Blanc. 1859, in-8. 6 fr.

MAJOUX (J.-M.). Projet d'association communale, pour les assurances; 1° contre l'incendie; 2° contre les chances du recrutement militaire; 3° assurances agricoles; 4° assurances sur la vie; et 5° assurances maritimes. 1865, in-8. 6 fr.

MALAPERT (P.-A.-F.). De la prestation des fautes. Etude sur la théorie des fautes en droit romain et en droit français. 1861, in-12. 4 fr.

— Essai sur la distinction des Biens. 1844, in-8 (V. *Demolombe; Vaugeois*). 3 fr.

— Du Droit romain sur les travaux publics en général, spécialement sur les aqueducs. 1865, in-8 de 76 pages.

— Remarques historiques sur la Codification. 1861, in-8 (R. C.). 1 fr. 50 c.

MALAPERT et PROFAT. Code complet de l'Expropriation pour cause d'utilité publique, précédé d'une instruction et suivi des modèles ou formules des actes que nécessite l'expropriation. 1857, 1 vol. in-18 (V. *Daffry de la Monnoye*). 4 fr.

MALEPEYRE (L.). Traité pratique des actes privés en matière civile, commerciale et administrative, revu et augmenté par Alph. Rousset. 1862, in-18 jésus (V. *Frémy-Ligneville*). 2 fr. 25 c.

MALEPEYRE et JOURDAIN. Traité des Sociétés commerciales, accompagné d'un précis de l'arbitrage forcé, etc. 1833, in-8 (V. *Bédarride*).

MALLEIN (Jules). Considérations sur l'enseignement du droit administratif. 1857, in-8 (V. *Ducrocq*). 6 fr.

— Faut-il codifier les lois administratives ? Examen de cette question. 1860, in-8. 1 fr. 50 c.

MALLEVILLE. Analyse raisonnée de la discussion du Code civil au Conseil d'Etat; 3ᵉ éd. 1821, 4 vol. in-8. 15 fr.

MALPEL. Traité élémentaire des Successions AB INTESTAT. 1829, in-8, avec supplément (V. *Demolombe*). 8 fr.

MANGIN (*J.-H.-C.*). Traité de l'Action publique et de l'action civile en matière criminelle; 2ᵉ édition. 1844, 2 vol. in-8 (V. *Delpon; Hoffman*).

— De l'Instruction écrite et du règlement de la compétence en matière criminelle; ouvrage revu et annoté par M. Faustin-Hélie. 1847, 2 vol. in-8. 15 fr.

— Traité des Procès-Verbaux en matière de délits et de contraventions, précédé d'une introduction par Faustin-Hélie. 1839, in-8. 8 fr.

— V. *Faustin-Hélie*.

MANGIN (*A.*). De l'usurpation des titres commerciaux. 1863, in-8 de 63 pages. 1 fr.

MANNEQUIN (*Th.*). Travail et Liberté; études critiques d'économie sociale. 1863, 2 vol. in 8. 15 fr.

— La liberté civile et la justice criminelle. Procédure criminelle; prison préventive, liberté individuelle; libre disposition des biens, etc. 1860, in-12. 75 c.

MANUEL de l'Employé de l'Octroi. 1853, 2 vol. in-8. (V. *Annales*.) 15 fr.

MANUEL des Agents de change, banque, finance et commerce. 1851, in-8 (V. *Bédarride*). 6 fr.

MANUEL des Conseils de fabrique; comptabilité, organisation, administration. 1852, in-4. 4 fr.

MANUEL des employés de la garantie, contenant les lois, arrêtés, etc. relatifs au titre et à la marque des ouvrages d'or et d'argent, etc., par A.-L. de St.-H. 1813, in-8. 3 fr.

MANUEL des lois du bâtiment, élaboré par la Société centrale des Architectes; suivi du Recueil des lois, ordonnances et arrêtés concernant la voirie ayant trait aux constructions. 1863, in-8. 7 fr. 50 c.

MANUEL des Pensions de l'armée de terre, ou Collection gén. des lois, règlements, modèles, formules, etc. 1831, in-8. 4 fr. 50 c.

MARBEAU. Traité des Transactions. 1833, in-8. 5 fr.

MARC (*H.*). De la Folie considérée dans ses rapports avec les questions médico-judiciaires. 1840, 2 vol. in-8. 15 fr.

MARC-DEFFAUX. Encyclopédie des Huissiers, ou Dictionnaire général et raisonné de législation, de doctrine et de jurisprudence en matière civile, etc.; 2ᵉ édition, revue par Billequin et Harel. 1850-1865, 6 vol. in-8. 48 fr.

— Commentaire de la loi du 25 mai 1838, sur les Justices de paix, etc. 1839, in-8 (V. *Bourbeau; Guilbon; Jay*).

— Manuel des Propriétaires usufruitiers, des usagers. 1852, in-12. 5 fr.

— Guide manuel général du Garde champêtre et du Messier. 1853, in-18 (V. *Dubarry*). 3 fr.

MARCADÉ (*V.*). Etudes de Science religieuse, expliquée par l'examen de la nature de l'homme, contenant avec une préface : 1º les principes de Théodicée et l'établissement de la mission divine de l'Eglise; 2º un examen démontrant l'accord intime de la raison et de la foi, du libéralisme et du Christianisme; 3º des mélanges terminés par la critique du jugement porté sur Voltaire, sa philosophie et la Révolution dans l'*Histoire des Girondins*. 1847, in-8. 7 fr.

MARCADÉ et PONT (*Paul*). Explication théorique et pratique du Code Napoléon, contenant l'analyse critique des auteurs et de la Jurisprudence, et un traité-résumé après le commentaire de chaque titre. *2e tirage de la cinquième édition*, augmentée de plusieurs questions et des lois et arrêts récents. 1859-65, 12 vol. in-8, publiés ainsi qu'il suit :

PAR V. MARCADÉ.

— 1° (Art. 1-1831) 5e édit., 2e tirage, 1859, 6 vol. in-8.   54 fr.
— 2° (Art. 2219-2281). Prescription. Nouv. édit. 1861, 1 vol. in-8. 6 fr.

PAR Paul PONT.

— 3° (Art. 2092-2218). Priviléges et Hypothèq. 1856-1859, 2 vol. in-8. 18 fr.
— 4° (Art. 1874-2091). Petits contrats et Contrainte par corps. 2 vol. in-8 (V. *Lassime*).   18 fr.
Le tome Ier est en vente.
— 5° (Art. 1832-1873). Sociétés civiles et commerciales. 1 vol. in-8. (*En préparation*.)
— V. *Pont*.

MARCÉ (*L.-V.*). Traité de la folie des femmes enceintes, des nouvelles accouchées et des nourrices, et considérations médico-légales qui se rattachent à ce sujet. 1858, 1 vol. in-8 de 400 pages.   6 fr.

MARCEL. Du Régime dotal. In-8 (V. *Bellot des Minières; Ginoulhiac*). 2 fr.
Dans cet ouvrage on trouve un précis historique sur le droit romain, l'ancien droit français et le droit nouveau; un examen de l'ancienne législation dans ses rapports avec le système dotal; différence entre l'ancienne législation et la nouvelle, etc.

MARCHAND. Code de la Minorité et de la Tutelle. 1839, in-8 (V. *Démolombe*).   7 fr.

MARESCHAL (*J.*). Mémoire à consulter sur la question juridique de la propriété perpétuelle et héréditaire des œuvres de l'esprit. 1861, gr. in-8.   3 fr. 50 c.
— Du droit héréditaire des auteurs. 1859, in-8.   2 fr. 50 c.

MAREZOLL (*T.*). Traduction française de son ouvrage intitulé : Lehrbuch der Institutionem der Römischen Rechte (V. *Pellat*.)

MARIETTE DE WAUVILLE. Justification de l'existence légale et constatante des droits des propriétaires des rentes purement foncières et non féodales, qui ont été établies par des titres tout à la fois constitutifs de redevances seigneuriales et droits féodaux ou censuels supprimés. 1825, in-8.   5 fr.

MARINE (Recueil des lois relatives à la Marine et aux colonies). An V à 1808, 17 vol. in-8 (V. *Bajot; Desaint*.)   60 fr.

MARNIER (*A.-J.*). Assises et arrêts de l'Echiquier de la Normandie au XIIIe siècle (1207 à 1245), avec une lettre de M. Pardessus. 1839, in-8 (V. *Delisle*).   5 fr.
— Conseil de Pierre de Fontaines, ou Traité de l'ancienne jurisprudence française. Nouvelle éd., publiée d'après un mss. du XIIIe siècle, appartenant à la bibl. de Troyes, avec notes explicat. du texte et des variantes tirées des manuscrits de la Bibl. roy. 1846, 1 gros vol. in-8 (V. *Fleury*).   6 fr.
Ouvrage indispensable aux personnes qui s'occupent de l'histoire du droit français au moyen âge. M. Marnier a mis en tête de son excellent travail la Vie de P. de Fontaines et quelques notices sur la féodalité et les lois romaines, sur les coutumiers au moyen âge, et en particulier sur les manuscrits du *Conseil*, avec une table des principales abréviations qui s'y rencontrent. Ce travail permet d'apprécier en connaissance de cause la critique dont M. Marnier a fait preuve dans l'établissement de son texte.
— Ancien Coutumier inédit de Picardie, contenant les Coutumes notoires, etc., de Picardie au comm. du XIVe siècle. 1840, in-8.   5 fr.

— Anciens Usages inédits d'Anjou, publiés d'après un manuscrit du xii⁰ siècle. 1853, br. in-8.   1 fr. 50 c.

— Anciens Usages de Bourgogne, pendant les xiii⁰, xiv⁰ et xv⁰ siècles. 1858, in-8.   3 fr.

MARINIER. De la date certaine ou Théorie des tiers et des ayant cause en matière de preuve par acte sous-seing privé. Broch. in-8 de 180 p. (R. P.).   4 fr.

MARQUET-VASSELOT (*L. A. E.*). Examen historique et critique des diverses théories pénitentiaires ramenées à une unité de système applicable à la France. 1836, 3 vol. in-8.   18 fr.

— Ecole des Condamnés. Conférence sur la moralité des lois pénales. 1838, 2 vol. in-8.   15 fr.

MARQFOY (*G.*). De l'abaissement des tarifs de chemins de fer en France. 1863, 1 vol. gr. in-8.   5 fr.

— La Réforme des tarifs de chemins de fer et les Compagnies. 1864, in-8.   1 fr.

MARS (*A.*). Corps de Droit criminel. 1820; 2 vol. in-4.   15 fr.

MARSAY. Manuel du citoyen, contenant le texte avec commentaire de la Constitution, etc. 1850, in-16.   3 fr.

MARSONNIÈRE. — V. *Levieil de la Marsonnière.*

MARTEL (*Alph.*). Manuel de la salubrité, de l'éclairage et de la petite voirie, ou Répertoire alphabétique, raisonné et pratique des lois, règlements, arrêtés, décrets et ordonnances de police concernant la salubrité, l'éclairage et la petite voirie, etc. 1859, in-12.   2 fr.

MARTENS (*Ch. de*). Causes célèbres du Droit des gens ; 2⁰ édition. 1858-61, 5 vol. in-8.   52 fr.

— Le Guide diplomatique. Précis des droits et des fonctions des agents diplomatiques et consulaires, etc., accompagné d'une bibliothèque diplomatique choisie; 4⁰ édition, entièrement refondue par l'auteur, avec la collaboration de Ferd. Wegmann. 1851, 2 vol. in-8.   16 fr.

MARTENS (*G.-F. de*). Précis du Droit des gens moderne de l'Europe, augm. des notes de Pinheiro-Ferreira, précédé d'une introd. et complété par l'exposition des doctrines des publicistes contemporains, et suivi d'une bibliographie du Droit des gens, par Ch. Vergé; 2⁰ édit. 1864, 2 vol. in-8 (V. *Wheaton*).   14 fr.

— Le même ouvrage. 2 vol. gr. in-18 jésus.   8 fr.

MARTENS (*Ch. de*) et **CUSSY** (*Baron Ferd. de*). Recueil manuel et pratique de traités et autres actes diplomatiques, depuis 1760, etc. 1846-1857, 7 vol. in-8.   80 fr.
— (V. *Cussy*).

MARTENS (*G.-F. de*) et **MURHARD** (*S.*). Recueil des principaux Traités de Paix, d'alliances, de trèves, de neutralité, de commerce, des limites, d'échange, etc., et de plusieurs autres actes servant à la connaissance des relations étrangères des puissances de l'Europe, depuis 1761 jusqu'à présent. *Gottingue*, 1791-1861, 51 vol. in-8.   500 fr.

Ouvrage ainsi divisé : — Traités de paix (1761-1808), 2⁰ édit., 1817-1835, 8 vol. — Nouveau Recueil, par Martens, Saafeld (de 1808-59), 1817-1842, 16 tom. en 20 vol. — Nouveaux Suppléments, par Murhard (1761-1839), 1839-1842, 5 vol. — Table chronolog. des vingt-quatre premiers volumes. 1837-1843, 2 vol. — Nouveau Recueil général, par Murhard et Samwer, 1843-1861, tomes 1 à 17, p. I.

MARTIN (*H.*). Traité des Successions. 1811, 2 v. in-8 (V. *Demolombe*).   14 fr.

MARTIN (*Ch.*). Tableau général sur les Degrés de parenté. 1838, broch. in-8 (V. *Cleyette*). 2 fr. 50 c.

MARTIN (*J.*). Éléments du contentieux de l'octroi de Paris, suivis des circulaires administratives, articles de lois, décrets, etc., s'y rapportant. 1862, in-18 jésus, de 442 pages (V. *Braff*).

MARTIN (*G.*). Les justices de paix de France; précis raisonné et complet de leurs attributions judiciaires, etc. 1859, in-8 (V. *Bourbeau; Guilbon; Jay*). 5 fr.

MARTIN (*Alb.*). Étude sur l'organisation de la juridiction civile, en France, de 1786 à 1810; 2e édit. 1864, in-8. 1 fr. 50 c.

MARTOU. Des Privilèges et Hypoth., Comm. de la loi du 16 déc. 1851, sur la rév. du rég. hypothéc. *Bruxelles*, 1855-1857, 4 vol. in-8. 28 fr.

— De l'Expropriation forcée, ou Commentaire du titre premier de la loi du 15 août 1854. Tome Ier (le seul publié). *Bruxelles*, 1860, in-8 (V. *Daffry de la Monnoye*). 7 fr.

— De la Révocabilité, pour cause d'ingratitude, des Donations entre époux, faites par contrat de mariage. *Bruxelles*, broch. in-8. 1 fr. 50 c.

MASCRET (*H.-F.*). Dictionnaire des faillites, séparations de biens, nominations de conseils judiciaires, prononcées par les tribunaux de Paris, depuis le 24 février 1848 jusqu'au 1er janvier 1864. 1864, in-4 (V. *Bédarride; Gadrat*). 18 fr.

— Dictionnaire pour l'année 1864 des faillites, séparations de biens, nominations de conseils judiciaires, interdictions et réhabilitations, prononcées par les Tribunaux de Paris, précédé de la Jurisprudence relative. 1865, in-4.

— Dictionnaire des conditions sommaires de tous les concordats homologués par les tribunaux de Paris, depuis le 24 fév. 1848 jusqu'au 1er janv. 1863, et continué dans le Dict. des faillites, suivi d'un suppl. annuel. 1864, in-4. 18 fr.

MASSABIAU (*J.-A.-F.*). De l'esprit des Institutions politiques. Nouv. édit. 1827, 2 vol. in-8. 14 fr.

MASSABIAU (*J.-F.-L.*). Manuel du Ministère public près les Cours d'appel, etc.; 3e édit. 1857, 3 vol. in-8 (V. *Delpon; Ortolan, et Ledeau*). 27 fr.

— Table alphab. et chronolog. des Instructions et circulaires émanées du Ministère de la justice, depuis brum. an IV (1795) jusqu'au 1er janvier 1837. In-4 (V. *Gillet et Demoly*). 4 fr.

MASSE (*A.-J.*). Le parfait Notaire; 6e éd. 1828, 3 vol. in-4 (V. *Nouveau Parfait Notaire*). 15 fr.

MASSE. — V. *Henke*.

MASSÉ (*G.*). Le Droit commercial dans ses rapports avec le Droit des gens et le Droit civil; 2e édit., revue et augmentée. 1861-62, 4 vol. in-8. 32 fr.

MASSÉ et LHERBETTE. Jurisprudence et style du Notaire. 1823-1830, 9 vol. in-8. 35 fr.

MASSÉ et VERGÉ. — V. *Zachariæ*.

MASSOL (*H.*). De la Séparation de corps. 1840, in-8 (V. *Breton; Demolombe*). 6 fr.

— De l'Obligation naturelle et de l'Obligation morale en droit romain et en droit français; 2e édition, considérablement augmentée. 1862, gr. in-8 (V. *Machelard; Maynz; Savigny; Vernet*). 6 fr.

MASSON (*A.*). Des Substitutions fidéi-commissaires. Thèse. 1863, in-8, de 200 pages. 3 fr.

MASSON (*P.*). Traité des Locations. 1847, in-8. 8 fr.

12

MASSON-DELONGPRÉ. Code annoté de l'Enregistrement ; 4ᵉ éd. 1858, 2 vol. in-8. 18 fr.

— Manuel d'enregistrement à l'usage des employés et des officiers publics. 1851, in-8 (V. *Demante; Géraud*). 3 fr.

— V. *Bulletin de l'Enregistrement*.

MASTIER (*A.*). Turgot, sa vie et sa doctrine. 1862, in-8. 6 fr.

Ouvrage couronné par l'Institut impérial de France, en juillet 1863 (Prix de 2,000 francs décerné à l'ouvrage le plus utile aux mœurs).

Une sorte de penchant entraîne de nos jours les hommes éclairés et sérieux vers Turgot, ses principes et son caractère. Ce sujet a inspiré à M. Mastier un livre vigoureusement pensé. Nous concevons cette tendance. Turgot était en avant de son siècle, et appartient pour ainsi dire au nôtre. Il nous présente un type à proposer en modèle. Il a toujours songé à la pratique des affaires, et il s'y est préparé par les études théoriques les plus élevées, les plus générales. Il est arrivé au gouvernement d'une province, puis à celui de l'État, et il a essayé d'appliquer ses principes. Il a dédaigné les expédients. Il n'a pris que des mesures conformes aux données de la science, et il n'a tenté, ajoutons-le, que des réformes réalisables. L'avenir lui a donné raison. Cette unité de doctrine et d'action, cette constance avec soi-même dans la pensée et dans le maniement des affaires, est un fait des plus rares et des plus remarquables. Pour mieux faire ressortir tous les traits de cette noble figure, M. Mastier suit un ordre logique. Il raconte la vie de Turgot. Il puise dans sa correspondance et celle de ses amis de curieux et d'abondants détails. Puis il expose ses idées en métaphysique, en morale, en politique, en économie politique. Il nous les montre dans son originalité au sein du XVIIIᵉ siècle, adoptant en philosophie un milieu entre Descartes et Locke, réfutant en morale les principes d'Helvétius, posant en politique les droits de l'individu en face du gouvernement, dont l'unique mission est de les protéger, inébranlable dans sa foi en la liberté commerciale et industrielle. Enfin, dans une dernière partie, l'auteur soumet les opinions de Turgot à un examen critique. Il relève quelques erreurs, mais il rend hommage à un esprit qui, sur tant de points, a eu des vues plus profondes que celles de Voltaire, plus justes, plus libérales que celles de Rousseau.

(Devilleneuve et Carette. *Recueil général des Lois*, 1863.)

MATA. Tratado de medicina y cirugia legal; 3ᵉ edicion. *Madrid*, 1857, 3 vol. in-8. 25 fr.

MATHIEU (*L.*). Commentaire de la loi des Douanes. 1853, in-4. » »

MATHIEU (*A.*). L'expropriation pour cause d'utilité publique et les eaux de la Somme-Soude, de la Dhuis, du Sourdon et du Surmelin. 1862, in-8, 24 pages (V. *Daffry de la Monnoye*). 2 fr.

MATHIEU (*Mgr le cardinal*). Le Pouvoir temporel des papes, justifié par l'histoire ; étude sur l'origine, l'exercice et l'influence de la Souveraineté pontificale. 1863, 1 fort vol. in-8. 7 fr.

MATILE (*G.-A.*). Les Ecoles de droit aux Etats-Unis. 1864, in-8. 1 fr.

Extrait de la *Revue historique de droit français et étranger*.

— V. *Miroir de Souabe*.

MATTER. De l'influence des lois sur les mœurs et de l'influence des mœurs sur les lois; 2ᵉ édition. 1843, in-8. 7 fr. 50 c.

MAUGER (*N.-J.-B.*). Le Code de tout le monde, ou le Nouvel avocat conciliant. Répertoire universel de législation, de doctrine et de jurisprudence en matière civile, commerciale et administrative. 1860, in-8, 5 fr.

— Guide pratique des secrétaires de mairies. 1859, in-12 (V. *Dubarry*). 1 fr. 50 c.

— L'Officier de l'état civil, ouvrage contenant un traité complet des actes de l'Etat civil. 1865, in-12 (V. *Loir*). 1 fr. 50 c.

MAUGERET. Législation commerciale de l'Empire français, ou Code de commerce commenté. 1808, 3 vol. in-8 (V. *Bédarride*). 15 fr.

MAUGUIN et **DUMOULIN.** Bibliothèque du Journal du Barreau et des écoles de droit, ou Examen des principaux ouvrages français et étrangers qui ont rapport aux Code civil, de commerce, de procédure; etc. 1809-1812, 12 vol. in-8. 30 fr.

MAULDE. Des Conseils de préfecture, de leur procédure et de leur compétence. 1863, in-8 de 37 pages. 1 fr.

— Loi électorale. 1850, in-8 (V. *Bidault; Code; Persin; Trény*). 1 fr. 50 c.

— Guide de l'expropriation pour cause d'utilité publique. Résumé de doctrine et de jurisprudence sur la matière. 1864, in-12, 54 pag. (V. *Daffry de la Monnoye*). 1 fr. 50 c.

MAUNY DE MORNAY. La Pratique et la Législation des Irrigations dans l'Italie sup. et dans quelques Etats de l'Allemagne. 1844, in-8.

MAUPIED (*Fr.-L.-M.*). Juris canonici compendium. — V. *Juris canonici*.....

MAURMANN (*J.*). Die gerichtliche Polizei nach rheinischen Rechte. *Bonn*, 1864, 2 vol. in-8. 10 fr.

MAUROCORDATO (*O.-E.*). Essai historique sur la législation russe, depuis les temps les plus reculés jusqu'à nos jours. 1858, in-8 (V. *Zézas*). 6 fr.
Texte grec.

MAVERDII Constitutiones politicæ, arabicè, ex recensione Max. Engeri. Accedunt adnotationes et glossarium. *Bonnæ*, 1853, in-8. 15 fr.

MAVIDAL (*J.*). — V. *Archives parlementaires*.

MAY (*Thomas Erskine*). Histoire constitutionnelle de l'Angleterre depuis l'avénement de George III (1760-1860). Trad. et précédée d'une introd. par Cornelius de Witt. 1865, 2 vol. in-8. 12 fr.

MAYNZ (*Ch.*). Éléments du droit romain ; 2e édition. *Bruxelles*, 1857-59, 2 vol. gr. in-8 (V. *Blondeau; Mackeldey*). 18 fr.
En préparation : Tome III et dernier.

— Traité des Obligations d'après le droit romain (Tome II de l'ouvrage précédent). *Bruxelles*, 1859, gr. in-8 (V. *Machelard ; Massol ; Savigny ; Vernet*). 9 fr.

MAZERAT. — V. *Chabot de l'Allier*.

MAZINCOURT (*E. de*). Le bon conseiller en affaires. 1858, in-12. 3 fr.

MAZURE. Los Fors et Costumas de Béarn, législ. inéd. du xie au xve siècle. *Pau*, 1845, in-4. 15 fr.

MEAUME (*E.*). Du Droit de réduction par le Conseil d'État des libéralités faites aux corps ruraux publics. 1863, in-8. 1 fr.

— Commentaire du Code forestier. 1844, 3 vol. in-8 (V. *Dupin*). » »

— Programme du Cours élém. de législ. et de jurispr. professé à l'école forestière de Nancy. 1846, in-8. (Extrait du précédent ouvrage.) 8 fr.

— Des Droits d'usage dans les forêts, de l'administration des bois communaux et de l'Affouage. 1851, 2 vol. in-8. 12 fr.
Plus à même que personne, par sa position, de traiter les nombreuses et difficiles questions qui se rattachent à cette matière, l'auteur, en publiant *Des Droits d'usage dans les forêts*, a fait un ouvrage qui convient à la fois aux jurisconsultes, aux maires des communes des pays boisés et aux propriétaires des forêts. Ce Traité contient, avec la discussion de la législation et de la jurisprudence, plusieurs documents inédits.

— Introduction à l'étude de la législation et de la jurisprudence forestière. *Nancy*, 1857, in-8 (V. *Bulletin adm. des Annales forestières*). » »

MEISEL (*H.*). Cours de Style diplomatique. 1826, 2 vol. in-8. 15 fr.

MÉJAN. Recueil de Causes célèbres et des arrêts qui les ont décidées. 1808 *et années suiv.*, 21 vol. in-8. 70 fr.

MÉMORIAL des percepteurs et des receveurs des communes, hospices, bureaux de bienfaisance et autres établissements publics. Publication

mensuelle. Prix de l'année courante : 7 fr. — Années antérieures :
1re série, 1824 à 1839, épuisée, moins les années 1833, 1837, 1838
et 1839 ; prix du volume : 5 fr. — 2e série (1840 à 1858), 19 années,
prix 80 fr. — 3e série (1860 à 1865), prix : 5 fr. l'année.

MÉMORIAL du Commerce et de l'Industrie. (V. *Annales de la science et
du droit commercial*).

Ce journal est le même que les *Annales de la science et du droit commercial*. Il a remplacé,
en 1837, le *Répertoire du droit commercial*, publié par Crémieux et Patorni (V. *Crémieux et
Patorni*). A partir de 1842, il a pris le nom de *Annales de la science et du droit commercial*),

MÉMORIAL du Contentieux judiciaire et administratif des Contributions
indirectes des tabacs et octrois. 1807-1858, 17 vol. in-8.   **100 fr.**
— V. *Annales des contributions indirectes*.

MÉNABRÉA (*Z.*). Les origines féodales dans les Alpes occidentales.
Turin, 1865, 1 vol. gr. in-4.   **30 fr.**

MÉNANT. Des Rentes, en droit romain et en droit français. 1860,
in-8.   **3 fr.**

MENDEZ (*T.-A.*). Essai sur le Duel. 1854, in-8 (V. *Bavoux*).   **5 fr.**

MÉNEAU (*A.-G.*). Notice sur l'origine du tribunal de commerce de la
ville de La-Rochelle (nov. 1565), etc. 1862, in-8.   **3 fr.**

MÉNERVILLE (*P. de*). Dictionnaire de la législation algérienne. Code
annoté et manuel raisonné des lois, ordonnances, décrets, décisions et
arrêtés publiés au Bulletin officiel des actes du gouvernement,
suivi d'une table alphabétique des matières et d'une table chronologique des lois, décrets, etc.; 2e édition. 1860, gr. in-8.   **15 fr.**
— Jurisprudence de la Cour impériale d'Alger, en matière civile et commerciale, 1834-1855. Recueil et analyse sommaire de tous les jugements
et arrêts rendus sur les questions de droit par le tribunal supérieur et
la Cour, depuis l'institution de la magistrature en Algérie, avec annotations. 1855, 1 vol. gr. in-8.   **12 fr.**

MENESSON. Essai sur les récompenses sous le régime de la communauté légale (Art. 1433 à 1439, C. N.). 1853, in-8.   **7 fr.**

MÉNIER (*A.-S.*). Réhabilitation de la société en commandite par actions
1862, in-8 (V. *Bédarride; Frouard*).   **2 fr.**

MENSCH Manuel pratique du Consulat, à l'usage des consuls de Prusse
et autres États formant le Zollwerein. 1846, in-8 (V. *Cussy*).   **6 fr.**

MÉPLAIN. Traité du Bail à portion de fruits ou colonage, etc. 1850, in-8. 5 fr.

MERCIER (*P.-E.*). Des Conditions du mariage en droit romain. Des nullités de mariage en droit français. 1862, in-8.

MERCIER. De l'arrondissement et de son administration. Broch. in-8.
                                                                       1 fr.

MERCIER (*Ed.*). Manuel de morale et d'économie politique à l'usage de
tous, ou Entretiens d'un maître avec ses élèves ; 3e édit. 1864, in-8.
                                                                       4 fr.

MERGER. Code complet des Gardes nationales. 1837, in-18 (V. *Code*).
                                                                       3 fr.
— Manuel complet de l'Electeur. 1838, in-18 (V. *Bidault; Persin; Code;
Trény*).   **3 fr.**
— Manuel du Juré ; 4e éd. 1844, in-18.   **2 fr. 50 c.**
— Des Assurances terrestres, traité théorique et pratique comprenant les
assurances sur la vie à primes fixes, en mutualité et contre les acci-
dents de chemins de fer, etc. Cet ouvrage se composera de 3 à 4 vo-
lumes in-8 (V. *Pouget*).
En vente : T. I. Traité des Assurances sur la vie. 1858, 1 v. in-8. 5 fr.

MÉRILHOU (*F.*). Les Parlements de France, leur caractère politique depuis Philippe-le-Bel jusqu'en 1789. 1863, in-8. 9 fr.

MERLIN. Répertoire universel et raisonné de Jurisprudence. 5e éd. 1827-1828 ; 18 vol. in-4, ou 36 vol. gr. in-8. — Recueil alphabétique des Questions de droit. 4e éd. 8 vol. in-4, ou 16 vol. gr. in-8 (V. *Annotations*). 250 fr.

— Complément de la 4e éd. du Répertoire, t. XVI et XVII, in-4. » »

— *Idem* des 2e et 3e éd. des Questions de droit, t. VII, VIII et IX. » »

— Table générale (V. *Rondonneau*).

MESNARD (*J.-A.*). De l'administration de la Justice criminelle en France. 1831, in-8 (V. *Buchère*). 4 fr.

METZGER (*J.-D.*). Principes de médecine-légale ou judiciaire, traduit de l'allemand, par Ballard. 1813, in-8. 5 fr.

MEYER (*J.-D.*). Principes sur les Questions transitoires. Nouvelle édition augmentée, par A.-A. de Pinto. *Leyde*, 1858, in-12. 5 fr.

— *Le même ouvrage.* Edition ancienne. In-8. 5 fr.

— Esprit, origine et progrès des Institutions judiciaires des principaux pays de l'Europe. 1823, 5 vol. in-8. » »

— *Le même ouvrage.* Edition de Hollande. 6 vol. in-8. » »

— Essai sur le principe fondamental de l'Intérêt ; causes de ses variations. *Amsterdam*, 1809, in-8. 7 fr.

— De la Codification en général et de celle de l'Angleterre en particulier. *Amsterdam*, 1830, in-8 (V. *Ginoulhiac*). 6 fr.

MEYNADIER. Des Récidives en matière criminelle. 1836, in-8. 1 fr. 50 c.

MICHAUD (*J.*). Le droit d'asile en Europe et en Angleterre. 1858, in-8. 1 fr. 25 c.

MICHAUX (*Al.*). Guide pratique pour la rédaction de tous les actes des notaires, avec les droits d'enregistrement appliqués à chaque acte. 1862, in-18 (V. *Demadre*). 3 fr. 50 c.

— Formulaire portatif du Notariat, contenant toutes les formules usitées, classées dans l'ordre alphabétique des matières, suivies d'une indication succincte des droits d'enregistrement, et d'un Traité sur les successions au point de vue fiscal. 1863, in-4 (V. *Demadre* ; *Demante* ; *Géraud* ; *Obissier* ; *Sollier*). 5 fr.

— Traité pratique des liquidations et des partages de communauté, de succession et de société, avec un choix de formules ; 2e édition. 1862, in-8. 8 fr.

— Traité pratique des Testaments notariés, olographes, mystiques et autres et des actes qui en sont la conséquence : actes de suscription, dépôts de testaments, révocation, délivrance de legs, comptes d'exécuteur testamentaire, etc., etc. Avec une collection de formules inédites. 1865, in-8 (V. *Demolombe*). 8 fr.

MICHAUX (*Al.*) et **C***** (*Victor*). Le Code-formulaire portatif du notariat ou Texte complet du Code Nap. annoté (article par article) de toutes les formules des actes notariés résultant de son application. 1864, in-4 (V. *Demadre*). 8 fr.

MICHEL. Histoire du parlement de Metz. 1845, gr. in-8. 8 fr.

MICHELET. Origines du Droit français. 1837, in-8 (V. *Kœnigswarter*). » »

— Procès des Templiers. 1841, 2 vol. in-4. 24 fr

MIGNE. Juris canonici, etc... — V. *Juris canonici universi...*

MIGNERET. Traité de l'Affouage dans les bois communaux; 2ᵉ éd. 1844, in-8 (V. *Meaume*).   7 fr. 50 c.
— Des Cimetières communaux; rapports de l'autorité civile avec l'autorité religieuse à l'occasion des sépultures. Brochure in-8.   1 fr.
— Cours complet de Droit communal (1ʳᵉ livraison). 1846, in-8.   4 fr.

MIGNET (*J.-A.*). De la Féodalité, des Institutions de saint Louis et de l'influence de la législation de ce prince. 1822, in-8.   » »

MILL (*J. Stuart*). Le Gouvernement représentatif, traduit et précédé d'une introduction, par Dupont-White; 2ᵉ édit. 1865, in-12. 3 fr. 50 c.
— La liberté; traduit et augmenté d'une introduction, par Dupont-White; 2ᵉ édit. 1864, in-12.   3 fr. 50 c.
— Principes d'économie politique, traduit par H. Dussard et Courcelle-Seneuil, et précédés d'une introd.; 2ᵉ édit. 1861, 2 vol. in-8.   15 fr.
— Eléments d'économie politique, traduits de l'anglais, par J.-T. Parisot. 1823, in-8 (V. *Garbouleau*).   4 fr.
— V. *Dupont-White*.

MILLET. Traité du Bornage et de la compétence des actions qui en dérivent; 3ᵉ édition. 1862, in-12 (V. *Jay*).   4 fr. 50 c.

MILLION (*Ch.*). Traité des Fraudes en matière de marchandises, tromperies, falsifications et de leur poursuite en justice. 1858, in-8 (V. *Bédarride*).   8 fr.
— De la loyauté commerciale. 1861, in-8 (R. C.).   1 fr. 50 c.

MILTILTZ. Manuel des Consuls. 1837-1843, 2 tom. en 5 vol. in-8 (V. *Cussy*.)   50 fr.
Ce livre est terminé par la table alphabétique des auteurs cités, avec le titre entier de leurs ouvrages.

MINGHETTI. De l'organisation administrative du royaume d'Italie. Traduction et préface d'Al. Mickïewicz, avec introd. d'Arm. Lévy. 1862, in-8.   5 fr.
— Des rapports de l'économie publique avec la morale et le droit, trad. par Saint-Germain-Leduc; précédé d'une introduction par H. Passy. 1863, in-8.   7 fr. 50 c.
— Le même ouvrage. 1863, format grand in-18 jésus.   4 fr. 50 c.

MINIER. Précis hist. du Droit français, introd. à l'étude du Droit. 1854, in-8 (V. *Fleury; Fresquet*).   9 fr.
— Anciennes coutumes du Poitou, 1856, in-8.   1 fr.
Extr. de la *Revue historique de droit français et étranger.*

MIRABEAU. OEuvres complètes, ou Recueil de ses discours, rapports, adresses, prononcés à l'Assemblée nationale. 1820, 8 vol. in-8. » »
— Les mêmes œuvres. 9 vol. in-8.   » »

MIRABEL-CHAMBAUD. Procédure administrative, ou Code des Etablissements industriels concédés et autorisés sur demandes directes. 1842, 2 vol. in-8.   12 fr.

MIROIR. Des Contraventions, des délits et des peines, en matière de Simple police, etc. 1834, 2 vol. in-8 (V. *Guibal*).   15 fr.

MIROIR DE SOUABE (*le*), d'après le ms. français de la bibl. de Berne, publié par G.-A. Matile. *Neufchâtel*, 1843, in-fol.   » »
— V. *Matile*.

MIROIR (*Emm.*) et **BRISSOT-WARVILLE** (*E.*). Traité de Police municipale et rurale; 2ᵉ édit. 1846, 2 vol. in-8.   10 fr.

MIROIR et **JOURDAN**. Formulaire municipal, contenant l'analyse, par ordre alphabétique, de toutes les matières qui sont du ressort d'une administration municipale ; 2e éd. 1841-1846, 6 vol. in-8.   54 fr.

— Répertoire administratif des Maires et des Conseillers municipaux. Journal complémentaire et continuation du *Formulaire municipal*, etc. In-8°.

Abonnement annuel :   8 fr.

Prix de la collection : 2° série (années 1844-1853). 10 vol. in-8. 60 fr.

Table vicennale, qui renvoie aux deux premières séries du *Répertoire* et sert par conséquent de *Table décennale* à la 2° série.   8 fr.

3° série (1854-1865). Prix de chaque année.   8 fr.

N. B. La 1re série du *Répertoire* se compose de 10 vol. (années 1834-1843), et se vend 40 fr. Elle sert à compléter la 1re édit. du *Formulaire municipal*, 5 tom. en 10 vol. in-8. Il faut y joindre également la Table décennale de ces dix années, 4 vol. in-8. Prix : 8 fr. — La 1re série du *Répertoire* n'est pas nécessaire aux personnes qui possèdent la 2e édition du *Formulaire*.

MIROY. Théorie des Actions Possessoires, 1852, in-8 (V. *Bioche*). 6 fr.

MITTERMAIER (*C.-J.-A.*). La Pena di morte considerata nella scienza, nell'esperienza e nelle legislazione. Versione italiana di C.-F.-G., pubblicata per cura di Fr. Carrara. *Lucca*, 1864, in-8.   3 fr. 50

— De la Peine de mort, d'après les travaux de la science, les progrès de la législation et les résultats de l'expérience. Traduit par A. Leven. 1865, in-8.   6 fr.

— De la Preuve en matière criminelle, traduit de l'allemand, sur la 3e éd., avec le concours et les notes de l'auteur, par Alexandre. 1848, in-8 (V. *Bonnier*).

Une nouvelle édition est en préparation.

MOITTIÉ et **LABROSSE**. La Mairie pratique ; 2e éd. 1845, in-8 (V. *Dubarry*).   3 fr.

MOLARD et **CHRISTIAN**. Description des machines et procédés consignés dans les Brevets d'invention, etc. (V. *Catalogue des brevets d'invention; — Description des machines*).

MOLÈNES (*de*). — V. *De Molènes*.

MOLINARI (*G. de*). Questions d'économie politique et de droit public. *Bruxelles*, 1861, 2 vol. in-8.   10 fr.

— Cours d'économie politique ; 2e édition. *Bruxelles*, 1864, 2 vol. in-8 (V. *Garbouleau*).   15 fr.

MOLINEAU. Législation comparée : Des ventes forcées d'immeubles en Belgique et en France. 1864, in-8.   1 fr. 50 c.

— Manuel des déclarations de successions et des droits de mutation par décès; 2e édit. 1865, in-8.   4 fr.

— Des Contraventions notariales sur la loi org. du 25 ventôse an XI, la vente des immeubles appartenant à des mineurs, les formalités des testaments par acte public, le dépôt des contrats de mariage des commerçants, le timbre, l'enregistrement, la tenue du répertoire, les ventes publiques de meubles, etc., avec le *Tarif complet* des droits d'enregistrement pour la Belgique, le *Tableau indicatif* des amendes de contravention au notariat, etc., etc.; 2e édit. 1854, 1 vol. in-8. 6 fr. 50 c.

— Purge hypothécaire. Commentaire : 1° du chapitre VIII de la loi du 16 décembre 1851 : du mode de purger les propriétés des priviléges et hypothèques; 2° du titre II de la loi du 15 août 1854 sur l'expropriation forcée, de la surenchère sur l'aliénation volontaire; 3° et du titre III de ladite loi sur l'expropriation; de la procédure de l'ordre; avec le résumé de la doctrine et de la jurispr., jusqu'à ce jour, sur les articles du Code civil et du Code de procédure en harmonie avec le nouveau régime; une revue sur les divers systèmes hypothécaires qui ont précédé la loi du 16 décembre 1851; et un résumé des formalités à suivre pour la distribution de deniers mobiliers par contribution avec méthode abréviative de répartition au marc le franc, etc., etc. *Bruxelles*, 1855, 1 vol. in-8. 6 fr. 50 c.

— Code des bureaux de bienfaisance, fabriques des églises, hospices et hôpitaux. 1855, in-8. 5 fr.

— Études sur la législation fiscale. Enregistrement. Mutation par décès. Droit d'affichage. Modifications proposées, etc. 1865, in-8 (V. *Obissier*). 1 fr.

MOLINIER. Traité de Droit commercial, ou explication méthodique des dispositions du Code de commerce. 1841, 3 vol. in-8. Tome 1er, seul publié (V. *Bédarride*). 9 fr.

MOLINIER (V.). De l'étendue de la compétence des juges de paix par rapport à l'action civile en matière de diffamation, d'injures, de rixes, de voies de fait, d'après les dispositions de la loi du 25 mai 1838. 1865, in-8.

Extrait de la *Revue judiciaire du Midi.*

MOLITOR. Cours de Droit romain approfondi, avec les rapports entre la législation romaine et la législation française; 2e édition, revue et corrigée. 1866, 3 vol. in-8.

N. B. Les deux premiers volumes traitent des *Obligations*, et le troisième de la *Possession* de la *Revendication*, de la *Publicienne* et des *Servitudes.*

MOLLARD (D.). Histoire du système politique de la France, depuis Clovis jusqu'à la révolution de 1789. 1840, 2 vol. in-8. 8 fr.

— De l'Ordre social en France. 1840, br. in-8. 2 fr.

MOLLOT. Des reports à la Bourse, considérés au point de vue de la pratique et de la légalité; 2e édit. 1861, in-8. 1 fr. 50 c.

— Règles sur la profession d'Avocat, suivies des lois et règlements qui la concernent; 2e édition. 1866, 2 vol. in-8. 15 fr.

— Bourses de Commerce, agents de change et courtiers, etc.; 3e édition, entièrement refondue. 1853, 2 vol. in-8 (V. *Bédarride*). 14 fr.

— De la Compétence des conseils de Prud'hommes. 1842, in-8. 7 fr. 50 c.

— Des Liquidations judiciaires et spécialement de celles qui intéressent les mineurs et autres incapables, etc.; 2e édit. 1863, in-8. 4 fr.

MOLY. Traité des Absents, suivant les règles consacrées par le Code civil. 1822, in-8 (V. *Demolombe*). 6 fr.

MONDE INDUSTRIEL (le). Journal universel des expositions, moniteur des conseils de prud'hommes et des chambres de commerce. Publication hebdomadaire.

Abonnement : Paris, un an. 32 fr.
     Départements, — 35 fr.
1865, 13e année.

MONDE JUDICIAIRE (le). Revue mensuelle, portraits, notes d'audience, justice des petits abus, par N. Billiart.
Abonnement annuel : 10 fr.
Ce journal a commencé à paraître en 1863.

MONGALVY. Traité de l'Arbitrage en matière civile et commerciale; 2e édit. 1832, 2 vol. in-8 (V. *Bédarride; Giraudeau et Goetschy*). 10 fr.

MONGALVY et **GERMAIN.** Analyse raisonnée du Code de commerce. 1824, 2 vol. in-4 (V. *Bédarride*). 12 fr.

MONITEUR (le) commercial, agricole, industriel et judiciaire de Paris et des départements, journal reproduisant les annonces légales, judiciaires et les ventes de fonds de commerce. — Commerce. — Industrie. — Jurisprudence. — Agriculture.

Paraît le mercredi et le samedi de chaque semaine.

Abonnement : Paris,   6 mois, 9 fr.; un an . . . . 15 fr.
     —   Départements,   —   10   —   18

1865, 9e année.

MONITEUR (le) des brevets d'invention de la France et des patentes étrangères. Directeur, M. Lauza.

Cette Revue paraît tous les mois, par livraisons de 16 à 24 pages, formant à la fin de l'année u fort volume de bibliothèque grand in-4, sur trois colonnes.

Elle publie, par catégorie de 1 à 20, les brevets français, ce qui permet en un clin d'œil de passer en revue toutes les inventions nouvelles.—Les patentes étrangères.—Les lois, patentes et protections sur les brevets français et étrangers. — Les arrêts et jugements rendus en matière de brevets, de contrefaçons et de marques de fabrique. — Annonces industrielles.

Abonnement : Paris et les départements, par an. . . . . . . 10 fr.

MONITEUR des communes, hebdomadaire.

Abonnement : un an . . . . 6 fr.

MONITEUR des tribunaux, recueil de doctrine et de jurisprudence en matière de droit civil, commercial, administratif, criminel et de procédure générale, paraissant deux fois par semaine.

Abonnement : Paris et les départements, six mois, 8 fr.; un an. 15 fr.

MONITEUR UNIVERSEL, commencé le 24 novembre 1789 et continué sans interruption jusqu'à présent (avec des tables annuelles depuis 1815), y compris l'introduction, l'analyse, ainsi que les tables depuis 1789 jusqu'en 1865. 146 vol. in-fol.   2,000 fr.

Abonnement annuel.   40 fr.

Chaque table.   6 fr.

— V. *Annales du Parlement français ; — Annales du Sénat et du Corps législatif ; — Archives parlementaires ; — Choix de rapports ; — Compte-rendu des séances de l'Assemblée nationale.*

MONITEUR. Réimpression de l'ancien *Moniteur*, seule histoire authentique et inaltérée de la Révolution française. 1840-43, 32 vol. gr. in-8.
                                   300 fr.

Ces 32 volumes vont de mai 1789 à novembre 1799.

La collection est ainsi divisée : Introduction , 1. vol. — 1re série , *Assemblée constituante*, 9 vol. — 2e série , *Assemblée législative*, 4 vol. — 3e série , *Convention nationale*, 12 vol. — 4e série, *Directoire exécutif*, 4 vol. — *Table générale*, 2 vol.

— V. *Annales du Parlement français ; — Annales du Sénat et du Corps législatif ; — Archives parlementaires ; — Choix de rapports ; — Compte rendu des séances de l'Assemblée nationale.*

MONITORE dei Tribunali. Giornale di legislazione e giurisprudenza civile e penale e del contenzioso amministrativo. *Milano*, 1860-65, 6 vol. in-4.

Ce journal paraît tous les samedis, par fascicule de 24 pag. Abonnement : 25 fr.

MONNIER (X.). Guide pratique du commerçant, ou le Droit commercial mis à la portée de tout le monde, en matière de société, tenue de livres, billets à ordre, lettre de change, etc.; 2e édition. 1 vol. in-12 (V. *Bédarride*).   5 fr.

MONNIER (A.). Histoire de l'assistance dans les temps anciens et modernes. 1856, gr. in-8.   9 fr.

— V. *Vuillefroy et Monnier.*

MONNIER (*Fr.*). Guillaume de Lamoignon et Colbert. Essai sur la législation française au XVIIᵉ siècle. 1862, in-8.
Ce volume n'est pas destiné au commerce.

MONTAIGU. Coup d'œil historique sur la Monarchie française et la liberté nationale, ou Précis de l'ancienne constitution de France. 1844, in-8. 7 fr. 50 c.

MONTALIVET (*de*). Observations sur le projet de loi relatif aux Conseils généraux. 1865, broch. in-8.

MONTESQUIEU. Œuvres complètes, avec les remarques des commentateurs. 1827, 8 vol. in-8. 40 fr.

— *Les mêmes œuvres.* 6 vol. in-8. 25 fr.
— *Les mêmes œuvres.* 1834, 1 grand in-8. 10 fr.
— *Les mêmes œuvres.* Edition Lahure. 3 vol. in-12. 3 fr.
— De l'Esprit des Lois. 1834, 3 vol. in-8. 8 fr.
— *Le même ouvrage.* Edition Didot. 1 vol. gr. in-18. 3 fr.

MONTVERAN (*de*). De la jurisprudence anglaise sur les crimes politiques. 1829, 3 vol. in-8. 10 fr.

MOREAU (*F.*). Code du commerce des Bois carrés et à ouvrer. 1840-47, 2 vol. in-8. 20 fr.

MOREAU-CHRISTOPHE. De l'état actuel des Prisons en France, considéré dans ses rapports avec la théorie pénale du Code. 1837, in-8. 7 fr. 50 c.

— De la Réforme des Prisons en France, basée sur la doctrine du système pénal et le principe de l'isolement individuel. 1837, in-8 (V. *Desportes*). 7 fr. 50 c.

— De l'état actuel et de la réforme des Prisons en Angleterre, en Ecosse et en Irlande. 1829, in-8. 5 fr.

— Code des Prisons ou recueil complet des lois, ordonnances, etc., concernant le régime des maisons d'arrêt, de justice, etc. (de 1670 à 1861). 1856-62, 3 vol. in-8. 20 fr.

On vend séparément chaque volume, savoir :
Tome I (1670-1845). 9 fr.
— II (1846-1855). 9 fr.
— III (1856-1862). 8 fr.

— V. *Suringar.*

MOREAU DE MONTALIN. Analyse des Pandectes de Pothier. 1827, 2 vol. in-8 (V. *Bréard-Neuville*). 15 fr.
— V. *Pothier.*

MOREL (*A.*). Etude historique sur les coutumes de Beauvoisis de Ph. de Beaumanoir. 1851, in-8 (V. *Beugnot*). 2 fr.

— Esquisse du droit international public et privé. *Liége*, 1854, 6 tableaux in-fol. (V. *Destrivaux*). 6 fr.

MOREL (*Alf.*). Des établissements d'instruction publique, de prévoyance, d'assistance et de réforme à Dunkerque (1820-1862). 1863, in-8. 2 fr. 50 c.

MOREL. Manuel de l'Assuré, ou Vade-mecum du commerce maritime. 1848, in-8 (V. *Pouget*). 15 fr.

MOREL et LAROCHE (*Th.*). Manuel général du commerce et de l'industrie. 1853, in-8. 7 fr. 50 c.

MORELOT. Dictées d'un professeur de Droit français. 3 vol. in-12. 10 fr.

MOREUIL. Manuel des Agents consulaires français et étrangers. Nouvelle édit. 1853, in-8 (V. *Cussy; Martens*). 8 fr.

— Dictionnaire des Chancelleries diplomatiques et consulaires, etc. 1859, 2 vol. in-8, avec suppl. 16 fr.

MORILLOT (L.). De la condition des enfants nés hors mariage en Europe et spécialement en France, dans l'antiquité, au moyen âge et de nos jours. 1865, in-8. 5 fr.

MORIN (Ach.). De la Discipline des Cours et tribunaux, du barreau et des corporations d'officiers publics ; 2e édition. 1847, 2 vol. in-8. 15 fr.
— Répertoire général et rais. du droit criminel, où sont méth. exposées la législat., la doct. et la jurispr., etc. 1851, 2 vol. gr. in-8. » »
— Journal du droit criminel (V. Journal du droit criminel).

MORIN (A.-S.). Principes du bornage. 1860, in-8 (V. Jay). 3 fr.

MORIN (J.). La Clef des droits d'enregistrement, des déclarations de succession et des droits de mutation par décès. 1863, gr. in-18. 3 fr.
— La Clef du droit pratique et de la rédaction des ventes et des baux. 1860, in-12. 2 fr. 50 c.

MORIN. Résumé populaire du Code civil ; 2e édit. In-18. » 60 c.
De la Bibliothèque utile.

MORTREUIL. Histoire du Droit byzantin, ou du Droit romain dans l'emp. d'Orient, dep. la mort de Justinien jusqu'à la prise de Constantinople. 1843-46, 3 vol. in-8. 24 fr.

MOTIFS du Code civil. (V. Favard de Langlade ; Fenet ; Locré.)

MOULIN (E.). Unité de législation civile en Europe. 1865, in-8. 3 fr. 50 c.

MOULINE (V.). Étude sur la centralisation, son origine et ses résultats. 1863, in-8 de 60 pages (V. Chevillard).

MOULLIÉ (A.). Coutumes de Prayssas (Lot-et-Garonne). Brochure in-8. 1 fr.
Extrait de la Revue historique de droit français et étranger.
— Coutumes de Larroque-Timbaud (1270) départ. de Lot-et-Garonne, 1865, in-8. 3 fr.
Extrait de la Revue historique de droit français et étranger.

MOURLON (F.). Traité théorique et pratique de la Transcription et des innovations introduites par la loi du 23 mars 1855 en matière hypothécaire. 1861-62, 2 vol. in-8 (V. Verdier). 15 fr.
— Répétitions écrites sur les trois examens du Code Napoléon. 7e édit. 1861-66, 3 vol. gr. in-8 (V. Delsol). 36 fr.
Chaque examen formant 1 vol. se vend séparément : 12 fr.
N. B. Le 3e volume n'en est encore qu'à la 6e édition.
— Répétitions écrites sur le Code de Procédure civile ; 2e édit. 1863, gr. in-8. 10 fr.
— Examen critique et pratique du Commentaire de M. Troplong sur les Priviléges : contenant la réfutation d'un grand nombre de décisions. 1855, 2 vol. in-8. 14 fr.
— Traité de la Subrogation. 1848, in-8. » »
— Examen du projet de loi sur la Procédure littéraire et artistique, etc. 1865, in-8 (R. P.). 3 fr.
— V. Ollivier et Mourlon ; — Royer-Collard et Mourlon.

MOURLON et JEANNEST-SAINT-HILAIRE. Formulaire général à l'usage des notaires, juges de paix, avoués, huissiers, greffiers et officiers de l'état civil, etc. 1862, gr. in-8 (V. Jeannest-Saint-Hilaire). 12 fr.

MOUSNIER. Traité du concordat en matière de faillite. 1855, in-8 (V. Caumont). 6 fr.

MOZZONI (A. Maria). La Donna e i suoi rapporti sociali in occasione della revisione del Codice civile italiano. Milano, 1865, in-8. 4 fr. 50 c.

MÜHLENBRUCH. Doctrina Pandectarum et legum delectus. *Bruxellis*, 1838, 2 vol. gr. in-8 (V. *Pellat*). 20 fr.

— *Idem opus.* Editio quarta. *Halis-Sax.*, 1840, 3 vol. in-8 (moins le *Delectus*). 24 fr.

— V. *Glück*; — *Heineccius*.

MULLER (*F.*). Précis de la législation rurale en vigueur dans le grand-duché de Luxembourg, coordonnée d'après le système de M. A. Bourguignat. *Luxembourg*, 1860, in-12. 2 fr. 50 c.

MULSANT. — V. *Gregory.*

MURHARD. — V. *Martens.*

MUTEAU. Les Clercs à Dijon, note pour servir à l'histoire de la Bazoche. *Dijon*, 1857, br. in-8 (V. *Fabre*). 2 fr. 50 c.

MUZARD (*P.*). Dictionnaire administratif, géographique et statistique des bureaux de l'enregistrement, des domaines et des conservations d'hypothèques de la France. 1860, in-8 (V. *Sollier*). 10 fr.

N

NACHET. De la Liberté religieuse en France, ou essai sur la législation relative à cette liberté; 2e éd. 1846, in-8. 7 fr. 50 c.

NADAU DE LA RICHEBAUDIERE. Traité élémentaire, théorique et pratique des fonctions de la police judiciaire, de la police administrative et municipale; 2e édit. 1863, grand in 18. 3 fr.

NADAULT DE BUFFON. Des Canaux d'irrigation en Italie. 3 vol. in-8 et atlas. 40 fr.

— Des Usines sur les cours d'eau; 2e tirage, augmenté d'un supplément. 1852, 2 vol. in-8. »

NAMUR (*P.*). Cours d'Institutes et d'histoire du droit romain. *Gand*, 1864, 2 vol. grand in-8 (V. *Blondeau*; *Maynz*; *Thézard*). 12 fr.

NANCY. Législation de la police des Chemins de fer, leurs commissaires de surveillance administrative, leurs attributions légales avec le public, le commerce et le personnel des compagnies. 1854, in-8 (V. *Bacqua*; *Féraud-Giraud*). 5 fr.

NAU. Usages locaux de Pouzanges (Vendée). 1857, in-18. 2 fr.

NAU et DELALAIN. Loi de l'Enseignement expliquée et commentée par ses motifs et la jurisprudence; 2e éd. 1852, in-12. 2 fr. 50 c.

NAUDET (*J.*). Des changements opérés dans toutes les parties de l'administration de l'empire romain, sous les règnes de Dioclétien, de Constantin et de leurs successeurs jusqu'à Julien. 1817, 2 vol. in-8. » »

— De la Noblesse et des récompenses d'honneur chez les Romains. 1863, in-8. 4 fr.

De ce livre est une de ces œuvres d'érudition et de critique, trop rares dans notre pays, qui peuvent soutenir la comparaison avec les meilleures productions de la science allemande. Le nom de l'auteur est d'ailleurs un sûr garant de l'étendue et de l'exactitude des recherches. Comment s'est constituée la noblesse aux différentes époques de l'histoire romaine? La noblesse, c'est-à-dire la classe de ceux qui font dériver leur distinction de la foule, leur supériorité sociale, non de leur propre valeur, de leurs propres services et de leur réputation, mais de la valeur et des services de leurs ancêtres, ou d'un titre honorifique que le souverain leur a conféré. La société romaine a d'abord été divisée en deux castes. Les patriciens seuls pouvaient acquérir un nom dans les fonctions publiques. Les plébéiens ont successivement conquis l'accès de diverses magistratures. Ils ont pu dès lors attacher à leur nom une gloire qui se transmettait à leurs descendants. Ces plébéiens anoblis ne montrèrent pas moins de hauteur et d'arrogance à l'égard des plébéiens encore obscurs et s'appuyant sur leurs propres mérites, que les nobles de race. La chevalerie, le service dans la cavalerie, fut aussi une source de distinction héréditaire. L'organisation des centuries de chevaliers est un problème difficile. M. Naudet le discute et le résout avec sagacité; c'est une des parties les plus intéressantes de son travail. Plus tard, les chevaliers oublièrent leur origine et cherchèrent la fortune dans la ferme des impôts. Divisés d'intérêts

et mis en rivalité avec les *pâtres* par l'habileté des Gracques; ils furent réconciliés avec eux, perdirent leur importance sous l'Empire. Les titres de noblesse ajoutés aux noms de famille ne datent que du régime impérial. Ces titres furent avec le temps multipliés. Un seul s'est perpétué jusqu'à nous, celui de comte. Mais la noblesse sous ce régime n'eut aucune consistance. La volonté de l'Empereur abaissait ceux qu'elle avait élevés et une disgrâce détruisait l'œuvre de la faveur. — Nous aurions plaisir à présenter une analyse succincte de la seconde partie de ce mémoire consacrée aux récompenses d'honneur. Mais l'espace nous manque. Nous citerons seulement quelques mots de la conclusion du savant auteur : « Pour que l'institution des récompenses « honore les hommes, il faut qu'elle soit honorée par eux, ... Toute distinction sociale est un « impôt: impôt sur l'opinion, s'il s'agit d'honneur seulement; impôt sur les biens, s'il se joint « à l'honneur un accessoire profitable.... Les chefs des États ne devraient donc jamais oublier « qu'ils ne sont pas les maîtres, mais seulement les dispensateurs du fonds des récompenses. »
(DEVILLENEUVE et CARETTE. *Recueil de lois*.)

— De l'État des Personnes en France sous les Rois de la 1re race. 1837, in-4 (V. *Perréciot; Pétigny*). 10 fr.

NAYLIES. Nouveau Code des émigrés. 1825, in-32. 3 fr.

NEGRIN. De l'Escroquerie en matière d'assurances maritimes. 1857, in-8. 4 fr.

— Du droit d'appel limité à quinze cents francs, surtout en matière d'assurances maritimes. 1861, in-8. 7 fr. 50 c.

NERVO (*baron de*). L'administration des finances sous la Restauration (1814-1830). 1865, in-8. 7 fr. 50 c.

NEUFBOURG (*J. N. Ph. de*). De la loi naturelle; 3e édit. 1862, in-8. 4 fr.

NEUMANN. Recueil des Traités conclus par l'Autriche avec les puissances étrangères, depuis 1763 jusqu'à nos jours. 1857-64, 7 vol. in-8. 80 fr.

NEVEU DEROTRIE. Commentaire sur les lois rurales de la France, suivi d'un essai sur les usages locaux. 1845, in-8. 7 fr. 50 c.

NEYREMAND (*de*). Arrêts et décisions de la Cour impériale de Colmar (V. *Arrêts et décisions*).
— V. aussi : *Pillot et Neyremand*.

NICIAS-GAILLARD. De la contribution du Légataire universel aux dettes de la société, lorsqu'il est en concours avec un ou plusieurs héritiers à réserve. 1852, br. in-8.
— D'un exemplaire de la très-ancienne Coutume du Poitou, existant à la Bibliothèque de la Cour de cassation. 1858, br. in-8. 1 fr. 50 c.
— Traité des Copies de pièces. 1839, in-8. 2 fr.
— Du testament mystique, et en particulier 1° l'obligation de le sceller, c'est-à-dire d'y imprimer un sceau. In-8 (K. C.). 1 fr. 50 c.

NICOLAS (*A.*). Manuel du Partage des Successions. 1855, in-8 (V. *Démolombe; Genty*.) 5 fr.

NICOLE (*P.*). Lois sur les warrants et les ventes publiques de marchandises en gros. 1859, in-8. 1 fr. 25 c.

NICOLINI (*Nic.*). Della giurisprudenza penale, con le formole corrispondenti; 2e edizione Livornese. *Livorno*, 1859, 2 vol. gr. in-8. 20 fr.
— Principes philosophiques et pratiques de Droit pénal, précédés d'une introduction par M. Flotard. 1851, in-8.

NIGON DE BERTY (*L.*). Histoire abrégée de la Liberté individuelle chez les principaux peuples anciens et modernes. 1834, in-8. 7 fr. 50 c.
— Tarif des oblations, suivi : 1° d'une nouvelle publication annotée du décret du 30 décembre 1809; 2° d'une savante notice sur les attributions et droits des curés et des procurés. 1862, in-8. 1 fr. 50 c.

NION (*A.*). Droits civils des auteurs, artistes et inventeurs, ou application des Codes civil, de commerce et de procédure, aux droits attribués par les lois existantes aux auteurs et inventeurs en matière d'art, de science.

de littérature et d'industrie, ouvrage qui a remporté la première médaille d'or au concours ouvert entre les docteurs de la faculté de droit de Paris. 1846, in-8 (V. Calmels.) 3 fr.

« Le livre dont le titre précède a été écrit à l'occasion du concours ouvert en 1844 entre « les docteurs, devant la Faculté de droit de Paris, et a obtenu la première médaille d'or.; « il nous paraît appelé à occuper un rang distingué parmi les autres publications remar- « quables que la science doit déjà à cette excellente institution. M. Nion s'est acquitté fort « bien de ce qu'il a entrepris, etc. » (Revue de législat., t. XXVI.)

NOBLET. Traité des droits d'enregistrement, de greffe, d'hypothèque et de timbre. 1846, in-8 (V. Obissier; Sollier). 8 fr.
— Du Compte courant. 1848, in-8. 3 fr. 50 c.

NODIER (Ch.). Questions de littérature légale. 1826, in-8. (Rare). »   »

NOEUVÉGLISE (Eug.). Traité et Formulaire des enquêtes administratives, à l'usage de MM. les juges de paix, suppléants de juges de paix, et maires. 1865, in-8, IV-52 pages. 1 fr.

NOGENT-SAINT-LAURENS. Traité de la législation et de la jurisprudence des Chemins de fer. 1841, in-8 (V. Bacqua; Féraud-Giraud). 3 fr.

NOIZET (F.-H.-V.). Du cadastre et de la délimitation des héritages. Traité comprenant l'examen des cadastres étrangers et les améliorations à introduire dans le cadastre français, précédé d'une Nouvelle étude sur les moyens de simplifier les opérations cadastrales, et sur le cadastre de la Savoie et de l'ancien comté de Nice. 1863, grand in-8 (V. Delapalud). 7 fr.

NOON-TALFOURD (T.). V. Laboulaye (Paul).

NOUGARÈDE DE FAYET (A.). Essai sur la constitution romaine et sur les révolutions qu'elle a éprouvées jusqu'à l'établissement du despotisme militaire des empereurs. 1842, in-8. 3 fr.
— Lois des familles, ou Essais sur l'histoire de la puissance paternelle et sur le divorce. 1814, in-8. 4 fr.
— Histoire des lois sur le mariage et sur le divorce, depuis leur origine dans le droit civil et coutumier, jusqu'à la fin du XVIIIᵉ siècle. 1803, 2 vol. in-8. 8 fr.
— Lois du Mariage et du Divorce, depuis leur origine dans le droit romain ; 2ᵉ éd. 1816, in-8 (V. Breton). 8 fr.
— Jurisprudence du Mariage. 1817, in-8 (V. Allemand; Demolombe). 8 fr.
— Du Duel, sous le rapport de la législation et des mœurs. 1838, in-8. 3 fr.

NOUGUIER (Ch.). La Cour d'assises. 1ʳᵉ partie. 1860, 2 vol. in-8 (V. Cubain). 18 fr.
— Des Tribunaux de commerce, des commerçants et des actes de commerce. 1844, 3 vol. in-8. 22 fr. 50 c.
— Des Lettres de change et des Effets de commerce en général; 2ᵉ éd. 1851, 2 vol. in-8 (V. Bédarride). 16 fr.
— Des Brevets d'invention et de la Contrefaçon; 2ᵉ éd., augmentée du texte et de l'examen du nouveau projet de loi. 1858, in-8 (V. Breulier; Calmels). 8 fr.
— Le même ouvrage ; supplément seul, contenant l'examen du projet de loi. 3 fr. 50 c.

NOUGUIER (L.). Des Chèques. Commentaire théorique et pratique de la loi du 23 mai 1865 concernant les Chèques. 1865, in-8 (V. Dufour). 3 fr. 50 c.
— Etudes d'économie politique. Question des banques. La Banque de France. 1865, in-8 de 211 pages. 1 fr.

NOUVEAU CODE DES PATENTES (V. Code des Patentes).

NOUVEAU JOURNAL des Conseils de fabriques, des curés, des desservants, vicaires, aumôniers et du contentieux du culte, paraissant tous les mois, publié par M. Dechampeaux. Format in-8.

Abonnement : par an.	10 fr.
Collection, années 1852 à 1865.	65 fr.

Il existe encore un petit nombre d'exemplaires de l'ancien *Journal des conseils de fabrique* 18 volumes (1834-1852), avec la table générale des matières des dix premiers volumes. Prix : 76 fr., ou 5 fr. par volume détaché.

— V. *Dechampeaux.*

NOUVEAU MANUEL des notaires, ou traité théorique et pratique du Notariat, par J.-P. P*** et J.-B.-T.-A. de M***, avocats. 1818, in-8 (V. *Vélain*). 2 fr.

NOUVEAU PARFAIT NOTAIRE (le), ou Manuel théorique et pratique des notaires, par deux avocats à la cour royale. 1828, 2 vol in-8. 8 fr.

NOUVELLES ANNALES de la marine et Revue coloniale, 12 livraisons in-8, formant par année 2 volumes.

Cette revue mensuelle comprend, en tout ou en partie, les matières et les divisions suivantes : hydrographie et navigation, voyages de terre et de mer, géographie, grandes pêches, constructions navales et matériel maritime, sciences et arts appliqués à la marine , revues des colonies françaises et étrangères, marine étrangère, biographie maritime, bibliographie, législation, administration, commerce, nouvelles et faits divers se rattachant à la marine et aux colonies.
Conditions de la souscription :
Les *Nouvelles Annales de la marine* et la *Revue coloniale* paraissent du 1er au 10 de chaque mois, par livraisons de 60 à 80 pages, grand in-8 jésus, imprimées sur papier collé. Ce recueil est en outre accompagné de cartes et plans, lorsqu'il y a nécessité pour l'intelligence des matières.

Abonnement : Paris et les départements, un an.	20 fr.
Collection complète (1849 à 1865), 34 volumes in-8.	170 fr.
Chaque année.	15 fr.

NOVELLAE. — V. Ανεϰδοτα; — *Corpus juris civilis;* — *Hulot.*

NOYER (*W.*). Les secrétaires généraux de préfecture, de leur institution et de leurs attributions. *Évreux*, 1865, in-8 de 8 pages. » 50 c.

NOYON. Traité complet sur la législation des Cultes et de l'administration des Fabriques. 1837, in-8 (V. *Gaudry.*) 7 fr.

NYER. Guide pour se marier devant l'Etat civil, à l'église et chez le notaire, etc. 1853, in-12. 2 fr.

NYPELS (*J.-S.-G.*). Le Droit pénal français progressif et comparé. Code pénal de 1810, accompagné des sources, des discussions au Conseil d'Etat, des exposés des motifs et des rapports faits au Corps législatif, suivi : 1° des lois modificatives rendues en France, en Belgique et dans les Pays-Bas, depuis 1814 jusqu'à ce jour (30 oct. 1863) ; 2° de la trad. franç. complète du Code pénal prussien de 1815 et du Code pénal du roy. d'Italie, du 20 nov. 1859 ; précédé d'une Bibliothèque choisie du droit criminel (droit pénal et procédure criminelle). 1864, 1 vol. gr. in-8. 18 fr.

— Bibliothèque choisie du droit criminel (Droit pénal et Procédure criminelle). 1864, gr. in-8. 4 fr.

Extrait du précédent ouvrage.

— V. *Code pénal prussien.*

O

OBISSIER. Institutes du droit fiscal, ou exposé théorique et pratique des principes fondamentaux de la perception des droits d'enregistrement. 1860, in-8 (V. *Demante; Géraud; Sollier*). 4 fr.

— Tableaux de concordance des instructions et circulaires de l'administration de l'enregistrement et des domaines. 1858, in-8. 4 fr.

OBRIOT. Représentation nationale, tableau des législateurs depuis 1789. Assemblée nationale, législative, Convention, Cinq-Cents, Anciens, Sénat, Tribunat, Corps législatif, Cent-Jours, 1re et 2e Restauration, nouvelle Monarchie avec tous les ministres depuis 1789. Six feuilles grand colombier, propres à être réunies en une seule. 6 fr.

OBSERVATIONS de la Cour de cassation et des Cours d'appel, sur le projet du Code Napoléon. An X, 4 vol. in-4 (édit. originale). 25 fr.
— Sur le projet de Code de procédure civile. 1806, 3 vol. in-4 20 fr.
— Sur le projet de Code de commerce. 4 vol. in-4. 25 fr.
— Sur le projet de Code criminel. 1805, 8 vol. in-4. 25 fr.

OCAMPO (G.). Codigo de comercio chileno. Santiago de Chile, 1864, 3 vol. gr. in-8.

ODIER (P.). Traité du Contrat de mariage et du régime des biens entre époux. 1846, 3 vol. in-8 (V. Bellot des Minières; Bonnet). 21 fr.
— Des Systèmes hypothécaires. 1840, in-12. 4 fr.

ODILON-BARROT. De la Centralisation et de ses effets. 1861, in-12 (V. Chevillard). 1 fr.

O'DONNELL. Code vicinal, annoté par Vatout. 1836, in-12 (V. Braff; Grandvaux). 2 fr.

OFFRET. Notes sur le service de l'inscription maritime. 1855, in-8 7 fr. 50 c.

OKEY. Droits, priviléges et obligations des Étrangers dans la Grande-Bretagne; 3e éd. 1837, in-12 (V. Westoby.) 4 fr.

OLIBO — V. Saillet et Olibo.

OLIM. — V. Beugnot; — Boutaric.

OLIN (X.). Du droit répressif dans ses rapports avec le territoire. Bruxelles, 1864, in-8. 4 fr.

OLIVECRONA (K. D'). Précis historique de l'origine et du développement de la communauté des biens entre époux (dans la législation suédoise). 1865, in-8. 4 fr.

Extrait de la Revue historique de droit français et étranger.

OLIVIER (Th.). Traité élémentaire d'économie politique. Tournai, 1861, in-16 (V. Garbouleau). 2 fr. 50 c.

OLIVIER-POLI (J.). Observations politico-philosophiques sur la législation civile et pénale, avec un aperçu sur l'histoire de la législation en général. Naples, 1827, in-8. 5 fr.

En italien et en français.

OLLIVIER (Ém.). Commentaire de la loi du 25 mai 1864 sur les Coalitions. 1864, in-32. 1 fr.

OLLIVIER (Em.) et **MOURLON** (F.). Commentaire de la loi portant modification des art. 692, 696, 717, 749 à 779, 838 du Code de procédure civile sur les Saisies immobilières et les Ordres. 1859, in-8 (V. Audier). 10 fr.
— V. Mourlon.

OPRAN (P.). Cestia proprietatii de Mosii in principatulu Romania. Question de la propriété foncière dans la principauté Roumaine. 1858, in-8. 3 fr.

En valaque et en français.

ORDONNANCE du 22 juin 1847 portant règlement sur la solde, les revues, l'administration et la comptabilité des corps de troupe de la marine. Nouv. édit., augmentée. 1865, in-18. 2 fr.

ORDONNANCES DES ROIS DE FRANCE de la troisième race, recueillies par ordre chronologique par De Laurière, Secousse, Pastoret, Pardessus. Impr. roy., 1723-1847, 23 vol. in-fol., y compris les tables. »

ORFILA. Traité de Médecine légale, suivi du traité des Exhumations juridiques; 4e éd. 1848, 4 vol. in-8, avec atlas. 32 fr.

ORIANNE. Traité original, des Successions d'après le droit hindou, extrait du *Mitacshara.de Vyayaneswara*, suivi d'un traité de l'adoption, le *Dattaca Chandrica*. 1844, in-8. 7 fr. 50 c.

ORILLARD. De la Compétence et de la procédure des Tribunaux de commerce, traité de la juridiction commerciale; nouv. édit. augm. d'un supplément. 1864, in-8. 8 fr.

— Code annoté des conseils de préfecture, délibérant au contentieux, avec formules et observations. 1863, in-8. 8 fr. 50 c.

ORLANDO. Sul codice di leggi e diplomi siciliani del medio evo. *Palermo*, 1864, in-8. 1 fr. 50 c.

ORLANDO (*Diego*). Sul sistema ipotecario del codice francese. *Palermo*, 1854, in-8. 3 fr.

— Bibliotheca di antica giurisprudenza Siciliana. *Palermo*, 1851, in-8. 3 fr.

— Un codice di leggi e diplomi siciliani del medio evo. *Palermo*, 1857, grand in-8. 9 fr.

ORTOLAN (*J.-L.-E.*). Cours public d'histoire du Droit politique et constitutionnel. 1832, in-8.

— De la Souveraineté du peuple et des principes du gouvernement républicain moderne. 1848, in-8. 2 fr.

— Histoire de la Législation romaine; 4e éd. 1846, in-8 (V. *Etienne*). 5 fr. 50 c.

— Explication historique des Institutes de Justinien, avec le texte et la traduction en regard et les explications sous chaque paragraphe, précédé d'une généralis. du droit rom.; 7e éd. 1863, 3 v. in-8. 22 fr. 50 c.

— Cours de Législation pénale comparée; introduction philosophique, méthodique et sommaire. 1839, in-8.

— Cours de législation pénale comparée (partie hist.). 1841, in-8.

— Éléments de Droit pénal; 3e édit. 1863-64, 2 vol. in-8. 15 fr.

— Notice biographique sur M. Dupin. 1840, in-8. 1 fr. 50 c.

ORTOLAN (*Th.*). Règles internationales et diplomatie de la mer; 4e édit. 1864, 2 vol. in-8. 15 fr.

ORTOLAN et **LEDEAU.** Le Ministère public en France. 1830, 2 vol. in-8 (V. *Delpon*). 12 fr.

OTT. Traité de l'économie sociale, ou de l'économie politique au point de vue social. 1851, in-8. 7 fr. 50 c.

— V. *Klüber*.

OUDIN (*H.*). Comptabilité des notaires. 1860, petit in-fol. (V. *Léjay*). 12 fr.

OUDOT (*J.*). Premiers essais de Philosophie du Droit et d'enseignement méthod. des lois françaises. 1846, in-8 (V. *Ahrens*; *Belime*; *Glinka*). 5 fr.

— Conscience et Science du Devoir, introduction à une nouvelle explication du Code Napoléon. 1856, 2 vol. in-8 (V. *Delsol*). 14 fr.

Cet ouvrage, résumé de vingt-cinq ans d'enseignement, était attendu depuis longtemps par les élèves de M. Oudot. Tous les étudiants qui aspirent à une instruction sérieuse doivent le consulter au début de leurs études. — Les lecteurs des ouvrages de MM. *Cousin*, *Simon*, et autres philosophes modernes seront curieux de comparer avec les opinions, qui ont cours, les théories toutes nouvelles de cette introduction, que doit suivre une explication, toute nouvelle elle-même, du Code Napoléon.

OUDOT (*F.*). Théorie du Jury. 1843, in-8 (V. *Buchère*). 5 fr.

OYON (*J.-B.*). Collection des lois, arrêtés, instructions, circulaires et décisions concernant les opérations prescrites par les arrêtés du gouvernement des 12 brum. an XI et 27 vend. an XII, pour parvenir à une meilleure répartition de la contribution foncière. 1804-08, 4 vol. in-8. 20 fr.

13

OZANEAUX (*G.*). Les Romains ou Tableau des institutions politiques religieuses et sociales de la République romaine. 1840, in-8.   4 fr.

P

PACHECO (*Don J.-Fr.*). Comentario a las leyes de desvinculacion; 4ª edicion. *Madrid*, 1849, in-8º, VIII-204 pages.
— Comentario al decreto de 4 de noviembre de 1838, sobre recursos de nulidad. *Madrid*, 1850, in-8. 104 pages.
PAGARD. De l'organisation des administrations financières et de leur existence politique. 1848, in-8.   1 fr. 50 c.
PAGÈS (*A.*). De la Responsabilité des Notaires, ou Exposition complète et raisonnée de la doctrine et de la jurisprudence en matière de dommages-intérêts, qui peuvent être réclamés contre les notaires. 1844-1848, in-8 (V. *Eloy*).   4 fr.
PAGÈS. Usages et règlements locaux du département de l'Isère. 1 vol. in-8.   6 fr.
PAIGNON (*Eug.*). Commentaire de la loi sur les Sociétés en commandite par actions. 1857, in-8 (V. *Bédarride; Frouart*).   2 fr.
— Commentaire théorique et pratique sur les Ventes judiciaires de biens immeubles. 1841, 2 vol. in-8 (V. *Persil*).   6 fr.
— Commentaire de la loi sur la procédure relative au partage des terres vaines et vagues en Bretagne. 1851, br. in 8.   2 fr.
— Eloquence et Improvisation, art de la parole oratoire, au barreau, à la tribune et à la chaire; 3e *tirage*. 1854, gr. in-8.   6 fr.
Un éminent magistrat a caractérisé en quelques mots les qualités de ce livre : « Cet ouvrage, dit M. Dupin, n'est pas une rhétorique, c'est un livre écrit avec le sentiment de l'amour de l'art. » La 1re édition avait été publiée en 1846, sous le pseudonyme de Gorgias, l'un des plus célèbres orateurs de l'antiquité, créateur de l'éloquence parlée; en se couvrant d'un voile, M. Paignon laissait ainsi à la critique et à l'opinion publique une entière liberté, ou d'assurer le succès, ou de laisser dans l'oubli son livre. La critique a fait avec bienveillance à l'auteur le reproche de n'avoir pas hautement avoué son œuvre, il a dû céder et révéler son nom. Les bornes de cet extrait ne permettent pas de faire connaître avec quelle ampleur les traditions de l'éloquence et de l'improvisation ont été reproduites depuis les temps anciens jusqu'à nos jours dans cet ouvrage, divisé en neuf livres traitant de toutes les parties de l'art oratoire.
— Traité juridique de la construction, de l'exploitation et de la police des Chemins de fer : commentaire des lois, etc. 1853, in-12 (V. *Féraud-Giraud*).   6 fr.
— Théorie légale des Opérations de banque, ou Droits et devoirs des banquiers en matière de commerce d'argent. 1854, 1 v. in-8. 7 fr. 50 c.
PAILLIET (*J.-B.-J.*). Droit public français. 1822, in-8.   8 fr.
— Constitutions américaines et françaises. 1848, in-32.   3 fr.
— Manuel de Droit français; 9e édit. 1837, 1 vol. in-4 ou 2 vol. in-8 (V. *Delsol*).   25 fr.
— Manuel complémentaire des Codes français, lois, ordonn., édits, etc., antér. à 1789, restés en vigueur. 1846, 2 vol. in 8.   15 fr.
— Législation et jurisprudence des Successions, selon le droit ancien, le droit intermédiaire et le droit nouveau. 1823, 3 vol. in-8 (V. *Demolombe*).   12 fr.
— Traité des Servitudes (V. *Lalaure*).
PAILLIET-ROGRON. Tous les Codes officiels français, y compris les Codes militaire et maritime collationnés sur le Bulletin des lois, précédés des Constitutions de l'Empire et mis au courant de la législation actuelle par l'insertion dans leurs textes des nombreuses lois modificatives successivement édictées jusqu'à ce jour, etc. Terminés par une table générale des matières et par une table alphabétique. 1866, 1 vol. gr. in-8.   12 fr. 50 c.
— V. *Rogron*.

PAIN (R.). Quelques propositions concernant les intérêts coloniaux, et spécialement de l'Émancipation immédiate, avec association et indemnité. 1847, in-8. 1 fr. 50 c.

PALAA (G.). Dictionnaire législatif et réglementaire des Chemins de fer. 1864, gr. in-8. 12 fr.

— Répertoire général ou Complément faisant suite au Dictionnaire législ. et réglem. des chemins de fer, et résumant, par ordre alphab. et chronol. les matières contenues dans cet ouvrage. 1865, gr. in-8. 5 fr.

PALIERNE DE LA HAUDUSSAIS. Manuel de l'aspirant au surnumérariat dans l'administration de l'Enregistrement et des domaines, suivi du tarif des droits et amendes d'enregistrement, de timbre, etc., et d'un dictionnaire des termes de droit; 3e édition. 1851, in-8. 5 fr.

PANATTONI. La Temi, giornale di legislazione e di giurisprudenza. (V. Temi).

PANDA (José Maria de). Elementos del derecho constitucional, obra postuma. Valparaiso, 1848, gr. in-8.

PANNIER (V.). Les Ruines de la Coutume de Normandie, ou Petit Dictionnaire du droit normand restant en vigueur pour les droits acquis; 2e éd., précédée d'une notice bibliogr. sur les div. édit. de la Coutume de Normandie, par Ed. Frère. 1856, in-18. 2 fr.

PAPARIGOPOULO (de). Principes de l'expropriation pour cause d'utilité publique dans le droit romain et dans le droit français. Thèse pour le doctorat. 1863, in-8 de 123 pages. (V. Daffry de la Monnoye). 4 fr.

PARANT. Lois de la Presse. 1836, in-8, avec suppl. 8 fr.

PARDESSUS. Loi salique, ou Recueil contenant les anciennes rédactions de cette loi et le texte connu sous le nom de Lex emendata. 1843, in-4. 25 fr.

Ce volume commence par une préface de 80 pages, contenant la description de toutes les éditions et de tous les manuscrits connus de la Loi salique; il est composé de huit textes différents d'après les manuscrits, avec variantes; quarante titres qu'on ne trouve point dans la Lex emendata, d'après le manuscrit 4404 de la Bibliothèque royale de Paris et le manuscrit 119, in-4, de Leyde; les prologues, l'épilogue et les récapitulations, d'après divers manuscrits; un commentaire composé de 824 notes; quatorze dissertations, dont la première sur les diverses rédactions de la Loi salique, et les autres, sur les points les plus remarquables du droit privé des Francs sous la première race.
Les dissertations comprennent 309 pages, et sont suivies d'une table alphabétique des matières.

— Mémoire sur les différents rapports sous lesquels l'âge était considéré dans la législation romaine. 1837, br. in-4 (V. Amiable). 4 fr.

— Traité des Servitudes ou services fonciers; 8e éd., corrigée et considérablement augmentée. 1838, 2 vol. in-8 (V. Demolombe.) 18 fr.

— Collection des Lois maritimes antérieures au dix-huitième siècle. 1826, 1845, 6 vol. in-4. » »

— Us et Coutumes de la mer, ou Collection des usages maritimes des peuples de l'antiquité et du moyen âge. 1847, 2 vol. in-4. 25 fr.

L'ouvrage que nous annonçons sous le titre d'Us et Coutumes de la mer reproduit littéralement les quatorze premiers chapitres de la Collection des Lois maritimes, antérieures au xviiie siècle, auxquels l'auteur joint les additions concernant ces chapitres, qui sont à la suite du tome VI. C'est un devoir de le déclarer, afin que ceux qui possèdent cette Collection ne soient point induits à faire une acquisition qui deviendrait évidemment un double emploi pour eux. L'auteur s'est décidé à cette publication particulière dans l'intérêt des personnes qui n'ont point acquis la Collection des Lois maritimes.

— Éléments de Jurisprudence commerciale. 1811, in-8. » »

— Cours de Droit commercial; 6e éd., entièrement refondue et comprenant un commentaire des Faillites, d'après la nouvelle loi, publiée par M. Eug. de Rozière. 1856-1857, 4 vol. in-8 (V. Bédarride). 30 fr.

— Traité du Contrat et des Lettres de change. 1809, 2 vol. in-8 (V. *Bédarride*). 　　　　　　　　　　　　　　　　　　　　　　　15 fr.

— Essai historique sur l'Organisation judiciaire et l'administration de la justice depuis Hugues Capet jusqu'à Louis XII. 1851, in-8 (V. *Dareste*). 　　　　　　　　　　　　　　　　　　　　　　　　　6 fr.

Dans son grand ouvrage sur la Loi salique, M. Pardessus avait traité de l'administration de la justice, sous les rois des deux premières races; il n'a donc eu qu'à se continuer lui-même, en suivant à travers d'autres siècles la marche des juridictions diverses dont il avait sondé les origines. M. Pardessus conduit cette intéressante histoire jusqu'au règne de Louis XII, époque où s'arrête la collection *des Ordonnances des rois de France*, dont ce beau travail sert d'introduction au tome xxi. On ne peut qu'approuver l'idée qu'on a eue de mettre par une publication séparée cet ouvrage à la portée du plus grand nombre.

PARENT-DUCHATELET. De la Prostitution dans la ville de Paris, considérée sous les rapports de l'hygiène publique, de la morale et de l'administration; ouvrage appuyé de documents statistiques puisés dans les Archives de la préfecture de police; 3ᵉ édit., publ. par A. Trébuchet et Poirat-Duval, 1857, 2 vol. in-8. 　　　　　18 fr.

PARENTEAU-DUBEUGNON (*Ed.*). Du Mandat en droit romain et en droit français. *Poitiers*, 1864, in-8, 132 p. 　　　　2 fr. 50 c.

PARIEU (*Esquirou de*). Etudes historiques et critiques sur les Actions possessoires. 1850, in-8 (V. *Bioche*). 　　　　　　　4 fr.

— Histoire des Impôts généraux sur la propriété et le revenu. 1856, in-8. 　　　　　　　　　　　　　　　　　　　　　5 fr.

— Traité des Impôts considérés sous le rapport historique, économique et politique, en France et à l'étranger. 1862-65, 5 vol. in-8. 32 fr. 50 c.

Les premiers volumes sont épuisés. Une nouvelle édition est sous presse (décembre 1865).

PARINGAULT (*Eug.*). La langue du droit dans le théâtre de Molière. 1861, in-8. (*Epuisé*.)

Extrait de la *Revue historique de droit français et étranger*.

— De l'administration de la justice criminelle en France, 1860, in-8 (V. *Buchère*). R. P. 　　　　　　　　　　　　　　2 fr.

— De l'établissement du ministère public près les tribunaux de commerce. 1860, in-8 (V. *Delpon; Hoffmann, Ortolan et Ledeau*). R. P. 　　　　　　　　　　　　　　　　　　　　2 fr. 50 c.

PARIS. Droit commercial français, ou Cours du Code de commerce. Tom. Iᵉʳ (seul publié). 1854, in-8 (V. *Bédarride*). 　　9 fr.

PARIS DE BOLLARDIÈRE. Code de l'armée, classification analytique et synthétique des actes constitutifs du Code de l'armée de terre. Tomes I et III. 1863-64, 2 vol. gr. in-8.

Le tome II n'a pas encore paru. — L'ouvrage complet doit avoir 10 vol.
Prix de chaque volume : 18 fr. *Franco* : 20 fr.

PARODI (*C.*). Lezioni di diritto commerciale. *Genova*, 1854-57, 4 vol. in-8. 　　　　　　　　　　　　　　　　　　　25 fr.

PASCAL. Traité synthétique de la dot en droit romain. 1860, in-8. 6 fr.

PASICRISIE BELGE, ou Recueil général de la jurispr. des Cours de Belgique, en matière civile, commerciale, criminelle, de droit public et administratif, contenant la refonte, par ordre chronologique, de tous les arrêts publiés de 1814-1840, publiés dans les Recueils intitulés: 1º Jurisprudence de la Cour de Bruxelles, par Spruyt et Wyns; 2º Annales de la jurisprudence belge, par Sanfourche-Laporte et Colmant; 3º Recueil des arrêts des Cours de Belgique; 4º Jurisprudence du xixᵉ siècle; 5º Recueil de la jurisprudence belge; 6º Jurisprudence générale de Belgique. — Continué depuis 1841 jusqu'à ce jour, et rédigé par MM. Dewandre et Faider, etc. *Bruxelles*, 1814 à 1865, 68 vol. gr. in-8 à 2 col. dont 2 vol. de tables. 　　　　　　　500 fr.

Prix de l'abonnement annuel pour la Belgique :   22 fr.
            Ce recueil est ainsi divisé

   Première série : années 1814 à 1840....   16 vol.
   Deuxième série : années 1841 à 1865....   50 vol.
   Table générale des années 1814-50......   2 vol.
                                 68 vol.

   Sous presse : Table décennale 1851 à 1860.

La continuation périodique de la *Pasicrisie belge* paraît chaque mois, sans interruption, en un cahier de 5 à 7 feuilles divisé en deux parties, savoir : PREMIÈRE PARTIE : Arrêts de la cour de cassation ; DEUXIÈME PARTIE : Arrêts des cours d'appel. — Chaque année forme 2 vol. gr. in-8 à 2 col.

PASINOMIE ou Collection complète des lois, décrets, arrêtés et règlements généraux qui peuvent être invoqués en Belgique ; de 1788 à 1832 inclus., par ordre chronologique ; continuée depuis 1833, et formant par année un volume. Mise en ordre et annotée (à partir de 1862) par J.-S.-G. Nypels. *Bruxelles,* in-8.
1re série (1788-1814), 19 vol.
2e série (1814-1830), 10 vol.
3e série (1831-1865), 36 vol.
Collection complète, 65 vol.   420 fr.
Abonnement annuel : France,   12 fr.

PASQUIER (*Et.*). L'Interprétation des Institutes de Justinien, avec la conférence de chaque paragraphe aux ordonnances royaux, arrestz de Parlement et coustumes générales de la France. Ouvrage inédit, publié par le duc Pasquier, chancelier de France, avec une introduction et des notes par M. Ch. Giraud. 1847, in-4.   15 fr.
— Œuvres choisies, avec une introduction par M. Feugères. 1849, 2 vol. in-12.   8 fr.

PASSY (*Fr.*). Leçons d'économie politique faites à Montpellier, recueillies par Em. Bertin et P. Glaize (1860-1861). 1862, 2 vol. in-8 (V. *Garbouleau*).   10 fr.

PASTORET. Histoire de la Législation. 1817-1837, 11 vol. in-8.   »
— Des Lois pénales. 1790, 2 vol. in-8.   15 fr.

PATAILLE (*J.*). Appendice au Code international de la propriété industrielle, artistique et littéraire, contenant les traités internationaux et les lois françaises et étrangères depuis 1855 jusqu'à ce jour, avec des pièces et des notes. 1865, in-8.

PATAILLE et **HUGUET** (*A.*). Code international de la propriété industrielle, artistique et littéraire. Guide pratique des inventeurs, auteurs, compositeurs. 1858, in-8.   5 fr.
— Annales de la propriété industrielle, artistique et littéraire (V. *Annales*).

PATORNI. — V. *Crémieux et Patorni.*

PAUL. Exposé théorique et pratique des Droits du mari et de ses créanciers sur les Biens de la femme. 1847, in-8.   2 fr.
— Nouveau manuel des Maires, de leurs adjoints, etc., ou Traité d'administration municipale ; 2e édition. 1839, in-8 (V. *Dubarry*).   7 fr. 50 c.

PAULMIER. — V. *Lacan et Paulmier.*

PAULTRE. — V. *Durand et Paultre* ; — *Revue du Notariat et de l'Enregistrement.*

PAYSAN CHAMPENOIS (Très-humble supplique d'un), qui ne veut pas que sa fille paie les dettes de défunt son mari. 1856, br. in-8.   2 fr.

PAUW (*de*). Des Principes administratifs et application en matière de Travaux publics. 1849, in-8 (V. *Delvincourt*).   7 fr.

PÉCHART. Répertoire de l'administration municipale des communes. 1820, 2 vol, in-8 (V. *Braff*). 10 fr.
— Éléments pratiques de l'administration municipale. 1821, in-8. 5 fr.
— Dictionnaire de l'administration départementale. 1823, in-4. 15 fr.

PECHART et CARDON. Formulaire général ou Modèles d'actes rédigés sur chaque article du Code de procédure civile, comparé au tarif; 5e édit. 1858, 2 vol. in-8 (V. *Bioche*). 7 fr. 50 c.

PEGAT. Code de la Presse annoté, divisé par tableaux. 1837, in-4. 6 fr.

PEIGNOT (*Gab.*). Essai historique sur la liberté d'écrire chez les anciens et au moyen âge, sur la liberté de la presse, depuis le xve siècle, etc. 1832, in-8. 5 fr.

PÉLIN (*G.*). La procédure, c'est la ruine. Physiologie de la procédure; ouvrage pratique et critique, avec un petit code de formules; 2e édit. 1861, in-12. 1 fr.

PELLAT. Cours d'introduction générale à l'étude du Droit, ou Encyclopédie juridique, par Falck, trad. de l'allemand. 1842, in-8. 6 fr.
— Institutes de Gaïus, trad. et commentées. 1844, in-8. (T. 1er, seul publié, contenant la traduction). » »
— Textes de droit romain sur la Dot, traduits et commentés; 2e édition. 1853, in-8. 7 fr. 50 c.
— Exposé des principes généraux du Droit romain sur la Propriété et ses principaux démembrements, particulièrement sur l'Usufruit; 2e éd. 1853, in-8 (V. *Demolombe*; *Genty*.) 8 fr.
— Manuale juris synopticum, in quo continentur Justiniani Institutiones cum Gaii Institutionibus e regione oppositis perpetuo collatæ; 4a edit. 1866, in-12. 5 fr.
— Traité du droit de gage et d'hypothèque chez les Romains. Trad. de l'allemand de Schilling. 1840, in-8. » »
— Précis d'un Cours sur l'ensemble du Droit privé des Romains, trad. de l'all. de Marezoll; 2e édition. 1852, in-8. 8 fr.

M. Pellat a rendu un vrai service aux jurisconsultes français en faisant passer dans notre langue l'ouvrage original de M. Marezoll.
Il a introduit dans cette deuxième édition de sa traduction française toutes les additions et tous les changements, et par suite toutes les améliorations que l'auteur allemand avait faites à son livre dans quatre éditions successives.
« Nous avons examiné avec soin cette deuxième édition, et nous avons vérifié que, grâce aux modifications et aux perfectionnements qui y ont été apportés, l'auteur en a fait un ouvrage tout nouveau.
« L'ouvrage de M. Marezoll était très-digne d'être l'objet d'un consciencieux travail de traduction : il est du petit nombre des ouvrages de ce genre qui peuvent sans trop d'efforts être entendus indépendamment de l'explication du professeur. Les doctrines en sont généralement exactes, bien liées, présentées avec netteté et précision, et assez exemptes d'idées métaphysiques et systématiques modernes ; le plan simple et régulier ; les divisions, peu multipliées, faciles à suivre et à retenir, etc...... L'ouvrage de M. Marezoll, si fidèlement reproduit par M. Pellat, se recommande aux élèves en droit.» (*Revue critique de Genève*, 1852.)

— Textes choisis des Pandectes, traduits et commentés; 2e édition. 1866, in-8. 6 fr.

Voici un nouveau volume du savant doyen de la Faculté de droit de Paris. Il est digne de prendre place à côté de ses aînés, et c'est ainsi que l'auteur complète peu à peu un véritable cours exégétique sur toutes les parties du Digeste. Cette fois, M. Pellat ne s'est pas renfermé dans un seul titre, il a choisi les questions les plus intéressantes, celles qu'il a eu l'occasion d'aborder dans ses leçons, et il nous donne un commentaire où l'érudition la mieux informée se joint à une rare pénétration. On nous saura gré de donner ici la table des chapitres. C'est la meilleure analyse que nous puissions faire de ce livre qu'il faut lire en entier : 1° Durée de l'usufruit; 2° quasi-usufruit; 3° location irrégulière; 4° dépôt irrégulier; 5° conservation du dépôt en *mutuum*; 6° privilège du déposant; 7° conversion du mandat en *mutuum*; 8° points de vue opposés, entre Ulpien et quelques autres jurisconsultes, sur la translation de la propriété; 9° donations à cause de mort; 10° *fidejussor indemnitatis*; 11° extinction du cautionnement par confusion; 12° divers modes d'extinction des obligations; 13° calcul de la quarte Falcidie dans les legs des créances; 14° *hæredis institutio ex re certa*.

R. DARESTE,
Revue historique de droit français et étranger

PELLAULT (*H.*). Code des Pharmaciens, contenant le texte de toutes les lois, décrets, etc., qui intéressent la profession pharmaceutique, avec un commentaire raisonné de la doctrine et de la jurisprudence. 1858, pet. in-8. 4 fr.

PELLERIN (*Alb.*). Commentaire de la loi des 18 avril-13 mai 1863, portant modification de soixante-cinq articles du Code pénal. 1863, 1 vol. in-8. 5 fr.

La loi récente est une mine féconde, pour tout criminaliste voulant surtout suivre la marche de notre législation pénale, concourir à son explication et soulever ou résoudre des questions nouvelles. Déjà M. Faustin Hélie avait commenté cette loi, en résumant la discussion législative et en éclairant de plus chaque texte nouveau par de profondes réflexions. M. Dutrac avait aussi donné un commentaire, en s'appuyant sur les travaux préparatoires et sur différentes opinions ou décisions. M. Pellerin a suivi la voie ouverte, mais en procédant autrement. Quoiqu'il ait certainement étudié tout ce qui fut dit on écrit pour préparer ou expliquer les graves modifications apportées au code pénal, et s'étant évidemment inspiré de leur esprit, il néglige les citations pour aborder résolument et discuter avec ampleur toutes les questions qu'il lui paraissent jaillir des nouveaux textes. Si quelques-unes de ses solutions sont contestables, le plus grand nombre est à l'abri de toute critique, et l'œuvre, dans son ensemble, mérite un bon accueil. A. M.
(*Journal du droit criminel*, juin 1864).

PELLETIER (*J.*). Tarifs des prix de règlement des travaux de treillages et de rustiques. 1861-63, in-4. 2 fr.

PENARD (*L.*). Lettres sur la pratique de la médecine légale. 1862, in-8 de 40 p. 1 fr. 25 c.

— De l'intervention du médecin légiste dans les questions d'attentats aux mœurs. 1860, in-8. 2 fr. 50 c.

PEPIN LE-HALLEUR. Histoire de l'Emphytéose en droit romain et en droit français. 1844, in-8. 6 fr.

Mémoire couronné par la Faculté de droit de Paris.

L'ancien droit français a trouvé dans M. Pépin Le Halleur un historien à la fois fidèle et éclairé. Cette monographie fait honneur aux études et à la sagacité de l'auteur ; il n'est resté étranger à aucune des discussions qui ont été soulevées en cette matière par les jurisconsultes. (*Revue étrangère*, 1844.)

PEREIRA PINTO (*Ant.*). Apontamentos para o direito internacional, ou Collecção completa dos tratados celebrados pelo Brasil com differentes nações estrangeiras, Acompanhada de uma noticia historica, e documentada sobre as convenções mais importantes. Tomo I. Rio de Janeiro, 1864, in-8.

PEREIRE (*Is.*). Principes de la constitution des banques et de l'organisation du crédit. Nouv. édition. 1865, in-8. 1 fr.

PÉRIER (*E.*). Dissertation sur la légalité des sociétés commerciales stipulées entre deux époux. 1860, broch. in-8 (V. *Bédarride*). 1 fr.

PÉRIER (*Cas.*). Les Finances et la politique. De l'influence des institutions politiques et de la législation financière sur la fortune publique. 1863, gr. in-18. 2 fr.

PÉRIER. Recrutement (V. *Bost*).

PÉRIN (*J.-H.*). Etudes de droit coutumier dans le nord de la France. 1859, in-4 (V. *Ginoulhiac; Giraud*). 6 fr.

— Du domaine public dans ses différences avec le domaine privé sous le rapport de la prescription et de la compétence. 1860, in-8. 4 fr.

— Le doctorat à la faculté de droit de Caen. 1859, in-8. 2 fr.

PÉRIN (*Ch.*). L'Usure et la loi de 1807. 1865, in-8, 42 pages.

PÉRISSAT (*P.*). Cours pratique sur les éléments du droit commercial, suivi d'un vocabulaire. 1862, in-12 (V. *Bédarride*). 2 fr.

— V. *Petites Leçons de droit.*

PEROT. Précis sur les dessins de fabrique et sur leur contrefaçon, ou législation ancienne et nouvelle, et résumé de la jurisprudence et de la doctrine sur cette matière. 1861, in-18 (V. *Calmels.*) 1 fr.

PÉROT (*J.-B.*). Le Code rural de 1791 commenté et expliqué d'après la jurisprudence et l'opinion des auteurs, avec une introduction sur les conditions de la propriété territoriale sous le régime féodal. 1865, in-12 (V. *Bouthors*).   1 fr. 50 c.

PERPIGNA. Manuel des Inventeurs et des brevetés; 8e éd. 1847, in-8.   5 fr.

PERREAU. Eléments de Législation naturelle. In-8.   » »

— Principes généraux du Droit civil privé. 1805, in-8.   4 fr.

PERREAU (*L.*). De l'incapacité de la femme mariée en droit français, et du sénatus-consulte velléien en droit romain. 1865, in-8, 154 pages.

PERRECIOT (*J.*). De l'Etat civil des Personnes et de la condition des terres dans les Gaules dès les temps celtiques, jusqu'à la rédaction des Coutumes. Nouv. éd. 1851, 3 vol. in-8 (V. *Pétigny*).   18 fr.

Cet ouvrage, fruit de profondes méditations et de plus de trente années de recherches, parut pour la première fois en 1786, 2 vol. in-4, sans nom d'auteur.

C'est une mine féconde dans laquelle ont puisé largement nos meilleurs historiens modernes.

L'ouvrage est divisé en huit livres : De l'état des personnes et des terres relativement à la liberté. — De la servitude. — De la noblesse. — Des lètes et des terres lètiques. — De la main-morte. — Nos main-mortes descendent de la condition lètique. — Progrès de la main-morte. — Des aïeux, des lods et du droit de retrait, des fiefs. — De quelques abus de la féodalité.

Au texte sont jointes un grand nombre de pièces justificatives parmi lesquelles se trouvent de précieux documents historiques.

PERRÈVE. Traité des délits et des peines de chasse dans les forêts de l'Etat, les propriétés de la liste civile, des communes, des établissements publics et des particuliers. 1845, in-8.   6 fr.

PERRÈVE (*Fr.*). Manuel des Cours d'assises, résolvant, d'après la jurisprudence de la Cour de cassation et des cours d'assises, les questions qui se présentent dans les affaires soumises au jury. 1862, in-8 (V. *Cubain*).   5 fr. 50 c.

PERRÈVE et COCHET DE SAVIGNY. Formulaire général et annoté de la gendarmerie impériale, contenant, sur chaque matière, les modèles d'actes, d'instruction et procès-verbaux à rédiger, les circulaires ministérielles, le texte des lois, etc.; 13e édit. 1866, in-8 (V. *Code*). 6 fr.

— V. *Cochet de Savigny*.

PERRIN. Traité des Nullités de droit en matière civile. 1816, in-8. 5 fr.

PERRIN (*J.-B.*). Essai sur le travail des Greffes. 1824-38, 2 vol. in-4. 30 fr.

PERRIN (*L.*). Code-Perrin ou Dictionnaire des constructions et de la contiguité, législation complète des bâtiments et constructions, des servitudes et du voisinage, de Perrin; 6e éd. entièrement refondue, mise en rapport avec la législation et la jurisprudence adm. et jud. jusqu'à ce jour, par A. Rendu. 1864, in-8 (V. *Delvincourt*).   9 fr.

— Code du Propriétaire, de constructions, des entrepreneurs et des ouvriers, ou Guide des architectes, etc. 1845, in-12.   2 fr.

PERRIOUD (*R.*). Les titres au porteur et l'impôt-assurance. 1862, in-8 (V. *Bogelot*; *Ladey*.)   2 fr. 50 c.

PERRON. Précis de jurisprudence musulmane civile et religieuse, selon le rite *malékite*, par Khalil-Ibn-Ishak, trad. de l'arabe. 1848-1854, 7 vol. gr. in-8.   96 fr.

— Le même ouvrage (texte arabe). — V. *Sidi Khalil*.

PERROT (*L.*). Statistique des Prisons et établissements pénitentiaires. Rapports à M. le ministre de l'intérieur. (1856, 1857, 1858, 1859, 1860, 1861).   Chaque année. 5 fr.

PERROT DE CHEZELLES. Études sur l'organisation judiciaire. 1864, in-8, 29 pages (V. Regnard).

PERROUS (A.). Législation des Contributions directes. 1859, in-8 (V. Fiquenel). 7 fr.

PERRY. Loi sur l'Enregistrement du 22 frimaire an VII., commentée. 1852, in-4 (V. Demante). 4 fr. 50 c.

PERSIL (J.-C.). Régime hypothécaire; 4e édit. 1833, 2 vol. in-8. 10 fr.
— Questions sur les Priviléges et hypothèques. 1820, 2 vol. in-8. 10 fr.
— Rapport sur la réforme hypothécaire, Impr. nat., 1850, gr. in-8.

PERSIL (Eug.). Commentaire de la loi du 2 juin 1841, sur les Ventes judiciaires de biens immeubles, suivi du Tarif des frais et dépens. 1842, in-8. 6 fr.
— Des Sociétés commerciales. 1833, in-8 (V. Bédarride.) 5 fr.
— Traité de la Lettre de change. 1837, in-8 (V. Bédarride). 5 fr.

Magistrat et député, M. Eugène Persil se trouvait dans les conditions les plus favorables pour faire un bon livre; il y a pleinement réussi; placé près du législateur lui-même, aucune de ses inspirations n'a pu lui échapper, et le lien étroit qui l'unit à l'homme éminent auquel sont dues les meilleures dispositions de la loi nouvelle, en lui ouvrant une source fermée pour tout autre, donne encore à son œuvre un nouveau relief et une autorité toute spéciale.

— Traité des Assurances terrestres. 1834, in-8 (V. Pouget).

PERSIL (E.) et CROISSANT (E.). Des Commissionnaires et des Achats et ventes, ou Commentaire sur les titres VI et VII du Code de commerce. 1836, in-8 (V. Bédarride.) 4 fr.

PERSIN (J.). Code du jury et des élections. 1828, in-8 (V. Bidault, Code; Trény). 1 fr. 50 c.

PESCATORE (M.). La Logica del diritto. Frammenti di dottrina e giurisprudenza. Torino, 1863, t. I, in-8. 6 fr.

PETERSDORFF (C.). Concise practical abridgment of the common statute law; 2d edit. London, 1863, 6 vol. in-8. 190 fr.

PÉTIGNY. Études sur l'Histoire, les lois et les institutions de l'époque mérovingienne. 1843-1851, 3 vol. in-8 (V. Perreciot). 18 fr.

La question de l'établissement des Barbares dans les Gaules, à l'examen de laquelle l'auteur a consacré les deux premiers volumes de cet ouvrage, est une des plus intéressantes de notre histoire nationale, surtout lorsqu'on l'expose avec cette étendue et cette profondeur. « M. de Pétigny, disait M. Laboulaye dans un rapport à l'Académie sur cet ouvrage, a consacré de longues années de sa vie à l'étude d'un point capital de notre ancienne histoire. Sur ce point unique, il a accumulé toutes ses études, concentré toute sa science, pour décider enfin, et en dernier ressort, une question des plus difficiles et des plus controversées. Son livre est essentiellement une œuvre d'érudition. » C'est à la suite de ce rapport que l'Académie décerna à l'ouvrage le prix Gobert. Depuis lors le troisième volume contenant les lois et les institutions de l'époque mérovingienne, la Loi salique notamment, a été ajouté aux deux autres.

PETIT. Traité de l'Usure, contenant le commentaire de la loi du 3 septembre 1807. 1846, in-8 (V. Liégeois). 6 fr.
— Traité des Surenchères, contenant la législation, la doctrine, la jurisprudence et la procédure. 1848, in-8. 7 fr. 50 c.
— Traité complet du Droit de Chasse. 1838-1844, 3 vol. in-8. 15 fr.

PETIT (J.-B.). Examen de la loi du 30 juin 1838 sur les aliénés. 1865, in-8, 68 pages (V. Castelnau). 2 fr.

PETIT DE COUPRAY. Manuel des transports sur les chemins de fer. 1861, in-18 (V. Pouget). 3 fr.
— V. Annuaire officiel des chemins de fer.

PETIT DES ROCHETTES (Éd.). Esprit de la jurisprudence inédite du conseil d'État sous le Consulat et l'Empire, en matière d'émigration, de déportation, etc. 1827, 2 vol. in-8. 6 fr.

PETITES LEÇONS DE DROIT à l'usage de l'enseignement primaire, suivies d'un vocabulaire, etc., par un ancien membre de l'Université (par Périssat). 1862, in-12 (V. *Périssat*).　　　　　　　　**1 fr.**

PÉTRUSHEVECZ (*Domin*). — V. *Domin-Petrushevecz*.

PEUCHET (*J.*) Collection des lois, ordonnances et règlements de police, de 1667 à 1789. 1818, 6 vol. in-8.　　　　　　　　**20 fr.**

PEYRARD. Nouveau Manuel des maires, adjoints, conseillers municipaux, etc. 1863, in-8 (V. *Dubarry*.)　　　　　　　　**8 fr.**

PEYRÉ. Loi des Bourguignons, vulgairement nommée *Loi Gombette*, trad. pour la première fois. 1855, in-8.　　　　　　　　**4 fr.**
— Lois des Francs, contenant la Loi salique et la Loi ripuaire, suivant le texte de Du Tillet. *Paris*, 1828, in-8 (V. *Pardessus*).　　　**6 fr.**

PEYRET-LALLIER. Traité sur la législation des Mines, minières, carrières, tourbières, usines. 1844, 2 vol. in-8 (V. *Lamé-Fleury*).　**15 fr.**

PEYRONNY (*de*) et **DELAMARRE.** Commentaire théorique et pratique des lois d'expropriation pour cause d'utilité publique. 1859, in-8 (V. *Daffry de la Monnoye*).　　　　　　　　**10 fr.**

PEYROT. Du Parlement de Bordeaux au XVI° siècle et de l'un de ses premiers présidents. *Bordeaux*, 1864, in-8 de 39 pages.

PEZET. Études sur l'administration de la justice et l'organisation judiciaire en Basse-Normandie, et particulièrement dans le Bessin, avant la suppression des anciens tribunaux, en 1790. 1845, gr. in-8.　**5 fr.**

PEZZANI. Traité des Empêchements du mariage. 1838, in-8.　**6 fr.**

PHÉLIPPES DE TRONJOLY. Essais historiques et philosophiques sur l'Éloquence judiciaire. 1829, 2 vol. in-8 (V. *Paignon*).　**15 fr.**

PHILLIMORE (*J.-G.*). Private law among the Romans, from the Pandects. *London*, 1864, in-8.　　　　　　　　**20 fr.**

PHILLIPS (*G.*). Du Droit ecclésiastique dans ses principes généraux, trad. de l'allemand par l'abbé Crouzet. 1851, 4 vol. in-8.　**24 fr.**
— Le même ouvrage 1855, 3 vol. in-12.　　　　　　　　**10 fr.**
— Du Droit ecclésiastique dans ses sources, trad. par le même, suivi d'une bibliographie du droit canonique. 1852, in-8 (t. IV de l'ouvrage précédent).　　　　　　　　**6 fr.**
— Le même ouvrage. Édit. in-12. 1 vol.　　　　　　　　**3 fr. 50 c.**

PHILLIPS (*Rich.*). Des pouvoirs et des obligations des jurys, traduit de l'anglais et précédé de considérations sur le pouvoir judiciaire, etc., par Ch. Comte; 2° édit. 1828, in-8.

PHILLIPS (*Ch.-P.*). The law of copyright in works of literature and art, and in the application of designs : with the statutes relating thereto. *London*, 1863, in-8, cart. en percaline.　　　　　　　　**15 fr.**

PIC (*F.-A.*). Code des imprimeurs, libraires, écrivains et artistes, ou Recueil et concordance des dispositions législatives qui déterminent leurs obligations et leurs droits. 1826, 2 vol. in-8.　　　　　**12 fr.**

PICARD (*Edm.*). Essai sur la certitude dans le droit naturel. *Bruxelles*, 1864, in-8.　　　　　　　　**4 fr. 50 c.**

PICOT (*J.-B.-C.*). Catéchisme du Code Napoléon. 1861, in-18.　**1 fr.**
— Du Mariage romain, chrétien et français, suivi des Institutions de Romulus et de Jésus. 1849, in-8 (V. *Drisol*).　　　**6 fr.**
— Traduction commentaire des Instituts de Justinien, avec le texte latin. 1845, in-8 (V. *Blondeau; Maynz; Namur; Thézard*).　**6 fr.**

— Nouveau manuel pratique et complet du Code de commerce expliqué et annoté pour la prem. fois, article par article. Nouv. éd. (59*). 1865, in-12. 7 fr. 50 c.
Relié. 8 fr. 50 c.

— *Le même ouvrage.* Eléments du Code Napoléon exposés par demandes et par réponses. 1864, in-18. 1 fr.

PICOT (*G.*). Notes sur l'organisation des tribunaux de police à Londres. 1862, in-3, 47 pages. (R. C.). 1 fr. 50 c.

— Recherches sur la mise en liberté sous caution. 1863, in-8 (R. C.). 3 fr.

PIERQUIN. Traité de la Folie des animaux, de ses rapports avec celle de l'homme et les législations actuelles. 1839, 2 vol. in-8. 14 fr.

PIET et **ROGRON.** Législation ancienne et moderne, et jurisprudence sur les domaines engagés, et notamment sur la loi de ventôse an VIII. 1829, in-8 6 fr.

PIGEAU. Cours élémentaire sur le Code civil. 1818, 2 vol. in-8 (V. *Delsol*). 10 fr.

— Cours élémentaire des Codes pénal et d'instruction criminelle. 1812, in-8 (V. *Trébutien*). 3 fr.

— Commentaire sur le Code de procédure civile, revu et publié par Poncelet et Lucas-Championnière. 1827, 2 vol. in-4. 15 fr.

— La Procédure civile des tribunaux de France; 5* éd. revue par Crivelli. 1838, 2 vol. in-4. 15 fr.

— Introduction à la procédure civile. Nouv. éd., revue par Poncelet. 1841, in-18. 3 fr. 50 c.

PILARD. Manuel des actes sous seing privé. 1856, in-12 (V. *Frémy-Ligneville*). 5 fr.

PILETTE (*D.*). De la Compensation. 1861, in-8 (V. *Desjardins*, *Lair*, *Tempier*.) 1 fr.
Extrait de la *Revue historique de droit français et étranger.*

— Sur le Concubinat chez les Romains. 1866, in-8. 3 fr.
Extrait de la *Revue historique de droit français et étranger.*

PILLET DE REVILLE. Jurisprudence savoisienne, contenant la jurisprudence de Savoie (1838-1848) et la collection des arrêts de la Cour de cassation des Etats sardes. *Chambéry*, 1 vol. in-4. 16 fr.

— La collection complète de la jurisprudence savoisienne (jusqu'en 1858), forme 14 vol. (Epuisée). Environ 150 fr.

— Table décennale (1848-58). 1 vol. in-8. 6 fr.

— Arrêts de 1858, avec table. 1 vol. in-8. 6 fr.

— Arrêts de 1859, avec table. 1 vol. in-8. 6 fr.

— V. *Journal des Cours impp. de Grenoble et de Chambéry.*

PILLII, TANCREDI, GRATIÆ libri de Judiciorum ordine, edidit F. Bergmann. *Gottingæ*, 1842, in-4. 20 fr.

PILLOT. Histoire du Parlement de Flandre. 1849, 2 vol. in-8. 15 fr.

PILLOT et **NEYREMAND** (*de*). Histoire du Conseil souverain d'Alsace. 1860, 1 beau vol. gr. in-8. 6 fr.

PINARD (*Os.*). Le Barreau au XIX* siècle. 1865, 2 vol. in-8 (V. *Gaudry*). 7 fr.

— L'Histoire à l'audience (1840-1848). 1848, in-8. 5 fr.

PINÈDE (*A.*). Des Sociétés de secours mutuels et de leurs applications. 1865, in-12, 72 pages.

PINEL (A.). Jurisprudence des chemins de fer, recueil spécial des décisions judiciaires et administratives contentieuses, rendues pendant les années 1863 et 1864. 2 vol. in-12.

Extrait de l'*Annuaire officiel des Chemins de fer*, 1864-65.

— V. *Annuaire officiel*, etc.

PINEL (*Cas.*). De la Monomanie, considérée sous le rapport physiologique, médical et légal. 1855, br. in-8. 2 fr.

PINEL-GRANDCHAMP (P.). Immo D. Gothofredi, hoc est conciliatio legum in speciem pugnantium, quas in notis ad Pandectas juris civilis Gothofredus indicaverat, etc. Nova editio. 1821, 3 vol. in-8. 12 fr.

— V. *Gothofredus; — Pothier*. *OEuvres*.

PINET. Du Duel en jurisprudence et en législation. 1829, in-12 (V. *Bavoux*). 3 fr. 50 c.

— De l'intrigue dans les tribunaux. 1819, in-12. 2 fr.

PINHEIRO-FERREIRA. Principes du Droit public, constitutionnel, administratif et des gens. 1834, 3 vol. in-12 (V. *Burlamaqui; Ducrocq; Wheaton*). 12 fr.

— Cours de Droit public interne et externe. 1830-38, 3 vol. in-8.

— Précis du Droit public interne et externe. 1841, in-8. 6 fr.

PIOGEY. De l'Influence des lois de procédure civile sur le Crédit foncier en France. 1855, in-8. 5 fr.

— Du Morcellement du sol de la France. 1857, in-8. 3 fr.

— Commentaire de la loi du 21 mai 1858 sur la Saisie immobilière, l'ordre et surenchère sur aliénation volontaire. 1858, in-8. 5 fr. 50 c.

PIONIN. Dictionnaire de police et Théorie de la constatation des crimes, délits et contraventions. 1856, in-8. 7 fr.

PISANELLI (G.). Dell' istituzione de' giurati. *Torino*, 1856, in-8. 3 fr. 50 c.

PISTOYE et **DUVERDY** (Ch.). Traité des Prises maritimes, dans lequel on a refondu celui de Valin en l'appropriant à la législation actuelle. 1859, 2 vol. in-8. 15 fr.

PITOLET (A.). Guide légal, administratif et pédagogique contenant toute la législation relative à l'instruction publique. 1864, 1 fort vol. gr. in-18 jésus (V. *Dubarry*.) 9 fr.

PIVERT. Formulaire universel et raisonné des Actes sous seing privé. 1844, in-8 (V. *Frémy-Ligneville*). 7 fr. 50 c.

PLASMAN (L.-C.). Traité des Absents. 1841, 2 vol. in-8 (V. *Demolombe*.) 12 fr.

— Des Contre-lettres; 2ᵉ édit. 1839, in-8. 5 fr.

PLEBANO (A.) et **MUSSO** (G.-A.). Les finances du royaume d'Italie considérées par rapport à l'histoire, à l'économie politique, à l'administration et à la politique. Avec une introduction par Paul Boiteau. 1863, in-8. 7 fr.

PLÉTHON. Traité des Lois, ou recueil des fragments, en partie inédits, de cet ouvrage, précédé d'une notice, histor., etc., par C. Alexandre, traduction par A. Pellissier. 1858, in-8. 9 fr.

POCHONET. De l'Erreur de droit. 1861, in-8 (V. *Carathéodory*). 1 fr. 50 c.

POILROUX (J.). Manuel de médecine légale criminelle, à l'usage des médecins et des magistrats chargés de poursuivre ou d'instruire ses procédures criminelles; 2ᵉ édit. 1837, in-8. 5 fr.

POINSOTTE (*J.*). L'Indispensable, formulaire général et complet des actes sous signatures privées; 24ᵉ édition. 1865, in-12 (V. *Frémy-Ligneville*).

POIREL. Projet de code d'organisation judiciaire, de Code d'instruction criminelle, de Code pénal, etc. 1851, in-8.   6 fr.

— Lois organiques du gouvernement et de l'administration de la France, ou Manuel du citoyen. 1845, in-8.   8 fr.

— Projet et Code national et international du commerce et de l'industrie. 1855, in-8.   5 fr.

POISSON. Recherches sur la Probabilité des Jugements en matière criminelle et civile. 1837, in-4.   25 fr.

POIVRE (*Aimé*). Les indigènes algériens, leur état civil et leur condition juridique. *Alger*, 1862, in-8.   2 fr. 50 c.

POL DE COURCY. De la noblesse et de l'application de la loi contre les usurpations nobiliaires; 3ᵉ édit. 1859, in-12 (V. *Sémainville*). 1 fr. 50 c.

POL DE GUY. Le Droit pour tous, ou Explication des lois civiles et commerciales, renfermant le Code Napoléon, le Code de commerce, le Code pénal, le Code rural, le tarif général des frais dûs aux notaires, huissiers, etc. 1865, in-12 de 456 pages.

POLETTI. La giustizia e le leggi universe di natura; principii di filosophia positiva applicati al diritto criminale. *Cremona*, 1865, in-8.

POLIN (*D. José López*). Diccionario estadístico municipal de España. *Madrid*, 1863, in-4, 660 pag.

POMMIER. Des litiges en matière de transports par chemins de fer. 1859, in-18.   3 fr.

PONCELET. Histoire des Sources du droit romain, trad. de l'allemand de Mackeldey, et suivie de l'histoire du droit français, par l'abbé Fleury. 1846, in-12 (V. *Etienne*).   3 fr.

— Précis de l'Histoire du Droit civil en France. 1838, in-8.   2 fr. 50 c.

— Cours d'Histoire du Droit romain fait à la Faculté de droit de Paris. 1843, in-8 (V. *Thézard*).   5 fr.

— V. *Favard de Langlade*.

PONCET. Traité des Actions. 1817, in-8.   6 fr.

— Traité des Jugements. 1822, 2 vol. in-8.   12 fr.

PONCIN (*G.-P.*). Formulaire des qualifications criminelles et correctionnelles correspondant à tous les articles du Code pénal et aux lois spéciales le plus fréquemment appliquées à l'usage des présidents, juges, substituts, etc. 1862, in-8.   6 fr.

PONSOT (*D.-A.*). Traité du Cautionnement en matière civile et commerciale. 1844, in-8.   7 fr.

PONT (*Paul*). Observations critiques sur la jurisprudence de la Cour de cassation relativement au droit de la femme vis-à-vis des créanciers de la communauté, par rapport à ses prélèvements et à ses reprises après dissolution de la communauté. 1855, broch. in-8.   »

— De la publicité des subrogations à l'hypothèque légale de la femme, et des reprises et prélèvements de la femme mariée en communauté. 1861, in-8 (V. *Bertauld*). R. C.   3 fr.

— De la publicité de l'hypothèque légale de la femme, et spécialement du rôle qui appartient au conservateur des hypothèques. 1861, in-8 (R. C.).   2 fr.

— De la responsabilité des notaires; 2ᵉ édition. 1861, in-8 (V. *Eloy*.) R. C.   2 fr.

— De l'effet de l'incription du créancier subrogé par rapport à l'hypothèque légale de la femme et des états partiels sur transcription. 1861, in-8 (R. C.).   2 fr.

— Des qualités du consentement en matière de mariage et spécialement du mariage contracté par erreur avec un forçat libéré. 1861, in-8 (R. C.). 1 fr. 50 c.

— V. *Marcadé et Pont;— Seligman.*

PONT et RODIÈRE. Traité du Contrat de mariage, et des droits respectifs des époux, relativ. à leurs biens; ouvrage contenant en outre l'examen du droit d'enregistr. dans ses rapports avec les conventions matrimoniales; 2e édit. 1865, 3 vol. in-8 (V. *Bellot des Minières; Bonnet*). 27 fr.

N. B. Il n'a encore paru que le 1er volume de cette nouvelle édition (décembre 1865).

— V. *Rodière.*

PORÉE. — V. *Rossi.*

PORT (*G.*). Essai sur l'Histoire du commerce maritime de Narbonne (mémoire qui a obtenu une médaille d'or au concours des antiquités). 1851, in-8. 4 fr.

PORTALIER. Jurisprudence, Journal des arrêts de la Cour impériale de Nîmes, années 1819-1857. 10 vol. in-4. , ,

Recueil commencé par Grivelli.

— V. *Recueil des arrêts de la Cour imp. de Nîmes.*

PORTALIS (*J.-E.-M.*). Discours, rapports et travaux inédits sur le Code civil, publiés et précédés d'une introduction par le vicomte Fréd. Portalis. 1844, in-8. 8 fr.

Les travaux préparatoires de Portalis sur le Code civil, les exposés de motifs des titres du *mariage*, de la *propriété*, etc., sont connus et appréciés de toute l'Europe, mais ils étaient disséminés dans de volumineux recueils, quelques-uns étaient restés inédits. Les réunir, c'était en faciliter la lecture et l'étude; publier ceux qui n'étaient pas connus, c'était plus que remplir un pieux devoir, c'était bien mériter de la science et même de la littérature. (Ch. GIRAUD.)

— Discours, rapports et travaux inédits sur le Concordat de 1801, les articles organiques publiés en même temps que ce Concordat, et sur diverses questions de droit public concernant la liberté des Cultes, la protection qui leur est due, leur établissement dans l'État et leur police extérieure, les associations religieuses, l'instruction et les écoles publiques, publiés et précédés d'une introduction, par le vicomte F. Portalis. 1845, in-8. 9 fr.

« Les travaux de Portalis ne se bornent pas à offrir le recueil de tout ce qui a été dit pour ou contre les opinions émises par le clergé à différentes époques, ils présentent encore la pensée d'un publiciste profondément versé dans ces matières, entièrement établie et développée avec une sagacité peu commune, etc. » *Revue étrangère*, 1845.)

PORTALIS (*Auguste*). La Liberté de conscience. 1846, in-8. 7 fr.

PORTETS. Cours de droit naturel, des gens et public. 1830, in-8 (V. *Ahrens, Wheaton*). 6 fr.

POTEL (*Ad.*). De l'Hypothèque légale de la femme mariée (quest. sur les art. 2121 et 2135). 1861, gr. in-8. 4 fr.

POTERLET. Code des dessèchements, ou recueil des règlements rendus sur cette matière, depuis le règne d'Henri jusqu'à nos jours. 1817, in-8. 5 fr.

POTHIER. Œuvres complètes, contenant ses traités sur le Droit français.

— Les mêmes œuvres. Ed. Siffrein. 1821-22, 19 vol. in-8, y compris 2 vol. de Tables, par Pinel-Grandchamp. 60 fr.

— Les mêmes œuvres. Ed. Berville, 1820, 26 vol. in-8. 60 fr.

— Les mêmes œuvres. Edition Thomine et Fortic. 1821-24, 26 vol. in-8. 60 fr.

— Les mêmes œuvres. Ed. Dupin. 1824-25, 11 vol. in-8. 60 fr.

— Les mêmes œuvres. Ed. Firbach et Rogron. 1825, 2 vol. gr. in-8. (Edition compacte à 2 col). 35 fr.

— Les mêmes œuvres. Ed. Hutteau et Bernardi. 1805-1810, 22 vol. in-8. 50 fr.

— *Les mêmes œuvres.* Éd. Dabo jeune. 1825, 19 vol. in-8.   50 fr.

— Œuvres annotées et mises en conciliation avec le Code civil et la législation actuelle par Bugnet; 2ᵉ édit. conforme à la première. 1861-62, 11 vol. in-8, y compris la Table.   65 fr.

N. B. La *Table* (ou T. XI), se vend séparément : 5 fr. 50 c.

— Traité de la Communauté. 1819, in-8.   4 fr.

— Traité des Obligations, publ. par Bernardi. 1805, 2 vol. in-8 (V. *Larombière*).   8 fr.

— Pandectæ Justinianeæ, cum legibus Codicis et Novellarum quæ jus Pandectarum confirmant, explicant aut abrogant. Edit. tertia. 1818, 5 vol. in-4.   30 fr.

— *Idem opus.* Editio quarta, edente Latruffe. 1818, 3 vol. in-fol. 60 fr.

— *Le même ouvrage traduit* en français : V. *Bréard-Neuville; Moreau de Montalin.*

— Traité des Assurances (V. *Estrangin*).

— V. *Fenet; — Ledru.*

POTHIER (*A.-F.*). De l'Exploitation et de la Législation des mines en Algérie et en Espagne. 1864, in-8.   3 fr.

POTTER (*P.-E.*). De la Contrainte par corps, sous le régime républicain. 1815, in-8 (V. *Lassime*).   2 fr.

POTIQUET (*Alf.*). Recueil, par ordre chronologique, de décrets, lois, ordonnances, règlements, circulaires, etc., concernant le service des ponts et chaussées; 2ᵉ édit. 1863, 2 vol. in-8.   12 fr.

POUGET (*L.*). Dictionnaire des assurances terrestres. — Principes. — Doctrine. — Jurisprudence. — Statistique. — Économie de l'assurance. — Concordance des polices françaises avec les polices et les Codes étrangers. — Analogies avec les assurances maritimes et fluviales. 1855, 2 vol. grand in-8.   24 fr.

— Des droits et des obligations des divers commissionnaires ou de la commission en matière d'achats et de ventes. 1858. 4 vol. in-8 (V. *Bédarride*).   32 fr.

— Loi modifiant le titre 6 du livre Iᵉʳ du Code de commerce : Du Gage et des commissionnaires. Nouveaux articles du Code de commerce; exposé au Conseil d'État, au Corps législatif; débats devant le Corps législat f; séance du 4 mai 1863. 1863, brochure in-8.   1 fr.

Cette brochure sert d'appendice au t. 1, nᵒ 127, page 346 du *Traité des droits et obligations des divers commissionnaires.*

— Principes de Droit maritime, suivant le Code de commerce français, analogie avec les lois ou codes étrangers. 1858. 2 vol. in-8 (V. *Bédarride; Dufour*).   16 fr.

— De la Prime en matière d'assurances terrestres, ou manuel de l'agent d'assurances pour le recouvrement des primes en justice. 1858, in-12.   3 fr.

— De l'assuré ou de ses droits et obligations dans ses rapports avec l'assureur. Guide de l'assureur et de l'assuré. Assurances contre l'incendie. 1863, in-18 jésus.   2 fr.

— Transport par eau et par terre. Navigation maritime et intérieure; *commissionnaires, messageries, chemins de fer, télégraphe, postes, voitures,* etc. 1849, 2 fort vol. in-8.   16 fr.

— Jurisprudence des assurances ou table décennale du Journal des assurances, 1849 à 1860, et supplément au Dictionnaire des assurances (Doctrine. — Législation. — Jurisprudence. — Statistique). 1860, gr. in-8.   10 fr.

— V. *Journal des Assurances.*

POUGNARD (*P.-H.*). Guide des juges de paix dans l'ordre alphabétique des matières, divisé en trois parties : 1ʳᵉ partie, Matières civiles ; 2ᵉ partie, Matières de simple police ; 3ᵉ partie, Matières criminelles. 1ᵉʳ fascicule. 1865, in-8 (V. *Guilbon, Jay, Bioche*).　　　3 fr. 50 c.

POUHAER. Essai sur l'Histoire générale du Droit. 1849, in-8.　　» »

POUJOL. Traité des Successions. 1837, 2 vol. in-8 (V. *Demolombe*.) 10 fr.

— Traité des Donations entre vifs et Testaments. 1840, 2 vol. in-8 (V. *Demolombe*).　　　12 fr.

— Traité des Obligations. 1846, 3 vol. in-8 (V. *Larombière*).　　24 fr.

POULIZAC (*Th.*). Résumé de la jurisprudence de la Cour impériale de Rennes en matière de partage des terres vaines et vagues. 1861, in-8.　　　2 fr. 50 c.

— V. *Jurisprudence commerciale et maritime de Nantes*.

POULLET (*Edm.*). Histoire de la Joyeuse-Entrée de Brabant et de ses origines (ou Mémoire sur l'ancienne constitution brabançonne). *Bruxelles*, 1863, in-4.　　　8 fr.

POUX-FRANKLIN. Atlas du droit commercial. 1833, in-fol.　　30 fr.

PRADEL (*N.*). Manual del comerciante que comprende los procedimientos en 1ᵃ instancia de varios judicios sobre negocios civiles, mercantiles, etc. *Valparaiso*, 1846, in-8.

PRADIER-FODÉRÉ (*P.*). Précis de droit commercial; 2ᵉ édition. 1866, in-12.　　　4 fr. 50 c.

— Eléments de droit public et d'économie politique. 1864, in-12.　　4 fr.

— Précis de droit politique et d'économie sociale. 1859, in-12.　　4 fr.

— Lois sur le Recrutement. 1854, in-12 (V. *Bost et Périer*).　　2 fr.

— Précis de Droit administr. 5ᵉ éd. 1862, in-12 (V. *Ducrocq; Vauvilliers*.)　　　4 fr. 50 c.

— V. *Grotius*; — *Wattel*.

PRADINE. — V. *Linstant-Pradine*.

PRADO (*S.*). Principios elementales de derecho administrativo chileno. *Santiago de Chile*, 1859, in-8.

PRÆLECTIONES juris canonici habitæ in seminario Sancti Sulpicii, annis 1857, 1858, 1859. 3 vol. in-12.　　　8 fr.

PRANDIÈRE (*de*). Le Serment en justice, discours de rentrée. 1864, gr. in-8.　　　3 fr.

PRECERUTTI (*Enrico*). Elementi di diritto civile patrio; 2ᵃ edizione. *Torino*, 1861, 2 vol. in-8.　　　12 fr.

PRÉCIS ou Notions historiques sur la formation du corps des Lois russes. *Saint-Pétersbourg*, 1833, in-8 (V. *Zézas*).　　　5 fr.

PRÉVOST (*Ag.*). Manuel des caisses d'épargne, suivi d'un supplément contenant : 1° le texte des lois, décrets, arrêtés, etc., jusqu'en 1865 ; 2° le tableau général des caisses d'épargne créées depuis 1852. 1865, in-8.　　　5 fr.

PRÉVOST (*G.*). La Liberté individuelle dans le Code Napoléon. 1864, in-8 (V. *Tessier de Rauschenberg*).　　　3 fr.

PRÉVOST-PARADOL. Deux lettres sur la réforme du Code pénal. 1862, in-8, 30 pages (V. *Pellerin*).　　　1 fr.

PRINGUEZ (*F.*) et **LEROY** (*A.*). Manuel de la Mairie, guide pratique des maires, adjoints, conseillers municipaux, etc. 1865, in-18 (V. *Dubarry*).　　　1 fr. 25 c.

PRIX de règlement applicables aux travaux de bâtiment établis par le service de vérification et de règlement de la Préfecture de la Seine, approuvés par le préfet de la Seine. 1865, in-4°.
Broché : 10 fr. — Cartonné : 11 fr.

PROCÉDURE (De la) en matière nobiliaire devant le conseil du sceau des titres et les tribunaux, depuis la loi du 28 mai 1852 et le décret du 8 janvier 1859. 1861, in-12.   1 fr.

PROCÈS DE MARIE-ANTOINETTE, ci-devant reine des Français, ou Recueil exact de tous ses interrogatoires, réponses, dépositions des témoins, etc.; 2e édit. 1866, in-16, 128 pag.   1 fr.

PROJECTO de codigo penal militar portuguez. *Lisboa*, 1862, in-8.

PROMPSAULT (*l'abbé*). Dictionnaire de droit et de jurisprudence en matière civile ecclésiastique. 1849, 3 vol. in-4.   24 fr.

PROPRIÉTÉ INDUSTRIELLE (la). Journal de l'industrie et du commerce, débats judiciaires, inventions brevetées, marques et dessins de fabriques, enseignes; œuvres littéraires, musicales, artistiques; expositions. In-folio.
Revue hebdomadaire. — Abonnement annuel :   20 fr.

PROTAT. — V. *Malapert et Protat.*

PROUDHON (*J.-B.-V.*). Cours de Droit français sur l'Etat des Personnes; 3e éd. revue par Valette. 1848, 2 vol. in-8 (V. *Demolombe*).   15 fr.
N. B. On joint à ces deux volumes l'ouvrage de M. Valette sur le premier livre du Code Napoléon. 1 vol. in-8 (V. *Valette*).   6 fr.
— Traité des droits d'usufruit, d'usage personnel et d'habitation; 2e éd. 1836, 8 vol. in-8 (V. *Demolombe; Genty*).   » »
— Traité du Domaine de Propriété. 1839, 3 vol. in-8.   21 fr.
— Traité du Domaine Public; 2e édit. publiée par Dumay. 1844, 4 tomes en 5 vol. in-8.   37 fr. 50 c.

PROUDHON (*P.-J.*). Les Majorats littéraires, examen d'un projet de loi ayant pour but de créer, au profit des auteurs, inventeurs et artistes, un monopole perpétuel. 1863, in-18 jésus.   3 fr.
— La Guerre et la Paix, recherches sur le principe et la constitution du droit des gens. 1861, 2 vol in-12.   7 fr.
— Théorie de l'impôt. 1861, in-12.   3 fr. 50 c.
— V. *Walras.*

PRUDHOMME. Formulaire général de tous les actes sous seing-privé. 1865, in-12 (V. *Frémy-Ligneville*).   3 fr.

PRUGNAUD (*Eug.*). Législation et administration de la Marine; 3e édit. 1858-1864, 3 vol. in-8, avec un supplément.   18 fr.
Aujourd'hui que l'organisation des diverses branches des services publics ne peut-être ignorée ni des fonctionnaires des différents départements ministériels, ni des personnes destinées aux professions libérales, nous recommandons aux uns et aux autres l'ouvrage intitulé : « *Législation et administration de la marine.* » — Cet ouvrage contient des notions générales en même temps que très-précises sur l'organisation des services dont l'administration est confiée au corps du commissariat de la marine, tant dans les ports militaires que dans les sous-arrondissements et quartiers maritimes de la France, ainsi que dans les colonies françaises et à bord des bâtiments de l'Etat.

PUCCIONI (*Gius.*). Saggio di diritto penale teorico-pratico. *Firenze*, 1858, gr. in-8.   9 fr.

PUIBUSQUE (*de*) et DUPONT (*P.*). Dictionnaire municipal ou nouveau Manuel des maires, etc.; 6e édit. 1863, 2 vol. in-8 (V. *Dubarry*).   11 fr.
— V. *Dupont;* — *Leber et Puibusque.*

PUJOS (*M.*). De la législation civile, criminelle et administrative des États pontificaux. 1862, in-8.   4 fr.
— Essai sur la répression du duel. 1862, in-12 (V. *Bavoux*).

14

PUTON (A.). Du Régime des forêts communales de nouvelle origine. 1861, in-8 de 23 pag.
   Extrait de la *Revue des eaux et forêts*.

Q

QUANTIN (*Max.*). Recherches sur le Tiers-État dans les pays qui forment aujourd'hui le département de l'Yonne. 1861, in-8.   2 fr.

QUATRE SOLZ DE MAROLLES. Essai sur la Société en commandite. 1852, in-8 (V. *Bédarride*; *Frouart*).   2 fr. 50 c.

QUÉNAULT. Traité des Assurances terrestres. 1828, in-8 (V. *Pouget*). 6 fr.

QUÉNAULT. Du désaveu de paternité en cas de séparation de corps. 1861, in-8 (R. C.).   1 fr. 50 c.

QUERNEST. De verborum significatione. Recueil alphab. du titre XVI, liv. IV, du Digeste. 1851, in-12.   3 fr. 50 c.
— Usages locaux ayant force de loi dans le dép. d'Ille-et-Vilaine; 2e édit. 1859, in-8.   2 fr.

QUESTION DES BANQUES (*la*), à l'Académie des sciences morales et politiques. Opinions de MM. Michel Chevalier, baron Dupin, Wolowski, Passy, Dumont, de Lavergne, Vuitry, Pellat. 1865, in-8.   1 fr.

QUICHERAT. Procès de condamnation et de réhabilitation de Jeanne d'Arc, dite la Pucelle. 1841-1849, 6 vol. gr. in-8.   54 fr.

QUILLET. État actuel de la législation sur l'administration des Troupes. 1811, 3 vol. in-8.   15 fr.

QUINION (L.). Du municipe romain, de la commune au moyen âge et de la municipalité moderne. 1859, in-8 (V. *Béchard*).   » »

QUINON (V.). Jus romanum secundum ordinem Institutionum imp. Justiniani. *Gratianopoli*, 1834, 2 vol. in-8.   12 fr.

QUINTON (A.). Éléments de droit romain. 1839, in-8 (V. *Blondeau*; *Mackeldey*; *Mayns*; *Namur*; *Thézard*).   6 fr.

QUIRIS. Code des usages ruraux pour les départements situés dans le ressort de la Cour imp. d'Angers. 1862, in-18.   2 fr. 50 c.

R

RABASSE. Manuel des Commissaires de police. 1837, in-12.   3 fr.

RACCOLTA delle leggi, regolamento ed appendici fino al giorno d'oggi emanati, concernenti la leva militare, portante in calce la descrizione e specificazione di ogni articolo o paragrafo stato variato, modificato o soppresso. *Saluzzo*, 1864, 2 vol. in-8.   10 fr.

RAGON (C.-F.). Théorie de la rétention et de l'imputation des dons faits à des successibles, avec résolution affirmative de la question du cumul, de la réserve et de la portion disponible, suivant l'ancien droit, le Code Napoléon et la jurisprudence. 1852, 2 vol. in-8 (V. *Beautemps-Beaupré*; *Cabrye*; *Demante*; *Glasson*).   15 fr.

On sait combien le revirement de la jurisprudence de la Cour de cassation sur la célèbre question du cumul de la réserve et de la quotité disponible par l'héritier donataire renonçant, a excité des attaques vives et énergiques de la part des jurisconsultes. Plusieurs fois dans ce recueil, nous avons eu l'occasion de joindre nos protestations à celles de ces jurisconsultes. Mais il n'en faut pas moins reconnaître que la nouvelle doctrine consacrée par la Cour suprême a rencontré aussi des défenseurs convaincus. M. Gabriel Demante notamment l'a soutenue d'une manière fort habile. Aujourd'hui, M. Ragon apporte à la même cause un concours décidé Son ouvrage est des plus remarquables. L'auteur, pour expliquer les dispositions du Code sur le point dont il s'agit et faire jaillir ce qu'il regarde comme la vérité du rapprochement de textes épars, se place à un point de vue élevé et domine toute la matière des successions. La discussion est vive, spirituelle, animée, sans acrimonie de langage toutefois. Jamais enfin la théorie de l'imputation des dons reçus par préciput ou en avancement d'hoirie, n'a été traitée avec autant d'ampleur et n'a reçu des développements aussi approfondis.

Le système du savant professeur se résume dans cette idée principale : une donation peut toujours tenir lieu d'un droit de succession. Retenir comme donataire, en renonçant, le montant de sa part héréditaire, équivaut à recueillir cette part en se portant héritier. L'effet dans les deux cas doit être le même. Ce qui est vrai de la succession ordinaire l'est également de la succession réservée à certains parents privilégiés. Il s'ensuit que lorsqu'un parent a reçu du défunt une libéralité dont il se contente, cette libéralité doit être jusqu'à concurrence de la part du donataire dans la succession. Il s'ensuit encore que le réservataire qui renonce pour s'en tenir à la donation dont il a été gratifié, doit compter dans le calcul de la réserve comme une des parties prenantes. De ces deux solutions, la seconde est consacrée par les tribunaux; la première, au contraire, est méconnue. Elles sont pourtant solidaires, dit l'auteur. Autour de cette idée mère rayonnent une foule de questions spéciales que le professeur de Poitiers résout avec sagacité. C'est presque un traité complet sur la quotité disponible et la réserve. En tout cas, c'est un ouvrage d'une érudition abondante et exacte, d'une originalité puissante, d'un style ferme, correct et sans aucune recherche. Nous ne saurions trop vivement en recommander la lecture attentive aux amis de la science du droit.

(DENVILLENEUVE et CARETTE. *Recueil de Lois*, 1862.)

BAINGUET. Le Notariat considéré dans ses rapports avec la morale, précédé d'un coup d'œil sur l'instit. notar. dep. les temps reculés jusqu'à nos jours, 1847, in-8.   4 fr.

RAMEAU (*Ch.*), Cours de législation usuelle pour l'instruction professionnelle des ouvriers. 1862. in-18 jésus de 314 pages. (V. *Féraud-Giraud*).   1 fr.

— De la Saisie immobilière et particulièrement de la clause dite de voie parée, 1861, in-8. (R. C.).   1 fr. 50 c.

RAMSAY (*T.-K.*). Notes sur la Coutume de Paris, indiquant les articles encore en force avec tout le texte de la coutume, à l'exception des articles relatifs aux fiefs et censives, les titres du retrait lignager et de la garde noble et bourgeoisie; 2e édit. *Montréal* (Bas-Canada), 1864, in-12.

RAPET (*J.-J.*). Manuel de législation et d'administration de l'instruction primaire, 1861, in-12 (V. *Dubarry*).   2 fr. 50 c.

— Manuel populaire de morale et d'économie politique; 2e édit. 1864, in-12.   3 fr. 50 c.
Ouvrage couronné par l'Institut de France (prix extraordinaire de 10,000 francs).

RAPETTI. Li livres de Jostice et de Plet, publié pour la première fois d'après le Ms. unique de la bibl. nat., avec un glossaire des mots hors d'usage, par P. Chabaille. 1850, in-4.

RAPPORTS. — V. *Choix de Rapports.*

RAPSAET. Œuvres complètes. *Gand*, 1838, 6 vol. in-8.   36 fr.

RATHERY (*E.-J.-B.*). Histoire des États-Généraux de France. 1845, in-8.   7 fr. 50 c.

RAUTER. Cours de Procédure civile. 1834, in-8.   8 fr.

— Traité théorique et prat. du droit crim. franç. 1836, 2 vol. in-8. » »

— Code général de commerce allemand. 1862, br. in-8 de 22 pag. 1 fr.
Extrait de la *Revue historique de droit français et étranger.*

RAVEL (*A*). De la nature, des divisions et de l'établissement des Servitudes réelles en droit romain et français. 1857, in-8.   3 fr.

RAVINET. Code des Ponts et chaussées et des Mines. 1829-1840, 7 v. in-8 (V. *Lamé-Fleury*).   64 fr.

RAYNEVAL. (V. *Gérard de Rayneval.*)

RAYNOUARD. Histoire du Droit municipal en France sous la domination romaine et sous les trois dynasties. 1829, 2 vol. in-8.   10 fr.

RAZE (R. de). De la Propriété et de l'Imprescriptibilité du sol des chemins ruraux. 1864, in-8 (R. C.).   2 fr.

REBEL et JUGE. Traité théorique et pratique de la Législation et de la jurisprudence des Chemins de Fer. 1846, in-8 (V. Bacqua; Féraud-Giraud).   7 fr. 50 c.

REBOUL. Manuel universitaire de l'étudiant en droit. 1847, in-12.   3 fr.

REBOUL (Eug.). Assurances sur la vie; 4e édition. 1865, in-18.   2 fr.

RÉCAMIER (Et.). Recherches sur la responsabilité du fait d'autrui. 1859, in-8.   3 fr.

RECUEIL de documents commerciaux et financiers, publié par la direction générale des douanes et des contributions indirectes, paraissant les 10, 20 et 30 de chaque mois, format in-4.
Prix de l'abonnement annuel : Paris,   10 fr.
— Départements,   12 fr.

RECUEIL DE JURISPRUDENCE CIVILE ET CRIMINELLE, contenant les décisions importantes rendues par le tribunal civil de Marseille et les ordonnances de référé, les arrêts de la Cour impériale d'Aix et de la Cour de cassation sur l'appel et le pourvoi de ces décisions, etc.; rédigé par J. Florens et L. Chataud. Marseille, in-8.
Ce recueil paraît par fascicule tous les mois, depuis le mois de janvier 1864. — Prix de l'année :   20 fr.

RECUEIL de l'Académie de législation de Toulouse. 1851-1864, 13 vol. in-8.   60 fr.
— Tables des tomes I à XII. 1865, in-8.   2 fr.

RECUEIL de lois et règlements concernant l'instruction publique dep. l'édit de Henri IV, en 1598, jusqu'au 1er janvier 1828 (V. Instruction publique).

RECUEIL des arrêtés préfectoraux du département de l'Eure sur la police des rivières et cours d'eau, avec les lois et règlements y visés. 1865, 1 vol. in-12 de 346 pag.

RECUEIL des arrêts de la Cour impériale de Nîmes, par L. de Leiris. In-8.
Ce Recueil paraît tous les mois, depuis le 1er octobre 1860, et forme, à la fin de l'année 1 vol. in-8. Prix de l'abonnement annuel..............................   15 fr.
— V. Portalier. Jurisprudence.

RECUEIL des arrêts du Conseil d'Etat (V. Macarel, Deloche, Beaucousin et Lebon).

RECUEIL des arrêts, instructions et circul. régl., administration génér. de l'Assistance publique à Paris. 1849 à 1855 inclus. 2 vol. in-4. 25 fr.

RECUEIL des lois, arrêtés, décrets et règlements relatifs aux chambres de commerce de Belgique. 1865, in-8.   2 fr. 50 c.

RECUEIL des lois, décrets, arrêts, jugements, avis du conseil d'Etat, décisions et instructions générales, concernant la perception des droits d'enregistrement, de timbre, de greffe et d'hypothèque, etc., par S. Cuenot.
Mensuel.
Abonnement, par an :   7 fr. 50 c.

RECUEIL des lois de finances de la session de 1861. Ministère des finances. Impr. impér., 1862, in-8.

RECUEIL des Lois, décrets et ordonnances de 1790 à 1813. Amst., 1839, 3 vol. in-8.   40 fr.
Cette collection contient les lois françaises relatives à la Hollande maintenues en vigueur. Les notes sont en hollandais, le texte des lois est en français.

RECUEIL des lois et actes de l'instruction publique. (V. *Instruction publique*).

> La collection des 17 premières années (1848-1865), forme 19 vol. in-8........ 90 fr.
> *Abonnement annuel :* 6 fr.

RECUEIL des lois et instructions sur les Contributions directes. 1860, In-8 (V. *Fiquenel*). 5 fr.

RECUEIL des usages locaux dans le département de l'Aisne. *Laon*, 1864, in-8, 95 pag.

RECUEIL des usages locaux du département d'Indre-et-Loire. 1863, in-12.   ⋄   3 fr. 50 c.

RECUEIL des usages locaux du département du Nord. 1855, in-8.   3 fr.

RECUEIL GÉNÉRAL des Lois et des arrêts (V. *Devilleneuve et Carette*).

RECUEIL GÉNÉRAL des sénatus-consultes, lois, décrets, ordonnances, édits, arrêtés, etc., depuis l'année 1315 jusqu'à la fin de 1865. 23 vol. in-8.   205 fr.

> Collection publiée par le *Journal des Notaires*, et par les soins de M. Lepec (*V. ce nom*) Elle contient, outre les lois, les décrets, ordonnances rendues depuis 1789, les édits, règlements, déclarations, coutumes, usages locaux antérieurs à 1789, et qui sont encore en vigueur.
> Cette collection est ainsi divisée :
>
> | | | | | |
> |---|---|---|---|---|
> | No 1.—1315 à 1789, par S.-B.-J. Pailliet, | 1 fort vol. | 15 fr. | |
> | 2.—1789 à 1830, par Galisset, | 6 — vol. | 50 | |
> | 3.—1830 à 1848, par les réd. du *Journal des Notaires*, | 7 — vol. | 50 | |
> | 4.—1848 à 1852, | — | 3 — vol. | 20 |
> | 5.—2 déc. 1853 à 1865 inclus. | — | 13 — vol. | 65 |

Abonnement annuel :   5 fr.

> **Tables** alphab. et analytiques du *Recueil des Lois* :
> 1830-40, 1 vol. in-8.   6 fr.
> 1840-48, 1 vol. in-8.   6
> 1848-58, 2 vol. in-8.   8

RECUEIL JUDICIAIRE du ressort de la Cour impériale de Pau. — V. *Gouarné-Oustalet*. — V. aussi : *Revue judiciaire du Midi*.

RECUEIL OFFICIEL des lois, ordonnances, décrets et instructions publiés sur la fabrication et la vérification des poids et mesures. *Imprimerie Impériale*, 1863, in-8.

RECUEIL spécial des jugements des justices de paix, tant en matière civile qu'en simple police, par A. Bost et A. Guilbon. In-8.

> Revue mensuelle paraissant depuis 1864. — Abonnement annuel : France : 9 fr.
> Étranger : 11 fr.

— V. *Bost; — Guilbon*.

REGISTRE criminel du Châtelet de Paris, du 6 septemb. 1389 au 18 mai 1392; publié pour la première fois par la société des Bibliophiles français. 1861-64, 2 vol. gr. in-8.   40 fr.

> Tiré à petit nombre.

RÈGLEMENT provisoire sur la solde, les revenus, l'administration et la comptabilité de la gendarmerie. App. 11 mai 1856. In-8 (V. *Code*).   3 fr. 50 c.

RÈGLEMENT sur le service dans les places de guerre et les villes de garnison. Décret du 13 oct. 1863. *Metz*, 1864, in-32.   1 fr. 25 c.

RÈGLEMENT sur le service intérieur à bord des bâtiments de la flotte, annexé au décret du 15 août 1851. Ministère de la marine et des colonies; 4e tirage. 1865, in-18.   2 fr. 50 c.

REGNARD (*Ed.*). De l'Organisation judiciaire et de la procédure civile en France. 1855, in-8 (V. *Pardessus*).   8 fr.

REGNARD (*N.*). Mémoire sur quelques questions d'enregistrement du plus haut intérêt pour la sucrerie indigène. 1854, gr. in-8.   6 fr.

— Examen du droit des seigneurs hauts-justiciers du Hainaut, sur les mines de charbon, avant et après la réunion d'une partie de cette province à la France. 1844, in-8.   6 fr.

— Examen du périmètre de la concession de Condé et de Vieux-Condé, d'après l'arrêt du Conseil du 14 octobre 1749, suivi d'une Dissertation sur la nature des mainfermes du Hainaut, et d'une Note sur la valeur relative de l'argent et des denrées à diverses époques. 1845, in-8. 6 fr.

— Examen, en ce qui concerne la seigneurie gagère ou du château de Condé, de l'arrêt rendu par la Cour d'appel de Douai, le 16 juillet 1849. 1850, in-8.   6 fr.

— De l'usage des cours d'eau non navigables ni flottables, suivant l'ancien et le nouveau droit. 1865, in-8, 179 pages.

REGNAULT (*B.*). Histoire du Conseil d'État, depuis son origine jusqu'à ce jour. 2ᵉ édit. 1853, in-8.   7 fr.

— Aphorismes administratifs. 1859, in-12.   4 fr. 50 c.

REGNAULT (*Th.*). De la législ. et de la jurisprud., concernant les Brevets d'invention, de perfectionn. et d'import. 1825, in-8 (V. *Breulier et Desnos Gardissal*).   5 fr.

— Examen du projet de loi sur les brevets d'invention soumis à la sanction du Corps législatif. 1859, in-8 (V. *Breulier*).   1 fr. 50 c.

RÉGULATEUR (le) du contentieux civil, commercial et administratif, encyclopédie juridique, par une société de jurisconsultes, etc.; publié sous la direction de A. D'Authelande; 20ᵉ édit. 1864, 1 fort vol. gr. in-18.   8 fr.

REIFFENBERG (*Fr. de*). Des services administratifs de l'armée de terre. 1863, br. in-8.   1 fr. 50 c.

— Administration militaire. Etudes sur les services généraux de la guerre, etc. 1865, in-8.   4 fr.

REIFFENSTUEL (*R. P. F. Anacletus*). Jus canonicum universum complectens tractatum de regulis, ed. R.-D. Victoris Pelletier. 1865-66, 6 vol. grand in-8.   90 fr.

Les deux premiers volumes ont paru (novembre 1865). L'ouvrage sera complété dans le courant de l'année 1866.

RÉIMPRESSION DE L'ANCIEN MONITEUR. — V. *Moniteur*.

REMY (*J.*). Exposé théorique et pratique des lois fiscales sur les successions. *Bruxelles*, 1862, in-8 (V. *Obissier*).   4 fr.

RENARD (*E ».*). Manuel de procédure civile. 1829, in-8.   3 fr.

— Recueil des Lois municipales. 1841, in-8.   9 fr.

RENAUD (*J.-C.*). Tarif des notaires, ou Instruction sur la perception des émoluments des notaires. 1814, in-8.   3 fr.

RENAUDIN (*L.-F.-E.*). Commentaires médico-administratifs sur le service des aliénés. 1863, in-8.

RENDU (*A*). Code universitaire, ou lois et statuts de l'Université de France; 3ᵉ édition. 1841, in-8.   14 fr.

— Traité pratique de Droit industriel et Brevets d'invention, etc., avec la collaboration de Delorme. 1855, in-8.   8 fr.

— Traité pratique des marques de fabrique et de commerce, et de la concurrence déloyale; comment. des lois du 23 juin 1857 et 26 juillet 1824-1858, in-8 (V. *Calmels*).   7 fr. 50 c.

— Code des constructions et de la contiguïté (V. *Perrin*).

RENDU. Considération sur le Prêt à intérêt. 1806, in-8 (V. *Liégeois*) 2 fr.

RENDU (*Eug.*). Guide des écoles primaires contenant toute la législation divisée par ordre de matières, etc.; 9ᵉ édit. 1862, in-8 (V. *Dubarry*). 3 fr.

— De la loi de l'enseignement, commentaire théorique et administratif. 1 vol. in-8. 5 fr.

— De l'Instruction primaire à Londres dans ses rapports avec l'état social; 2ᵉ édit. 1853, in-8. 5 fr.

— V. *Ami de l'enfance.*

RENÉ et **LIERSEL**. Traité de la Chasse, contenant les chasses à l'affût, à tir et à courre, augmenté de toutes les lois nouvelles et ordonnances. 1865, in-18 jésus.

RENOUARD (*A.-C.*). Traité des Brevets d'invention, de perfectionnement et d'importation, etc.; 3ᵉ édit. 1865, in-8 (V. *Breulier*). 7 fr. 50 c.

— Expropriation (V. *Delalleau*).

— Traité des droits d'auteur dans la littérature, les sciences et les beaux-arts. 1838 2 vol. in-8. 15 fr.

— Traité des Faillites et Banqueroutes; 3ᵉ édition. 1857, 2 vol. in-8 (V. *Bédarride*; *Cadrat*). 15 fr.

— Du Droit industriel dans ses rapports avec les principes du droit civil sur les personnes et sur les choses. 1860, in 8. 7 fr. 50 c.

— Tableau de la composition personnelle de la Cour de cassation depuis son origine jusqu'à la constitution de l'an VIII. 1861, broch. in-8. 1 fr.

Extrait de la *Revue historique de droit français et étranger.*

RÉPERTOIRE administratif (V. *Miroir*).

RÉPERTOIRE de la législation des chemins de fer, indiquant les dispositions législatives insérées au Bulletin des Lois, etc. 1855, in-8. 3 fr.

RÉPERTOIRE DE LÉGISLATION ET DE JURISPRUDENCE FORESTIÈRES. — V. *Deville.*

RÉPERTOIRE GÉNÉRAL, contenant la Jurisprudence de 1791 à 1856, ou table du Journal du Palais. 1845-1857, 15 vol. gr. in-8 ou in-4, y compris les 2 vol. de supplément. 150 fr.

— Le Supplément seul, 2 vol. 40 fr.

— V. *Journal du Palais.*

RÉPERTOIRE méthodique de la législation des chemins de fer. *Impr. imp.*, 1862, in-4. (V. *Bacqua*; *Féraud-Giraud*). 10 fr.

RÉPERTOIRE PÉRIODIQUE de l'Enregistrement. Recueil mensuel de toutes les décisions administratives et judiciaires sur l'enregistrement et le timbre, comparées avec le droit civil, publié par D. Garnier. In-8.

Ce journal fait suite au *Répertoire* de M. Garnier. Voir ce nom. Il a commencé à paraître en janv. 1851. Les 5 premières années sont épuisées. Les autres 1857-1865. 60 fr. Abonnement annuel 12 fr. Les souscripteurs du Répertoire en 5 vol. ont droit à l'abonnement gratuit à l'année courante.

RÉQUIER (*J.*). Quotité disponible. Moyen de concilier les art. 913 et 1094 du Code Napoléon sans recourir à l'évaluation de l'usufruit et sans considérer l'ordre des dispositions. 1864 brochure in-8. 1 fr.

Extrait de la *Revue historique de droit français et étranger.*

RESBECQ. — V. *Fontaine de Resbecq.*

RESTEAU (*B.*). Traité des droits de succession, de mutation par décès, et de mutation en ligne droite et entre époux, contenant les règles de la perception; 2ᵉ édition. *Bruxelles*, 1859, in-8. 14 fr.

RÉVEL. Traité de l'Adultère. 1861, in-18. 2 fr.

REVERCHON. De la suspension des traitements ecclésiastiques ou civils par mesure administrative. 1861, in-8 (R. C.). 1 fr. 50 c.

— De la Constitutionnalité du décret du 9 janvier 1861. 1861, in-8
(R. C.).   1 fr. 50 c.
— Des Conflits. In-8. (R. C.).   1 fr. 50 c.
— Des Autorisations de plaider nécessaires aux communes et aux éta-
blissements publics; 2e édit. 1853, in-8.   7 fr. 50 c.
— Projet de Code ecclésiastique. 1842, in-8.   6 fr.
RÉVILLOUT (*Ch.*). Etude sur l'histoire du colonat chez les Romains.
1856, 2 part. in-8.   2 fr.
   Extrait de la *Revue historique de droit français et étranger.*
— Les Familles historiques d'Athènes et les *gentes* de Rome. 1862,
broch. in-8.   1 fr.
   Extrait de la *Revue historique de droit français et étranger.*
REVISTA GENERAL de legislacion y jurisprudencia (continuacion de
El derecho moderno) publicada por D. Pedro Gomez de la Serna y D. Jose
Reus y Garcia. *Madrid*, 1853-65, 25 vol. in-8.
   Revue mensuelle. 2 beaux volumes chaque année.
REVUE BIBLIOGRAPHIQUE et critique du Droit français et étranger.
(V. *Ginouilhac*).
REVUE CRITIQUE DE LÉGISLATION ET DE JURISPRUDENCE,
par MM. Demolombe, V. Marcadé, Paul Pont, Wolowski, Faustin Hélie,
Niclas Gaillard, Laferrière, Coin-Delisle; *avec le concours* et la collabo-
ration de MM. de Royer, Troplong, Delangle, Rouland, Ch. Giraud,
Ortolan, de Valroger, et d'autres jurisconsultes français et étrangers.
Collection complète, 1851 à 1865 inclus., 28 vol. in-8, y compris les
Tables analytiques.   310 fr.
   On vend séparément les *Tables analytiques.* 1860, 1 vol. in-8 (V. *Tables
analytiques*)   20 fr.
   Cette revue paraît par cahier mensuel. Prix de l'abonnement par an,
pour la France, 18 fr.; pour l'étranger, le port en sus. *A l'expiration de
chaque année, le prix est augmenté de 2 fr.*
REVUE DE LÉGISLATION et de Jurisprudence, publiée sous la direc-
tion de MM. Wolowski, Troplong, Ch. Giraud, Faustin Hélie, Ortolan.
(Octobre 1834 à avril 1853.) 1re et 2e série. Collection complète. 47 vol.
in-8, y compris la table.   200 fr.
   A partir de 1853, cette Revue a été refondue dans la collection publiée par MM. Demolombe, Marcadé, Paul Pont, Coin Delisle, etc., sous le titre de *Revue critique.* (V. ci-dessus.)
REVUE de l'administration et du droit administratif de la Belgique,
par MM. R.-J. Bonjean, J.-B. Bivort, J.-J. Cloes. *Liège*, gr. in-8,
années 1854 à 1865.
   Prix de chaque année: 14 fr.
— Répertoire général par ordre alphab. contenant l'analyse et le résumé
complet des matières contenues dans les neuf premiers vol. de la Revue
de l'adm. et du dr. adm. de la Belgique. *Liège*, 1863, gr. in-8. 8 fr.
REVUE du Notariat et de l'Enregistrement, dirigée par M. Em. Paultre,
et rédigée par MM. P. Pont, Flandin, Ed. Clerc, Alauzet, Em. Paultre,
Chauveau-Adolphe, Em. Durand, Toussaint, Astoul, Mélin. Grand in-8.
   Cette Revue paraît tous par no de 5 feuilles, depuis le mois de juillet 1861.
   Le prix d'abonnement annuel est de 16 fr.
   La collection de juillet 1861 à 1865 se vend : 58 fr.
REVUE ÉTRANGÈRE ET FRANCAISE de Législation, de Jurispru-
dence et d'Économie politique, par une réunion de jurisconsultes et de
publicistes. Publiée, pour la partie étrangère, par M. Fœlix; pour la
partie française, par MM. J.-B. Duvergier, Valette, Laferrière et Bonnier. 1833 à 1850 inclus. 1re et 2e séries, 17 vol. in-8.
— Années 1844 à 1850, 7 vol. (1850, janvier à octobre, époque où a cessé
cette Revue.)   40 fr.

REVUE DES EAUX ET FORÊTS, fondée par A. Frézard et publiée par S. Frézard. Gr. in-8.

Abonnement annuel : **15 fr.**

Revue mensuelle paraissant depuis l'année 1862.

REVUE HISTORIQUE DE DROIT FRANÇAIS ET ÉTRANGER, publiée sous la direction de MM. Ed. Laboulaye, membre de l'Institut, professeur de législation comparée au Collége de France; E. de Rozière, inspecteur général des Archives; R. Dareste, avocat au Conseil-d'État et à la Cour de cassation; C. Ginoulhiac, professeur de droit à la Faculté de Toulouse.

Cette Revue paraît tous les deux mois par livraison de 5 à 6 feuilles et forme à la fin de l'année un beau vol. in-8.

Prix de la collection complète (1855-65), 11 vol. in-8. **110 fr.**

Abonnement annuel : Pour la France, 10 fr.; pour l'étranger, les frais de poste en sus.

Il y a quarante ans, une réunion de magistrats, de professeurs et de jurisconsultes fondait la *Thémis*, et donnait à la science du droit le premier organe spécial et périodique qu'elle ait possédé dans notre pays. C'était le moment où la découverte des *Commentaires* de Gaïus, et la publication des premiers ouvrages de M. Savigny venaient de renouveler l'étude du droit romain. La *Thémis* fut l'interprète fidèle de cette renaissance, et communiqua à la France une partie de l'ardeur scientifique dont l'Allemagne était animée. Plus tard, MM. Fœlix et Wolowski rendirent d'éminents services. Le premier consacra la *Revue etrangère* aux recherches de législation comparée, et nous fit successivement connaître les lois des différents pays de l'Europe; le second accueillit dans sa *Revue de Legislation* tous les jeunes écrivains, aujourd'hui célèbres, qui voulaient féconder la science du droit par l'étude simultanée de l'histoire, de l'économie politique et de la philosophie. Les circonstances ont interrompu ces deux publications; mais l'œuvre n'est point achevée. Le mouvement scientifique, parti de l'Allemagne, a traversé la France et se manifeste aujourd'hui en Espagne et en Italie. Il fallait un centre commun à ces efforts individuels. Comparer les travaux accomplis dans une contrée, avec ceux qui se poursuivent dans une autre contrée, les réunir, les éclairer, les fortifier les uns par les autres, tel est le but que se sont proposé les fondateurs et l'éditeur de la *Revue historique*, et qu'ils poursuivent avec persévérance depuis onze ans.

SOMMAIRE DES PRINCIPAUX ARTICLES PUBLIÉS DANS LA *REVUE HISTORIQUE*

Première Année (1855)

De la méthode historique en jurisprudence et de son avenir, par M. Edouard Laboulaye. — Etude sur les origines du contentieux administratif en France. — I. Les intendants et commissaires départis. — II. Le conseil d'Etat, par M. Rodolphe Dareste. — Recherches sur l'origine et les différentes rédactions de la loi des Allemands, par M. Eugène de Rozière. — Pourquoi Molière n'a pas joué les avocats, par M. Ch. Truinet. — Prix proposés par l'Académie des inscriptions et belles-lettres et par l'Académie des sciences morales et politiques, par M. Edouard Laboulaye. — Observations sur le projet de loi portant le rétablissement de la transcription, par M. Ch. Duverdy. — Du tribunal de famille chez les Romains, par M. R. de Fresquet. — Des secrétaires d'État jusqu'à la mort de Mazarin, par M. H. de Luçay. — Dissertation sur la véritable date du statut maritime de Trani, par M. Eugène de Rozière. — Molitor, sa vie et ses ouvrages, par M. Aubépin. — De l'origine et des différentes rédactions de la loi des Wisigoths, par M. S. de Pétigny. — Etude sur le droit de propriété littéraire en Allemagne, par M. Paul Laboulaye. — Aperçu historique et analytique du droit hindou, par M. Boscheron Desportes. — Etude critique sur le *jus italicum* ou droit italique, par M. Ch. Révillout. — Etudes sur les origines

et les principes de la ruralité, par M. Bouthors. — Ordonnance du roi Louis XIII concernant les huissiers et sergents du royaume (extraite des archives du tribunal de Beauvais), par M. Ambroise Vente. — Histoire de la condition des personnes dans les royaumes d'Oviédo et de Léon, par M. Munoz, compte-rendu par M. Eugène de Rozière. — Recherches sur la *lex Francorum Chamavorum* ou sur la prétendue loi de Xanten, article de M. Gaupp, traduit par M. Paul Laboulaye. — Notice sur le régime administratif et judiciaire des établissements français dans l'Inde, considéré principalement dans ses applications aux naturels du pays, par M. Boscheron-Desportes. — Nouvelles observations sur la loi relative à la transcription, par M. Humbert. — Documents inédits relatifs à d'anciens jurisconsultes français : Pierre de Fontaines, Antoine Lecomte, François Hotman; par M. Rodolphe Dareste. — Recherches historiques sur la quotité disponible dans l'ancien droit français, par M. Ch. Duverdy. — Les tables de bronze de Malaga, par M. Edouard Laboulaye. — De la juridiction française dans les échelles du Levant, par M. Féraud-Giraud.

Deuxième Année (1856)

Aperçu de l'histoire du droit pénal portugais, par M. Lévy-Maria Jordao. — Montesquieu et Machiavel, par M. Frédéric Sclopis. — Recherches historiques sur la quotité disponible dans l'ancien droit français, par M. Ch. Duverdy. — Sur les derniers travaux pratiques des jurisconsultes grecs. — Recherches sur le droit coutumier de l'Artois. par M. C. Legentil. — Etudes sur les origines du contentieux administratif en France. — III. Les anciennes juridictions domaniales et financières, par M. Rodolphe Dareste. — De la Manus en droit romain, par M. R. de Fresquet. — Etudes sur le droit primitif des sociétés humaines. — Du droit de vengeance, de sa légitimité, de son caractère propre, et de ses rapports avec les origines et le développement du Droit pénal, par M. Albert du Boys. — Documents inédits relatifs à d'anciens jurisconsultes français. — Certificat donné à François Pithou, par le recteur de l'académie de Bâle, par H. d'Arbois de Jubainville. — Portalis, avocat au parlement de Provence, par H. Aubépin. — De l'absence en droit romain et dans l'ancien droit, par M. Villequez. — Du pouvoir judiciaire en Angleterre, par Lefebvre-Pontalis. — Des assemblées provinciales sous Louis XVI, par H. de Lucay. — De l'origine et des différentes rédactions de la loi du Barvarois, par J. de Pétigny. — Anc. coutumes de Poitou, par Minier. — Les légistes au XVIᵉ siècle, par Bardoux. — Hist. du colonat chez les Romains. par Ch. Révillout. — Influence du droit can. sur le développ. de la procéd. civ. et crim., par G. d'Espinay. — Des recueils de dr. rom. dans la Gaule sous la domination des Barbares, par C. Ginoulhiac. — Législation russe : le mariage, par Jay.

Troisième Année (1857)

Les lois des Lombards, par F. Sclopis. — Consid. sur les développements hist. de la preuve litt. dans l'anc. dr. français, par Th. Derome. — Du pouv. jud. en Angleterre, par Lefebvre-Pontalis. (Suite.) — Notice sur Denianté, par Eug. de Rozière. — Origine du contentieux adm. en France, par Rod. Dareste. — De l'adage que tout juge est officier du ministère public, etc., par Paringault. — Dissertation sur l'accroissement entre les héritiers testamentaires et colégataires aux div. époques du dr. rom., par Machelard. — Colonat chez les Romains, par Révillout. (Suite.) — Du passé, du présent et de l'avenir de la lég. mil. en France, par Abel. — De la loi sur la transcription du droit de propriété immobil. et des autres droits réels en Grèce, par Damaschino. — Abolition du taux de l'intérêt en Sardaigne, par Jay. — Le droit civil portugais et la concordance des codes de Saint-Joseph, par L. M. Jordao. — Des assemblées provinciales sous Louis XVI (Fin), par Lucay. — Quotité disponible en Portugal, par L. M. Jordao. — Origine polit. et importance de la distinction des res mancipi et res mancipi dans l'anc. dr. romain, par Fresquet. — Anc. coutumes de Bourgogne, par Marnier. — Solidité des amendes dans la législ. crim., par Paringault.

Quatrième Année (1858)

Dissertation sur l'accroissement, par Machelard (Suite.) — Les légistes au XVIIIᵉ siècle, par Bardoux. — Formules inédites de Munich,

par E. de Rozière. — Régime de la communauté dans le mariage portugais, par L. M. Jordao. — Des charges imposées aux père et mère qui ont la jouissance légale des biens de leurs enfants mineurs de 18 ans, par Fr. Duranton. — Charte communale de la Bastide-l'Evêque, par E. de Rozière. — Des réponses des prudents considérées comme source du droit écrit, par Ed. Bodin. — Quels étaient, en droit romain, les principes suivis quand un cohéritier recueillait la part de son cohéritier qui était vacante ? par G. de Caqueray. — L'institution du dr. franç., par E. Laboulaye. — Jean des Marés, avocat au parlement de Paris au XIVᵉ siècle, par Bourquelot. — De l'ordonnance crim. en 1670, par E. Paringault. — La féodalité et les chartes communales, par Dareste. — Les Parlements sous l'anc. monarchie, par Simonnet. — J. J. Pitel, publiciste liégeois, ou conflit politique élevé au sujet ces jeux de Spa, à la fin du XVIIIᵉ siècle, par Britz. — Document relatif au taux de l'intérêt au moyen âge, par H. d'Arbois de Jubainville. — Sur la legisl. de Mahomet, par Sagot-Lesage. — Libertés de l'Eglise gallicane, par Ed. Laboulaye. — Du régime nuptial des Gaulois, par Humbert. — Frais de justice en 1351.

Cinquième Année (1859)

Formules inédites de Munich et de Copenhague, publ. par Eug. de Rozière. — Cours du dr. coutumier fonc. dans ses rapports avec notre droit actuel, par C. Ginoulhiac. — Hist. du dr. franç. de Laferrière, par Barbie. — Le morgengabe portugais, par L. M. Jordao. — Cours d'introd. gén. à l'étude du droit, par Marnier. — De l'établissement des servitudes par la destination du père de famille dans l'anc. et le nouveau droit, par Villequez. — De l'application du cadastre à la détermination exacte des propr. immob., par Delapalud. — Le droit des familles aux Pyrénées, par E. Cordier. — De l'influence des religions au moyen âge, par Bardoux. — Des aveux féodaux et des déclarations censuelles, par A. Giraud. — De la condamnation aux frais des procès crim. dans les cas où il n'intervient pas de répression, par E. Paringault. — Recherches hist. sur la théorie du rapport, par de Caqueray.

Sixième Année (1860)

Dissertation sur l'accroissement, etc., par Machelard. (Suite et fin.) — Des procures ecclésiastiques dans leur rapport avec les sources du droit romain, par G. Demante. — Coutumes de Gourdon, par Kroeber. — Expropriation pour cause d'utilité publique à Rome et à Constantinople jusqu'à l'époque de Justinien, par R. de Fresquet. — Des limitations apportées par les lois au droit de propriété tant dans l'intérêt général que dans l'intérêt privé, p. R. de Fresquet. — Coutumes de Pruyssas, par Mouillé. — Des présomptions d'intention dans l'interprétation des lois, par A. Willem. — De la hiérarchie du ministère public, par G. Bruneau. — Notice sur un manuscrit des Institutes, retrouvé à Middelbourg, par de Vint. — De l'aliénation et de la prescription des biens de l'Eglise dans le droit du Bas-Empire et dans le droit des Capitulaires, par Arthur Desjardins. — De l'institution contractuelle dans l'ancien droit franç., et d'après le Code Nap., par Anouilh. — De l'état de la criminalité et de la répression en France, par Houyvet. — Anc. coutumes de Lamontjoye, par Crozet. — Lettres rogatives en France et dans les États sardes, par Eyssautier. — Projet de code de commerce allemand, par Rauter. — Privilèges des étudiants de Paris au XIVe siècle, par Ed. Laboulaye. — De l'impôt foncier dans le royaume de Grèce, par Coumoundouros.

Septième Année (1861)

De la compensation, par Pilette. — De la preuve de la lésion dans les actes faits par les mineurs, par Villequez. — Tableaux de la composition personnelle du tribunal de cassation dep. son origine jusqu'à la Constitution de l'an VIII, par Renouard. — Document sur l'obligation de la résidence imposée aux barons par le droit féodal champenois au XIIIe siècle, par d'Arbois de Jubainville. — Anciennes coutumes de Montec..q, par Dufour. — Études sur Cujas, par Caton, par Dugard. — Essai hist. et crit. sur l'âge de la majorité, par Amiable. — Code général de commerce allemand, par Rauter. — L'ancien droit communal de Nice, par V. Molinier. — La langue du droit dans le théâtre de Molière, par Paingault. — Des impositions de la Gaule dans les derniers temps de l'empire romain, par Baudi di Vesme. — Esquisse du droit féodal, par P. Odier. — Curiosités d'Alsace, par J. R. — Administration municipale des institutions jud. de Bordeaux, au moyen âge, par Rabanis. — De la surveillance de la haute police et de la réhabilitation, par Giraud.

Huitième Année (1862)

De la paternité du mari en droit romain et dans l'ancienne jurisprudence française, par Amiable. — Études sur le droit de l'Anjou au moyen âge, par G. d'Espinay. — Recherches sur la théorie du rapport, par G. de Caqu/eray (Fin. — Code général de commerce allemand, par Rauter (3e article). — Étude hist. sur les origines du jury, par A. Buchère. — Les stils de Villefranche de Conflent, par Alart. — Du régime du lit. sous l'empire rom. du IVe au VIe siècle, par Serrigny. — Étude sur la règle catonienne en dr. romain, par Machelard. — Code pénal de Norwège, par Tenaille-Saligny. — Bibliothèque de l'adm. franç., par M. X. — Esquisse du droit féodal, par P. Odier. (Suite et fin.) — De l'effet de la signification ou acceptation du transport quand il existe des saisies ou oppositions sur la créance cédée, par Villequez. — Étude sur la règle catonienne, en droit romain, par Machelard (Fin.) — Étude sur le droit de l'Anjou au moyen âge, par G. d'Espinay (2e article.) — Du droit international public en privé en Égypte, par D. Gatteschi. — De la féodalité en Espagne, par Ed. Secretan. — Notice de quatre manuscrits du grand coutumier de France, par R. Dareste. — De la rétention de la réserve, par l'héritier renonçant, par Machelard.

Neuvième Année (1863)

Les grands baillis au XVe siècle (Jean de Doyat), par Bardoux. — Observations sur les lois

caducaires, par G. de Caqueray. — La Cochinchine française, le code anyamito. — Étude hist. sur les habitations prohibées, par Villequez. — De la justice civile en Angleterre, par A. Buchère. — De la nature du bail d'immeubles, par Vente. — Lettre de M. Pellat à M. le Directeur de la Revue. — Les Essais de Montaigne dans leurs rapports avec la législation moderne, par Bimbenet. — De la rétention de la réserve par l'héritier renonçant, par Machelard. — De la féodalité en Espagne (2e article), par Ed. Secretan. — La nouvelle législation civile du Pérou, par Vega. — Du droit des propriétaires de fief d'ajouter le connu de l'article à un nom patronymique, par Beautemps-Beaupré. — Les Essais de Montaigne dans leurs rapports avec la législation moderne (2e article), par Bimbenet. — Nouvelles formules asiatiques, par Ed. Bonvalot. — Le président Fauchet, sa vie et ses ouvrages, par J. Simonnet. — Du classement, au point de vue domanial, des édifices affectés à un service public national, communal et départemental, par Ducrocq. — Les écoles de droit aux États-Unis, par A. Matile.

Dixième Année (1864)

Du classement, au point de vue domanial, des édifices affectés à un service public national, etc., par Ducrocq (2e article). — Étude historique sur le droit de réduction des libéralités faites aux établissements publics, par P. Bertrand. — Quotité disponible, par J. Requiet. — Du classement, au point de vue domanial, des édifices affectés à un service public national, etc., par Ducrocq (3e article.) — Coutumes de Larroque-Timbaut, par A. Moullié. — De l'esclavage chez les Romains, par G. de Caqueray. — Note sur un manuscrit du grand coutumier de France, conservé à la bibliothèque du Vatican, par Eugène de Rozière. — Notes additionnelles aux stils de Villefranche de Conflent, par le même. — Du classement, au point de vue domanial, des édifices publics, etc., par Ducrocq (4e article). — De l'esclavage chez les Romains, par G. de Caqueray. — Notice d'un manuscrit du grand coutumier conservé à la bibliothèque de Rouen, par R. Dareste. — De la condition des enfants illégitimes dans l'ancien droit français, par L. Amiable. — Coutumes de Larroque-Timbaut, par A. Moullié (2e article.) — Un manuscrit inédit d'Antoine de Govéa, par E. Caillemer. — Les coutumes du Val d'Orbey, par Bonvalot. — Un procès de main-morte en Franche-Comté, en 1772, par Amb. Buchère.

Onzième Année (1865)

Janvier à Octobre

Un manuscrit inédit d'Antoine de Govéa, par E. Caillemer (suite et fin). — Les coutumes de Larroque-Timbaud, 1270, par A. Moullié (fin). — De l'enseignement du droit d'après Bacon, par Alb. Desjardins. — Du classement, au point de vue domanial, des édifices affectés à un service public national, départemental ou communal, par Th. Ducrocq (5e article). — Recherches sur l'origine du notariat en Champagne, par D'Arbois de Jubainville. — Précis historique de l'origine et du développement de la communauté des biens entre époux, par K. d'Olivecrona. — Sur le concubinat chez les Romains, par D. Pilette. — Précis historique de l'origine et du développement de la communauté des biens entre époux, par K. d'Olivecrona (suite). — Sur le

concubinat chez les Romains, par D. Pilette (suite). — Précis historique de l'origine et du développement de la communauté des biens entre époux (en Suède), par K. d'Olivecrona (Suite et fin). — Coutumes du Val de Rosemont, par Ed. Bonvalot.

N. B. *Indépendamment des articles ci-dessus, la* **Revue historique** *contient encore des articles de* **Chronique** *et de* **Bibliographie.** *Outre les annonces d'ouvrages de droit nouveaux, elle renferme aussi un grand nombre de* **Comptes-Rendus très-détaillés** *des principales publications juridiques françaises et étrangères signés par nos professeurs et avocats les plus distingués* (MM. Abel, Amiable, Auger, Bardoux, de Barthélemy, Beautemps-Beaupré, Ed. Bonnier, R. Bordeaux, Bufnoir, Caillemer, de Caqueray, Paul Charpentier, A. Chassang, Rod. Dareste, Delsol, Demangeat, G. Demante, Digard, Dominanget, Ducrocq, Féraud-Giraud, C. Ginoulhiac, Ch. Giraud, Glasson, Grellet-Dumazeau, G. Humbert, Ed. Laboulaye, Lamé-Fleury, Lauth, Lefebvre-Pontalis, L. de Resbecq, Alp. Rivier, A. Rodière, Eugène de Rozière, Simonnet E. Taillier, Tardif, Tissot, Valette, P. Vernet, etc., etc.).

Au mois d'Octobre 1865, le nombre de ces *comptes-rendus* s'élevait déjà à plus de 300.

NOTICES EXTRAITES DE LA *REVUE HISTORIQUE*, QUI SE VENDENT SÉPARÉMENT

Abel (*Th.*). Du passé, du présent, de l'avenir de la législation militaire en France. 1857, in-8.   1 fr.

Alard (*J.-B.-*). Les Stils de Villefranche de Confient, 1862, in-8.   2 fr.

Amiable (*L.*). Essai historique et critique sur l'âge de la majorité. 1861, in-8.   2 fr.

Anouilh. De l'institution contractuelle dans l'ancien droit français et d'après le Code Napoléon. 1860, in-8.   2 fr.

Asher. De la Procédure civile des Romains et de son importance pour l'enseignement du droit à l'occasion de l'ouvrage de Luller. In-8.   1 fr.

Aubépin. G. Delisle, sa vie et ses ouvrages. 1856, in-8.   1 fr.
— Portalis, avocat au parlement de Provence. In-8.   1 fr.
— Molitor, sa vie et ses ouvrages. 1856, br. in-8.   1 fr.

Bardoux. De l'influence des légistes au moyen âge. 1859, in-8.   1 fr.
— Les légistes au XVIe siècle. 1856, in-8.   1 fr.
— Les légistes au XVIIIe siècle. 1858. in-8.   1 fr.
— Les grands baillis au XVe siècle. *Jean de Doyat*, 1863, in-8.   1 fr. 50 c.

Baudi di Vesme (*le chev.*). Des impositions de la Gaule dans les derniers temps de l'empire romain. Trad. de l'italien par Ed. Laboulaye, membre de l'Institut. 1861, in-8.   1 fr. 50 c.

Beautemps-Beaupré. Note sur un manuscrit du grand Coustumier de France, conservé à la bibliothèque de Troyes. 1857, in-8.   1 fr.
— Un tarif des actes notariés. 1863, broch. in-8.   1 fr.
— Du droit des propriétaires de fief d'ajouter le nom de leur fief à leur nom patronymique. 1863, brochure in-8.   1 fr.

Bernard (*M.-P.*) Étude historique sur les droits de réduction des libéralités faites aux établissements publics. 1864, in-8.   2 fr.

Bimbenet. Les Essais de Montaigne dans leurs rapports avec la législation moderne. 1864. in-8.   1 fr. 50 c.

Bonvalot (*Ed.*). Les Coutumes du Val d'Orbey, publiées avec une introduction et des notes. 1164, in-8.   2 fr.

Boscheron des Portes. Aperçu historique et analytique du droit hindou, suivi d'une Notice sur le régime judiciaire et administratif des établissem. français dans l'Inde. 1855. In-8.   1 fr.
— Notice sur le régime administratif et judiciaire des établissements français dans l'Inde. Brochure in-8.   1 fr.

Bourquelot (*F.*). Notice biographique sur Jean Des Mares, avocat général au parlement de Paris au XIVe siècle. 1858, in-8.   1 fr.

Buchere (*Ambrois.*). Étude historique sur les origines du Jury. 1862, in-8.   2 fr.
— De la justice civile en Angleterre. 1863, in-8.   2 fr. 50 c.

Caillemer (*E.*). Étude sur Antoine de Govéa. (1505-1566) 1864, in-8.   2 fr.
— Antonii Goveani jcti ad DD. titulum ad senatusconsultum Trebellianum commentariorum quae supersunt, 1865, in-8.   3 fr.

Caqueray (*G. de*). De l'Esclavage chez les Romains, 1860, in-8.   2 fr.
— Recherches historiques sur la théorie du Rapport. 1859-62, 3. br. in-8.   3 fr.

Coumoundouros (*A.*). De l'Impôt foncier dans le royaume de Grèce. 1861, broch. in-8.   1 fr.

Crozet. Anciennes coutumes de Lamontjoye (Lot-et-Garonne). 1860, in-8.   1 fr.

Dareste. Études sur les origines du contentieux administratif, intendants et commissaires départis. In-8.   1 fr.
— Le Conseil d'État. In-8.   1 fr.

Delapalud. De l'application du Cadastre à la détermination exacte des propriétés immobilières. 1859, broch. in-8. 1 fr.

Desjardins (*Alb.*) De l'enseignement du droit, d'après Bacon. 1865, in-8. 1 fr.

Duboys (*Alb.*). Études sur le Droit primitif des sociétés humaines. In-8. 1 fr.

Dufour (*Em.*). Anciennes coutumes de Montcuq (dép. du Lot). 1861, broch. in-8. 1 fr.

Eyssautier (*L.-A.*). Lettres rogatoires en France et dans les Etats-Sardes, 1860, br. in-8. 1 fr.

Fresquet (*R. de*). De l'origine politique et de l'importance de la distinction des *Res mancipi* et *nec mancipi* dans l'ancien droit romain. 1858, broch. in-8. 1 fr.

— Principes de l'Expropriation pour cause d'utilité publique à Rome et à Constantinople, jusqu'à l'époque de Justinien, etc. 1860, br, in-8. 1 fr.

Gatteschi (*Domenico*). Du Droit international public et privé en Egypte. 1862, in-8. 2 fr.

Gaupp. Recherches sur la *Lex Francorum Chamavorum* ou sur la prétendue loi de Xanten, trad. par Paul Laboulaye. 1855, broch. in-8. 1 fr.

Giraud (*Alf.*). De la surveillance de la haute police et de la réhabilitation. 1862, in-8. 1 fr.

Heimbach. Sur les derniers travaux pratiques des jurisconsultes grecs, trad. de l'allemand, par Sgouta. 1 fr.

Houyvet. De l'Etat de la criminalité en France. 1860, broch. in-8. 1 fr.

Jordao (*Lèry-Maria*). Le Morgengâbe portugais. 1859, broch. in-8. 1 fr.

— Etude historique sur la Qualité disponible en Portugal. 1857, broch. in-8. 1 fr.

— Le Régime de la communauté dans le mariage portugais. 1858, broch. in-8. 1 fr.

Kroeber (*H.*). Coutumes de Gourdon (Tarn-et-Garonne.) 1860, broch. in-8. 1 fr.

Laboulaye (*Paul*). Recherches sur la *lex Francorum Chamavorum* ou sur la prétendue loi de Xanten, par Gaupp; trad. française. 1855, in-8. 1 fr.

— Etude sur le droit de propriété littéraire en Allemagne. 1855, br. in-8. 1 fr.

Legentil. Recherches sur le Droit coutumier de l'Artois. In-8. 1 fr.

Lucay (*vicomte H. de*). Des Assemblées provinciales sous Louis XVI. 1856, 2 broch. in-8. 1 fr. 50 c.

Matile (*G.-A.*). Les Ecoles de droit aux Etats-Unis. Lettre adressée à M. Ed. Laboulaye. 1861, in-8. 1 fr.

Minier. Anciennes coutumes du Poitou. 1856, in-8. 1 fr.

Mouillé (*A.*). Coutumes de Prayssas (Lot-et-Garonne). Broch. in-8. 1 fr.

— Coutumes de Larroque-Timbaud (1270), 1865, in-8. 3 fr.

Odier (*P.*). Esquisse du droit féodal. 2e part. 1862, in-8. 2 fr.

Olivecrona (*K. d'*). Précis historique de l'origine et du développement de la communauté des biens entre époux (dans la législation suédoise). 1865, in-8. 4 fr.

Pilette (*D.*). De la Compensation. 1861, in-8. 1 fr.

— Sur le concubinat chez les Romains. 1866, in-8. 3 fr.

Rauter. Code général de commerce allemand. 1862, brochure in-8 de 22 pages. 1 fr.

Réquier (*J.*). Quotité disponible. Moyen de concilier les art. 913 et 914 du Code Nap., sans recourir à l'évaluation de l'usufruit, et sans considérer l'ordre des dispositions. 1864, in-8. 1 fr.

Révillout (*Ch.*). Etude sur l'histoire du Colonat chez les Romains. 1856, 2 part. in-8. 2 fr.

— Les Familles historiques d'Athènes et les *gentes* de Rome. 1862, broch. in-8. 1 fr.

Sagot-Lesage (*A.*). Etude sur la législation de Mahomet. Première partie : *Droit des Personnes.* 1858, in-8. 2 fr.

— Examen, au point de vue doctrinal et historique, de l'ouvrage de M. Da Silva Ferrão, intitulé : Code réglementaire du crédit foncier en Portugal. 1860, in-8. 1 fr.

Sclopis. Montesquieu et Machiavel. In-8. 1 fr.

Simonnet (*J.*). Les Parlements sous l'ancienne monarchie, leurs grandeurs et leurs faiblesses. 1858, in-8. 2 fr.

— Le président Fauchet, sa vie et ses ouvrages. 1864, in-8. 2 fr.

Tenaille-Saligny. Le Code pénal de Norwège. 1862, in-8. 1 fr. 50 c.

Trulnet. Antoine Loisel, 1536-1617. Br. in-8. 1 fr.

Valette. Compte rendu du Code pénal prussien du 14 avril 1851, trad. en franç. par Nypels. 1862, broch. in-8. 1 fr.

Vente (*Amb.*). De la nature du bail d'immeubles. 1863, broch. in-8. 1 fr.

Villequez. De l'effet de la signification ou acceptation du transport quand il existe des saisies, ou oppositions sur la créance cédée. 1862, in-8. 1 fr. 50.

— Etudes historiques sur les substitutions prohibées. 1863, 2 parties, in-8. 2 fr.

REVUE JUDICIAIRE DU MIDI (*la*). Recueil mensuel de jurisprudence et de doctrine, sous la direction de M. Paul Garbouleau, docteur en droit, avocat à la cour impériale de Montpellier. Gr. in-8 jésus.

Cette revue paraît le 25 de chaque mois, depuis le 25 décembre 1864, par numéro composé d'au moins 72 pages. Ce numéro est divisé en deux parties, ayant une pagination distincte, et formant chacune, au bout de l'année, un beau volume d'environ 500 pages.

En décembre 1865, la *Revue judiciaire du Midi* réunit à sa rédaction le *Recueil de la jurisprudence de la Cour impériale de Pau*, fondé en 1862. (V. *Gouarné-Oustalet*.)

REVUE MARITIME ET COLONIALE. (Législation, administration, etc., se rattachant à la marine et aux colonies.)
— Revue mensuelle. — Abonnement à l'année courante : 25 fr. — Départements : 30 fr. — Colonies françaises : 35 fr.

REVUE PRATIQUE DE DROIT FRANÇAIS. Jurisprudence, Doctrine, Législation, par MM. Demangeat, Ballot, Mourlon, Olivier. — La Revue paraît tous les 15 jours par livraison de trois feuilles. 2 vol. par an. — La 1re livr. a paru le 15 fév. 1856. — Abonnement : Paris et départements, 15 fr.; étranger, 18 fr.
Prix des années 1856-65, 19 vol. in-8,   150 fr.

REY (Jos.). Des Institutions judiciaires en Angleterre, comparées avec celles de la France. 1836, 2 vol. in-8.   12 fr.
— Traité des Principes du droit et de la législation. 1828, in-8.   » »
— Des bases de l'ordre social. 1836, 2 vol. in-8.   15 fr.

REY (P.). Du droit des servitudes des mines sur la surface. 1862, in-8.
— De la propriété des mines et de ses conséquences d'après la loi du 21 avril 1810. 1855, 2 vol. in-8 (V. Lamé-Fleury).   » »

REY (A.). Traité de jurisprudence vétérinaire, contenant les vices rédhibitoires, la garantie dans les ventes et échanges d'animaux domestiques, suivi d'un traité de médecine légale, renfermant la procédure à suivre, le formulaire des expertises, procès-verbaux, rapports, etc. concernant les vices rédhibitoires, les blessures, etc. 1864, in-8.   6 fr.

REY DE FORESTA. Des chèques et des banques de dépôts. 1864, in-8 de 26 pag. (V. Dufour).   1 fr.

REYBAUD (Louis). Economistes modernes. 1862, in-8.   7 fr. 50 c.

REYNAUD et **DALLOZ** aîné. Traité de la Péremption d'instance en matière civile. 1837, in-8.   7 fr.
— V. Dalloz.

RHALLY. Les Codes grecs : Lois et ordonnances qui les ont modifiés. Constitution, avis, circulaires ministérielles sur le service des tribunaux, Code de procédure civile, de commerce, pénal; lois par ordre alphabétique, et deux tables; 3e édit. Athènes, 1856, 3 vol. in-18. (Texte grec).   20 fr.
— V. Code civil de la Grèce.

RIBBE (Cl. de). L'ancien Barreau du parlement de Provence, ou Extraits d'une correspondance inédite échangée pendant la peste de 1721 entre François Decormès et Pierre Saurin, avocats au même parlement. 1862, in-8.   5 fr.
— Pascalis. Étude sur la fin de la Constitution provençale, 1787-1790. 1855, in-8, avec portrait.   3 fr. 50 c.

RIBEIRO DOS SANTOS (José) et **CASTILHO BARRETO** (J. Fel. de). Traité du Consulat. Hambourg, 1839, 2 vol. in-8.   » »

RICHARD (A.). Législation française sur les Mines. 1838, 2 vol. in-8 (V. Lamé-Fleury.)   15 fr.

RICHARD (E.). Cours de législation et d'administration militaires. 1852, 2 vol. in-8.   16 fr.

RICHARD-MAISONNEUVE (Th.). Exposé de droit pénal et d'instruction criminelle. Deuxième édition, revue, augmentée, mise en rapport avec les lois nouvelles, notamment avec les lois de 1863 sur la récidive et sur les flagrants délits, et la loi de 1855 sur la mise en liberté provisoire, et suivi d'un questionnaire général. 1855, in-8 (V. Trébutien). 4 fr.
Cet ouvrage comprend toutes les matières exigées pour le second examen de droit. Il est adopté pour l'étude dans toutes les facultés de droit de l'Empire.

RICHEGOUR (de). Essai sur l'histoire et la législation des formes requises pour la validité du mariage. 1855, in-8. 2 fr.

RICHEFORT (A.-B.). Traité de l'État des familles légitimes et naturelles, et des successions irrégulières. 1842, 3 vol. in-8. 24 fr.

RICHERI universa civ. et crim. Jurisprudentia, juxta seriem Institut. et naturalis et rom., etc. Venetiis, 1842, 7 vol. in-4. 70 fr.

RICHTER. Antiqua Canonum collectio quâ in libris de synodalibus causis compilandis usus est Regino, etc. Marburgi, 1844, in-8. 6 fr.

RIEFF, Commentaire sur la loi des Actes de l'état civil; 2e édit. 1844, in-8 (V. Demolombe; Loir.) 7 fr. 50 c.

RIFFÉ. Nouveau Traité méthodique des Institutes de droit civil. 1809, in-8. 3 fr.

RIFFÉ-CAUBRAY. — V. Delaporte et Riffé-Caubray.

RIGAL. Traité des Transactions. 1834, in-8. » »

RIMBAUD. Études sur la législation et l'administration maritime. 1851, in-8. 7 fr. 50 c.

RINGARD. Commentaire de la loi du 23 mars 1855 sur la Transcription hypothécaire. 1857, in-8 (V. Verdier). 1 fr. 25 c.

RISTELHUEBER (A.-J.). Rapports et consultations de médecine légale. 1821, in-8. 3 fr.

RITTIEZ (F.). Histoire du Palais de Justice de Paris et du Parlement, 860-1789. Mœurs, costumes, institutions judiciaires, procès divers, progrès légal. 1860, in-8. 5 fr.
— L'Hôtel de Ville et la bourgeoisie de Paris ; origine, mœurs, coutumes et institutions municipales depuis les temps les plus reculés jusqu'à 1789. 1862, 1 vol. in-8. 5 fr.
— Science des Droits, ou Idéologie politique. 1845, in-8. 5 fr.

RIVES. De la propriété du cours et du lit des rivières non navigables et non flottables. 1844, in-8. 2 fr. 50 c.

RIVET (F.). Des Rapports du droit et de la législation avec l'économie politique. 1864, in-8. 7 fr. 50 c.

RIVIÈRE (Arm.). Histoire des biens communaux en France, depuis leur origine jusqu'à la fin du xiiie siècle. 1856, in-8 (V. Caffin). 5 fr.
Ouvrage couronné par l'Acad. des Inscriptions et Belles-Lettres.
— Esquisse hist. de la législ. criminelle des Romains. 1844, in-8 (V. Laboulaye; Walter). 4 fr.
— L'Église et l'Esclavage. 1864, gr. in-8. 7 fr.

RIVIÈRE (H. F.). Examen du Régime de la Propriété mobilière en France. 1854, in-8. 5 fr.
Ouvrage couronné en 1852 par l'Acad. de législat. de Toulouse.
« M. Rivière embrasse d'une manière assez complète toutes les parties de son sujet. « Cette composition se recommande par une science incontestable, par une mesure de « sobriété dénotant un esprit attentif et réfléchi ; elle contient des aperçus aussi exacts « qu'intéressants; le style y est généralement simple et facile. » (M. Bénech.)
Ajoutons que l'auteur, avant de livrer son travail à la publicité, l'a complété par des développements considérables, notamment en ce qui touche la législation commerciale. Ces importantes additions rendront l'ouvrage utile, non-seulement aux économistes, mais aussi à toutes les personnes qui s'occupent de la science du Droit.
— Revue doctrinale des variations et des progrès de la Cour de cassation en matière civile et dans l'ordre du Code Napoléon. 1861, in-8. 10 fr.
— Précis historique et critique de la législation française sur le commerce des céréales et des mesures d'administration prises dans les temps de cherté. 1859, in-8. 4 fr.

— Du Commis-Voyageur et de son préposant. Traité suivi d'un appendice sur les représentants de commerce. 1863, in-8.   5 fr.

— Répétitions écrites sur le Code de commerce, contenant l'exposé des principes généraux, leurs motifs, etc.; 4e édit., revue, corrigée, augmentée et suivie d'un formulaire. 1865, 1 fort vol. gr. in-8.   12 fr.

— Etude sur les tribunaux de commerce. 1865, in-8 de 76 pages (R. P.).   2 fr. 50 c.

— Explication de la loi du 17 juillet 1856, relative aux Sociétés en commandite par actions. 1856, in-8 (V. *Bédarride; Frouart*).   3 fr.

RIVIÈRE (*H.-F.*) et **FRANÇOIS**. Explication de la loi du 23 mars 1855, sur la Transcription en matière hypothécaire; 2e édit. in-8 (V. *Verdier*).   6 fr.

RIVIÈRE et **HUGUET**. Questions théoriques et pratiques sur la Transcription hypothécaire dans l'ordre des art. de la loi du 23 mars 1855. 1856, in-8 (V. *Verdier*).   6 fr.

— Journal du Droit commercial. 1855-56. — Chaque année :   10 fr.

RIVOIRE. Dictionnaire raisonné du Tarif des frais et dépens en matière civile; 3e édit. 1 vol. in-8 de 660 pag. (V. *Chauveau-Adolphe*).   7 fr.

— Traité de l'Appel et de l'instruction sur l'appel. 1844, in-8.   8 fr.

ROBAKOWSKI (*P.*). Svod, ou Pandectes russes, lois criminelles, Code pénal, traduit du russe par P. Robakowski. 1re livraison. 1865, in-8.

ROBERNIER. De la Preuve du droit de Propriété en fait d'immeubles; nécessité et moyen d'organiser, selon le même principe, l'abornement invar. et le terrier perp. des poss. foncières. 1844, 2 vol. in-8. (V. *Delapalud*.)   15 fr.

— Cadastre probant : Automateur perpétuel, ou Idée d'un grand livre de la propriété foncière, à l'occasion du projet soumis au Corps législatif des États sardes. 1855, in-8.   3 fr.

— Du Cadastre et de la conservation. 1845, in-8 (V. *Delapalud*).   1 fr.

— Examen critique du nouveau projet de loi sur le cadastre. 1845, br. in-8 (V. *Delapalud*).   1 fr.

— Terrier perpétuel de M. Robernier. Critiques et Notes en réponse à cette critique. 1855, in-8.   1 fr.

ROBERNIER (*Félix de*) et **PORRO** (*Ignace* et *Félix*). Etude sur le cadastre des terres, sur les hypothèques et l'enregistrement des actes publics et sur la perception de l'impôt foncier. 1861, in-8 (V. *Delapalud; Demante; Obissier; Sollier*).   2 fr.

ROBERT (*J. B. M.*). Jurisprudence sur la capacité personnelle et sur l'effet des contrats des femmes mariées ou ayant des biens situés tant dans les ci-devant pays de droit écrit, que dans quelques coutumes, principalement dans la ci-devant Normandie. 1812, in-8.   5 fr.

ROBERT (*V.*). Guide pour l'organisation et l'administration des sociétés de secours mutuels, suivi d'un formulaire des modèles nécessaires à l'administration et la comptabilité des sociétés. 1859, in-12.   2 fr.

— Les Sociétés de secours mutuels complétées ; exposé des institutions qui peuvent leur être rattachées. 1864, in-18.   1 fr. 50 c.

ROBLES (*Lorenzo*). Concordancia de la theologia moral con el codigo civil chileno en los tratados de justicia, derecho y contratos. *Santiago de Chile*, 1864, in-8.

ROCCO (*N.*). Dell' uso e autorità delle leggi del regno delle due Sicilie considerate nelle relazioni con le persone e col territorio degli stranieri, ossia Trattato di diritto civile internazionale; 3a edizione. *Neapoli*, 1858-59, 3 vol. gr. in-8.   30 fr.

ROCHE (L.). Manuel des Familles. 1851, in-8. 6 fr.

ROCHE (G.) et LEBON. Recueil général des arrêts du Conseil d'État, depuis l'an VIII jusqu'en 1838, avec des annotations, etc., et une table analytique et alphabétique. 1839, 7 vol. in-8. 70 fr.

Le tome VII se vend séparément 13 fr.

NOTA. On complète cette collection par les années 1840 et suivantes du Recueil de Macarel (V. Macarel).

ROCQUANCOURT (J.-T.). Essai sur le Paupérisme. — Les Pauvres. l'Eglise et l'Etat. 1860, in-8. 5 fr.

RODEMBACH (C.). Consultation médico-légale relative à un parricide. Bruges, 1828, in-8. 3 fr.

RODIÈRE (A.). Cours de procédure civile, ou Explication méthodique et raisonnée des lois de la compétence et de la Procédure en matière civile. 1850, 3 vol. in-8. »

— Éléments de Procédure criminelle. 1845, in-8. 7 fr. 50 c.

— De la Solidarité et de l'Indivisibilité. 1852, in-8. 6 fr.

Les théories de la solidarité et de l'indivisibilité sont certainement les théories les plus difficiles du droit, et leur importance pratique ne saurait plus être contestée; dans les traités ou commentaires généraux des auteurs, on ne trouve, sur ces matières, que des principes vagues et de rares applications. L'ouvrage de M. Rodière est le seul dans lequel la solidarité et l'indivisibilité sont examinées à tous leurs points de vue, pour les matières civiles, commerciales et criminelles; aussi y trouve-t-on une foule de solutions sur des questions délicates qu'on chercherait vainement ailleurs.

— Traité sommaire des diverses parties du Droit français. 1838, in-8. 4 fr.

RODIÈRE et PONT. Contrat de mariage. — V. Pont et Rodière.

ROGER (Fr.). Traité de la Saisie-Arrêt; 2e édit., entièrement refondue, et mise au courant de la législation, de la doctrine et de la jurisprudence la plus récente, par Aug. Roger. 1860, 1 vol. in-8 de près de 700 pages. 8 fr.

La première édition de ce Traité, le seul sur la matière si pratique des saisies-arrêts, est épuisée depuis longtemps. Les larges et fréquents emprunts qui lui ont été faits par les recueils et répertoires publiés depuis; l'opinion de M. ROGER, cité avantageusement dans les ouvrages sur le Code de procédure, témoignent du mérite théorique et pratique du Traité de la Saisie-Arrêt.

Mettre ce Traité au courant de la jurisprudence en l'enrichissant des arrêts et jugements nouveaux, avec renvoi à tous les recueils de jurisprudence, pour faciliter la recherche des textes; de la doctrine, en citant l'opinion des auteurs qui ont écrit depuis sur le Code de procédure; enfin, de la législation, en recueillant les lois, décrets, décisions ministérielles et tous les documents administratifs dont la connaissance est si utile pour la pratique, telle a été la tâche entreprise par l'auteur dans cette seconde édition.

La table, faite avec le plus grand soin, sera appréciée par le public judiciaire si désireux, avec juste raison, des recherches promptes et faciles.

ROGER (Aug.) et SOREL (Al.). Codes et lois usuelles classées par ordre alphabétique. Edition conforme à la législation la plus récente collationnée sur les textes officiels, contenant en note sous chaque article des Codes ses différentes modifications, la corrélation avec le droit romain, l'ancienne législation française et les lois nouvelles, précédés de la Constitution de l'Empire français et accompagnés d'une table générale des matières. 1866, 1 beau vol. gr. in-8. 15 fr.

— Les mêmes Codes et Lois usuelles. 2 vol. gr. in-32 jésus. 7 fr.

N. B. Chaque volume se vend séparément, savoir :
Codes............ 1 vol. 3 fr. 50 c.
Lois usuelles.... 1 vol. 3 fr. 50 c.

ROGRON. Les Codes français expliqués par leurs motifs, par des exemples; 5e édit. 1863, 2 forts vol. in-4. 35 fr.

— Les mêmes Codes français expliqués par leurs motifs, par des exemples et par la jurisprudence, avec la solution, sous chaque article, des difficultés, suivis des formulaires. 8 vol. gr. in-18. 68 fr.

15

Chaque Code se vend séparément :

— Code civil expliqué; 16ᵉ éd. 1863, 2 vol.　　　　　15 fr.
— Code de procédure civile expliqué; 10ᵉ éd. 1863, 2 vol.　　15 fr.
— Code de commerce expliqué; 10ᵉ éd. 1863, 1 vol.　　　10 fr.
— Code d'instruction criminelle expliqué; 5ᵉ éd. 1863, 1 vol.　10 fr.
— Code pénal expliqué; 7ᵉ édit. entièrement refondue. 1865, 1 vol. 10 fr.
— Codes forestier, de la pêche et de la chasse expliqués; 2ᵉ éd. 1850, 1 vol.
　　　　　　　　　　　　　　　　　　　　　　　8 fr.
— Le Code de la chasse seul. 1850, 1 vol.　　　　　4 fr.
— V. *Bacqua, Campenon, Durand et Paultre, Roger et Sorel, Rogron, Royer-Collard et Mourlon, Sirey, Teulet, Tripier.*
— Droit politique français de 1788 à 1848. 1 vol. gr. in-18.　　6 fr,

ROGUET. Législation de l'étranger aux Etats-Unis. In-8. (R. P.).
　　　　　　　　　　　　　　　　　　　　2 fr. 50 c.
— Législation des Musulmans. In-8. (R. P.).　　　2 fr. 50 c.

ROHART (*F.*). De la Propriété en matière d'invention. 1863, in-8. 75 c.

ROLLAND (*L.*). Les Banques d'Allemagne, de Belgique, de Suisse et d'Italie. 1858, in-16.　　　　　　　　　　5 fr.

ROLLAND et TROUILLET. Dictionnaire général des droits d'enregistrement, de timbre et de greffe, des hypothèques, domaine et manutention; 5ᵉ éd. 1835, in-4 (V. *Sollier.*)　　　　　25 fr,

ROLLAND DE BUSSY. Dictionn. des Consulats. *Alger*, 1853, in-16. 6 fr.

ROLLAND DE VILLARGUES (*J. J. F.*). Des Substitutions prohibées par le Code civil; 3ᵉ édit. 1833, in-8.　　　　　　7 fr.
— Répertoire de la jurispr. du Notariat; 2ᵉ éd. 1845, 9 vol. in-8. 72 fr.
— Jurisprudence du Notariat, années 1828 à 1865. 37 vol. in-8.　240 fr.
　　Abonnement annuel :　　　　　　　　　15 fr.
— Code du Notariat et des droits de timbre, d'enregistrement, d'hypothèque et de greffe. 1836, in-8.　　　　　　7 fr.
— Traité des enfants naturels, d'après les principes du Code civil et ceux de l'ancienne et de la nouvelle jurisprudence. 1811, in-8 (V. *Desportes*). 5 fr,

ROLLAND DE VILLARGUES. Les Codes criminels interprétés par la jurisprudence et la doctrine, avec le Code des lois sur la Presse; 2ᵉ édit. 1864, gr. in-8.　　　　　　　　18 fr. 50 c.
— Code des lois de la Presse interprétées par la jurisprudence et la doctrine. 1863, in-18.　　　　　　　　　4 fr.

ROMBERG (*Ed.*). Compte-rendu des travaux du congrès de la propriété littéraire et artistique. 1858, 2 vol. in-8.　　　10 fr.

ROMIGUIÈRE. Commentaire de la loi sur les sociétés à responsabilité limitée, promulguée le 23 mai 1863. 1863, in-8.　　6 fr. 50 c.
— Commentaire de la loi sur les sociétés en commandite par actions, et de la loi sur l'arbitrage forcé; 2ᵉ tirage conforme au 1ᵉʳ. 1861, in-8 (V. *Bédarride; Frouart.*)　　　　　　5 fr. 50 c.
— De l'abrogation de la loi du 3 septembre sur l'usure. 1862, in-8 de 16 pages (V. *Liégeois*).　　　　　　　1 fr.
— Du prêt à intérêt, de l'usure et de la loi du 3 septembre 1807. 1858, in-8 (V. *Liégeois*).　　　　　　　　1 fr.

RONDONNEAU (*L.*). Lois administratives et municipales de la France. 1825-1832, 6 vol. in-8.　　　　　　　18 fr.
— Manuel portatif des Maires et Adjoints. 1832, in-12 (V. *Dubarry*). 3 fr.
— Table générale, par ordre alphabétique de matières, des lois, sénatus-consultes, décrets, etc., publiés dans le *Bulletin des lois* et les *Collections officielles* (5 mai 1789 au 1ᵉʳ avril 1814). 1814, 4 vol. in-8 (V. *Bulletin des lois*).　　　　　　　　　16 fr.

— Table générale alphabétique et raisonnée des matières contenues dans le *Répertoire de jurisprudence* et les *Questions de droit de Merlin*. 1829, 1 vol. in-4 ou 2 vol. in-8 (V. *Merlin*). 20 fr.

— Corps de droit français civil, commercial et criminel. 1810, in-4. 6 fr.

— Manuel des agents de change et des courtiers de commerce. 1811, in-8 (V. *Bédarride*). 2 fr.

— Manuel rural et forestier, ou Recueil des lois, arrêtés, décrets, etc., sur l'agriculture, l'économie et la police rurale, le régime forestier, etc. 1812, in-8 (V. *Codes de la lég. forest.*; *Dupin*). 3 fr.

ROPARTZ (*S.*) Guingamp. Études pour servir à l'histoire du Tiers-Etat en Bretagne; 2e édit. 1860, 2 vol. in-8, planches. 13 fr.

ROPARTZ. Histoire de saint Yves, patron des gens de justice (1253-1303). *Bruxelles*, 1850, in-8. 7 fr.

ROSCHER (*Guill.*). Principes d'économie politique; traduits de l'allemand, annotés et précédés d'une introd. par Wolowski. 1858, 2 vol. in-8 (V. *Garbouleau*). 15 fr.

ROSSI. Cours d'Economie politique professé au collège de France. Nouvelle édit. revue et augmentée de leçons recueillies par M. Porée, et précédée d'une notice biograph, par M. Jos. Garnier. 1865, 4 vol. in-8 (V. *Garbouleau*). 30 fr.

— Mélanges d'Economie politique, d'hist. et de philosophie. 1857, 2 vol. in-8. 15 fr.

— Traité du Droit pénal; 3e édit., revue et précédée d'une introduction par Faustin Hélie. 1863, 2 vol. in-8. 14 fr

— V. *Faustin Hélie.*

— Cours de droit constitutionnel, recueilli par Porée. 1866, 4 vol. in-8. 30 fr.

Cet ouvrage n'est pas encore terminé. Au moment où se termine l'impression de notre *Répertoire* (décembre 1865), le tome Ier vient de paraître.

ROUEN et **VINCENT.** Corps des lois commerciales. 1829, 2 vol. in-8. 12 fr.

ROUGET (*A.*). Manuel de Droit civil et commercial. 1865, in-8. 2 fr. 25 c.

ROUGET. Législation des musulmans. 1857, broch. in-8 (R. P.). 2 fr. 50. c.

— Législation de l'étranger aux Etats-Unis. 1857, broch. in-8 (R. P.). 2 fr. 50. c.

ROUGIER (*J.-C.-Paul*). Résumé général de la jurisprudence de la cour impériale de Lyon, depuis le commencement du siècle jusqu'en 1857 inclus. 1858-1859, 2 part. in-8. 10 fr.

—V. *Jurisprudence de la Cour imp. de Lyon.*

— Les Associations ouvrières, étude sur leur passé, leur présent, leurs conditions de progrès. 1864, in-8. 6 fr. 50 c.

ROUILLARD. Manuel de la Gendarmerie. 1853, in-12 (V. *Code*). 3 fr.

ROUILLIER. Manuel pratique du droit rural. 1861, in-8. 5 fr.

ROULAND, ancien ministre. Discours et Réquisitoires. 1862-64, 2 vol. in-8. 15 fr.

ROULLION (*A.*). Essai sur les lois des faillites et des banqueroutes. 1828, in-8 (V. *Bédarride; Gadrat*). 3 fr.

ROUMIEU. Plus d'Echafauds! Abolition de la peine de Mort. 1833, in-8. 5 fr.

ROUSSEL. — V. *Annotations.*

ROUSSELLIER (*H.*). Du droit de résolution et du **privilége accordé au** vendeur non payé. Thèse. 1863, in-8 de 287 pag.

ROUSSET (*G.*). Nouveau Code annoté de la Presse, pour la France, l'Algérie et les colonies. Concordance synoptique et annotée de toutes les lois, sur l'imprimerie, la librairie, la propriété littéraire. 1856, in-4.   12 fr.

— De la Rédaction et de la codification rationnelle des lois, ou Méthodes et formules suivant lesquelles les lois doivent être rédigées et codifiées. 1858, in-8 (V. *Ginoulhiac*). R. C.   »

Cet ouvrage a paru en plusieurs parties dans la *Revue critique de législation*. Ces tirages à part sont presque tous épuisés, et il est difficile de former un exemplaire complet.

— Du Bornage. Projet de loi sur le bornage, précédé d'un exposé de motifs et rédigé d'après un système nouveau de rédaction législative. 1859, in-8 (V. *Jay*). R. P.   3 fr.

— De la Correctionalisation des crimes, ou de la Nécessité et des moyens de soumettre à la juridiction correctionnelle certains faits légalement réputés crimes. 1855, broch. in-8 (R. C.).   1 fr. 50 c.

— De la création des chambres correctionnelles d'un seul juge à l'effet d'abréger la détention préventive. 1862, in-8. (R. C.).   1 fr. 50 c.

ROUSSET (*A.*). Code usuel des gardes champêtres, des gardes particuliers et des gardes messiers, 1863, gr. in-8 (V. *Dubarry*).   1 fr. 25 c.

— Dictionnaire de la voirie des villes, bourgs et villages, ou Traité de la grande voirie, de la voirie urbaine, de la voirie vicinale, de la voirie de Paris, de l'expropriation pour cause d'utilité publique, des chemins de fer, des cours d'eau et de la police du roulage. 1861, in-12 (V. *Féraud-Giraud.*)   4 fr.

— Memento du Notaire; 5° édit. 1863, in-12.   3 fr. 50 c.

— Code annoté de la législation civile, concernant les églises, presbytères, cimetières, inhumations, exhumations, pompes funèbres, la police et les dépenses du culte, la construction et l'entretien des édifices religieux. 1865, in-12.   3 fr.

— Code des cantonniers des chemins vicinaux et communaux, à l'usage des cantonniers ordinaires, des agents voyers, des maires, etc. 1864, gr. in-18 de 72 pag.   » 60 c.

— De la loi sur la police de la chasse. Analyse critique et modifications. 1859, in-8 (V. *Dufour*).   2 fr.

ROUSSILHE. Traité de la Dot, à l'usage du pays de droit écrit et de celui de coutume, par Roussilhe, avocat au Parlement, annoté et mis en corrélation avec le Code Napoléon et la jurisprudence moderne, précédé en outre d'un aperçu historique et critique sur le régime dotal, par M. Sacase, conseiller à la Cour de Toulouse. 1856, 1 vol. in-8 (V. *Benoit*).   8 fr.

— V. *Sacase*.

ROUZET (*J.-A.*). Déchéance et prescription des priviléges et hypothèques, et des actions résolutoires et rescisoires. 1862, in-plano, 1 page.

ROY (*Lucien*). Le fabricien ou Traité de l'organisation, de l'administration et de la comptabilité des fabriques, suivi d'un formulaire; 3° édit. 1863, in-12.   3 fr.

— Formulaire de l'administration temporelle des paroisses. 1861, in-12 (V. *Calmette*; *Denantes*).   3 fr.

— Traité des Actes de l'état civil suivi d'un formulaire à l'usage des maires, adjoints et secrétaires de mairie; 2° édit. 1861, in-12.   3 fr.

— Traité pratique de l'Administration financière des communes et établissements de bienfaisance; 2° édit. 1862, in-18 (V. *Braff*). 3 fr. 50 c.

ROYER (*M*^lle *C.-A.*). Théorie de l'impôt, ou la Dîme sociale. 1862, 2 vol. in-8.   12 fr.

ROYER-COLLARD et **MOURLON**. Les Codes français, conformes aux textes officiels, avec la conférence des articles entre eux, etc. Nouv. éd., entièrement refondue et mise au courant de la législation jusqu'à ce jour, avec la collaboration de M. Mourlon. 1866, 1 vol. gr. in-8, broché, y compris l'abonnement au supplément pour 5 années (**V.** *Bacqua, Durand et Paultre; Roger et Sorel; Rogron; Sirey; Teulet; Tripier.*)   20 fr.

— *Les mêmes Codes.* Édition in-18, contenant les matières de Thèses à l'usage des élèves des Facultés.   6 fr.

— *Les mêmes Codes.* Édition elzévirienne, format de poche.   6 fr.

— *Les mêmes Codes.* Reliés, savoir : reliure en plus pour le format in-8 : 2 fr. 50 c.; pour les in-18 et les in-32 : 1 fr. 25 c.

    N. B. L'abonnement quinquennal est également accordé pour les *Codes* in-18 et in-32.

      On vend séparément :

        — Constitution et Code Napoléon............... 1 fr. 25 c.
        — Code de procédure civile et tarifs............ 1 fr.
        — Code de commerce et contrainte par corps..... 1 fr.
        — Code d'instruction criminelle et Code pénal..... 1 fr.

— **V.** *Mourlon.*

ROZIÉ. Le Guide des Experts, ou Traité des successions, des partages, servitudes et des évaluations des immeubles. 1851, in-12 (**V.** *Demolombe; Genty*).   **> >**

ROZIER (*V.*). Législation sanitaire de l'armée de terre, contenant les lois, etc. 1835, 2 vol. in-8.   **14 fr.**

ROZIÈRE (*Eug. de*). Recueil général des formules usitées dans l'empire des Francs du Ve au Xe siècle. 1861, 2 forts vol. gr. in-8.   30 fr.

    Ce vaste recueil embrasse : 1° Toutes les formules juridiques publiées par Bignon, Lindenbrog, Beluze, Mabillon, et par quelques modernes, tels que MM. Pardessus, Mone, Dümmler, de Wyss, Rockinger; 2° toutes celles que l'auteur avait lui-même publiées dans la *Bibliothèque de l'École des Chartes,* dans la *Revue historique de Droit français et étranger,* ou par fascicules séparés; 3° toutes celles qui étaient restées inédites, et qu'on a pu découvrir. Les textes ont été revus sur plus de soixante manuscrits des bibliothèques de Paris, Montpellier, Rouen, Strasbourg; Berne, Reichenau, Saint-Gall, Fulde, Zurich, Rome et Copenhague. Ils sont distribués par ordre de matières et divisés en cinq classes (Droit public, Droit privé, Procédure, Droit canonique et rites ecclésiastiques, Lettres familières), subdivisées elles-mêmes en un grand nombre de sections. C'est un des plus beaux monuments qu'on ait encore élevés à la science de l'Histoire du Droit.

    Les deux volumes publiés contiennent les textes, les variantes et les notes destinées à éclaircir plusieurs points de chronologie, de diplomatique et de géographie. Le troisième volume, qui doit paraître dans le cours de l'année 1866, contiendra l'Introduction, les Additions et corrections, et les Tables de concordance.

— Formules inédites publiées d'après un manuscrit de la biblioth. de Munich. 1858, in-8.   1 fr.

— Notice sur un manuscrit du grand coutumier de France, conservé à la Bibliothèque du Vatican. 1865, in-8.   1 fr.

    Extrait de la *Revue historique de droit français et étranger.*

RUELLE (*J.*). Jurisprudence des locations rédigée d'après les dispositions générales du nouveau Code civil. 1805, in-12.   1 fr. 50 c.

— Nouveau manuel des propriétaires et des locataires de maisons. 1811, in-8.   3 fr.

RUELLE. Études sur la question des octrois. 1861, in-8 (**V.** *Braff*). 1 fr.

RUMPF (*J.-P.-F.*). Droits et devoirs des fonctionnaires et employés prussiens, depuis leur entrée en place jusqu'à leur sortie. Traduit de l'allemand, par Ch. Noël. 1840, in-8.   4 fr.

RUPERT. Les lois civiles concernant le Mariage. 1853, in-12 (**V.** *Demolombe*).   2 fr.

RUSSELL (*John*). Essai sur l'histoire du gouvernement et de la constitution britanniques depuis le règne de Henri VII jusqu'à l'époque actuelle. Trad. de l'anglais, par Ch. Bernard Derosne. 1865, in-8 (**V.** *Jouffroy, Zézas*).   7 fr.

RUSSELL (*lord John*). Essai historique sur la constitution et le gouvernement anglais, trad. de l'anglais par A. Roy. 1821, in-8. 7 fr.

RUTGEERTS (*L.-J.-N.-M.*). Manuel de droit fiscal. *Louvain*, 1861, 2 vol. in-8 (V. *Obissier*). 16 fr.

S

SAAFELD — V. *Martens.*

SABATIÉ (*E.*). Commentaire de la loi du 22 janvier 1851 sur l'assistance judiciaire. 1864, in-8. 3 fr.

SABATIER. Histoire de la législation sur les femmes publiques et les lieux de débauche. 1828, in-8. » »

SABATTIER (*G.*). Traité de l'Expropriation pour cause d'utilité publique. 1859, in-8 (V. *Daffry de Monnoye*). 6 fr.

SABBATIER (*J.*). — V. *Tribune judiciaire.*

SACASE. De la Folie, considérée dans ses rapports avec la capacité civile. 1851, in-8 (V. *Legrand du Saulle*). 4 fr.
— V. *Roussilhe.*

SAGNIER. Code correctionnel et de simple police. *An VII*, in-8. 2 fr. 50 c.

SAGNIER et **THÉVENIN**. Recueil de jurisprudence. *An IX*, 3 vol. in-8. 8 fr.

SAGOT-LESAGE (*A.*). Étude sur la législation de Mahomet. Première partie : *Droit des Personnes*. 1858, in-8. 2 fr.
— Examen, au point de vue doctrinal et historique, de l'ouvrage de M. Da Silva Ferrao, intitulé : Code réglementaire du crédit foncier en Portugal. 1860, in-8. 1 fr.
Extrait de la *Revue historique de droit français et étranger.*

SAILLET et **OLIBO.** Codes des contributions indirectes, ou Lois organiques annotées. Nouvelle édition (4e), mise au courant de la législation, de la jurisprudence et des instructions administratives les plus récentes, par M. Olibo. Tome Ier. 1865, in-8.
Cet ouvrage doit former 2 vol. Prix, jusqu'au moment de la mise en vente du tome II : 12 fr. 50 c.; après la publication des Codes : 15 fr. — Chaque volume : 10 fr.

SAINT-ALBIN (*H. de*). Logique judiciaire, ou Traité des arguments légaux; 2e édition, revue, corrigée et augmentée; suivie de la Logique de la conscience. 1841, in-12. 3 fr. 50 c.
Voici un petit livre qui réalise un mérite assez rare par le temps qui court, c'est de contenir peu de mots et beaucoup d'idées. Dans la seconde, comme dans la première partie de son livre, l'auteur est resté fidèle à l'ordre de pensées qui lui sont le plus familières, par suite de la carrière qu'il a embrassée. En résumé, M. Saint-Albin a fait un livre utile et original, bien pensé et bien écrit. (*Revue de législat.*, t. XIV, p. 289.)

SAINT-ALBIN BERVILLE. Fragments oratoires et littéraires. 1845, in-8. 3 fr.
M. Berville a réuni dans ce volume plusieurs opuscules écrits pour des occasions très-diverses... Tous portent le cachet de cette parole correcte et élégante, de cette pensée fine et logique que l'on est habitué à rencontrer chez l'éloquent magistrat.
(*Revue de législat.*, t. XXII.)

SAINT-CHAMANS (*vicomte de*). Traité d'économie politique, suivi d'un Aperçu sur les finances de la France. 1852, 3 vol in-8. 15 fr.

SAINT-EDME. Dictionnaire de la Pénalité dans toutes les parties du monde connu. 1828, 5 vol. in-8, fig. 35 fr.
— Répertoire général des Causes célèbres anciennes et modernes. 1836-1837, 15 vol. in-8. 70 fr.

— Législation historique du sacrilége chez tous les peuples, avec la discussion des lois proposées aux Chambres en 1824 et 1825. 1825, in-8. 8 fr.

SAINT-ESPÈS-LESCOT (*E.*). Des Donations entre vifs et des Testaments. Ouvrage précédé d'une introduction historique, par Isambert. 1855-61, 5 vol. in-8 (V. *Demolombe*). 35 fr.

Tome I. Des Substitutions prohibées, et de la capacité de disposer et de recevoir.

Tome II. De la Portion disponible et de la réduction. (V. *Beautemps-Beaupré; Lauth*).

Tome III. De la Forme des donations entre vifs et de leur irrévocabilité.

Tome IV. Des Règles sur la forme des testaments, des Institutions d'héritier et des legs.

Tome V et dernier. Des Exécuteurs testamentaires ; de la révocation des testaments et de leur caducité ; des dispositions permises en faveur des petits-enfants et des neveux du donateur ; des partages d'ascendants, etc., etc.

Chaque volume se vend séparément : 7 fr.

SAINT-GENIS (*Flour de*). Manuel des droits d'Enregistrement. 1839, in-8 (V. *Sollier*). 7 fr.

— Manuel du surnuméraire de l'enregistrement et des domaines; 8° édit. 1864, in-8 (V. *Palierne*.) 7 fr. ; par la poste, 7 fr. 35 c.

SAINT-GENOIS (*Jules de*). Histoire des Avoueries en Belgique. *Bruxelles*, 1837, in-8. 5 fr.

SAINT-LANNE-PESSALIER. Code du 23 mars 1855 sur la Transcription hypothécaire. 1856, une feuille in-fol. 3 fr.

SAINT-MARTIN. Guide pratique des conseils de prud'hommes et de leurs justiciables. 1863, in-18 (V. *Mollot*). 1 fr.

— Des Chemins ruraux. In-8 de 59 pag.

SAINT-NEXANT (*Ch.*). De la réforme du Régime hypothécaire. 1850, 1 vol. in-8. 6 fr.

— Traité des Faillites et Banqueroutes, d'après la loi du 28 mai 1838. 1843, 3 vol. in-8 (V. *Bédarride; Gadrat*). 15 fr.

SAINTE-HERMINE. Traité de l'organisation communale et des élections municipales; 4° édit. 1863, in-12. 3 fr. 50 c.

SALA (*Don Juan*). Compendio del derecho real de España, estractado de la obra del doctor D. Juan Sala, compuesto por D. Juan Fr. Siñeriz; 2° edicion. *Madrid*, 1833, ret. in-4. 10 fr.

— Ilustracion del derecho real de España ordenada y adicionada por Don Juan Sala, con las citas di leyes arregladas a la novissima recopilacion; nueva edicion. 1865, 2 vol. in-12. 10 fr.

SALIGNY (*Tenaille*). — V. *Tenaille-Saligny*.

SALINAS. Manuel des droits civils et commerciaux des Français en Espagne, et des étrangers en général. 1829, in-8. » »

SALIN (*H.*). De l'importance des juges de paix en France; de la variété de leurs attributions, de la sainteté de leur ministère. 1865, in-8 (V. *Bioche; Guilbon; Jay*). 8 fr.

Le livre de M. Salin a pour but de développer les qualités nécessaires au juge de paix. Un travail consciencieux et une admiration réfléchie de l'auteur pour les fonctions qu'il est appelé à remplir, telles sont les qualités de l'ouvrage

Après avoir rappelé l'origine de la justice de paix, son caractère, les modifications qu'a subies sa compétence, l'auteur considère successivement ce magistrat comme juge civil, comme juge d'instruction, comme président du conseil de famille et, en général, dans tous les cas où il est investi par la loi de certaines fonctions spéciales. Dans ces diverses positions, le magistrat doit montrer parfois une supériorité d'esprit, un tact, une science qui ne se rencontrent que trop rarement chez la plupart des hommes.

Si le livre de M. Salin ne peut changer la faiblesse de notre nature, il renferme cependant des aperçus ingénieux et de bonnes pensées dont la méditation ne peut qu'être utile à tous.

SALLES (*de*). Traité de Médecine légale. 1 vol. gr. in-8.   6 fr.

SALME. Traité des greffes et des greffiers. 1854, in-12.   3 fr.

SALVADOR. Histoire des Institutions de Moïse et du peuple hébreu; 3e édit. 1862, 2 vol. in-8.   15 fr.

SALVANDY (P.). Essai sur l'histoire et la législation particulière des gains de survie entre époux. 1855, in-8.   5 fr.

SALVIAT (*de*). La jurisprudence du parlement de Bordeaux, avec un recueil de questions importantes, agitées en cette cour, et les arrêts qui les ont décidées. Nouv. édit. considérable augmentée par M. B**. *Paris*, 1824, 2 vol. in-4.   20 fr.

— Traité de l'usufruit, de l'usage et de l'habitation. 1817, 2 vol. in-8 (V. *Demolombe* ; *Genty*).   8 fr.

SAMWER. — V. *Martens*.

SANDELIN. Répertoire général d'économie politique ancienne et moderne. *La Haye*, 1846-1847, 6 vol. gr. in-8.   60 fr.

SANDT (G. *de*). — V. *Thibaut*.

SANFOURCHE-LAPORTE. Le Nouveau Valin, ou Commercial maritime, revu par P.-B. Boucher. 1809, in-4 (V. *Bédarride* ; *Dufour* ; *Pouget* ; *Valin*).   15 fr.

— Code des notaires, ou Recueil des lois, décrets, etc., actuellement en vigueur dans les Pays-Bas, rendus d'après l'organisation du notariat, en 1791. *Bruxelles*, 1830, in-8.   7 fr. 50 c.

— Annales de jurisprudence en mat. civile, commerciale et de procédure, etc. *Bruxelles*, 1822-27, 12 vol. in-8.   »
V. *Pasicrisie belge*.

SANSON. L'Administration militaire en campagne. 1861, in-4.   20 fr.

SAPEY. Les Étrangers en France sous l'ancien et le nouveau droit. 1843, in-8 (V. *Legat*).   4 fr.

— Études biographiques pour servir à l'histoire de l'ancienne magistrature française (Guill. Duvair, Le Maistre). 1858, in-8.   7 fr.

SARMIENTO (*Domingo F.*). Comentarios de la constitucion de la Confederacion Arjentina, con numerosos documentos. *Valparaiso*, 1858, in-8.

SARRAZIN (*Th.*). Code pratique des Prudhommes. 1864, in-32. 1 fr. 25 c.

SARTOR (*J.-E.*). De la Naturalisation en Algérie (sénatus-consulte du 5 juillet 1865). Musulmans, Israélites, Européens. 1865, in-32 de 64 pag.   » 50 c.

SAUGER (L. G.). Du louage et des servitudes dans leurs rapports avec les usages locaux. 1860, in-8. (V. *Clamageran* ; *Demolombe*). 5 fr. 50 c.

SAULNIER (F.). Le Barreau du parlement de Bretagne au XVIIIe siècle (1733-1790). 1856, br. in-8.   1 fr.

SAURIMONT (A.). Code des Contributions directes. 1837, in-8 (V. *Fiquenel*).   » »

— Code des Contributions directes. Nouvelle édition. 1847, in-8 (V. *Fiquenel*).   7 fr. 50 c.

Extrait à l'usage des maires et répartiteurs communaux.

SAUTAYRA (G.). De l'Assurance contre l'incendie, avec un Commentaire sur chacun des articles des conditions générales imprimées sur les polices délivrées par les Compagnies; précédé d'une introduction sur les assurances en général. 1841, in-12. 2 fr.

SAUVAN. Traité complet des actes de l'état civil et des questions qui s'y rattachent. 4e édit. 1859, in-8 (V. Demolombe; Loir). 3 fr.

SAUVEUR (J.). Mémoire sur la révision de la Législation des cours d'eau non navigables et flottables. Bruxelles, 1854, in-8. 6 fr.

— Législation belge des établissements industriels dangereux, insalubres ou incommodes. Bruxelles, 1857, in-8. 5 fr.

— Histoire de la législation médicale belge. Bruxelles, 1862, in-8. 7 fr.

SAUZEAU (Alix). Manuel des docks, warrants, ventes publiques, comptes courants, chèques et virements, à l'usage de tout le monde. 1861, in-12. (V. Caumont). 3 fr.

SAVARDAN (Aug.). L'Extinction du paupérisme réalisée par les enfants, etc. 1860. in-12. 3 fr.

SAVIGNÉ (E.-J.). Etude sur les Conseils de prud'hommes, avec appendice contenant un formulaire des actes de la procédure. 1862, in-8 (V. Mollot). 3 fr.

SAVIGNY. Histoire du Droit romain au moyen âge, traduit par Guenoux. 1839, 4 tom. en 3 vol. in-8. » »

— Traité de Droit romain, traduit de l'allemand par Guenoux. 1840-1851-55, 8 vol in-8. 64 fr.

— Traité de la Possession en Droit romain, traduit de l'allemand par Faivre d'Audelange, revu en partie par Valette. 1841, in-8. » »

— Le même ouvrage, traduction de Beving. 1 vol. gr. in-8. » »

— Le même ouvrage; 7e édition, publiée d'après les notes laissées par l'auteur et augmentée d'un appendice sur l'état actuel de la doctrine, par M. Ad. Fr. Rudorff. Traduit de l'allemand par Henri Staedtler. 1866, 2 part. en 1 fort vol. in-8. 12 fr.

Traduction la plus fidèle, la seule aussi en français qui renferme les additions du docteur Rudorff.

— Le droit des Obligations, traduit de l'allemand, par C. Gérardin et P. Jozon. 1863, 2 vol. in-8 (V. Machelard; Massol; Maynz.) 15 fr.

Dans cet ouvrage, le dernier qu'ait publié M. de Savigny, on retrouve au plus haut degré toutes les qualités qui distinguent cet éminent jurisconsulte : la science historique, l'étude patiente et approfondie des textes, la généralisation de décisions isolées pour en former toute une théorie hardie et nouvelle. Les romanistes français, M. Pellat à leur tête, n'hésitent pas à mettre le Droit des Obligations au premier rang des œuvres de M. de Savigny. Demeuré malheureusement inachevé, il renferme cependant les théories des obligations naturelles, solidaires, indivisibles ; de l'argent, de la représentation des titres au porteur, et des obligations nées de délits. Il a été annoté avec soin par deux jeunes docteurs de la faculté de Paris.

SAVOURÉ. Recueil pratique d'administration communale et conseils sur la formation des budgets et des comptes des communes; 2e édit. 1855, in-8 (V. Braff.) 12 fr.

SAY (J.-B.). Traité d'économie politique; 7e édit. précédée d'une Notice biographique par Amb. Clément. 1861, in-12 (V. Garbouleau). 4 fr.

— Cours complet d'économie politique pratique; 3e édit. 1852, 2 vol. gr. in-8. 20 fr.

— Mélanges et correspondance d'économie politique, ouvrage posthume, publié par Ch. Comte. 1844, in-8. 6 fr.

SAY (H.). Études sur l'Administr. de la ville de Paris. 1846, in-8. 7 fr.

SCHENCK. Traité sur le Ministère public. 1813, 2 vol. in-8 (V. Delpon; Ortolan et Ledeau). » »

SCHIEBE. Traité théor. et prat. des lettres de change. 1819, in-8 (V. Bédarride). 6 fr.

SCHILLING. Droit de gage (V. Pellat).

SCHMALZ (Th.). Le droit des gens européens, trad. de l'allemand par le comte Léopold de Bohm. 1823, in-8 (V. Wheaton). 5 fr.
— Encyclopædia juris per Europam communis. Berolini et Posnaniæ, 1827, in-8. 12 fr.

SCHOELL (M.-S.-F.). Histoire abrégée des Traités de paix entre les puissances de l'Europe, depuis la paix de Westphalie, par Koch, ouvrage entièrement refondu, augmenté et continué jusqu'au Congrès de Vienne et au Traité de Paris de 1815, par F. Schœll. 1817-18, 15 v. in-8.
— Le même ouvrage. Edition belge. 4 vol. gr. in-8. 60 fr.
— Cours d'Histoire des Etats européens, dep. le boulev. de l'emp. romain d'Occident jusqu'en 1789. 1830-1835, 47 vol. in-8. 100 fr.

SCHOMBERG (A.-C.). Précis histor. et chronologique sur le droit romain, trad. de l'anglais par Boulard. 1808, in-12. 2 fr.

SCHUERMANS (H.). Code de la Presse, ou Commentaire du décret du 20 juillet 1831 et des lois complétives de ce décret. Bruxelles, 1861, gr. in-8. 10 fr.

SCHULTING. Notæ ad Digesta seu Pandectas, edidit N. Smallenburg. Lugd. Bat., 1804-1836, 8 vol. in-8. 45 fr.

SCHUTZENBERGER. Etudes sur le Droit public. 1841, in-8. 4 fr.
— Condition civile des Étrangers en France. 1852, 2 vol. in-8 (V. Legat; Sapey). 12 fr.
— Les Lois de l'Ordre social. 1851, 2 vol. in-8. 15 fr.

SCLOPIS (F.). Histoire de la législation italienne, traduite de l'italien en français par Ch. Sclopis, di l'etreto. 1860-65, 3 vol. in-8. 21 fr.
— Storia della legislazione italiana. Nuova edizione riveduta ed accresciuta dall' autore. Torino, 1863, 3 vol. in-12. 12 fr.
— Storia dell' antica legislazione del Piemonte. Torino, 1833, in-8. 6 fr.
— Montesquieu et Machiavel. 1856, broch. in-8. 1 fr.
Extrait de la Revue historique de droit français et étranger.

SÉANCES ET TRAVAUX de l'Académie des Sciences morales et politiques. (V. Vergé).

SEABRA. — V. Codigo civil Portuguez.

SEBIRE et CARTERET. Encyclopédie du Droit, ou Répertoire raisonné de législation et de jurisprudence en matière civile, administrative, crimin. et commerc. 20 livrais. gr. in-8. 45 fr.
N. B. Cet ouvrage n'est pas terminé. Les 20 livraisons publiées forment les tomes I à VI et les deux tiers du tome VII.

SECRETAN (Ed.). Essai sur la féodalité ; introduction au droit féodal du pays de Vaud. P. I. Lausanne, 1858, in-8. 9 fr.
— Ce volume forme le t. XVI des Mém. et documents publ. par la Soc. d'hist. de la Suisse romande.

SÉGUIN (Léopold). Du Régime des eaux en Provence, avant et après 1790, d'après les lois et décrets, règlements, arrêts et usages locaux. 1863, in-8. 4 fr. 50 c.

SÉGUR-DUPEYRON (P. de). Histoire des négociations commerciales et maritimes du règne de Louis XIV, considérées dans leurs rapports avec la politique générale. 1863, in-8. 7 fr. 50 c.

SEIGNOURET (*P.-E.*). La Démocratie, la banque et le taux de l'intérêt; 2e édition. 1865, in-8 de 31 pag. **1 fr.**

SEINGUERLET (*Eug.*). Organisation du crédit populaire. Les banques du peuple en Allemagne. 1865, in-18 jésus. **3 fr. 50 c.**

SELIGMAN. Quelles sont, au point de vue juridique et philosophique, les Réformes dont notre procédure civile est susceptible. 1855, in-8. **5 fr.**

— Explication théorique et pratique de la loi du 21 mai 1858 sur les articles modifiés, des Saisies immobilières et de la procédure d'Ordre. Ouvrage examiné et annoté par PAUL PONT pour servir de complément à son traité sur les Priviléges et Hypothèques, etc. 1860, in-8. **12 fr.**

SELLIER (*F.-M.*). Manuel des Notaires, contenant un nouveau dictionnaire des formules de tous les actes des notaires, et un commentaire correspondant au formulaire. 1844-1847, 5 vol. in-4, et supplément (V. *Demadre*). **40 fr.**

On a refait les titres avec la date de 1863.

— Commentaire de la loi du 23 mars 1858 sur la Transcription en mat. hypothéc. 1856, in-8 (V. *Verdier*). **5 fr.**

— Traité de la concurrence déloyale en matière commerciale. 1857, in-8. **3 fr.**

— Loi du 5 juin 1850 sur le Timbre; 2e édit. 1853, in-8. **3 fr.**

— V. *Journal du Manuel des Notaires.*

SÉMAINVILLE (*le comte P. de*). Code de la Noblesse française, ou Précis de la législation sur les titres, épithètes, noms, particules nobiliaires et honorifiques, les armoiries, etc.; 2e édit., revue, corrigée et considérablement augmentée. 1860, in-8. **10 fr.**

SEOANE (*D.-J.-A.*). Jurisprudencia civil vigente española y estrangera segun las sentencias del tribunal supremo desde el establecimiento de su jurisprudencia en 1838, hasta las vacaciones de julio de 1861, etc. *Madrid*, 1861, 2 vol. in-8. **15 fr.**

SERAFINI (*Filippo*). Le Télégraphe dans ses rapports avec la jurisprudence civile et commerciale, trad. et annoté par F. Lavialle de Lameillère. 1863, in-8. **3 fr.**

— V. *Lavialle de Lameillère.*

SERGENT (*F.*). Manuel des engagistes et des échangistes, ou Recueil des lois, décrets, etc., concernant les domaines de l'Etat, concédés, engagés ou échangés. 1829, in-12. **3 fr.**

SERIEYS (*J.-J.-S.*). Nouveau Répertoire de la jurisprudence et de la science du Notariat. 1828, in-8. **6 fr.**

SERIZIAT (*H.*). Traité du Régime dotal, sous la forme d'un commentaire sur les articles du Code civil qui gouvernent ce régime. 1845, in-8 (V. *Bellot des Minières; Ginoulhiac; Marcel*). **7 fr. 50 c.**

SERMET (*Phil.*). Des Institutions judiciaires, discours historique servant d'introduction à la théorie de l'application des lois. 1834, in-8. **6 fr.**

— Théorie de l'Application des lois, — tome I, des Absents, des actes de l'état civil. 1834, in-8 (V. *Demolombe*). **6 fr.**

SERRES (*Marcel de*). Manuel des Cours d'assises. 1822, 3 vol. in-8. **15 fr.**

SERRIGNY (*D.*). Traité de l'organisation, de la Compétence et de la procédure en matière contentieuse administrative, dans leurs rapports avec le droit civil; 2e édit., *corrigée et augmentée.* 1865, 3 vol. in-8. **24 fr.**

— Traité du Droit public des Français, précédé d'une introduction sur les fondements des sociétés politiques. 1846, 2 vol. in-8. **12 fr.**

— Questions et traités de Droit administratif. 1854, in-8 (V. *Ducrocq*; *Gandillot et Boileux*; *Vauvilliers*). 8 fr.

— Droit public et administratif romain, ou Institutions politiques, administratives, économiques et sociales de l'empire romain, du IVe au VIe siècle (de Constantin à Justinien). Ouvrage suivi d'un Mémoire sur le régime municipal en France, dans les villages, depuis les Romains jusqu'à nos jours. 1862, 2 vol. in-8. 16 fr.

Dans un 1er livre, cet ouvrage explique le principe politique sur lequel reposaient le pouvoir impérial et les prérogatives du chef de l'Etat, l'organisation et les institutions des corps et dignitaires composant l'administration centrale, provinciale et municipale, en particulier celle de Rome et de Constantinople, — le régime militaire et le régime ecclésiastique. — Le 2e livre traite des biens dans leurs rapports avec l'administration publique, tels que les chemins, les cours d'eau, le fisc, les impôts directs et indirects, les douanes, les octrois, les corvées, etc.; des travaux publics et de l'expropriation pour cause d'utilité publique, de la police, des droits d'association et de réunion, de l'enseignement, des spectacles et des jeux publics. — Le 3e livre s'occupe des conditions sociales et économiques des personnes de toutes les classes de la société, et notamment des colons dont il fait connaître l'origine et la condition. L'ouvrage est suivi d'un mémoire sur le régime municipal en France dans les communautés villageoises. L'auteur aurait pu prendre pour épigraphe : *rien de nouveau sous le soleil*; car, tout ce que nous voyons de nos jours a existé sous l'empire romain, même l'exonération militaire établie chez nous en 1855.

— Mémoire sur le régime municipal en France, dans les villages depuis les Romains jusqu'à nos jours. 1861, in-8. 1 fr. 50 c.

SERUZIER. Précis histor. sur les Codes français, accompagné de notes bibliographiques françaises et étrangères sur la généralité des Codes, et suivi d'une dissertation sur la Codification. 1845, in-8. 3 fr. 50 c.

SEURRE (*J.*). Mutualité. Essai sur les institutions de prévoyance. 1862, in-12. 1 fr. 25 c.

SEVERINI (*N.*). Considerazioni intorno la legge della liberta della stampa. *Torino*, 1864, in-8. 1 fr. 50 c.

SEVIN (*F.*). Mémoire sur le régime hypothécaire. 1833, in-8. 2 fr.

SGOUTA (*L.*). — V. *Calligas*; — *Heimbach*; — *Joannidès*; — *Thémis*.

SIBILLE. Usages locaux et règlements du département de la Loire-Inférieure, avec une introduction par Waldeck-Rousseau. 1861, in-8. 6 fr.

— Jurisprudence et doctrine en matière d'Abordage, ou commentaire sur les art. 407, 435 et 436 du Code de commerce. 1853, in-8 (V. *Bédarride*; *Dufour*). 6 fr.

Le sujet de ce livre est exclusivement l'Abordage, le heurt de deux navires, l'accident prévu par l'art. 407 du Code de commerce; tout circonscrit qu'il est, ce sujet mérite une étude spéciale. Des raisons de justice et d'intérêt commercial ont fait soumettre l'action civile, en cas d'abordage, à certaines formes, qui font l'objet de huit chapitres de l'ouvrage; elles sont traitées avec soin, avec toute la sûreté d'une expérience consommée; les opinions de l'auteur sont appuyées de documents judiciaires bien choisis, et de décisions assez nombreuses; c'est dans cette partie que l'auteur a complétement atteint le but qu'il s'est proposé : *De faire un livre utile aux jurisconsultes et aux marins;* de donner aux navigateurs une sorte de manuel qui leur enseignât ce qu'ils ont à faire dans des circonstances toujours urgentes, et où ils ne sont jamais assurés de trouver les conseils d'un jurisconsulte éclairé..... Ce volume doit être favorablement accueilli par tous ceux qui se livrent à l'étude du Droit commercial. » (*M. Dufaure, Revue bibliographique.*)

SIBUET (*St.*). Nouveau système de Comptabilité notariale. 1862, in-8 (V. *Lejay*).

SICÉ. Législation Hindoue publiée sous le titre de VYAVAHARA-SARA-SANGRAHA, ou abrégé substantiel de droit, par MADURA-KANDASVAMI-PULAVAR, professeur du collége de Madras, traduit du Tamil par Sicé. *Pondichéry*, 1857, in-8.

— Traité des lois mahométanes, ou Recueil des lois, us et coutumes des Musulmans du Décan. *Paris, impr. roy.*, 1841, in-8 (Extrait du *Journal asiatique.*) 4 fr.

SIDI-KHALIL. Précis de jurisprudence musulmane, suivant le rite malékite. Publié en arabe par la Société asiatique; 2ᵉ tirage. 1858, in-8.
6 fr.

Réimpression exacte de la 1ʳᵉ édition, publiée en 1853.
— Le même ouvrage, trad. en français (V. Perron).

SIEYÈS (l'abbé). Qu'est-ce que le Tiers-État? précédé de l'Essai sur les Priviléges. 1822, in-8. 3 fr.

SILVA FERRAO (Da). — V. Da Silva Ferrao.

SILVELA. Du maintien de la peine de Mort. 1832, in-8. » »

SIMIOT (A.). Centralisation et démocratie. 1861, in-8 (V. Chevillard).
3 fr.

SIMON-MAYER. De la réforme douanière. 1860, in-8. » 75.

SIMONDE DE SISMONDI (J.-C.-L.). De la richesse commerciale, ou Principes d'économie politique, appliqués à la législation du commerce. Genève, 1803, 2 vol. in-8. 10 fr.
— Etudes sur les Constitutions des peuples libres. 1836, in-8. » »

SIMONET. Traité de la police administrative des Théâtres de la ville de Paris. 1850, in-8 (V. Lacan et Paulmier). 4 fr.

SIMONIS. Guide des Jurés devant la Cour d'assises. Liége, in-8. 6 fr.

SIMONNET (J.). Histoire et théorie de la Saisine héréditaire dans les transmissions de biens par décès. (Mémoire couronné par la Faculté de droit de Paris.) 1852, in-8. 6 fr.

L'auteur fait dans cet ouvrage, comme le titre l'indique, l'histoire de la saisine héréditaire. Après un chapitre préliminaire consacré à la section de la saisine en général, il étudie l'esprit du droit romain en cette matière, fixe le vrai caractère de la succession romaine; mais c'est dans le droit germanique qu'il recherche l'origine de cette institution, dont il retrace l'histoire dans le droit féodal, dans le droit féodal d'Orient, dans le droit coutumier. Enfin, dans une deuxième partie, il expose la théorie de la saisine dans notre droit moderne. C'est donc une monographie complète de cette institution importante et trop peu connue qui se lie si intimement dans les diverses périodes de son histoire à l'organisation de la famille et à celle de la propriété.

— Les Parlements sous l'ancienne monarchie, leurs grandeurs et leurs faiblesses. 1858, in-8. 1 fr.
Extrait de la *Revue historique de droit français et étranger.*
— Le président Fauchet, sa vie et ses ouvrages. 1864, in-8. 2 fr.
Extrait de la *Revue historique de droit français et étranger.*

SINERIZ. — V. Sala.

SIREY. Codes annotés, contenant toute la jurisprudence depuis 1789 jusqu'à ce jour et la Doctrine des auteurs, par P. Gilbert, avec le concours, pour la partie criminelle, de MM. Faustin Hélie et Cuzon. 1862-65, 3 vol. gr. in-8 ou in-4. 45 fr.
— Les mêmes Codes. In-4, sur papier à grandes marges. 1847-54. 50 fr.
Prix des Codes vendus séparément : Code civil, 20 fr.; Code de procédure, 15 fr.; Code de commerce, 10 fr.; Code d'instruction criminelle, 8 fr.; Code pénal, 7 fr.; Code forestier, 5 fr.
Codes civil (tome Iᵉʳ) et de procédure, ensemble, 32 fr.; Code civil, de procédure et de commerce (tomes 1 et 2), ensemble, 35 fr.; Code de procédure et de commerce (tome 2), ensemble, 20 fr.; Codes d'instruction criminelle, pénal et forestier (tome II), ensemble, 15 fr.
N. B. Le *Supplément* à tous les Codes est sous presse et doit paraître prochainement. Il se vendra séparément.

— V. *Bacqua, Campenon, Durand et Paultre, Pailliet-Rogron, Roger et Sorel, Rogron, Royer-Collard et Mourlon, Sirey, Teulet, Tripier.*
— Du Conseil d'État, selon la Charte constitutionnelle. 1818, in-4. 10 fr.

— Jurisprudence du Conseil d'Etat, depuis 1806, époque de l'institution de la commission du contentieux, jusqu'à la fin de septembre 1818. 1818, 5 vol. in-4. 25 fr.

— Lois civiles intermédiaires, ou collection des lois sur l'état des personnes et les transmissions des biens depuis 1789 jusqu'en mars 1804. 1806, 4 vol. in-8. 12 fr.

— V. Devilleneuve et Carrette.

SIRTAINE (G.). Le Régime constitutionnel et la liberté de la presse. Bruxelles, 1863, in-8, 54 pag. 1 fr.

SISMONDI. — V. Simonde de Sismondi.

SMITH (L.). Traité de l'administration communale. Fonctionnaires et agents municipaux, propriété communale, contrats, procès, dépenses, recettes, comptabilité. 1861, in-12 (V. Braff; Caffin; Rivière). 4 fr.

SMITH (Valentin). Du tribunal de police en Angleterre. 1863, brochure in-8. 5 fr.

Extrait du *Moniteur Universel*.

— Lois européennes et américaines sur les chemins de fer. 1837, in-4. 12 fr.

— De l'Origine de la Possession annale, suivi d'un compte-rendu des études historiques et critiques des actions possessoires. 1854, br, in-8 (V. Bioche). 3 fr. 50 c.

SMITH (J. W.). A Manual of common law; 2ᵈ édition. London, 1864, in-12. 16 fr.

SMITH (J. C.). The Marriage laws of England, Scotland and Ireland. Edinburgh, 1864, in-12 1 fr. 50 c.

SMITH (W. L.). The Practice in proceedings in the probate courts, etc. With an appendix of practical forms, etc. Boston, 1863, in-12. 9 fr.

SMOLDERS (T.-J.-C.). Manuel d'histoire du droit romain (histoire externe et interne). Louvain, 1840, in-8. 8 fr.

SNIDER (A.). La justice en Autriche. 1861, in-8. 7 fr.

SOGLIA (card.). Institutiones juris publici ecclesiastici, libri III, editio secunda, prima pars, ab ipso auctore aucta et recognita. 1858, 2 vol. in-18. 10 fr.

SOCIÉTÉS à responsabilité limitée. Loi du 23 mai 1863, accompagnée d'annotations et d'extraits de la discussion au Corps législatif, et suivie de l'exposé des motifs et du rapport de la commission. 1863, in-8 à 2 col., 21 pag. » 75 c.

SOLIMÈNE (M.). De la réforme du Code pénal français. 1845, in-8 (V. Pellerin). 3 fr.

— Justice et Liberté, le Code des nations. 1844, in-8. 4 fr. 50 c.

SOLLIER (E.). Actes administratifs. Comptabilité des communes et des établissements publics. Dictionnaire du timbre et de l'enregistrement, en ce qui concerne les actes administratifs et les pièces de comptabilité, etc. 1861, in-8 (V. Braff; Demante; Géraud). 5 fr.

SOLOMAN. Essai juridique sur la condition des Étrangers. 1844, in-8. 6 fr.

SOLON (V.-H.). De l'Expropriation pour cause d'utilité publ. 1850, in-8 (V. Daffry de la Monnoye). 2 fr.

— Loi sur les Chemins vicinaux. 1850, in-8 (V. Braff; Grandvaux). 2 fr.

— Répertoire administratif et judiciaire. 1845, 4 vol. in-8. 24 fr.

— Code administratif, annoté. 1848, in-4. 10 fr.

— Traité des Servitudes réelles. 1837, in-8. 6 fr.

— Théorie sur la nullité des actes et des conventions de tout genre en mat. civile. 1840, 2 vol. in-8. 12 fr.

SOLON et JOUANAUX. Discussion du Code civil dans le Conseil d'État, 1805-1808, 3 vol. in-4. 20 fr.

SOLVET. Instituts du Droit mahométan. 1829, in-8. 5 fr.

— Notice sur les successions musulmanes (rite malaki et rite manufi.) *Alger*, 1857, br. in-8.

SONNIER (*Ed. de*). Les droits politiques dans l'élection. Manuel de l'électeur et de l'éligible. 1861, in-12 (V. *Bidault*; *Code*; *Persin*; *Trény*). 1 fr.

SORBET. Dictionnaire-Formulaire des Commissaires de police. 1855, in-8. 5 fr.
Cet ouvrage contient, sous la forme alphabétique, l a réunion de tous les faits qui peuvent se présenter dans un bureau de police; les peines qui leur sont applicables; de nombreuses formules d'actes de nature à faciliter la constatation de chaque cas, et un résumé succinct de la jurisprudence nouvelle.

— Guide des Tribunaux de simple police. 1854, in-8. 4 fr.

— Petit guide des Gardes champêtres. 1851, br. in-8 (V. *Dubarry*). 50 c.

— Code des Populations, contenant par ordre alphabétique, l'analyse, le texte même des lois, et suivi des formules d'actes sous seing privé. 1857, in-12 (V. *Frémy-Ligneville*). 3 fr.

SOREL (*A.-A.*). Nouveau Tarif, ou Dictionnaire abrégé des droits de Timbre, d'enregistrement, de greffe, d'hypothèques et de sceau, contenant toutes les lois rendues sur ces droits en vigueur, au 1er janvier 1854, etc. 1854, in-12 (V. *Sollier*). 3 fr, 50 c.

SOREL (*Al.*). Dommages aux champs causés par le gibier (lapins, lièvres, sangliers, etc.). — De la responsabilité des propriétaires de bois et forêts et locataires de chasses. Examen de la doctrine et de la jurisprudence en cette matière, suivi du texte de nombreuses décisions judiciaires. 1861, in-8. 4 fr,

— Chasse à tir et à courre. Du droit de suite et de la propriété du gibier tué, blessé ou poursuivi. Examen de la législation, de la doctrine et de la jurisprudence. 1862, gr. in-8. 2 fr.

SOSTHÈNE-BERTHELOT. Esprit, législation et jurisprudence du Notariat. 1854, in-8. 5 fr.

SOUQUET. Répertoire général de Législation, de doctrine et de jurisprudence, ou Dictionnaire des temps légaux. 1846, 2 vol. gr. in-4. 20 fr.

SOURDAT (*A.*). Traité général de la Responsabilité ou de l'action en dommages-intérêts, en dehors des contrats; 2e tirage. 1860, 2 vol. in-8. 15 fr.

SPINNAEL (*P.-J.*). Annotations critiques sur la doctrine de Toullier dans son traité du droit civil français. *Gand, s. d.*, in-8. 4 fr.

— V. *Toullier*.

STANFIELD (*H.*). A lecture on the reform of our monetary laws, explanatory of the fallacies of the bank act of 1844, and of the advantage of free trade in Sound currency. *London*, 1864, in-8, 20 p. 1 fr. 50 c.

STATISTIQUE et documents relatifs au sénatus-consulte sur la propriété arabe. *Impr. impér.*, 1863, in-8, de 544 pag.

STAUNTON (*G.-Th.*). Ta-Tsing-Leu-Lée, ou les lois fondamentales du Code pénal de la Chine, avec le choix des statuts supplémentaires, traduits du chinois, par G.-Th. Staunton, et mis en français, avec des notes par F. Renouard de Sainte-Croix. 1812, 2 vol. in-8. 12 fr.

STEIN (*L.*). De la Constitution de la commune en France, traduit de l'allemand, par S.-E.-W. Le Grand. *Bruxelles*, 1860, in-18. 1 fr. 50 c.

STEPHEN (*H. J.*). New commentaries on the laws of England (partly founded by Blackstone). 5th *edition*, prepared for the press by James Stephen. *London*, 1863, 4 beaux vol. gr. in-8, rel. en percaline. 110 fr.

STORCH (*H.*). Cours d'économie politique, etc., avec des notes par J.-B. Say. 1823-1852, 5 vol. in-8 (V. *Garbouleau*). 30 fr.

STORY. Droit public des Etats modernes (Etats-Unis d'Amérique), traduit par M. Odent. 1846, 2 vol. in-8. "

STOURM. — V. *Gillon et Stourm.*

STREMLER (*l'abbé J.*). Traité des peines ecclésiastiques, de l'appel et des congrégations romaines. 1860, in-8. 6 fr.

STUART-MILL. — V. *Mill.*

SUDRAUD-DESISLES. Manuel du Juge taxateur en matière civile; 2e édition. 1828, in-8 (V. *Chauveau-Adolphe et Godoffre*). 7 fr.
— Notes d'un Juge d'instruction sur la taxe et le paiement des frais de justice en matière criminelle, correctionnelle et de simple police. 1832, in-8. 6 fr.

SUÈDE et NORWÉGE. Législation commerciale, douanes, navigation et monnaies, tarif des douanes de Suède pour 1858, 1859, 1860. In-8. 2 fr. 50 c.

SULPICY. — V. *Teulet et Sulpicy.*

SURINGAR (*W. H.*). Considérations sur la réclusion individuelle des détenus, trad. du hollandais sur la 2e édit. corrigée. Précédées d'une préface et suivies du résumé de la question pénitentiaire, par L. M. Moreau-Christophe. 1843, in-8.
— V. *Moreau-Christophe.*

SVOD, ou Pandectes russes (V. *Robakowski*).

SWANTON. Dictionnaire du Recrutement. 1838, in-8 (V. *Bost*). 8 fr.

T

TABARY (*Em.*). Des Transactions en droit romain et en droit français. 1863, in-8, de 166 p.

TABLES ANALYTIQUES de la *Revue de législation* et de la *Revue critique de législ. et de jurisprudence*, précédées des tables de la *Thémis* et de la *Revue de droit franç. et étranger*, par Coin-Delisle, Ch. Million, etc., avec une introd. hist. par Laferrière. 1861, 1 vol. in-8. 20 fr.
Ces tables renferment l'analyse de quatre revues, contenant ensemble 88 vol. in-8, qui se répartissent ainsi :
La *Thémis* (1819-1830), 10 vol.;
La *Revue de Foelix* (1833-1850), 17 vol.
La *Revue de Wolowski* (1834-1853), 46 vol.
La *Revue critique* (1851-1859), 15 vol.
Elles comprennent, en outre, la nomenclature de tous les travaux juridiques insérés dans les 42 volumes des *Séances et travaux de l'Académie des Sciences morales et politiques* (1843-1859).

TAILLANDIER (*A.*). Loi de la procédure civile du canton de Genève. 1837, in-8. 5 fr.

TAILLANDIER (*Alph.*). Commentaire sur l'ordonnance des Conflits (1er juin 1828). 1829, in-8. 5 fr.

— Traité de la Législation concernant les Manufactures et les ateliers dangereux, insalubres et incommodes. 1825, in-8.   4 fr.

— Réflexions sur les Lois pénales de France et d'Angleterre. 1824, in-8 (V. *Buchère*).   4 fr.

TAILLANDIER (*E.*). Essai sur les Causes indivisibles, et considérations générales sur les différentes matières où se rencontre cette indivisibilité en droit rom. et en dr. franç. 1853 (1re livr. *Droit romain*), in-8 (V. *Rodière*).   3 fr.

TAILLLANDIER (*A.-H.*). Nouvelles recherches sur la vie et les ouvrages du chancelier de l'Hospital. 1862, gr. in-8.   10 fr.

— V. *Hospital.*

TAILLEFER. Des Priviléges sur les meubles. 1852, in-8.   2 fr. 50 c.

TAILLIAR. Essai sur l'histoire du régime municipal romain dans le nord de la Gaule; 2e édit. 1861, gr. in-8 (V. *Serrigny*).   8 fr.

— Les lois historiques ou providentielles qui régissent les nations et le genre humain, et de leur application à quelques Etats de l'antiquité. 1861, in-8.   3 fr.

TALANDIER. Nouveau traité des Absents. 1831, in-8 (V. *Demolombe*).   6 fr.

— Traité de l'Appel en matière civile. 1839, in-8 (V. *Rivoire*). 7 fr. 50 c.

TALFOURD (*T. Noon*). — V. *Laboulaye* (*Paul*).

TALON (*Omer* et *Denis*). Leurs œuvres. 1821, 6 vol. in-8.   20 fr.

TAMBOUR (*J.*). Des voies d'exécution sur les biens des débiteurs dans le droit romain et dans l'ancien droit français, avec un appendice sur les effets de la saisie-arrêt dans le droit actuel. 1861, 2 vol. in-8. 10 fr. Ouvrage couronné.

TANCOIGNE. Le Guide des Chanceliers, ou définition raisonnée des attributions de ces officiers. 1847, in-12.   3 fr.

TAPARELLI. Essai théorique de Droit naturel basé sur les faits, trad. de l'italien. 1858, 4 vol in-8.   18 fr.

— Cours élémentaire de Droit naturel, à l'usage des écoles (Abrégé du précédent ouvrage). 1863, in-12.   3 fr. 50 c.

TARBÉ (*A.-P.*). Lois et règlements à l'usage de la Cour de cassation. 1840, gr. in-8.   18 fr.

— Manuel des Poids et Mesures. In-18.   3 fr.

TARBÉ (*Pr.*). Travail et salaire. 1841, in-8.   3 fr.

TARBÉ DE VAUXCLAIRS. Dic. des Travaux publics. 1835, in-4. 25 fr.

TARDIEU (*A.*). Etude médico-légale sur la strangulation. 1859, in-8.   2 fr. 50 c.

— Etude médico-légale sur les attentats aux mœurs; 4e édit. 1862, in-8.   3 fr. 50 c.

— Dictionnaire d'Hygiène publique et de salubrité, ou Répertoire de toutes les questions relatives a la santé publique. 1852-1854, 3 vol. in-8.   24 fr.

— Etude médico-légale sur l'Avortement. 1863, in-8 (V. *Brillaud-Laujardière*).   3 fr.

TARDIF. Lois du Timbre et de l'enregistrement. 1828, 2 vol. in-8 (V. *Demante*).   10 fr.

TARDIF. — V. *Lois, Décrets,* etc.

TARIF des droits d'Enregistrement, de timbre et d'hypothèques. 1851, in-8 (V. *Obissier; Sollier*).   2 fr.

TARIF général des Douanes de l'empire russe, du roy. de Pologne, de la Suède et de la Norwège, publié par le ministre de l'Agriculture, du Commerce et des Travaux Publics. 1859, in-8.   5 fr.

TARRIBLE. Traité des priviléges et hypothèques, suivant les principes du Code civil. *Liége*, 1819, 2 vol. in-8. 10 fr.

TAUPIER. Théorie raisonnée du Code civil, 1840-1846, 7 vol. in-8 (V. *Demolombe*). 56 fr.

TAUPIAC. Notice sur la Cour des aides de Montauban, suivie de la liste chronologique de ses membres (1642-1790). 1863, in-8, de 71 pag.

TAVANI (*Ercole*). Insegnamento elementare sulle Instituzioni civili di Giustiniano. 1857, in-8. 5 fr.

— Enseignement élémentaire sur la première partie des Institutes de Justinien, par Hercule Tavani. 1846, in-12 de 186 pages. 2 fr. 50 c.

TAVERNIER (*Ch.*). Usages et réglements locaux ayant force de loi dans le département des Bouches-du-Rhône. 1859, in-8. 2 fr.

TAYAC (*de*). Du Gouvernement, ou Principes de politique positive. 1862, in-8. 6 fr.

TAYLOR (*John Pitt*). A Treatise on the law of evidence as administered in England and Irelan, with illustrations from the american and other foreingn laws; 4th edit. *London*, 1864, 2 vol. gr. in-8. 90 fr.

TEISSIER (*B.*). Institutes de l'Empereur Justinien, trad. sur le seul texte rouge de Corvinus à Belderen, avec le texte lat. en regard. 1833, in-12. 3 fr.

TELLIEZ (*René*). Des Brevets d'invention et des modifications que réclame la loi actuelle. 1863, in-8 (V. *Bréulier et Desnos-Gardissal.*) 1 fr. 50 c.

TEMI (la), Giornale di legislazione et di giurisprudenza, di Gius. e Lor. Panattoni. *Firenze*, gr. in-8.

Ce recueil est mensuel et paraît depuis 1855. Le prix de l'abonnement annuel est de 21 fr. 50 c.

— V. *Thémis*.

TEMPIER (*P.-J.*). De la Reconvention ; 2e édit. entièrement refondue et considérablement augmentée. 1860, in-8. 6 fr.

TEMILIER (*P.-H.*). Considérations pratiques sur le projet de décret concernant les Monts-de-Piété. 1848, in-8.

TENAILLE-SALIGNY. Le Code pénal de Norwège. 1862, in-8. 1 fr. 50 c.

Extrait de la *Revue historique de droit français et étranger*.

TERRASSON. Jurisprudence romaine (V. *Fuzier*).

TERREN-DELAROQUE. Dictionn. ou Répertoire général des Interdictions, etc., prononcées par le tribunal de la Seine (1808 à 1857 incl.). 1857, in-12. 5 fr.

TESSIER (*H.*). Traité de la Dot. 1835, 2 vol. in-8 (V. *Bellot des Minières; Benoit*). 18 fr.

— Questions sur la Dot. 1852, in-8 (V. *Bellot des Minières; Benoit*). 5 fr.

— Le Droit de reprise de la femme sur les biens immeubles de la communauté ou du mari, à raison du prix d'aliénation de ses immeubles, etc. 1857, br. in-8. 3 fr.

TESSIER DE RAUSCHENBERG. De l'Indépendance civile chez les Français, en 1862, 1 vol. in-8. 5 fr.

TESTA (*J. de*). Recueil des Traités de la Porte-Ottomane avec les puissances étrangères, depuis le premier traité conclu, en 1536, entre Suleyman et François Ier, jusqu'à nos jours, t. I et II : (France). 1864-1865, 2 vol. gr. in-8. 25 fr.

Ce ouvrage doit former 6 volumes.

TESTE-LEBEAU. Dictionn. analyt. des arrêts de la Cour de cassation, rendus en matière d'Enregist., d'amende, de timbre. 1833, in-8. 6 fr.

— Code des Émigrés. 1825, in-8. 8 fr.

TEULET. Dictionnaire des Codes français, 1836, gr. in-8. 8 fr.

— Manuel du Citoyen français; Recueil des Constitutions qui ont régi la France depuis 1791 jusqu'à ce jour. 1848, in-8. 3 fr. 50 c.

— Les Codes de l'Empire français, édition clichée, tenue toujours au courant des changements de la législation (V. *Bacqua, Durand et Paultre, Rogen et Sorel, Royron, Rollet-Collard et Mourlon, Sirey, Tripier*).

Ces Codes sont ainsi publiés :

1° Édition gr. in-8. 15 fr.
2° — in-18. 6 fr.
3° — in-32. 6 fr.

Prix des reliures des Codes ci-dessus : In-8. 2 fr. 50 c.
— In-18 et in-32. 1 fr. 25 c.

On vend séparément :
— Constitution et Code Napoléon. 1 fr.
— Code de procédure civile et tarifs. 1 fr.
— Code de commerce et contrainte par corps. 1 fr.
— Code d'instruction criminelle et Code pénal. 1 fr.

TEULET et **CAMBERLIN.** Journal des Tribunaux de commerce, 1852-65, 14 vol. in-8. 90 fr.

Abonnement annuel : *Paris* : 15 fr.; *Départements* : 16 fr. 50 c.; *Étranger* : 18 fr.

TEULET et **LOISEAU.** Tarif des Actes de procédure; 3° tirage, 1847, in-8. 6 fr.

TEULET, D'AUVILLERS et **SULPICY.** Codes annotés, 1857, 2 gros vol. in-4; et gr. in-8, papier collé. 40 fr.

THANNBERGER (C.). Guide des administrateurs et agents des hôpitaux, avec formulaire annoté. 1856, 1 vol. in-8. 4 fr.

THÉMIS, ou Bibliothèque du jurisconsulte, par une société de jurisconsultes (Blondeau, Ducaurroy et Jourdan). *Paris,* 1820 à 1831, 10 vol. in-8., accompagnés de deux tables placées l'une par ordre des matières, et l'autre par ordre alphabét. des noms des personnes (V. *Blondeau; Tables*). 80 fr.
— V. *Temi.*

THÉMIS, ou Dissertations sur le droit romain et byzantin, rédigée par plusieurs jurisconsultes grecs, *en grec moderne,* sous la direction de M. L. Sgouta. *Athènes,* in-8.—Prix de chaque volume : 8 fr.
Au commencement de 1865, il avait déjà paru 10 volumes.
— V. *Sgouta; — Temi.*

THEODORI SCHOLASTICI breviarium Novellarum. — V. Ανεκδότα.

THÉOPHILE. Institutes (V. *Frégier; Legat.*)

THÉZARD (*Léopold*). Répétitions écrites sur le Droit romain, 1864, in-8 (V. *Blondeau; Maynz*). 6 fr.

L'ouvrage de M. Thézard est un exposé clair, précis et succinct des principes fondamentaux du droit romain tel qu'il était sous Justinien; son but est d'introduire le jeune homme dans le domaine si vaste de cette étude difficile. Pour réaliser ce but, il a suivi l'exemple de Justinien lui-même, qui nous a donné dans ses *Institutes* un résumé sommaire des principes généraux du droit romain. Les « *Répétitions écrites* » de M. Thézard s'adaptent rigoureusement au plan des Intitutes : il les suit pas à pas, et l'exposé méthodique qu'il donne du contenu de chaque titre ne peut manquer de faciliter au lecteur l'intelligence du texte original.
(*Pasicrisie belge,* 1864.)

THIBAUDEAU. Histoire des États généraux et des institutions représentatives en France, depuis l'origine de la monarchie jusqu'en 1789. 1843, 2 vol. in-8. 12 fr.

THIBAULT-LEFEBVRE. Constitution et pouvoir des Conseils généraux et des Conseils d'arrondissement. 1843, in-8.   5 fr.
— Code des Donations pieuses. 1850, in-8.   4 fr.

THIBAUT (A. J. J.). Théorie de l'interprétation logique des lois en général et des lois romaines en particulier, traduit de l'allemand, par G. de Sandt et A. Mailher de Chassat. 1811, in-8 (V. *Foucher*.)   »
— V. *Mailher de Chassat.*

THIERCELIN. Essai de littérature du droit. 1859, in-12.   4 fr.
— Éléments du Droit commercial. 1845, in-8 (V. *Bédarride*, *Grugnon-Lacoste*).   7 fr. 50 c.
— Du Mariage civil et du Mariage religieux. 1854, br., in-8.   2 fr.
— Principes du droit; 2e édit. 1865, gr. in-18 jésus.   3 fr. 50 c.

THIERIET. Corps de Droit commercial français. 1841, in-8.   7 fr.
— Code des Faillites et Banqueroutes. 1840, in-8 (V. *Bédarride*; *Geoffroy*).   5 fr.

THIERRY (Aug.). Histoire du Tiers État en France (Recueil des monuments inédits). Impr. impér., 1850-56, 3 vol. in-4.   36 fr.
— Essai sur l'histoire de la formation et des progrès du Tiers État. 1853, in-8.   7 fr.
— *Le même ouvrage.* 2 vol. gr. in-18 jésus.   7 fr.

THIERS (A.). Congrès de Vienne. Nouv. édit., augm. du texte des principaux traités de 1815. 1864, in-18 jésus.   2 fr.

THILLOY (J.). Les Institutions judiciaires de la Lorraine allemande avant 1789. Discours de rentrée. 1864, in-8, 67 pag.

THIRION (Ch.). Tablettes de l'inventeur et du breveté, à l'usage de ceux qui veulent obtenir ou qui possèdent un brevet d'invention en France ou à l'étranger. Lois sur les brevets d'invention, marques et dessins de fabrique, etc., et tableau synoptique et comparatif des législations française et étrangères sur les brevets d'invention. 1865, in-8, de 132 pag.   4 fr.

THOMAS (Em.). Réorganisation du commissariat de police. 1865, in-8.
— Le Livre des commissaires de police. 1864, in-8, 170 pag.   2 fr.

THOMAS (A. J. A.). Notariat du département de la Seine, ou Tableaux par ordre chronologique, indiquant les minutes appartenant à chaque étude, avec tables alphabétiques des noms des notaires et de leurs résidences, etc. 1863, in-4.

THOMAS ALVES JUNIOR (Dr.). Annotações theoricas et praticas ao Codigo criminal. T. 1, Rio de Janeiro, 1864, in-8, 661 pag. et 5 pag. de table.

THOMINES-DESMAZURES. Commentaire sur le Code de Procédure civile. 1832, 2 vol. in-4.   30 fr.

THUROT (Ch.). De l'organisation de l'enseignement dans l'Université de Paris, au moyen âge. 1850, in-8.   4 fr.

TIDSWELL (Richard T.). The Inn Keeper's legal guide. London, 1864, in-12.   2 fr. 50 c.

TILLARD (L.). Études analytiques de Comptabilité. — Applications spéciales à la fortune privée (avec tableaux-spécimens), ainsi qu'aux sciences de l'économie et du droit. 1859, in-8.   6 fr.
— Analyse, classement et nomenclature des divers ordres de lois et phénomènes moraux et politiques et des sciences correspondantes. 1851, in-8.   3 fr. 50 c.
— Des Actes dissolutifs de communauté, ou des actes de partage et de leurs variétés. 1851, in-8 (V. *Genty*).   6 fr.

TILLIÈRE (*Th.*). Traité théorique et pratique des brevets d'invention, de perfectionnement et d'importation et de la contrefaçon industrielle. Nouv. édition. *Bruxelles*, 1858, in-8. 10 fr.

TIMBRE (du) des pièces de la comptabilité des communes et des établissements de bienfaisance, et par qui doivent être payés les timbres et les amendes qui s'y réfèrent. 1855, in-8. 2 fr. 50 c

Extrait de l'*Agenda des Receveurs municipaux*, 4e édition.

— V. *Agenda des receveurs municipaux*.

TIPHAINE. Le système complet des privilèges et hypothèques, exposé dans les termes les plus simples. 1816, in-8. 3 fr.

TISSANDIER. Traité élémentaire, méthodique et complet sur le régime hypothécaire. 1805, in-8. 3 fr.

— Traité de la Transmission des biens par succession, donation et testaments. 1805, 8 vol. in-8. 25 fr.

TISSOT (*J.*). Turgot, sa vie, son administration, ses ouvrages. 1862, in-8 (V. *Mastier*). 7 fr.

— Le droit pénal étudié dans ses principes, dans les usages et les lois des différents peuples du monde. 1859, 2 vol. in-8. 20 fr.

TISSOT (*Ch.*). Des Proxénies grecques et de leur analogie avec les institutions consulaires modernes. 1863, in-8. 3 fr. 50 c.

TOLLHAUSEN. Code de Commerce allemand (V. *Foucher*).

TOLLUIRE et **BOULET**. Le Ferrière moderne, ou nouveau Dictionnaire des termes de droit et de pratique, etc. 1840, in-8 (V. *Chabrol-Chaméane*). 6 fr.

TOLOMEI (*Giampaolo*). Corso elementare di Diritto naturale o razionale; 2e edizione. *Padova*, 1863, 2 vol. in-8. 15 fr.

TOLRA DE BORDAS (*J.*). Monographie des fidéi-commis sous le Code civil. *Toulouse*, 1852, in-8. 3 fr.

TOLSTOY. Coup d'œil sur la Législation russe. 1840, in-8 (V. *Zézas*). »

TONNELLIER (*Alf.*). Manuel des Greffiers des tribunaux civils de première instance. 1859, in 4 (V. *Jay*.). 30 fr.

TORNAUW (*Nic. de*). Le droit musulman exposé d'après les sources, traduit en français, par Eschbach. 1860, in-8. 7 fr.

TOROMBERT (*H.*). Principes du droit politique mis en opposition avec le Contrat social de J.-J. Rousseau. 1825, in-8. 5 fr.

TORRÈS-CAICEDO (*J. M.*). De la Peine de mort. 1864, in-8, 32 p. 1 fr.

TOULLIER. Droit civil français suivant l'ordre du Code, ouvrage dans lequel on a tâché de réunir la théorie à la pratique; 6e édit., annotée par Duvergier. 1846-1848, 7 tomes en 14 vol. in-8 (V. *Demolombe*). 70 fr.

— Continuation à toutes les éditions, par J.-B. Duvergier (V. *Duvergier*).

— V. *Spinnael*.

TOURDES (*G.*). Exposition historique et appréciation des secours empruntés par la médecine légale à l'obstétricie. 1838, in-4. 3 fr.

— Des blessures de l'artère mammaire interne sous le point de vue médico-légal. 1849, in-8 de 41 pages. 1 fr. 50 c.

TOURTOULON (*Ch. de*). Du Droit de l'usage et de l'abus en fait de titres. 1865, in-8, 31 pag.

Extrait de la *Revue nobiliaire*.

TOURVILLE (*A. de*). Etude sur la législation des noms patronymiques. 1865, in-8, 88 pag. (V. *Beautemps-Beaupré*).

TOUSSAINT (G.). Code des Préséances et des Honneurs civils, militaires, maritimes, ecclésiastiques et funèbres. 1845, in-8.

TOUSSAINT. Code de la Propriété. 1833, 2 vol. in-8. 15 fr.

TOUSSAINT (V.). Code-manuel des armateurs et des capitaines de la marine marchande, ou Résumé de leurs droits et de leurs devoirs, etc. 1861, grand in-8. 12 fr.

TRAITÉ COMPLET des actes de l'état civil, ou Nouveau manuel des maires et des secrétaires de mairies, contenant toutes les instructions et les formules nécessaires pour la rédaction de ces actes. 1858, in-12 (V. Dubarry). 2 fr. 25 c.

TRAITÉ spécial sur les Successions au point de vue fiscal. 1863, in-8 (V. Obisier.) 2 fr.

TRAITÉS (les) de 1815. Texte des traités et conventions diplomatiques de 1814, 1815 et 1818, entre la France et les puissances alliées. 1859, in-8. 2 fr.

TRAMECOURT (le comte de). Législation des céréales. 1860, in-8. 3 fr.

TRÉBUCHET (Ad.). Jurisprudence de la médecine, de la chirurgie et de la pharmacie en France, comprenant la médecine légale, la police médicale, la responsabilité des médecins, chirurgiens et pharmaciens, les secrets en médecine, etc., l'exposé et la discussion des lois, ordonnances, instructions et règlements concernant l'art de guérir, appuyée des jugements des cours et des tribunaux. 1834, in-8. 9 fr.
— Code administratif des Établissements dangereux, insalubres ou incommodes. 1832, in-8. 6 fr.

TRÉBUCHET, ÉLOUIN et LABAT. Nouveau Dictionnaire de Police. 1835, 2 vol. in-8. 12 fr.

TRÉBUTIEN. Cours élémentaire de Droit criminel, comprenant l'expopée et le commentaire des deux premiers livres du Code pénal, du Cosié d'instruction criminelle en entier, et des lois et décrets qui sont vedus modifier ces Codes, jusques et y compris 1853, notamment les lon du 4 juin 1853 sur la composition du jury, du 10 juin, sur les sourvois en matière criminelle, et sur les attentats contre la famille impériale. 1854, 2 vol. in-8 (V. Richard-Maisonneuve). 15 fr.

TRÉMOULET. Le Régime hypothécaire et le sens commun. 1860, in-8. 5 fr.

TRÉNY (P.). Code formulaire électoral politique. 1862, in-8 (V. Bidault; Code; Persin). 2 fr. 75 c.

TRÈS-HUMBLE supplique. — V. Paysan champenois.

TRIBUNE JUDICIAIRE. Recueil des plaidoyers et des réquisitoires les plus remarquables des tribunaux français et étrangers, par J. Sabattier, ancien sténographe des Chambres législatives pour le Moniteur universel.
La 1re série (1856-1861) forme 10 vol. gr. in-8, dont le prix est de 60 fr.
— 2e série: Tomes I et II. 1862-65, 2 vol. gr. in-8. 12 fr.
N. B. Les Procès suivants, extraits de la Tribune judiciaire, se vendent séparément:
— Procès de mademoiselle Célestine Doudet, in-8 de 200 pages. 3 fr.
— Succession J.-P. Péscatore, in-8 de 264 pages. 4 fr.
— Procès des Docks-Napoléon, in-8 de 470 pages. 6 fr.
— Les héritiers du prince Eugène contre l'éditeur des Mémoires du maréchal Marmont, duc de Raguse, in-8 de 125 pages. 2 fr.
— Affaire de Jeufosse, in-8, de 110 pages. 2 fr.

— Attentat du 14 janvier, in-8 de 45 pages. . . . . 1 fr.

— Affaire de Picpus, in-8 de 190 pages. . . . . 3 fr.

— Affaire de Clermont-Tonnerre, in-8 de 144 pages. . . 1 fr. 50 c.

— La Compagnie des chemins de fer du Midi et du canal latéral à la Garonne contre le sieur Jacob Forrest, entrepreneur de travaux publics. in-8 de 40 pages. . . . . 1 fr.

— La Médecine traditionnelle et l'homœopathie, procès intenté au journal l'Union médicale, par douze homœopathes, etc., in-8 de 282 pag. . . . . 3 fr. 50 c.

— La Compagnie des Agents de change contre les Coulissiers, in-8 de 250 pages. . . . . 3 fr. 50 c.

— Testament de M. le Marquis de Villette ; question de fidéicommis. M. de Montreuil contre Monseigneur de Dreux-Brézé, évêque de Moulins, gr. in-8 de 246 pages. (Plaidoiries de Mes Marie, Plocque et Berryer). 4 fr.

— Affaire de M. le marquis de Flers, conseiller référendaire à la Cour des comptes. (Intelligences à l'étranger et manœuvres politiques ayant pour but de troubler la paix publique et d'exciter à la haine et au mépris du gouvernement de l'Empereur). — Arrêt. — Réquisitoire de M. le proc. général. — Plaidoirie de Me Dufaure. — Réplique de M. le procureur général. — Réplique de Me Dufaure, Gr. in-8. Épuisé.

— Affaire de la Salette. Mademoiselle de Lamerlière contre MM. Deléon et Cartellier, demande en 20.000 fr. de dommages-intérêts. 1 vol. grand in-18 de 380 pages (Épuisé).

— Testament de M. Jovin-Bouchard, demande en nullité. MM. Henri Jordan et consorts, héritiers de droit de M. Georges-Victor Jovin-Bouchard, contre MM. Prandière, les enfants Berne et autres. Gr. in-8 de 123 pages. 2 fr. 50 c.

TRICOT (Ch.). Bibliothèque des commissaires de police, ou Manuel de police judiciaire, administrative, municipale et rurale, etc. 1862, in-8 de 682 pages. . . . . 6 fr.

— Guide de l'homme, ses droits et ses devoirs, ou Recueil de tout ce qu'il est indispensable de connaître en matière civile, judiciaire et commerciale. 1862, in-12. . . . . 2 fr. 50 c.

TRINQUIER, Exposition historique et appréciation des secours empruntés par la médecine légale à la chirurgie. Strasbourg, 1838, in-4. 3 fr.

TRIPIER (L.) Code de la Comptabilité publique. 1863, in-8. . 3 fr.

— Bulletin de la Législation française. Années 1858-65, 8 vol. in-8. 20 fr.

N. B. Les années 1858-61 se vendent chacune : 2 fr.; les années 1862-65 chacune : 4 fr.

— Commentaire de la loi du 23 mai 1863 sur les Sociétés à responsabilité limitée. 1863, in-8. . . . . 4 fr.

— Code de la justice militaire pour l'armée de terre, etc. 1857, gr. in-8. . . . . 12 fr.

— Code de justice militaire pour l'armée de mer, expliqué par ses motifs, etc. 1858, in-8. . . . . 10 fr.

— Commentaire de la loi du 17-23 juillet 1856, sur les Sociétés en commandite par actions, suivi de la Législation sur les sociétés civiles et commerciales; 2e édit. 1864, in-8 (V. Bédarride; Frouart). . 2 fr.

— Commentaire de la loi du 17-23 juillet 1856, sur le Drainage, suivi de la Législ. des irrigat. et sur le libre écoul. des eaux. 1856, in-8. 3 fr.

— Constitution française de 1789, y compris les décrets du gouvernement provisoire, suivis de la Constitution des États-Unis d'Amérique; 2e éd. 1849, in-18. 4 fr.

— Code politique et constitutionnel de l'Empire français, précédé des constitutions qui ont régi la France depuis 1789, conférées entre elles et accompagnées de notes. 1855, 1 vol. in-12. . . . . . 5 fr.

— Les Codes français, contenant: 1° dans les Codes eux-mêmes les changements et modifications qui y ont été apportés jusqu'à ce jour; 2° toutes les lois les plus usuelles; 3° la liste de tous les orateurs qui ont pris part à la discussion des Codes, sous la présidence de Napoléon.

N. B. ÉDITION TENUE TOUJOURS AU COURANT DE LA LÉGISLATION.

Ces Codes sont publiés dans les formats suivants:

1° ÉDITION ILLUSTRÉE. Ces exemplaires tirés à petit nombre, sur papier vélin, grand format jésus, ornés de bordures teintées et de nuances différentes pour chaque Code, ont été établis avec un soin tout particulier, de manière à en former un livre aussi splendide qu'utile.　50 fr.

2° *Édition ordinaire*, gr. in-8 raisin; 17° édition. 1866.　　　　20 fr.
　　Relié en demi-veau, ou maroquin　　　　　　　　　　　　23 fr.

3° *Édition diamant*, in-32　　　　　　　　　　　　　　　　　6 fr.
　　Relié en demi-veau, ou maroquin　　　　　　　　　　7 fr. 50 c.

On vend séparément (Format in-32):

— Code Napoléon, Constitution et transcription.　　　　1 fr. 50 c.
— Code de Procédure civile et tarifs.　　　　　　　　　1 fr. 50 c.
— Code de Commerce et contrainte par corps.　　　　　　1 fr.
— Codes criminel, pénal et Tarifs.　　　　　　　　　1 fr. 50 c.
— V. *Bacqua*; *Durand et Paultre*; *Roger et Sorel*; *Rogron*; *Royer-Collard* et *Mourlon*; *Sirey*; *Tellet*.
— Code des Sociétés civiles et commerciales. 1864, in-8.　　2 fr.
(V. *Bédarride*).

TROLLEY. Traité de la Hiérarchie administrative, ou de l'organisation et de la compétence des diverses autorités administratives. 1845-1855, 5 vol. in-8.　　　　　　　　　　　　　　　　　　35 fr.

TROPHILLET. Commentaire de la loi sur les Valeurs mobilières des Sociétés françaises et étrangères négociées à la Bourse, ou Traité du nouvel impôt sur ces valeurs, indiquant les diverses taxes, et par qui, quand et comment elles sont payées, ainsi que le choix à faire entre les titres au porteur et les titres nominatifs. 1857, 1 vol. in-18.　1 fr. 50 c.

TROPLONG. De l'Influence du Christianisme sur le droit civil des Romains; 2° édit. 1855, 1 vol. in-12.　　　　　　　　　3 fr. 50 c.
— Du Pouvoir de l'État sur l'Enseignement d'après l'ancien droit français. 1844, in-8.　　　　　　　　　　　　　　　　　　6 fr.
— Le Droit civil expliqué suivant l'ordre des articles du Code (ouvrage qui fait suite à celui de Toullier), 27 vol. in-8. (V. *Demolombe*.) 243 fr.

Chaque traité se vend séparément:

— Commentaire sur les Donations entre-vifs et les Testaments; 2° édition. 1862, 4 vol. in-8 (V. *Demolombe*).　　　　　　　36 fr.
— Commentaire sur le contrat de Mariage; 3° édit. 1857, 4 vol. in-8. (V. *Bellot des Minières*: *Bonnet*; *Demolombe*).　　　　　　36 fr.
— Commentaire du titre VI du livre III du Code civil, de la Vente; 5° éd. 1856, 2 vol. in-8.　　　　　　　　　　　　　　　　18 fr.
— Commentaire des titres de l'Échange et du Louage; 3° édit. 1852, 2 vol. in-8.　　　　　　　　　　　　　　　　　　18 fr.
— Commentaires sur le contrat des Sociétés civiles et commerciales. 1843, 2 vol. in-8 (V. *Bédarride*).　　　　　　　　　　　18 fr.
— Commentaire des tit. X, XI et XII du Code civil, du Prêt, du Dépôt et du Séquestre; des Contrats aléatoires. 1845, 2 vol. in-8.　18 fr.

— Commentaire du titre du Mandat, du Cautionnement et des Transactions. 1845-46, 2 vol. in-8. 18 fr.

— Commentaire de la Contrainte par corps en matière civile et de commerce, 1847, 1 vol. in-8, avec appendice (V. *Lassime*). 9 fr.

— Commentaire du Nantissement, du Gage et de l'Antichrèse. 1847, 1 vol. in-8. 9 fr.

— Commentaire du titre XVIII du livre III du Code civil, des Priviléges et Hypothèques, 5e édition, 1854, 4 vol. in-8. 36 fr.

— Transcription en matière hypothécaire (loi de 1855), 2e édit. 1864, in-8 (V. *Verdier*). 9 fr.

— Commentaire du titre XIX du Livre III du Code civil, de la Prescription. 4e édit. 1857, 2 vol. in-8. 18 fr.

TROUBAT (*Francis J.*). The law of commandatary and limited Partnership in the United states. *Philadelphia*, 1853, gr. in-8.

TROUILLET. — V. *Rolland et Trouillet*.

TRUFFAUT (*H.*). Guide pratique des inventeurs et des brevetés, contenant le texte ou l'analyse des lois en vigueur sur les brevets d'invention, etc. 1844, in-8 (V. *Breulier et Desnos-Gardissal*).

TRUX. Nouveau Manuel complet de la Police de France. Résumé alphab. des dispositions législatives applicables aux crimes, délits, contraventions, etc. Nouv. éd. 1855, in-18. 2 fr. 50 c.

TUETEY (*A.*). Étude sur le droit municipal au XIIIe et au XIVe siècle en Franche-Comté et en particulier, à Montbéliard. 1865, gr. in-8. 6 fr.

U

URUGUAY (*Visconde do*). Ensaio sobre o direito administrativo. Rio de Janeiro, 1862, 2 vol. in-8.

URTIS. Nécessité du maintien de la peine de mort. 1831, in-8. 6 fr.

USAGES locaux du département de l'Eure, recueillis et publiés par la Société libre d'agriculture, etc., de l'Eure.; 2e éd. 1861, in-12. 2 fr. 50 c.

USQUIN (*Em.*). Études d'économie politique. La propriété, le morcellement du sol, le régime hypothécaire, le crédit foncier et l'absentéisme. 1865, in-8. 3 fr.

V

VAGNAT. Parallèle des Lois du bâtiment et de la propriété. 1836, 1 vol. in-8. 7 fr. 50 c.

VALDENAIRE. Du Crédit foncier de France. 1860, in-8 (V. *Lehir*, *Plogey*). 2 fr.

VALENTIN-SMITH. (V. *Smith.*)

VALETTE (*A.*). De l'effet ordinaire de l'Inscription en matière de priviléges sur les immeubles; 2e édit. 1843, in-8. 3 fr.

La dissertation de M. Valette, écrite d'un style ferme, concis et exact, est venue montrer que le législateur est le plus souvent supérieur aux critiques des interprètes... On retrouve la sagacité et la précision de style qui caractérisent M. Valette, qualités indispensables à celui qui se propose d'écrire sur la législation, et qui cependant ne sont que trop inconnues usqu'à ce jour. *Revue étrangère*, 1843.

— De l'effet de la Transcription relativement au privilége du vendeur. 1863, in-8 de 35 pag. 1 fr. 50 c.

— Traité des Priviléges et Hypothèques: L'ouvrage devait former 2 vol. in-8. La 1re livraison du tome Ier seule a paru.

— Compte rendu du Code pénal prussien du 14 avril 1851, traduit en français par Nypels. 1862, broch. in-8 (V. *Code pénal prussien*). 1 fr.

Extrait de la *Revue historique de droit français et étranger*.

— De l'effet de la chose jugée sur la qualité d'héritier, ou interprétation de l'article 800 du Code civil. 1842, in-8. 2 fr.

— Examen critique de l'ouvrage de M. Bathie, intitulé : Turgot, philosophe, économiste et administrateur. 1861, in-8 (R. C.). 1 fr. 50 c.

— Rapport sur le duel, préparé en 1851 pour être soumis à l'assemblée législative. 1858, in-8. (R. C). 2 fr.

— Explication sommaire du livre premier du Code Napoléon et des lois accessoires. (Etat des personnes.) 1859, in-8 (V. *Démolombe*). 6 fr.

— V. *Proudhon*.

VALETTE (*Philippe*). Mécanisme des grands pouvoirs de l'Etat. 1852, in-12. 7 fr. 50 c.

— Code-Manuel du Conseiller général de département et du Conseiller d'arrondissement. 1856, 1 vol. in-12. 4 fr.

VALETTE (*Ph.*) et DEMARSY. Traité de la Confection des lois. In-18. 3 fr.

— V. *Bénat Saint-Marsy*.

VALIN (*R.-J.*). Commentaire sur l'Ordonnance de la marine du mois d'août 1861; avec des notes coordonnant l'Ordonnance, le Commentaire et le Code de commerce, par V. Bécane. 1829, 1 vol. in-4. 6 fr.

— *Le même ouvrage*, 2 vol. in-8. 6 fr.

— Le nouveau Valin, ou commentaire sur le IIe livre du Code de commerce, par Sanfourche-Laporte. 1810, in-4 (V. *Bécane*.) 15 fr.

— V. *Sanfourche-Laporte*.

VALLÉE (*Oscar de*). De l'éloquence judiciaire au XVIIe siècle. Antoine Lemaistre et ses contemporains; études sur le XVIIe siècle; 2e édit. 1858, in-8. 7 fr. 50 c.

VALLÉE. — V. *Annuaire des lignes télégraphiques*.

VALROGER (*L.-M. de*). Histoire et théorie des formes de la transmission entre-vifs de la propriété foncière. Explication de la loi de 1855 sur la transcription. 1858, in-8. 2 fr.

— Questions sur le prêt à la grosse. 1862, in-8. (R. C.). 1 fr. 50 c.

— De l'impôt sur les successions chez les Romains. 1861, in-8. 1 fr. 50 c.

VALSERRES (*P.-J. de*). Manuel de droit rural et d'économie agricole, publié sous les auspices de Macarel. 1846, in-8. 7 fr. 50 c.

VALUY (*le rév. P. B.*). Du Gouvernement des communautés religieuses. 1865, in-8 (V. *Calmette; Denantes*.)

VAN DEN ES (*A. H. G. P.*). Commentatio de legibus atticis. *Groningue*, 1863, in-8. 3 fr. 50 c.

— De Jure familiarum apud Athenienses. *Lugd. Bat.*, 1862, in-8. 5 fr.

VAN DEN PEEREBOOM (*Ern.*). Du Gouvernement représentatif en Belgique (1831–48). *Bruxelles*, 1856, 2 vol. in-8. 5 fr.

VAN DER BRUGGHEN. Etudes sur le système pénitentiaire irlandais, revues après la mort de l'auteur et accompagnées d'une préface et d'un appendice par Fr. de Holtzendorff. 1864, gr. in-8. 8 fr.

VANDERSTRAETTEN (Edm.). Recherches sur les communautés religieuses et les institutions de bienfaisance établies à Audenarde depuis le XIIe siècle jusqu'à la fin du XVIIIe siècle. Bruxelles, 1860, 2 parties, in-8.
10 fr.

VAN HALLE. Considérations sur les crises financières et sur la législation anglaise concernant les banques de circulation. La Haye, 1858, in-8 (V. Laya.)
1 fr.

VAN HOLSBEEK (H.). Code médical belge, d'après des documents officiels. Bruxelles, 1863, in-12.
1 fr. 50 c.

VAN HOOREBEKE (Em.). — V. Hoorebeke.

VANHUFFEL. Traité du Contrat de louage et de dépôt appliqué aux Voituriers, etc. 1841, in-8 (V. Clamageran.)
5 fr.
— Manuel des Maîtres de poste et entrepreneurs de voitures publiques. 1839, in-8.
7 fr. 50 c.

VANIER. Code municipal de la ville de Poitiers. 1863, in-12. 2 fr. 50 c.
— Étude pratique sur l'Ordre amiable. 1864, in-8 (V. Caumont). 2 fr.

VANNIER (Hipp.). Traité des comptes en participation, du commerce et de la Banque, suivi des opérations de banque pour compte. 1853, in-12.
4 fr. 25 c.

VANRECUM (A.). Méditations sur diverses questions de jurisprudence criminelle. 1808, in-8.
4 fr.

VARIN (P.). Archives législatives et administratives de la ville de Reims. 1839-53, 10 vol. in-4.
120 fr.
La collection est ainsi divisée :
1° Archives législatives. 1re partie : Coutumes. 1840, 1 vol. 12 fr.
Id. 2e partie : Statuts. 1844-52, 3 vol. 36 fr.
2° Archives administratives. 1839-48, 3 tom. en 5 vol. 60 fr.
3° Table générale des matières contenues dans les Archives législ. et adm., par Amiel. 1853, 1 vol. 12 fr.
Chaque volume se vend séparément : 12 fr.

VARAS (J. A.). Recopilacion de leyes, decretos supremos y circulares concernientes al ejercito desde abril de 1839 à deciembre de 1858. Valparaiso, 1860, gr. in-8.

VARLET. Recueil des lois et règlements en vigueur en Belgique sur les Brevets d'invention. Bruxelles, 1838, in-8.
7 fr. 50 c.

VASCONCELLOS (J. M. P. de). Manual dos juizes de direito, ou Collecção dos actos, attribuições e deveres destas autoridades. Rio de Janeiro, 1861, in-8.

VASSEROT (Ch.). Manuel des Arbitres. 1834, in-8 (V. Bédarride). 5 fr.
— Manuel des Experts en matière civile. 1846, in-8.
6 fr.

VATEL (Ch.) Code pénal de Bavière, trad. de l'allem., avec des explications tirées du commentaire officiel, l'exposé des motifs; d'un appendice renfermant : 1° des notes historiques; 2° la traduction d'appréciations du Code de Bavière de MM. Rosshirt, Mittermaier, etc. 1852, in-8. 7 fr.

Le Code pénal bavarois, traduit par M. Vatel, est le complément indispensable de la Collection des lois étrangères, civiles, commerciales et criminelles, par MM. V. Foucher Portalis, et Anthoine de Saint-Joseph. Une introduction de la législation pénale de Bavière précède ce Code, contenant 459 art., avec des extraits du commentaire officiel et des notes historiques; dans un appendice se trouvent réunis : la traduction d'appréciations critiques du Code de Bavière et des Prolégomènes du Traité du Droit pénal de Feurbach. Les lois criminelles d'Allemagne forment un ensemble si vaste qu'il y aurait eu témérité d'en entreprendre une traduction complète; M. Vatel s'est restreint au droit pénal proprement dit; c'est un service signalé qu'il a rendu à l'étude si féconde des législations comparées; cet enseignement mutuel des nations, une telle œuvre doit être accueillie avec faveur.

VATICANA Juris romani fragmenta (V. *Maï*.

VATTEL. Le Droit des gens, ou Principes de la loi naturelle appliqués à la conduite des affaires des nations et des souverains. Nouv. édition augmentée des notes de Pinheiro-Ferreira et de tous les commentateurs, avec de nouvelles notes par Pradier-Fodéré. 1863, 3 vol. in-8. 25 fr.
— *Le même ouvrage.* 1863, 3 vol. grand in-18 jésus. 15 fr.
— *Le même ouvrage.* 1829, 2 vol. in-8 (V. *Wheaton*). 10 fr.
— *Le même ouvrage*, revu par Royer-Collard, et augmenté de notes par Pinheiro-Ferreira. 1856, 3 vol. in-8. 15 fr.

VATIMESNIL (*de*). Commentaire de la loi du 22 janvier 1851, sur l'assistance judiciaire. 1864, in-8. 3 fr.

VAUCHELLE (*H*). Cours d'Administr. militaire, 4e édit. 1861, 3 vol. in-8. 24 fr.

VAUDORÉ. Bibliothèque de législation et de jurisprudence pratique rurale et urbaine, ou Droit civil des Juges de paix et des tribunaux d'arrondissement, etc. 1845 ou 1856, 3 vol. in-8 (V. *Bourbeau, Jay*). 15 fr.
— Le Droit rural français; analyse des lois, coutumes, etc., sur la législation rurale. 1823, 2 vol. in-8. 12 fr.

VAUGEOIS (*A.*). De la Distinction des biens en droit romain et en droit français. 1860, in-8 (V. *Demolombe*). 4 fr.

L'étude de M. Vaugeois est digne d'attention et d'intérêt. C'est une monographie très-complète sur le caractère juridique des biens, en d'autres termes, sur la distinction des biens, en droit romain et en droit français. Aussi l'auteur a-t-il raison de dire que son travail forme une introduction nécessaire à la théorie des droits qui peuvent affecter les biens, théorie dont le corps presque entier de nos lois présente le développement, et qu'ainsi il est peu de matières offrant un champ plus large, plus difficile, à bien explorer et en même temps plus attrayant. M. Albert Vaugeois a puisé ses enseignements à l'école qu'illustrent MM. Demolombe et Bertauld, et il est facile de voir, par l'ouvrage qui lui sert de début qu'il a su en profiter.

Ch. VERGÉ.
(*Dalloz, Jurisprudence générale*.)

VAUVILLIERS. Manuel de Droit administratif, contenant, outre les principes généraux de ce droit, l'exposé complet de l'état actuel de l'administration au point de vue de la Constitution de 1852, 2e édit. revue, augmentée et mise au courant des dernières modifications législatives, etc., etc. 1854, in-12 (V. *Ducrocq*). 3 fr.

Il n'existait en ce moment aucun ouvrage qui fit connaître l'état de l'administration modifié si profondément depuis 1852 par plusieurs décrets organiques.—M. Vauvilliers a comblé cette lacune et l'actualité n'est pas le seul mérite de ce Manuel, composé spécialement pour les jeunes gens qui ont à subir le deuxième examen de licence; il sera consulté utilement par ceux qui se destinent aux fonctions publiques, et par les employés des divers services administratifs.

Dans ce Manuel, l'auteur a réuni l'exposé des principes généraux, les connaissances préliminaires, sans lesquelles l'étude du mécanisme des pouvoirs de l'État et des institutions gouvernementales est impossible: L'ouvrage est divisé en deux parties; dans la première partie se trouve le mouvement général de la vie administrative; dans la seconde, l'analyse des principales matières, au milieu desquelles ce mouvement se produit, et qui peuvent donner naissance aux questions des examens et aux difficultés de la pratique.

VAVASSEUR. Des Sociétés à responsabilité limitée; formulaire précédé d'une introduction avec commentaires (en notes) de la loi du 5 mai 1863, etc. 1863, in-8. 4 fr. 50 c.
— Reprise de la femme commune. In-8. (R. P.), 2 fr.
— Des Sociétés en commandite par actions. 1856, in-8 (V. *Bédarride. Frouart*). 4 fr. 50 c.
— Une réforme! liberté des sociétés par actions. 1061, in-8. 1 fr. 50 c.
— Traité du Notariat (V. *Defrénoy et Vavasseur*).

VAYSSIÉ. Des Annonces légales et judiciaires. Législation, jurisprudence, doctrine. 1864, in-8, 32 pag.

VAZEILLE (*F.A.*). Traité du Mariage. 1825, 2 vol in-8 (V. *Allemand; Demolombe*). 8 fr.

— Résumé et conférence des commentaires du Code civil, sur les Successions, Donations et Testaments. 1847, 3 vol. in-8 (*V. Demolombe*). 21 fr.

— Traité des Prescriptions. 2e édit. 1832, 2 vol. in-8. 12 fr.

VEAUCE (*baron de*). Liberté de tester. 1864, in-8. 2 fr.

VÉLAIN. Cours élémentaire du notariat français, traité pratique et méthodique de la science du notariat. 1851, in-8. 9 fr.

VENANT (*A.*). Code de la veuve, de la femme délaissée, de la femme de l'absent, de l'aliéné. 1854, 1 fort vol. in-8. 7 fr. 50 c.

VENARD et **BRAME.** Droits et devoirs des Entrepositaires et débitants de boissons alcooliques dans leurs rapports avec la régie. 1851, in-8. 5 fr.

VENISSE (*R.*). De l'économie sociale dans l'échange et le crédit. 1859, in-8. 3 fr. 50 c.

VENTAVON (*Ed. de*). Du Droit d'action du ministère public, en matière civile, et spécialement en matière d'état civil. 1862, br. in-8, 1 fr.

VENTE (*Amb.*). Manuel des envois périodiques et non périodiques à faire par les parquets, cabinets d'instruction et greffes de première instance. 1864, in-4. 5 fr.

Toutes les règles qui concernent la transmission de ces envois, et déterminent leurs formes, dimensions, rédaction, délais, même leurs dimensions ont été rassemblées et coordonnées dans ce MANUEL avec une scrupuleuse exactitude. Grâce à la clarté matérielle observée dans la distribution des matières, le rappel des titres et jusque dans le choix des caractères d'impression, les recherches y seront faciles et promptes autant que sûres. — En effet des ENVOIS PÉRIODIQUES se trouve un tableau qui, d'un seul coup d'œil, permet de saisir, à leurs dates particulières, tous ceux qui doivent se faire ensemble ou séparément, et en fait connaître les rédacteurs comme les destinataires. — Les ENVOIS NON PÉRIODIQUES sont distribués suivant l'ordre alphabétique qui leur sert de table de matières. — Des modèles sont joints pour tous les états que la Chancellerie ne fournit point elle-même. — Chaque page enfin porte de larges marges laissées en prévision des modifications ou additions que, par l'effet du temps, ou d'instructions nouvelles, quelquefois même de contrariété entre les traditions de divers ressorts, il peut devenir utile d'y insérer. — Le MANUEL a été rédigé et disposé de telle sorte qu'il doive suffire de le parcourir pour savoir presqu'instantanément quand, comment, à qui et par qui, tout envoi doit être fait.

— De la nature du bail d'immeubles. 1863, broch. in-8. 1 fr.

Extrait de la *Revue historique de droit français et étranger*.

— De la publication des fausses nouvelles ou pièces fausses, (art. 15 du décret du 17 fév. 1852). In-8 (R. C.). 1 fr. 50 c.

VENTURA DE RAULICA (*le T. Rév. P.*). Essai sur le pouvoir public, ou Exposition des lois naturelles de l'ordre social, pour faire suite à l'ouvrage « le Pouvoir politique chrétien. » 1859, in-8. 7 fr.

VERA (*A.*). La Pena di morte. *Napoli*, 1833, in-8. 2 fr.

VERDIER (*F.*). Transcription hypothécaire. Explication théorique et pratique de la loi du 23 mars 1855 mise en rapport avec la législation la doctrine et la jurisprudence, précédée d'une introduction historique et des documents législatifs. 1865, 2 vol. in-8. 14 fr.

Il est certain que la loi du 23 mars 1855 a été un grand bienfait pour la propriété foncière, au double point de vue du crédit. Ce qui est regrettable, c'est que cette loi si salutaire par la pensée qui l'a inspirée, laisse encore tant de place au doute et aux incertitudes. La diversité d'interprétation et de jurisprudence est constatée par l'apparition de nombreux commentaires, et par les arrêts que rapportent chaque jour les recueils de jurisprudence, et qui émanent soit de la cour de cassation, soit des diverses cours de l'empire.

Le commentaire de M. Fernand Verdier, composé avec une science profonde et rédigé dans un style clair et facile, viendra grandement en aide aux jurisconsultes appelés à faire l'application de la loi de 1855. Aucun des documents mis à la disposition de l'auteur n'ont été négligés par lui. Dans une savante introduction historique, et qui a spécialement attiré nos regards, M. Fernand Verdier retrace le développement successif des lois romaines, du moyen âge et des temps modernes qui ont réglé la transmission de la propriété. Cette partie du livre a un intérêt tout spécial et qui le recommande particulièrement aux esprits sérieux, et qu'intéressent les origines des institutions juridiques. (CH. VERGÉ. — *Dalloz, Jurisprudence générale.*)

VERDUCHÈNE (*J.*). Observations critiques sur le Code civil néerlandais, le comparé avec le Code Napoléon, liv. I, titres 1 et 2 jusqu'à la fin. *Maes- tricht*, 1860-63, 2° part. in-8. 8 fr.

VERGÉ. Séances et travaux de l'Académie des sciences morales et poli- tiques. Compte rendu par M° Ch° Vergé, docteur en droit, sous la direc- tion de M. Mignet, secrétaire perpétuel de l'Académie. 1843 à 1865, 74 vol. in-8. 560 fr.

Prix de chaque année séparée. 20 fr.
Prix d'abonnement : Paris, 20 fr. ; Départements, 25 fr. ; Étranger, 30 fr.
Table générale alphabétique et chronologique par noms d'auteur et par ordre des ma- tières, etc. 1842-1859. 1 vol. in-8. 5 »

— Diplomates et publicistes français : Maurice d'Hauterive, De Gentz, Pinheiro-Ferreira, Ancillon, d'Entraigues, Sieyès, Chateaubriand, Mignet. 1856, in-8. 5 fr.
— V. *Martens*; — *Zachariæ*.

VERGNE. Des Sociétés de secours mutuels et des rapports à établir entre ces institutions et la caisse générale de retraites. 2 fr.

VERHAEGEN (*E.*). Études de droit public. *Bruxelles*, 1859, in-12 (V. *Destrivaux*). 3 fr.

VERLET-DUMESNIL. Police du roulage. Nouveau code théorique et pratique. 1857, in-8 (V. *Code*; *Guilbon*). 1 fr. 50 c.

VERMEIL. Code des Transactions, ou recueil complet des lois relatives aux obligations entre particuliers pendant le cours du papier-monnaie. An VII, in-8. 3 fr.

VERNET (*E.-L.*). Du tarif des notaires. 1827, in-8. 2 fr.

VERNET (*P.*). De la Quotité disponible, ou Traité des diverses restric- tions apportées dans l'intérêt de la famille du disposant, suivant le droit romain, le droit coutumier intermédiaire et le Code Napoléon. 1853, in-8 (V. *Beautemps-Beaupré*; *Lauth*). 7 fr. 50 c.
— Textes choisis sur la théorie des Obligations, en droit romain, 1865, in-8 (V. *Machelard*; *Maynz*; *Savigny*). 5 fr.

VERNHES. Compendium du droit romain, ou aphorismes, et décisions tirés du Digeste et des Codes, avec leur traduction. 1840, in-8. 2 fr. 50 c.

VÉRON (*Eug.*). Les Associations ouvrières de consommation, de crédit et de production, en Angleterre, en Allemagne et en France. 1865, in-12. 1 fr.

VESQUE VON PUETTLINGEN (*J.*). Die musikalische Autorrecht. Ein jurislich-musikal. Abhandlung. *Vienne*, 1864, gr. in-8. 6 fr.

VIAL (*Paul*). Des citations directes données en simple police et en police correctionnelle à la requête des parties civiles. 1863, br. in-8. 1 fr. 50 c.

VIAUD. De la Puissance maritale. (Thèse). 1855, in-8. 6 fr.

VIDAILLAN (*de*). Histoire des Conseils du Roi, depuis l'origine de la monarchie jusqu'à nos jours. 1856, 2 vol. in-8 (V. *Marnier*). 12 fr.

VIDAL (*V.*). Législation des machines à vapeur. Décret du 25 janvier 1865, lois et ordonnances en vigueur, textes du droit commun qui s'y rattachent, suivis d'un commentaire. 1865, in-18 jésus. 1 fr. 50 c.

VIDAL (*L.*). Memento personnel de jurisprudence ou Recueil des Codes à noter avec marges spéciales destinées à l'inscription de la jurispru- dence de la Cour de cassation, etc. 1858, 5 livraisons in-4. 15 fr.

N. B. Ces Codes se vendent aussi séparément, savoir :
Code Napoléon. 6 fr.
— de Procédure civile. 4 fr.
— de Commerce. 3 fr.
— d'Instruction criminelle. 4 fr.
— Pénal. 3 fr.

— Code de Commerce, avec des marges spéciales destinées à l'inscription de la Jurisprudence des Cours et des notes personnelles. 1 vol. in-4. 3 fr.

— Aperçu de la législation anglaise sur la servitude pénale et la libération conditionnelle et révocable modifiée en 1864, des changements opérés dans le régime pénitentiaire et de la statistique des grandes prisons pénales de l'Angleterre. 1865, in-8, 66 pag.

VIDAL (*J.-L.*). Observations sur un projet de loi pénitentiaire proposé par la Commission chargée d'étudier les questions relatives à l'organisation et au régime des prisons pénales dans le royaume d'Italie. 1863, broch. in-8. 1 fr. 50 c.

— Notice sur les prisons et le nouveau régime pénitentiaire, l'administration, la législation, les jeunes détenus dans le royaume de Sardaigne. 1858, in-8. 2 fr.

— Tableau des prisons militaires, pénitenciers militaires, ateliers de travaux ; organisation, règlement, régime, législation pénale, statistique en France, en Piémont, en Prusse et en Angleterre. 1858, in-8. 3 fr.

VIDAL (*Michel*) et **RAGUET** (*A.*). Leçons élémentaires de droit par demandes et réponses, à l'usage des écoles primaires et secondaires. 1863, in-12. 1 fr.

VIDALIN. Éléments de droit commercial à l'usage des classes de commerce, des maisons d'éducation, des gens du monde et des commerçants. 1857, 1 vol. in-12. 3 fr.

VIEL. Théorie pratique sur l'administration et la comptabilité des corps de troupes de toutes armes, par demandes et réponses formées sur les lois, etc. 3 vol. in-8. 20 fr.

VIEL (*Ch.*). La loi sur la Chasse expliquée aux chasseurs, aux gardes champêtres et aux agriculteurs. 1863, in-18 (V. *Dubarry; Dufour; Gillon et Villepin*). 75 c.

VIELLE. Trilogie juridique. 1854, in-8. 3 fr.

VIGANO (*Francesco*). Banques populaires. 1865, 2 vol. gr. in-8. 16 fr.

VIGNERTE (*B.*). La Justice en Belgique avant 1789. 1855, in-18. 2 fr.

VIGNES (*Ed.*). Simple questionnaire sur le taux de l'intérêt et la liberté des banques d'émission. 1865, in-12, de 23 pag.

— Traité élémentaire des impôts en France. 1863, gr. in-8. 7 fr. 50 c.

VIGNON (*L.-P.*). Du Prêt à intérêt. 1859, in-18. 3 fr.

VIGNON (*E.-J.-M.*). Études historiques sur l'administration des voies publiques en France, aux XVIIe et XVIIIe siècles. 1862, 3 vol. in-8. 27 fr.

VILA (*B.*). Prontuario de los juicios su iniciacion, tramitacion e incidencias; 2ª edicion. *Santiago de Chile*, 1858, 2 vol. in-8.

VILADE (*Léon de*). Les Coutumes de Normandie réglementées par l'édit de 1751, mises au courant de la jurisprudence actuelle. Manuel du propriétaire, du cultivateur, de l'expert pour les plantations, bornages, servitudes, haies, fossés, bois, chemins, rivières, etc. 1864, in-12. 3 fr.

VILAIN (*J.*). Guide théorique et pratique des conseils de Prud'hommes. *Bruxelles*, 1861, in-8 (V. *Mollot*.) 8 fr.

— Guide pratique des inventeurs brevetés contenant le commentaire de la loi belge, un formulaire des différents actes et le résumé des législations étrangères en matière de brevets d'invention. *Bruxelles*, 1863, in-8. 6 fr.

VILLARD. Étude sur les baux à ferme, avec projet de bail; 2e édition. 1865, in-8. 1 fr.

VILLARS (*A.-D.*) Jurisprudence de la Cour royale de Grenoble, ou Recueil général des arrêts rendus depuis l'an VIII, époque de l'institution des tribunaux d'appel, jusqu'en 1824, in-4. 10 fr.
— V. *Journal des cours impp. de Grenoble et de Chambéry;—Jurisprudence;— Pilette de Réville. Jurisprudence Savoisienne.*

VILLEFORT (*A.*). Priviléges diplomatiques : Du privilége qui exempte le ministère public de la juridiction locale et de la renonciation à cette immunité. 1858, in-8 (R. C.). 1 fr. 50 c.
— Des crimes et des délits commis à l'étranger. 1855, in-8. 3 fr.
— De la Propriété littéraire et artistique, au point de vue international. 1851, in-8. 3 fr.

VILLEPIN (*G. de*). Commentaire sur les ventes aux enchères de marchandises neuves. 1841, in-18. 3 fr.
— V. *Gillon et Villepin.*

VILLEPRAY. Manuel de législation usuelle. 1853, in-8. 5 fr.

VILLEQUEZ (*F. F.*). Du Droit du chasseur sur le gibier dans toutes les phases des chasses à tir et à courre, avec deux appendices et la loi du 3 mai 1844, sur la police de la chasse. 1864, in-18 jésus. 3 fr.
— Effet de la signification ou acceptation du Transport quand il existe des saisies ou oppositions sur la créance cédée. 1862, in-8 (V. *Pouget*). 2 fr. 50 c.
Extrait de la *Revue historique de droit français et étranger.*
— Etude historique sur les Substitutions prohibées. 1863, 2 part. in-8 (V. *Saint-Espès Lescot.*) 2 fr.
Extrait de la *Revue historique de droit français et étranger.*

VILLIAUMÉ (*N.*). Nouveau traité d'économie politique; 3e édit. 1865, 2 vol. in-8 (V. *Garbouleau*). 15 fr.
— L'Esprit de la guerre, principes nouveaux du droit des gens, de la science militaire et des guerres civiles; 3e édit. 1864, in-8. 7 fr. 50 c.

VINCENS (*Em.*). Législation commerciale. 1833, 3 vol. in-8 (V. *Bédarride ; Dufour*). 12 fr.
— Des Sociétés par actions, des banques de France. 1837, in-8 (V. *Bédarride ; Frouart*). 2 fr.

VINCENT. Etude sur la Loi musulmane (rit de Malek). Législation criminelle. 1842, in-8. 3 fr.

VINCENT (*J.*). Etude sur les Titres au porteur. 1865, in-8, 46 pag. (V. *Bogelot; Ladey*). R. P.

VINCENT (*F.*). Mémorial législatif, administratif et pédagogique des instituteurs primaires. 1864, in 12. 1 fr. 25 c.

VINGTAIN (*L.*). De la Liberté de la presse. 1860, in-12. 3 fr.

VINGTRINIER. Examen des comptes de la justice criminelle en France. 1865, in-8, 34 pag.

VIOLET. Essai pratique sur l'Etablissement et le contentieux des Usines hydrauliques. 1841, in-8. 7 fr.

VIROLLE (*P*). Guide des Syndics, ou Traité sur les faillites et banqueroutes; 2e édit. 1844, in-8 (V. *Bédarride; Gadrat*). 6 fr.

VITAL DE VALOUS. Les Origines des familles consulaires de la ville de Lyon, depuis l'établissement de la commune jusqu'en 1790. 1863, in-8 de 91 pages. 3 fr. 50 c.
Tiré à 200 exemplaires.

VITALICIO LOPEZ. Razon y fuente de la ley ó concordancia del codigo civil con el proyecto deque se formó. *Santiago de Chile*, 1858, in-8.

VITALIS (*H.*). Traité des partages faits en justice. 1864, in-8. 5 fr.

VITARD (*A.*). Jurisprudence rurale. 1859, in-8. 1 fr. 75 c.

VIVIEN. Etudes administratives; 2e édition. 1853, 2 vol. in-12. 7 fr.

VIVIEN et BLANC. Traité de la Législation des Théâtres. 1838, 1 vol. in-8 (V. *Lacan, et Paulmier*.)

VOET (*J.*). Commentarius ad Pandectas; editio nova multis mendis expurgata, cui præter indicem alphabeticum generalem, nunc primum accessit tabula, secundum ordinem Codicum Gallicorum disposita, curâ et studio Maurice. 1829, 4 vol. in-4. 30 fr.

— Table des Commentaires de J. Voet sur les Pandectes, analysés dans leurs rapports avec chacun des articles des cinq Codes français (par A. Maurice). 1841, in-4. 8 fr.

VOGEL (*E.-F.*). Lexicon litteraturæ academico-juridicæ quo tituli dissertationum, etc., ab academiarum initiis usque ad finem anni 1835 editarum, continentur. *Lipsiæ*, 1838, in-8. 10 fr.

VOGEL (*Ch.*). Du commerce et des progrès de la puissance commerciale de l'Angleterre et de la France, au point de vue de l'histoire, de la législation et de la statistique, d'après les sources et données officielles, etc. T. I. 1864, in-8. 9 fr.
L'ouvrage aura 2 volumes.

VOLKMAR (*Léop.*). Paroemia et regulæ juris Romanorum German. Franco-Gallorum; Britannorum Berol. 1854, in-18. 3 fr.

VOLTAIRE. Histoire du Parlement de Paris. In-8. 5 fr.

VOYSIN DE GARTEMPE. Tables chronol. et alphabét. de lois d'un intérêt public et général (dep. 1789 jusqu'à 1860), destinées à faciliter les recherches dans le Bulletin et le Recueil des lois, etc.; 2e édit. 1860, in-12. 1 fr. 50 c.

VRAYE. Du remboursement des offices ministériels, et de la suppression de leur vénalité. 1860, gr. in-8 (V. *Durand; Greffier*). 4 fr. 50 c.

VUARNIER. Traité de la Manutention des employés de l'enregistrement et des domaines. 1848, 2 vol in-8.

VUATINÉ (*C.*). Code annoté et Guide spécial des tribunaux de simple police, etc. Ouvrage destiné aux juges de paix et à leurs suppléants, aux commissaires de police, maires et adjoints, huissiers, greffiers des justices de paix et de police, officiers de police judiciaire, etc. 1858, 2 vol. in-12.

— Du droit de transmission des Offices, des réformes et améliorations à leur appliquer. 1860, in-8 (V. *Durand*; *Greffier*; *Jeannest Saint-Hilaire*). 3 fr. 50 c.

VUILLAUME. Commentaire analytique du Code Napoléon, renfermant les principes généraux du droit, les motifs de chaque article, les solutions motivées des questions auxquelles il donne lieu, et les opinions des auteurs qui les ont traitées, etc. 1856, in-8 (V. *Delsol*). 9 fr.

VUILLEFROY. Traité de l'administration du culte catholique. 1842, in-8 (V. *Gaudry*).   » »

VUILLEFROY et **MONNIER**. Principes d'administration extraits des avis du Conseil d'Etat et du comité du ministère de l'intérieur. 1837, in-8 (V. *Braff*).   7 fr. 50 c.
— V. *Monnier*.

VULPIAN et **GAUTHIER**. Code des Théâtres. 1829, in-18 (V. *Lacan et Paulmier*.)   4 fr.

W

WADDILOVE (A.). The laws of marriage and the laws of Divorce. London, 1864, in-8.   4 fr. 50 c.

WADDINGTON (*Fr.*). Projet de loi sur les coalitions d'ouvriers. Observations présentées à MM. les députés au corps législatif. 1864, in-8, 34 pag.

WAELBROECK. Traité théorique et ratique de la législation sur les modèles et dessins de fabrique, contenant l'exposé critique des lois et de la jurisprudence sur la matière. 1 vol. in-8.   3 fr. 50 c.

WALDECK-ROUSSEAU. (V. *Lahaye*.)

WALKER. Collection complète par ordre chronologique, des Lois, etc., antérieurs à 1789, restés en vigueur. 1846 (1832), 5 vol. in-8. 35 fr.
— V. *Galisset;— Lepec.*

WALLON (*H.*). Histoire de l'Esclavage dans l'antiquité. 1847, 3 vol. in-8 (V. *Caqueray; Yanoski*).   » »

WALRAS (L.). L'Économie politique et la justice. Examen critique et réfutation des doctrines économiques de M. P.-J. Proudhon, etc. 1860, in-8.   5 fr.
— V. *Proudhon*.

WALTER (*Ferd.*). Corpus juris Germanici antiqui. 1824, 3 vol. in-8.   30 fr.
— Manuel du Droit ecclésiastique de toutes les confessions chrétiennes, trad. de l'allemand par Roquemont. 1841, in-8.   » »
— Histoire de la procédure civile chez les Romains, traduite de l'allemand par Ed. Laboulaye. 1841, in-8 (V. *Asher; Bonjean*.)   4 fr.
— Histoire du droit criminel chez les Romains, traduite de l'allemand, par J. Picquet-Damesme. 1863, in-8 (V. *Laboulaye*.)   3 fr.

L'excellente publication que nous avons sous les yeux se compose de deux parties: d'une introduction qui est l'œuvre de M. Picquet-Damesme, et d'un extrait de l'*Histoire du Droit romain* de Walter, embrassant toute la partie consacrée au droit criminel.

M. Picquet-Damesme, dans cette introduction, fait connaître les travaux des Allemands sur l'histoire du droit; il insiste sur l'utilité de l'étude du droit criminel romain, qui ne mérite pas les dédains dont il est l'objet, et présente sommairement le tableau de la procédure criminelle, au temps où Rome était encore dans la plénitude de la jouissance de ses libres institutions.

Sans doute les dispositions des lois romaines ne peuvent être très-utiles pour l'amélioration de notre législation criminelle : à défaut de modèle à suivre, elles présentent un sujet sérieux de méditation, et dans cette étude, aucun guide meilleur que M. Walter ne saurait être proposé. Avec lui, on pénètre dans l'intimité des mœurs et des lois romaines. Huit chapitres sont consacrés par lui aux délits, aux peines, à la procédure criminelle des différentes époques de Rome. « Ce qu'il faut louer dans M. Walter, dit son traducteur, c'est l'alliance d'une immense érudition, avec cette sobriété, signe de force et de goût, qui n'appartient qu'aux écrivains assez savants pour être courts, et assez maîtres de leur sujet pour abandonner à la sagacité du lecteur les conséquences de principes savamment posés. Ce qu'il faut encore admirer, c'est une parfaite clarté qui, en dépit des préjugés trop longtemps répandus contre les écrivains d'outre-Rhin, nous paraît le caractère le plus frappant de ce livre comme de plusieurs autres productions récentes également dues aux jurisconsultes de l'Allemagne. »

(Vergé. *Jurisprudence générale de Dalloz*, 1863.)

— Geschichte des roemischen Rechts.... (Histoire du droit romain; 3e édit.). *Bonn*, 1861, 2 vol. in-8. 24 fr.

WARÉE (*B.*). Curiosités judiciaires historiques et anecdotiques. 1859, in-12 de 520 pag. 2 fr. 50 c.

— V. *Agenda de la cour imp. de Paris*; — *Annuaire de l'ordre judiciaire de l'emp. français.*

WARNKOENIG (*L.-A.*). Institutiones Juris Romani privati, in usum prælectionum academicarum vulgatæ, cum introductione in universam jurisprudentiam et in studium Juris romani; editio quarta. 1860, in-8 (V. *Pellat*). 7 fr.

— Commentarii Juris Romani privati, *Leodii*, 1824-1829, 3 vol. in-8. 27 fr.

— Analyse du droit de la Possession, d'après les principes du Droit romain, par Savigny. 1827, in-8 (V. *Savigny*). 2 fr. 50 c.

— Histoire du Droit belge. *Bruxelles*, 1837, in-8. 6 fr.

— De la science du droit en Allemagne depuis 1815, précédé d'une notice sur la vie et les ouvrages de Warnkœnig, par Ed. Laboulaye. 1841, in-8. 1 fr. 50 c.

— V. *Laboulaye*.

WATTEVILLE (*Ad. de*). Législation Charitable, ou Recueil des lois, arrêtés, décrets, ordonnances royales, avis du Conseil d'Etat, qui régissent l'administration des Établissements de Bienfaisance (1790 à 1862), suivi d'une Table analytique; 2e édit. 1863, 2 vol. gr. in-8. 30 fr.

Tome III, feuilles I, II, III, contenant l'année 1863 et partie de l'année 1864. — Les 3 feuilles. 3 fr.

Recueil des Lois paraissant *annuellement*, depuis 1843, par cahier de *une* à *deux* feuilles, et formant le complément de la *Législation*.

Prix de l'année : 1 fr.

La *Table analytique*, prise séparément. 5 fr.

— Code de l'Administration Charitable, ou manuel des administrateurs, agents et employés des établissements de bienfaisance; 2e édit. 1847, in-8. 7 fr. 50 c.

— Du Patrimoine des pauvres. 1848, in-18. 1 fr.

— Statistique des Etablissements de Bienfaisance. — Rapport à son Exc. M. le ministre de l'intérieur sur l'administration des bureaux de bienfaisance et sur la situation du paupérisme en France. 1854, in-4 de 1192 pages. 25 fr.

WEILL (*Alex.*). Le Justicier de la presse, avec une loi fondamentale sur la presse. 1864, in-18 de 72 pag. 1 fr. 50 c.

WEISS (*Siegfried*). Code du droit maritime international, tel qu'il existe chez les nations en temps de paix et en temps de guerre depuis les temps les plus reculés jusqu'à nos jours selon l'école historique. 1859, 2 vol. in-8. 16 fr.

WERTHEIM (*Jac.*). Manuel à l'usage des Consuls des Pays-Bas, précédé d'un Aperçu historique sur l'établissement du Consulat néerlandais à l'étranger et de la législation depuis son origine jusqu'à nos jours, suivi d'un recueil de documents officiels. *Amsterdam*, 1861, 3 vol. in-8. 40 fr.

WESTOBY. Résumé de la Législation anglaise en matière civile et commerciale, à l'usage des étrangers. 1855, in-8 (V. *Laya*). 6 fr.

Ceci est bien l'ouvrage qu'on désirait en France, c'est-à-dire un livre sur la législation d'Angleterre, émané d'un légiste anglais; les rapports fréquents et chaque jour plus nombreux qui vont se développant entre cette nation et la France, recommandent suffisamment l'utilité de cette publication substantielle, qui ne ressemble point aux traités ou commentaires qu'on est dans l'usage de publier en France. M. Westoby se borne à indiquer avec lucidité ce qui existe dans son pays.

— The Wills of British subjects made abroad. 1858, in-12, cart. 2 fr. 50 c.
— The Legal Guide for residents in France. 1858, in-12, cart. 5 fr.
WHARTON (*J. J. S.*). The Law-Lexicon, or, Dictionary of Jurisprudence; 3ᵈ edit. *London*, 1864, gr. in-8, relié en toile. 50 fr.
WHEATON (*H.*). Histoire du progrès du Droit des gens en Europe et en Amérique, depuis la paix de Westphalie jusqu'à nos jours, 4° édit. 1864, 2 vol. in-8.
— Historia de los progresos del derecho de gentes en Europa y en America, desde la paz de Westfalia hasta nuestros dias, por Enr. Wheaton, traducida y aumentada con un appendice por Carlos Calvo, encargado de negocios del Paraguay en Francia, etc. 1861, 2 beaux vol. gr. in-8 (V. *Calvo*.) 30 fr.
— Eléments du Droit international; 4° édition, suivie d'un commentaire, par W. Beach Lawrence. 1864, 2 vol. in-8. 15 fr.
Cette édition doit former 4 vol. Les tomes III et IV contiendront le travail de M. Lawrence. Ils sont en préparatifs (1ᵉʳ novembre 1865).
— Elements of international law; 2ᵈ annoted edit., by W. B. Lawrence. *London*, 1864, gr. in-8, relié en toile. 45 fr.
— Le Droit des nations, traduit en chinois, par M. A. W. Martin, avec une préface en anglais, sous les auspices et aux frais du prince Kong et de Wenn-Siang. 1865, 4 vol
(Renseignement tiré de la *Chronique du Journal de la Librairie*, n° du 5 août 1865.)
WHEELOCK. Code civil de l'Etat de la Louisiane, annoté. *Nouvelle-Orléans*, 1838, 1 vol. gr. in-8. 40 fr.
WILLIAMS (*Joshua*). Principles of the law of personal property; 5ᵗʰ edit. *London*, 1864, in-8, relié en toile. 22 fr. 50 c.
WILMET. Questions du Droit canon, ou Abrégé des Institutions canoniques de Devoti. 1852, in-8. 2 fr.
WODON. Commentaire sur la loi du 22 frimaire an VII. Ouvrage où l'on a tâché de joindre la pratique à la théorie; suivi d'une table alphabétique des matières, etc. *Bruxelles*, 1854, gr. in-8. 7 fr.
WODON (*L.*). Traité théorique et pratique de la possession et des actions possessoires. 1865, 2 vol. in-8 (V. *Bioche*). 15 fr.
WOLKOFF (*Mathieu*). Lectures d'économie politique rationnelle. 1861, in-12. 3 fr.
WOLOWSKI. De l'organisation du Crédit foncier. 1848, in-8 (V. *Code*; *Lehir*; *Piogey*). 2 fr. 50 c.
WORMS. Recherches sur la constitution de la propriété territoriale dans les pays musulmans, et subsidiairement en Algérie. 1846, in-8. 10 fr.
WORMS (*Em.*). Histoire commerciale de la ligue Hanséatique. 1864, in-8. 7 fr. 50 c.

X

XHENEMONT (*C.-J.-E. de*). Législation belge en matière de poids et mesures. *Liége*, 1862, in-8. 6 fr.

Y

YANOSKI (*J.*). De l'Abolition de l'esclavage ancien au moyen âge, et de sa transformation en servitude de la glèbe; pour faire suite à l'Histoire de l'esclavage dans l'antiquité, de M. Wallon. 1860, in-8. 3 fr.
Cet ouvrage, couronné avec celui de M. H. Wallon en 1839, par l'Académie des Sciences morales et politiques, présente les conclusions des deux auteurs sur la question mise alors

au concours. M. H. Wallon, dans l'*Histoire de l'esclavage dans l'antiquité*, avait montré comment et par quelles causes s'accomplissait, dès l'Empire romain, la transformation de l'esclavage en servage. M. Yanoski, après avoir signalé le temps d'arrêt que l'invasion des barbares apporta à ce travail, montre par quelles influences il recommença et en quel temps il aboutit à l'extinction de l'esclavage ancien et à sa vraie formation définitive. La Commission de l'Imprimerie impériale ayant accordé à ce livre le même honneur qui avait été fait au premier, MM. Wallon et son confrère M. Léon Renier, de l'Académie des inscriptions, ont voulu surveiller eux-mêmes la publication du manuscrit de leur ami, mettant à profit, dans les citations, les notes que M. Yanoski avait recueillies pour l'impression de son ouvrage.

YECHE (*J.-B.*). Traité de la Lettre de Change, du billet à ordre, etc., 1846. in-8 (*V. Bédarride*).   5 fr.

YMBERT (*Th.*). Essais critiques sur le Code Napoléon, 1re partie. Le Portique du Code. Etude sur le titre préliminaire (art. 1 à 7). 1860, in-8.   3 fr. 50 c.

— Observations critiques touchant la force obligatoire des lois. 1858, in-8.   2 fr.

YSABEAU (*A.*). Les bons Conseils de M. le maire sur la police rurale, le droit usuel, et les rapports des habitants des campagnes entre eux et avec l'autorité. 1865, gr. in-18.

Z

ZACHARIÆ (*K.-S.*). Cours de Droit civil français, traduit de l'allemand sur la 5e et dernière édition, et rétabli suivant l'ordre du Code Napoléon, par MM. Massé et Ch. Vergé. 1855-1860, 5 vol. in-8. 37 fr. 50 c.

Aucun ouvrage, en France, n'a formulé, dans une synthèse plus puissante et à la fois plus lucide, les principes du Code Napoléon : personne n'a aussi bien exposé que Zachariæ les règles de notre droit civil et leurs conséquences immédiates. Toutefois il importait de rétablir l'ordre si rationnel du Code Napoléon, sans altérer la pensée de l'auteur. Cette tâche a été savamment et scrupuleusement accomplie par MM. Massé et Vergé, non-seulement pour le texte, mais encore pour les notes considérables et marquées de signes typographiques, qu'ils ont ajoutées à celles de Zachariæ, afin de compléter son œuvre, en le mettant au courant de la jurisprudence et de la doctrine les plus récentes.

« L'ouvrage de M. Zachariæ, déjà connu des jurisconsultes français, est un livre classique « en Allemagne, pour l'enseignement de notre législation civile. On peut affirmer qu'il le « deviendra également en France, dans les conditions nouvelles de publication sous les- « quelles il se présente au public. La jeunesse des écoles et les hommes mêlés à la prati- « que judiciaire y trouveront d'inappréciables ressources pour l'étude et l'intelligence de « notre droit civil.

« Rien ne sera perdu, dans cette traduction nouvelle, de ce qui appartient au savant « professeur allemand, et au moyen des additions très-considérables que MM. Massé et « Vergé ont faites dans les notes, additions remarquables surtout par leur concision et leur « netteté ; son ouvrage se trouvera rajeuni et mis au courant de la jurisprudence la plus « récente, comme aussi de la doctrine des auteurs qui ont le plus nouvellement écrit sur « le droit civil.

« Quant à la traduction en elle-même, il ne nous appartient pas de la juger au point de « vue de la linguistique ; mais ce que nous en pouvons dire, c'est qu'elle nous a paru par- « tout facile et élégante, claire surtout, dans un sujet où la clarté est le premier mérite.

(*L.-M. Devilleneuve.*)

— V. *Aubry et Rau*; — *Massé*; — *Vergé*.

ZALLINGER AD TURRIM (*J.-A.*). Institutiones juris naturalis et ecclesiastici publici. 1839, 2 vol. in-8.   10 fr.

ZENTENO (*J.*). Boletin de las leyes, reducido á las disposiciones vijentes y de interes jeneral, contiene ademas algunas leyes y decretos que no se rejistran en el Boletin. *Santiago de Chile*, 1861, in-4.

ZÉZAS (*Spyridion G.*). Études historiques sur la législation russe ancienne et moderne. 1862, 1 vol. in-8.   7 fr.

— Essai historique sur la législation d'Angleterre, depuis les temps les plus reculés jusqu'au XIIe siècle. *Zante*, 1863, in-8.   7 fr.

ZIMMERN. Traité des Actions, ou Théorie de la procédure privée chez les Romains, trad. de l'allemand, par L. Étienne, 1843, in-8 (V. *Bonjean*).   6 fr.
— V. *Étienne.*

ZUPPETTA (*L.*). Leçons de métaphysique de la science des lois pénales, trad. de l'italien. 1847, in-8.

OUVRAGES NOUVEAUX

Publiés pendant l'impression du Répertoire

ET

ADDITIONS

AGENDA de poche des Notaires, de la Magistrature, du Barreau et des Officiers ministériels, etc. 1866, in-18 de 203 pages.

AGENDA à l'usage des Commissaires-Priseurs à Paris pour l'année 1866. in-18.

AGENDA des Huissiers du département de la Seine, Année 1866, in-18.

AUCOC (*L.*). Introduction à l'étude du droit administratif. 1re conférence faite à l'Ecole imp. des ponts et chaussées. 1865, in-8 de 75 pag.   1 fr.

BRIÈRE-VALIGNY (*L.*). Code de l'assistance judiciaire, contenant l'ensemble des documents de législation, d'administration et de jurisprudence relatifs à cette matière, ainsi que les travaux préparatoires des lois du 7 août 1850 et du 22 janvier 1851. 1866, gr. in-8.   7 fr. 50 c.

CAILLEMER (*E.*). Antoine de Govéa fut-il conseiller au parlement de Grenoble? 1865, in-8 de 19 pag.
    Extrait du *Bulletin de l'Académie delphinale.*

CIVAL (*H.*). Les Ordres amiables en Belgique et en France. 1866, in-8.   7 fr. 50 c.

LAGARDE (*Alph.*). Étude sur la législation des hébreux. 1866, in-12.   75 c.

LINSTANT-PRADINE. Les Codes haïtiens annotés. 1866, in-8, CVI-484 p.

MAUSSIER-MARBAUD. Nouveau Code du propriétaire et du commerçant. 1843, in-8.   5 fr.

MORIN (*Ach.*). Commentaire de la loi sur la mise en liberté provisoir. du 28 juin 1865. Brochure in-8.   1 fr. 50 c.

VAVASSEUR (*A.*) et **JAY** (*Em.*). Projet de loi sur les Sociétés civiles et commerciales. 1865. in-8 (R. P.).

TABLE GÉNÉRALE

ALPHABÉTIQUE, ANALYTIQUE ET RAISONNÉE

DES MATIÈRES.

A

Abbaye *de Saint-Germain des Prés :* Guérard. — *De Saint-Remy de Reims :* Guérard.

Abordage. Caumont. — Sibille. — V. *Bris ; Droit maritime.*

Absence. Biret. — Demolombe. — Desquiron. — Moly. — Plasman. — Sermet. — Talandier.

Abus. *Dans le monde jud. au* 16e *siècle :* Bataillard. — *De la centralisation :* Béchard (V. *Centralisation.*)

Académie *des Sciences morales et politiques :* Vergé. — *De la législ. de Toulouse :* Recueil.

Acceptation *des successions :* Bilhard. (V. *Bénéfice d'inventaire ; Successions.*)

Accroissement (Droit d'). Glasson. — Hautbuille. — Holtius. — Machelard.

Achats et Ventes. Bédarride. — Persil et Croissant. — Pouget. (V. *Commerçants, Commissionnaires, Compte courant, Vente.*)

Acquisition *d'immeubles ;* Gauthier (V. *Immeubles.*).

Actes. *Formes :* Allard. — *Formulaire :* Daubanton (actes ministériels). — Lavenas. — Péchart et Gardon. — *Révocation :* Capmas. — *De l'état civil :* Albiousse. — Bascle de Lagrèze. — Bernède. — Berriat Saint-Prix. — Braff. — Claparède. — Coin-Delisle. — Crépon. — Demolombe. — Dubois-Guchan. — Loir. — Mauger. — Rieff. — Roy. — Sermet. — Traité complet. — *Manuel :* Adam. — Claparède. — Grün. — *Réforme :* Hutteau d'Origny. — Loir (V. *Etat-civil ; Officiers de l'état-civil ; Registres de l'état-civil*). — *Actes sous-seing privé :* Biret. — Bourgade. — Clément. — Frémy-Ligneville. — Frérot. — Grisy. — Léopold. — Lecerf. — Lhoste. — Lonchampt. — Malepeyre. — Marinier. — Picot. — Pilard. — Pivert. — Poinsotte. — Prudhomme. — Sorbet. — *Actes de procédure :* Jay et Girardot. — Teulet et Loiseau. — *Actes de commerce :* Beslay. — Nouguier (V. *Commerce.*) — *Actes notariés :* Beautemps-Beaupré. — Chotteau. — *Formulaire annoté des actes des notaires.* — *Formulaire des actes des notaires.* — *Formulaire-Pocket.* — *Formulaire portatif.* — Girardin. — Michaux. — (En Belgique) : Libens (V. *Notariat.*) — *Actes des justices de paix :* Jay et Girardot. — *Actes privés :* Malepeyre. — *Ratification des actes d'un gérant d'affaires :* Capmas. — Labbé (V. *Conseiller en affaires ; Gestion d'affaires.*)

Action publique. Delpon. — Demolènes. — Feriet. — Hoffmann. — Mangin. — Schenck. — Ventavon. (V. *Droit criminel ; Ministère public.*) — *Paulienne :* Boutry-Boissonade (V. *Droit romain*).

Action rédhibitoire *dans le commerce des animaux :* Dejean. (V. *Animaux ; Vices rédhibitoires.*)

Action résolutoire. *Du Vendeur en cas de faillite :* Dumolard. — V. *Faillite,* *Vendeur non payé.*

Actions. *Droit romain :* Bonjean. — Domanget. — Etienne. — Zimmern. —*Droit français :* Joccoton. — Poncet.

Actions possessoires. *Histoire :* Alauzet. — Beauvais. — Parieu. — Smith. — *Traités :* Aulanier. — Bélime. — Bioche. — Carou. — Crémieu. — Curasson. — Garnier. — Miroy. — Wodon. — *Questions :* Guichard. — *Recueil :* Jay et Beaume. — V. *Bornage, Justices de paix, Possession, Réintégrande.*

Adjoints. (V. *Conseillers; Maires.*)

Administrateur communal. Bouriaud. — V. *Administration; Administration communale ; Communes.*

Administration. Haas. — *Etudes :* Babaud-Laribière. — Vivien. — *Annuaire :* Block. — *éléments :* Lalouette. — *Lois organiques :* Poirel. — *Dictionnaire :* Blanche. — Block. — *Dictionnaire. — Principes :* Vuillefroy et Monnier. — *Administration centrale :* Béchard. — Delebecque. — Franque (V. *Centralisation*). — *Intérieure de la France :* Béchard. — *Contentieux :* Dareste. — *Régulateur du contentieux.* — Serrigny. — *Monarchique :* Chéruel. — *Départementale :* Bouriaud. — Deshaires. — Grétry. — Guizard. — Herman. — Luroth. — Pardessus. — Péchart. — *De l'Empire romain :* Naudet. — Serrigny (V. *Droit administratif romain).* — *De la Justice :* Compte général. — Dareste. — D'Eyraud. — Limouzineau. — (En Normandie.) Pezet. — (En Algérie) Gillotte. — *Financière :* Braff. — Hock. — Pagard. — Roy (V. *Finances*). — *Industrielle :* Guilbault (V. *Droit industriel, Industrie*.) — *Maritime :* Rimbaud. — *Militaire :* Beaugé. — Guillot. — Leruste. — Reiffenberg. — Richard. — Sanson. — Vauchelle (V. *Code, Droit, Législation militaire, Milice.*) — *Instruction administative :* Chauveau-Adolphe. — *Municipale :* Cormenin. — Lober. — Luroth. — Péchart (V. *Droit municipal, Maires, etc.*). — *Adm. charitable :* Watteville (V. *Bureaux de bienfaisance, Etablissements, Législat. charitable,* etc.). — *Publique :* Béchard. — Bonnin. — Braff. — Franque. — *Des Lycées* (V. *Lycées.*). — *Des Paroisses :* Affre (V. *Paroisses*). — *Réformes :* Désaubiers. — *Admin. de Paris :* Frégier. — Leberquier. — H. Say (V. *Paris*). — *En Belgique :* Molinari. — Revue de l'administration (V. *Belgique.*). — *Journaux, Recueils périodiques :* Journal du Palais. (V. *Droit adm.*) — V. *Arrondissements; Code adm. ; Communes; Division administr.; Droit administratif; Jurisprud. administr.; Organisation administrative; Pratique administrative.*

Administrateur de marine. Bajot (V. *Marine*).

Administration communale. Bouriaud. — Braff. — Roy. — Savouré. — Smith (V. *Administrateur communal; Communes.*)

Admission *au Notariat.* (V. *Notariat.*)

Adoption. Demolombe. — Grenier. — *En droit indou :* Orianne (V. *Hindous*). — V. *Chambre du conseil, Enfants naturels, Tutelle.*

Adultère. Bedel. — Kœnigswarter. — Revel (V. *Enfants naturels.*)

Affaires ecclésiastiques (V. *Droit ecclésiastique*)

Affouage. Guétant. — Legentil. — Legrand. — Meaume. — Migneret (V. *Bois, Communes, Forêts.*)

Agen (Dép. de Lot-et-Garonne). *Cour impériale :* Jurisprudence de la Cour imp. — V. *Larroque-Timbaud, Prayssac.*

Agenda. *Municipal :* Agenda (V. *Dépenses municipales, Droit municipal.*) — *Des Percepteurs, Receveurs, etc. :* Agenda. — *Des Justices de paix :* Jay fils (V. *Justices de Paix*). — *De la Cour impériale de Paris :* Agenda. — *De la Magistrature, du Barreau :* Agenda. — *Des Notaires :* Agenda de poche. — *Des Commissaires-Priseurs :* Agenda.

Agents consulaires, diplomatiques. Bursotti. — Cussy. — Garcia de la Vega. — Martens. — Meisel (V. *Consuls, Diplomatie, Traités de paix.*) — *Forestiers :* Lyon (V. *Gardes forestiers.*)

Agents de change. Bédarride. — Manuel. — Mollot. — Rondonneau (V. *Bourses, Courtier.*)

Agents voyers. Cavrois. — Rousset. — V. *Cantonniers, Chemins.*

Agraires (Lois). Engelbrecht. — Giraud. — Macé. — V. *Céréales.*

Aides. — V. *Cour des Aides.*

Aisne (Dép. de l'). *Usages locaux* : Recueil des usages.—V. *Picardie, Vermandois.*

Aix. *Cour impériale* : Bulletin (V. *Bouches-du-Rhône, Marseille, Provence.*)

Algérie. *Lois* : Algérie. Bulletin.—Franque.— Frégier.— Ménerville. —Poivre.— *Législation* (*musulmane*) : Joanny-Pharaon.— Perron. — Poivre. — *Commerce et Navigation :* Enquête. — *Crédit commercial, industriel et agricole* : Gauzin. — *Propriété* : Dareste.— Gillotte.— Statistique. — *Administr. de la justice* : Gillotte. — *Propriété territoriale* : Belin.— Worms. — *Mines*: Pothier. — *Régime civil*: Duvernois. — *Contrainte par corps* : Frégier (V. *Contrainte par corps*).— *Constitutions politiques arabes* : Maverdi. — *Expertise et mandat jud.* : Frégier.— *Naturalisation* : Sartor.— V. *Cours impériales., Droit musulman.*

Aliénation des Biens. Desglajeux. — Desjardins. — V. *Biens.*

Aliénation mentale, Aliénés. Brierre de Boismont. — Cazauvieilh. — Dally. — Demolombe.— Esquirol. —Georget.— Hoffbauer. —Petit.— Renaudin.—Venant. —*En Belgique* : Lentz (V. *Belgique*.) — V. *Délire, Folie, Interdiction, Médecine légale.*

Alignements. Aucoc. — Cotelle *fils.* — Davenne. — V. *Voirie.*

Aliments. V. *Denrées, Substances alimentaires.*

Allemagne. *Code de commerce* : Foucher.— Rauter.— *Banques* : Rolland. — *Corpus juris antiq.*: Walter.— *Mines* : Blavier (Cancrin).— *Justice et Avocats* : Becker. — *Enseignement et noviciat administrat.*: Laboulaye. — *Science du droit* : Warnkœnig. — *Irrigations* : Mauny de Mornay. — *Droit pénal* : Levita. — *Associations ouvrières* : Véron.— *Crédit populaire, Banques du peuple* : Seinguerlet.—V. *Chamaves, Germains, Ligue hanséatique, Souabe.*

Alluvion. Chardon. — V. *Eaux, Riverains.*

Alpes Occidentales. *Origines féodales :* Ménabréa. —V. *Féodalité, Italie, Piémont, Savoie.*

Alsace. Hanauer.— *Conseil souverain* : Pillot et Neyremand. — V. *Bischwiller. Colmar, Orbey, Rhin (Bas-).*

Altérations *de denrées* : Chevallier. — Emion. — Million.—V. *Céréales, Denrées, Falsifications, Substances alimentaires.*

Amérique. Calvo. — Laboulaye. — *Droit des gens* : Wheaton. — *Constitution* : Pailliet. — *Système pénit.*: Julius. — V. *Argentine, Brésil, Caroline, Chili, Etats-Unis, Haïti, Louisiane, Pérou.*

Amérique latine. *Traités* : Calvo.—V. *Chili, Haïti, Pérou, etc.*

Amiable composition. Caumont (V. *Arbitrage, Ordre amiable*).

Amiens. *Coutumes*: Bouthors.—*Intendants sous l'ancien régime* : Boyer de Sainte-Suzanne.— *Règlements de police* : Brayer.— V. *Picardie, Somme.*

Ana. Bresou.

Angers (*Usages ruraux des départements situés dans le ressort de la Cour imp. d'*) : Quiris. — V. *Anjou.*

Angleterre. Jarman.— Taylor. — *Bourse* : Lefèvre D. — *Banques de circulation* : Van Hallee. — *Chemins de fer*: Guillaume. — Anthoine de St-Joseph. — *Commerce et navigation* : Mac Culloch.— *Prérogat. roy.* : Lorieux. —*Lettres de change* : Foelix.— *Droit commercial comparé*: Colfavru.—*Traités de commerce* : Boiteau.— *Divorce et Mariage*: Waddilove.—*Dictionnaire de Droit* : Wharton.— *Propriété personnelle* : Williams.— *Propriété littéraire et artistique* : Phillips. — *Constitution* : Custance. — Delolme. — Fischel. — Jouffroy. — May. — Russell (V. *Droit constitutionnel.*) — *Statuts* : Petersdorff. —*Droit d'asile* : Michaud. — (*Études sur l'Angleterre*) : Faucher (Léon). — Zézas. — *Étrangers* : Anthoine de Saint-Joseph.— Lebaron.—Okey.—Westoby.— *Justice crim.* : Bexon. — Buchère. —Cottu.—Taillandier.— *Crimes politiques* : Montyéran. — *Justice civ.* : Buchère.— *Justice de paix* : Burn. — *Lois*: Blackstone. — Blaxland. — *Cabinet-Lawyer.*— Daligny.— Laya. — Rey.—Smith. — Stephen. — *Plaidoyers* : Clair et Clapier. — *Lois et Mœurs électorales* : Lefèvre-Pontalis (V. *Élections*.)—*Colon. pénit., Prisons*: Blosseville. — Moreau - Christophe. — Vidal. — *Tribunaux de police* : Picot. Smith. — *Institutions judic., polit., administr.*: Franqueville. — Rey. — *Pouvoir* judiciaire : Lefebvre-Pontalis. — *Détention préventive* : Bertrand. — *Assurances* : Courcy. — *Propriétaires et Locataires* : Archbold. — *Auberges, Hôtels* : Tisdswell. — *Associations ouvrières* : Véron. — *Fraudes* : Brown (V. *Fraudes*.) — *Reforme des lois monétaires* : Stansfield (V. *Monnaie*.) — V. *Bacon, Grande-Bretagne, Jersey, Iles Normandes, Londres*.

Animaux. *Impôts* : Code formulaire. — Deshaires. — *Action rédhibitoire* : Dejean (V. *Vices rédhibitoires*). — *Mauvais traitements et leur répression* : Guilbon. — *Folie* : Pierquin (V. *Folie*).

Anjou. *Droit de l'Anjou au moyen-âge* : Espinay. — *Anciens usages* : Marnier (V. *Angers*.)

Annales périodiques. (V. *Recueils périodiques*).

Annam (roy. d') ou **Cochinchine**. *Code* : Aubaret. — V. *Chine*.

Annoblissement (Droit d'). Crépon. — V. *Noblesse*.

Annonces. *Légales et Judiciaires* : Vayssié.

Annuaire *administratif* : Block (V. *Administration, Droit administratif*). — *De l'Archiviste* : Annuaire. — *De l'ordre judiciaire de l'Empire français* : Annuaire. — *De la Magistrature, du Barreau* : Agenda et Annuaire. — *Historique* : Lesur. — *Des Inventeurs* : Gardissal (V. *Inventeurs*). — *Diplomatique* : Annuaire (V. *Diplomatie*). — *De l'Enregistrement et des Domaines* : Annuaire (V. *Domaines, Enregistrement*). — *Des lignes télégr*. Annuaire (V. *Télégraphe*). — *Des Faillites* : Lepage (V. *Faillites*.) — V. aussi dans la présente Table le terme principal lié au mot *Annuaire*.

Antichrèse. Troplong.

Antinomies. Godefroy. — La Fontaine. — Pinel-Grandchamp.

Anvers (*Police d'assurance marit. d'*) : Haghe et Cruysmans. (V. *Belgique*).

Apanages. Dupin.

Aphorismes *de droit* : Bacon. — Fons. — Vernhes. — *Administratifs* : Regnault (V. *Droit administratif*).

Appel. Fréminville. — Rivoire. — Talandier. — *Droit d'appel en matière d'assurances* : Négrin. (V. *Assurances*). — *Comme d'Abus* : Affre. — Batble. — Stremler (V. *Abus*). — V. *Cours d'appel*.

Aqueducs. *Droit romain* : Malapert.

Arbitrage, Arbitres. Bellot des Minières. — Giraudeau et Gœtschy. — Goubeau de la Bilennerie. — Jay et Lehir. — Le Touzé. — Malepeyre et Jourdain. — Mongalvy. — Vasserot. — *Forcé* : Bédarride. — Bravard. — Jullienne. — Romiguière. — *Volontaire* : Caumont. — V. *Amiable composition, Experts, Ordre amiable*.

Arbre généalogique. Cleyette (V. *Degrés de parenté, Généalogie*).

Architectes. Perrin. (V. *Bâtiment, Entrepreneurs, Servitudes, Voisinage*.)

Archives départementales. Champollion-Figeac. — *Archives législ. et adm. de Reims* : Varin (V. *Reims*).

Archives parlementaires. (Débats législatifs et polit. de la France) : Annales du Parlement. — Annales du Sénat et du Corps législatif. — Archives parlementaires. — Assemblée nationale. — Buchez et Roux. — Choix de rapports.

Archiviste *des Préfectures, des Mairies, etc.* : Annuaire (V. *Archives, Préfectures, etc.*).

Argentine (République). Calvo. — Codigo de comercio. — Sarmiento. — V. *Amérique*.

Arguments légaux. Saint-Albin-Berville. — V. *Logique judiciaire*.

Armateurs *de navire* : Cruysmans. — Eloy et Guerrand. — Laget de Podio. — Lehir. — Toussaint. — V. *Assurances marit., Capitaines, Marine marchande, Neutres*.

Armée. Bardin. — Boutaric. — Durat-Lasalle. — Duvergier. — Garrel. — Huot. — Louis. — Paris de Bollardière. — Quillet. — Rozier. — Viel. — *De mer* : Ordonnance. — Règlement. — *De terre des États-Unis* : La Fruston (V. *États-Unis*). — *Au Chili* : Varas (V. *Chili*.) — V. *Droit milit., Justice militaire, Législ. militaire, Marine, Service des armées*.

Armements *en course* : Guichard. — V. *Prises maritimes.*

Armistices. — V. *Traités de paix.*

Arrêts, Arrêtistes : Annales des Conducteurs des Ponts-et-Chaussées ; — des Mines ; — des Ponts-et-Chaussées. — Annales du Barreau. — Annales du Sénat et du Corps législatif. — Annuaires des lignes télégraphiques. — Arrêts et décisions de la Cour impériale de Colmar. —Aubigny. — Bavoux et Loiseau. — Bulletin adm. et jud. des Annales forestières. — Bulletin adm. de l'Instruction Publique.— Bulletin de la Cour impér. de Paris. — Bulletin des arrêts de la Cour impériale d'Aix ; — de la Cour de Cassation. — Bulletin des arrêts de la Cour de Cassation de Belgique. — Bulletin des Lois. —Bulletin des Tribunaux. —Circulaires. —Cochet de Savigny. — Collection officielle. — Conseil de Préfecture. — Dalloz. — Devilleneuv. et Carette (Sirey). — Droit (le). — Duvergier. — Galisset. — Gazette des Tribunaux. — Journal des Arrêts de la Cour impériale de Bordeaux. — Journal des Avoués. — Journal des Notaires. — Journal du Palais. — Jurisprudence du xixe siècle. — Jurisprudence commerciale et maritime de Nantes. — Jurisprudence des Cours impp. de Douai ; — de Lyon ; — de Metz ; — de Pau ; — de Caen et de Rouen. — Lacan et Paulmier. — Lepec. — Loiseau, Dupin et Laporte. — Macarel, Deloche, Beaucousin et Lebon. — Mauguin et Dumoulin. — Moniteur universel. —Pasicrisie belge. — Pasinomie. — Portalier. —Poulizac. — Recueil de Jurisprudence civile et criminelle. — Recueil des arrêts, etc. — Recueil des arrêts de la Cour impériale de Nîmes. — Recueil général des lois, décrets, etc. — Répertoire général. —Revue judiciaire du Midi. — Salviat. — Teste-Lebeau. — *Olim :* Beugnot. — *Jurisprudence criminelle :* Berriat-St-Prix. — Bioche. — Chauveau. — Morin (V. *Droit criminel, pénal*). — V. *Annales, Annuaire, Bulletin, Journaux, Recueils périodiques, Répertoires, Revues.*

Arrondissements. *Administration :* Mercier (V. *Administration, Conseillers d'arrondissement, Préfectures, Sous-Préfectures*).

Artistes dramatiques. Agnel. — Lacan et Paulmier. — Vulpian et Gauthier. — V. *Théâtres.*

Art oratoire. Saint-Albin-Berville. — V. *Avocat, Barreau, Éloquence judiciaire, Orateurs.*

Artois. *États :* Filon. — *Droit coutumier :* Legentil.

Ascendants (Partages d'). V. *Partages.*

Asile (Droit d'). Altmeyer. — Michaud. — Wallon. — *En Brabant :* Altmeyer. — *Asile religieux :* Beaurepaire. — *Salles d'asile :* André. — Dubarry.

Assemblées *législatives :* Annales du Parlement. — Annales du Sénat et du Corps législatif. — Archives parlementaires. — Assemblée nationale. — Bentham. — Choix de rapports. — Valette. —*De la France :* Boullée. — Dupin. —Henrion de Pansey. — Laferrière. —*Débats sur la question de la peine de mort :* Lucas (V. *Peine de mort*). —*Assemblées provinciales sous Louis XVI :* Lavergne. —Lucay. —V. *États-Généraux.*

Assemblée nationale : Annales du Parlement. — Archives parlementaires. — Assemblée. — Compte-rendu des séances. — *En 1789 :* Buchez et Roux. — V. *Chambre des députés, Chambres des pairs, Corps législatif, Pairs de France, Parlement, Sénat.*

Assises *de Jérusalem :* Beugnot. — Foucher. — Kausler. — *De Normandie* (V. *Normandie*.) — *Cours d'assises* (V. *Cours d'assises.*)

Assistance *judiciaire :* Brière-Valigny. — Dorigny. — Dubeux. — Sabatié. Vatimesnil. — *Sociale :* Hubert-Valleroux. —Magnitot. —*Publique :* Monnier. — Recueil des arrêts. —*En Province :* Magnitot. —V. *Avocat des pauvres, Bienfaisance, Bureaux de bienfaisance, Mendicité, Secours publics, Sociétés de secours mutuels.*

Associations. Ducpétiaux. — *Religieuses :* Calmette. — Denantes. — *De Crédit populaire :* Hendlé (V. *Crédit populaire*). — *Ouvrières :* Rougier (V. *Ouvriers*). — *Ouvrières en Angleterre, en Allemagne et en France :* Véron. — *Commerciales, en participation :* Folleville. — *Syndicales :* Dictionnaire de la perception. — Hardouin (V. *Syndics*). — V. *Communautés, Congrégations, Sociétés.*

Assurances Agnel. —Alauzet. —Courcy. —Crozant-Bridier. — Estrangin. — Laguépierre. — Majoux. — Pothier. — Pouget. — Sautayra. — *Sur la vie :* Courcy.

Dehais. — Dufour. — Merger. — Reboul. — *Maritimes* : Beautemps. — Benecke. — Boulay-Paty (Emerigon). — Cauvet. — Delaborde. — Estrangin (Pothier). — Giraudeau et Courtois. — Haghe et Cruysmans. — Instructions. — Lafond. — Laget de Podio. — Lehir. — Lemonnier. — Morel. (V. *Abordage, Avaries, Capitaine, Droit maritime, Escroquerie.*) — *Terrestres* : Barrau. — Boudousquie. — Crozant-Bridier. — Grun et Joliat. — Merger. — Persil. — Pouget. — Quenault. — Sautayra. — *Journaux, Recueils périodiques* : Echo des assurances. — Journal de l'assureur et de l'assuré. — Journal des assurances. — *Désistement d'assurance* : Dehais. — V. *Primes.*

Ateliers dangereux. (V. *Etablissements dangereux, Ouvriers.*)

Athènes (ancienne). *Institutions commerciales* : Caillemer. — *Tribunaux* : Cucheval. — *Etat civil* : Egger. — *Lois* : Van den Es. — *Droit de famille* : Van den Es. — V. *Démosthène, Grèce.*

Attentats aux mœurs. Penard. — Tardieu. — V. *Médecine légale.*

Attiques (lois). V. *Athènes, Grèce ancienne.*

Aubains. Gaschon. — V. *Etrangers.*

Aube. *Usages locaux* : Berthelin.

Auberges. V. *Hôtels.*

Audenarde. *Communautés religieuses, de bienfaisance* : Vanderstraetten. — V. *Belgique.*

Auteurs. Renouard. — Faverie. — V. *Contrefaçon, Droits des auteurs, Musiciens, Propriété littéraire, Théâtres.*

Autorisation *de plaider* : Reverchon. (V. *Plaidoyers.*)

Autorité de la chose jugée. V. *Chose jugée.*

Autorité judiciaire. Henrion de Pansey. — V. *Compétence.*

Autorité paternelle. *En France* : Bernard (V. *Famille, Paternité*).

Autriche. Faider. — *Code* : Foucher. — *Traités de paix* : Angeberg. — Neumann. — *Justice* : Snider. — *Institutions représentatives* : Haulleville (V. *Gouv. représentatif, Systèmes représentatifs*). — *Droits des neutres* : Hautefeuille. — *Musiciens* : Vesque von Puettlingen. — V. *Vienne.*

Auvergne (*Grands Jours d'*) : Fléchier.

Avancement d'hoirie. Labbé. — V. *Donations.*

Avaries. Cauvet. — Delaborde. — Frignet. — Instructions. — V. *Abordage, Assurances maritimes, Droit maritime.*

Aveu. Démétracopoulo. — *En Droit romain* : Fresquet. (V. *Serment.*) — *Aveux féodaux* : Giraud.

Aveyron (*Service dép. dans l'*) : Guizard.

Avocat. *Histoire* : Bast. — Fournel. — Loisel. — Pinard. — Ropartz. — *Profession* : Dupin. — Liouville. — Mollot. — *Des pauvres* : Dubeux (V. *Assistance, Bienfaisance, Bureaux de bienfaisance, Sociétés de secours mutuels.*) — *Des familles* : Villepray. — *Dignité de l'avocat* : Bonjour. — *Profession chez les Athéniens* : Egger. — V. *Art oratoire ; Barreau ; Eloquence judiciaire.*

Avortement. Brillaud-Laujardière. — Ferdut. — Tardieu. — V. *Infanticide, Médecine légale.*

Avoueries. *En Belgique* : Saint-Genois. — V. *Avoués.*

Avoués. Chauveau-Adolphe. — *Journal.* — *Formulaire* : Mourlon et Jeannest-Saint-Hilaire. — *Honoraires des avoués* : Jeannin. — *Aspirants* : Combes. — V. *Avoueries.*

B

Bacon. *Justice universelle* : Bacon. — *De l'Enseignement du Droit d'après Bacon* : Desjardins. — V. *Angleterre ; Grande-Bretagne.*

Bagnes. Appert. — Chassinat. — Lepelletier. — V. *Prisons.*

Bail *D'immeubles* : Vente — *A portion de fruits* : Méplain. — V. *Baux, Locations, Mainferme.*

Bailleur d'immeubles. Gavinet. — V. *Immeubles.*

Baillis au xve siècle : Jean de Doyat : Bardoux. — *Bailliage de Châtillon au xvie siècle* : Arbaumont.

Banqueroutes. V. *Faillites et Banqueroutes.*

Banques. Coquelin. — Courcelle. — Journal des Banquiers. — Nouguier. — Paignon. — Pereire. — Question des banques. — Seignouret. — Vannier. — Vincens. — *D'Allemagne, de Belgique, de Suisse et d'Italie* : Rolland. — Seinguerlet. — *De circulation en Angleterre* : Extraits des enquêtes. — Van Halle. — *Banques de dépôt* : Rey de Foresta (V. *Chèques*). — *Banques d'émission* : Vignes. — *Banques de circulation* : Aschermann. — *Banques populaires* : Vigano. — *Banques du peuple en Allemagne* : Seinguerlet. — V. *Bourses, Crédit.*

Barreau. *Français* : Agenda. — Annales. — Billot. — Chauvot. — Clair et Clapier. — Conférence (la). — De Bast. — Falconet. — Fournel. — Gaudry. — Joly. — Pinard. — *Souvenirs* : Berryer. — Bonnet. — Dupin. — *Anglais* : Clair et Clapier (V. *Angleterre*). — *Italien* : Arrighi (V. *Italie*). — *Romain* : Grellet-Dumazeau. — *Bibliothèque du Barreau* : Mauguin et Dumoulin. — *Belge* (V. *Belgique*). — V. *Art oratoire, Avocat, Barreau, Eloquence, Journaux, Parlement, Plaidoyers, Recueils périodiques, Revues.*

Bas-Rhin (dép. du). V. *Rhin* (*Bas-*).

Basiliques. Ανεκδοτα. — Fabrot.

Bastia (Jurisprudence de la Cour de). *Sur la Taxe des dépenses en matière civile* : Calmètes (V. *Taxes*). — V. *Corse.*

Bâtiments. Desgodets. — Destrem. — Fremy-Ligneville. — Lepage. — Manuel des lois. — Perrin. — Vagnat. — *Prix de règlements* : Prix. — *Bâtiments de la flotte* : Décret (V. *Armée de mer, Droit maritime, Marine*). — *Bâtiments de commerce* (V. *Marine marchande*). — V. *Architectes, Entrepreneurs, Servitudes, Voisinage.*

Baux. Morin. — Villard. — V. *Bail, Locations, Propriétaires, Ventes, etc.*

Bavière. *Code pénal* : Vatel. — *Justice et Avocats* : Becker. — V. *Allemagne, Autriche, Prusse.*

Bazoche. Fabre. — Muteau.

Beauvoisis. *Coutumes* : Beugnot. — Morel.

Béarn. *Coutumes* : Blandin. — Mazure.

Beaumanoir (Phil. de). *Etude biographique* : Beugnot.

Belgique. *Hist.* : Rapsaet. — Warnkœnig. — *Ancien droit* : Britz. — *Influence de la Lég. franç.* : Grangagnage. — *Lois, Codes, Recueils périodiques* : Belgique judiciaire. — Bivort. — Bulletin. — Delebecque. — Pasicrisie belge. — Pasinomie. — Revue de l'adm. et du dr. adm. — *Code civil expliqué* : Arntz. — Gérard. — *Cultes, Bienfaisance* : Bon. — Brixhe. — Ducpétiaux. — Legrand. — *Brevets d'invention* : Tillière. — Varlet. — Vilain. — *Inventeurs brevetés* : Vilain. — *Faillites et banqueroutes* : Corr-Vandermaelen. — Maertens. — *Des Droits de la femme en cas de faillite du mari* : Bastiné. — *Banques* : Rolland. — *Enregistrement* : Fetis. — Wodon. — *Timbre des Effets de commerce* : Ketels. — *Chambres de commerce* : Recueil des lois (V. *Tribunaux de commerce*). — *Ordres amiables* : Cival. — *Droit fiscal* : Bastiné. — Rutgerts. — *Poids et mesures* : Xhenemont. — *Hypothèque* : Beckers. — Casier. — Delebecque. — Martou. — *Priviléges et hypothèques* : Tarrible. — *Législ. nobiliaire* : Gérard. — *Mines* : Brixhe. — Chicora. — Delebecque. — *Médecine légale* : Sauveur. — Van Holsbeck. — *Organis. jud.* : Lefèvre. — *Administ. ecclésiast., Paroisses* : Bon. — Brixhe. — Ducpétiaux. — *Prud'hommes* : Vilain. — *Tarifs* : Fétis. — Lefèvre. — *Travaux publics* : Labye. — *Expropriation* : Del Marmol. — Laveleye. — Martou. — *Constitution, Régime constitut.* : Britz. — Exposé des motifs. — Sirtaine. — *Gouvernement représentatif* : Van den Peereboom. — *Lois électorales* : Delebecque (V. *Elections*). — *Compétence en matière civile* : Delebecque (V. *Compétence*). — *Impositions communales* : Leemans. — *Code communal* :

Bivort (V. *Communes*). — *Code de la Chasse* : Bonjean (V. *Chasse*). — *Vente d'immeubles* : Molineau. — *Economie-politique, Droit public* : Destrivaux. — Dewez. — Havard. — Hoorebeke. — Lehardy de Beaulieu. — Molinari. — *Droit adm.* : Fooz. — Havard (V. *Dr. adm.*). — *Code administratif* : Bruno. — *Lois politiques* : Code. — *Pratique administrative* : Collard (V. *Administration*). — *Actes notariés, Jurisprudence notariale, Notariat* : Bastiné. — Carion et Brouez. — Chotteau. — Journal de l'Enreg. et du Notariat. — Libens. — Sanfourche-Laporte. — *Révocabilité de Donations* : Martou (V. *Donations.*) — *Avoueries* : Saint-Genois (V. *Avoués.*) — *Droit communal* : Giron. — *Etablissements industriels, dangereux, insalubres* : Sauveur. — *Aliénés* : Lentz. — *Propriét. litt.* : Delalain (V. *Propr. litt.*) — *Dict. de jurispr.* : Dictionnaire. — *Droit internat.* : Morel. — *Droit répressif* : Olin. — *Liberté de la presse* : Sirtaine. — *Code pénal et contre-projet* : Decamps (V. *Code pénal*). — *Droit pénal, Discipline judiciaire* : Bosch (V. *Discipline, Droit pénal*). — *Questions préjudicielles en mat. répressive* : Hoffmann. — *Système pénitentiaire* : Hoorebeke (van). — *Révision du Code pénal* : Haus. — *Prisons* : Ducpétiaux. — *Duel* : Delebecque. — *Cour de cassation* : Bulletin. — *Justice avant 1789* : Vignerte. — *Agents politiques* : Garcia de la Vega. — *Traités de paix* : Garcia de la Vega (V. *Traités de paix*). — *Sociétés anonymes* : Demeur. — *Parlement (histoire)* : Adnet. — *Magistrature, Barreau* : Agenda. — *Traités de Commerce* : Boiteau. — *Instr. publ.* : Angenot. — V. Audenarde, Brabant, *Législation comparée*, Liége, Luxembourg, Namur, Pays-Bas.

Belleyme (de). V. *De Belleyme*.

Bénéfice d'inventaire. Bilhard. — V. *Inventaires, Successions*.

Berlin. *Organisation de l'Université* : Banning. — V. *Prusse*.

Bibliothèque municipale. Lazare. — V. *Administration, Droit municipal*.

Bibliographie *du droit* : Dupin et Camus. — Dufour de Saint-Pathus. — Fontaine de Resbecq. — Ginoulhiac. — Kœnigswarter. — Mauguin et Dumoulin. — Philipps. — Vogel. — *Du Droit pénal* : Nypels. — *De l'Economie politique* : Coquelin (V. *Economie politique*). — *De l'anc. Jurispr. sicilienne* : Orlando (V. *Sicile*). — *Catalogue de la Bibl. des avocats de Paris* : Catalogue. — Hauréau. — V. *Littérature du droit*.

Bienfaisance publique. De Gérando. — *En Belg.* : Legrand. — Vanderstraetten (V. *Audenarde, Belgique*.) — V. *Assistance, Bureaux de bienfaisance, Législation charitable, Sociétés de secours mutuels*.

Biens. *Communaux* : Aucoc. — Caffin. — Cauchy. — Ducrocq. — Henrion de Pansey. — Latruffe. — Rivière (V. *Partages, Propriétés communales*). — *Ecclésiast.* : Affre. (V. *Paroisses*). — *Paraphernaux* : Benoit. — *Transmission* : Tissandier. — *Aliénation* (V. *Aliénation de biens*). — *Biens immeubles* : Persil. — *Vente* (V. *Ventes*). — *Des Femmes mariées* (V. *Contrat, Dot*). — V. *Distinction des biens, Propriété, Séparation de biens*.

Bigorre (comté de). *Féodalité* : Lagrèze. — V. *Pyrénées*.

Billet à ordre. Bédarride. — Bravard-Veyrières. — Colomba. — Yèche. — V. *Lettre de change*.

Billot (Frédéric) (*Etudes sur*) : Haas.

Biographes. Aubépin. — Aymé. — Bardoux. — Batbie. — Baudrillart. — Berriat Saint-Prix. — Bertin. — Bourquelot. — Caillemer. — Cauchy. — Caumont. — Chauvot. — Clément. — Desguerrois. — Desjardins. — Dupin. — Fournel. — Frémont. — Haas. — Isambert. — Joubleau. — Laboulaye. — Mastier. — Monnier. — Ortolan. — Ropartz. — Sapey. — Sclopis. — Simonnet. — Taillandier. — Vallée. Vergé. — V. *Critique*

Bischwiller (Dép. du Bas-Rhin). *Adm. municipale* : Luroth. — V. *Alsace, Colmar*.

Bois *carrés* : Moreau. — *Communaux* : Legentil. — Legrand. — Meaume. — Migneret. — *De l'Etat* : D'Avannes. — Meaume. — V. *Affouage, Chasse, Code forestier, Droits d'usage, Forêts, Police des bois*.

Boissons. Emion. — Venard et Brame. — V. *Contributions indirectes, Octrois*.

Bordeaux. *Arrêts* : Journal des arrêts de la Cour imp. — Lapeyrière. — *Barreau* : Chauvot. — *Commerce* : Bachelier. — *Parlement* : Peyrot. — Salviat.

Bornage. Curasson. — Jay. — Millet. — Morin. — Robernier. — Rousset. — V. *Actions possessoires*.

Bouches-du-Rhône. *Usages locaux* : Tavernier (V. *Aix, Marseille, Provence.*

Bouhier (le président). *Étude biogr.* : Desguerrois.

Bourbon *(Ile).* — V. *Réunion (Ile de la).*

Bourgeoisie *de Paris* : Rittiez.

Bourgogne *(Anciens styles et usages)* : Marnier. — *Parlement* : Lacuisine. — V. *Gombette* (loi).

Bourses *de commerce, Fonds et effets publics* : Bédarride. — Chastenet. — Coffinières. — Courtois. — Frémery. — Jeannotte-Bozérian. — Mollot. — V. *Banques, Courtier de commerce, Reports à la Bourse.*

Brabant. *Anc. constitution brabançonne* : Poullet. — *Asile* : Altemeyer. — *Droit public* : Dewez. (V. *Belgique, Liége, Namur Pays-Bas.)*

Brésil. Cordeiro. — *Code civil* : Codigo civil. — Cordeiro. — *Code criminel, Code d'instr. crim., Droit pénal* : Codigo. — Cordeiro. — Da Silva Ferrão. — Foucher. — *Constitution* : Constituição. — *Droit commercial* : Cordeiro. — *Droit administratif* : Uruguay. — *Traités* : Calvo. — Pereira Pinto. — *Emigration* : Carvalho. — *Attributions des présidents de province* : Andrade Pinto. — Vasconcellos. — V. *Amérique.*

Bretagne. *Cour des comptes* : Fourmont. — *Parlement* : Saulnier. — *Histoire du Tiers-Etat* : Ropartz. — *Terres vagues* : Paignon. — V. *Côtes-du-Nord, Finistère, Ille-et-Vilaine, Loire-Inférieure, Nantes, Rennes.*

Brevets d'invention. *Loi de 1791* : Description. — Regnault. — *Loi de 1844* : Blanc. — Breulier. — Catalogue. — Damourette. — Description. — Duméry. — Gardissal. — Giraudeau et Goetschy. — Homberg. — Huard. — Lehir. — Lésenne. — Moniteur des brevets d'invention. — Neuguier. — Perpigna. — Regnault. — Rendu. — Renouard. — Telliez. — Thirion. — Truffaut. — *Des Etats d'Europe, etc.* : Armengaud et Mathieu. — Barrault. — Calmels. — Carpmael. — Loosey. — Tillière. — Varlet. — *En Belg.* : Tillière. — Vilain. — V. *Dessins de fabrique, Fabricant, Inventeurs. Marques de fabrique, Propriété littéraire.*

Bris, Naufrage. Lebeau. — V. *Abordage, Avaries, Droit maritime, Marine, Navigation.*

Budgets départementaux (V. *Départements*). — V. *Impôts.*

Bulletins périodiques. (V. *Recueils périodiques*).

Bureaux de bienfaisance. André. — Déchampeaux. — Mémorial. — Molineau. — Watteville. — *En Belg.* : Brixhe. — Legrand. — V. *Bienfaisance publ. Etablissements de bienfaisance, Sociétés de secours mutuels.*

C

Cadastre. Bulletin des contrib. dir. — Code des contributions directes. — Delapalud. — Noizet. — Oyon. — Robernier. — V. *Contribution foncière, Expertises cadastrales, Expropriation.*

Caen. *Cour impér.* : Bidard. — Guernon. — *Jurisprudence.* — *Lettres de cachet* : Joly. — *Doctorat en droit* : Périn. — *Collége des droits de l'anc. université* : Cauvet. — V. *Eure, Havre, Iles Normandes, Normandie, Rouen, Vaudreuil.*

Caisse de retraite. Code. — Beauvisage.

Caisses *d'épargne* : Boudard. — Prevost (V. *Institutions de prévoyance). — Des dépôts et consignations* : Dumesnil. — *Hypothécaires* : Josseau (V. *Hypothèques).*

Canaux d'irrigations (V. *Irrigations).*

Cantonniers. Rousset. — V. *Agents-voyers, Chemins, Voirie.*

Capacité. Capmas. — Robert.

Capitaine au long cours. Beautemps. — Duchesne. — Eloy et Guerrand. — Instruction. — Laget de Podio. — V. *Abordage, Assurances, Avaries, Cabotage).*

Capitulations. — V. *Traités de paix.*

Caroline (Locke, législateur de la) : Laboulaye. — V. Amérique, États-Unis.

Carrières. Lois : Bayon. — Dupont. — Lamé-Fleury. — Peyret-Lallier — V. Mines.

Cas fortuits. Barreau.

Casernement (Frais de). Dareste.

Casiers de l'État civil : Albiousse (V. État civil). — Des lois : Aubert (V. Lois).

Catéchisme. Administratif : Bouret (V. Administration, Droit administratif). — De droit pénal ; Catéchisme. — Voir aussi les locutions principales à leur ordre alphabétique dans la présente table.

Causes célèbres : Bertin. — Caseneuve. — Causes. — Champagnac. — Fouquier. — Méjan. — Quicherat. — Saint-Edme. — Tribune judiciaire (V. Barreau, Plaidoyers.) — Indivisibles : Taillandier. (V. Indivisibilité, Obligations indivisibles). — Du droit des gens (V. Droit de la nature et des gens). — Du droit maritime (V. Droit maritime.)

Cautionnement. Audier. — Landouzy. — Ponsot. — Troplong.

Cens. Déclarations censuelles. Giraud.

Centralisation. Béchard. — Chevillard. — Dupont-White. — Mouline. — Odilon Barrot. — Simiot. (V. Administration, Adm. centrale, Gouvernement.) — Des Actes de l'état civil (V. Actes, État civil).

Céréales. Depasse. — Duret. — Emion. — Julien. — Léon. — Rivière. — Tramecourt. — V. Agraires (lois), Denrées, Moulins à farine.

Cérémonial officiel. Cérémonial officiel. — V. Honneurs, Préséances.

Certitude. Dans le droit naturel : Picard (V. Droit naturel).

Chaire d'histoire du droit : Laboulaye.

Chamaves. Lex Francorum Chamavorum : Gaupp. — V. Allemagne.

Chambéry. Cour imp. : Journal des Cours impér. de Grenoble et de Chambéry. — V. Grenoble, Isère, Savoie.

Chambre correctionnelle (V. Détention préventive, Tribunaux correctionnels).

Chambre des comptes (V. Cour des comptes).

Chambre des Députés. (V. Assemblée nationale, Chambre des Pairs, Corps législatif, Pairs de France. Parlement. Sénat.

Chambre des Pairs. Bavoux (V. Assemblée nationale, Chambre des Députés, Corps législatif, Pairs de France, Parlement, Sénat).

Chambre du Conseil. Bertin.

Chambres de commerce. En Belgique : Recueil des lois. — V. Belgique, Tribunaux de commerce.

Champagne (V. Aube, Marne).

Chancelleries, Chanceliers des Consulats : Tancoigne. — Formulaire : De Clercq. — Chancelleries dipl. et cons.: Moreuil. — Espagne : Bernal de O'Reilly (V. Espagne). — V. Consuls, Diplomatie.

Change. Le Touzé.

Charbon de bois. Dupin.

Charte constitutionnelle : Berriat Saint-Prix. — Lanjuinais. — V. Constitutions, Droit constitutionnel, Droit politique.

Charles VI (Grand coustumier de) : Beautemps-Beaupré. — Laboulaye. — Rozière.

Chasse. Baudrillart. — Berriat St-Prix. — Camusat-Busserolles. — Championnière. — Chardon. — Cival. — Codes de la législation forestière. — Dufour. — Dupin. — Duvergier. — Gillon et Villepin. — Gournay. — Houel. — Petit. — René et Liersel. — Rogron. — Rousset — Sorel. — Viel. — Villequez. — Forêts de l'État : Perrève. — Code de la chasse en Belgique : Bonjean. — V. Bois, Code forestier, Forêts, Police de la Chasse.

Châtelet de Paris : Desmaze. — Registre criminel.

Châtellenie de la haute justice De Vaudreuil (dép. de l'Eure) : Goujon. — V. Eure, Normandie, Rouen.

Châtillon-sur-Seine (Bailliage de). Ban et arrière-ban : Arbaumont.

Chemins. Garnier. — De Fer : Annuaire officiel. — Bacqua. — Bérès. — Boinvilliers. — Cerclet. — Chaix. — Cotelle. — Daru. — Emion. — Enquête. — Féraud-Giraud. — Gand. — Gendebien. — Guillaume. — Lamé Fleury. — Marqfoy. — Nancy. — Nogent-St-Laurens. — Paignon. — Palaa. — Pinel. — Rebel et Juge. — Répertoire. — Rousset (V. Répertoire.) — Police des chem. de fer : Boutillier. — Nancy. — Chemins de fer du Bas-Rhin : Chemins de fer vicinaux. — Chemins de fer d'Angleterre : Guillaume. — Contentieux des chemins de fer : Blanche. — Chemins ruraux, vicinaux : Annales. — Barrier. — Berès. — Bertin. — Bost. — Demilly. — Dumay. — Flachat-Mony. — Flandin. — Florent-Lefebvre. — Garnier. — Grandvaux. — Herman. — Raze. — Saint-Martin. — Solon (V. Droit rural). — Lois européennes et américaines : Smith. — Législation par rapport aux propriétés riveraines : Féraud-Giraud. — V. Concessionnaires de chem. de fer, Routes, Voirie.

Chèques. Alauzet. — Dufour. — Nouguier. — Rey de Foresta. — V. Banques.

Cherbourg (Arrondissement de). Usages locaux : Loysel. — V. Normandie.

Chevaux. Impôts, Taxe : Chauveau-Adolphe. — Code formulaire. — Deshaires.

Chili. Alberdi. — Boletin de las leyes. — Calvo. — Carrasco Albano. — Codigo civil. — Coleccion de los tratados. — Cuadro sinoptico dos derecho constitucional. — Documentos parlamentarios. — Fabres. — Gonzalez. — Instituciones. — Lastarria. — Ley de la caja del credito hipotecario. — Ocampo. — Panda. — Pradel. — Prado. — Varas. — Vila. — Vitalicio Lopez. — Zenteno. — Concordance avec la théologie morale : Robbes.

Chine. Code pénal : Staunton. — V. Annam.

Chirurgie. V. Médecine légale.

Chose jugée. Bidart. — Bonnet. — Breton. — Delamarre. — Lagrange. — Valette. — V. Jugements.

Christianisme. Son influence sur le droit : Troplong.

Cimetières. Migneret. — Rousset. — V. Enterrement, Exhumation, Inhumation, Pompes funèbres.

Circonstances atténuantes : Bertin. — Collard (V. Mansuétude).

Circulaires. Addenet. — Bigorne. — Circulaires. — Dormois. — Gillet. — Massabiau.

Circulations en banque. Coq. — V. Banques.

Cité antique. Fustel de Coulanges (V. Grèce, Rome).

Classes ouvrières, dangereuses : Dupuynode. — Fix. — Fregier. — Levasseur. — Rapet (V. Populations ouvrières.) — Associations : Ducpétiaux (V. Établissements dangereux, Ouvriers.) — Classes agricoles : Dareste de la Chavanne.

Classiques latins, appliqués au Droit civil romain : Benech. — Caqneray. — Henriot. — V. Poëtes juristes.

Clef du droit. Morin. (V. Droit).

Clercs de la Bazoche. V. Bazoche.

Clergé. V. Cultes, Droit canon., Dr. ecclés., Prêtres.

Coalitions industrielles et commerc. : Baudouin. — Boullaire. — Haus. — Ollivier. — Waddington. — V. Commerce, Droit commerc., Droit industriel, Liberté du travail, Ouvriers.

Cochinchine (V. Annam).

Code administratif. Bacqua : — Portugais : Codigo administrativo. — Belge : Bruno. — V. Administration, Droit administratif, Portugal.

Code administratif municipal. Blanchet. — De Gérando. — Fleurigeon. — Lepinois. — Solon. — Municipal de Poitiers : Vanier. — V. Administration, Droit administratif.

Code civil. Du Portugal : Codigo civil (V. Portugal). — De la Grèce : Code civil (V. Grèce.) — Du Chili : Codigo civil (V. Chili.) — Du Pérou : Codigo civil (V. Pérou.) — Du Brésil : Codigo civil (V. Brésil.) — V. Code Napoléon. — (Voir aussi chaque nom de pays ou de peuple à son ordre alphab. dans la présente table.)

Code communal. — V. Communes.

Code criminel. Du Brésil : Codigo criminal. — Thomas Alvez Junior. — V. Brésil, Code d'instr. crim., Code pénal, Codes criminels.

Code d'audience. Eloy. — V. Assises, Code pénal.

Code de commerce. Code. — Observations et projets. — Locré. — Dictionnaires : Daubanton. — Dictionnaire. — Vidal. — Commentaires, Explication : Alauzet. — Bédarride. — Bonnin. — Campenon. — Delaporte. — Dufour. — Fournel. — Javerzac et Belloc. — Locré. — Lonchampt. — Maugeret. — Molinier. — Mongalvy et Germain. — Monnier. — Pardessus. — Paris. — Picot. — Rogron. — Valin. — Vincens. — Questions : Horson. — Répétitions : Rivière. — Conféré avec le Code Nap. : Cadres. — Id. avec les Codes étrang. : Anthoine de St-Joseph. — Code de commerce allemand : Foucher. — Rauter. — d'Espagne : Code de commerce espagnol. — Codigo. — Foucher. — Hollandais : Code. — Du Pérou : Codigo de comercio (V. Pérou.) — De la Confédération argentine. (V. Argentine.) — Du Chili : Ocampo (V. Chili.) — Code de commerce maritime : Sanfourche-Laporte. — Valin. — V. Commerce, Droit commercial, Droit maritime.

Code de procédure civile. Code. — Observations et projets. — Dict. : Daubanton. — Répétit., Leçons, Comment. : Boitard et Colmet-Daage. — Bonnin. — Camuzet. — Demiau. — Legentil. — Locré. — Loret. — Mourlon. — Pigeau. — Rogron. — Thomines-Desmazures. — Tables : Lainé. — Formul. : Péchart et Gardon. — Modificat. : Bressolles. — De Genève : Foucher. — V. Procédure civile.

Code d'instruction administrative. Chauveau-Adolphe. — V. Administration, Droit administratif.

Code d'instruction criminelle. Texte annoté : Duvergier. — Traités, Comment. : Benoid. — Bonnin. — Bourguignon. — Carnot. — Daubanton. — Faustin-Hélie. — Mangin. — Pigeau. — Rogron. — Trébutien. — Projet : Poirel. — V. Code criminel, Code pénal, Codes criminels.

Code d'instruction criminelle et pénal. Code. — Observat. et projets. — Locré. — Comment. : Benoid. — Bonnin. — Bourguignon. — Carnot. — Duvergier. — Faustin Hélie. — Grattier. — Rogron. — Trébutien. — Cours : Berriat St-Prix. — Boitard. — Chantagrel. — Pigeau. — Rauter. — Richard-Maisonneuve. — Trébutien. — V. Code criminel, Code d'instr. crim., Code pénal, Codes crim., Droit crim., Droit pénal, Lois crim., Lois pénales, Procéd. crim.

Code ecclésiastique. Henrion. — Projet : Reverchon. — V. Concordat, Droit canon, Droit ecclésiastique, Fabriques, Paroisses.

Code électoral. V. Electeurs.

Code constitutionnel. Crémieux et Balson. — De Belgique : Bivort. — V. Constitutions, Gouvernement, Politique.

Code féodal. Code féodal. (V. Féodalité, Fiefs.)

Code forestier. Baudrillart. — Biret. — Brousse. — Chauveau-Adolphe. — Code forestier. — Codes de la lég. forest. — Coin-Delisle et Frédérich. — Curasson. — Dalloz. — De Vaulx et Fœlix. — Dupin. — Gagneraux. — Gariel. — Garnier et Chanoine. — Meaume. — Rogron. — Projet : Ardant. — V. Annales, Bois, Bulletin, Chasse, Code rural, Droit rural, Forêts.

Code maritime. Beaussant. — Code de justice maritime. — Hautefeuille. — Des Pays-Bas : Codes maritimes. — V. Droit maritime, Justice militaire, Marine, Navigation.

Code médical. V. Médecine légale.

Code militaire. Bardin. — Durat-Lasalle. — Duvergier. — Gérard. — Paris de Bollardière. — Rozier. — L. 4 août 1857 : Foucher. — Tripier. — V. Armée, Code pénal, Droit militaire, Justice militaire, Lég. mil., Milice, Officiers.

Code municipal. V. Droit municipal.

Code Napoléon. Code Napoléon.—*Introduction. Enseignement :* Guichon de Grandpont.—Oudot.—*Étude :* Hureaux.—*Principes :* Boulage.—Laurens.—*Texte :* Bacqua — Durand et Paultre. — Pailliet et Rogron. — Roger et Sorel. — Royer-Collard et Mourlon. — Teulet. — Tripier. — *En tableaux, en vers :* Code civil. — Code Napoléon. — *Discussions, Motifs, Travaux préparat.*— Crussaire. — Favard de Langlade. — Fenet. — Jouanneau et Solon. — Locré. — Madelin. — Malleville.— *Observ. et projets.* — Jouanneau et Solon. — Portalis. — *Analyse :* Malleville.— *Annoté :* Brossard. — Gilbert. — Lahaye. (V. au Répertoire : *Codes français annotés.*) — *Dict. :* Bousquet. — Chabrol-Chaméane. — Daubanton (V. *Dictionn.*) — *Manuel :* Picot. — Rouget. — *Conféré avec la théologie :* Gousset. — *Avec la discussion du Conseil d'État :* Favard de Langlade. — *Avec le droit commercial :* Cadrès. — *Conféré avec le Droit rom. :* Berthelot. — Biret. — Dard. — Dufour. — Gibault. — *Applicat. aux Institutes et au Digeste :* Biret (V. *Institutes, Pandectes*). —*Examen :* Carré (V. *Examens*).— *Avec notes indicatives des lois rom. :* Dard (V. *Droit romain*). — *Théorie :* Taulier. — *Conféré avec l'anc. Droit franç. :* Fenet. — *Id. avec le Droit étranger :* Anthoine de St-Joseph — Blakland. — Foucher. — Lubliner. — Verduchène. — *Commenté et expliqué (Cours) :* Arntz. — Aubry et Rau. — Bernardi. — F. Berriat St-Prix. — Boileux. — Bousquet. — Bressolles. — Campenon. — Chantagrel. — Coffinières. — Cotelle. — Cotil. — Delsol. — Delvincourt. — Demante. — Demolombe. — Ducaurroy, Bonnier et Roustain. — Duperron. — Duranton. — Davergier (Toullier). — Gérard. — Locré. — Marcadé et Paul Pont. — Oudot. — Picot. — Pigeau. — Rogron. — Taulier. — Toullier. — Troplong. — Valette. — Vuillaume. — Zachariæ. — *Dictées, Programme :* Demante. — Morelot. — *Répétitions :* F. Berriat Saint-Prix.—Carré. — Demante. — Mourlon. — *Résumé :* Morin. — *Institutes :* Riffé. — *Tables :* Lainé. — *Synopsie :* Brossard. — *Questions transit.* (V. *Questions*). — *Catéchisme :* Picot. — *Essais critiques :* Ymbert. — *Jurisprud. :* Bavoux et Loiseau. — V. *Code civil, Droit civil.*

Code noir. *Projet :* Billiard. — V. *Colonies.*

Code pénal. *Code d'audience :* Eloy.— *Append. :* Adam. — *Analyse :* Berriat St-Prix. — *Leçons :* Bavoux. — *Cours et Comment. :* Berriat Saint-Prix. — Bertauld. — Blanche. — Bonnin. — Carnot. — Chantagrel. — Chauveau-Adolphe et Faustin-Hélie. — Pigeau. — Richard-Maisonneuve. — Rogron. — Trébutien. — *Code pénal milit. :* Duez (V. *Droit, Justice, Législ. militaire*). — *Réforme :* Chauveau-Adolphe. — Prévost-Paradol. — Solimène. — *Modification* (L. 13 mai 1863) : Bazot. — Dutruc. — Faustin-Hélie. — Pellerin. — *Code pénal progressif :* Bavoux. — Chauveau-Adolphe. — *Projet :* Grégory. — *Code pénal de Bavière :* Vatel. — *De Belgique* (V. *Belgique*). — *De l'Espagne :* Codigo penal. — Luget-Valdeson (V. *Espagne*). — *De Prusse :* Code pénal prussien. — *De Norwège :* Tenaille Saligny.— *De la Chine :* Staunton.—*Du Pérou* (V. *Pérou*). — *Révision du Code pénal belge :* Haus. — *Code pénal milit. portugais :* Projecto do Codigo penal.— V. *Code criminel; Code d'instr. crim.; Circonstances atten.; Droit pénal; Droit criminel; Instr. crim.; Justice criminelle; Législ. pénale crim., Lois crim., Lois pénales, Récidive.*

Code rural. Biret. — Bourguignat. — Deverneilh. — Fournel. — Valserre. — Rogron. — *Projet :* Ardant. — *Code rural de 1791 :* Pérot. — V. *Code forestier, Droit rural, Lois rurales.*

Code sanitaire *du soldat :* Didiot.— (V. *Droit militaire, Hygiène, Médecine légale*).

Code vicinal. O'Donnell. — V. *Chemins vicinaux, Voirie.*

Codes : *Grégorien, Hermogénien, etc. :* Hænel (V. *Droit Byzantin, Droit romain, Institutes.*).

Codes criminels. Bourguignon. — Garnier et Chanoine. — Rolland de Villargues. — V. *Code criminel, Code d'instr. criminelle, Code pénal.*

Codes étrangers. Anthoine de Saint-Joseph. — (Voir aussi *chaque nom de pays à l'ordre alphab. dans la présente Table*).

Codes français. Annotations. — *Précis hist. :* Sérazier. — *Motifs, Travaux prépar. :* Favard de Langlade. — Locré. — *Textes avec corrélation des articles :* Bacqua. — Durand et Paultre. — Pailliet et Rogron. — Royer-Collard et Mourlon. — Teulet. — Tripier. — *Annotés et textes :* Pailliet et Rogron. — Roger et Sorel. — Rogron. — Royer-Colard et Mourlon. — Sirey et Gilbert. — Teulet; d'Auvilliers et Sulpicy. — *Dictionnaires :* Biret. — Bousquet. — Crivelli. — Teulet. — *Commentaires :* — Delaporte et Riffé-Caubray. — Rogron (V. *Code Napoléon*).

Codification. Bentham. — Ginoulhiac. — Rousset. — Malapert. — Meyer. — Séruzier. — *Des lois administr.* : Mallein (V. *Dr. adm.*) — *Des Lois criminelles* : Eloy (V. *Dr. criminel, Lois crim.*)

Colbert. *Etude* : Aymé. — Joubleau. — Monnier. — *Son administrat.* : Clément. — *Ses ordonnances* : Crisenoy.

Collèges. V. *Lycées.*

Colmar. *Cour impériale* : Arrêts et Décisions (V. *Bischwiller, Alsace, Orbey.*)

Colombier (Droit de). — V. *Droit de Colombier.*

Colon partiaire. Méplain.

Colonat. *Chez les Romains* : Révillout. — V. *Colonies.*

Colonies. Annales. — Aubigny. — Bajot et Poirré. — Camps. — Desaint. — Dupuynode. — *Marine.* - Revue maritime et coloniale. — *Ile Bourbon (de la Réunion)* : Delabarre de Nanteuil. — *Pénales anglaises* : Blosseville. — *Intérêts coloniaux* : Pain. — *Pénitentiaires* : Lamarque. — V. *Code noir, Colonisation, Emancipation, Esclavage, Jurisprudence coloniale.*

Colonies agricoles. Bucquet.

Colonisation pénitentiaire. Barbaroux. — Dehais. — V. *Colonies, Déportation, Emprisonnement, Prisons, Pénitentiaire, Transportation.*

Combat judiciaire en Normandie : Canel. (V. *Normandie.*) — Voy. aussi : *Curiosités jud.*

Commanditaires. V. *Sociétés en commandite.*

Commerçants. Bédarride. — Lusignan. — Monnier. — Nouguier. — V. *Commissionnaires, Courtiers de commerce, Négociant.*

Commerce. Blache. — Blanqui. — Daubanton. — Dictionnaire. — Gouraud. — Mac-Culloch. — Morel et Laroche. — Poirel. — *Journaux* : Commerce de France. — Moniteur du commerce. — Recueil de documents. — Revue. — *Contentieux* : Devilleneuve et Massé. — *Mémorial* : Clairfond. — *Ordonnance de 1673* : Becane. — Jousse. — *Commerce de Montpellier* : Germain. — *de Bordeaux* : Bachelier. — *Maritime* : Bédarride. — Dufour. — Magnan. — Morel. (V. *Droit maritime*). — *Intérieur et maritime* : Daubanton. — *Maritime de Rouen* : Fréville. — *de Narbonne* : Port. — *Commerce extérieur* : Annales. — *France et Angleterre* : Vogel. — V. *Bourses, Code de commerce, Consuls, Commis-voyageur, Courtier, Crédit, Droit commercial, Droit commercial et maritime, Juges de commerce, Législation commerciale, Navigation, Négociations commerciales, Papiers de crédit de commerce, Représentants de commerce, Richesse commerciale, Traités de commerce, Tribunal de commerce.*

Commercy (*Fiefs et villages de*) : Dumont.

Commis voyageur. Rivière (V. *Représentants de commerce.*)

Commissaires *de police* : Allain. — Alletz. — Ancest. — Bellanger. — Cère. — Charvilhac et Guyot. — Dareste. — Durand de Valley. — Jœgle et Mauny. — Journal. — Rabasse. — Rondonneau. — Sorbet. — Thomas. — Tricot. — Truy. — *Réorganisation* : Thomas (V. *Police, Police judiciaire*). — *De surveillance administrative des chemins de fer* : Boutillier (V. *Chemins de fer.*)

Commissaires-priseurs. Benou. — Brunard. — Combes. — Journal des commissaires priseurs. — *Aspirants* : Combes. — *Concurrence avec les notaires relativ. aux ventes de récoltes, fruits, etc.* : Le Menuet. — V. *Fruits, Ventes.*

Commission (Contrat de) : Cadrès. — Clamageran. — Delamarre et Lepoitvin. — Domanget. — Liouville. — Persil. — Pouget.

Commissionnaires. Bédarride. — Persil et Croissant. — Pouget. — V. *Achats et ventes, Code de commerce, Commerçants, Commerce, Courtiers de commerce, Droit commercial, Négociant.*

Communauté *de biens* : Battur. — Bellot des Minières. — Fétis. — Ginoulhiac — Menesson. — Odier. — Pothier. — Tillard. — *Chez les Gaulois* : Dorléncourt. — *En Suède* : Olivecrona. — V. *Contrat de mariage, Dot, Institution contractuelle, Régime dotal.*

Communautés religieuses. Bost. — Calmette. — Denantes. — Valuy. — a Audenarde : Vanderstraelten (V. *Belgique*). — V. *Associations, Congrégations, Sociétés.*

Communes. Bost. — Brun-Lavainne. — Cauchy. — Dupin. — École des Communes. — Journal des Communes. — Latruffe. — Reverchon. — Roy. — *Administration* : Bacqua. — Braff. — Bourlaud. — Davenne. — Durieu. — Journal. — Laurent-Drouhin. — Le Gentil. — Legrand. — Manuel. — Migneret. — Moniteur des communes. — Péchart. — Proudhon. — Roy. — Savouré. — Smith. — *Comptabilité, Finances* : Bouteron. — Braff. — Davenne. — Denis. — Dictionnaire de la perception. — Ferrier. — Sollier (V. *Dépenses municipales*). — *Sections* : Aucoc. — *Contentieux* : Cormenin. — *Organisation* : Brisson. — *Commune de Paris* : Leberquier (V. *Paris*). — *Communes françaises en Espagne et en Portugal* : Helfferich et Clermont. — *Impositions communales en Belgique* : Leemans (V. *Belgique*). — *Code communal de la Belgique* : Bivort. — *Constitution de la commune en France* : Stein. — *Communes arabes* : Gillotte (V. *Algérie, Droit musulman*). — V. *Adm. comm., Biens communaux, Droit communal, Droit municipal et communal, Percepteurs, Receveurs communaux.*

Compensation. Desjardins. — Lair. — Pilette. — V. *Reconvention.*

Compétence *en mat. administ.* : Chauveau-Adolphe. — Macarel. — Serrigny. — — Trolley (V. *Administration*). — *En mat. civ.* : Bertin. — Carré. — Guilbon. — Rodière. — (En Belgique) : Delebecque. — *Des cours d'eau* : Denizot. (V. *Cours d'eau.*). — *En mat. commerc.* : Despréaux. — Nouguier. — Orillard. — *En mat. crim.* : Carnot. — Faustin-Hélie. — Legraverend. — Mangin. — *En mat. jud., des Juges de paix* : Bard. — Boncenne et Bourbeau. — Bourbeau. — Dieuzaide. — Guilbon (V. *Justices de paix*). — V. *Juridiction, Justice, Législation, Lois, Organisation judiciaire, Tribunaux, etc., etc.*

Complicité. Benoit-Champy. — Hoorebeke. — V. *Crimes, Criminalité.*

Comptabilité. Tillard. — *Publique* : Code commenté. — Tripier. — *Des Lycées et des Collèges* : Gaillard (V. *Lycées*). — *Des Notaires, des Percepteurs* (V. *Notaires, Percepteurs, etc.*). — *Des communes* (V. *Communes*). — *Industrielle* : Guilbault (V. *Droit industriel, Industrie.*) — V. *Finances, Fonds publics, Trésor.*

Compte courant. Fleury. — Noblet. — Sauzeau.

Comptes. *En participation du commerce et de la Banque* : Vannier. — V. *Banque, Commerce, Opérations de banque.*

Concessionnaires *de chem. de fer* : Ingremard (V. *Chem. de fer*). — *De Trav. publics* (V. *Trav. publics*).

Concile de Trente : Canones et decreta. — Doney. — Gagey. — *De la province de Reims* : Acta et decreta (V. *Reims*). — V. *Droit ecclésiastique.*

Conciliateur *en affaires* : Cotil.

Concordance entre les Codes, Anthoine de Saint-Joseph. — V. *Codes.*

Concordat *de 1801* : Barruel. — Blanchet. — Portalis (V. *Cultes, Droit canon, Droit ecclés., Pape*). — *Faillite* : Bravard-Veyrières. — Fruneau. — Mascret. — Mousnier. (V. *Amiable composition, Arbitrage, Faillites, Ordre amiable.*)

Concours (*Question du latin dans les*) : Bravard.

Concubinat. *Chez les Romains* : Pilette.

Concurrence déloyale. Calmels. — Huard. — Rendu. — Sellier. — *Entre locataires d'une même maison* : Bezout (V. *Locataires*). — *Industrielle* : Ameline, (V. *Droit industriel, Industrie*). — V. *Brevets d'invention, Contrefaçon, Dessins de fabrique, Marques de fabrique, Propriété.*

Condamnations pénales. *Conséquences* : Hanin. — Humbert. — *Révision* : Bédarride.

Condamnés. Bernéol. — Bonneville. — Bretignères de Courteilles. — Cerfberr. — Demante. — Lair. — Marquet-Vasselot. — V. *Pénitentiaire.*

Condé (en Hainaut) *Seigneuries gagères* : Regnard (V. *Hainaut*).

Condition. *Dans les div. actes juridiques en droit romain* : Bufnoir.

Condition civile des étrangers. *En France* : Dragoumis. (V. *Étrangers, France.*)

Conducteurs des Ponts et Chaussées. (V. *Ponts et Chaussées.*)

Confédération argentine. — V. *Argentine.*

Conflits. Bavoux. — Dubois. — Reverchon. — Taillandier.

Congrégations *religieuses* : Calmette. — Duquesne. — Lapierre. — *Romaines* : Stremler. — V. *Associations, Communautés religieuses, Cultes.*

Congrès *de Vienne* : Congrès de Vienne. — Flassan. — Thiers. (V. *Autriche, Traités, Vienne*).

Connaissances usuelles. *Commerciales, judic. et civ.* : Berode. — V. *Commerce, Droit civil, Procédure.*

Conscience *du Devoir* : Oudot. (V. *Liberté de conscience.*)

Conscription. *En Italie* : Raccolta delle leggi. — V. *Service militaire.*

Conseil d'État. Aubigny. — *Histoire* : Bavoux. — Cormenin. — Locré. — Regnault. — Sirey. — *Arrêts* : Aubigny. — Carette. — Conseil de préfecture. — Ledru-Rollin. — Macarel, Deloche, Beaucousin et Lebon. — Roche et Lebon. — Sirey. — *Jurisprudence* : Delvincourt. — *Recours au Conseil d'État* : Devaux. — *Attributions* : La Rochefoucauld. — V. *Droit administratif.*

Conseil judiciaire. Demolombe. — Jay. — Mascret.

Conseil souverain *d'Alsace* : Pillot et Neyremand. — V. *Colmar.*

Conseiller, Guide en affaires. Baudouin et Mazaincourt. — Bazincourt. — Doublet. — Durand de Nancy. — Lavenas. — Mazincourt. — V. *Actes d'un gérant d'affaires, Droit usuel, Gestion d'affaires.*

Conseils, Conseillers *généraux, de départ., et d'arrondissement* : Analyse des vœux des conseils généraux. — Dumesnil. — La Brême. — Montalivet. — Thibaut-Lefebvre. — Valette. — *Municipaux* : Bost. — Dujardin. — *De préfecture* : Brun. — Cazabonne. — Cère. — Cocaigne. — Conseil de préfecture. — Des Cilleuls. — Dubarry. — Dubois de Niermont. — Ducoté. — Huard et Bicheyre. — Joret-Desclosières. — Journal des Conseillers. — Maulde. — Orillard. — Peyrard (V. *Arrondissements, Maires, Préfectures, Sous-Préfectures.*) — *Conseils de Prud'hommes* (V. *Prud'hommes.*)

Conseils de fabrique. V. *Fabriques.*

Conseils de famille. Bousquet. — Jay. — V. *Minorité, Tutelle.*

Conseils de guerre. Alla. — Bernard. — Chenier. — Legrand. — Perier. — V. *Code militaire; Droit militaire, Justice, législ. milit.; Tribunaux militaires.*

Conseils du roi. *Histoire* : Vidaillan.

Conservations des hypothèques. V. *Hypothèques.*

Consignations (Caisse des). (V. *Caisse des dépôts et consignations*).

Constitutions, Lois constitutionnelles. *Études* : Ancillon. — *Des peuples libres* : Simonde de Sismondi. — *Anciennes de la France* : Lézardière. — Montaigu. — *Depuis* 1971 : Beauverger. — F. Berriat St-Prix. — Constitution de l'Empire. — Corps législatif. — Delalot. — Devade. — Dupin. — Laferrière. — Lanjuinais. — La Tour Du Moulin. — Le Pileur. — Marsay. — Paillet. — Reverchon. — Teulet. — Tripier (V. *Recueils périodiques*). — *Anc. du Brabant* : Poullet (V. *Belgique*). — *Des divers peuples* : Balbo. — Dufau, Duvergier et Guadet. — *Romaine* : Nougarède de Fayet. — *d'Angleterre* (V. *Angleterre*). — *Des États de l'Église* : Fresneau (V. *Pape.*). — *Des États-Unis* : Laboulaye. — La Rochefoucauld. — Story. — *Pays-Bas autrichiens et Pays de Liége* : Faider. — *Amérique et France* : Pailliet. — *Constitut. polit. du Chili* : Carrasco Albano. — Lastarria (V. *Chili*). — *Conféd. Argentine* : Sarmiento (V. *Argentine*). — *De Belgique* (V. *Belgique*). — *Constitut. polit. arabes* : Maverdi (V. *Droit musulm.*), — V. *Droit constitutionnel, Gouvernement.*

Constructions. Cordier. — Davenne. — Frémy-Ligneville. — Perrin. — *Droits du locataire qui a élevé des constructions* : Dubois. — *Droits et usages en France sous la troisième race* · Champollion-Figeac. — V. *Bâtiment, Entrepreneurs, Travaux publics*

Consulat de la mer : Azuni. — Boucher (V. Droit maritime, Us et Coutumes de la mer).

Consulats. Consuls. Borel. — Bursotti. — Cussy. — De Clercq et De Vallat. — Laget de Podio. — Miltitz. — Moreuil. — Ribeiro dos Santos. — Rolland de Bussy. — Institut. consul. : Tissot. — Consuls de Prusse : Mensch. — Des Pays-Bas : Werth im. — Sardes et étrangers : Magnone. — Espagne : Bernal de O'Reilly (V. Espagne). — V. Chancelleries, Diplomates, Droit commercial, Droit maritime, Juridiction consulaire, Législation consulaire, Négociations commerciales.

Contentieux. Des contrib. dir. : Aucher. — V. Administration, Commerce, Contrib. dir., Procédure, Travaux publics.

Contraignables. Coin-Delisle. — Durand.

Contrainte par corps. Billet. — Traités : Coin-Delisle. — Duverdy. — Lassime. — Levieil de la Marsonnière. — Potier. — Comment., Code : Cadrès. — Coin. Delisle. — Durand. — Fœlix. — Fournel. — Maertens. — Troplong. — En Algérie : Frégier (V. Algérie). — Chez les Romains : Giraud. — Statistique : Bayle-Mouillard. — V. Emprisonnement.

Contrat à la grosse. Boulay-Paty (Emerigon). — Caumont. — Cauvet. — D'assurance : Estrangin (Pothier). — D'assurance dans l'antiquité : Caillemer. — V. Assurances maritimes, Avaries, Droit maritime, etc.

Contrat d'apprentissage. En Belgique : Fuisseaux.

Contrat de louage. (V. Louage.)

Contrat de mariage. Bellot des Minières. — Bernardi. — Biret. — Bonnet. — Carrier. — Lyonnet. — Odier. — Pont et Rodière. — Robert. — Troplong. — Formules : Defrénois et Vavasseur. — Demadre. — V. Communauté, Dot, Institution contractuelle, Mariage, Notariat.

Contrat de transport. V. Transport.

Contrat de vente, d'échange, de prêt : Dufour de Saint-Pathus (V. Echange, Prêt, Vente).

Contrats et Obligations. Bousquet. — Carrier. — Duranton. — V. Obligations.

Contraventions. Girard et Fromage. — Guibal. — Jay. — Miroir. — A Londres : Desmaze. — Contraventions notariales (V. Notariat.)

Contrefaçon. Blanc. — Calmels — Gastambide. — Nouguier. — V. Auteurs, Brevets, Concurrence déloyale, Dessins de fabrique, Marques de fabrique, Propriété litt.

Contre-Lettres. Plasman.

Contribuables. Bourgade. — Isoard. — V. Contributions, Enregistrement, Impôts.

Contribution foncière : Oyon. — V. Cadastre, Contributions directes, Expropriation, Expertises cadastrales, Impositions.

Contribution judiciaire (Procédure de la). Réforme : Boursy.

Contributions directes. Allard. — Aucher. — Belmondi. — Boissonnier. — Bulletin — Code. — Code manuel. — Dictionnaire. — Dictionnaire de la perception. — Dupont. — Durieu. — Faivre. — Fiquenel. — Fournier. — Gervaise. — Instruction générale. — Leloir. — Lois. — Manuel. — Perrous. — Saurimont. — Exemption des ouvriers : Cretté de Palluel. — V. Cadastre, Contribuables, Impositions, Impôts. Patentes.

Contributions indirectes. Annales. — Bibliothèque des employés. — Biret. — Code. — D'Agar. — Dictionnaire. — Girard et Fromage. — Législation de contributions indirectes. — Mémorial. — Saillet et Olibo. — V. Octrois.

Contrôleur. Contrôleur (le). — V. Contributions, Enregistrement, Percepteurs.

Controverses en Jurisprudence : Coulon. — Legentil.

Contumace. Bertauld.

Conventions. Dard. — Daubanton. — Verbales : Frémy-Ligneville. — V. Contrats. et Obligations.

Copies de pièces. Nicias-Gaillard.

Corps de droit. *Antéjustinien*: Bockingius.—*Romain (textes)*: Blondeau.—Corpus juris. — Domat. — Galisset et Walker. — Pothier (V. *Droit romain*). — *Traductions* : Bréard-Neuville. — Hulot. — *Français* : Deleurie. — Galisset et Walker. — Rondonneau. — *Corps municipaux* : Bost. — de *Droit crim.*: Mars. — V. *Code Napoléon*, *Droit français*.

Corps Législatif. Annales du Sénat et du Corps législatif. — Compte-rendu officiel. — Constitutions de l'Empire. — V. *Assemblée nationale*, *Chambre des Députés*, *Chambre des Pairs*, *Parlement*, *Sénat*.

Correctionnalisation des *Crimes* : Rousset (V. *Correctionnelle*, *Répression pénale*.)

Correctionnelle. Corne. — *En province* : Carro.—V. *Cours d'assises*, *Détention*, *Répression pénale*, Roquette, *Tribunaux correctionnels*.

Correspondance. *Administr. et commerciale* : Bescherelle.—Henrichs.—(*Sous Louis XIV*) : Depping. (V. *Administration*, *Commerce*). — *Diplomatique* : Maistre (Jos. de). — *Privée postale ou télégraphique* : Hepp (V. *Poste*, *Télégraphie*).

Corse. Grégory. — V. *Bastia*.

Cossonay (Suisse). *Fiefs nobles* : Charrière. — V. *Genève*, *Suisse*, *Vaud*.

Côtes-du-Nord. *Usages locaux* : Aulanier (V. *Bretagne*, *Finistère*, *Ille-et-Vilaine*, *Loire-Inférieure*, *Nantes*, *Rennes*).

Cour de cassation. Aubigny. — Bernard. — Bulletin. — Duchesne.— Godard de Saponay. — Lavaux. — Renouard. — Rivière. — Tarbé. — *De Belgique* : Bulletin des arrêts (V. *Belgique*).

Cour des comptes. *Réorganisation* : Maffioli. — *De Bretagne* : Fourmont. (V. *Bretagne*.)

Cours congères. *De l'Alsace* : Hanauer (V. *Alsace*).

Cours d'appel. *Compétence* : Carré. — Fréminville. — V. *Appel*.

Cours d'assises. Anspach. — Barse. — Bernard. — Cubain. — Dufour. — Faux en matière criminelle. — Fréminville. — Frémont. — Gaillard. — Lacuisine. — Serres. — Nouguier. — Perrève. — *Philosophie* : Lambert. — V. *Correctionnelle*, *Droit criminel*.

Cours d'eau, Rivières, Sources. Benoit-Ratier. — Bordeaux.—Carathéodory. — Colas de la Noue. — Daviel.— Denizot. — Dufour. — Dumont. — Duplessy. — Eydoux. — Garnier. — Hardouin. — Régnard. — Rives. — Rousset.—*En Belgique* : Sauveur. — *Lois de 1790 et 1791 sur les cours d'eau non navigables* : Lagénardière. — *Depuis 1791* : Hardouin. — *Cours d'eau dans le département de l'Eure* (V. *Eure*). — V. *Eaux*, *Usines*.

Cour des aides. *De Montaliban* : Taupiac.

Cours impériales (Jurisprudence). *Agen* : Jurisprudence de la Cour imp. — *Aix* : Bulletin. — *Angers* (V. *Angers*). — *Bordeaux* : Journal des arrêts (V. *Bordeaux*). — *Caen* : Guernon.— *Caen et Rouen* : Bidard. — Jurisprudence.—*Colmar* : Arrêts et décisions. — *Douai* : Jurisprudence. — *Grenoble* : Journal et Revue. — Jurisprudence. — Villars. — *Grenoble et Chambéry* : Journal des cours imp. de Grenoble et de Chambéry. — *Havre* : Guerraud. — *Lyon* : Jurisprudence. — Rougier. — *Metz* : Jurisprudence. — *Montpellier* : Genie et Poujol. — *Nismes* : Portarlier. — Recueil des arrêts. — *Paris* : Agenda. — Annuaire. — Bulletin de la cour impériale. — Catalogue des livres imprimés. — *Pau* : Gouarné-Oustalet. — Jurisprudence. — *Rennes* : Poulizac.

Courtage, Courtiers de commerce. Bédarride. — Gaumont. — Cerfbeer de Medelsheim. — Conseil d'Etat. — Durand Saint-Amand. — Mollot. — Rondonneau. — V. *Commerce*, *Commis voyageur*, *Offices*, *Représentants de commerce*.

Coutumes. Beaurepaire.—Beugnot.—Beautemps-Beaupré.— Bladé. — Blandin. — Bonvalot. — Bouthors. — Coquille. — Crozet.— Dufour. — Dupin et Bal. — Ginoulhiac.— Klimrath. — Krœeber. — Laboulaye. — Laferrière.—Le Gentil. — Loisel. — Marnier. — Mazure. — Minier. — Morel. — Moullié. — Nicias Gaillard. — Pannier. — Ramsay. — Rozière. — Varin. — Vilade.— V. *Coutumier*, *Droit coutumier*.—(*Pour plus de facilité dans les recherches*, *voir les noms de villes ou de pays à leur ordre alphabétique dans la présente Table*.)

Coutumier (Grand). Laboulaye. — Rozière. — V. *Charles VI, Coutumes.*

Créanciers. *Droits des créances de la femme sur les biens dotaux* : Boissier. — V. *Garanties des créanciers.*

Crédit. Abrial. — Bonnet. — Cieszkowski. — Coq. — Coquelin. — Du Puynode. — Venisse (V. *Institutions de Crédit*). — *Sur marchandises* : Caumont. — *Foncier* : Bourgade. — Code formulaire. — Crédit foncier. — Delahaye. — Duval. — Josseau. — Léhir. — Loreau. — Piogey. — Usquin. — Valdenaire. — Wolowski. — *Public* : Annuaire international. — Audiffret. — Godin. — *Crédit foncier en Portugal* : Da Silva Ferrao. — Lau. — Usquin. — *Populaire* : Batbie. — Hendlé. — *Mobilier* : Chastenet. — *Agricole* : Bourgade. — Josseau. — *Commercial, industriel et agricole en Algérie* : Ganzin (V. *Algérie*). — *Crédit populaire en Allemagne* : Seinguerlet (V. *Allemagne*). — V. aussi : *Banques, Bourses, Commerce, Finances, Papiers de crédit de commerce.*

Crimes. Bossange. — Cazauvieilh. — *Politiques en Angleterre* : Montvéran. — *Commis à l'étranger*, Villefort. — V. *Complicité, Criminalité, Délits, Peine de mort, Syst. pénitent.*, etc.

Crimes et peines dans l'antiquité. *Histoire* : Loiseleur.

Criminalité *en France* : Houyvet. — V. *Complicité. Crimes.*

Crises commerciales *en France* : Juglar.

Crises financières. Van Halle. — V. *Finances.*

Critique. Cormenin. — Dalloz. — Demartial. — Desjardins (Arthur). — Devilleneuve et Carette. — Ginoulhiac. — Joly. — Journal du Palais. — Monnier. — Mourlon. — Revue critique. — Revue historique. — Revue pratique. — Sagot-Lesage. — Simonnet. — Valette. — V. *Biographes.* — V. aussi la liste des *Journaux, Recueils périodiques, Revues*, etc.

Cujas. *Son histoire* : Berriat-Saint-Prix.

Cultes. André. — Boyard. — Cère. — Corbière. — Dufour. — Gaudry. — Lois. — Noyon. — Vuillefroy. — *Dépenses* : Aucoc. — *Liberté* : Boyard. — Nachet. — *Autorisation d'exercice d'un culte* : Amiable. — V. *Droit ecclés., Fabriques, Paroisses.*

Curatelle. Lebrun. — V. *Tutelle.*

Curés. André. — Dieulin. — *Rapports avec les autorités civiles* : Destaville. — V. *Cultes, Droit ecclés., Eglises, Fabriques, Paroisses.*

Curiosités judiciaires. Agnel. — Bast. — Bataillard. — Bouthors. — Bresou. — Canel. — Leroux. — Waréc.

D

Danemark. *Navigation des peuples neutres* : Hautefeuille. — V. *Droits des neutres.*

Dauphiné. *Institutions féod.* : Fauché-Prunelle. — V. *Grenoble, Isère.*

De Belleyme. *Sa Biographie* : Bertin.

Débiteurs Labbé. — *Chez les Romains* : Giraud.

Décentralisation administrative. Cère. — Deshaires. — Dufour. — Florent-Lefebvre. — Legentil. — *Projet* : Béchard (V. *Centralisation.*)

Déconfiture. Boulay-Paty et Boileux (V. *Faillites et Banqueroutes*).

Décrets et Arrêts. — V. *Arrêts, Lois.*

Défense. *En mat. judic.* : Eyssautier.

Défrichements. Féraud-Giraud. — V. *Bois, Code forestier, Eaux et Forêts, Forêts.*

Degrés de parenté : Grégoire. — Martin (V. *Arbre généalogique ; Généalogie*).

Délais. Chaffin. — Souquet (V. *Temps légaux*.)

Délire. Fodéré (V. *Aliénés, Folie, Médecine légale.*)

Délits. Beccaria. — Berriat-Saint-Prix (F). — Delacroix. — Derome. — Lezaud. — Lussaud. — Miroir. — *En droit rom.* : La Gorce. — *Commis à l'étranger* : Villefort. — *Délits de la chasse* : Perrier (V. *Chasse*) — *En mat. d'eaux et forêts* : Dralet (V. *Eaux et forêts*). — *De la Parole et de la Presse* : Chassan (V. *Presse.*) — *Contre la chose publ.* : Eversten. — *Droit italien* : Carrara (V. *Italie*). — V. *Complicité, Crimes, Criminalités, Peines.*

Demandes reconventionnelles. V. *Reconvention.*

Démocratie. Baudrillart. — Seignouret. — Simiot.

Démosthènes. *Études sur ses plaidoyers* : Cucheval. — Desjardins.

Denrées. *Falsifications* : Chevallier. — Emion. — Million. — V. *Céréales.*

Départements. *Administration* (V. *Administration*). — *Aliénation et prescription de biens* : Des Glajeux. — Desjardins. — *Fonds commun* : Lequien. — *Budgets* : Jarrit-Delille.

Dépenses *publiques* : Fasquel (V. *Payeurs*). — *Municipales* : Bouteron (V. *Droit communal, municipal*). — V. *Comptabilité, Finances, Trésor public.*

Déportation. L'hut. — Lepelletier. — Petit des Rochettes. — V. *Colonies, Colonisation pénitentiaire, Émigré, Extradition, Pénitentiaire, Transportation.*

Dépôt, Séquestre. Duvergier (Toullier). — Troplong. — *Contrat de dépôt appliqué aux voituriers* : Van Huffel (V. *Voitures*).

Désaveu de paternité. *En cas de séparation* : Quénault. — V. *Paternité, Séparation.*

Des Mares. *Notice biograph.* : Bourquelot.

Dessèchement. Dumont. — Poterlet.

Dessins de fabrique. *Législation* : Calmels. — Perot. — Phillips. — Waelbroeck. — V. *Contrefaçon, Marques de fabrique.*

Détention. Corne. — V. *Correctionnelle, Prisons, Roquette.*

Détention préventive. Bernard. — Clolus. — Dessalles. — Rousset. — *En France et en Angleterre* : Bertrand (V. *Correctionnelle, Emprisonnement, Procédure criminelle, Réclusion, Tribunaux correctionnels*). — *Étude comparée* : Clolus (V. *Lég. comparée*).

Dettes de mari. V. *Femmes, Paysan champenois.*

Deux-Siciles. — V. *Sicile.*

Devoir. *Conscience et Science* : Oudot.

Dévolution. *Des Successions* : Cleyette. — V. *Arbre généalogique; Successions.*

Dictionnaires. Barots. — Bioche. — Blanche. — Block. — Bousquet. — Chabot. — Chabrol-Chaméane. — Chicoisneau. — Cochet de Savigny. — Cos-Gayon. — Crivelli. — Cussy. — D'Agar. — Dalloz. — Dictionnaire. — Doré. — Dubreil. — Dussard et Sa. — Favard de Langlade. — Frémy-Ligneville. — Géraud. — Guernon. — Hervieu. — Ledru-Rollin. — Mascret. — Ménerville. — Merlin. — Palaa. — Pionin. — Polin. — Roche. — Sollier. — Souquet. — Tolluire et Boulet. — Wharton. — V. *Répertoires.* — (*Voyez aussi, pour plus d'exactitude, chaque matière à l'ordre alphabétique dans la présente Table*).

Dictons. *En droit rom.* : Volkmar. — *En droit rural* : Bouthors (V. *Droit rural*). — V. *Aphorismes, Proverbes.*

Diffamation. Grellet-Dumazeau. — Molinier. — *Envers les morts* : Grand. — *Transmissibilité des droits du défunt à l'héritier* : Guillot. — V. *Presse.*

Digeste ou Pandectes. Index. — *Commentaires* : Bulgari. — Caillemer (Govéa). — Gluck. — Loriol. — Muhlenbruch. — Pellat. — Voet. — *Traduct.* — Bréard-Neuville. — Hulot. — Loriol. — V. *Corps de droit, Droit romain, Index, Pandectes*

Dime sociale. V. *Contributions directes, Impositions, Impôt.*

Diplomates et Publicistes. Vergé. — V. *Consuls, Publicistes.*

Diplomatie, Diplomates. (Guides, Traités, Dictionn.) : Battur. — Cussy. — Garden. — Ghillany. — Martens. — Martens et Cussy. — Répertoire : Garden. — De l'Europe : Battur. — De Clercq. — Flassan. — Garden. — Martens et De Cussy. — Meisel. — De la mer : Ortolan. — Slave et Scandinave : Combes. — Pologne : Angeberg. — Vénitienne : Baschet. — Correspondance diplomatique : Maistre (Jos. de). — V. Chancelleries, Consuls, Droit des gens, Droit politique, Politique, Traités.

Diplomatique. Codex diplomaticus Mœnofrancofurtanus : Boehmer.

Discipline ecclésiastique : Reginon. — Dictionnaire dogmatique. — Gaudry (V. Cultes. Droit canon, Droit ecclés.). — Judiciaire : Bosch. — Carnot — Carré. — Fréminville. — Morin. (V. Procédure). — Militaire : Bosch. — Gérard (V. Droit milit., Justice milit., Législation milit.).

Discours et Réquisitoires. Billault. — Cordoën. — Dupin. — V. Plaidoyers, Réquisitoires.

Dispense du service militaire (V. Exemption).

Dispenses ecclésiastiques : Collet (V. Cultes, Droit canon, Droit ecclésiastique).

Dispositions entre époux : Bertauld. — Casanova. — V. Contrat de mariage, Donations, Dot, Testaments.

Dissertations. Juridiques : Legentil. — De droit romain et de droit français : Labbé. — V. Critique, Mélanges.

Distances. Chatin. — V. Délais.

Distinction des biens. Demolombe — Malapert. — Vaugeois. — V. Biens.

Distinctions honorifiques. Beaume (V. Honneurs, Légion-d'Honneur).

Distributions. Code des Distributions et des Ordres : Audier. — V. Ordres.

Division administrative. France : Chevillard. — V. Administration, Centralisation.

Divorce. Bonald. — Moulin. — Nougarède de Fayet. — En droit romain : Breton. — En Angleterre : Waddilove. — Chez les Juifs : Drach. — V. Mariage, Séparation de corps.

Docks. Caumont. — Sauzeau.

Doctorat en droit. Fontaine de Resbecq. — à Caen : Périn (V. Normandie.)

Dol et Fraude. Bédarride. — Chardon. — V. Fraude, Loyauté commerciale.

Domaines. Gaudry. — Muzard. — Obissier. — Congéable : Aulanier. — Carré. — Public : Garbouleau. — Gaudry. — Hetzel. — Périn. — Proudhon. — Public maritime : Duchesne (V. Droit maritime). — Dictionn. : Fessard. — Domaines de l'Etat échangés : Sergent. — V. Édifices publics, Enregistrement, Notariat.

Domaines engagés. Piet et Rogron.

Domat. Étude critique et biographique : Cauchy.

Domicile. Demolombe. — Desquiron. — V. Absence.

Dommages causés à la Propriété : Dufour. — Féraud-Giraud. — Jousselin. — Causés aux champs par le gibier : Sorel. — V. Chasse, Expropriation, Indemnités.

Dommages et Intérêts. Sourdat.

Donations, et Testaments. Bauby. — Bernardi. — Bonnet. — Boutry-Boissonade. — Casanova. — Coin-Delisle. — Demolombe. — Desquiron. — Grenier. — Guilhon. — Laurens. — Poujol. — Saint-Espès Lescot. — Troplong. — Vazeille. — Révocation des Donations entre-vifs : Billecard. — Donations déguisées : Demante. — La Fontaine. — Donations pieuses : Thibault-Lefebvre. — Révocabilité (en Belgique) : Martou. — V. Dispositions, Fidéicommis, Testaments.

Dot. Droit rom. : Burdet. — Pascal. — Pellat. — Pays coutumier et Droit écrit : Roussilhe. — Droit français : Bellot des Minières. — Benech. — Bénoit. — Berthon. — Ginoulhiac. — Hébert. — Homberg. — Marcel. — Seriziat. — Tessier. — Emploi et Remploi : Benech. — V. Communauté, Contrat de mariage, Fonds dotal, Institution contractuelle, Régime dotal.

Douai. *Cour imp.* : Jurisprudence. (V. *Dunkerque, Nord, Roubaix*).

Douanes. Amé. — Annales. — Bachelet. — Bellac. — Bourgatet Delandre. — Chauvassaignes. — Delandre. — Dujardin-Sailly. — Dumesnil. — Duverger. — Fasquel et Lejeune. — Fassy et Deydier. — Lajonkaire. — Législation. — Magnier-Grandprez. — Mathieu. — *Employés* : Guilgot. — *Histoire* : Bacqua. — *Réforme* : Simon-Mayer. — *Tarif de la douane en Russie, Pologne, etc.* : Gillis. — Tarif général des douanes (V. *Russie*). — V. *Législation douanière.*

Drainage. Bourguignat. — Garnier. — Tripier.

Droit. Delaporte. — Hastron. — Rodière. — *Dictionn.* : Barots. — Bousquet. — Chabrol-Chaméane. — Crivelli. — D'Agar et Delaporte. — Delaporte. — Delbreil. — Dussart et Sa. — Tollnire et Boulet. — *Rapports avec l'Econ. polit.* : Rivet (V. *Écon. polit.*). — *Histoire, Introduction* : Eschbach. — Lerminier. — Lherbette. — Pellat (Falck). — Pouhaër. — *Origines* : Bruckner. — *Essai.* — Gravina. — Pouhaër. — *Éléments* : Demiau. — *Principes* : Carrière. — Fritot. — Kant. — Laignel. — Rey. — Thiercelin. — *Prolégomènes* : La Serna. — *Règles* : Bulgari. — Dupin. — Ribbe. — Volkmar. — *Symbolique* : Chassan. — *Mélanges* : Benech. — *Dialogues et Questions* : Coulon. — Merlin (V. *Questions*.) — *Examens* : Demante (V. *Examens*.) — *Métaphysique* : Kant (V. *Philosophie*). — *Esprit du droit* : Fritot. — *Leçons* : Petites leçons de droit. — Vidal et Raguet. — *Droit usuel* : Durand de Nancy. — Doublet. — *Littérature du droit* : Thiercelin (V. *Bibliographie*). — *Le Droit pour tous* : Pol de Guy. — V. *Aphorismes, Encyclopédie du droit, Enseignement du droit, Philosophie du droit.*

Droit administratif. Aucoc. — Blanchet. — Bouchené-Lefer. — Lalouette. — Pinheiro-Ferreira. — Rondonneau. — *Compétence* : Chauveau-Adolphe. — Macarel. — Serrigny. — Trolley. — *Etudes* : Vivien. — *Jurisprudence* : Chevalier (V. *Conseil d'Etat*). — *Questionnaire* : Chantagrel. — *Manuels, Cours, Précis* : Batbie. — Cabantous. — Chantagrel. — Ducrocq. — Fiore. — Foucart. — Gandillot et Boileux. — Gougeon. — Macarel. — Pauw. — Pradier-Fodéré. — Vauvilliers. — *Traités gén.* : Batbie. — Bouchené-Lefer. — Cormenin. — De Gérando. — Dufour. — Foucart. — Havard. — Laferrière. — Macarel. — Macarel et Boulatignier. — Serrigny. — Soion. — Trolley. — *Journaux* : Chauveau-Adolphe. — Répertoire. — *Milit.* : Didiot (V. *Droit mil.*) — *Mat. div.* : Lafon-Ladebat. — Lemarquière. — *Dictionnaires* : Blanche. — Block — Cos-Gayon. — Crozet. — Lerat de Magnitot. — *Recueils périodiques* : Journal du droit adm. — Journal du Palais (V. *Journaux*). — *Enseignement* : Mallein. — *Dans ses rapports avec le culte cath.* : Corbière (V. *Cultes, Droit ecclés.*). — *Rapports avec l'Economie politique* : Liégeois. — *Appliqué aux travaux publics* : Cotelle fils (V. *Travaux publics*). — *Droit adm. belge* : Fooz. — Havard (V. *Belgique*). — *Droit adm. romain* : Naudet. — Serrigny. — *Espagne* : Fuentes. — *Chili* : Prado (V. *Chili*.) — V. *Administration, Catéchisme administratif, Code administratif, Conseil d'Etat, Droit adm., Droit public., Lois adm.*

Droit byzantin. Mortreuil. — Harmenopulus. — Themis. — V. *Basiliques.*

Droit canon, canonique. André. — Bouix. — Collet. — Corpus juris. — Craisson. — Espinay. — Gaudry. — Gohyenèche. — Gousset. — Jouffroy. — Juris canonici. — Prælectiones juris canonici. — Prompsault. — Reiffenstuel. — Richter. — Walter. — Wilmet. — *Dans ses rapports avec le dr. civil* : Le Ruste. — *Bibliographie* : Philipps. — V. *Discipline, Droit ecclésiastique.*

Droit civil. Dupin. — Gravina. — Lyonnet. — *Théories nouvelles* : Chauvin. — *Privé* : Perreau. — *Hist. du dr. civ. franç.* : Poncelet. — *Droit civil ecclés.* : André. — Lyonnet (V. *Droit ecclésiastique*). — *Droit civil belge* : Arntz. — *Du Chili* : Fabres. — Gonzalez. — Lastarria (V. *Chili*.) — *Italie* : Forti. — Precerutti (V. *Italie*.) — V. *Code Napoléon, Droit français, Droit romain.*

Droit commercial. *Atlas* : Poux Franklin. — *Éléments, Précis* : Thiercelin. — Vidalin. — *Cours* : Blanchet. — Francq. — Pardessus. — Périssat. — Pradier-Fodéré. — *Dictionnaires* : Caumont. — Crivelli. — Devilleneuve et Massé. — Goujet et Merger. — *Etudes* : Frémery. — Gautier. — *Instit.* : Boucher. — Delvincourt. — *Lois* : Hoechster et Sacré. — Rouen et Vincent. — Thierriet. — *Leçons, Manuels* : Bonne. — Bravard-Veyrières. — Delvincourt. — Grün. — Parodi. — Rouget. — Thiercelin. — *Traités* : Bravard-Veyrières. — Delamarre et Lepoitvin. — Molinier. — Monnier. — Paris. — *Questions* : Bécane. — Gautier. — Horson. — *Journaux, Répertoires, Recueils périodiques, Revues* : Annales de la science et du

droit commerc. — Annales du droit commercial. — Clairfond. — Crémieux e
Patorni. — Droit commercial. — Girod et Clarion. — Lehir. — Teulet. — *Comparé
de France et d'Angleterre* : Colfavru. — *Droit des gens* : Massé. — *Dr. commerc.
au Chili* : Alberdi (V. *Chili*.) — V. *Code de commerce, Commerce, Consuls, Législation commerciale, Législ. consulaire, Négociations commerciales.*

Droit commercial maritime. Bargilliat. — Boulay-Paty. — Caumont. —
V. *Assurances, Code de commerce, Droit maritime.*

Droit communal. Migueret. — V. *Administration, Communes, Droit municipal
et communal.*

Droit constitutionnel. Berriat Saint-Prix. — Cherbuliez. — Constant. — Cré-
mieux et Balson. — Daunou. — Duvergier de Hauranne. — Fiore. — Fritot. —
Guizot. — Hello. — Isambert. — Lanjuinais. — Massabiau. — Ortolan. — Pinheiro-
Ferreira. — Rogron. — Rossi. — Serrigny. — Solimène. — Tripier. — *Du Chili* :
Cuadro sinoptico... — Panda (V. *Chili*). — V. *Constitutions, Garanties constitut.,
Gouvernement.*

Droit coutumier. Beaurepaire. — Cauvet. — Chassan. — Defourny. — Giraud. —
Klimrath. — Laferrière. — Le Gentil. — Loisel. — Marnier. — Mazure. — Minier. —
Nicias-Gaillard. — Pardessus. — Périn. — *Luxembourgeois* : Ferron (V. *Belgique*.)
— V. *Coutumes, Droit français.*

Droit criminel. Beccaria. — Berriat St-Prix (F.) — Bertauld. — Carmignani. —
Carrara. — Chantagrel. — Forti. — Haus. — Lesellier. — Rauter. — Trébutien. —
Diction. : Crivelli. — Morin. — *Histoire* : Duboys. — Saint-Edme. — *Lois* : Mars.
— *Recueil périodique* : Journal du droit criminel. — *Chez les Romains* : Dubois. —
Lebastard. — Rivière. — Walter. — V. *Code pénal et d'instr. crim., Droit romain,
Instruct. crim.; Législat. crim. et pén.; Lois crim. et pén.; Procédure crim.*

Droit d'annoblissement. V. *Annoblissement.*

Droit de colombier. *Sous la coutume de Normandie* : Cauvet (V. *Normandie*.)

Droit de Famille *aux Pyrénées* : Cordier (V. *Bigorre Pyrénées*.) — *Chez les
Athéniens* : Van den Es (V. *Athènes*). — V. *Famille.*

Droit de Grâce. Légoux.

Droit de la guerre et de la paix. Grotius. — Proudhon (V. *Droit international, Droit milit., Droit de la nature et des gens.*)

Droit de la nature et des gens. Barreau. — Bello. — Burlamaqui. — Cotelle.
— Félice. — Garden. — Gérard de Rayneval. — Isambert. — Kluber. — Laurent.
— Mackintosh. — Martens. — Pinheiro-Ferreira. — Portets. — Schmalz. — Vattel.
— Villiaumé. — Weiss. — Wheaton. — V. *Droit de la guerre et de la paix, Droit
international, Droit maritime, Droit naturel, Métaphysique du droit, Philosophie
du droit, Traités internationaux.*

Droit de réduction *des libéralités faites aux établissements publics* : Bernard
(V. *Établissements publics*.)

Droit de succession. Gabba. — Gans. — V. *Successions.*

Droit des Gens. V. *Droit de la nature et des gens.*

Droit du Seigneur. Delpit. — Veillen. — Veuillot. — V. *Curiosités judiciaires.*

Droit ecclésiastique. André. — Audisio. — Cherrier. — Circulaires. — Collet. —
Corbière. — Dechampeaux. — Despretz. — Dupin. — Franck. — Gaudry. — Henrion.
Phillips. — Prompsault. — Soglia. — Walter. — Zallinger. — *Dans ses rapports
avec le droit civil* : Le Ruste. — V. *Code ecclésiastique, Concile, Concordat, Droit
canon, Droit civil ecclés., Droit public ecclésiastique, Fabriques, Paroisses.*

Droit électoral. V. *Élections.*

Droit étranger. *Collection de lois* : Foucher. — *Concordance des Codes français* :
Anthoine de St-Joseph. — *Allemagne* : Blavier. — Vatel. — *Angleterre* (V. ce mot).
— *Belgique* : Dictionnaire alphab. — Gérard. — *Espagne* : Lobé. — *États de
l'Église* : Fresneau. — Pujos. — *États-Unis* : Beaumont et Tocqueville. — Labou-
laye. — Story. — *Hidou* : Boscheron-Desportes. — Eschbach. — Gibelin. — Orianne.
— Sicé. — *Musulman* : Abou-Kodja. — Gillotte. — Joanny Pharaon. — Perron. — Sidi
Khalil. — Solvet. — Tornauw. — Vincent. — *États du Nord* : Angelot. — *Pologne* :

Lubliner. — *Russe :* Foucher. — Jay. — Maurocordato. — *Précis* : — Tolstoy. — Zézas. — *Sarde :* Magnone. — *Deux-Siciles :* Orlando. — *Suisse :* Bellot. — Henke. —*Grec :* Rhally. — *(Voyez aussi, pour plus de détails et d'exactitude, les noms de chaque pays à leur ordre alphabétique dans la présente Table.)*

Droit fiscal. Molineau. — Obissier. — *En Belgique :* Rutgerts. — *Rapports avec le notariat :* Bastiné. — V. *Douanes, Enregistrement, Fisc, Impôts, Mutations, Notariat, Octrois.*

Droit français. *Introduction :* Lherbette. — Rodière. — *Séruzier.* — *Jurisprudence:* Dufour de St-Pathus. — *Dict. :* Barots. — Bousquet. — Chabrol-Chameane. — Delaporte et Riffé-Caubray. — Glossaire (anc. droit). — *Histoire :* Bernardi. — Bertauld. — Boileau. — Chambellan. — Dupin. — Fleury. — Fresquet. — Giraud. — Guérard. — Laferrière. — Minier. — *Origines :* Klimrath. — Koenigswarter. — Michelet. — *Monuments :* Beugnot. — Foucher. — Koenigswarter. — Laboulaye. — Loisel. — Marnier. — Ordonnances des rois de France. — Rapetti. — *Éléments :* Grün. — *Manuel :* Paillet. — *Dans ses rapports avec la jurisprud. des Justices de paix :* Carré (V. *Justices de paix*). — *Conféré avec le droit romain :* Gin. — *Ancien, en rapport avec le nouveau :* Domat. —*Glossaire de l'anc. droit :* Dupin. — V. *Code Napoléon, Codes.*

Droit grec. V. *Droit byzantin, Grèce.*

Droit indou. V. *Droit étranger, Hindous.*

Droit industriel. Monde industriel (journal). — Morel et Laroche. — Renouard. — V. *Coalitions industrielles ; Droit commercial ; Etablissements industriels; Propriété littéraire, artistique, etc.*

Droit international. Carathéodory. — Caumont. — Domin-Petrushevecz. — Eschbach. — Féraud-Giraud. — Fœlix. — Gaschon. — Hautefeuille. — Heffter. — Koenigswarter. — Ortolan. — Rocco. — Soloman. — Villefort. — Wheaton. — *En Belgique :* Morel (V. *Belgique*). — *Public et privé, en Egypte :* Gatteschi (V. *Droit public, privé : Egypte*). — V. *Droit maritime, Etrangers, Propriété littéraire.*

Droit maritime. Asher. — Azuni. — Bédarride. — Dufour. — Décret sur le service à bord.—Gilibert de Merlhiac.—Nouvelles Annales de la marine.— Revue maritime et coloniale. — *Hist., Annales :* Bajotet. Poirré. — *Code :* Beaussant. — Boucher. — Hautefeuille. — Luchesi-Palli. — Ortolan. — Pouget. — Sanfourche-Laporte. — *Ord. de 1681 :* Becane (Valin). — *Lois anciennes :* Pardessus. — *Dictionnaire :* Caumont. — *Causes célèbres :* Gussy. — *Système maritime et polit. des Européens au XVIII siècle :* Arnould. — V. *Colonies, Commerce, Droit commercial et maritime, Liberté des mers, Marine, Navigation.*

Droit maritime international. Cauchy. — *Réforme :* Courcy. — V. *Dr. maritime.*

Droit maternel. Leroux. (V. *Mère de famille*).

Droit militaire. Alla. — Bosch. — Broutta. — Chenier. — Code de justice militaire. — Didiot. — Duez. — Dumesgnil. — Durat-Lasalle. — Gérard. — Legrand. — *Recueil périodique :* Journal militaire officiel. — *Droit romain :* Conchon. — V. *Administration militaire, Armée, Code militaire, Justice militaire, Législation militaire, Milice, Parquets militaires.*

Droit municipal et communal. *Histoire :* Béchard. — Raynouard. — *Code :* Isambert. — Leber et de Puibusque. — *Formules :* Crozet. — Dupont. — *Miroir.* — *Jurispr. :* Guichard (V. *Conseil d'État*). — *Lois :* Duquenel. — Fauchet. — Renard. — Rondonneau. — *Manuel :* Boyard. — *Questions :* Girardon et Nabon-Devaux. — *Organisation :* Bost. —Champagny.—Henrion de Pansey. — Serrigny. — *Répertoires :* Miroir. — Puibusque. — *Droit municipal en Franche-Comté, aux XIII et XIV siècles :* Tuetey. — *Droit municipal en Belgique :* Giron. — *Espagne :* Polin (V. *Espagne*). — V. *Adm. communale, Communes, Dépenses municipales, Maires.*

Droit musulman. Abou-Khodja. — Behrnauer. — Belin. — Gillotte. — Perron. — Joanny-Pharaon. — Sidi-Khalil. — Roguet. — Solvet. — Tornauw. — Vincent (V. *Algérie*). — *Constitutions polit. arabes :* Maverdi.

Droit naturel. Ahrens. — Bensa. — Burlamaqui. — Bussard. — Caumont. — Delaporte. — Fritot. — Jouffroy. — Kant. — Neufbourg. — Perreau. — Picard. — Portets. — Taparelli. — Tolomei. — Zallinger. — V. *Droit de la nature et des gens, Droit primitif, Législation primitive, Loi naturelle, Métaphysique du droit, Philosophie du droit.*

Droit ottoman. V. *Turquie.*

Droit païen et droit chrétien. Carpentier.

Droit pénal. Bosch. — Catéchisme. — Da Silva Ferrâo. — Farine. — Jacques. — Lamoulière. — Nicolini. — Ortolan. — Puccioni. — Richard-Maisonneuve. — Rossi. — Tissot. — *Questions* : Bourdon. — *Psychologie* : Galdo (V. *Philosophie*). — *Philosophie* : Franck. — *Droit pénal milit.* : Gérard (V. *Droit militaire*). — Allemagne : Levita. — V. *Code pénal*. — (*Voir aussi les noms de chaque pays à leur ordre alphabétique dans la présente Table.*)

Droit politique. Baltur. — Burlamaqui. — Macarel. — Ortolan. — Pradier-Fodéré. — Rogron. — Torombert.

Droit primitif. Chassan. — Duboys. — V. *Coutumes, Droit coutumier, Droit des gens, Droit naturel, Législation primitive, Métaphysique du droit, Philosophie du droit.*

Droit privé. Corbière. — *Garanties* : Cotelle. — *En dr. rom.* (V. *Droit romain*). — *Turquie* : Gatteschi (V. *Turquie*). — V. *Droit public.*

Droit public. *Hist.* : Isambert. — *Manuel* : Batbie. — Cabantous. — *Éléments. Mélanges et Traités* : Batbie. — Bouchené-Lefer. — Condorcet. — Destrivaux. — Foucart. — *Principes* : Bouchené-Lefer. — Pinheiro-Ferreira. — Pradier-Fodéré. — *Français* : Albitte. — Duthil. — Gougeon. — Laferrière. — Paillet. — Portets. — Schutzenberger. — Serrigny. — *Rapports avec l'économie politique* : Liégeois. — *Dict.* : Lerat de Magnitot. — *Ecclésiast.* : Audisio. — Corbière. — Soglia (V. *Droit ecclésiastique*). — *Romain* : Serrigny. — *Espagne et Portugal* : Haller. — *Suisse* : Henke (V. *Suisse*). — *Belge* : Destrivaux. — Dewez. — Havard. — Hoorebeke. — Molinari. — Verhaegen (V. *Belgique*). — *Italie* : Fiore (V. *Italie*). — *Turquie* : Gatteschi (V. *Turquie*). — *Chili* : Lastarria (V. *Chili*). — V. *Constitutions, Droit administratif, Droit de la nature et des gens, Droit constitutionnel, Gouvernement,*

Droit public maritime. Luchesi-Palli (V. *Droit maritime, Droit public*).

Droit répressif. Olin. — V. *Justice répressive, Répression.*

Droit romain. Barinetti. — Baron. — Bulgari. — *Droit rom. antéj.* : Boecking. — Haenel. — *Sources* : Corpus juris antejust. — Dirksen. — Haenel. — *Histoire* : Berriat-St-Prix. — Boecking. — Dupin. — Gibbon. — Giraud. — Gothofredus. — Guérard. — Heineccius. — Hugo. — Laferrière. — Laya. — Mackeldey. — Mortreuil. — Namur. — Nougarède de Fayet. — Ortolan. — Poncelet. — Savigny. — Schomberg. — Smolders. — Terrasson. — Troplong. — Walter. — *Fragments* : Demelius. — Maï. — *Etude et Enseignement* : Bravard. — Etienne. — Holtius. — *Cours, Éléments, Répétitions* : Arnault-Ménardière. — Boutry-Boissonade. — Delvincourt. — Demangeat. — Ducauroy. — Dupin. — Fresquet. — Heineccius. — *Instituciones* : Laboulaye. — Lagrange. — Mackeldey. — Marezoll. — Maynz. — Pellat. — Quinon. — Quinton. — Tavani. — Thézard. — Volkmar. — *Droit privé* : Assen. — Blondeau. — Caqueray. — Giraud. — Guérard. — Humbert. — Laboulaye. — Machelard. — Molitor. — Pardessus. — Pellat. — Phillimore. — Savigny. — Warnkœnig. — *Droit criminel* : Duboys. — Lebastard-Delisle. — Rivière. — Walter (V. *Droit criminel, Justice, Législation criminelle*). — *Obligations* : Blondeau. — Demangeat. — Duplessy. — Galliard. — Machelard. — Massol. — Maynz. — Molitor. — Savigny. — Vernet (V. *Obligations*). — *Règle catonienne* : Machelard. — *Preuves* : Le Gentil. — *Dissertations* : Labbé. — Themis. — *Jurisconsultes* : Cujacius. — Donellus. — Richeri. — *Formalisme* : Huc. — *Conféré avec le Droit français* : Biret. — Dupin. — Leclercq. — Molitor (V. *Droit français*). — *Programme* : Benech. — *Classiques latins* : Benech. — Henriot. — *Jurisprudence* : Fuzier. — *Tableaux synoptiques* : Blondeau. — Boutry-Boissonade. — Jolly. — *Proverbes, Maximes* : Wolkmar. — *Etat militaire* : Conchon. — *Wisigoths* : Haenel. — *Droit romain selon son application en Grèce* : Calligas (V. *Grèce*). — V. *Corps de droit*. — (*Voir aussi chaque monographie juridique à son ordre alphab. dans la présente Table.*)

Droit rural. Biret. — Bourguignat. — Bouthors. — Cappeau. — Fournel. — Guichard. — Neveu de Rotrie. — Rogron. — Rondonneau. — Roullier. — Valserres. — Vaudoré. — Vitard. — V. *Agraires (lois), Chemins ruraux, Code forestier, Code rural, Économie agricole, Lois forestières.*

Droits *civils* : Coin-Delisle. — Demolombe. — Guichard. — Hanin. — Jay. — *Des Auteurs* : Blanc. —Calmels.—Gournot.—Lesenne.—Maréschal. — Nion. — Phillips. — Renouard (V. *Auteurs, Brevets, Contrefaçon, Musiciens, Propriété littéraire, artistique*). — *D'usage* : Bazelaire.—D'Avannes — Meaume. — Proudhon (V. *Bois, Forêts*). — *Droits réels en Dr. romain* : Huc. — *Droits d'entrée* : Allouard (V. *Octrois*). — *Droits de mutation* (V. *Mutations*).

Droits de succession. Fétis. — Morin. — Resteau. — V. *Enregistrement, Successions.*

Droits régaliens. Cougny.

Duel. Bataillard. — Bavoux. — Canel. — Cauchy. — Chateauvillard. — Fougeroux. — Genaudet. — Maffioli. — Mendez. — Nougarède de Fayet. — Pinet. — Pujos. — Valette. — *En Belgique* : Delebecque. (V. *Belgique, Duel*).

Dumoulin. *Son influence sur la législ. franç.* : Aubépin.

Dunkerque. *Établissements d'instr. publ., de prévoyance, etc.* : Morel. — V. *Douai, Nord, Roubaix.*

Dupin *(Notice biograph. sur)* : Ortolan.

E

Eaux. *Législation* : Chauveau-Adolphe. — Daviel. — Dubreuil. — Dumont. — Garnier. — Giovanetti. — *Eaux non navigables* : Hardouin. — *Riverains* : Championnière. —Decamps. — *Délits, Peines* : Dralet. — *Police* : Dufour. — *Régime des eaux en Provence* : Séguin (V. *Provence*.) — *Législation espagnole* : Franquet y Bertran. — V. *Alluvion, Cours d'eau, Drainage, Eaux et forêts, Irrigations.*

Eaux et **Forêts.** *Règlements* : Baudrillart. — *Délits* : Dralet. — *Journal* : Revue des eaux et forêts. — V. *Bois, Code forestier, Eaux, Forêts.*

Échange. Bonne. — Duvergier. — Troplong. — Venisse. — V. *Libre échange, Louage.*

Echiquier *de Normandie* : Delisle. — V. *Normandie.*

Éclairage. Martel.

Écoles de droit. *Aux Etats-Unis* : Matile (V. *États-Unis*).—V. *Facultés de droit.*

Écoles primaires. Allard.—Journal des Instituteurs.—Rendu.—V. *Enseignement, Instruction primaire.*

Économie agricole. Valserres. — V. *Agraires (lois) ; Droit rural.*

Économie forestière. Clavé. — V. *Bois, Forêts.*

Économie politique et publique. Annuaire.—Batbie.—Baudrillart.— Blanqui. —Brasseur.— Charguénaud. — Chevalier. — Cibrario. — Coquelin. — Courcelle-Seneuil. — Dameth. — Destutt de Tracy. — Faucher (Léon). — Ganilh. — Garbouleau. — Garnier. — Goubleau. — Gouraud. — Jouffroy. — Lestiboudois. — Mac Culloch. — Mercier. — Mill. — Molinari. — Olivier. — Ott. — Passy. — Rapet. — Roscher. — Rossi. — Saint-Chamans. — Sandelin. — Say. — Storch. — Villiaumé. — Walras. — *Catéchisme* : Dumesnil-Marigny. — *Curiosités* : Louvet. — *Lectures* : Wolkoff. — *Rapports avec le droit* : Rivet. — *Rapports avec la morale* : Baudrillart. — Minghetti. — Rapet. — *Rapports avec le droit public et adm.* : Liégeois. — *Chez les Romains* : Dureau de Lamalle. — *Chez les Athéniens* : Boec. — *Economie polit. appliquée à la législ. du commerce* : Simonde de Sismondi (V *Commerce, Droit commercial, Richesse commerciale*). — *Recueils périodiques* : Economiste français. — Journal des Économistes. — V. *Economie sociale, Economistes, Politique, Publicistes.*

Économie sociale. Garnier. — Ott. — Pradier-Fodéré. — Venisse. — *Au point de vue chrétien* : Corbière (V. *Economie politique ; Économistes*).

Économistes. Baudrillart. — Journal. — Reybaud (V. *Économie politique*).

Écritures. *Vérification* : Lévêque.

Édifices publics. Ducrocq. — V. *Bâtiments, Domaine.*

Effets de commerce. Ketels.— V. *Billet à ordre, Lettre de change, Mandat.*

Église et Esclavage. Rivière.— V. *Droit ecclés.,* *Esclavage, Pape, Pouvoir temporel.*

Églises. Rousset. — V. *Curés, Dr. ecclés.; Paroisses.*

Egypte. *Droit international public et privé* : Gatteschi. — *Preuves sous la législ. égyptienne* : Le Gentil. — V. *Droit musulman.*

Électeurs, Élections. Allain. — Bidault. — Charner et Feitu. — Favard de Langlade. — Grün. — Isambert. — Legay. — Maulde. — Merger. — Persin. — *Municip.* : Bost. — *Code.* — St-Hermine. — Sonnier. — *Code form.* : Trény. — *En Belgique* : Delebecque (V. *Belgique*). — *Lois et mœurs électorales en France et en Angleterre* : Lefèvre-Pontalis (V. *Angleterre*).

Éloquence judiciaire. Clair et Clapier.—*Histoire* : Henry. — *Leçons* : Phelippes de Trohjolly. — *Principes* : Berryer. — Boinvilliers. — Delamalle. — Falconnet. — Lacretelle. — Paignon. — Sapey. — V. *Art oratoire, Avocat, Barreau, Fragments oratoires, Plaidoyers, Réquisitoires.*

Émancipation. Demolombe. — Dupuynode. — Pain. — V. *Colonies, Esclavage, Liberté, Majorité.*

Émigration. *Européenne, Asiatique, Africaine* : Duval — *Brésil* : Carvalho. — V. *Colonisation, Émigrés.*

Émigrés. *Code* : Le Caron. — Naylies. — Petit des Rochettes. — Teste-Lebeau. — V. *Déportation, Émigration, Extradition, Transportation.*

Emphytéose. Pepin Le Halleur.

Emploi et Remploi de la dot : Benech (V. *Dot; Régime dotal*). — *Des Rentes* : Lefebvre (V. *Rentes.*)

Employés et fonctionnaires prussiens. *Droits et Devoirs* : Rumpf. — V. *Prusse.*

Empoisonnement. Chaussier. — V. *Poisons, Toxicologie.*

Emprisonnement. Ferrus. — Homberg. — Lucas. — *Cellulaire* : Berriat St-Prix (Ch.) — Ducpétiaux. — *Pour dettes* : Bayle-Mouillard. — Cadrès. — Lalou. — V. *con-trainte par corps, Pénitenciaire, Prisons.*

Enchères publiques. V. *Ventes.*

Encyclopédie de droit : Den Tex. — Eschbach. — Pellat (Falck). — Sehire et Carteret. — *Municipale* : Bost. — *Des Justices de paix* (V. *Justices de paix*). — Voir aussi chaque locution principale liée au mot *Encyclopédie.*

Endiguement. Dumont. — V. *Cours d'eau, Baux, Irrigations.*

Enfants adultérins. V. *Adultère, Enfants assistés, Enfants naturels.*

Enfants assistés, Enfants naturels, Enfants nés hors mariage. *Etudes* : Acollas. — Frouet de Fontpertuis. — Gaillard. — Morillot. — *Histoire* : Desportes. — *Adoption* : Benech. — *Successions* : Cherbuliez. — Gros. — Richefort. — *Législat.* : Kœnigswarter. — *Traités* : Cadrès. — Loiseau. — Richefort. — Rolland de Villargues. — V. *Orphelins, Tutelle.*

Enregistrement. Annuaire. — Bigorne. — Bourgade. — Championnière. — Clerc. — Couvreur. — Dalloz. — Demante. — Gagneraux. — Gérand. — Journal. — Masson-Delongpré. — Régnard. — Rolland de Villargues. — Tardif. — Vuarnier. — *Dictionnaires* : Camus. — Championnière et Rigaud. — Dalloz. — Dictionnaire. — Fessard. — Garnier. — Gérand. — Joliet. — Muzard. — Noblet. — Rolland et Trouillet. — Sollier. — Sorel. — *Dict. des arrêts* : Teste-Lebeau (V. *Arrêtistes*). — *Journaux, Recueils périodiques* : Bulletin. — Contrôleur. — Recueil des lois. — Revue du Notariat et de l'Enregistrement. — Répertoire périodique. — *Droits, Manuels, Surnumérariat, Tarifs* : Audier. — Augan. — Barots. — Bonniot. — Brault. — Despréaux. — Masson-Delongpré. — Morin. — Noblet. — Obissier. — Palierne de La Haudussais. — Perry. — Remy. — St-Genis. — Sorel. — Tarifs. — Wodon. — *Perception des Droits* : Dufresne. — Frérot. — *Répertoire* : Joliet. — *Tableaux de concordance* : Obissier. — V. *Contribut. directes, Domaine, Droit fiscal, Hypothèques, Notariat, Percepteurs, Receveurs, Timbre.*

19

Enseignement (Éducation). *Lois* : Allard. — Barrau. — Delalain. — Fontaine de Resbecq. — Kilian. — Nau et Delalain. — Rendu. — *Pouvoir de l'Etat* : Troplong. — *Code Napoléon* (V. *Code, Nap.*). — *Des lois polit. et adm.* : Lenoel (V. *Lois polit., adm.*). — *Du droit d'après Bacon* : Desjardins (V. *Bacon*). — *Droit romain* : Bravard (V. *Dr. romain*). — *Du droit d'après Bacon.* — *Du droit en Hollande* : Blondeau (V. *Hollande*). — *En Belgique* : Angenot (V. *Belgique*). — V. *Ecoles primaires, Instruction primaire, Instruction publique.*

Enseignement et noviciat administratif. *En Allemagne* : Laboulaye.

Enterrements. V. *Pompes funèbres.*

Entrepreneurs *des travaux publics* : Chatiguier. — Christophle. — Delvincourt. (Chevallier). — Dufour. — Perrin. — V. *Architectes, Bâtiments, Constructions.*

Entreprises *industrielles, commerciales et agricoles* : Courcelle-Seneuil. — V. *Commerce, Droit commercial, Droit industriel, Droit rural, Economie agricole.*

Envois périodiques et non périodiques. *A faire par les parquets, Cab. d'instr., Greffes* : Vente. — V. *Parquets.*

Époux (Droits des). — Daubanton. — Venant. — V. *Communauté, Dot, Mariage.*

Erreur *de droit* : Pochonet. — *En mat. civile* : Carathéodory. — *Dans les contrats* : Douchement (V. *Contrat*). — *Erreurs jud.* : Dessalles. — *Martyrologe des Erreurs judiciaires* : Laget-Valdeson (V. *Lesurques*).

Esclavage. Dupuynode. — Gasparin. — Larroque. — *Abolition.* Biot. — Cochin. Gasparin. — Wallon. — Yanoski. — *Esclavage chez les Romains* : Caqueray. — V. *Colonies, Eglise et Esclavage.*

Escroquerie. *En matière d'assurances maritimes* : Negrin (V. *Assurances maritimes*).

Espagne. Pacheco. — *Droit* : La Serna. — Sala. — *Jurispr. civ.* : Seoane. — *Lois diverses ; Etrangers* : Code de commerce espagnol. — Codigo de commercio. — Codigo penal. — Foucher. — Haller. — Laget-Valdeson. — Lobé. — Salinas. — *Dr. adm.* : Fuentes. — *Dict. de droit adm.* : Cos-Gayon y Canovas del Castillo. — *Expropriation* : Madrazo. — *Communes franç. au moyen âge* : Helfferich et Clermont. — *Droit municipal* : Polin. — *Recueils périodiques* : Escuela del Derecho. — *Revista general de legislacion y jurisprudencia.* — *Consulats* : Bernal de O'Reilly. — *Mines* : Pothier. — *Eaux* : Franquet y Bertran.

Établissements *de Saint-Louis* : Beugnot. — Fabre. — Mignet. — V. *Droit français, Saint-Louis.*

Établissements *dangereux, insalubres* : Avisse. — Clérault. — Macarel. — Mirabel-Chambaud. — Taillandier. — Trébuchet. — (En Belgique) Sauveur. — *De bienfaisance, de charité* : Chauveau. — Dictionnaire de la perception. — Durieu. — Lamarque. — Lamothe. — Larade. — Laurent-Drouhin. — Morel. — Roy. — Vanderstraetten. — Watteville (V. *Assistance, Bureaux de Bienfaisance.*) — *Publics, Comptabilité* : Durieu et Roche. — Ferrier (V. *Droit de réduction*). — *Industriels* : Avisse. — Bourguignat (V. *Droit industriel*). — *Correctionnels, Pénitenciers* (V. *Pénitenciers*).

État civil. Albiousse. — Cival. — Collier. — Garrel. — Hutteau-Dorigny. — Loir. — Sauvant. — *En Algérie* : Poivre. — *A Athènes* : Egger (V. *Athènes*). — V. *Actes de l'état civil, Officiers de l'Etat civil, Registres de l'Etat civil.*

État des personnes. *Ancien droit franç.* : Guérard. — Naudet. — Perreciot. — *Sous le Code Nap.* (1er *livre*) : Boulage. — Demante. — Demolombe. — Proudhon. — Richefort. — Sirey. — Valette. — *Dans le Code civ. franç. conféré avec le Code civ. de Pologne* : Lubliner. — *Code pénal* : Hanin. — V. *Etat civil.*

État militaire. V. *Droit militaire.*

États. *Provinciaux sous Louis XIV* : Grün. — *d'Artois* : Filon (V. *Artois*).

États de l'Église. Fresneau. — Pujos. — V. *Droit canon, Droit ecclésiastique, Pape.*

États du Nord. *Régime financier* : Bergson (V. *Finances*).

États européens. *Histoire* : Beaumont-Vassy. — Schoell. — *Généraux* : Bernard. — Boullée. — Rathery. — Thibaudeau. — *Généraux des Pays-Bas* : Juste. — V. *Assemblées.*

États Sardes. Feraud-Giraud. — Robernier. — Sclopis. — V. *Italie, Savoie.*

États-Unis. Béchard. — Laboulaye. — La Rochefoucauld. — Morineau. — Roguet. — Smith. — Story. — Wheelock. — *Fraudes* : Brown (V. *Fraude*). — *Système pénit.* : Beaumont et Tocqueville. — Lucas. — *Lois municipales* : Béchard. — *Armées de terre :* La Fruston. — *Sociétés en commandite et à responsabilité limitée :* Troubat (V. *Sociétés*). — *Ecoles de droit* : Matile. — V. *Amérique, Caroline, Louisiane.*

Étrangers. Bonfils. — Demangeat. — Dragoumis. — Féraud-Giraud. — Fœlix. — Gand. — Gaschon. — Guillet. — Jay. — Laget-Valdeson. — Lebaron. — Legat. — Lobé. — Okey. — Salinas. — Sapey. — Schutzenberger. — Soloman. — Westoby. — *Journaux* (V. *Journaux, Recueils périod., Revues*). — V. *Droit international.* — (*Voir aussi chaque nom de pays ou de peuple à l'ordre alphab. dans la présente Table.*)

Études *biograph. et critiq.* (V. *Biographes, Critique*). — *Administratives* : L'Angle-Beaumanoir. — Leruste. — Vivien (V. *Administration, Droit administratif*). — *De droit* : Bavoux.

Étudiants en droit. Dupin. — Fontaine de Resbecq. — Reboul. — V. *Doctorat, Facultés.*

Eure (Département de l'). Usages locaux. — *Rivières et cours d'eau :* Recuil des arrêtés préfectoraux. — V. *Caen, Havre, Iles Normandes, Normandie, Rouen, Vaudreuil.*

Événements politiques. *Histoire* (1814-59) : Cussy.

Examens. F. Berriat Saint-Prix. — Carré. — Delsol. — G. Demante. — Mourlon — V. *Droit.*

Exceptions *en matière de procédure* : Goubeau de la Bilennerie. — *De procédure en mat. civile et commerc.* : Joccoton. — *En matière crimin., préjud.* : Bertauld. — Dupin.

Exécuteurs testamentaires. St-Espès-Lescot. — V. *Donations ; Testaments.*

Exemption *du service militaire.* Belloc. — *Code de l'exemption.* — Lunei. — V. *Recrutement, Révision.*

Exhumations. Rousset (V. *Cimetières*). — *Juridiques* : Orfila. — V. *Médecine légale.*

Expertise *judiciaire en Algérie* : Frégier (V. *Algérie*).

Expertises cadastrales. Leplat-Duplessis. — V. *Cadastre, Expropriation.*

Experts. Gaillard. — Rozier. — Vasserot. — V. *Arbitres.*

Expropriation *forcée, pour cause d'utilité publique* : Arnaud. — Blanche. — Caudaveine et Théry. — Daffry de la Monnoye. — Debray. — Delalleau. — Demilly. — Despretz. — Dufour. — Gand. — Gilfon et Stourm. — Guéria. — Herson. — Homberg. — Jousselin. — Lachaize. — Lejeune. — Locré. — Malapert et Protat. — Mathieu. — Maulde. — Paparigopoulo. — Peyronny et Delamarre. — Rousset. — Sabattier. — Solon. — *En droit romain* : Fresquet. — Garbouleau. — *En Belgique* : Del Marmol. — Lavelaye. — Martou. — *En Espagne* : Madrazo. — V. *Cadastre, Expertises cadastrales, Saisie immobilière.*

Extinction *des Servitudes* : Legonidec de Penlan (V. *Servitudes*). — *Des Procès* : Caumont (V. *Procès*). — *Du Paupérisme* : Savardan (V. *Paupérisme*).

Extradition. Blondel (V. *Déportation, Émigré, Transportation*).

F

Fabricants. Armengaud. — Breulier. — Gardissal. — Jannaut. — *Journ.* des Prud'hommes, etc. — V. *Brevets d'invention, Inventeurs, Marques de fabrique, Prud'hommes.*

Fabriques *des églises* : Affre. — André. — Bost. — Dechampeaux. — Larade. — Manuel. — Molineau. — Nouveau journal des Conseils de fabrique. — Noyon. — Roy. — *En Belgique* : Brixhe (V. *Belgique*). — V. *Droit canonique ecclésiastique, Paroisses.*

Fabriques. *Dr. commercial* (V. *Fabricants, Marques de fabrique.*)

Facultés de droit. Fontaine de Resbecq. — Reboul. — *Aux États-Unis* : Matile. — V. *Doctorat, Écoles de droit, Étudiants.*

Faillites et **Banqueroutes** (L. de 1838). *Code* : Thiériet. — *Réformes* : Gayet. — *Traités, Commentaires, Dict.* : Alauzet. — Bédarride. — Boulay-Paty et Boileux. — Boussu et Gautier de Noyelle. — Bravard-Veyrières. — Clairfond. — Dictionnaire. — Esnault. — Gadrat. — Geoffroy. — Lainé. — Laroque-Sayssinel. — Lévesque. — Mascret. — Renouard. — Roullion. — Saint-Nexant. — *Questions* : Becane. — *Annuaire* : Lepage. — *Syndics* : Geoffroy. — Virolle. — *Faillites en Belgique* : Corr-Vandermaeren. — Maertens (V. *Belgique*). — *Droits de la femme en cas de faillite du mari* : Bastiné (V. *Femmes*).

Falsifications *des denrées alimentaires* : Chevallier. — Emion. — Million. — V. *Aliments, Céréales, Denrées, Substances alimentaires.*

Famille. *Organisation de la famille en France* : Koenigswarter. — *Organisation de la famille en Normandie* : Cauvet (V. *Normandie*). — *Droit dans la famille* : Boistel. — *Lois des familles* : Nougarède de Fayet. — *Familles histor. d'Athènes* : Revillout. — V. *Autorité paternelle, Conseils de famille, Droit de famille, Mariage. Paternité.*

Familles (*Manuel des*) : Roche. — *Familles légit. et nat.* : Rochefort (V. *Enf. nat.*).

Familles consulaires *de Lyon* : Vital du Valous (V. *Commerce, Consuls*).

Fauchet (le président). *Étude crit. et biogr.* : Simonnet.

Fausses nouvelles. *Vente.* — V. *Presse.*

Faux. *En matière criminelle* : Faux. — V. *Droit criminel.*

Femmes (Droits des). Bastiné (en cas de faillite du mari). — Cubain. — Daubanton. — Guichard. — Laboulaye. — Legentil. — Venant. — *Hypothèque légale* : Audier. — Beckers. — Bertauld. — Potel. — *Prélèvements et Reprises* : Jousselin. — *Droits des créanciers de la femme sur les biens dotaux* : Boissier. — *Femmes en droit rom.* : Bouchez. — Dubois. — Perreau. — *En droit rom. et en droit franç.* : Grindon. — *En Italie* : Mozzoni (V. *Italie*). — V. *Hypothèques, Reprises.*

Femmes publiques. *Législation* : Sabatier. — V. *Prostitution.*

Féodalité. *Code féodal.* — Espinay. — *Lois Abolitives* : Dubois. — *Dans les Alpes occidentales* : Ménabréa. — *Féodalité dans les Pyrénées* : Lagrèze. — *Du Pays de Vaud* : Secretan (V. *Suisse*). — V. *Coutumes, Droit coutumier, Fiefs.*

Fermiers. Ferry. — V. *Droit rural, Propriétaires et locataires.*

Fidéicommis. *Sous le Code civil* : Tolras de Bordas. — V. *Donations.*

Fiefs. Beautemps-Beaupré. — Dumont. — Gourdon de Genouillac. — *Fiefs de Cossonay* (Suisse) : Charrière. — V. *Féodalité.*

Filiation. Demolombe. — La Fontaine.

Filles (Droits des). *En mat. civ. et commerc.* : Legentil.

Finances. Audiffret. — Boiteau. — Bonnet. — Coq. — Dormois. — Dupuynode. — Faucher. — Gandillot. — Garnier. — Jacob. — Larade. — Nervo. — Recueil des lois. — Recueil de documents commerciaux et financiers. — Saint-Chamans. — *Communales* : Braff. — Davenne. — Denis (V. *Communes, Comptabilité, Receveurs*). — *Influence sur la fortune publique* : Perier (V. *Fortune nationale*). — *Finances du royaume d'Italie* (V. *Italie*). — V. *Administration financière, Crises financières, Percepteurs, Receveurs, Trésor public.*

Finistère. *Usages locaux* : Limon. — V. *Bretagne, Côtes-du-Nord, Ille-et-Vilaine, Loire-Inférieure, Nantes, Rennes.*

Fins de non-recevoir. Lemerle.

Fisc, Droit fiscal. Molineau. — Obissier. — V. *Enregistrement, Impôts, Octrois, Percepteurs.*

Flagrants délits. V. *Délits.*

Flandres. *Hist. du Parlement* : Pillot. — V. *Belgique, Nord.*

Fléaux. *Cas fortuits* : Barrau.

Folie. Calmeil. — Fodéré. — Georget. — Marc. — Orfila. — Pierquin. — Sacase. — *Devant les Tribunaux* : Legrand du Saulle. — *Des femmes enceintes, nourrices* : Marcé. — V. *Aliénés, Délire, Médecine légale.*

Folle-Enchère. Audier.

Fonctionnaires *publics* : Dupin. — *De Prusse* : Rumpf (V. *Prusse*).

Fonds commun. *Des Départements* (V. *Départements*). — V. *Fonds publics.*

Fonds dotal. *En droit romain* : Boissier. — Demangeat. — V. *Dot.*

Fonds publics. Courtois. — Denis. — V. *Bourses, Finances, Trésor.*

Forçat libéré (*Consentement de mariage avec un*) : Bellaigue. — Pont.

Forêts. Annales forestières. — Codes de la législ. forestière. — Puton. — Revue des eaux et forêts. — *Règlements* : Baudrillart. — V. *Bois, Code forestier, Eaux et forêts, Économie forestière.*

Forges. Dupont. — *Mines.*

Formalisme romain. Huc.

Formalités hypothécaires. Baudot. — V. *Hypothèques.*

Formulaires *municip.* : Crozet. — Miroir et Jourdain (V. *Droit municipal*). — *De Procédure* : Augier et Leignadier. — Bioche. — Chauveau et Glandaz. — Delaporte. — Jeannin. — Lavenas. — Lehir. — Lepage. — Pechart et Cardon. — Teulet et Loiseau. — *D'actes sous seing privé* : Frémy-Ligneville. — Poinsotte. — Prudhomme (V. *Actes sous seing privé*). — *Pour contrat de mariage* (V. *Contrat de mariage*). — *Des Magistrats* : Desmaze (V. *Magistrats*) — *Du Faux en matière crim.* : Faux (V. *Droit criminel*). — *Des Enquêtes adm.* : Noeuvéglise. — *Du Notariat, des Justices de Paix, etc.* (V. *Notariat, Justice de Paix*, (etc.). — V. aussi les expressions principales qui sont liées au mot FORMULAIRE.

Formules (*Anciennes*) : Rozière.

Fortune *nationale depuis 1789* : Audiffret. — Boiteau. — Macarel et Boulatignier. — Tilliard (V. *Finances, Politique.*).

Fragments oratoires. Saint-Albin Berville. — V. *Éloquence, Plaidoyers, Réquisitoires.*

Frais de justice. V. *Tarif.*

France. *Institutions anc.* : Gerbaud. — *Modernes* : Bayard. — Colombel. — Duvergier de Hauranne. — Hiver. — Laferrière. — Sermet. — *Méroving. et carloving.* : Le Huërou. — Lezardière. — Perréciot. — Petigny. — *De St-Louis* : Beugnot. — Mignet. — *Parlements sous l'anc. monarchie* : Bastard-d'Estang. — Mérilhou. — Simonnet. — *Réforme judiciaire* : Delamardelle. — *Forces et Institut. productives* : Lehir. — *Constitut. de la commune* : Stein. — *Administration* : Haas. — *Administration intérieure* : Béchard (V. *Centralisation*). — *Administrat. monarch.* : Chéruel (V. *Administration*). — *Traités de paix* : Declercq (V. *Traités*). — *Droit administ.* : Béchard. — Dareste. — Chevillard. — *Institut. pol. et adm. au moyen-âge* : Boutaric. — *Institut. mil.* : Boutaric. — *Institutions polit. et civ.* : Colombel (V. *Constitutions, Gouvernement*). — *Système financier* : Audiffret. — Gans (V. *Finances*). — *Droits de succession* : Gans (V. *Droit de succession, Enregistrement, Successions*). — *Justice criminelle* : Bérenger. — Lacuisine (V. *Droit criminel, Justice criminelle, Législation, Lois crim.*) — *Droits des Étrangers en France* : Demangeat. — Dragoumis. — Gand. — Guillet. — Sapey (V. *Étrangers*). — *Statistique* : Block. — *Actes du Gouvernement provisoire* (1848) : Carrey. — (V. aussi, pour plus d'exactitude, chaque monographie juridique ou chaque nom de ville et de province, à leur ordre alphabétique dans la présente Table.)

Francfort-sur-le-Mein. Codex diplomaticus.

Franche-Comté. *Droit municipal aux* XIIIe *et* XIVe *siècles* : Tuetey. — V. *Montbéliard.*

Fraude. Bédarride. — Chardon (V. *Dol et Fraude*). — *En Angleterre et aux États-Unis* : Brown (V. *Angleterre, Etats-Unis*). — *Commerciale, de Denrées* : Chevallier. — Emion. — Million. — Wolowski (V. *Denrées*). — V. *Loyauté commerciale.*

Fruits, Récoltes. *Ventes par notaires et commissaires-priseurs* : Le Menuet. — *Ventes aux enchères* : Lehir (V. *Céréales, Commissaires-priseurs, Denrées, Notaires, Ventes*).

G

Gage. *En Droit commercial* : Pouget. — *En droit civil* : David. — Troplong. — *En droit romain* : Pellat.

Gaius. V. *Droit romain, Instituts.*

Gains de survie entre époux. Salvandy.

Garanties *constitut.* : Cherbuliez. — Daunou (V. *Constitutions, Droit constitutionnel*). — *Individuelles* : Daunou. — *Des Créanciers* : Balleroy de Reinville (V. *Créanciers*). — *Administration* : Cotelle. — *Mat. or et argent* : Fontaine. — Manuel des employés de la garantie (V. *Matières d'or, Orfèvres*). — *Des Vices rédhibitoires* (V. *Vices rédhibitoires*).

Garde Nationale. Bénat Saint-Marsy. — Code formulaire. — Dalloz. — Gillon et Stourm. — Merger. — *En Italie* : Bellono (V. *Italie*).

Gardes champêtres et forestiers. Bouquet de la Grye. — Cère. — Crinon et Vasserot. — Dubarry. — Hallez d'Arros. — Journal des gardes champêtres. — Larade. — Marc Deffaux. — Rousset. — Sorbet. — *Embrigadement* : Jacques. — V. *Agents forestiers, Messier.*

Gaulois. *Origine, Droits civils* : Rapsaet.

Gendarmerie. Cochet de Savigny. — Gode. — Gournay. — Perrève et Cochet de Savigny. — Règlement. — Rouillard.

Généalogie. Gragnon-Lacoste. — V. *Arbre généalogique, Degrés de parenté, Successions.*

Genève. *Code* : Foucher — *Procédure* : Bellot. — Taillandier (V. *Procédure*). — V. *Suisse.*

Gens de mer. Caumont. — V. *Droit maritime, Navigation.*

Gentilité romaine. Giraud. — Revillout.

Gerbier. *Catalogue de ses œuvres :* Hauréau.

Germains. *Anc. législ* : Davoud-Oghlou. — Walter.

Gers (Dép. du). *Coutumes municipales* : Bladé.

Gestion d'affaires. Clément. — Dabancour. — Domenget. — Labbé (V. *Actes d'un gérant d'affaires, Conseiller en affaires*).

Glossaire. Chabaille. — Dupin. — Loysel.

Gombette (Loi) : Peyré.

Gourdon. *Coutumes :* Kroeber.

Gouvernement. Tayac. — *De la France* : Albille. — Dansin. — *Actes de* 1848 : Carrey. — V. *Administration, France, Politique.*

Gouvernement provisoire (1848). *Actes* : Carrey.

Gouvernement *représentatif* : Carné. — Descubes. — Guizot. — Hepp. — Mill. — *En Belgique* : Van den Peereboom. — *Parlementaire* (V. *Histoire parlementaire*). — V. *Constitut. polit., Institutions représentatives, Politique constitutionnelle, Systèmes représentatifs.*

Govéa (Ant. de). *Étude biograph.* : Caillemer.

Grâce. V. *Droit de grâce.*

Grains. V. *Céréales.*

Grammont. V. *Loi Grammont.*

Grande-Bretagne. *Billets à ordre et Lettres de change* : Fœlix. — *Taxes* : Fisco. — *Mariage* : Smith. — V. *Angleterre, Irlande.*

Grands-Jours d'Auvergne : Fléchier.

Grèce *Anc.* : Boeckh. — Cucheval. — Desjardins. — Fustel de Coulanges. — Lébastard-Delisle. — Lerminier. — Van des Es.—*Preuves* : Le Gentil.—*Grèce mod.* : Code civil. — Coumoundouros. — Heimbach. — Rhally. — *Droit romain selon son application en Grèce* : Calligas (V. *Dr. romain*).—*Répertoire du droit grec* : Joannidès et Sgouta. — V. *Athènes, Démosthènes.*

Greffes, Greffiers. Audier. — Despréaux. — Dufresne. — Garnier. — Jay. — Noblet. — Perrin. — Rolland et Trouillet. — Rolland de Villargues. — Salne. — Sorel. — Tonnelier. — *Aspirants* : Combes. — *Justices de paix* : Bioche. — Jay. — *Concurrence avec les notaires en fait de ventes mobilières* : Houyvet.—V. *Tarif.*

Grenoble. *Cour impériale* : Journal des Cours impér. de Grenoble et de Chambéry. — Journal et Revue. — *Jurisprudence.* — Villars. — *Police adm.* : Code de police. — V. *Dauphiné, Isère.*

Grotius. *Étude* : Caumont.

Guerre et paix (Droit de). Grotius. — Proudhon. — *Esprit de la guerre* : Villiaumé. — V. *Droit de la guerre, Droit international et des gens.*

Guyane française. *Pénitencier* : Feningre. — V. *Pénitenciers, Transportation.*

H

Habitation. V. *Usage.*

Hainaut. *Mines de Charbon* : Regnard. — *Mainfermes, etc.* : — Regnard.—V. *Condé.*

Haïti. Codigo civil d'Haïti. — Linstant. — *Lois* : Linstant.

Haute-Police. V. *Police, Surveillance de la haute-police.*

Havre. *Cour imp.* : Guerrand — V. *Caen, Eure, Iles Normandes, Normandie, Rouen.*

Hébreux (Lois des). — V. *Israélites, Juifs, Moïse.*

Hindous. Boscheron-Desportes. — Eschbach. — Gibelin. — Orianne. — Sicé. — *Preuves sous la législation indienne* : Le Gentil.

Hippiatrique. Jauze. — V. *Chevaux, Médecine légale.*

Histoire *parlementaire* : Buchez et Roux. — Duvergier de Hauranne. — Guizot. — *Constitutionnelle* (V. *Constitution*).—V. *Archives parlementaires, Parlement, Gouvernement.*

Hollande. *Code de comm.* : Foucher. — *Lois* : Recueil. — *Consuls* : Wertheim. — *Traités de paix* : Giraud. — Lagemans. — *Code civil comparé avec le Code Nap.* : Verduchène. — *Enseignement du droit* : Blondeau (V. *Pays-Bas, Utrecht.*)

Honneurs. Cérémonial officiel. — Toussaint (V. *Préséances*). — *Récompenses d'honneur chez les Romains* : Naudet.—V. *Distinctions honorifiques, Légion-d'honneur, Préséances.*

Honoraires *sur les ventes de meubles* : Grosse. — V. *Meubles, Ventes.*

Hôpitaux. Dupin. — Mémorial. — Molineau. — Thannberger. — *Hist.* : Fabri. — *Hôpitaux militaires* : Courtin.

Hospital (Michel de l'). *Ses Œuvres* : Hôpital. — *Sa vie* : Taillandier

Hôtel de Ville *de Paris* : Rittiez. — V. *Paris.*

Hôteliers. *Code* : Agnel. — Farine. — *En Angleterre* : Tidswell (V. *Angleterre*).

Houillères. *Houillères* (V. *Mines*).

Huissiers. *Code* : Couvreur. — Lavenas et Marie. — *Dictionn.* : Loiseau et Vergé. — *Aspirants* : Combes.— *Formulaires, Manuels* : Delaporte. — Formulaire. — Jay. — Leglize.— Lonchampt. — Marc-Deffaux. — Mourlon et Jeannet Sant-Hilaire. — *Recueils périodiques* : Bulletin spécial. — Journal des huissiers. — *Devoirs, Organisation* : Instruction. — *Concurrence avec les notaires en fait de ventes mobilières* : Houyvet.

Hygiène *publique et privée* : Annales d'hygiène publique et de médecine légale. — Fodéré. — Lévy. — Parent Duchâtelet. — Tardieu. — V. *Médecine légale, Salubrité.*

Hypothèques. *Droit romain* : Lemonier. — Pellat. — *Concordance avec le droit étranger* : Anthoine de Saint-Joseph. — *Manuels, Traités* : Battur. — Benech. — Berthe. — Carrier. — Collas. — Gotelle. — Grenier. — Marcadé. — Mourlon. — Persil. — Pont. — Rolland de Villargues. — Troplong. — Valette. — *Diction-naires* : Despréaux. — Hervieu. — Rolland et Trouillet. — Sorel. — *Formalités* : Baudot. — *Jurisprudence législ.* : Guichard. — Hervieux. — *Légale* : Audier. — Bernard. — Bertauld. — Berthon. — Coin-Delisle. — Pont. — Potel. — Va-lette (V. *Subrogation*). — *Prêt* : Delamontre. — Dufrayer. — *Tarif* : Augan. — Des-préanx. — Tarifs. — *Purge* : Benech. — Labbé. — Molineau. — *Droits* : Noblet. — *Réformes du régime hypoth.* : Allemand. — Bressolles. — De Courdemanche. — Documents. — Ducruet. — Fouet de Conflans. — Grosse. — Hauthuille. — Hébert. — Levita. — Molineau. — Odier. — Rivière et François. — St-Nexant. — *Inscription* : Bernard. — Dubost. — Jeanpierre. — *Déchéances et prescription* : Rouzet. — *Con-servation des hypothèques* : Hervieu. — Journal des conservateurs des hypothèques. — Landouzy. — Muzard. — *En Belgique* : Becker. — Casier (V. *Belgique*.) — *Hypothèques judiciaires* : Dubost. — V. *Inscription hypoth., Prêt sur hypoth., Privilèges, Radiations hypothécaires, Syst. hypoth., Transcription.*

I

Iles normandes. Le Cerf. — V. *Angleterre, Jersey, Normandie.*

Ille-et-Vilaine. *Usages locaux* : Quernest. — V. *Bretagne, Côtes-du-Nord, Finistère, Loire-Inférieure, Nantes, Rennes.*

Immeubles. *Sûretés réelles du bailleur d'immeubles* : Gavinet. — *Privilèges, Ventes, Saisies* (V. *Acquisitions, Bailleur d'immeubles, Baux, Biens immeubles, Privilèges, Saisies immobil., Vente*).

Impositions *de la Gaule sous les Romains* : Baudi di Vesme. — *Communales en Belgique* : Leemans (V. *Belgique*).

Impôts. Charguénaud. — Cohen. — Du Puynode. — Parieu. — Vignes. — *Théorie* : Proudhon. — Royer. — *Sur la propriété* : Parieu. — *Sur les voitures, chevaux* : Deshaires. — Impôt. — *Impôt sur les successions en droit romain* : Valroger. — *Foncier en Grèce* : Coumoundouros (V. *Crédit foncier, Propriété foncière.*)

Imprimés. V. *Transport.*

Imprimerie. Grimont. — Locré. — Pic. — V. *Librairie, Presse, Propriété litté-raire.*

Improvisation (Eloquence et). Paignon.

Inde. V. *Hindous.*

Indemnité. Guichard. — *En mat. d'assurances marit.* : Benecke (V. *Assurances.*) — V. *Dommages, Expropriation.*

Indépendance civile *chez les Français* : Tessier de Rauschenberg. — V. *Li-berté.*

Index *alphabeticus Titulorum Digest.* — V. *Digeste.*

Individu (l') et État (l'). Dupont-White.

Indivisibilité. Rodière (V. *Causes indivisibles, Obligations indivisibles.*)

Indre-et-Loire. *Usages locaux* : Recueil des usages locaux.

Industrie. *Industries similaires* : Ameline. — Bezout. — *Comptabilité et adminis-tration industrielle* : Guilbault. — V. *Coalitions industr., Concurrence, Droit in-dustriel, Etablissements industriels.*

Infamie (Note d'). *En droit romain* : Hepp. — V. *Peines.*

Infanticide. Brillaud-Laujardière. — Chatagnier. — Lecieux. — V. *Avortement, Médecine légale.*

Ingénieurs. — Lamé-Fleury. — V. *Mines, Ponts et Chaussées.*

Inhumations. Rousset. — V. *Cimetières, Exhumations.*

Injure. Grellet-Dumazeau. — Molinier (V. *Diffamation, Outrage.*)

Inscription. *En matière de privilèges sur les immeubles :* Valette. — *Maritime :* Crisenoy. — Itier. — Lois, Décrets. — Offret (V. *Droit maritime*). — *Hypothécaire :* Bernard. — Dubost. — Jeanpierre. (V. *Hypothèques, Privilèges et hypothèques, Transcription hypoth.)* —

Institutes *de Gaïus :* Assen. — Demangeat. — Domenget. — Enchiridium Gaii — Laboulaye. — Maynz. — Pellat. — *De Justinien, trad. et expliquées :* Bloudeau et Bonjean. — Demangeat. — Ducaurroy. — Etienne. — Fresquet. — Hulot. — Namur. — Ortolan. — Picot. — Quinon. — Tavani. — Tessier. — *Texte :* Berthelot. — *Corpus.* — Desquiron. — Laboulaye. — Lorry. — Quinon. — *Synopsie :* Boutry. — Jolly. — *Conférées avec le droit franç.* Berthelot. — Biret. — Pasquier. — *Paraphrase de Théophile :* Frégier. — Legat. — *Des lois civiles :* Amyot (V. *Lois.*) — *Du droit civil :* Riffé (V. *Droit civil.*). — V. *Droit byzantin, Droit romain.*

Instituteurs. Journal des Instituteurs. — Vincent. — *Belges :* Angenot (V. *Belgique.* — V. *Instruction primaire, Salles d'asile.*

Institution contractuelle. Anouilh. — V. *Communauté, Contrat de mariage, Dot, Mariage.*

Institutions *commerciales :* Boucher. — Hutteau d'Origny (V. *Commerce, Droit commercial.*)

Institutions *judiciaires. De l'Europe :* Meyer. — *D'Angleterre :* Franqueville. — Rey. — *De la Russie :* Lois et Institutions (V. *Russie*). — *De la France :* Beauverger. — Chéruel. — Colombel. — Faucher-Prunelle. — Hiver. — Sermet. — *D'instr. publ.* (V. *Instr. publ.*). — *De bienfaisance :* Ducpétiaux. — Fabri. (V. *Bienfaisance, Bureaux de bienfaisance, etc.)* — *De crédit :* Lechevalier Saint-André (V. *Crédit*.) — *De Prévoyance :* Boudard. — Seurre (V. *Prévoyance.*) — *Représentatives en Autriche :* Haulleville (V. *Autriche, Gouvernement représentatif, Systèmes représentatifs*). — *Politiques :* Massabiau (V. *Droit politique.*) — *De Saint-Louis :* Beugnot. — Mignet. — *Du moyen âge :* Defourny (V. *Droit coutumier, Féodalité*). — *Polit. et adm. sous Philippe-le-Bel :* Boutaric. — *Préventives* (V. *Détention préventive, Justice, Pénitentiaire*). — *Oratoires :* Delamalle (V. *Art oratoire, Barreau, Eloquence judiciaire*). — *Anc. de la France :* Faucher-Prunelle. (V. *France*). — *Méroving. et carloving. :* Lehuërou. — Perreciot. — *Communales :* Brun-Lavainne (V. *Communes*). — *Communales et municip. de Roubaix :* Leuridan (V. *Dr. municipal.*) — *Polit., relig. et soc. des Romains :* Ozaneaux. — *Commerciales d'Athènes :* Caillemer (V. *Athènes*). — *De la Grèce et de Rome :* Fustel de Coulanges.

Instruction *du Procureur du Roi :* Instruction. (V. *Ministère public*). — *Primaire :* Allard. — Annales législatives. — Code. — Dubarry. — Ecoles primaires de France. — George. — Instructions. — Kilian. — Laurent. — Magendie. — Pitolet. — Rapet. — Vincent (V. *Ecoles primaires, Instituteurs.*) — *Instr. primaire à Londres :* Rendu. — *Publique :* Barrau. — Bulletin. — Bulletin administratif. — Circulaires. — Cournot. — Dubarry. — Instructions. — Journal général. — Morel. — Pitolet. — Reboul. — Recueil des lois et actes. — Rendu. — *Administrative :* Chauveau-Adolphe (V. *Administration, Droit administratif, Procédure.*)

Instruction criminelle. Alla. — Berriat-Saint-Prix. — Bourguignon. — Carnot. — Daubanton. — Faustin-Hélie. — Garnier et Chanoine. — Leseilier. — Mangin. — Poirel. — Trébutien. — *Réformes :* Bertin. — V. *Code d'instr. crim.*

Intendants. Dareste.

Interdiction et Conseil judiciaire, Interdits. Demolombe. — *Dictionnaire :* Terren-Delarroque. — *Interdiction des aliénés :* Castelnau. — *Interdits en droit romain :* Machelard. — V. *Aliénés, Folie, Médecine légale.*

Intérêt. Bentham. — Caillemer. — Cotelle. — Lair. — Lavielle. — Meyer. — *Liberté, Taux de l'intérêt :* Bresson. — Liégeois. — Vignes. — V. *Prêt à intérêt, Taux de l'intérêt, Usure.*

Interprétation des lois. V. *Lois.*

Intrigue *dans les Tribunaux :* Poiret.

Inventaires. Bilhard. — Defrénois et Vavasseur. — Jay. — *Formules :* Demadre. — Jay (V. aussi *Bénéfice d'inventaire*).

Inventeurs. Armengaud. — Armengaud et Mathieu. — Blanc. — Gardissal. — Gardissal et Desnos. — Homberg. — Invention (l'). Journal. — Nion. — Perpigna. — Rohart. — Thirion. — Truffaut. — *En Bely.* : Vilain (V. *Belgique*). — V. *Brevets d'invention, Droit industriel, Fabricants, Propriété.*

Irrigations. Bertin. — Daviel. — Dumont. — Garnier. — Giovanetti. — *En Italie* : Mauny de Mornay. — Nadault de Buffon. — *En Allemagne* : Mauny de Mornay. — V. *Cours d'eau, Eaux.*

Irlande. *Système pénitentiaire* : Van der Brugghen. — V. *Grande-Bretagne.*

Isère. *Usages locaux* : Pagès. — V. *Dauphiné, Grenoble.*

Israélites. Drach. — Halphen. — Lagarde. — V. *Juifs, Moïse.*

Italie (Royaume d'). *Organisation* : Formentini — Frémy-Ligneville. — Minghetti —*Droit civil* : Forti.—Precerutti. — *Barreau* : Arrighi (V. *Barreau*). — *Législation* : Forti. — Sclopis. — *Trib. de commerce* : Lan (V. *Trib. de commerce*). — *Leçons de dr. commerc.* : Parodi. — *Droit pénal* : Forti. — Giornale per l'abolizione. — Nicolini. — Puccioni (V. *Droit pénal*). — *Délits* : Carrara (V. *Délits*). — *Banques* : Rolland. — *Jury* : Pisanelli. — *Finances* : Plebano et Musso. — *Prisons* : Vidal. — *Projet de loi pénitentiaire* : Vidal. — *Presse* : Ghirelli. — Severini (V. *Presse*). — *Irrigations* : Mauny de Mornay. — Nadault de Buffon. — *Journaux* : Giornale per l'abolizione della pena di morte. — Monitore dei Tribunali. — Temi (la). — *Jurisprudence forestière* : Bérenger. — *Garde nationale* : Bellono. — *Levée militaire* : Raccolta delle leggi (V. *Conscription*). — *Traités de paix* : Angeberg. — *Système hypothécaire* : Chiesi (V. *Système hypothécaire*). — *Condition civile de la femme* : Mozzoni (V. *Femmes*). — V. *Alpes occidentales, Etats de l'Eglise, Etats-Sardes, Piémont, Rome, Savoie, Sicile.*

J

Jeanne d'Arc. *Son procès* : Quicherat.

Jersey (*île de*). Le Cerf. — Le Geyt (V. *Angleterre, Iles Normandes*).

Jérusalem (Assises de). — V. *Assises.*

Journaux. Belgique judiciaire. — Bioche : Journal des Justices de paix; — journal de Procédure civile. — Droit (le). — Gazette des Tribunaux. — Girod et Clariond : Journal de jurisprud. commerc. — Journal de l'assuré, — de l'enregistrement; — de l'enregistrement et du notariat (Belgique); — des arrêts de la Cour imp. de Bordeaux; — des assurances terrestres; — des avoués; — des banquiers; — des commissaires de police; — des commissaires-priseurs; — des conservateurs des hypothèques; — des économistes; — des communes; — des conseillers municipaux; — des gardes-champêtres; — des huissiers; — des instituteurs; — des maires; — des mines; — des notaires; — des percepteurs; — des prud'hommes; — des tribunaux et de jurisprudence (Suisse); — du droit administratif; — du droit criminel; — du Manuel des notaires; — du ministère public; — du Palais.—Journal général de l'instruction publique.—Journal militaire officiel. — Journal spécial des justices de paix. — Moniteur universel. — Monitore dei Tribunali. — Nouveau Journal des Conseils de fabrique. — Pasicrisie belge. — Pasinomie. — Teulet et Camberlin : Journal des tribunaux de commerce. — (Voir aussi les mots : *Arrêts, Recueils périodiques, Répertoires, Revues*).

Juge (Office du) *en matière civile* : Krug-Basse.

Juge taxateur. Sudraud Desisles (V. *Tarifs, Taxe*).

Jugements *en matière civile* : Poncet (V. *Chose jugée*). — *En matière criminelle* : Berriat–St-Prix. — Poisson. — *En pays étranger* : Fœlix (V. *Droit international.*)

Juges de commerce. Gasse (V. *Commerce, Droit commercial, etc*).

Juges de paix. V. *Justices de paix.*

Juges d'instruction. Cassassoles. — Delamorte-Félines. — Duverger (V. *Code d'instr. crim.; Instruction criminelle.*)

Juges marins. Hautefeuille. — V. *Droit maritime.*

Juifs. Bédarride. — Drach. — Dupin. — Halphen. — Hennequin fils. — Lagarde. — Salvador — *Preuves sous la législ. juive* : Le Gentil. — *Condition polit. et civ. en Pologne* : Lubliner. — V. *Israélites, Moïse.*

Jurés. V. *Jury.*

Juridiction française *dans le Levant* : Féraud-Giraud (V. *Colonies*).

Juridiction. Billot. — Conchon. — *Anc. de Lyon* : Fayard (V. *Lyon*). — *Civ. et crim. dans ses rapports avec la vie privée* : Bertauld. — *Civile* : Jacques. — Martin. — *Juridiction consulaire* : Laget de Podio (V. *Consuls*). — *Juridiction consulaire en Roumanie* : Boéresco.

Jurisprudence *administrative* : Chevalier. — Macarel (V. *Administration, Droit administratif.*) — *Pénale, criminelle* (V. *Code criminel, Droit criminel, Lois criminelles, Législat. crim., etc.*) — *Coloniale* : Aubigny (V. *Colonies.*). — *Forestière* (V. *Législ. forestière*). — *Commerciale* : Bulletin de jurisprudence commerciale. — Clariond. — Gauthier. — Girod et Clariond. — Grouvel. — Jurispr. comm. et mar de Nantes. — Pardessus (V. *Code de commerce, Commerce, Droit commercial, Législation commerciale, etc.*). — *Commerciale du Havre* : Guerrand. — *Hypothécaire* : Guichard (V. *Hypothèques, Privilèges et Hypothèques, Système hypothécaire*). — *Communale et municipale* : Guichard (V. *Communes, Droit municipal*). — *Notariale* : Chotteau (V. *Notariat*). — *Vétérinaire* : Dejean. — Galisset et Mignon. — Rey (V. *Action rédhibitoire, Vétérinaire, Vices rédhibitoires*). — *Elect. parlement.* : Grün (V. *Élections*).—*Jurispr. civile espagnole et étrangère* : Seoane. — *Recueil de Jurisprudence* : Sagnier et Thévenin.— V. les mots : *Droit, Justice, Législation, Lois.*

Jurisprudence *des Cours souveraines sur la Procédure* : Coffinières (V. *Procédure*).

Jury. *Hist.* : Aignan. — Beudant. — Buchère. — *Institutions, Origines* : Buchère. — Pisanelli. — *En matière criminelle* : Berriat-Saint-Prix. — Bigorie de Laschamps. — *Code* : Phillips. — *Droits* : Bourgerie. — Boyard. — Comte. — Lacuisine. — Oudot. — *Guide, Théorie, Manuels* : Allain. — Berriat-St-Prix. — Bourgerie. — Bourguignon. — Corrard-Lalesse. — Guichard et Dubochet. — Merger. — Persin. — *Perfectionnement* : Canard. — Simonis. — *Pouv. et Oblig.* : Comte. — *Jury d'expropriation* : Arnaud (V. *Expropriation*).

Justice *à Versailles sous l'anc. monarchie* : Jeandel. — *En Belgique avant* 1789 : Viguerte (V. *Belgique*).

Justice civile. *Adm.* : Compte général de l'administration. — Dareste. — Lavielle. — Limouzineau. — *En Autriche* : Snider. — *En Angleterre* : Buchère (V. *Angleterre*). — *En Algérie* : Gillotte (V. *Algérie*). — V. *Administration, Compétence.*

Justice criminelle. *Droit romain* : Hubert-Valleroux. — Laboulaye. — *Chez les Grecs* : Le Bastard-Delisle. — *En France* : Bérenger. — Compte général de l'administration. — Jourdan. — Lacuisine. — Legrand de la Leu. — Mannequin. — Mesnard. — Paringault. — Vingtrinier. — *Au XVIIIe siècle* : Berriat-Saint-Prix (Ch.).— *En Angleterre* : Buchère. — Cottu.—*En Toscane* : Boisaymé.—*Questions diverses* : Vanrecum. — V. *Droit criminel, Législation criminelle, Lois crim.*

Justice divine. Gasne.

Justice et Droit. Carrière. (V. *Droit.*)

Justice et Liberté. Solimène. (V. *Liberté.*)

Justice militaire. Duvergier. — Gérard. — *De terre* : Code de justice militaire. — Dumesnil. — Foucher. — Tripier. — *De mer* : Code de justice maritime. — Hautefeuille. — Tripier. — V. *Code militaire, Législation militaire, Milice.*

Justice répressive. Bécot. — Hoffmann. — V. *Droit répressif, Justice criminelle, Répression.*

Justice révolutionnaire. *En France* : Berriat-St-Prix. — V. *Tribunal révolutionnaire.*

Justice universelle. Bacon.

Justices de paix. Allain. — Augier. — Bard. — Bard-Guyon. — Baudouin. — Benech. — Bioche. — Biret. — Bost. — Bourbeau. — Brossard. — Bulletin spécial des décisions des juges de paix. — Carou. — Carré. — Cère. — Charvillhac et Guyot. — Correspondant des Justices de paix. — Curasson. — Daubanton. — Dieuzaide. — Duverger. — Foucher. — Foulan. — Guilbon. — Henrion de Pansey. — Jay. — Jay fils. — Jay et Girardot. — Lépine. — Louchampt. — Maire. — Marc-Deffaux. — Martin. — Molinier. — Mourlon et Jeannest Saint-Hilaire. — Poügnard. — Recueil spécial des jugements. — Salin. — Vaudoré. — *Dict.* : Bioche. — Jay. — Louchampt. — *En Angleterre* : Burn. — V. *Officiers de police judiciaire.*

Justinien. *Histoire* : Isambert. — *Novelles* : Ἀνέκδοτα. — Corpus juris civilis. — V. *Droit romain, Institutes, Pandectes.*

L

Lamoignon (Guill.). *Étude critique* : Monnier.

Langue du droit. *Dans le théâtre de Molière* : **Paringault.**

La Rochelle. *Tribunal de commerce* : Méneau.

Larroque-Timbaud (Dép. de Lot-et-Garonne). *Coutumes* : Moullié. — V. *Agen,* Prayssas.

Leçons de droit. Petites Leçons de droit (V. *Droit*).

Légataire. Nicias-Gaillard. — V. *Donations.*

Légion d'honneur. Chamberet. — Dorat (V. *Honneurs.*)

Législateurs *français depuis* 1789 : Obriot. — V. *Arrêtistes, Constitutions.*

Législation. *Problème* : Danré. — *Etudes* : Etudes législatives. — Moulin. — *Hist., Traités généraux* : Aubépin. — Barrins. — Bazincourt. — Bentham. — Bonald. — Bonne. — Comte. — Filangieri. — Hennequin. — Montesquieu. — Pastoret. — Perreau. — Rey. — Solimène. — *Dictionn.* : Bousquet. — Chabrol-Chaméane. — Chicoisneau. — Delbreil. — Dussart. — Mazincourt (V. *Droit français*). — U-uelle : Bonne. — Chabrol-Chaméane. — Grün. — Lecenne. — Villepray (V. *Droit*). — *Pratique* (V. *Conseiller, Guide en affaires*). — *Primitive* : Bonald (V. *Coutumes, Droit coutumier, Droit naturel, Droit primitif, Métaphysique du droit, Philosophie du droit*).—*Naturelle* : Perreau (V. *Droit naturel*) —*Française* : Bernardi. — Bonne. — Bruno. — Couturier de Vienne. — Delalot. — Faverie. — Hennequin. — Lecerf. — Lesenne. — Tripier. — *Réformes* : Alauzet. — Bavoux. — Beccaria. — Bérenger. — Brissot de Warville. — Demolènes — Dufriche Valazé. — Dupin. — Pastoret. — *Civile et spéciale* : Olivier-Poli. — *Adm. civ.* : Favard de Langlade (V. *Administration, Droit administratif*). — *Commerciale* : Alauzet. — Bonnin. — Celliez. — Daubanton. — Favard de Langlade. — Maugeret. — Vincens (V. *Commerce, Droit commercial*).— *Consulaire* : Gragnon-Lacoste. — Laget de Podio (V. *Commerce, Consuls, Droit commercial, Juridiction consulaire*).—*Commerciale industrielle* : Grün (V. *Droit industriel*). — *Industrielle* : Celliez. — *Concernant les ouvriers* : Féraud-Giraud. — Rameau (V. *Classes ouvrières, Ouvriers*). — *Maritime* : Azuni. — Rimbaud (V. *Droit maritime*). — *Criminelle* : Bavoux. — Bertauld — Bexon. — Carnot. — Legraverend. — Morin. — Rauter. — Rivière. (V. *Droit criminel*). — *Criminelle maritime* : Hautefeuille. — *Civ. et crimin.* : Couturier de Vienne. — *Civile et crim. en Sicile* : La Mantia. — *Pénale* : Auzouy. — Bédarride. — Bentham. — Bexon (V. *Code pénal, Droit pénal, Lois pénales*). — *Pénale comparée* : Bexon. — Nypels. — Ortolan. — Haus. — Taillandier. — *Crim. musulmane* : Vincent (V. *Droit musulman*).—*Civile ecclés.* : André (V. *Dr. ecclés.*). — *Militaire* : Abel. — Beauverger. — Gonvot. — Legrand. — Guillot. — Jouhert. — Richard (V. *Administrat. militaire, Droit militaire, Justice milit., Milice*).—*Rurale et forestière* : Cappeau.—Codes.—Deville.—Kersanté.—Meaume (V. *Code forestier, Droit rural*).—*Forestière en Italie* : Bérenger.— *Rurale (dans le duché de Luxembourg)* : Muller. — *Minérale* (V. *Mines*). — *Gouvernementale* (V. *Gouvernement*). — *Notariale* (V. *Notariat*). — *Hypothécaire* : Guichard (V. *Hypothèques, Privilèges et Hypothèques, Système hypothécaire, etc.*). — *Charitable* : Lamothe. — Watteville (V. *Assistance, Bienfaisance, Bureaux de bienfaisance, Secours publics, Sociétés de secours mutuels*).—*Législation douanière* : Cézard (V. *Douanes*).—*Fiscale*

(V. *Droit fiscal*). — Nobiliaire (V. *Noblesse*). — *Algérienne* : Frégier. — Ménerville (V. *Algérie*, *Droit musulman*). — *Ile de la Réunion* (V. *Bourbon*). — *Italienne* : Sclopis (V. *Italie*). — *Etats de l'Eglise* : Fresneau. — Pujos (V. *Pape*). — *Mosaïque* (V. *Moïse*.) — *Etats du Nord* : Angelot. — *De la Prusse* : Bergson (V. *Prusse*). — *Egyptienne, hébraïque, hellénique, indoue* : Boscheron-Desportes. — Eschbach. — Le Gentil. — Orianne. — Sicé (V. *Egypte, Grèce, Inde, Juifs*). — V. *Constitutions, Droit étranger, Justice, Jurisprudence, Lois.*

Législation comparée. Ancillon. — Angelot. — Anthoine de Saint-Joseph. — Audiganne. — Barrault. — Bastiné. — Bergson. — Bexon. — Blaise. — Block. — Brun-Lavainne. — Calmels. — Carpentier. — Cival. — Colfavru. — Cussy. — Davoud-Oghlou. — Dubois. — Ducrocq. — Foucher. — Haus. — Gérard. — Hoorebeke. — Huard. — Joanny-Pharaon. — Legoux. — Legoyt. — Lemonier. — Lerminier. — Loosey. — Meyer. — Michaud. — Nypels. — Ortolan. — Pothier. — Revue historique. — Rey. — Rolland. — Sismonde de Sismondi. — Taillandier. — *France et Angleterre* : Bertrand. — Bexon. — Buchère. — Ganilh. — La Tour du Moulin. — Lefèvre-Pontalis. — Vogel (V. *Angleterre*). — *France et Belgique* : Anspach. — Bury. — Delalain. — Delebecque. — Hoorebeke (V. *Belgique*). — *Amérique, Angleterre, Belgique et France* : Clolus. — *France et Prusse* : Lévita (V. *Prusse*). — *France et Italie* : Lan. — *Angleterre et Etats-Unis* : Brown (V. *Angleterre, Etats-Unis*). — *Italie et Allemagne* : Mauny de Mornay (V. *Allemagne, Italie*). — V. aussi : *Traités de paix.*

Légistes. Bardoux. — Coquille. — Lefèvre.

Légitime. Ginoulhiac.

Legs. — V. *Donations.*

Lemaistre (Anthoine), *Étude biograph.* : Vallée.

Lesurques. *Révision de son procès* : Bertin. — *Sa justification* : Jeandel. — *Amendement* : Janzé. — V. *Erreur judiciaire, Martyrologe.*

Lettre de change. Bécane. — Bédarride. — Bravard-Veyrières. — Colomba. — Jousse (Dupuy de la Serra). — Dupuy de la Serra. — Nouguier. — Pardessus. — Persil. — Schiebé. — Yèche. — *En Angleterre* : Fœlix. — *Dans l'antiquité* : Caillemer. — V. *Billet à ordre, Mandat.*

Lettres de cachet. *En Province* : Joly.

Lettres rogatoires *en France et en Sardaigne*. Eyssautier.

Levée militaire. V. *Conscription.*

Libéralités *faites aux établissements publics* (V. *Droit de réduction*).

Liberté. Mannequin. — Mill. — Solimène. — *Civile, Individuelle* : Bertauld. — Mannequin. — Prevost (V. *Indépendance civile*). — *De conscience* : Nachet. — Portalis. — *Des mers, de commerce* : Dupuit. — Gérard de Rayneval. — Gilibert de Merlhiac. — Gouraud. — Lequien (V. *Commerce, Droit maritime*). — *Du Travail* : Baudouin. — Baudrillart. — Couturier de Vienne. — Dunoyer (V. *Coalitions, Travail*). — *De la Presse* : Maiseau. — Peignot. — Severini. — Sirtaine. — Vingtain (V. *Presse*). — *Individuelle* : Coffinières. — Daunou. — Nigon de Berty. — Teissier de Rauschenberg. — *De l'Eglise gall.* : Dupin. — *Du Culte dans ses rapp. avec la magistrature* : Boyard. — Nachet (V. *Cultes, Dr. canon, Dr. ecclés.*). — *Nationale* : Montaigu. — *Politique* : Dupont-White. — Lasteyrie (V. *Politique*). — *Libertés garanties par la Constitution* : Boyard. — *Des Ventes* : Dumesnil-Marigny (V. *Ventes*). — *Liberté de tester* : Veauce.

Librairie. Grimont. — Pic. — V. *Livres, Presse.*

Libre échange. Dumesnil-Marigny. — Gouraud. — Lequien. — V. *Echange, Liberté de commerce.*

Liége. *Droit public* : Dewez. — *Constitution nat.* : Faider. — V. *Belgique, Brabant, Namur, Pays-Bas.*

Lieux de débauche. V. *Femmes publiques, Prostitution.*

Lignes télégraphiques. Annuaire. — V. *Télégraphe.*

Ligue hanséatique. *Hist. commerciale* : Worms. — V. *Allemagne.*

Liquidations *judiciaires* : Michaux. — Mollot.

Litiges *en matière de transports par chemins de fer* : Pommier. — V. *Chemins de fer, Transport.*

Littérature. *Du Droit* : Thiercelin (V. *Droit, Bibliographie du Droit*). — *Légale (Questions)* : Nodier.

Livres. *Police au* XVIe *siècle* : Fréville. — Leber. — Peignot. — V. *Presse.*

Livres de commerce. Bédarride. — V. *Commerce, Comptabilité, Droit commercial.*

Livret d'ouvrier. Arnaud. — V. *Classes ouvrières, Ouvriers.*

Locataires, Locations. Agnel. — Masson. — *Concurrence entre locataire d'une même maison* : Bezout. — V. *Louage, Propriétaires et Locataires.*

Locke (Étude sur) : Laboulaye. — V. *Amérique.*

Logique judiciaire. Berriat-St-Prix (Ch.). — St-Albin. — Pescatore (V. *Métaphysique, Philosophie du droit*).

Loi Grammont. *Explication* : Guilbon. — V. *Animaux.*

Loi naturelle. Neufbourg. — V. *Droit naturel.*

Loi pénale. Beudant. — La Fontaine (V. *Code pénal, Droit pénal, Lois pénales*).

Loi Salique. Pardessus. — Peyré. — V. *Mérovingiens.*

Loire-Inférieure. *Usages locaux* : Sibille. — V. *Bretagne, Côtes-du-Nord, Finistère, Ille-et-Vilaine, Nantes, Rennes.*

Lois. Duboys. — Goguet. — Matter. —Montesquieu. — Pléthon. — *Analyse, Classement, Nomenclature* : Tilliard. — *Dict.* : Bousquet. — Chabrol-Chaméane (V. *Droit, Législation*). — *Force obligatoire:* Ymbert. — *Interprétation* : Brocher. — Delisle. — Demolombe. — Foucher. — Mailher de Chassat. — Sermet. — Thibaut. — *Principes* : Amyot. — *Philosophie* (V. *Philosophie*). — *Rétroactivité* : Mailher de Chassat. — *Civiles et crim. des Etats mod.* : Foucher. — *Collection de lois anciennes* : Isambert. — *Ordonnances des rois de France.* — Paillet. — *Ecclésiastiques* : Bulletin des lois civ. ecclés. — Despretz. — Walker. — *Historiques ou providentielles* : Tailliar (V. *Droit*).— *Antérieures à 1789* : Aubert. — Walker. — *Intermédiaires* : Sirey. — *Depuis 1789* : Aubert. — *Bulletin des lois.* — Devilleneuve et Carette. — Dupin. — Durand. — Duvergier. — Galisset. — Gilbert. — Journal du Palais. — Lepec. — Lusignan. — Recueil. — Recueil général de lois. — Rondonneau. — *Lois pénales* : Bourguignon.--Chabrol-Chaméane. — Dufriche-Valazé. — Flammer. — Flandin. — Pastoret. — Taillandier (V. *Droit pénal, Législation pénale, Loi pénale*). — *Lois criminelles* : Bexon. — Brissot-Warville. — De Molènes. — Dupin. — Eloy (V. *Droit crim.*) — *Lois politiques* : Billot.—*Lois politiques de la France* : Lézardière (V. *Politique*). — *Lois polit. et adm.* (*leur enseignement*) : Lenoël. — *Lois polit. de la Belgique* : Code (V. *Belgique*). — *Lois hypothécaires* (V. *Hypothèques, Législation hypothécaire, Priviléges et Hypothèques*, etc.), —*Electorales* (V. *Elections*). — *Confection des lois* : Valette et Demarsy. — *Lois municipales* : Duquenel. — Renard. — Rondonneau (V. *Droit municip.*).— *Lois municip. de la Suisse et des Etats-Unis* : Béchard. —Story (V. *Etats-Unis, Suisse*).— *Rurales* : Fournel.— Neveu-Derotrie (V. *Droit rural*). — *Civiles* : Dupin (V. *Droit civil*). — *Forestières* Dupin (V. *Code forestier, Forêts, Législation forestière*), — *Commerciales* : Dupin. — Rouen et Vincent (V. *Commerce, Droit commercial, Législation commerciale*, etc.). — *Administr.* : Mallein. — Rondonneau (V. *Administration, Droit adm.*). — *Judiciaires* (V. *Institutions jud.*). — *Maritimes* : Pardessus (V. *Droit maritime, Législation maritime*). — *Concordance avec les lois hypoth. franç.* : Authoine de Saint-Joseph. — *Concordance des lois civ. avec les lois ecclés.* : Baston. — *Lois romaines sous la République* : Laya (V. *Droit romain*). — *Influence des lois sur les mœurs.* Matter. — *Table du Bulletin des lois.* : Voysin de Gartempe. — *Lois usuelles* : Bacqua. — Roger et Sorel (V. *Codes, Droit usuel*). —Voyez les mots *Codes, Droit, Jurisprudence, Justice, Législation.*

Lois du hasard. — Courcy.— V. *Assurances.*

Lois éternelles. Gasne.

Londres. *Instr. primaire* : Rendu. — V. *Angleterre, Instr. prim.*

Lorraine. *Institut. jud. avant 1789* : Thilloy. — V. *Metz.*

Lot-et-Garonne (Dép. de). V. *Agen, Larroque-Timbaud, Prayssas.*

Louage (Contrat de) : Clamageran. — Courcelle-Seneuil — Duvergier. — Masson. — Sauger. — Troplong. — Vanhuffel. — V. *Location, Propriétaires et Locataires.*

Louis XIV. *Administration* : Cheruel. — V. *Colbert,*

Louisiane. Wheelock, — V. *Amérique, Caroline, Etats-Unis.*

Louveterie. Berriat Saint-Prix. — Codes de la législ. forestière (V. *Chasse).*

Loyauté commerciale. Million. — V. *Dol et Fraude, Fraude.*

Luxembourg (Duché de), *Droit coutumier* : Ferron. — V. *Belgique.*

Lycées et Colléges. *Comptabilité* : Gaillard.

Lyon. *Cour impériale* : Jurisprudence. — Rougier. — *Anc. juridictions* : Fayard. — *Familles consulaires* : Vital de Valous.

M

Machiavel *(Étude sur)* : Sclopis.

Machines à vapeur. Décret. — Vidal.

Magistrats *(Traitement des)* : Desmaze. — *Formulaire* (V. *Formulaire).* — V. *Magistrature.*

Magistrature. Agenda. — Billot. — Boyard. — Camoin de Vence. — Dupin. — *Étude biogr.* : Aubépin. — Gaudry. — Lebon.—Sapey.—*Son influence sur les décisions du jury* : Lacuisine (V. *Jury).* — *Du Chili* : Alberdi (V. *Chili).*—V. *Barreau , Biographes, Compétence, Cours, Critique, Magistrats, Organisation judiciaire.*

Magnétisme. Charpignon. — V. *Médecine légale.*

Mahomet. *Législation* : Sagot-Lesage. — V. *Algérie, Droit musulman.*

Mainfermes. *Du Hainaut* : Regnard (V. *Hainaut).* — V. *Bail.*

Maires. Blouquette. — Boyard. — Boyard et Vasserot. — Charvilhac et Guyot. — Cère. — Chabot. — Champagny.— Dubarry.— Dujardin. — Dumont de Sainte-Croix.— Dupont. — Durand de Nancy.— Fauchet.— Favret. — Ferrier. — Hallez d'Arros. — Huard et Bicheyre. — Journal des Maires.— Leberquier. — Léopold. — Lober.— Mairie.— Mauger. — Moitié et Labrosse. — Paul.— Peyrard.— Prinquez. — Puibusque. — Rondonneau. — Traité complet. — Ysabeau.—*Formules* : Dubarry. — Dupont.— Roy. — *Rapports avec les curés* : Destaville (V. *Curés).* — V. *Actes de l'état civil, Communes, Droit municipal, Percepteurs, Receveurs municipaux.*

Maîtres de postes. Bole. — Duché. — Lafargue.— Lanoë.— Vanhuffel.— V. *Messageries.*

Maîtres et Patrons. *Marine marchande* : Eloy et Guerrand.—V. *Armateurs, Capitaines, Coalitions industr., Commerce, Marine, Droit maritime.*

Majorats. Boissard. — Dupin. — V. *Substitutions.*

Majorats littéraires. Proudhon. — V. *Propriété littéraire.*

Majorité. Amiable. — Demolombe. — V. *Émancipation.*

Maladies mentales. V. *Aliénation mentale, Délire, Folie.*

Mandat. Clamageran. — Domenget.— Parenteau-Dubeugnon. — Troplong. — *Judiciaire en Algérie* : Frégier (V. *Algérie).* — V. *Commission.*

Mansuétude *dans les lois en mat. pén.* : Flandrin. — V. *Circonstances atténuantes, Dr. pénal, Législ. pén., Lois pénales.*

Manufactures. V. *Ateliers, Établissements industriels, Ouvriers.*

Manutention. V. *Enregistrement.*

Marchandises (Vente de). Damaschino. — Galouzeau de Villepin. — Jay. — Lehir. — Villepin (V. *Commerce, Ventes).*

Mari. *Droits sur les biens de la femme* : Fetis. — Paul. — V. *Femmes, Paternité, Puissance maritale.*

Mariage. *Élude* : Moulin.—*Hist.* : Nougarède de Fayet.—*Droit romain* : Duchesne. —Nougarède de Fayel.— Picot.— *Droit franç.* : Agier. — Allemand.— Baston. — Bernardi. — Bimbenet. — Daubanton. — Demolombe. — Nougarède de Fayet.— Nyer. — Picot. — Rupert. — Thiercelin. — Vazelle.— *Empêchement* : Pezzani. — *Formes requises* : Richecour. — *Concordance des lois civ. et ecclés.*: Baston. — *Mariages mixtes* : Coquerel. — *Consentement de mariage contracté avec un forçat libéré* : Pont. — *Contracté à l'étranger* : Fœlix. — *Législ. étrangère sur le mariage* : Collier. — *Grande-Bretagne* (V. *Grande-Bretagne*). — *Angleterre* : Waddilove (V. *Angleterre*).—V. *Contrat de mariage, État civil, Régime dotal, Régime nuptial.*

Marie-Antoinette. Procès de Marie-Antoinette. — V. *Procès du Collier*.

Marillac (Michel de). *Etude* : Caillemer.

Marine. Bajot.—Bajot et Poirré. — Blanchard.— Bulletin officiel de la marine.— Chassériau. — Desaint. — Leplat et Duplessis. — Lois, décrets. — Marine. — Nouvelles annales de la marine. — Prugnaud. — Rimbaud.—*Marchande* : Beaussant. — Derché. — Eloy et Guerrand. — Enquête. — Filleau.— Galos.— Gardat. — Hautefeuille. — Toussaint. — *Ordonn. de 1684* : Bécane. — Valin. — V. *Armateurs, Capitaines, Commerce, Droit maritime, Prises.*

Marne (Départem. de la). *Usages locaux* : Berthelin. — V. *Reims*.

Marques *de fabriques et de commerce* (L. 1857) : Barrault. — Calmels. — Damourette. — Gardissal. — Huard. — Rendu. — V. *Brevets d'invention, Contrefaçon, Dessins de fabrique, Fabricants, Inventeurs.*

Marseille. *Commerce* : Girod et Clariond. — *Statuts au XIIIᵉ siècle* : Fresquet. — V. *Aix, Bouches-du-Rhône, Provence.*

Martyrologe. *Des Erreurs judiciaires* : Laget-Valdeson (V. *Erreur, Lesurques*.)

Matières *d'or et d'argent* : Le Touzé. — V. *Garantie, Orfèvres*.

Maximes. Loisel.—*Du Droit rural* : Bouthors (V. *Aphorismes, Droit rural, Proverbes).*

Médecine. *Légale* : Amette. — Annales. — Bayard.— Belloc. — Belouino. — Beudant. — Briaud et Chaudé. — Brillaud-Laujardière. — Casper. — Cazauvieilh. — Charpignon. — Chatagnier. — Chaussier. — Dambre. — Delvaille. — Devérgie. — Duchesne. — Dumas. — Dumont et Serret. — Esquirol. — Ferdut. — Ferry de la Bellone. — Fodéré. — Georget. — Gosse. — Kuhnoltz. — Lecieux. — *Législation médico-pharmaceutique.* — Leroux. — Mahon. — Marc.— Marcé. — Mata.— Metzger.— Orfila. — Penard.— Poilroux. — Ristelhuber.— Rodembach. — Salles. —Tardieu. — Tourdes. — Trébuchet. — Trinquier. — *En Belgique* : Sauveur. — Van Holsbeek. — *Légale militaire* : Didiot.— *Aliénés, Sourds-Muets* : Castelnau. — Hofbauer.—*Hippiatrique* : Jauze. — V. *Aliénés, Attentats aux mœurs, Avortement, Délire, Folie, Jurisprudence vétérinaire, Magnétisme, Pharmaciens, Police médicale, Sourds-Muets, Toxicologie, Vétérinaire, Vices rédhibitoires.*

Mélanges *de droit et d'histoire* : Benech. — Legentil. — *D'Économie politique* : Batbie (V. *Économie politique*). — V. *Critique, Curiosités judiciaires, Dissertations.*

Mémoires politiques. Guizot. — Maistre (Jos. de). — V. *Politique.*

Mendicité. *Extinction* : Lerat de Magnitot. — V. *Assistance.*

Mère de famille *Code* : Lesenne (V. *Droit maternel; Famille.*)

Messageries. Charrière. — Code formulaire. — Hativet. — Hilpert. — Pouget.— Vanhuffel. — V. *Chemins de fer, Maîtres de postes, Roulage, Transports.*

Messagiste. V. *Messageries.*

Messier. Marc Deffaux (V. *Gardes-champêtres*).

Métaphysique *du Droit* : Kant. — *De la science des lois pénales* : Zuppetta (V. *Droit pénal, Lois pénales*). — V. *Droit, Droit naturel, Droit des gens, Droit primitif, Logique. Philosophie du Droit, Psychologie, Science du Droit.*

Metz. *Parlement* : Michel. — *Cour imp.* : Jurisprudence. — V. *Lorraine.*

Meubles. Chavot. — Taillefer. — *Ventes* : Grosse (V. *Ventes*).

Meunier. V. *Moulins.*

Milice. Lois : Bernimolin (V. Adm., Code, Droit, Justice, Législation militaire.

Mines, Minières. Dupont. — Code : Barrier. — Féraud-Giraud. — Lamé-Fleury. — Ravinet. — Regnard. — Législation : Bayon. — Brixhe. — Delebecque. — Dufour. — Dupont. — Fooz. — Lamé-Fleury. — Législation de la propriété minière. — Locré. — Peyret-Lallier. — Rey. — Richard. — Servitudes : Rey. — Journal : Annales des mines. — En Algérie et en Espagne : Pothier (V. Algérie, Espagne). —En Belgique et en France : Brixhe.—Bury. — Chicora. — Dalloz. — Delebecque. — Fooz. ——En Allemagne : Blavier (Cancrin) — Mines de Charbon du Hainaut : Regnard. — Exemption des contributions pour les ouvriers des houillères : Cretté de Palluel.

Ministère public. Berryer. — Crépon. — Delpon. — Demolènes. — Faure. — Kersch. — Lafontaine. — Massabiau. — Ortolan et Ledeau. — Paringault. — Schenck. — Ventavon.— Villefort. — Journal : Journal du Ministère public. — V. Action publique.

Ministères. De la Justice : Circulaires. — Comptes-rendus de l'administration de la justice civile et crim. — Gillet. — Massabiau. — De l'intérieur : Bulletin officiel. — Circulaires. — De l'instr. publ. : Bulletin administratif (V. Instr. publ.).

Minorité et **Tutelle.** Arbois de Jubainville. — Bousquet. — Chardon. — Demolombe. — Desquiron. — Fréminville. — Jay. — Magnin. — Marchand. — Liquidations : Michaux. — Mollot (V. Liquidations). — V. Tutelle.

Mirabeau. Ses procès en Provence : Joly.

Mise en liberté provisoire sous caution. Clolus. — Picot. — V. Contrainte par corps, Détention préventive.

Modèles de fabrique. V. Dessins, Marques de fabrique.

Mœurs judiciaires. Bast. — Bataillard. — De l'anc. Rome : Henriot (V. Rome). — V. Curiosités judiciaires.

Moïse. Institutions : Carpentier. — Cellerier. — Lagarde. — Salvador. — V. Juifs, Israélites.

Molière (Langue du droit dans le théâtre de) : Paringault.

Molitor. Étude : Aubépin.

Monarchie. V. Constitutions, Droit constitutionnel, Gouvernement, Histoire parlementaire.

Monnaie. Ducrocq. — Du Puynode. — Réforme des lois monét. en Angleterre : Stansfield (V. Angleterre).

Monomanie. Pinel. — V. Médecine légale, Passions, Suicide.

Montaigne. Ses Essais dans leurs rapports avec la législ. moderne : Bimbenet.

Montauban. Cour des Aides : Taupiac.

Montbéliard. Droit municipal aux XIIIe et XIVe siècles : Tuetey. — V. Franche-Comté.

Mont-de-piété. Blaise. — Templier. — V. Établissements de bienfaisance.

Monteucq (dép. du Lot). Coutumes : Dufour.

Montesquieu et **Machiavel.** Étude : Sclopis.

Montpellier Cour imp. : Génie et Poujol. — Commerce : Germain.

Monuments publics. V. Édifices.

Morale. Kant. — Matter. — Mercier. — Rapet. — V. Philosophie.

Moralité dans le droit : Caumont.

Morcellement de la Propriété, du Sol en France : Bonne. — Dubernet de Boscq. — Piogey. — Usquin. — V. Code rural, Droit rural, Propriété.

Mort (Abolition, Maintien de la peine de) : Bavoux. — Bossange. — Boys-Aymé.— Guizot. — Lucas. — Roumieu. — Silvela. — Urtis. — Mort civile : Bertauld. — Demolombe. — Desquiron. — Mort volontaire (V. Suicide). — V. Peine de mort.

Mortalité dans les Bagnes : Chassinat (V. Bagnes).

Moulins à farine. Législation : Favereau. — V. Céréales.

Moyen âge. V. *Coutumes, Droit coutumier, Féodalité, Statuts.*

Municipalités. *Code* : Fauchet (V. *Droit municipal*).

Municipe *romain* : Dubois. — Quinion. — V. *Droit municipal.*

Musiciens. Agnel. — *Autriche* : Vesque von Puettlingen (V. *Autriche*). — V. *Droits d'auteur, Propriété artistique.*

Mutations (Travail des) *Dans les communes* : Faivre. — *Droits de mutation par décès* : Morin. — *En mat. de contrib. dir.* : Instruction générale (V. *Contribut. dir.*). — *Par décès (Droits)* : Molineau.

Mystères du Palai . Chadeuil. — V. *Palais de Justice.*

N

Naissances. Loir. — V. *Actes de l'état civil.*

Namur. *Coutumes* : Lelièvre (V. *Belgique, Brabant, Liége*).

Nantes. *Droit commercial* : Jurisprudence comm. et maritime de Nantes. — V. *Bretagne, Côtes-du-Nord, Finistère, Ille-et-Vilaine, Loire-Inférieure, Rennes.*

Nantissement. Benech. — Troplong. — *Des navires* : Caumont (V. *Droit maritime*).

Napoléon Ier. *Sa part aux travaux préparat. du Code* : Madelin. — V. *Code Napoléon.*

Narbonne. *Commerce maritime* : Port.

Nationalité *en France* : Beudant.

Naturalisation. Alauzet. — Beudant. — *En Algérie* (V. *Algérie*). — V. *Aubains, Droit international, Etrangers.*

Naufrage. Beaussant. — Lebeau. — V. *Bris, Droit maritime.*

Navigation. Blache. — Dictionnaire. — Lois, décrets. — Mac Culloch — Lalou. — *Maritime et intérieure* : Dumesnil. — Pouget. — *Taxes* : Bourgain (V. *Tarifs, Taxe.*) — *Algérie* : Enquête (V. *Algérie*). — V. *Commerce, Cours d'eau, Douanes, Droit maritime, Naufrage.*

Négociant. Dufour de Saint-Pathus. — Laget de Podio. — Pradel (V. *Commerce, Commerçants, Commissionnaires, Courtiers de commerce*).

Négociations. *Commerc. et mar. sous Louis XIV* : Ségur-Dupeyron. — V. *Commerce, Consuls, Droit commercial.*

Neutres. *Commerce* : Gessner. — Hautefeuille. — Lampredi. — V. *Commerce, Droit commercial, Droit des gens, Dr. internat., Droit marit., Liberté des mers.*

Nîmes. *Cour imp.* (Arrêts) : Portalier. — Recueil des arrêts.

Nivernais. *Coutumes* : Coquille.

Noblesse. *Code de la noblesse française.* — Semainville. — Gérard. — Pol de Courcy. — *Chez les Romains* : Naudet. — *Procédure en matière nobiliaire* : Procédure. — *Usurpation de la noblesse av. 1789* : Crépon (*Usurpations nobiliaires*). — V. *Particule nobiliaire, Titres nobiliaires.*

Noms de fabrique. (V. *Brevets d'invention, Dessins, Marques de fabrique.*)

Noms patronymiques. Beautemps-Beaupré. — Tourville.

Non-rétroactivité des lois. *En Savoie* : Bouvier. — V. *Rétroactivité, Savoie.*

Nord (département du). *Houillères* : Houillères. — *Droit usuel* : Berode. — *Usages locaux* : Recueil. — V. *Douai, Dunkerque, Roubaix.*

Normandie. *Assises* : Marnier. — *Coutume* : Canel. — Cauvet. — Panier. — Robert. — Vilade. — *Parlement* : Floquet. — *Echiquier* : Delisle. — *Justice et organis. jud.* : Pezet. — V. *Caen, Cherbourg, Eure, Havre, Iles normandes, Rouen, Vaudreuil.*

Norwège. *Code pénal* : Tenaille-Saligny. — V. *Suède et Norwège.*

Notariat. *Histoire* : Berge. — *Institution, Réorganisation* : Bonjean. — Favier Coulomb. — Gagneraux. — Gand. — Gourgeois. — Rolland de Villargues. — *Réformes* : Cellier. — Drion. — Jeannest Saint-Hilaire. — *Théorie* : Clerc. — *Législation* : Favard de Langlade. — *Cours, Traités, Guide et Formul.* : Agenda de poche. — Augan. — Bastiné. — Bavoux. — Cellier. — Clerc et Dalloz. — Defrénois et Vavasseur. — Delmas. — Demadre. — Feuilleret. — Fleury. — Formulaire. — Formulaire portatif. — Gaillard. — Garnier-Deschènes. — Guichard. — Harel-Delanoe. — Ledru. — Loret. — Massé. — Massé et Lherbette. — Michaux. — Michaux et C. — Mourlon et Jeannest Saint-Hilaire. — Nouveau Manuel. — Nouveau Parfait Notaire. — Rousset. — Rutgeerts. — Sellier. — Serieys. — Sosthène-Berthellot. — Vélain. — *Dictionnaires* : Dictionnaire. — Favard de Langlade. — Rolland de Villargues. — Serieys. — *Responsabilité* : Eloy. — Pagès. — Pont. — *Recueils périodiques* : Archives du notariat. — Journal des notaires. — Journal du Manuel des notaires. — Revue du notariat. — Rolland de Villargues. — *Morale* : Rainguet. — *Tarif, Taxe* : Courgibet. — Renaud. — Vernet. — *Honoraires* : Cault. — Girardin. — *Comptabilité, Tenue de livres* : Fournier — Garnier. — Le Jay. — Molineau. — Oudin. — Sibuet. — *Aspirants* : Combes — Thomas. — *Notariats du dép. de la Seine* : Gaillard. — *Admission* : Favier Coulomb. — *Philosophie* : Cellier. — *Science* : Delmas. — *Contravention notariale* : Molineau. — *Notaire en second* : Drion. — *Code des notaires dans les Pays-Bas* : Sanfourche-Laporte. — *En Belgique* (V. *Belgique*). — *Rapports avec le droit fiscal* : Bastiné (V. *Droit fiscal*). — V. *Actes notariés, Commissaires-priseurs, Enregistrement, Greffiers, Huissiers, Jurisprudence notariale, Offices, Rédaction notariale*.

Notices biographiques. V. *Biographes.*

Novation. *Enregistrement* : Boulanger. — V. *Enregistrement.*

Novelles de Justinien. V. *Droit romain, Institutes, Justinien, Pandectes.*

Noviciat Administratif. *En Allemagne* : Laboulaye (V. *Allemagne*).

Nullités. *De Droit* : Biret. — Perrin. — Solon (V. *Droit*). — *De mariage* : Debacq. — Girard. — Mercier (V. *Mariage*).

O

Oblations (*Tarifs des*) : Nigon de Berty. — V. *Curés, Dr. ecclés., Fabriques, Paroisses.*

Obligation de garantie. Eyssautier.

Obligations. *Droit rom.* : Blondeau. — Bourbeau. — Demangeat. — Duplessy. — Galliard. — Massol. — Maynz. — Molitor. — Savigny. — Vernet. — *Droit fr.* : Bourgon de Layre. — Bousquet. — Carrier. — Duranton. — Larombière. — Massol. — Pothier. — Poujol. — *Divisibles et indivisibles* : Bourgon de Layre. — Deflers (V. *Indivisibilité*).

Obligations au porteur. *Paiement par erreur* : Guillard. — V. *Titres au porteur.*

Octrois. Annales. — Bibliothèque des employés. — Biret. — Charpillet. — Girar et Fromage. — Législation des contributions indirectes. — Manuel de l'employé. — Mémorial. — Ruelle. — *Municipaux* : Braff. — Charpillet. — Dareste. — *De Paris* : Allouard. — Durieu. — Martin. — *Suppression* : Barrillon. — Guillet.

Œuvres de : Barnave. — Bastiat. — Bellart. — Bentham. — Billault. — Cochin. — Cujas. — D'Aguesseau. — Delamalle. — Domat. — Doneau. — Dupin. — Fréal. — Lemaistre. — Henrion de Pansey. — Hospital. — Lanjuinais. — Lemaistre. — Merlin. — Mirabeau. — Montesquieu. — Pasquier. — Pothier. — Rapsaet. — Talon.

Offices. Archives du Notariat et des Offices. — Bellet. — Combes. — Dard. — Durand. — Jeannest Saint-Hilaire. — *Droit de propriété* : Chateau. — *Vénalité* : Bavoux. — Cellier. — Couturier de Vienne. — Frapé. — *Cessions et suppressions* : Greffier. — *Transmission* : Vuatiné. — *Ancienne jurisprudence* : Beautemps-Beaupré.

Officiers. *De l'État civil* : Adam. — Bernede. — Collier. — Garnier-Dubourneuf.
— Lemolt et Biret. — Mauger (V. *Etat civil, Mairés, etc.*). — *De police judiciaire* :
Allain. — De Molènes. — Duverger. — Mainard (V. *Commissaires de police,
Huissiers, Juges d'instruction, Juges de paix, etc., Police.*) — *Ministériels* : Bellot.
— Dard. — Eloy. — Vraye (V. *Avoués, Commissaires-priseurs, Huissiers, No-
taires, etc.*). — *Municipaux* : Boyard (V. *Droit municipal, Maires, Percepteurs,
Receveurs, etc.*)— *D'infanterie* : Bardin. (V. *Armée, Droit militaire, Justice mili-
taire, Législation militaire.*)

Olim. Beugnot. — *Arrêts et enquêtes antér.* : Boutaric.

Opérations de banque. Courcelle-Seneuil. — Vannier (V. *Banques.*)

Orateurs. Cormenin. — V. *Art oratoire ; Avocats, Eloquence jud.*

Orbey (Dép. du Haut-Rhin). *Coutumes* : Bonvalot (V. *Alsace, Colmar*).

Ordonnances. *De Colbert* : Crisenoy (V. *Colbert*). — *De Saint-Louis* (V. *Saint-
Louis*). — V. *Arrêts, Lois.*

Ordre. Audier. — Chauveau-Adolphe. — *Ordre amiable, Ordre entre créanciers* :
Courtois. — Hervieu et Emion. — Houyvet. — (*En dr. civ.*) : Vanier (V. *Amiable
composition, Arbitrage, Concordat*). — *Ordres amiables en Belgique et en France* :
Cival. — *Procédure* (L. 1858) : Bressoles. — Chauveau-Adolphe. — Colmet-d'Aage.
— Grosse et Rameau. — Houyvet. — Loi du 21 mai 1858. — Ollivier et Mourlon. —
Piogey. — Seligman. — *Social* : Bonald. — Mollard. — Rey. — Schützenberger.
— Ventura. — *Légal en France* : Duvergier de Hauranne. — V. *Saisies.*

Ordre judiciaire de *l'Empire français* : Annuaire.

Orfèvres. Fontainne.

Organisation. *En Normandie* : Pezet. — *Judiciaire* (*En France, En Droit fran-
çais*) : Bentham. — Deyraud. — Meyer. — Perrot de Chezelles. — Poirel. — Re-
gnard. — *Jud. en Belgique* : Lefebvre (V. *Belgique*). — *Droit rom.* : Boujean. —
Laboulaye. — *Droit franç.* : Carré. — Bonnier. — Dupin. — Henrion de Pansey.
— *Pardessus* (V. *Actions*).— *Polit., Adm., Judic. en Italie* : Formentini.—Frémy-
Ligneville.—Minghetti (V. *Italie*). — *Municipale* : Bost. — Champagnac. — Code
(V. *Droit municipal*). — *De la famille* (V. *Famille*). — *Communale* : Brisson. —
Sainte-Hermine (V. *Communes*).—*Administrative* : Lambert.—Serrigny. — *De la
juridiction civ. en France* : Martin (V. *Juridiction*). — *Organisation de l'Arménie
au temps des croisades* : Dulaurier. — *Du travail* : Chevalier (V. *Travail*). — *De
l'Eglise, du Pouvoir temporel* (V. *Pape, Pouvoir temporel*).—(V. *Administration,
Institutions, etc.*).—Voir aussi, à leur ordre alphabétique, les locutions principales
liées au mot *Organisation.*

Origines judiciaires. Bast.— V. *Droit* (origines).

Orléans. *Université* : Bimbenet. — *Adm. de la justice* : Bimbenet.

Orphelins. Gaillard. — V. *Enfants assistés, naturels.*

Outrage. Grellet-Dumazeau (V. *Diffamation, Injure.*)

Ouvriers. *Législation* : Cretté de Palluel. — Deloume. — Féraud-Giraud. —
Perrin. — Rameau. — V. *Classes ouvrières; Coalitions industr.* ; *Droit industriel ;
Etablissements dangereux, industriels; Livret d'ouvrier; Prud'hommes.*

P

Pacte commissoire. Accarias.

Paganisme. — V. *Droit païen.*

Pairs de France. Henrion de Pansey. — V. *Chambre des Pairs ; Sénat.*

Palais de Justice de *Paris* : Bast. — Rittiez. — *Mystères du Palais* : Chadeuil.

Pamphlets. Leber (V. *Presse.*)

Pandectes *françaises* : Delaporte (V. *Codes français, Lois*). — *Du droit commerc.
et marit.* : Boucher (V. *Commerce, Droit commercial, Droit maritime.*) — *Russes* :
Robakowski (V. *Russie*).

Pandectes de Justinien. Corpus. — Gluck. — Moreau de Montalin. — Muhlenbruch. — Pellat. — Pothier. — Schulting. — Voet. — *Traduct.* : Bréard-Neuville. — Hulot. — V. *Droit romain, Institutes, Justinien.*

Papauté. V. *Pape.*

Pape. Barruel. — Daunou (V. *Droit canon, Droit ecclésiastique, États de l'Église, Pouvoir temporel, Souveraineté pontificale.*)

Papier-monnaie. Vermeil.

Papiers *de crédit de commerce.* Boucher. — V. *Commerce, Crédit.*

Parallèle. *Montesquieu et Machiavel* : Sclopis — *Lamoignon et Colbert* : Monnier (V. *Colbert*). — V. *Biographes, Critique.*

Paris. *Administrat.* : Le Berquier. — Say. — *Code* : Le Berquier. — *Barreau* : Fournel. — Joly. — *Consommations* : Husson. — *Perception* : Durieu (V. *Perception*). — *Droits d'entrée et d'octroi* : Allouard (V. *Contrib. ind., Octrois*). — *Traité de paix* : De Braux. — *Assistance publique* : Recueil (V. *Assistance*). — *Parlement* : Boutaric. — Cougny. — Desmaze. — Girard. — Rittiez. — Voltaire. — *Police* : Frégier. — *Prostitution* : Parent-Duchâtelet. — *Hôtel-de-Ville* : Rittiez. — *Tribunal révolutionnaire* : Campardon. — *Anc. coutumes* : Ramsay (V. *Coutumes*). — V. *Administration, Cour impériale, Octrois, Parlements, Police, Seine.* — (Voir aussi chaque monographie juridique à son ordre alphabétique dans la présente Table.)

Parlements. Annales. — Bastard d'Estang. — Desmaze. — Mérilhou. — Simonet. — *De Bordeaux* : Peyrot. — Salviat (V. *Bordeaux*). — *Bourgogne* : Lacuisine. — *Bretagne* : Saulnier. — *Flandre* : Pillot. — *Metz* : Michel. — *Normandie* : Floquet. — *Paris* : Boutaric. — Cougny. — Desmaze. — Girard. — Rittiez. — Voltaire. — *Provence* : Cabasse. — Ribbe. — *Toulouse* : Bastard d'Estang. — *Belges* : Adnet. — *Curiosités* : Desmaze. — V. *Assemblée nationale, Avocats, Barreau, Chambre des Députés, Chambre des Pairs, Corps législatif, Magistrature, Sénat.*

Paroisses. Rousset. — *Administration, Gouvernement* : Affre. — André. — Carré. — Cère. — Dechampeaux. — Dieulin. — Gaudry. — Roy. — *En Belgique* : Bou (V. *Belgique*). — V. *Curés, Eglises, Fabriques.*

Parquets. Faure. — *Envois* : Vente. — *Militaires* : Chénier. — V. *Droit, Justice, Législation militaire.*

Parricide. *Au point de vue de la médecine légale* : Rodembach (V. *Médecine légale*).

Partages. De Boscq. — Dubernet. — Dutruc. — Favard de Langlade. — Genty. — Gragnon Lacoste. — Michaux. — Nicolas. — Rozié. — Vitalis. — *De biens communaux* : Ducrocq (V. *Biens communaux*). — *Des terres en Russie* : Haxthausen. — *Dr. rom.* : Boutry-Boissonade. — V. *Successions.*

Particule *nobiliaire* : Beaume (V. *Honneurs, Noblesse, Titres nobiliaires*).

Pas-de-Calais. *Droit usuel* : Berode. — *Usages locaux* : Clément. — *Houillères* : Houillères.

Passions. Belouino.

Patentes. Allard. — Balmelle. — Barrué. — Code. — Lainné. — Lanier. — Larado. — *En Angleterre* : Carpmael.

Paternité et Filiation. Demolombe. — Richefort. — *Recherche de la Paternité* : Acollas. — *Désaveu* : Quénault. — V. *Autorité paternelle, Enfants naturels, Mariage.*

Patrimoines (Séparation de) : Aymé. — Blondeau. — Dufresne. — Hureaux. — V. *Séparation.*

Pau. *Cour imp.* : Gouarné-Oustarlet. — Jurisprudence.

Paupérisme. Béchard. — Laurent. — Rocquancourt. — Savardan. — V. *Prolétariat.*

Payeurs *des dépenses publiques* : Fasquel. — Fourtier.

Pays-Bas. *Code des notaires* : Sanfourche-Laporte. — *Constitution nat.* : Faider. — *Etats généraux* : Juste. — V. *Belgique, Hollande, Utrecht.*

Pêche fluviale. *Code* : Baudrillart. — Brousse. — Codes. — Dupin. — Lois, décrets. — *Dictionnaire* : Baudrillart. — *Pêche maritime* : Baudrillart. — Hautefeuille.

Peine de mort. Bavoux. — Bédarride. — Boisaymé. — Bossange. — Giornale per l'abolizione della pena di morte. — Guizot. — Lucas. — Mittermaier. — Roumieu. — Silvela. — Torres-Taiceds. — Vera. — Urtis. — V. *Code pénal, Droit criminel, Droit pénal, Peines.*

Peines. *En mat. crim.* : Alauzet. — Beccaria. — Bentham. — Berriat-Saint-Prix (J.). — Blanche. — Saint-Edme. — *Dans l'antiquité (Histoire)* : Loiseleur. — *Peines capitales* : Bossange (V. *Mort, Peine de mort*). — *Peines ecclés.* : Stremler. — V. *Infamie, Législ. crim., Peine de mort, Système pénitentiaire*, etc.

Pénitenciers. Bucquet. — Feningre. — *Des États-Unis* : Demetz et Blouet (V. *États-Unis*.) — V. *Guyane française, Pénitentiaire, Prisons, Système Pénitentiaire. Transportation.*

Pénitentiaire (Système et Réforme). Alauzet. — Allier. — Aylies. — Beaumont et Tocqueville. — Bérenger. — Bonneville. — Demetz. — Ducpétiaux. — L. Faucher, — Grégory. — Lafarelle. — Lucas. — Marquet-Vasselot. — *Régime pénitentiaire en Sardaigne* : Vidal (V. *Italie*). — V. *Colonisation pénitentiaire, Déportation, Emprisonnement, Pénitenciers, Prisons, Système pénitentiaire, Transportation.*

Pensions civiles, Pensionnaires de l'État. *Code* formulaire. — Dareste. — Delaroque. — Dumesnil. — Fould. — Fournier. — Laurent. — *De l'Armée* : Garrel. — Manuel (V. *Armée*).

Percepteurs *et Receveurs des communes* : Agenda. — Dufresne. — Duriéu. — Journal des Percepteurs. — Larade. — Mémorial. — *Comptabilité* : Couder. — *Des Établiss. de Bienfaisance* : Larade (V. *Établissemens de Bienfaisance*). — V. *Receveurs.*

Péremption *d'instance* : Reynaud et Dalloz.

Pérou. Codigo de enjuiciamentos. — Codigo civil. — Codigo de commercio. — Codigo penal. — Indice analitico.

Perpétuité. Breulier. — Hérold. — V. *Propriété littéraire, industrielle.*

Perse. *Police* : Behrnauer.

Pharmacie. Guibourt. — Législation médico-pharmaceutique. — Pellauli. — V. *Médecine légale.*

Philosophie *du Droit* : Ahrens. — Belime. — Bruckner. — Glinka. — Laya. — Lerminier. — Lherbette. — Oudot. — *Des Lois* : Bautain. — Lacretelle. — *Politique* : Bavoux. — *Morale* : Baudrillart. — *Du Notariat* (V. *Notariat*). — *Desjurisconsultes romains* : Ginoulhiac. — *De la cour d'assises* : Lambert. — *De la procéd. civ.* : Bordeaux (V. *Procédure civile*). — *De la cour d'assises* (V. *Cour d'assises*). — *Du droit ecclésiastique* : Franch (V. *Droit ecclés.*). — *Du droit pénal* : Franck. — Poletti (V. *Droit pénal*). — *Du droit de succession* : Gabba (V. *Droit de succession, Successions*). — V. *Droit des gens, Droit naturel, Droit primitif, Logique, Métaphysique, Psychologie.*

Picardie. *Ancien coutumier* : Marnier (V. *Aisne, Amiens, Somme, Vermandois*).

Piémont. V. *Alpes occidentales, Italie, Savoie.*

Placements fonciers. Gauthier. — V. *Crédit foncier, Propriété foncière.*

Places de guerre. Décret. — Delalleau. — Réglement. — V. *Droit militaire, Législation militaire.*

Plaidoyers. Annales du barreau. — Bellart. — Berryer. — Billault. — Bonnet. — Chaix D'Estange. — Clair et Clapier. — Gochin. — D'Aguesseau. — Delamalle. — Dupin. — Fréal. — Tribune judiciaire. — *De Démosthènes* (Étude) : Cucheval. — Desjardins. — *D'Hypéride* : Hypéride. — V. *Causes célèbres, Discours, Éloquence. Fragments oratoires, Gerbier, Réquisitoires.*

Plaies légales. Laya.

Poëtes juristes. Benech. — Henriot. — V. *Classiques latins.*

Poids et mesures. Magne. — Recueil officiel des lois. — Roux. — Tarbé. — *En Belgique* : Xhenemont.

Poisons. Flaudin — V. *Empoisonnement, Toxicologie.*

Poitou (*Anciennes coutumes de*) : Minier.— Nicias Gaillard.

Police. Lois de 1667 à 1789 : Peuchet. — *Hist.* : Frégier. — *Traités, Dictionnaires* : Alletz.— Collection officielle des ord. — Elouin. — Joegle et Mauny. — Léopold. — Pionin.—Tréhuchet.—Truy (V. *Commissaires*).—*De Paris* : Frégier (V. *Paris*). — *Communale intér.* : Henrion de Pansey. — *Des eaux* : Dufour (V. *Eaux*). — *Des chemins de fer* : Gand (V. *Chemins de fer*).—*D'assurances maritimes* : Lemonnier (V. *Assurances*). —*Chez les Arabes, les Persans et les Turcs* : Behrnauer. — *Administrative* : Bacqua. — Collet-Megret. — Grün. — Nadau de la Richebaudière.—Tricot.—Truy. —*Judiciaire* : Allain.—Bacqua.—Berriat Saint-Prix (Ch.). — Cère. — Collet-Meigret. — Demolènes. — Duverger. — Genreau. — Giraud. — —Grün.—Instruction du procureur du roi. — Nadaud de la Richebaudière. — Pionin. — Tricot.—*Correctionnelle* : Jouslin de la Salle.—Vial (V. *Simple police, Tribunaux correctionnels*) — *Municipale* : Bacqua. — Berriat Saint-Prix (Ch.).— Braff. — Code. — Champagny. — Collet-Meigret. — Dubarry.— Grün. — Miroir et Brissot-Warville. — Nadau de la Richebaudière. — Tricot (V. *Droit municipal*). — *Rurale* : Guichard. — Miroir et Brissot-Warville —Tricot.— Ysabeau (V. *Droit rural.*) — *Des Bois* : Féraud-Giraud. — Guichard (V. *Bois*). — *De la chasse* : Camus et Bousserolles.— Rousset (V. *Chasse*). — *Du Roulage* (V. *Roulage*).

Police médicale. Mahon. — V. *Médecine légale.*

Politique. *Dict.* : Block. — Garnier-Pagès. — *Influence sur la Fortune publique* : Périer (V. *Fortune nationale*). — *Constitutionnelle* : Constant (V. *Constitution, Gouvernement représentatif, Lois politiques, Mémoires politiques.*) — *Commerciale* : Gouraud (V. *Commerce, Droit commercial*). — *Positive* : Tayac. — V. *Gouvernement, Liberté politique.*

Pologne. *Concordance avec le Code civil français* : Lubliner. — *Traités de paix* : Angeberg. — *Tarif des douanes* : Tarif général. — *Cond. polit. et civ. des Juifs* : Lubliner (V. *Juifs*). — V. *Russie.*

Pompes funèbres Rous et. — V. *Cimetières, Exhumations, Inhumations.*

Ponts et chaussées. Annales des conducteurs des Ponts et Chaussées. — Annales des Ponts et Chaussées. — Chatignier. — Potiquet. — Ravinel. — V. *Mines, Routes, Voirie.*

Populations ouvrières. Audiganne. — V. *Classes ouvrières.*

Portalis. *Étude* : Aubépin.

Porte ottomane. — V. *Turquie.*

Portion. *Communale et ménagère* : Legentil. — Legrand. — *Disponible* : Beautemps. Beaupré. — Levasseur. — Ragon. — Saint-Espès Lescot. — V. *Quotité disponible, Réserve, Rétention.*

Portugal. Haller. — *Droit pénal comparé* : Da Silva Ferrão. — *Code pénal milit.* : Projecto de codigo penal. — *Code adm.* : Codigo administrativo — *Code civil* : Codigo civil portuguez.—*Crédit foncier* : Da Silva Ferrao. —Lan.—Sagot-Lesage.— *Quotité disponible* : Jordão. — *Régime de la communauté* : Jordão — *Morgengabe* : Jordão. — *Communes franç. au moyen âge* : Helfferich et Clermont.

Possession. Alauzet. — Beauvois. — Belime. — Domenget. — Garnier. — Molitor. — Parieu. — Savigny.— Smith. — Warnkœnig. — Wodon. — V. *Actions possessoires.*

Poste. Dubarry. — Hepp.

Postes et Relais. Bole. — V. *Chemins de fer, Messageries, Transports, Voitures, Voiturin.*

Pothier. Le Brun. *Analyse* : Fenet. — Moreau de Montalin. — *Ses Œuvres* : Pothier. — *Biographie* : Frémont.

Poursuites *en matière de contributions directes* : Durieu. — Leloir (V. *Contrib. dir.*)

Pourvois *en matière civile* : Bernard. — V. *Cour de Cassation.*

Pouvoir *municipal* : Henrion de Pansey. — Leber (V. *Droit municipal*). — *Judiciaire* : Lacuisine. — *En Angleterre* : Lefèvre-Pontalis (V. *Cour d'assises*.). — *Public* : Ventura. — *Temporel du Pape* : Boncompagni. — Bonjean. — Houpert (V. *Pape, Souveraineté pontificale*.)

Pouvoirs de l'Etat (*Mécanisme des grands*) : Valette.

Pouzanges (Vendée). *Usages locaux* : Nau.

Pratique administrative *en Belgique* : Collard (V. *Administration*.)

Pratique judiciaire. Alexandre. — Delaporte.

Prayssas (Dép. de Lot-et-Garonne). *Coutumes* : Moullié. — V. *Larroque-Timbaud*.

Préfectures, Préfets. Annuaire de l'Archiviste. — Arago. — Desaubiers. — *Secrétaires* : Noyer. — V. *Arrondissements, Conseils de préfectures, Sous-préfectures*.

Prélèvements et reprises *de la femme mariée* : Jousselin. — Pont (V. *Femmes mariées*).

Préposés des Douanes. Chauvassaignes (V. *Douanes*).

Prérogative *royale en France et en Angleterre* : Lorieux.

Presbytères. Rousset. — V. *Églises, Paroisses*.

Prescription. Delaporte. — Marcadé. — Troplong. — Vazeille. — *Dict.* : Bousquet. — *Administratives* : Love. — *En mat. pénale et crim.* : Bernard. —Brun de Villeret. — Cousturier. — Hoorebeke. — *En mat. commerciale* : Bédarride (V.*Commerce,Droit commercial*.)—*Des biens* : Des Glajeux.—Desjardins (V.*Biens*.

Préséances (Milit.). Cérémonial officiel. — Garrel. — *Code* : Toussaint. — V. *Honneurs*.

Présidents de provinces. *Au Brésil* : Audrade Pinto (V. *Brésil*).

Presse. Bonnin. — Bories et Bonnassies. — Celliez. — Chassant. — Clausel de Coussergues. — Decourdemanche. — Dubois. — Garnier-Dubourgneuf. — Grattier. — Leber. — Parant. — Peignot. — Rolland de Villargues. — Roussel. — Schuermans. — Vente. — Vingtain. — Weill. — *Recueil de lois* : Celliez. — Pegat. — *Histoire* : Hatin. — *Au Chili* : Alberdi (V. *Chili*). — *En Italie* : Ghirelli. — Séverini (V. *Italie*). — V. *Liberté de la presse, Livres, Propriété littéraire*.

Prestation des fautes. Le Brun. — Malapert.

Prêt. Troplong. — *Sur hypothèque* : Delamontre. — Dufrayer. — Gauthier. (V. *Hypothèques*). — *Sur gage.* : Blaise. (V. *Mont de Piété*.) — *A intérêt* : Liégeois. — Rendu. — Romiguière. — Vignon. — *Prêt à la grosse* : Valroger (V. *Intérêt, Usure*.)

Prêtres. Lesenne (V. *Cultes, Droit ecclés*.).

Preuves. Bentham. — Bonnier. — Charpentier. — Desquiron. — Fresquet. — Gabriel. — Le Gentil. — Mittermaier. — *Propriété d'immeubles* : Robernier.

Prévention. V. *Détention préventive*.

Prévoyance (Institutions de). Boudard. — Seurre. — V. *Caisses d'épargne, Institutions de prévoyance*.

Primes *en matière d'assurances terrestres* : Pouget. —V. *Assurances*.

Principautés unies romaines. — V. *Roumanie, Valachie*.

Prisées. Benou. — Jay. — Lehir (V. *Commissaires-priseurs, Inventaires, Ventes*.)

Prises maritimes. Bravard-Veyrières. — Dufriche-Foulaines. — Guichard. — Lebeau. — Pistoye et Duverdy. — V. *Commerce maritime, Droit maritime*.

Prisons. Dupin. — Ferrus. — *Code* : Moreau-Christophe. — *Leçons* : Julius. — *Manuel, Régime* : Danjou.— Ducpétiaux. — Grellet-Walmy.— Marquet-Vasselot.— Moreau-Christophe. — *Réformes* : Appert. — Bretignères de Courteilles. — Desportes. — L. Faucher. — Foucher. — Lucas. — Moreau-Christophe. — *En Sardaigne* : Vidal. — *Statistique* : Ducpétiaux. — Perrot. — *Prisons cellulaires* : Lepelletier. — V. *Déportation, Emprisonnement, Pénitentiaire, Système pénitentiaire, Transportation*.

Priviléges. Rouzet. — *Immeubles* : Hureaux. — Mourlon. — Valette. — *Meubles* : Chavot. — Taillefer. — V. *Hypothèques, Priviléges et hypothèques:*

Priviléges et Hypothèques. Battur. — Collas. — Cotelle. — Dubost. — Favard de Langlade. — Hervieu. — Jeanpierre. — Laignel. — Landouzy. — Marcadé et Pont. — Martin. — Persil. — Troplong. — Valette. — *En Belgique* : Tarrible. — V. *Hypothèques, Inscription hypothécaire, Régime hypothécaire, Système hypoth., Transcription hypoth.*

Probabilités (Calcul des): Poisson.

Problème. *De législation* : Danré (V. *Législation*).

Procédure administrative. Carré et Chauveau-Adolphe. — Crozet. — Mirabel-Chambaud. (V. *Administration, Droit administratif*).

Procédure ancienne : Pillii, Tancredi, etc. — V. *Droit romain.*

Procédure civile. *Lois* : Dupin.— *Jurisprudence des cours souveraines* : Coffinières. — *Comment., Histoire, Traités* : Auger. — Boncenne et Bourbeau. — Bonnin. — Boucher.—Carré et Chauveau-Adolphe.—Hautefeuille.—Lepage.—Thomine-Desmazures. — *Cours* : Berriat Saint-Prix. — Boitard. — Delzers. — Rauter. — Rodière. — *Eléments, Manuels, Introduction* : Auger. — Babin. — Boncenne. — Bonnier. Chantagrel. — Demiau. — Mourlon. — Pigeau. — Renard. — *Dictionnaires* : Bioche. — Chauveau. — Crivelli. — D'Agar et Delaporte. — *Formulaires* : Augier et Leignadier. — Bioche. — Chauveau et Glandaz. — Delaporte. — Jeannin. — Lavenas. — Lehir. — Lepage. — Longchampt. — Péchart et Cardon — Teulet et Loiseau. — *Journal* : Bioche. — Chauveau-Adolphe. — *Philosophie* : Bordeaux. — *Réformes* : Chardon. — Lavielle. — Seligman. — *Dissertations* : Bourdon. — *Physiologie* : Pélin. — *Procédure civile chez les Romains* : Asher. — Bonjean. — Keller. — Walter. — Zimmern. — *Procéd. civile des Tribunaux* : Pigeau. (V. *Tribunaux*). — *Procéd. civile devant les Cours d'assises* : Anspach. — Cubain. (V. *Cours d'assises*.) — *Procéd. civ. des cantons de Genève* : Bellot. (V. *Genève, Suisse*). — V. *Code de procédure civile, Tarif.*

Procédure commerciale. Bioche. — Chauveau-Adolphe et Glandaz. — Hautefeuille. — Jeannin. — Legras. — V. *Commerce, Droit commercial.*

Procédure correctionnelle et de police. Hautefeuille. — V. *Code pénal*, *Police, Procédure criminelle.*

Procédure criminelle. Berriat-Saint-Prix. — Bertauld. — Boitard. — Crivelli. — Delzers.—Fréminville.— Haut feuille. — Legraverend. — Lyon. — Mannequin. — Rauter. — Rodière. — Trébutien. — *Hist.* Caseneuve. — *En France et en Angleterre* : Bertrand. — V. *Procédure correctionnelle.*

Procédure de contribution judiciaire. *Réforme* : Boursy.

Procédure d'ordre. (V. *Ordre*).

Procédure en matière contentieuse *devant les Conseils de préfecture* : Des Cilleuls.

Procédure en matière nobiliaire. *Procédure.* — V. *Noblesse.*

Procédure littéraire et artistique. Mourlon. — V. *Propriété littéraire.*

Procès. *Entretiens* : Boileau. — *d'Orsini* : Dandraut. — *Extinction des procès* : Caumont. — *Procès de Jeanne-d'Arc* : Quicherat. — *Des Templiers* (V. *Templiers*). — *Procès de Mirabeau en Provence* : Joly. — *Marie-Antoinette* : *Procès.* — *Marie-Antoinette et procès du Collier* : Campardon. — V. *Plaidoyers, Réquisitoires.*

Procès-verbaux *de délits* : Mangin. — *En mat. administrat.* : Cotelle fils. — *Des Etats généraux de* 1593 : Bernard. — *Du conseil de régence de Charles VIII* : Bernier.

Procureur *impérial* : Demolènes. — Faure. — Instruction. — Massabiau. — V. *Action publique, Ministère public.*

Profession d'avocat. V. *Avocat.*

Prolégomènes. *Du droit* (espagnol) : La Serna (V. *Espagne*). — V. *Droit.*

Prolétariat. Dupuynode. — V. *Classes ouvrières, Paupérisme.*

Propriétaires et **Locataires**. Agnel. — Berthe. — Bourguignon. — Coster. — Farine. — Ferry. — Frérot. — La Tasse. — Laternade. — Léopold. — Lusignan. — Maussier-Marbaud. — Perrin. — Ruelle. — Toussaint. — *Droits des locataires qui élèvent une construction* : Dubois. — *Usufruitiers* : Marc-Deffaux (V. *Usufruit*.) — *Riverains* : Decamps. — *Angleterre* : Archbold. — V. *Chemins de fer, Constructions, Cours d'eaux, Eaux.*

Propriété. Agnès. — Alauzet. — Bourgade. — Burdet. — Cauchy. — Comte. — Demolombe. — Hennequin. — Hureaux. — Lebastier. — Lesenne. — Lescaret. — Liégard. — Piogey. — Proudhon. — Toussaint. — Usquin. — Vaguat. — *Droit romain* : Fresquet. — Giraud. — Laboulaye. — Pellat. — *En Algérie* : Dareste. — Gillotte. — *Statistique* (V. *Algérie*). — *Angleterre* : Williams. — *Industrielle* : Blanc et Beaume. — Pataille (V. *Droit industriel*). — *Des biens ecclésiastiques* : Affre. — *Minière* (V. *Mines*). — *Mobilière* : Chavot. — *Rivière*. — *Taillefer*. — *Impôt* : Parieu. — *Foncière (Transmission entre vifs)* : Berthe. — *Fontaine de Respecq*. — Valroger. — *Foncière en Valachie* : Opran. — *Territoriale* : Dupuynode. — *Foncière ou territoriale en Algérie* : Belin. — *Worms* (V. *Algérie*). — *Foncière en Turquie* : Belin (V. *Turquie*). — *Communale* : Cauchy. — *Ferrand* (V. *Biens communaux, Communes*). — *Politique et civile* : Dageville. — *En matière d'invention* : Rohart (V. *Inventeurs*). — V. *Actions possessoires, Biens, Bornage, Dommages, Morcellement, Politique, Possession, Propriétaires.*

Propriété littéraire, industrielle, artistique, intellectuelle. Annales de la propriété industrielle. — Blanc. — Blanc et Beaume. — Breulier. — Calmels. — Casati. — Comettant. — Commission de la propriété littéraire. — Delalain. — Gastambide. — Hérold. — Hetzel. — Huard. — Invention (?). — Laboulaye. — Lesenne. — Locré. — Mareschal. — Monde industriel. — Nion. — Phillips. — Propriété industrielle. — Renouard. — Romberg. — *Internationale* : Pataille et Huguet. — Villefort. — V. *Auteurs, Brevets, Contrefaçon, Droit industriel, Droits des auteurs, Majorats littéraires, Musiciens, Presse, Procédure littéraire et artistique, Théâtre.*

Prostitution. Parent-Duchâtelet. — V. *Femmes publiques.*

Proudhon (P.-J.). *Réfutation de ses doctrines* : Walras.

Provence. *Parlement* : Cabasse. — Ribbe. — *Régime des eaux* : Seguin. — *Usages locaux* : Tavernier. — *Constitution provençale* : Ribbe. — *Procès de Mirabeau en Provence* : Joly. — V. *Aix, Bouches-du-Rhône, Marseille.*

Proverbes. Bouthors. — Loisel. — *En droit romain* : Volkmar. — V. *Aphorismes, Curiosités judiciaires, Maximes.*

Proxénies grecques. V. *Consuls, Institutions consulaires.*

Prud'hommes, Conseils de prud'hommes. Binot de Villiers. — Blondin et Mathieu. — Durut. — Lingée. — Mollot. — Saint-Martin. — Sarrazin. — Savigné. — *Recueils périodiques* : Journal des Prud'hommes. — Moniteur industriel. — *En Belgique* : Vilain. — V. *Classes ouvrières, Ouvriers.*

Prusse. *Consulat* : Mensch. — *Légistat.* : Bergson. — Code général. — *Réforme hypoth.* : Lévita. — *Code pénal* : Code pénal prussien. — *Prisons* : Vidal. — *Employés et fonctionnaires (leurs droits et devoirs)* : Rumpf. — *Prusse rhénane* : Maurmann. — V. *Allemagne, Autriche, Bavière, Berlin.*

Psychologie. *Du droit pénal* : Galdo. — V *Droit pénal, Philosophie.*

Publicistes. Baudrillart. — Bertauld. — Fritot. — Isambert. — V. *Droit public, Économistes.*

Puissance *maritale et paternelle* : Chardon. — Chrestien de Poly. — Demolombe. — Nougarède de Fayet. — Viaud. — *Ecclésiastique* : Bianchi. — *Temporelle du Pape* : Daunou. — Mathieu. (V. *Pape, Souveraineté pontificale.*)

Purge. V. *Hypothèques, Ventes.*

Pyrénées. *Droit de famille* : Cordier. — *Féodalité* : Lagrèze. — V. *Bigorre.*

Q

Qualifications criminelles et correctionnelles. *Formulaire* : Poncin. — V. *Droit criminel.*

Quasi-délits (Délits et). — V. Délits.

Questions de droit : Bertauld. — Coulon. — Dupin. — Duport-Lavilette. — Legentil. — Merlin. — Dr. adm. : Serrigny. — Transitoires : Chabot. — Meyer. — Possessoires : Guichard (V. Actions possessoires, Possession). — Préjudicielles : Bertauld. — Hoffmann. — N. B. Voir généralement, dans la présente Table, le principal terme auquel est lié le mot Questions.

Quotité disponible. Beautemps-Beaupré. — Beauvant. — Benech. — Demante. — Kuhlman. — Lauth. — Levasseur. — Requier. — Saint-Espès-Lescot. — Vernet. — V. Portion disponible, Réserve, Rétention.

R

Radiations hypothécaires. Boulanger. — V. Hypotheques.

Rapport (Théorie du) : Caqueray.

Rapports à succession. Bertrand. — Couteau. — V. Successions.

Ratification. Dr. rom. : Gregory. — Des actes d'un gérant d'affaires : Capmas. — Labbé.

Reboisements. Féraud-Giraud. — V. Bois, Code forestier, Forêts.

Receveurs municipaux, généraux et particuliers : Agenda. — Dubarry. — Favret. — Ferrier. — Larade. — Laurent-Drouhin. — Mémorial. — Comptabilité : Goudet. — Des Finances : Denis (V. Finances). V. Maires, Percepteurs.

Récidive. Bazot. — Bonneville. — Hoorebeke. — Meynadier. — En Droit rom. : La Gorce.

Réclusion individuelle. Suringar (V. Contrainte par corps, Détention, Emprisonnement).

Récoltes (Ventes de). — V. Fruits, Ventes.

Récompenses. Bentham. — Menesson. — d'Honneur (V. Honneurs).

Reconvention, Demandes reconventionnelles. Desjardins. — Lhir. — Tempier. — V. Compensation.

Recours au Conseil d'État : Devaux. — V. Conseil d'Etat.

Recrutement. Bost. — Boyer de Sainte-Suzanne. — Corriger. — Gonvot. — Huot. — Pradier Fodéré. — Swanton. — V. Exemption, Révision.

Recueils. (V. Journaux, Répertoires, Revues.)

Recueils périodiques (sous différents titres). Ami (l') de l'Enfance. — Annales de la propriété industrielle; — législatives de l'instruction primaire; — de la Science et du Droit commercial; — des Chemins vicinaux; — des Conducteurs des Ponts et Chaussées; — des Contributions indir.; — des Douanes; — des Mines; — des Octrois; — des Ponts et Chaussées; — du Commerce extérieur; — du Droit commercial; — forestières; — législatives de l'Instr. primaire. — Archives diplomatiques. — Archives du Notariat. — Arrêts et décisions de la Cour imp. de Colmar. — Belgique judiciaire. — Boletin de las leyes. — Bost. Correspondant des Justices de paix; — Bulletin adm. et jud. des Annales forestières; — Adm. du Ministère de l'Instr. publ.; — de Jurisprudence commerciale; — de la Cour imp. de Paris; — des arrêts de la Cour de cassation.; — des arrêts de la Cour impériale d'Aix; — adm. de l'Instruction publ.; — des Contrib. directes; — des Lois; — de l'Enregistrement; — des Lois civ. ecclés.; — des Sociétés de secours mutuels; — des Tribunaux; — du Ministère de l'intérieur; — Bulletin général des Huissiers. — Bulletin officiel de la Marine. — Bulletin spécial des Décisions des Juges de paix. — Commerce de France. — Conférence (la). — Conseiller de préfecture. — Contrôleur de l'enregistrement. — Dalloz. — Deville. Répertoire. — Devilleneuve et Carette. — Droit (Journal le). — Droit commercial. — Duvergier. Collection des lois. — Echo des Assurances; — des Tribunaux. — Ecole des Communes. — Ecoles primaires de France; — Economiste français (l'). — Escuela del Derecho. — Gazette des Tribunaux. — Giornale, etc. — Invention (l'). — Instruction primaire; — publique. — Jay. Bulletin des Décisions des Juges de paix. — Jay. Annales et Journal spécial des Justices de paix; — Jurispr. commerc. et

mar. de Nantes. — Jurispr. des cours imp. d'Agen ; — de Douai ; — de Caen et
de Rouen ; — de Grenoble et de Chambéry. — de Metz ; — de Pau ; — Lepec.
Bulletin annoté des lois. — Macarel , Deloche , Beauvoisin et Lebon. — Mémorial
des percepteurs. —Miroir. Répertoire administratif. — Monde judiciaire.—Monde
industriel. — Moniteur commercial, agricole, etc. — Moniteur des Brevets d'invention. — Moniteur des Communes. — Moniteur des Tribunaux. — Moniteur
du Commerce. — Moniteur universel. — Monitore dei Tribunali. — Nouveau
Journal des Conseils de fabrique. — Nouvelles Annales de la Marine. —Pasicrisie
belge. — Pasinomie (belge). — Propriété industrielle. — Recueil des arrêts de la
Cour imp. de Nîmes. — Recueil des lois et actes de l'instr. publique. — Recueil
de documents commerciaux. — Recueil de jurisprudence civile et criminelle. —
Recueil de l'Acad. de législation de Toulouse. — Recueil des lois. — Recueil
général des lois. — Recueil spécial des jugements. — Répertoire périodique de
l'enregistrement. — Rivière et Huguet. Journal du Droit commercial. — Rolland
— de Villargues. Jurisprudence du Notariat. — Temi (la). — Teulet et Camberlin. Journal des tribunaux de commerce. — Themis. — Vergé. Séances et travaux de l'Acad. des sciences morales et polit. — (Pour d'autres Recueils périodiques, voir encore les mots : *Agenda, Almanach, Annuaire, Bulletin, Journal, Répertoires , Revues*).

Rédaction *notariale* : Cellier (V. *Notariat.*)

Réduction (Droit de) *par le Conseil d'Etat des libérations faites aux corps ruraux
publics* : Meaume.

Référés. Bilhard. — Debelleyme.

Réforme *hypothécaire* : Fouet de Conflans. — Persil. — *En France et en Prusse* :
Lévita. — *En Belgique* : Delecbecque (V. *Hypothèques, Priviléges et Hypothèques*).
— *Jud. en France* : Delamardelle.— *Des Prisons* (V. *Prisons*).—*Sociale* : Leplay.—
Voyez aussi chaque mot principal à son ordre alphabétique dans la présente Table.

Régime *municipal* : Serrigny. —Tailliar (V. *Droit municipal*). — *Constitutionnel* :
Duvergier de Hauranne. — Hello. — Sirtaine (V. *Constitutions, Droit public et
politique*). — *Dotal, Hypothécaire* : Allemand. — Bellot des Minières. — Bertauld.
— Berthon.— Burdet (en droit romain).— Buretey.— Documents. — Ginoulhiac.
—Hébert. — Homberg.— Hua.— Labbé.— Marcel.— Persil. — Saint-Nexant —
Sériziat. — — Sévin. — Tissandier — Trémoulet. — Usquin. — *En Sardaigne* :
Dal Pozzo (V. *Dot, Hypothèques*). — *Pénitentiaire* (V. *Pénitentiaire, Prisons*). —
Nuptial en France : Bimbenet.— *Nuptial chez les Gaulois* : Humbert (V. *Mariage*).
— *Des Eaux* (V. *Eaux, Irrigations*). — *Des Eaux en Provence* : Séguin (V. *Eaux,
Provence*).

Registres. *De l'Etat civil* : Bourgade. — Dubois. — Giroud. — Loir (V. *Actes de
l'Etat civil, Etat civil*). — *Registre criminel du Châtelet* (1389-1392) : Registre
criminel (V. *Châtelet, Droit criminel*).

Règle catonienne. *En droit romain* : Machelard.

Règlements *consulaires* : Cussy. (V. *Consuls*). — *Locaux* (V. *Usages*).

Règlements et Arrêtés *administratifs et municipaux* : Guilbon (V. *Administration, Droit municipal*). — *Militaires* : Louis (V. *Armée, Droit, Justice, Législation militaire*.)

Règles de droit. Bulgari. — Dupin. — Reiffenstuel. — Volkmar. — *Internat.*
(V. *Droit international.*) — V. *Aphorismes, Maximes, Proverbes*.

Réhabilitation *des condamnés* (V. *Condamnés*).

Reims (*Abbaye de Saint-Remi de*) : Guérard. — *Archives législ. et adm.* : Varin.—
Coutumes, Statuts : Varin. — *Concile* : Acta et decreta. — V. *Marne*.

Réintégrande. Bolland (V. *Actions possessoires*).

Relais. Duché. — V. *Maîtres de poste*.

Religieux (État civil des) *en France* : Chaulin (V. *État civil*).

Remploi. *Des rentes* (V. *Rentes*). — *De la dot* (V. *Emploi et remploi*).

Rennes. *Jurisprudence de la Cour impériale* : Poulizac. — V. *Bretagne, Côtes-
du-Nord, Finistère, Ille-et-Vilaine, Loire-Infér., Nantes*.

Rentes. Menant. — *Emploi et remploi* : Lefebvre. — *Rentes foncières* : Dard. — Fœlix et Henrion. — Mariette de Wauville.

Répertoires. Dalloz. — Deville. — Favard de Langlade. — Grouvel. — Mauger. — Merlin. — Sebire et Carteret. — Souquet. — *Adm. et jud.* : Solon. — *Administr.* : Miroir et Jourdain (V. *Administration, Droit administratif*). — *Enregistrement* : Garnier. — Répertoire périodique. — *Chemins de fer* : Chaix. — Palaa. — *Chemins vicinaux, Voirie vicinale* (V. *Chemins, Voirie*).—*Brevets d'invention, Marques de fabrique* : Huard. — *Criminel* : Morin. — *Droit grec moderne* : Joannidès et Sgouta (V. *Grèce*). — (Pour les Recueils périodiques, voir les mots : *Journaux, Recueils périodiques, Revues*.)

Répétitions *de Droit* : Berriat-Saint-Prix. — Mourlon. — Richard-Maisonneuve. — Rivière. — Thezard. — V. *Examens*.

Reports à la Bourse. Mollot (V. *Bourse*).

Représentants *de commerce* : Foureix. — V. *Commis-Voyageur, Courtiers de commerce*.

Représentation nationale. *En France* : Guadet.

Répression *pénale* : Bérenger. — Bertin. — Bonneville. — Lafarelle. — V. *Droit répressif, Justice répressive*.

Reprises *de la femme* : Jousselin. — Tessier. — Vavasseur (V. *Femmes*).

République Argentine (V. *Argentine*).

Requêtes. De Belleyme (V. *Référés*).

Réquisitoires. Cordoën. — Dupin. — Merlin. — Rouland. — Tribune judiciaire. — V. *Eloquence, Fragments oratoires, Œuvres, Plaidoyers, Procès*.

Réserve, Réserve légale. Ginoulhiac.—Labbé (V. *Rétention, Réintégrande*). — *Des Enfants naturels* : Gros (V. *Enfants naturels*). — V. *Portion disponible, Quotité disponible, Rétention, Successions*.

Responsabilité. Récamier. — Sourdat. — *Des notaires* (V. *Notariat*). — *Des Magistrats en droit romain* : Laboulaye. — *Légale ou morale des aliénés* : Brierre de Boismont. — Dalloz. — Falret (V. *Aliénés*).

Rétention (*Droit de*) : Cabrye. — Dubois. — Glasson. — Ragon. — *Par l'enfant donataire* : Coin-Delisle. — V. *Portion disponible, Quotité disponible, Réserve*.

Retrait *successoral* : Benoît.

Rétroactivité des lois. Mailher de Chassat. — V. *Non-rétroactivité*.

Réunion (Ile de la). *Législation* : Delabarre de Nanteuil.

Revendication. *Droit rom.* : Molitor.

Revenus publics. Durieu. — *Impôts* : Parieu. — V. *Contributions, Impositions, Impôts, Octrois, etc.*

Révision (militaire). Boyer de Sainte-Suzanne. — Legrand. — V. *Exemption, Recrutement*.

Révision *du procès de Lesurques* : Bertin.

Révocation. *Des donations entre-vifs* (V. *Donations*).

Revues périodiques de jurisprudence. Escuela del Derecho. — Pasicrisie (belge). — Pasinomie (belge). — Revista general de legislacion y jurisprudencia.— Revue critique de législation. — Revue étrangère et française.—Revue historique de droit français et étranger. — Revue maritime et coloniale. —Revue pratique du droit. — Revue de l'administration (belge). — Revue des eaux et forêts. — Revue du notariat et de l'Enregistrement. — Revue judiciaire du Midi. — V. *Annuaire, Bulletin, Journaux, Recueils périodiques*.

Rhin (Bas-). *Chemins de fer vicinaux* : Chemins de fer. — V. *Alsace, Bischwiller*.

Rhin (Haut-). V. *Alsace, Colmar, Orbey*.

Richesse commerciale. Simonde de Sismondi (V. *Commerce, Droit commercial, Economie politique*.)

Rio-de-la-Plata. — V. *Argentine* (*République*).

Risques et périls. *Dans les obligations en droit rom.* : Bourbeau. — *Droit maritime* (V. *Naufrages*).

Riverains. *Droits* : Championnière. — Decamps. — Féraud-Giraud. — Garnier. — — V. *Alluvion, Chemins de fer, Eaux*.

Rivières. V. *Cours d'eau*.

Rome. Fustel de Coulanges. — Henriot. — *Économie politique* : Dureau de Lamalle. — *Gentilité* : Giraud. — Revillout. — *Droit des gens* : Laurent. — *Constitution* : Nougarède de Fayet. — *Institut. pol., relig. et soc.* : Ozaneaux. — *Esclavage* : Caqueray (V. *Esclavage*). — *Etrangers* : Guillet (V. *Etrangers*). — V. *Droit romain*.

Roquette (Petite). Corne. — V. *Détention, Correctionnelle*.

Roubaix *(Institutions communales et municipales à)* : Leuridan (V. aussi *Douai, Dunkerque, Nord)*.

Rouen. *Commerce maritime* : Fréville. — *Cour impériale* : Jurisprudence. — *Coutumes* : Beaurepaire. — *Vicomté de l'eau* : Beaurepaire. — V. *Caen, Eure, Havre, Iles normandes, Normandie, Vaudreuil*.

Roulage. *Police* : Charrière. — Code formulaire. — Guilbon. — Hativet. — Rousset. — Verlet. — V. *Messageries, Transports*.

Roumanie. *Juridiction consulaire* : Boéresco (V. *Valachie*).

Routes. Flachat-Mony. — V. *Chemins, Ponts et chaussées, Voirie*.

Russie. Foucher. — Gillis. — Jay. — Lois et Institutions. — Maurocordato. — Précis. — Robakowski. — Tarif gén. des Douanes. — Tolstoy. — Zézas. — *Partage des terres* : Haxthausen. — V. *Saint-Pétersbourg*.

S

Sacrilége. *Législat. histor.* : Saint-Edme.

Saint Louis. *Ordonnances, Etablissements et Institutions* : Beugnot. — Fabre. — Marnier. — Mignet.

Saint-Pétersbourg. *Tarif de la Douane* : Gillis (V. *Russie*.)

Saint Yves (Histoire de), *Patron des gens de justice* : Ropartz.

Saisie-Arrêt. Audier. — Roger. — V. *Saisie, Voies d'exécution*.

Saisie immobilière (L. 2 juin 1841). Audier. — Berriat-St-Prix (Féi.). — Bollard et Colmet-D'Aage. — Chauveau-Adolphe. — Decamps. — Lachaize. — Paignon. — J. Persil. — Rameau. — *Modifications* (Loi 21 mai 1858) : — Berriat-Saint-Prix. — Bressolles. — Colmet-D'Aage. — Grosse et Rameau. — Loi du 21 mai 1858, — Ollivier et Mourlon. — Piogey. — Seligman et Pont. — V. *Immeubles, Ordre, Saisie-arrêt, Voies d'exécution*.

Saisine héréditaire. Simonet.

Salaire. Tarbé.

Salles d'asile. Ami (l') de l'Enfance. — André. — Dubarry. — Journal des Instituteurs (V. *Asile*.)

Salubrité. Didiot. — Martel. — Tardieu (V. *Etablissements insalubres, Hygiène)*.

Sapeurs-Pompiers. Code formulaire.

Sardaigne (Roy. de). V. *Italie*.

Savoie. *Jurisprudence* : Journal des Cours impp. de Grenoble et de Chambéry. — Pillet de Réville. — *Sénat* : Burnier. — *Non-rétroactivité des lois* : Bouvier. — V. *Alpes occidentales, Etats-Sardes, France, Grenoble, Isère, Italie (roy. d')*.

Scellés. Jay. — Nicias-Gaillard. — V. *Inventaires*.

Science *religieuse* : Marcadé. — *Sociale* : Carey. — Courcelle-Seneuil. — Hepp. — *Du Devoir* : Oudot. — *Du Droit* : Belime. — Courcelle-Seneuil. — Hepp. — Lepage (V. *Droit*). — *De la Législation* : Filangiéri (V. *Législation*). — *Du Droit en Allemagne* : Warnkœnig. — *Notariale* (V. *Notariat)*. — *Des Finances* (V. *Finances)*.

Secours publics. Davenne. — V. *Assistance, Législation charitable, etc.*

Secrétaire *de Mairie* : Dubarry (V. *Maires*). — *De Préfecture* (V. *Préfectures*).

Seigneur (Droits du). V. *Droits.*

Seigneuries. *Dictionnaire* : Gourdon de Genouillac (V. *Fiefs*). — *Gagères de Condé* : Regnard.

Seigneurs haut-justiciers. *Du Hainaut* : Regnard (V. *Hainaut*).

Seine (Dép. de la). *Notariat* : Thomas. — V. *Notariat, Paris.*

Sénat. Annales du Sénat et du Corps législatif. — La Doucette (V. *Assemblée nationale, Chambre des Pairs, Corps législatif, Pairs de France*). — *De Savoie* : Burnier (V. *Savoie*).

Séparation *de biens judiciaire* : Dufour de Saint-Pathus. — Dutruc. — Mascret. — *De corps* : Bernard. — Breton. — Demolombe. — Massol. — *De Patrimoine* : Aymé. — Blondeau. — Dollinger. — Dufresne. — Hureaux. — V. *Divorce.*

Sépultures. — V. *Cimetières, Enterrements, Pompes funèbres.*

Séquestre. Troplong.

Serment. Démétracopoulo. — Giraud. — Prandière. — V. *Aveu.*

Service *départemental* : Guizard. — *Des armées en campagne* : Garrel. — Reiffenberg (V. *Armée*). — *Foncier* : Demolombe. — Pardessus (V. *Servitudes*). — *Militaire* (V. *Conscription*).

Servitudes. Astruc. — Demolombe. — Fournel. — Gavini de Campile. — Lalaure. — Pardessus. — Rozié. — Sauger. — Solon. — *En droit romain* : Ravel. — *De guerre* : Delalleau. — *D'utilité publique* : Dufour. — Jousselin. — *En mat. de voirie* : Féraud-Giraud. — *En matière de mines* : Rey (V. *Mines*). — *Extinction des servitudes* : Le Gonidec. — V. *Service, Voirie, Voisinage.*

Sicile, Deux-Siciles, *Lois anc.* : Orlando — *Lég. civ. et crim.* : La Mantia. — *Lois des Deux-Siciles* : Rocco. — *Lois de la Sicile au moyen âge* : Orlando. — V. *Etats-Sardes, Italie, Rome.*

Simple police. Augier. — Berriat-Saint-Prix. — Biret. — Boucher d'Argis. — Correspondant. — Kersch. — Miroir. — Sagnier. — Sorbet. — *Formulaire* : Augier et Leignadier. — *Citations* : Vial. — V. *Police correctionnelle, Tribunaux de simple police.*

Singularités *judiciaires.* V. *Curiosités.*

Sociétés (Contrat de). Duvergier. — Marcadé et Pont. — Troplong. — Vincens. — *De Crédit foncier* (V. *Crédit foncier*). — *Commerciales* : Bécane. — Bédarride. — Bravard-Veyrières. — Delangle. — Foureix. — Périer. — Persil. — Tripier. — Troplong. — *Commerciales en participation* : Folleville. — *En commandite* : Bédarride. — Courtois. — Delangle. — Foureix. — Frouart. — Malepeyre et Jourdan. — Ménier. — Paignon. — J. Persil. — Quatre Solz de Marolles. — Rivière. — Romiguière. — Tripier. — Vavasseur. — Vincens. — *A responsabilité limitée* : Blaise. — Etudes de jurisprudence. — Innocent et Desvaux. — Lair. — Romiguière. — Sociétés. — Tripier. — Vavasseur. — *Soc. en commandite et à responsabilité limitée, aux Etats-Unis* : Troubat. — *De Patronage* : Allier. — *De Patronage de jeunes détenus* : Bucquet. — *De Secours mutuels* : Borel. — Bulletin. — Code formulaire. — Dejean. — Franqueville. — Laurent. — Robert. — Vergne. — *Sociétés de secours mutuels rurales* : Durand. — Pinède. — Robert (V. *Assistance, Bienfaisance, Bureaux de bienfaisance, Secours*). — *Sociétés anonymes en Belgique* : Demeur (V. *Belgique*). — V. *Associations.*

Solidarité. Rodière.

Somme (Dép. de la). *Police* : Brayer (V. *Amiens, Picardie.*)

Souabe. Miroir de Souabe. — V. *Allemagne.*

Sources (Rivières). — V. *Cours d'eau, Rivières.*

Sourds-muets. Hoffbauer. — V. *Médecine légale.*

Sous-Préfectures, Sous-Préfets. Arago. — Desaubiers. — V. *Arrondissements, Conseils de Préfectures, Préfectures.*

Souvenirs *du Barreau* : Berryer. — Bonnet (V. *Barreau, Plaidoyers, Réquisitoires.*)

Souveraineté. Loricux. — *du Peuple* : Ortolan. — *Pontificale* : Bianchi. — Bonjean.—Mathieu (V. *Pape, Pouvoir temporel du pape.*)

Statistique. Annuaire de l'Économie politique. — Block. — Compte général, etc. — *Statistique judiciaire* : Alexandre. — *Des Prisons* : Ducpétiaux. — Perrot (V. *Prisons*). — *Statistique comparée* : Legoyt (V. *Législation comparée*). — *Des aliénés en Belgique* : Lentz (V. *Aliénés*).

Statuts. Mailher de Chassat. — *De la Corse* : Grégory. — *De Marseille au* xiiie *siècle* : Fresquet (V. *Marseille*). — *Angleterre* : Petersdorff (V. *Angleterre*). — V. *Coutumes, Stils, Usages.*

Stils *De Villefranche de Conflent* : Alart. — V. *Coutumes, Usages.*

Stoïcisme. Laferrière.

Strangulation. Duchesne. — Tardieu (V. *Médecine légale*).

Subrogation. Barilliet. — Bertauld. — Gauthier. — Mourlon. — Pont. — V. *Hypothèque légale.*

Subrogés-tuteurs. Jay. — V. *Minorité, Tutelle, Tuteurs.*

Substances *alimentaires* : Chevallier.— Dupuynode.— Emion.— Million.— *Vénéneuses* : Chevallier et Thieullin. — V. *Aliments, Céréales, Denrées, Fraudes.*

Substitutions. *Prohibées* : Bertauld.—Boissard.— Rolland de Villargues.— Saint-Espès-Lescot. — Villequez (V. *Majorats*).—*Fidéi-commissaires* : Masson.

Successions. *Hist.* : Gans.—*Comment., Traités* : Chabot.—Demolombe.—Dutruc. — Favard de Langlade.— Fouet de Conflans. — Genty. — Laurens.— Malpel.— Martin. — Paillet. — Poujol. — Rozié.—Vazeille.—*Dictionn.*: Despréaux.—*Degrés* : Gragnon-Lacoste.— *Législation* : Chaizemartin.—Paillet.—Remy.—*Droits* : Fétis. — Gans. — Resteau. — *Acceptation* : Billard. (V. *Bénéfice d'inventaire*). — *Renonciation* : Aubry. — *Des enfants naturels* : Gros (V. *Enfants naturels*). — *Successions en droit indou* : Orianne (V. *Hindous*). — *En droit musulman* : Solvet (V. *Droit musulman*). — *Successions ab intestat* : Malpel. — *Successions irrégulières* : Richefort. — *Effets sur la propriété* : Chaizemartin. — *Au point de vue fiscal* : Traité spécial. — *Collatérales* (*Abolition*) : Juteau. — *Impôts sur les successions chez les Romains* : Valroger. — V. *Arbre généalogique. Dévolution, de succession, Droits de succession, Enfants naturels, Enregistrement, Partages, Portion disponible, Quotité disponible, Réserve, Rétention.*

Sucrerie indigène. *Question d'enregistr.* : Regnard (V. *Denrées*). — *Sucres* : Aubry le Comte. — Enquête.

Suède et **Norwége.** *Législat. commerc.* : Suède et Norwége. — *Douanes* : Tarif général des douanes.— *Diplomatie* : Combes.— *Communauté de bien entre époux* : Olivecrona. — V. *Norwége.*

Suffrage universel. Charner et Feitu. — V. *Élections.*

Suicide. Cazauvieilh. — Lisle (E.). — *Politique* : Des Etangs.

Suisse. *Droit public* : Henke. — *Banques* : Rolland. — *Lois municip.* : Béchard.— *Journal* : Journal des tribunaux et de jurisprudence. — *Proc. civ. du canton de Genève* : Bellot. — *Lois pénales, d'instr. crim. et de police* : Flammer. — V. *Cossonay, Genève, Vaud.*

Surenchère. Petit. — Piogey (V. *Ventes.*)

Sûreté publique. Bexon (V. *Législation criminelle*).

Surnuméraire *de l'Enregistrement, Domaines, Timbre, etc.* (V. *Domaines, Enregistrement, Timbre, etc.*

Surveillance *de la Haute police* : Auzier.— Bonneville.— Chatagnier. — Giraud. (V. *Mendicité, Peine, Police, Récidive, Vagabondage.*)

Suspension *des traitements ecclésiastiques* : Reverchon. — V. *Droit ecclésiastique.*

Style diplomatique. Meisel. — V. *Diplomatie.*

Symbolique *du droit* : Chassan.

Syndics. Geoffroy. — Virolle. — V. *Associations syndicales, Faillites.*

Système financier. V. *Finances.*

Système hypothécaire. Chiesi. — Odier. — Orlando. — *Révision* : Hauthuille.— V. *Hypothèques, Jurisprudence hypothécaire, Priviléges et Hypothèques.*

Système pénal, pénitentiaire. Alauzet. — Alfaro. — Allier. — Aylies. — Bérenger. — Bonneville. — Grégory. — Grellet-Wammy. — Lepelletier. — Lucas. — *En France et en Belgique* : Hoorebeke. — *Irlandais* : Van der Brugghen (V. *Irlande*). — *Américain* : Beaumont et Tocquéville. — Julius (V. *Colonies pénitentiaires, Etats-Unis*). — V. *Emprisonnement, Peines, Pénitenciers, Péniten-tiaire, Prisons, Transportation.*

Système politique de la France : Beauverger. — Mollard (V. *Politique*).

Système protecteur. Chevalier (V. *Droit commercial*).

Systèmes représentatifs. Biedermann. — V. *Gouvernement représentatif, Institutions représentatives.*

T

Tabacs. Annales des contrib. ind. — Bibliothèque des employés. — Législation des contributions indirectes. — Mémorial du contentieux. — V. *Contributions indirectes.*

Tabellionage. Barabé. — V. *Notariat.*

Tables. *Bulletin des codes, des lois* : Devilleneuve et Garette. — Lainé. — Lonchampt. — Rondonneau. — *Tables*. — Vergé. — Voysin de Gartempe. — *De la Cour de cassation* : Duchesne. — *De div. Revues* : Tables analytiques. — V. *Répertoires.*—(Voir, en général, chaque Recueil dans le Répertoire).

Talion. Imbert.

Tarifs. *En mat. civile* : Bonnesœur. — Boucher d'Argis. — Calmètes. — Carré. — Chauveau-Adolphe et Godoffre. — Fons. — Jeannin. — Lehir. — Pelletier. — Rivoire. — Sudraud-Desisles. — Teulet et Loiseau. — *En mat. crim. et correct.* : Dalmas. — Fetis. — Lefebvre. — Sudraud-Desisles. — *Des Actes des Justices de paix* : Jay et Girardot (V. *Juges de paix*).—*Des Douanes* : Amé.—Desroches. — Lajonkaire (V. *Douanes*).— *Des droits alloués aux greffiers* : Despréaux. — Dufresne (V. *Greffes*).—*De Timbre, d'Hypothèques* (V. *Timbre, Hypothèques*). — *Enregistrement* (V. *Enregistrement*).—*Des Chemins de fer* : Boinvilliers. — Marqfoy (V. *Chemins de fer*).—*Locaux dans la Grande-Bretagne* : Fisco (V. *Grande-Bretagne*). — *Des Oblations* : Nigon de Berty (V. *Paroisses.*)

Tarn (dép. du). *Usages locaux* : Clausade.

Taulier (Fréd.). *Étude* : Caillemer.

Taux de l'intérêt. Seigneuret. — Lavielle. — Vignes. — V. *Banques, Intérêt.*

Taxe. *Questions* : Bazot. — *Sur les chiens* : Code formulaire.— Deshaires. — *De Navigation* : Bourgain (V. *Navigation*).—V. *Impositions, Impôt, Octroi, Tarifs.*

Télégraphie. Gerspach. — Hepp. — Lavialle de Lameillère. — Serafini. — V. *Lignes télégraphiques.*

Témoins. Legentil.

Templiers (Procès des) : Michelet..— V. *Procès.*

Temps légaux. Chaffin. — Souquet (V. *Délais*).

Termes de droit. Bousquet. — Chabrol-Chaméane. — Crivelli. — Quernest. — Teulet. — Tolluire et Boulet.— V. *Dictionnaires; Droit.*

Testaments Coin-Delisle. — Demolombe. — Michaux. — Saint-Espès-Lescot. — *De sujets anglais faits à l'étranger* : Westoby. — *Testaments mystiques* : Nicias-Gaillard. — V. *Donations et Testaments, Exécuteurs testamentaires, Légataire, Successions.*

Théâtres. Agnel. — Lacan et Paulmier. — Vivien et Blanc. — Vulpian et Gauthier. — *De Paris* : Simonet. — V. *Artistes dramatiques.*

Théologie morale. *Concordance avec le Code civil du Chili* : Robbes (V. *Chili.*)

Théophile. *Institutes* (V. *Institutes.*)

Tiers-État. *En France* : Siéyès. —Thierry (Aug.). — *En Bretagne* : Ropartz. — *Département de l'Yonne* : Quantin.

Timbre. Barots. — Couvreur. — Despréaux. — Gagnereaux. — Garnier. — Géraud. — Ketels. — Le Guay. — Noblet. — Palierne. — Rolland de Villargues. — Rolland et Trouillet.—Sollier.—Sorel.—Tardif.—Tarifs.—Timbre.—*Dans les colon. franç.* : Camps. — **V.** *Enregistrement.*

Tirage au sort. V. *Recrutement, Révision.*

Titres *au porteur* : Bogelot. — Ladey. — Perrioud. — Vincent.— *Commerciaux* : Mangin.—*Nobiliaires* : Tourtoulon (V. *Noblesse, Particule nobiliaire*).—V. *Agents de change, Commerce, Droit commercial, Obligations au porteur.*

Tontine. Debais (V. *Assurances*).

Torture. Berriat-Saint-Prix. — V. *Justice criminelle.*

Toscane. *Justice criminelle* : Bois-Aymé. — V. *Italie.*

Toullier. *Sa Doctrine* : Spinnael. — *Ses œuvres* : Toullier.

Toulouse. *Coutumes* : Laferrière. — *Parlement* : Bastard. — *Acad. de Lég.* : Recueil.

Tourbières. Dufour. — Lamé-Fleury. — Peyret-Lallier. — V. *Mines.*

Toxicologie. Barre. — Barse. — Chevallier et Thieullin. — Flandin. — Orfila. — V. *Empoisonnement, Médecine légale, Pharmacie, Poisons.*

Traite (Esclavage). Gasparin. — V. *Colonies, Esclaves.*

Traitements (mauvais). *Envers les animaux* : Guilbon. — V. *Animaux, Loi Grammont.*

Traitements ecclésiastiques. *Leur suspension* : Reverchon. — V. *Droit ecclésiastique.*

Traités *de commerce* : Blache.—Boiteau. — Cézard.—Dufet et Agnus. — Maillard. — *Internationaux* : Billot (V. *Droit international, Traités de paix*). — *Publics dans l'antiquité* (V. *Traités de paix*).

Traités de paix. Calvo. — Congrès de Vienne. — Cussy et Martens. — Declercq.— Hoffmanns. — D'Hauterive et De Cussy. — Garden. — Ghillany. —Martens. — Martens et Cussy. — Neumann. — Schoell.—Traités de 1815 (V. *Vienne*). — *de Paris* : De Braux. — *Belgique* : Garcia de la Vega (V. *Belgique.*)—*Italie, Autriche* : Angeberg.—*Polonais* : Angeberg.— *Amérique latine* : Calvo (V. *Chili, Pérou.*) — *Brésil* : Pereira Pinto (V. *Brésil.*) — *Turquie* : Testa (V. *Turquie.*) — *Traités publics dans l'antiquité* : Egger. — V. *Congrès.*

Transactions. Accarias. — Beautemps-Beaupré. — Bonfils. — Fournel. — Guichard.—Marbeau.—Rigal. — Tabary.—Troplong—Vermeil.—V. *Enregistrement.*

Transcription *Hypothécaire* : Allard. — Audier.—Berriat-Saint-Prix.— Bourne, —Bressolles. — Ducruet. — Flandin. — Fons. — Grosse. — Hervieu. — Lemarcis. — Lesenne. — Mourlon. — Pont. — Ringard. — Rivière. — Saint-Lanne Pessalier. — Sellier. — Troplong. — Valroger. — Verdier (V. *Hypothèques*). — *Transcription relativement aux droits et au privilége du vendeur* : Duverger.— Roussellier. — Valette (V. *Vendeur, Vente.*)

Transmission *des Offices* (V. *Offices*).

Transmissions entre vifs. *De Biens* : Tissandier. — *De la propriété foncière* : Fontaine de Resbecq. — Valroger. — V. *Biens, Propriété.*

Transport *par terre et par eau* : Gervais. — Grandvaux. — Petit de Coupray. — Pommier. — Pouget. — *Des échantillons et imprimés par la poste* : Dubarry. — *Contrat de transport par terre* : Duverdy. — *Signification ou acceptation du transport*, etc. : Villequez. — V. *Chemins de fer, Messageries.*

Transportation. Barbaroux. — Feningre. — Homberg.—V. *Colonisation pénitentiaire, Déportation, Émigré, Extradition, Guyane française.*

Travail. Leymarie. — Mannequin. — Tarbé. — *Organisation* : Chevalier. — Dupuynode. — V. *Liberté du travail.*

Travaux préparatoires du Code. — V. *Code Napoléon.*

Travaux publics. Champollion-Figeac. — Chatignier. — Chevalier. — Christophe. — Cordier. — Cotelle. — Delvincourt. — Férand-Giraud. — Frémy-Ligneville. — Husson. — Pauw. — Tarbé de Vauxclairs. — *En Belgique* : Labye. — *Tarifs de travaux de treillages et de rustiques* : Pelletier. — *Droit romain* : Malapert.

Treillages et Rustiques (*Tarif des travaux de*) : Pelletier. (V. *Tarifs*).

Trente. V. *Concile de Trente.*

Trésor public. Denis. — Dumesnil. — Macarel et Boulatignier. (V. *Fortune publique, Finances*).

Tribunal révolutionnaire de *Paris* (*Histoire*) : Campardon. — V. *Justice révolutionnaire.*

Tribunaux *administratifs* : Macarel (V. *Droit administr.*) — *Civils* : Benech. — Carré. — *Français à l'égard des Étrangers* : Bonfils (V. *Étrangers.*) — *Procédure* : Pigeau. — *Criminels* : Berriat-Saint-Prix (V. *Simple police*). — *De Commerce* : Auger. — Boucher. — Despréaux. — Gasse. — Hourier. — Legras. — Méneau. — Nouguier. — Orillard. — Rivière (V. *Procédure commerciale*). — *Journaux* : Bulletin des tribunaux. — Droit (le). — Echo des tribunaux. — Gazette des tribunaux. — Journal des tribunaux. — Monitore dei Tribunali. — Teulet et Camberlin (V. *Journaux, Recueils périodiques*). — *Trib. de commerce en Italie* : Lan. — *Correctionnels, De police et de simple police* : Allain. — Augier et Leignadier. — Berriat-Saint-Prix. — Bost. — Bost et Daussy. — Boucher d'Argis. — Jay. — Bultin. — Rousset. — Vuatiné (V. *Police, Simple police*). — *En Angleterre* : Smith. — Picot. — *De paix et simple police* : Leignadier. — *Militaires* : Alla. — Chenier. — Le Graverend. — *Athéniens* : Cucheval. — Desjardins (V. *Athènes, Grèce*). — V. *Chambres de commerce, Compétence, Conseils de guerre, Droit militaire.*

Trilogie juridique. Vielle.

Troupes. V. *Armée.*

Turgot (*Étude sur*) : Batbie. — Mastier. — Tissot. — Valette.

Turquie. Police : Behrnauer. — *Propriété foncière* : Belin (V. *Propriété. — Droit public et privé* : Gatteschi. — *Traité de paix* : Testa. V. *Droit musulman, Valachie.*

Tutelle, Tuteurs. Demolombe. — Desquiron. — Fréminville. — Lebrun. — Marchand. — *Tuteurs, Subrogés-tuteurs* : Jay. — V. *Interdiction, Minorité.*

U

Unité. *De Législation civile* : Moulin.

Université. *Lois* : Fontaine de Resbecq. — Reboul. — Rendu. — *Organisation au moyen âge* : Thurot. — *De Berlin* : Banning. — *De Caen* (V. *Caen.*). — V. *Instruction publique, Instruction primaire.*

Us et coutumes. *De la Mer* : Pardessus (V. *Droit maritime. Lois maritimes*).

Usages, Habitation. Demolombe. — Genty. — Salviat. — *Usages locaux* : Aulanier et Habasque — Berthelin. — Bertrand. — Clausade. — Clément. — Limon. — Loysel. — Nau. — Neveu Derotrie. — Pagès. — Sibille. — Tavernier. — *Recueil.* — *Usages locaux.* — *En dr. rom.* : Pellat. — *Usages ruraux d'Angers* : Quiris (V. *Droit rural*). — *Anciens et Styles* : Marnier (V. *Stils*). — V. *Coutumes, Droit contumier.*

Usines. *Législation, traités* : Nadault de Buffon. — Peyret-Lallier. — *Hydrauliques* : Bourguignat. — Violet. — *Minéralog.* : Lamé-Fleury. — V. *Cours d'eau, Mines.*

Usufruit. Demolombe. — Genty. — Joly. — Lesenne. — Marc Deffaux. — Proudhon. — Salviat.

Usure. Bédarride. — Bentham. — Bresson. — Chardon. — Dulaurens. — Garnier. — Liégeois. — Périn. — Petit. — Romiguière. — V. *Intérêts, Prêt à intérêt.*

Usurpations *nobiliaires* : Crépon. — Pol de Courcy (V. *Noblesse*) — *Des titres commerciaux* : Mangin (V. *Commerce, Droit commercial*).

Utrecht. *Traité de.paix* : Giraud (V. *Hollande, Pays-Bas*).

V—W—Y

Vagabondage. *Répression* : Homberg (V. *Surveillance de la Haute police.*)

Vaine pâture. Jay. — Lepasquier.

Valachie. *Propriété foncière* : Opran. — V. *Roumanie, Turquie*.

Valeurs mobilières. Godin. — Leguay. — Trophillet (V. *Meubles*).

Vaud (Canton de). *Féodalité* : Secretan. — V. *Cossonay, Genève, Suisse*.

Vaudreuil (*dép. de l'Eure*). *Châtellenie et haute justice* : Goujon (V. *Caen, Eure, Havre, Iles normandes, Normandie, Rouen*.)

Vénalité. *Des charges des Offices ministériels* : Bavoux. — Cellier. — Cerfbeer de Medelsheim.— Couturier de Vienne. — Frapé.— *Leur suppression* : Greffier. — Vraye (V. *Offices*.)

Vendée. V. *Pouzanges*.

Vendeur non payé. *Droit de résolution et priviléges qui lui sont accordés* : Dumolard.—Roussellier. — Valette (V. *Transcription*.) — V. *Action résolutoire, Vente*.

Ventes. Benou. — Blondeau. — Chauveau-Adolphe. — Damaschino. — David. — Dufour. — Dumesnil-Marigny. — Duvergier. — Galouzeau et Villepin. — Houyvet. — Jay. — Lachaize. — Lehir. — Lois, décrets. — Molineau. — Morin. — Paignon. — Persil, — Sauzeau. — Troplong. — Villepin. — *Résolution:* Accarias. — *Vente des navires* : Caumont. — *Ventes domaniales* : Ducrocq (V *Domaines*.) — V. *Biens immeubles. Commiss.-priseurs, Immeubles, Marchandises neuves, Prisées, Saisie-Arrêt, Saisie immobilière, Surenchères, Vendeur, Warrants*.

Vermandois. *Coutumes* : Beautemps-Beaupré. — V. *Aisne, Picardie*.

Versailles. *La Justice sous l'ancienne monarchie* : Jeandel.

Vétérinaire. Galisset et Mignon. — Rey. — V. *Action rédhibitoire, Animaux, Chevaux, Hippiatrique, Médecine légale, Vices rédhibitoires*.

Veuve. *Droits* : Venant, — V. *Femmes*.

Vices rédhibitoires. Arbaud. — Chavot. — Clément. — Dejean. — Galisset et Mignon. — Huzard et Harel. — Jauze. — Lavenas (V. *Action rédhibitoire, Animaux, Hippiatrique*).

Vicomté de l'Eau de Rouen : Beaurepaire (V. *Rouen*).

Vienne (*Congrès de*) : Congrès de Vienne. — Flassan. — Thiers. — V. *Autriche, Traités de paix*.

Voies d'exécution. *Sur les biens des débiteurs* : Tambour. — V. *Saisie-Arrêt, Saisies immobilières*.

Voies de recours. Le Normant.

Voirie. Aucoc.—Barrier.—Cotelle fils.—Daubanton.—Davenne.—Féraud-Giraud.— Fleurigeon. — Garnier. — Gillon et Stourm. — Herman. — Husson. — Isambert. — Martel. — Rousset. — *Servitudes* : Féraud-Giraud. — *En France, aux XVIIe et XVIIIe siècles* : Vignon. — V. *Chemins*.

Voisinage. Fournel. — Frérot. — Perrin. — V. *Bâtiments, Servitudes*.

Voitures, *Impôts* : Chauveau-Adolphe. — Code-Formulaire. — Deshaires. — *Impôt*. — Pouget.

Voiturin. Code. — Lafargue. — V. *Messageries*.

Visigoths (Lois des). Davoud-Ogloud. — Haenel. — Peyré / *Formules* : Rozière (de).

Warrants. Caumont. — Damaschino. — Lois, décrets. — Nicole. — Sauzeau (V. *Docks, Vente*).

Yonne (Hist. du Tiers-État de l') : Quantin — V. *Bourgogne, Etat*.